AF232970

SOCIÉTÉ DES MISSIONS-ÉTRANGÈRES

HISTOIRE

DE LA

MISSION DE SIAM

1662 - 1811

PAR

ADRIEN LAUNAY

DE LA SOCIÉTÉ DES MISSIONS-ÉTRANGÈRES

DOCUMENTS HISTORIQUES

I

PARIS

ANCIENNES MAISONS CHARLES DOUNIOL ET RETAUX

P. TÉQUI, SUCCESSEUR

82, rue Bonaparte, 82

1920

HISTOIRE

DE LA

MISSION DE SIAM

SOCIÉTÉ DES MISSIONS-ÉTRANGÈRES

HISTOIRE

DE LA

MISSION DE SIAM

1662 - 1811

PAR

ADRIEN LAUNAY

DE LA SOCIÉTÉ DES MISSIONS-ÉTRANGÈRES

DOCUMENTS HISTORIQUES

I

PARIS

ANCIENNES MAISONS CHARLES DOUNIOL ET RETAUX

P. TÉQUI, SUCCESSEUR

82, rue Bonaparte, 82

1920

DOCUMENTS HISTORIQUES

SUR

LA MISSION DE SIAM

Mgr LAMBERT DE LA MOTTE
1662-1673.
DÉBUTS DES MISSIONS-ÉTRANGÈRES A SIAM
1662-1673.

I

Arrivée de Mgr Lambert de La Motte et de ses missionnaires. — Leurs premiers travaux.

JOURNAL DE LA MISSION.

A. M.-E., vol. 121, p. 626; vol. 876, p. 117. — Relat. du voy, de Mgr de Béryte, p. 127.

1662.

A Ténassérim.

Notre vaisseau ne put arriver à Ténassérim plus tôt que le 16 mai 1662. Dès le même jour, de nos personnes nous allâmes descendre au logis du R. P. Jean Cardoza, jésuite, portugais de nation, qui pour ce sujet avait eu la charité d'envoyer au-devant de nous sa petite barque. Le lendemain, nous eûmes licence de tirer nos hardes, lesquelles furent visitées par le gouverneur et par les officiers assez légèrement ; ils ne s'arrêtèrent que sur des chapelets de corne peints de rouge, qu'ils crurent être de corail, dont ils prirent les droits du roy, qui sont de huit pour cent, que l'on prend toujours en espèces, et jamais en estimation, comme on fait ailleurs. On ne fouille personne, on ne prend rien de l'argent monnayé, et il n'est pas difficile à ceux qui voyagent de cacher les petites curiosités que l'on apporte d'Europe, pour les employer aux présents que l'on est obligé de faire en plusieurs occasions. Les curiosités consistent en quelques montres, de petits tableaux, des ouvrages de mathématiques, des chapelets d'ambre et de corail; ces choses servent aux Européens.

Après deux jours de présence dans la maison du R. P. Cardoza, que nous trouvâmes chargé du soin de deux églises, jusqu'à ce qu'on lui envoyât quelqu'un en la place de celui qui avait le soin d'une des deux et qui était mort dès le mois de janvier précédent, nous allâmes loger en la maison de ce défunt Père, où nous demeurâmes tout le temps que nous restâmes à Ténassérim.

N'ayant pas été possible et jugé à propos de taire la qualité de M. de Bérithe, il fut prié par ce bon religieux et par les chrétiens qui étaient sous sa conduite d'administrer le sacrement de confirmation, ce qu'il fit le mercredi et le samedi des Quatre-Temps de la Pentecôte; cependant, comme nous étions pressés d'avancer toujours notre chemin, il nous fallut bien faire des efforts pour obtenir nos passeports que nous n'obtînmes qu'avec peine, et moyennant dix écus pour en faciliter l'expédition.

Nous allâmes rendre visite à quelques-uns des principaux prêtres païens, qu'ils appellent des talapoins, avec un desquels nous entrâmes en conférence sur les points de sa croyance, par le moyen d'un interprète. Nous trouvâmes ce pauvre homme tout plein de ténèbres, de contradictions et d'absurdités ; et sur chaque proposition qu'il nous faisait, nous n'en pûmes tirer d'autre raison, sinon qu'il était ainsi écrit dans leurs livres. Au reste il témoigna écouter, avec assez de satisfaction, tout ce que nous lui proposâmes de la majesté du Créateur, Seigneur universel de toutes choses, de la sainteté du christianisme, de la fin dernière, de la vie future, et des moyens d'y arriver ; il nous fit entendre qu'il faisait cas des chrétiens, et qu'il croyait leur religion bonne, sans néanmoins condamner la sienne, et que l'estime que l'on fait en ce pays de la sainteté de la religion chrétienne est la seule cause pour laquelle on y souffre en toute liberté ceux qui la professent. En effet, la liberté ne peut pas être plus grande ; on y entend les cloches, on y voit les églises ouvertes, on y chante le service d vin, et l'on y prêche publiquement, sans aucune contradiction.

Résolutions avant le départ de Ténassérim.

Les missionnaires, s'éloignant toujours de plus en plus de leur patrie et s'approchant de la terre que Dieu leur a promise, recevaient toujours de nouvelles miséricordes et des lumières plus pures de Notre-Seigneur Jésus-Christ. Ces excès de bonté les obligeaient souvent de penser comment ils pourraient lui rendre des marques d'une plus grande fidélité ; ils gémirent longtemps devant un Dieu si bon, pour apprendre de lui comment ils pourraient lui être parfaitement agréables ; ils reçurent cette réponse, que ce serait en suivant les conseils évangéliques, en les pratiquant en proportion que sa divine conduite leur en demanderait l'exécution, et qu'ils devaient de plus savoir qu'il n'y avait rien dans le saint Évangile qui regarde la charité de Dieu et du prochain, à quoi ils ne fussent obligés par leur haute et divine vocation. Ces vues reçues dans l'oraison humilièrent les missionnaires, qui virent bien qu'il leur fallait avoir un motif bien plus relevé dans leurs opérations et la pratique des vertus, et qu'ils avaient mené jusqu'alors une vie bien commune et fort peu proportionnée à leur état, qui demande une destruction entière de l'extérieur et de l'intérieur de l'homme. Ayant donc conféré entre eux sur de si justes demandes d'un Dieu qui les a tant aimés, ils résolurent d'y acquiescer et de suivre la pureté de l'attrait intérieur. Ce consentement fut bientôt suivi de nouvelles faveurs de Notre-Seigneur, qui leur demanda de pratiquer dorénavant tous les conseils évangéliques qui regardent la mortification intérieure, et beaucoup de ceux qui regardent l'extérieure. En effet, sa divine bonté n'a pas manqué de permettre bien des occasions, pour lesquelles il a fallu avoir beaucoup de complaisance de se voir méprisés, de prier pour ceux qui étaient contraires, de souffrir beaucoup de petites persécutions, d'abandonner quelques sommes considérables d'argent plutôt que de prendre les voies de la justice du pays pour se faire faire raison ; bref, porter une joie extrême de se voir réduits à ce point, par l'opération divine, de ne faire jamais sa volonté. Cette manière d'agir, qui paraît d'abord tout à fait impossible et rude, est cependant dans la suite comblée de biens, d'onction et de consolations ; la plus grande difficulté est de se le persuader, de croire à l'Évangile, dans la soumission qu'un vrai chrétien doit avoir aux paroles du Fils de Dieu et de les pratiquer, pour n'être pas tout à fait ingrats à tant de miséricordes. Les missionnaires, reconnaissant ce que le bon Dieu demandait d'eux, arrêtèrent la pratique de conférer souvent de toutes les choses qui leur arriveraient, afin de les pouvoir faire suivant les maximes de Notre-Seigneur Jésus-Christ, le moins mal qu'ils pourraient, moyennant sa sainte grâce.

De Ténassérim à Juthia.

Le trentième de juin nous commençâmes notre voyage pour la ville capitale de Siam, qui se nomme en langage du pays Joudia et que nous appelons Siam. Nous voguâmes sur la rivière avec trois petits bateaux couverts de feuilles de palmier, qui avaient chacun trois hommes pour les conduire ; ces bateaux sont faits ordinairement tout d'une pièce de gros et grands arbres creusés par le feu qui ont bien vingt pieds de long, à laquelle on ajoute de chaque côté des ais. Ils sont fort propres pour ces rivières, qui sont rapides et entrecoupées de sauts ; c'est pourquoi les bateaux, étant exposés à de rudes secousses, seraient bientôt brisés, si le corps était de diverses pièces. Nous donnâmes pour chacun environ douze écus. Il faut préparer son manger, et dormir dans ces bateaux, étant trop périlleux de descendre, et de s'arrêter à terre, à cause que ce sont des bois continuels remplis de tigres, d'éléphants, de rhinocéros, de buffles sauvages, et autres bêtes carnassières. Nous remontâmes la rivière avec bien de la peine, à cause de la rapidité de son cours, et des chutes d'eau qui l'entrecoupent. C'est alors qu'il faut que les bateliers se mettent dans l'eau pour faire monter les bateaux à force de bras, les uns les tirant avec des cordes, les autres les poussant avec de longues cannes, d'autres les portant quasi sur les épaules, tant il est difficile de rompre l'impétuosité de l'eau, qui passe entre des rochers, et court comme celle des écluses de nos moulins. C'est ce qui fut cause du naufrage du bateau qui portait Mgr l'évêque de Bérithe et un de ses ecclésiastiques, M. Deydier, avec les principaux coffres de notre bagage. Les bateliers, n'ayant pu soutenir la violence de l'eau, le laissèrent aller au gré des flots ; et il s'en alla se briser à un grand arbre renversé dans le courant de la rivière. Dieu permit que M. de Bérithe rencontrât cet arbre, pour s'y sauver heureusement, et se trouvât dessus comme à cheval, et eût le loisir de voir abîmer son bateau et tout ce qui était dedans. Cependant comme cet arbre était grand et avait ses branchages cachés sous les eaux, la plupart du bagage en fut soutenu ; de sorte que l'on en retira la meilleure partie, principalement la cassette, où étaient les papiers de conséquence. M. de Bérithe, avec son ecclésiastique, demeura assez de temps suspendu sur le tronc de cet arbre, battu de tous côtés des flots impétueux de cette rivière. Mais Dieu voulut, par une nouvelle grâce, qu'un bateau descendît du haut de la rivière : il fit signe à un batelier de venir à lui et convint avec lui pour le mener à Jalinga, dont il n'était éloigné que de trois lieues. Ce naufrage nous fut une preuve sensible de la protection de Dieu : car, sans la rencontre de cet arbre, M. de Bérithe, qui ne sait point nager, était perdu sans ressource. Entre les choses que nous ne pûmes recouvrer, se trouvèrent nos passeports ; ce qui obligea l'ecclésiastique qui accompagnait M. de Bérithe de retourner sur ses pas à Ténassérim, pour en faire expédier de nouveaux ; et enfin nous nous trouvâmes tous à Jalinga, qui est un village mal bâti dans une petite vallée fertile et agréable. Nous y louâmes une maison faite de cannes et couverte de feuilles ; c'était assez pour nous mettre à l'abri des pluies qui étaient continuelles, et pour nous donner le loisir de réparer les restes de notre naufrage. Nos petites curiosités se trouvaient altérées ; ce qui nous fait donner cet avis, qu'il faut enfermer tout ce que l'on veut porter en des coffres-forts bien clos, qui puissent résister à l'eau, et mettre en des boîtes d'airain tous les papiers d'importance, étant difficile de ne pas faire quelque naufrage, même dans les chemins qui sont souvent ou inondés ou traversés de fâcheux torrents.

Ce fut en ce temps-là que M. de Bérithe, voulant accommoder un différend qui était survenu entre notre interprète, nos charretiers et d'autre charretiers du pays qui étaient ivres, reçut trois coups de bâton d'un de ces ivrognes : et ce fut en ce temps qu'il commença de se reconnaître pour missionnaire, puisqu'il avait eu le bien de souffrir quelque chose en satisfaisant aux devoirs de sa vocation.

Nous partîmes de Jalinga le vingt-septième jour de juillet, et le troisième jour de marche nous arrivâmes au village de Menam, où il faut montrer les passeports que l'on a de Ténassérim, comme celui du gouverneur de Jalinga : l'on ne donne rien lorsqu'on n'est pas marchand. Nous trouvâmes de nouvelles difficultés dans ce chemin de terre, et plus importunes que celles que nous avions éprouvées sur l'eau.

Il nous fallut marcher presque toujours à pied, les charrettes dont nous nous étions pourvus étant bien plus propres à tourmenter les voyageurs qu'à les soulager. Ces machines n'ont, par l'endroit le plus large, qu'environ trois pieds, et un peu moins par le plus étroit ; il faut s'emboîter là-dedans ; et elles sont posées sur un essieu, qui passe au travers de deux grandes roues, lesquelles venant souvent à se renverser à cause de l'inégalité des chemins, la charrette n'est plus tirée par le mouvement de la circonférence de la roue, mais par l'extrémité du moyeu. Alors il se rompt toujours quelque pièce de cette machine, ce qui retarde extrêmement le voyage, de sorte que nous aimions bien mieux marcher à pied au travers des boues et des torrents. Nos charrettes nous servaient d'hôtelleries durant la nuit ; et comme quelquefois nous campions au milieu des eaux, on ne peut croire la rude guerre que nous faisaient les sangsues, qui croissent en grand nombre en ces terres chaudes et humides ; nous en étions continuellement assaillis, et avec tant d'importunité, qu'elles nous tiraient toujours du sang, notre industrie ne pouvant suffire à nous en garantir entièrement. Nous eûmes encore à souffrir de la part des bêtes féroces, qui nous effrayaient le jour et nous faisaient la guerre la nuit. Pour nous en défendre nous bâtissions tous les soirs une forteresse, qui était composée de nos charrettes mises en rond ou en triangle ; les bœufs qui les tiraient et notre bagage étaient mis au milieu. Il nous fallait fortifier notre camp de quelques haies d'épines : nous ne laissions pas d'entendre rôder autour de nous des rhinocéros, et surtout de cruels tigres, qui livrent une furieuse guerre aux bœufs ; en sorte que ces bêtes étaient toutes effrayées à l'approche de ces tigres. Nous faisions tirer des coups d'arquebuse, et faisions des feux toute la nuit pour les écarter ; chacun était obligé de faire sentinelle à son tour ; nous dormions cependant au fond de nos charrettes, sans beaucoup nous agiter faute d'espace ; et nous nous accoutumions ainsi peu à peu aux fatigues et aux incommodités qui sont attachées à nos emplois. Durant le jour nous n'étions pas tout à fait exempts de la guerre des animaux. Les éléphants, qui sont fréquents au royaume de Siam, nous donnaient par intervalles de la peur, car rien n'épouvante ces bêtes.

Au sortir du village de Menam, après avoir mis un demi-jour à descendre une montagne si raide qu'il fallait lier les roues de nos charrettes, nous entrâmes dans un pays très agréable, et qui, en comparaison de celui dont nous sortions, nous parut comme un nouveau monde, tant l'air y était pur, les campagnes unies, bien cultivées et fertiles. Ce climat nous sembla si tempéré, que bien que nous eussions le soleil à plomb sur la tête, en sorte que pour connaître s'il était midi, nous n'avions qu'à prendre garde si l'ombre de nos chapeaux couvrait nos pieds, toutefois la chaleur ne nous incommodait point, quoique nous marchassions à pied ; peut-être que nous commencions déjà à nous accoutumer aux chaleurs de la zone torride où nous étions depuis neuf mois.

Six jours après nous arrivâmes à Couïr, petite ville carrée ; les murailles en sont de charpenterie, elle a bien deux cents maisons. On nous y demanda nos passeports, sans nous faire rien payer : notre truchement qui était mahométan crut faire plaisir au gouverneur de l'avertir qu'étant chrétiens et prêtres, nous donnerions ce que l'on nous demanderait. Ce gouverneur nous fit demander trois taëls, qui valent vingt-deux livres dix sols ; nous ne laissâmes pas de prendre congé de nous-mêmes, sans rien donner, et ne fûmes suivis de personne. Deux jours après nous arrivâmes à Pram, où il nous fallut encore montrer nos passeports. Il y a quelque trafic en cette ville, à cause de la rivière qui est grande, et du voisinage de la mer. De Pram nous arrivâmes en cinq jours à Pipili, le treizième d'août. Cette ville est grande, et a des murailles de briques. Nous marchâmes presque toujours dans l'eau, et nos charrettes roulaient avec grand'peine ; nous enfoncions souvent jusqu'à la ceinture, en des fondrières causées par des pluies qui en ces quartiers ont une merveilleuse force à pénétrer et détremper la terre, et à la rendre fertile. Aussitôt que nous fûmes arrivés à Pipili, notre premier soin, après celui de nous loger, fut de dresser un autel, pour dire la sainte messe le jour de l'Assomption de la glorieuse Vierge. Ce bonheur fut si grand pour nous, qu'il nous fit aisément oublier toutes nos fatigues et toutes nos peines, qui n'en ont que le nom, mais qui en effet sont de véritables sujets d'une extrême consolation. Le lendemain nous nous embarquâmes dans un bateau, pris exprès pour nous conduire à Siam, capitale du royaume, pour le fret duquel nous payâmes quinze écus. Nous marchâmes environ un jour entier jusqu'à la mer, puis allant par terre environ vingt-quatre heures de marche, nous vînmes à l'embouchure de cette belle et grande rivière de Siam, que nous montâmes toujours jusqu'au jour de notre arrivée, qui fut le vingt-deuxième du même mois. Nous ne ressentîmes d'autres souffrances extérieures en ce petit voyage, que la persécution de certaines petites mouches fort piquantes, qui paraissent aussitôt que le soleil est couché, et qui ne s'en retournent que sur les sept à huit heures du matin. Durant tout ce temps-là il n'est pas possible qu'un homme puisse dormir, parce qu'on est perpétuellement occupé à se défendre de la guerre que font ces petits animaux dont le nombre est infini.

Débuts à Juthia. — Les Cochinchinois chrétiens.

22 août 1662—1ᵉʳ mars 1663.

On ne fut pas plutôt arrivé dans la ville royale de Siam, que le bruit s'en répandit partout dans le quartier des Portugais, ce qui obligea les missionnaires d'aller rendre civilité au capitaine de cette nation, qui les reçut fort bien, prit le soin de leur trouver un logis proche du sien, et ayant fait donner avis à tous les ecclésiastiques et religieux qui sont en cette ville de leur venue, la plupart d'eux vinrent faire leurs compliments suivant la coutume du pays.

Il ne fallut pas grand temps pour reconnaître le pauvre état spirituel de ce pays, ce qui fit aussitôt prendre la résolution aux missionnaires, après avoir rendu les visites, de demeurer en leur particulier.

La divine Providence fournit pour ce sujet une occasion favorable, qui fut une retraite de quarante jours que Mˢʳ de Bérithe avait arrêté de faire peu de temps après qu'il serait à Siam, pour demander lumière au bon Dieu, afin de régler les affaires de leur mission dont ils étaient si proches, ensuite de laquelle les deux autres missionnaires la firent successivement.

L'une des vues fut que les missionnaires devaient pour la plus grande gloire de Notre-Seigneur Jésus-Christ se séparer, et que pour ce sujet ils devaient étudier les langues de la Chine et de la Cochinchine. Suivant cet ordre, on pensa tout aussitôt à trouver des personnes qui pussent instruire de ces idiomes. La divine Providence, qui avait été l'auteur de ce dessein, fournit en bien peu de temps deux hommes chrétiens de ces deux nations pour venir à bout de cette entreprise.

Ce qui est plus remarquable en cette rencontre est que la bonté divine se servit de ce moyen, pour découvrir aux missionnaires un petit nombre de Cochinchinois qui étaient ici, dont les uns étaient chrétiens, les autres païens, et quelques-uns des renégats. A cette première découverte, ils prirent feu, et après avoir fait toutes les recherches nécessaires pour trouver leurs ouailles, ils en rencontrèrent à peu près un cent de cette nature.

Aussitôt on avisa aux moyens de leur pouvoir donner connaissance de Jésus-Christ crucifié, en quoi consiste la vie éternelle. On proposa ce grand bonheur à leur chef qui était chrétien, et à quelques autres qui reçurent cette offre avec bien des témoignages de joie. Pour ce sujet l'on convint d'une maison où Mgr de Bérithe allât dire la messe de minuit et leur fît une briève instruction en portugais, qui leur fut expliquée en leur langue par un d'eux, et ce fut là le commencement de la mission.

Tout cela se faisait par une spéciale miséricorde de Dieu. On ne fut pas longtemps sans apercevoir de merveilleux effets par l'assiduité que ce petit troupeau apportait à entendre la parole de l'Évangile, par le désir qu'il témoignait d'être instruit de nos mystères qui leur étaient très inconnus.

En effet, nous pouvons porter ce témoignage, que d'environ 40 Cochinchinois chrétiens qui ont été baptisés par les Pères Jésuites, à peine s'en trouvait-il un qui sût les choses nécessaires au salut. On ne s'en étonnera pas quand on sera informé que l'ordinaire de ces missionnaires est de baptiser, le même jour ou le lendemain, ceux qui demandent à être faits chrétiens, sans les enseigner des obligations d'un fidèle.

En ce lieu ici, où il y a environ 2.000 âmes chrétiennes ramassées de toutes parts et dans la plupart des Indes, on ne sait ce que c'est que grand'messe dans les fêtes et dimanches, prônes, sermons de doctrine chrétienne, vêpres, ni aucun exercice de piété ; tout se réduit à dire une basse messe, si ce n'est à la fête d'un saint de l'Ordre et quelque jour dans le carême, où l'on fera une prédication sur la passion de Notre-Seigneur, mais de la façon que cela se passe, le peuple n'en tire ni instruction, ni profit.

Nos pauvres Cochinchinois, si délaissés et si dignes de compassion, entendant parler des merveilles du christianisme, des obligations que nous avons à Dieu, de son amour infini, de la sainteté de la religion, et surtout de Jésus-Christ mort pour nous en croix, commencèrent à reconnaître leur bonheur et le malheur qu'ils avaient eu jusqu'alors d'avoir vécu sans connaître ni aimer un Dieu si bon et si rempli de miséricordes. Pour contenter leur extrême désir d'être éclairés de nos mystères et d'apprendre les choses de leur salut, on résolut de se rendre trois fois la semaine à cette maison dont il est parlé, pour y faire les fonctions de véritables pasteurs. C'est une joie aux missionnaires d'aller en ce lieu, bien qu'éloigné d'environ une lieue de celui de leur demeure, afin de rendre les fidèles capables de recevoir les sacrements et de leur apprendre la manière de prier Dieu.

Conversions.

Ce petit emploi ne dura pas longtemps, que quelques gentils de cette même nation n'eussent la curiosité de venir entendre ce qui se disait de la religion, ensuite de quoi quelques-uns demandèrent publiquement à être chrétiens et à être enseignés des mystères de notre sainte foi.

Si on avait voulu condescendre à l'extrême envie de ces bonnes gens, on leur aurait donné le baptême après deux ou trois instructions ; mais les missionnaires sont dans ce sentiment que, s'il faut en tous lieux n'admettre pas légèrement ceux qui veulent embrasser le christianisme, c'est particulièrement en ces quartiers où la porte pour retourner au vice et à l'idolâtrie est toujours ouverte. Ç'a été dans cette vue qu'on a fait attendre les trois catéchumènes qui furent baptisés le 21 de janvier, dont le premier fût nommé Joseph, âgé d'environ 30 ans. C'est un homme dont la grâce paraît grande, et qui avance de plus en plus dans la vertu, peut-être en considération qu'il est le premier sujet de la mission.

Notre-Seigneur donnant esprit de vie aux paroles des missionnaires, et grâce à plusieurs gentils de les recevoir, un père et une mère païens, qui n'avaient qu'un enfant âgé d'environ deux ans, déclarèrent qu'ils voulaient être chrétiens, et, pour gage de leur promesse, ils prièrent de baptiser ce petit innocent en attendant qu'ils fussent en état de recevoir cet incomparable bonheur. On leur accorda cette juste demande avec bien de la joie, qui fut tôt après suivie d'une grande miséricorde du bon Dieu, lequel ayant dessillé les yeux de plusieurs païens, six d'entre eux firent la même protestation, ensuite de quoi ayant été instruits suffisamment, et donné des marques de personnes qui avaient véritablement envie d'embrasser le christianisme, ils furent baptisés suivant l'ancienne pratique de l'Eglise le samedi-saint, reçurent le sacrement de confirmation, et communièrent le dimanche suivant. Ceux qui n'étaient pas en état de recevoir ces grandes grâces furent remis en un autre temps, pour leur donner une plus ample connaissance des mystères de notre sainte religion.

Ce qui est digne de remarque dans la vocation de ce petit nombre de chrétiens est la manière dont le bon Dieu les a attirés, et leur fidélité à la grâce, parce que quelques-uns d'eux, ayant ouï parler du christianisme, ont demandé à l'embrasser aussitôt, les autres ont été plus longtemps, et quelques-uns ont témoigné y avoir opposition formelle. Tous ceux, néanmoins, qui ont été assidus à venir entendre la parole de Dieu se sont enfin soumis de très bon cœur sous l'agréable joug de Notre-Seigneur Jésus-Christ. Il s'est rencontré une femme païenne, étant à la porte de sa maison, à laquelle un des missionnaires, par une Providence particulière ou par un mouvement spécial, a fait demander en passant si elle voulait être chrétienne ; sa réponse fut qu'elle ne savait pas ce que c'était que cette religion, mais que c'était ce que son cœur désirait. Un autre jour, le même missionnaire, voyant un gentil Cochinchinois passer, lui fit aussi demander s'il ne désirait pas se faire chrétien. Il répondit qu'il ignorait ce qu'on lui voulait dire, mais si l'on voulait l'en instruire qu'il verrait ; on accepta bien volontiers son offre, et on lui assigna lieu et heure pour lui parler des mystères de notre sainte foi, de laquelle ayant été informé, il résolut de quitter le paganisme, reçut le baptême, et fut nommé Ave (?). L'action que fit notre premier chrétien Joseph, dont nous sommes témoins, est certainement digne d'admiration. Un jour, pendant qu'il était encore catéchumène, venant se faire instruire, ne trouvant pas de bateau pour passer une grosse rivière, il la traversa à la nage. Si nous ne l'eussions vu tout mouillé quand il arriva, nous eussions sans doute ignoré ce grand effet de grâce. Son innocence et sa simplicité parurent environ deux mois après son baptême, quand il vint demander à se confesser. Quelqu'un des missionnaires lui demandant en souriant quels péchés il avait commis, il dit qu'il n'avait pas de grands péchés, qu'il n'en avait seulement fait que de petits, et lui ayant représenté qu'il n'était point de petits péchés, il eut regret d'avoir parlé de la sorte, ensuite de quoi s'étant confessé par interprète, celui qui l'entendait rapporta qu'il est dans une véritable innocence.

Autres conversions. — Chapelle.

1er mars 1663—27 janvier 1664.

On s'occupa à l'instruction et à la conversion du petit troupeau que le bon Dieu nous avait donné, et particulièrement à tirer de leur extrême aveuglement deux femmes gentiles près desquelles on n'avait pu rien gagner pendant l'espace de plus de quatre mois, car toutes deux avaient publiquement déclaré que, quoiqu'elles vissent bien que la religion chrétienne fût la véritable, néanmoins elles aimeraient mieux être damnées que de l'embrasser. Cependant Dieu, qui est le seul conquérant des cœurs, leur a fait rendre les armes de cette sorte.

Une d'elles étant tombée grièvement malade d'une fièvre continue, un des missionnaires la fut voir pour lui témoigner qu'il était bien fâché de la trouver en cet état où elle était en danger de mort temporelle et éternelle, que si elle voulait promettre à Dieu d'embrasser notre religion et de se faire chrétienne, il avait un remède qui la pouvait guérir. Ce fut assez pour qu'elle ne s'opposât pas formellement. Le lendemain, on lui envoyait gros comme un poids d'un certain médicament, et l'ayant pris, la fièvre la quitta. Le jour d'après, le missionnaire la fut visiter, et sans autre persuasion elle lui fit connaître qu'elle avait pris la résolution d'être chrétienne. Environ quinze jours après, l'autre femme veuve, qui était tout à fait attachée à quelques superstitions gentiles, vint déclarer un soir qu'elle les voulait quitter pour embrasser la véritable religion.

Ces deux grandes conversions que Dieu fit donnèrent une joie incroyable aux missionnaires, qui fut augmentée extraordinairement par la consolation que leur donna le retour d'une vingtaine de leurs pauvres Cochinchinois, qu'on avait pris pour aller à la guerre au commencement du mois de février, et dont les uns étaient chrétiens et les autres païens. Du nombre des chrétiens, il y avait deux bons néophytes, qui furent baptisés le jour qu'on les obligea de partir. Cette fâcheuse rencontre donna une grande tristesse aux missionnaires, qui, voyant qu'on leur ravissait leurs ouailles, s'en plaignirent à Dieu avec des gémissements intérieurs. Sa bonté, qui a des complaisances pour ceux qu'il aime, qu'on n'oserait dire ni penser, leur donna cette consolation de revoir avant de partir leurs brebis égarées, par le rappel inopiné qu'on fit des troupes. Ce coup de Providence ravit d'aise les missionnaires qui eurent un surcroît de plaisir qui ne se peut expliquer, lorsqu'à la première entrevue avec un missionnaire, ils se jetèrent tous à son col, l'appelant leur père, et les gentils criant qu'ils ne voulaient plus d'idoles, qu'ils désiraient être chrétiens, qu'ils avaient appris pour ce sujet le *Pater*, l'*Ave*, le *Credo* qu'ils avaient récités soir et matin avec ceux qui faisaient la prière.

Après Dieu, l'on doit leur conversion à leur capitaine cochinchinois qui était chrétien, lequel deux fois chaque jour dans son vaisseau, à la vue de toute l'armée, faisait faire des prières à ceux de notre sainte religion. Interrogé par le général pourquoi il faisait des oraisons particulières de cette sorte, il répondit galamment que, faisant cela, il ne craignait point les balles de mousquet. Quoiqu'il ne forçât pas les païens de réciter nos prières, cependant de leur bon gré ceux-ci imitaient la piété de leur chef, et ils promirent que, sitôt qu'ils pourraient, ils se feraient baptiser.

Durant cet intervalle, on exécuta un dessein qui avait été pris il y avait longtemps, qui était de faire bâtir une petite chapelle à peu de frais, où ce peuple pût, les jours de fête, entendre la sainte messe et s'assembler en commun, afin d'y faire l'oraison mentale suivant la manière qui leur a été donnée. Les missionnaires ont fourni, du fonds qu'ils avaient apporté, l'argent qu'il a fallu pour acheter les matériaux, et ces bonnes gens l'ont bâtie eux-mêmes avec une telle diligence qu'elle a été en état d'être bénite avant leur départ. On y a fait un petit retranchement à un des côtés, pour y pouvoir loger un ecclésiastique. Ce fut où se retira celui[1] qui alla travailler à l'instruction de ces catéchumènes.

Ce petit lieu a été mis sous la protection du glorieux saint Joseph, parce qu'on a cru qu'étant aussi le patron du premier de nos chrétiens, il était tout à fait avantageux pour la bénédiction de la mission que les premiers de cette petite chrétienté naissante lui fussent soumis.

Les catéchumènes, au nombre de neuf, n'étant pas tous également disposés pour recevoir le sacrement de baptême, trois d'eux furent seulement bap-

[1] M. Deydier.

tisés, et les autres réservés au retour du missionnaire[1] qui était allé à Ténassérim, lequel ne manquera pas de temps pour les instruire présentement.

Afin de ne rien omettre de ce qui peut servir à cette mission, on a jugé à
propos de rendre une civilité par lettre à Monseigneur l'archevêque et à M. le
gouverneur de Manille, et de leur déclarer le sujet de notre sainte entreprise.
On a fait la même chose à M. le général de la Compagnie de Hollande qui
réside toujours à Batavia, pour l'assurer que nous ne venons pas ici pour
faire un commerce temporel. On a aussi trouvé nécessaire d'écrire au Père
provincial des Jésuites de Macao, afin de ne rien croire de tout ce qu'on lui
pourrait mander au préjudice des missionnaires de France, qui n'ont d'autre
but que la gloire de Dieu et le salut des âmes. On a enfin fait savoir à quelques
religieux de cette Compagnie, qui sont à la Chine et à la Cochinchine, qu'on
vient ici pour vivre avec eux comme frères, et mourir pour Jésus-Christ.

Retraite.

Les missionnaires, ne voyant plus grande espérance de conversion dans
leurs Cochinchinois païens, à cause de l'opposition qu'ils avaient d'embrasser
le christianisme, arrêtèrent de faire successivement une retraite spirituelle
de quarante jours pour demander à Notre-Seigneur de nouvelles grâces,
pour le supplier qu'il eût compassion de l'aveuglement de ces pauvres gens,
et particulièrement pour obtenir de sa bonté la lumière sur ce qu'il y avait à
faire l'année prochaine.

Dans cette retraite, la bonté divine fit voir aux missionnaires que le don
de la conversion des âmes était un des plus grands bienfaits qui puissent estre
accordés à la créature, et du nombre de ces grâces extraordinaires qui ne
s'obtiennent que par le jeûne et l'oraison ; ils prirent résolution de donner à
la vie intérieure, outre le temps accoutumé, celui qui leur resterait après
s'estre acquittés de leurs nécessaires obligations.

Pour ce qui regarde l'autre point, ils supplièrent Notre-Seigneur d'a-
gréer d'eux une abstinence de viande et un jeûne perpétuel le reste de leur
vie, à la réserve des jours de Noël, Pâques, la Pentecôte ; l'expérience fait
voir combien ces petits sacrifices sont agréables aux yeux de Dieu, et combien ils sont salutaires à l'âme et au corps, supposé la vocation à la vie apostolique ou à la vie perfective. Il est certain qu'on doit envisager les mortifications intérieures et extérieures comme des moyens absolument nécessaires
pour aller à Dieu, et qu'il les faut considérer comme des dispositions efficaces
qui inclinent la miséricorde de Dieu à faire de sublimes et très saintes opérations, qu'elle a coutume de produire en l'âme de ceux qui ne désirent savoir ces joies que pour l'aimer et pour l'adorer davantage.

Outre ces moyens, on en a découvert encore un autre qui a des effets
merveilleux, c'est de faire toute chose dans l'ordre de sa vocation, par le pur
mouvement intérieur qui est attaché à l'état de celui qui est véritablement
appelé à la vie apostolique, ensuite duquel il faut toujours agir d'une manière toute passive au dedans de soi, se considérant comme un ministre animé
de l'esprit de Jésus-Christ et de la sainte Eglise. En cette qualité, l'âme doit
bien prendre garde de ne rien opérer de son chef ; mais seulement elle doit
suivre les vues qui lui seront données par l'union de cette influence mystique
et adorable ; que s'il plaît à Notre-Seigneur la laisser dans l'obscurité, elle se
rapportera à lui de faire ses sacrifices au Père Eternel, selon son bon plaisir ;
cependant elle fera toutes choses dans la bonne foi, et pour ainsi dire à la
caution de Jésus-Christ dont les missionnaires apostoliques sont les agents
visibles et les médiateurs par état.

---

[1] M. de Bourges.

Moyens dont Dieu s'est servi
pour convertir quelques Cochinchinois.

La divine miséricorde voulant se faire connaître, lorsqu'on n'y pensait pas, permit qu'un petit garçon âgé de sept à huit ans, fils unique d'un de nos Cochinchinois gentil, marié à une femme de Siam, vint à tomber grièvement malade ; pendant l'espace de quelques jours, ces pauvres gens ne manquèrent pas de faire des sacrifices à leurs idoles pour obtenir la santé de cet enfant, lequel estant aux abois et ayant perdu tout à fait la parole, quelques-uns de nos chrétiens, qui se trouvèrent à ce triste spectacle, persuadèrent au père et à la mère de faire appeller les missionnaires. Ayant consenti à cela, on vint aussitôt avertir un des missionnaires qui courut à cette maison à la demande de plusieurs de nos néophytes qui, compatissant à la juste douleur de ces païens, prièrent les missionnaires d'avo r pitié de leur extrême affliction ; qu'il y allait de sauver le corps et l'âme de ce petit innocent qui estait prêt à expirer ; qu'on consentait qu'il fût chré ien pourvu qu'on l'empêchât de mourir. Le père ajouta à cela qu'il le vouait au Dieu des chrétiens, et il donna les mains qu'on l'enlevât dès l'heure de sa maison. Dans ce même temps le missionnaire récita l'Evangile de saint Jean sur le moribond, et prononçant ces vivifiantes paroles *le Verbe s'est fait chair*, le petit malade commença d'ouvrir les yeux, puis sourit à ceux qui estaient autour de lui. Cependant, voyant qu'on ne pouvait pas omettre les cérémonies de la sainte Eglise, on le fit apporter à la chapelle où il fut baptisé et nommé Antoine, ensuite de quoi il fut conduit à la maison de sa marraine qui avait esté présente à tout ce qui s'estait passé. Sitôt qu'il y fut, le père et la mère vinrent voir l'état où il estait ; et l'ayant reconnu entièrement hors de péril, ils furent comme forcés d'admirer la toute-puissance de Dieu. Peu de temps après, le père ayant rencontré celui qui avait baptisé son fils lui dit, tout ravi d'aise, qu'il l'avait donné à Dieu et qu'il n'estait plus à lui.

Quand il plaît à la divine bonté d'agir de cette manière, les conversions sont très faciles ; les missionnaires ne laissèrent pas d'en rendre leurs très humbles actions de grâce à Notre-Seigneur, comme d'un des plus grands bienfaits qu'ils pussent recevoir de sa part ; et faisant réflexion sur cette action, et sur tout ce qui s'est passé depuis qu'ils avaient en vue de commencer ici leur mission, ils reconnurent que tout estait rempli de providences particulières. On ne peut dire le plaisir qu'il y a à s'entretenir des miséricordes et des conduites que Dieu tient sur les âmes ; c'est un emploi dont on ne peut se lasser. Que ces conférences sont charmantes, et quelle différence de ces conversations à celles des gens du monde, qui font leur divertissement à parler de choses qui ne sont utiles ni à leur salut, ni à la gloire de Dieu. Outre toutes les grâces qu'il a plu à Notre-Seigneur de faire au prochain, celle-ci a donné une singulière satisfaction aux missionnaires, parce qu'ils crurent qu'elle ne servirait pas peu à la confirmation de leur petit troupeau, et qu'elle pouvait avoir d'autres conséquences.

Ils ne furent pas frustrés dans leur attente, puisque, peu de jours après, le père et la mère de ce nouveau chrétien, avec quatre autres, résolurent de se soumettre aux lois de Jésus-Christ. On s'est occupé à les instruire des mystères de notre religion pendant environ deux mois ; après quoi ils ont reçu le baptême.

Cependant, comme ce petit garçon paraît avoir de l'esprit et de la grâce, on s'occupe à l'élever parfaitement dans les maximes du christianisme, avec deux autres néophytes âgés d'environ treize ans, auxquels on apprend à lire, à écrire et parler portugais, qui est le seul langage de l'Europe qu'on parle dans les Indes et en tous ces quartiers. De ces deux néophytes il y en a un qui a un esprit extraordinaire et d'une belle inclination ; on le destine à l'église ;

c'est encore un surcroît d'allégresse aux missionnaires d'estre occupés à ces fonctions qui sont dans l'ordre de leur vocation, et des plus nécessaires ; cela leur donne lieu de bénir Dieu qui leur fait l'honneur de leur commettre de semblables emplois, si peu connus de ceux qui les estiment au-dessous d'eux.

Tous ces heureux commencements estant des marques visibles du dessein que le bon Dieu a de se faire connaître et adorer quelque jour en ce royaume, on arrêta que, s'il nous venait du secours, on y laisserait quelqu'un qui aurait la conduite de notre petit troupeau, et qui ferait tout son possible pour coopérer à la conversion du reste de nos Cochinchinois gentils qui sont ici. On attend une réponse de Rome, par laquelle on espère que Sa Sainteté et la Sacrée Congrégation donneront mission pour cet Etat ; mais quand cela ne serait pas, il y a plusieurs raisons qui ont fait prendre cette résolution, entre autres celle d'avoir ici une personne qui puisse envoyer en Europe et renvoyer les paquets qui en pourront venir ; cela est si nécessaire que, si on ne le fait pas, il faut renoncer à cette prétention jusqu'à ce qu'on ait une autre voie, à cause des menées de ceux à qui nous déplaisons au dernier point.

Outre cette vue, on a pensé que celui qui restera ici sera en état d'être envoyé en Cochinchine ou au Tonkin, parce qu'il y apprendra par nécessité la langue de la Cochinchine, qui est commune à ces deux Etats.

On peut encore regarder ce lieu ici comme un séminaire des langues, à cause de plusieurs nations qui y demeurent ; de sorte que, si on veut, on y peut apprendre les diverses langues de la Chine, comme celles de Canton, Chincheu, ou la mandarine qui est la générale ; on peut aussi étudier celle du Japon, du Laos, du Pégou, du Macassar, du Cambodge, etc. Avec tout cela on a cet avantage, qu'estant dans ce royaume, on est dans un pays de fort grande liberté.

Arrivée de Mgr d'Héliopolis, de MM. Chevreuil, Brindeau, Hainques et Laneau, missionnaires apostoliques, et de M. de Chamesson, laïque, à Juthia, le 27 janvier 1664.

Les lettres qu'on nous écrit de Ténassérim ayant été interceptées, les missionnaires qui étaient à Siam ne surent la venue de ces grands serviteurs de Dieu que par l'avis qui leur en fut donné par l'un d'eux, lequel fut envoyé pour avertir qu'on avait arrêté le vaisseau où ils étaient, suivant la coutume, à une lieue de cette ville, attendant qu'on eût reçu ordre de les laisser passer.

Cela ayant été facile à obtenir, ils eurent la consolation de se voir réunis le lendemain par une providence toute particulière de Notre-Seigneur. Ils convinrent dès leur abord qu'on ne parlerait d'aucune nouvelle qu'après cinq jours, et qu'on s'occuperait seulement à rendre grâce à la divine bonté, de la miséricorde qu'elle leur faisait d'avoir permis une entrevue si surprenante, qui leur donnait moyen d'aviser aux intérêts de sa gloire d'une manière extraordinaire.

Synode. — Fêtes religieuses.

Ce fut dans cette vue qu'on résolut de tenir un synode où l'on arrêta de toucher une matière importante à la mission : le premier fut d'envisager les très grands désordres qu'il y a dans tous ces quartiers en général, et en particulier pour les éviter et chercher les moyens de n'y pas tomber ; le second fut de résoudre plusieurs cas de conscience et de difficultés ; et le troisième fut de dresser une conduite générale pour les missionnaires, afin qu'ils se trouvassent uniformes, autant que cela se peut, dans leur façon d'agir intérieure et extérieure.

Les missionnaires, bien persuadés de cela, délibérèrent de laisser la conduite de notre petite église naissante à MM. Deydier et Laneau, lesquels s'employèrent à suivre les desseins de Dieu touchant la conversion des âmes.

Beaucoup de choses ont servi à prendre cette résolution, car outre les raisons de la nécessité qu'il y a de s'établir en ce lieu, on a considéré l'état présent où se trouvent la Chine, le Tonkin et la Cochinchine au sujet de la religion, et plus de douze à quinze mille âmes, qui sont en cette ville et aux environs, venues des lieux de nos missions, lesquelles étant toutes païennes et abandonnées semblent n'être pas de pire condition que si elles étaient dans les lieux de leur origine.

Pour faciliter l'exécution de ce projet par toutes les voies imaginables, on résolut de se mettre bien dans l'estime des religieux et des chrétiens d'ici ; cela obligea les missionnaires d'aller voir les principaux d'entre eux et de leur rendre toutes sortes de bons offices, leur témoignant que, si l'on avait différé de donner le sacrement de confirmation jusqu'alors, ce n'était qu'afin qu'on eût plus de loisir d'instruire les peuples des principales matières de la foi, dont la plus grande partie était ignorante ; au reste le temps de carême où l'on allait entrer était admirablement propre pour cela, et les missionnaires s'offraient d'entreprendre une mission jusqu'à Pâques, dont il y avait tout lieu d'espérer de très heureux fruits ; mais quoi qu'on pût faire et alléguer pour obtenir cette grâce, jamais il ne le fut possible, et tout se termina par la promesse qu'on fit de rendre capables de la réception de ce sacrement ceux qui ne l'étaient pas. Ne pouvant pas obtenir davantage, il fallut se contenter de cela et se réduire à faire des instances touchant cette instruction. Ces démarches de civilité firent convier les missionnaires d'assister à une procession générale qui se fit le premier dimanche de carême, où ils furent, et tâchèrent d'entrer dans l'union et l'esprit de pénitence et de satisfaction de Jésus-Christ. Cette action fut fort solennelle et causa d'autant plus de surprise au peuple, qu'il n'avait pas de coutume de voir un corps ecclésiastique marcher avec quelque modestie et quelque récollection. Peu de temps après cette cérémonie, les chrétiens ayant demandé le sacrement de confirmation, on jugea à propos que ce fût Mgr de Bérithe qui le donnât.

Il fut même arrêté, pour conserver la meilleure intelligence, d'inviter les deux supérieurs des religieux, le jour du glorieux saint Joseph qu'on supplie d'être protecteur de notre petite église et de toute la mission ; ils y vinrent avec leur musique, et passèrent la journée chez les missionnaires où était l'oraison des Quarante-Heures devant le Saint-Sacrement, qui fut exposé jour et nuit avec autant de liberté que dans un pays chrétien.

Départ de Mgr d'Héliopolis. — Conversions de Laotiens.

Mgr d'Héliopolis repartit de Siam accompagné de M. de Chamesson, laïque, le 20 janvier 1665 [1], pour se rendre à Mergui, où il se rencontre d'ordinaire plusieurs vaisseaux qui retournent le mois de mars à la côte de Coromandel, d'où il part tous les ans des navires anglais pour l'Europe.

Sitôt qu'on fut débarrassé des soins et des dépêches que demandait un si long voyage, on songea avec plus d'application que jamais aux moyens de servir Dieu. Dans cette vue, un des missionnaires au nom de tous fit une retraite de plus de quarante jours, afin de ne rien faire qui ne fût conforme au bon plaisir divin. Cette juste soumission fut agréable aux yeux de Dieu, qui inspira ou plutôt confirma deux desseins avantageux pour sa gloire : le premier fut de s'occuper à l'instruction de la jeunesse, et le second fut d'aller parler de notre sainte religion dans plusieurs villages. Celui qui la reçut avec plus de marques de grâces fut un petit hameau composé de soixante ou soixante-dix personnes, qui sont venues depuis deux ans du royaume de Laos [2]

---

[1] Mgr Pallu dit le 17 janvier. *Relat. ab. des miss. et des voy.*, p. 51.

[2] Nous travaillons avec bien de l'édification auprès de quelques vieux Laos, captifs de guerre, qui sont dans un petit village assez éloigné de la ville ; tous les dimanches on—

et qui en sont originaires. Dès qu'on reconnut qu'il y avait espérance de faire quelques progrès en ce lieu-là, un des missionnaires s'y en alla camper, et y fit dresser une espèce de tente où il est resté depuis le commencement de février jusqu'au mois de mai, pour instruire ceux qui feraient bon usage de la grâce de Notre-Seigneur Jésus-Christ, et particulièrement pour examiner si par leur bonne vie ils pourraient être admis au nombre des chrétiens.

On fait encore cette remarque en passant, qu'on a déjà faite ailleurs, pour avertir les missionnaires qu'il est facile de trouver des personnes en tous ces quartiers, qui, après avoir ouï parler de la religion chrétienne, consentent d'être baptisées. Cependant si on se contente de cela sans faire épreuve de leur vocation et de leur vie, elles retournent aisément dans le paganisme, et tombent dans l'apostasie au temps de la moindre persécution ; aussi, quoique la plus grande partie des gentils donnassent les mains à se faire chrétiens, il n'y en a eu que quatre d'entre eux qui ont été jugés dignes de recevoir cette incomparable grâce, après environ trois mois de séjour qu'on a fait avec eux dans ce lieu-là.

Il est vrai qu'ayant appris dans ce village qu'il y avait deux femmes païennes de cette même nation qui vivaient en concubinage avec deux chrétiens, le bon Dieu leur fit la grâce de les appeler à l'état du christianisme avec cinq autres de ce même pays, après avoir reçu une instruction suffisante. Semblable fait est arrivé au sujet de trois autres femmes gentiles, originaires de Siam, lesquelles ont embrassé notre sainte religion et ont ensuite été mariées selon les lois de la Sainte Eglise.

Baptêmes d'enfants. — Prisonniers. — Conversions.

Outre cette bénédiction, il est remarquable que pendant le séjour que fit un des missionnaires avec ces pauvres gens, Dieu permit que deux petites filles, âgées de quatre ou cinq mois, tombâssent malades et qu'elles moururent l'une le même jour, et l'autre le lendemain de leur baptême. Un pareil bonheur arriva à un petit garçon de trois ans, fils d'un Chinois venu d'une province proche de Pékin, qui a toujours conservé grand respect pour les missionnaires depuis qu'il les a connus. Il avait emmené un de ses enfants malade en leur maison, quelques jours auparavant que d'y emmener celui, auquel on avait donné du jus de limon mêlé avec de l'eau bénite ; ensuite de quoi il avait recouvré la santé. Espérant qu'il pouvait arriver la même chose à celui-ci, il l'apporta tout mourant et le mit entre les mains des missionnaires pour en faire ce qu'ils voudraient. On le baptisa sur le champ avec toutes les cérémonies de la sainte Eglise, ensuite de quoi il mourut deux ou trois heures après. Les missionnaires reçurent encore une égale consolation

leur va dire la messe ; leur simplicité, leur innocence et leur pauvreté avec le peu d'empressement d'en sortir sont ravissantes ; un peu de riz et quelques herbes, un petit poisson font leur nourriture ordinaire ; ils sont contents quand ils ont quelque vieux morceau de toile pour se couvrir ; souvent on ne trouve pas dans leurs confessions matière d'absolution ; si les autres Laos sont d'un naturel aussi bon, cette mission doit être bien facile. Il y a encore beaucoup d'autres Laos ici, mais il n'y a pas moyen de s'y employer ; des ouvriers au nom de Dieu, des ouvriers, car il y a bien à travailler de tous côtés.

Sitost qu'on vit le commencement d'un petit troupeau dans l'endroit où habitent les gens originaires du Laos, l'on prit la résolution de faire bâtir une petite chapelle à la façon du pays, où l'on commença de célébrer la sainte messe le 29 aoust dernier ; quelques autres de ce même village, ayant considéré qu'on ne cherche que le salut de léurs âmes, ont aussi déclaré qu'ils voulaient embrasser la religion chrétienne et viennent entendre le catéchisme qu'on y fait deux ou trois fois la semaine. Nous avons dédié cette petite chapelle (suivant les intentions de Mᵐᵉ la duchesse d'Aiguillon, qui nous a fait la grâce de nous en écrire exprès) à l'honneur du précieux sang de Notre-Seigneur. (*Mᵍʳ Lambert de La Motte à Mᵍʳ Pallu, octobre 1667. A. M.-E., vol. 857, p. 232*).

touchant une petite fille d'un Cochinchinois, qui mourut âgée de six semaines après avoir été baptisée.

Un de nos néophytes cochinchinois ayant demandé de se marier avec une fille de Siam, païenne, dans l'espérance morale qu'elle serait chrétienne, on lui accorda dispense à ce sujet. Le mariage ayant été contracté, on n'a pas eu de peine de persuader à cette femme la bonté de notre sainte religion qu'elle a embrassée après plus de trois mois d'instruction et d'épreuves.

Comme la charité des disciples de Jésus-Christ doit être universelle, on est plusieurs fois allé visiter les prisons, en l'une desquelles fois on a délivré deux personnes qui n'étaient détenues que pour dix ou douze livres.

Les forces des missionnaires étant amoindries par le départ de trois de leur Corps[1], mais non pas leurs emplois, ils ont eu la pensée de demander à Dieu un secours extraordinaire. On arrêta à cette fin de faire l'oraison des Quarante-Heures, et de garder désormais le Saint-Sacrement, afin de pouvoir souvent de jour et de nuit recourir à cette source de lumières et de grâces. Si ces sacrifices étaient faits par des personnes véritablement appliquées, il n'y a pas de doute que leurs prières n'eussent de belles suites touchant la conversion de beaucoup d'âmes. Dieu, cependant, qui est riche en miséricordes, n'a pas laissé d'appeler à soi, au mois de septembre, un petit garçon de Siam, âgé d'environ trois ans, de la maladie duquel étant averti, on lui conféra le baptême quelques jours auparavant qu'il mourût. Il y eut encore en ce même temps un Cochinchinois, qui a épousé une femme gentile, et qui vient de donner avis aux missionnaires que la femme avait envie de se faire chrétienne, et qu'elle consentait qu'une petite fille qu'ils avaient, âgée d'environ six mois, fût baptisée ; ce qui ayant été fait avec toutes les cérémonies de la sainte Église, Dieu tira à lui cette âme innocente dix ou douze jours après. Outre ses miséricordes, il a plu à la bonté divine de convertir cinq adultes, savoir un Chinois originaire de Canton, une Cochinchinoise et trois autres personnes, lesquelles furent baptisées le jour de la Toussaint. Dans l'espérance qu'on a que Notre-Seigneur continuera ses bontés sur les peuples de ce royaume, on a pensé qu'il était expédient de dresser un sommaire des principaux articles que croit l'Église catholique, pour être distribué à tous ceux qui demanderont d'avoir connaissance, et qu'on jugera les moins incapables de cette divine doctrine. Le petit abrégé a été traduit en langue de Siam, par un missionnaire qui la parle assez bien[2].

Japonais. — Guérison d'un enfant.

Mgr LAMBERT DE LA MOTTE A Mgr PALLU.

A. M.-E., vol. 876, p. 143.

Siam, 1663.

L'emploi ne nous manque pas ici : nous avons deux petites paroisses de néophytes, une petite école assez nombreuse de chrétiens, et de gentils, des catéchumènes, etc., sans parler du camp des Japonais qui ont pris notre parti dans la perquisition qu'on nous a faite, et qui demandent d'entrer sous notre direction. Il se trouva quelques bonnes âmes auxquelles j'ai déjà fait quelques entretiens spirituels où elles ont pris grand goût ; le seigneur Jean, qui est le premier des chrétiens japonais, dont la famille se compose de 25 personnes, s'est déclaré pour nous et vient fort souvent céans.

Notre cher M. Laneau, qui est une des plus belles âmes qu'on puisse

[1] Pour la Cochinchine et le Tonkin.
[2] M. Laneau.

voir, est fort occupé ; je le soulage en ce que je puis, et me suis chargé de
toutes les prédications.

Mᵍʳ PALLU AUX DIRECTEURS DU SÉMINAIRE DES M.-E.
A. M.-E., vol. 858, p. 85.

Siam, 20 octobre 1664.

M. l'évêque de Bérythe continue de travailler à la conversion des Cochinchinois qui résident à Siam ; il a esté plus d'un an avant que de convertir un
prêtre des idoles de ce pays, qu'il baptisa le jour de saint Michel.

Plusieurs Cochinchinois, ayant esté pris par les galères de Siam comme
espions, furent emmenés prisonniers en la ville ; M. de Bérythe les envoya
aussitôt visiter pour les consoler, et ayant été mis en liberté, ils députèrent
deux d'entre eux, qui vinrent en habit de cérémonie, et avec une profonde
révérence qu'il font en baissant la tête jusqu'à terre, rendre leurs remercie-
ments à ce prélat ; ensuite toute la troupe y vint, et après quelques discours
de la religion, quatre de ce nombre demandèrent d'estre instruits, ce qu'on
accorda avec bien de la joie. Pendant le temps qu'on les a instruits, ils ont fait
paraître beaucoup de ferveur, venant tous les jours dès quatre heures du
matin, réciter les prières des chrétiens au milieu de la place devant la chapelle. Leur dessein de se faire chrétiens ayant esté bien éprouvé, M. de Bérythe les baptisa après plusieurs instances qu'ils lui en firent, et leur donna
les noms des quatre chrétiens de la Cochinchine qui avaient esté martyrisés
l'année précédente[1] ; il les envoya ensuite au Père Supérieur de la mission
de ce royaume.

Il est encore arrivé une autre merveille à l'égard d'un jeune Cochinchinois, âgé de sept à huit ans, fort cher à ses parents qui n'avaient que lui. Cet
enfant estant malade à l'extrémité, ils consentirent qu'on lui donnât le baptême, si les missionnaires pouvaient par leurs prières lui donner quelque
soulagement. Aussitôt on récita sur lui l'évangile de saint Jean, et quand on
proféra ces sacrées paroles *Et Verbum caro factum est*, il commença d'ouvrir
les yeux et de sourire aux assistants[2]. On l'apporta à la chapelle, on le baptisa, et on le rendit à ses parents qui, touchés des merveilles de la toute-puissance de Dieu, sont venus demander le saint baptême quelque temps après
avec quatre autres personnes.

II

Installation définitive des missionnaires. — Relations à la Cour. — Travaux.

**Requête des missionnaires français présentée au roi de Siam
le 29 mai 1665.**

JOURNAL DE LA MISSION.
A. M.-E., vol. 121, p. 684.

Le bruit de quelques actions que faisaient les missionnaires commençant
à éclater, un officier du roy, homme d'esprit et fort moral, les vint visiter, et
ayant remarqué que les missionnaires se porteraient volontiers à enseigner
la jeunesse, présenta requête au roy de son chef. Sur cela, le roy ordonna
qu'on enverrait dix de ses sujets en la maison des missionnaires pour y être
instruits, ajoutant qu'ils avaient liberté de prêcher et d'aller partout où ils
voudraient, excepté le palais du roy. Cet ordre venant immédiatement de la
part de Sa Majesté, les missionnaires se crurent obligés de lui en rendre
leurs actions de grâces par une requête, et faire la déclaration qui suit :

---

[1] Probablement Pierre Dang, Pierre Ky, Michel Mieu et Ignace Vang.
[2] C'est sans doute le même fait qui est raconté p. 10.

L'évêque de Bérithe, un des grands prêtres du Dieu tout-puissant, créateur du ciel et de la terre, et un des princes de son Eglise accompagné de quatre ecclésiastiques d'un mérite et d'une vertu singulières, tous français de nation, ne pouvant pas rendre leurs respects en personne à Votre Majesté par une disgrâce qui est commune à tous les étrangers, vous supplient de les recevoir par écrit. Nous sommes non seulement obligés à ce devoir par les témoignages d'affection et l'extrême liberté que nous avons reçus en votre royaume, mais encore plus particulièrement parce que nous regardons votre personne royale comme une image vivante de la divinité. Outre les raisons qui sont les plus grandes qu'on puisse avoir, la faveur que Votre Majesté nous a faite de nous envoyer dix de ses sujets pour les instruire aux sciences d'Europe demande de nous une nouvelle reconnaissance, et nous fait penser à l'établissement d'un collège, si Votre Majesté le trouve bon, dans sa ville royale ou ailleurs où il vous plaira d'ordonner, pour y apprendre les sciences qui sont nécessaires à un Etat pour le rendre recommandable par toutes les nations de la terre.

Cette proposition, Sire, ne vous sera nullement suspecte. Vous saurez que nous n'avons quitté le pays de notre naissance, nos parents, nos amis, et nos emplois que pour mieux exécuter un commandement de la loi que nous professons, qui nous oblige d'aimer chaque homme en particulier comme nous-mêmes, sans en excepter nos ennemis. C'est dans cette vue que, ne pouvant pas donner des marques plus évidentes et plus avantageuses de notre amour envers vos sujets, qu'en leur communiquant les connaissances et les lumières que nous avons reçues de Dieu, nous offrons à Votre Majesté d'avoir toujours dans son royaume deux Pères français qui s'occuperont continuellement à cet emploi ; mais parce qu'il est important que Votre Majesté soit informée de la fin principale de notre religion et de notre manière de vivre, nous lui déclarons que nous ne prétendons autre chose en ce monde que d'adorer, aimer et servir Dieu de tout notre cœur, et aimer notre prochain comme nous-mêmes et que nos âmes étant immortelles, nous croyons qu'elles recevront une récompense ou un châtiment selon leurs bonnes ou mauvaises œuvres, qui ne finira jamais. De là vient que nous tenons que celui qui aura le plus aimé Dieu, qui aura eu plus de charité pour le prochain, et qui aura plus fait de bonnes actions, sera le plus heureux pendant toute l'éternité. C'est dans cette pensée que nous menons une vie austère et d'une continuelle pénitence ; que nous ne nous mêlons point des affaires d'Etat ni des choses temporelles, si ce n'est de secourir les pauvres, visiter les prisonniers et assister les malades.

Voilà, Sire, les motifs qui nous ont emmenés en ces quartiers ; que si Votre Majesté agrée l'offre que nous lui faisons de nos services, nous espérons de sa magnificence royale, et c'est la seule grâce que nous demandons, qu'elle nous donnera un temple pour y faire les exercices de notre religion, et y prier chaque jour le Dieu tout-puissant que nous adorons, pour la conservation de la santé de Votre Majesté et la prospérité de ses Etats.

.

Cette requête n'a pu recevoir de réponse, à cause de la longue maladie du ministre, qui la doit présenter au roy sitôt qu'il sera en état de cela.

Réponse à la requête présentée au roi.

La requête des missionnaires, dont il a été parlé, fut présentée au roy par son ministre quelque temps après qu'il fut guéri. On a été assuré qu'elle a été bien reçue de Sa Majesté, par le don qu'il a fait aux missionnaires d'un grand champ fort bien situé sur la rivière, joignant celui où demeurent les Cochinchinois, à l'endroit appelé Banplahet ; et pour plus grand témoignage qu'il agrée leur établissement dans son royaume, il leur fit dire qu'il leur donnerait des matériaux pour bâtir leur église ; ensuite de cet ordre, les officiers auxquels l'exécution de ces choses appartient enjoignirent à ceux qui occupaient cette place de transporter leur maison dans huit jours, et de la quitter. On a fait accommoder en ce lieu-là deux chambres bâties de bois et couvertes de tuiles, pour pouvoir garantir du feu les livres et les ornements d'église qu'on a apportés d'Europe, parce que le corps du logis ordinaire du pays n'est bâti que des cannes d'Inde, les murailles de terre glaise, et le toit de feuilles semblables à celles du palmier. Pour ce qui regarde le bâtiment d'une église de briques, on a été d'avis de surseoir ce dessein jusqu'à ce que l'édifice spirituel des missionnaires soit achevé ; bref, pour le dire en un mot, on en a réservé l'exécution à ceux qui seront envoyés pour ce royaume.

Etablissement définitif à Juthia, 1666.

JOURNAL DE LA MISSION.

A. M.-E., vol. 121, p. 687.

Les missionnaires, ne pouvant douter que la volonté de Dieu ne fût qu'ils demeurassent en ce royaume par mille témoignages de ses bontés, firent bâtir un assez grand corps de logis sur le lieu qui leur avait été donné. Le premier étage est de briques, et le second de bois, dont on fait une ample chapelle, sous laquelle pourront demeurer plusieurs missionnaires. On a été contraint à cause du débordement des eaux qui arrive tous les ans de le faire élever de la hauteur d'une brasse, et plus de vingt brasses en carré : près de ce bâtiment sont le cimetière et le jardin. Comme dans ce royaume toutes les nations étrangères sont divisées par villages séparés les uns des autres qu'on appelle camps ; on a donné à celui des missionnaires français le nom du camp de Saint-Joseph, par reconnaissance des faveurs reçues par l'intercession de ce glorieux patron de nos missions.

Mgr LAMBERT DE LA MOTTE A Mgr PALLU.

A. M.-E., vol. 858, p. 131.

17 octobre 1666.

Le roy nous a donné un lieu à notre choix pour nous y établir, avec promesse de nous faire délivrer des matériaux pour bâtir notre église. Je l'ai choisi depuis le quartier de nos Cochinchinois, jusqu'auprès des deux petits temples d'idoles qui font la pointe de notre île ; on eût eu plus d'inclination que nous eussions esté nous établir avec les autres nations chrétiennes, et l'on m'a fait passer cette concession particulière d'estre en ce lieu-là, comme une faveur extraordinaire du roy. La place est belle, nous y avons fait accommoder deux chambres de bois, couvertes de tuiles pour tâcher de garantir nos livres et nos ornements d'église ; plusieurs nous demandent à venir demeurer en ce lieu-là, à quoi je me rends assez difficilement, ne voulant que de bonnes gens.

Je l'ay permis à deux familles de Siam, à une de Portugais et une de Français ; Nicolas y est avec sa famille.

Si d'autres Français viennent s'établir en ce païs, où on les désire fort, ils pourraient loger sur un fond qui appartient à la Nation, vous en pouvez assurer MM. les Directeurs de la Compagnie, et leur faire offre de nos ecclésiastiques en tous les lieux où ils sont.

Mgr Lambert de La Motte a Mgr Pallu.

A. M.-E., vol. 876, p. 143.

1667.

La certitude morale que nous avons d'avoir bientôt des missionnaires français m'a fait prendre résolution de nous faire bâtir sur le terrain que le roy nous a donné, où l'on travaille actuellement, un corps de logis avec deux étages : le premier en briques avec six chambres et une salle où demeureront les personnes consacrées à Dieu, et le second en bois sera une grande chapelle où nous garderons le Saint-Sacrement et sous laquelle pourront demeurer plusieurs missionnaires. C'est tout le moins que nous pouvons faire, et cela nous suffit ; car je vais faire un cimetière que nous allons élever d'une brasse de terre, pour qu'on y puisse enterrer dans le temps de l'inondation.

Baptême d'un mandarin siamois et de sa femme.

Journal de la mission.

A. M.-E., vol. 121, p. 747.

La religion chrétienne commençant un peu à se divulguer, un officier du roy, ami particulier du ministre, en ayant ouï parler, envoya témoigner au missionnaire qu'il aurait joie d'en entendre discourir. On y fut aussitôt, et lui ayant proposé nos mystères, il ne pouvait se lasser de les écouter et d'admirer les grandeurs et les miséricordes de Dieu qui agissaient extraordinairement en son âme ; ce qui l'obligeait souvent de dire qu'il était convaincu de la vérité de la religion catholique, suppliant instamment qu'on ne différât point de l'y admettre, vu qu'il était dans la disposition totale de faire ce qu'on lui ordonnerait pour mériter ce bonheur. Voyant une vocation si particulière on lui conféra le baptême dans sa maison le 30 janvier 1667, à cause d'une indisposition qui le tenait au lit depuis quelques mois ; on lui donna le nom de Joseph en l'honneur du glorieux protecteur des missions françaises de tous ces quartiers. Après qu'on l'eut fait chrétien, on eut le soin de le rendre capable de recevoir les sacrements de confirmation, d'eucharistie, et d'extrême-onction, qu'il reçut pendant les cinquante jours qui lui restèrent de vie après son baptême. Sa femme qui est chez la reyne et qui exerce une charge qui correspond à celle de garde robes, vint se faire baptiser en l'église des missionnaires treize jours après que son mari fut chrétien, et elle fut confirmée en même temps. Cette bonne femme fit ce qu'elle put pour que le corps de son mari fût enterré chez les missionnaires, comme il l'avait souhaité, mais il fallut céder au temps ; le défunt était beaucoup apparenté et de plus ami du ministre qui voulut honorer son convoi de sa présence, et la cérémonie se fit à la mode du pays, en un lieu où les gentils sont enterrés ou brûlés.

Sentiments du roi de Siam sur la religion catholique.

Mgr Lambert de La Motte a Mgr Pallu.

A. M.-E., vol. 857, p. 221.

octobre 1667.

Il semble que la grâce veuille opérer quelque chose dans le cœur du roy de Siam ; car depuis peu il a voulu voir à fond ce qu'enseigne la religion chrétienne, ce qui nous ayant esté rapporté, nous crûmes lui devoir faire présent d'un recueil d'images en taille douce, de tous les mystères de la vie et passion de Notre-Seigneur, des douze apôtres, des quatre évangélistes, des fondateurs des Ordres religieux et de deux saints des plus illustres de chaque Ordre, et des quatre fins dernières, que nous avions fait relier en France, avec des feuillets blancs entre les images, pour y écrire ce qu'elles signifient ; c'estait dans la pensée qu'il en demanderait une explication. En effet, deux ou trois jours après qu'il l'eût reçu, il envoya dire qu'il désirait extrêmement savoir ce que signifiaient ces portraits, et qu'on lui ferait plaisir de lui en écrire dans les feuillets blancs l'explication en langue de Siam. Cet ouvrage a occupé environ deux mois M. Laneau, qui sait lire, écrire et parler cette langue; il a eu cet avantage de s'estre bien fait entendre dans les choses de la religion, pour en avoir appris les termes dans le temps qu'il a demeuré avec les prêtres des idoles.

Sitôt que cette pièce fut en sa perfection, elle fut présentée au roy, qui en donna la communication aux plus considérables docteurs de la Cour, lesquels après avoir lu et examiné ce livre en firent leurs rapports au roy, et lui dirent que la religion chrétienne estait bonne, qu'elle enseignait des choses fort relevées, et cependant, que celle dont le roy faisait profession estait aussi bonne.

On a su depuis que le roy a dit en quelque rencontre, parlant de notre religion, qu'elle lui plaisait, et assurément depuis ce temps-là il nous favorise davantage. Car s'estant souvenu de l'ordre qu'il avait donné, de nous envoyer des matériaux nécessaires pour le bâtiment de notre église, et ayant su la négligence de ses officiers à l'exécuter, il donna un nouveau commandement d'y satisfaire, ensuite de quoi on nous a livré le bois nécessaire pour cela, et averti notre interprète de se faire livrer ce qu'il faut de briques, et autres matériaux. Le ministre mesme avait tellement à cœur que l'ordre du roy fût exécuté, et d'ailleurs il a tant d'estime pour nous, qu'ayant trouvé dans une salle du palais, où il avait pour quelques affaires temporelles fait assembler les Jésuites, le commissaire du Saint-Office, et quelques séculiers portugais, il demanda si les officiers du roy avaient fourni ce qu'il avait désiré estre livré aux missionnaires français pour leur bâtiment ; et sur la réponse que cela estait bientôt fait il dit : « Hé bien, voilà le présent du roy accompli, mais je n'ai pas encore fait le mien ; dites de ma part à Monseigneur l'évêque que je veux aussi contribuer à faire son église. »

Relations avec le second frère du roi.

M⊃r LAMBERT DE LA MOTTE AUX DIRECTEURS DU SÉMINAIRE DES M.-E.

A M.-E., vol. 801, p. 246.

1668.

Dans mes précédentes, je vous ai mandé que le roy de Siam ayant voulu avoir quelque connaissance de notre religion, nous lui avions fait présent d'un livre d'images, représentant les principaux mystères ; nous y avions ajouté l'explication en langue du pays.

Le roy ayant témoigné de l'estime pour notre religion, son second frère eut la curiosité de lire ce livre ; ayant ensuite obtenu permission d'en entendre parler, il envoya un mandarin convier le missionnaire d'aller au palais. S'étant rendu à l'invitation, sitôt qu'il fut à la vue de ce prince, celui-ci l'invita à prendre place auprès de lui, témoignant qu'il désirait estre éclairé sur notre religion, et avouant que deux choses le portaient à cela : la première parce qu'elle lui semble belle ; la seconde parce qu'il espérait que le Dieu que nous adorons étant tout-puissant, comme nous le disions, il le pourrait guérir d'une paralysie qui depuis douze ans lui ôtait l'usage des pieds et des mains. Le missionnaire commença à lui parler des mystères de notre foi, comme on continue de faire à un gentil qui n'en a jamais rien su, et qui veut estre catéchumène ; le prince y prit tant de goût qu'il dit au missionnaire de revenir, ce que ce dernier fit trois ou quatre fois en trois semaines, et avec tant de succès que le prince déclara qu'il n'y avait qu'un Dieu, auquel seul il rendrait dorénavant ses adorations. En effet, ayant fait prier M⊃r de Bérithe de se rendre à deux journées de Siam, où le roy était allé prendre le divertissement de la chasse des tigres, il lui déclara le 1er de décembre 1667 qu'il ne reconnaissait plus qu'un seul Dieu créateur du ciel et de la terre, et qu'il l'adorait plusieurs fois le jour ; il lui fit la même protestation le 6 janvier 1668 dans une visite qu'il eut l'honneur de lui rendre à Siam au palais du roy. Voilà le moyen dont il a plu à Dieu de se servir pour ouvrir la porte de ce Louvre aux missionnaires français, et pour y prêcher les mystères de la Trinité et de l'Incarnation.

Mais comme le succès de cette grande ouverture à la religion chrétienne dépend de Dieu, il n'y a que lui seul qui sache ce qui en adviendra.

JOURNAL DE LA MISSION.

A. M.-E., vol. 121, p. 753.

1668.

Le roy étant de plus en plus informé, par le moyen de son second frère et de son premier devin qui assistait à toutes les conférences de la religion, fit proposer aux missionnaires, par ce devin, d'obtenir un miracle de Dieu pour confirmation de leur religion ; après quoi il assurait que le roy croirait en leur Dieu qu'ils adorent, et lui aussi. Les missionnaires se confiant en la bonté, miséricorde et toute-puissance de Dieu, acceptèrent cette offre du devin qui en donna avis au roy et lui demanda quel miracle il désirait. Sa Majesté, qui n'a point d'enfants mâles et qui aime uniquement son second frère, fit réponse qu'une des choses qu'il souhaitait le plus, c'était de voir ce prince guéri de sa paralysie. Les missionnaires adressèrent leurs vœux au ciel, présentèrent à Dieu leurs prières et leurs sacrifices en présence du Saint-Sacrement exposé pour cet effet. Il plut néanmoins à Dieu de différer le miracle pour éprouver la foi de plusieurs, ce qui donna lieu de faire de fréquentes insistances aux missionnaires, leur représentant que le prince était toujours au même état de sa paralysie, et qu'on attendait l'effet de leurs promesses, et qu'il ne tenait qu'à cela que plusieurs n'embrassassent la religion chrétienne. Les missionnaires répondirent avec toute sorte d'humilité, qu'ils ne doutaient point qu'ils fussent exaucés, mais qu'ils doutaient seulement de la foi de ceux qui demandaient des miracles plus pour leur intérêt, et pour contenter leur curiosité, que pour le désir qu'ils avaient de se convertir, et que Dieu aidant, on ne serait pas longtemps sans connaître cette vérité. En effet, peu de temps après, la Cour étant allée se divertir au lieu de récréation que le roy a à deux lieues de sa ville royale, il plut à la bonté divine de donner des marques de sa miséricorde à ce prince d'une manière remarquable. Lorsqu'on y pensait le moins, et que l'on avait même quelques pensées que les missionnaires ne viendraient pas à bout de leur promesse, voilà que le sang commença d'entrer dans les veines des jambes de ce prince paralytique, et la chair à croître peu à peu à la vue de toute la Cour. Cette nouvelle ayant été apportée aux missionnaires, ils en rendirent grâce à Dieu et dirent qu'ils étaient dégagés de leurs paroles et que cela suffisait pour montrer la toute-puissance de Dieu, qu'au reste ils croyaient que les choses demeureraient dans cet état, jusqu'à ce que le prince eût accompli de son côté ce qu'il avait promis à Dieu, qui était de se faire chrétien au premier signe extraordinaire qui paraîtrait ; qu'au surplus, pour l'achèvement de ce qu'ils avaient avancé, se confiant toujours à la bonté de Dieu tout-puissant créateur du ciel et de la terre, ils obligeraient leur teste, si le roy et le prince voulaient de leur côté accomplir leurs promesses. Ce fut pour lors qu'on commença à voir qu'il s'agissait du changement général de religion par tout le royaume, et que cette affaire était de la dernière conséquence. Cela fut cause qu'on arrêta toutes choses et que la correspondance qui était entre la Cour et les missionnaires au sujet de la religion cessa entièrement.

III
Travaux dans les provinces.
Chrétienté proche de Juthia.

M. Laneau aux directeurs du Séminaire des M.-E.
A. M.-E., vol. 858, p. 227.

20 octobre 1671.

Nous ne sommes à présent à Siam que trois ecclésiastiques, savoir : M. Bouchard, M. Langlois et moi ; mais M. Bouchard ne demeure pas ici pour le présent, s'estant allé loger dans un lieu proche des Cochinchinois, pour en apprendre la langue. Comme ce lieu-là est un peu écarté de nous, et pas beaucoup éloigné des Portugais, il a tous les dimanches des chrétiens qui se servent de cette occasion pour entendre la sainte messe, n'ayant pas souvent la commodité d'aller dans les églises des Portugais.

A Pourcelouc.
Relat. des miss. et des voy. 1672-1675, p. 57.

1671-1672.

Quoyque M. de Bérithe, lorsqu'il estait parti pour la Cochinchine en 1671, n'eût laissé à Siam que trois missionnaires, tant pour la conduite de l'*Eglise* et du Séminaire, que pour toutes les autres affaires de charité, dont le nombre estait fort grand, néanmoins ces trois ouvriers se sentant animez plus que jamais à travailler dans tout le royaume par les brefs de notre Saint-Père Clément IX, qu'on avait reçus depuis peu, et dont l'un avait été fait exprès pour étendre en particulier sur cet Etat la juridiction des Vicaires apostoliques, ils prirent la résolution de se partager et de demeurer seulement deux dans la ville royale, pendant que le troisième irait à un village assez peuplé qui en estait éloigné de soixante-dix milles, parce qu'ils estimaient qu'il estait de la justice et de la charité en même temps de ne pas tant préférer les courtisans et les habitants des grandes villes aux personnes de la campagne.

M. Laneau témoigna désirer que l'on le chargeât de cet emploi, tant par un sentiment d'humilité pour s'éloigner de la Cour, où il estait considéré dès ce temps-là, que par un mouvement de zèle pour aller faire lui-même l'épreuve de ce qu'on pouvait attendre des habitants de la campagne. Il partit seul le deuxième jour d'août 1671, et revint le onzième de septembre suivant, après cinq semaines de travail, outre la fatigue du voyage et du retour. Un des principaux du lieu, qui connaissait sa capacité et sa vertu par réputation, vint le recevoir à son arrivée avec toutes les démonstrations possibles de respect. Il le logea chez lui et le défraya de tout, à la mode de Siam ; la maîtresse de la maison prenait la peine de lui préparer à manger tous les jours de ses propres mains.

Pendant tout le temps de son séjour, il s'occupa depuis le matin jusqu'au soir à expliquer les premiers éléments de notre foi, pour donner à tout le monde la connaissance d'un seul Dieu, créateur du ciel et de la terre. Il exposa autant qu'il fallut le mystère de la Trinité et celui de l'Incarnation. Il prouva d'une manière intelligible et populaire qu'il n'y a qu'une seule religion véritable, que cette religion est la chrétienne, et que hors de celle-là il n'y a point de salut à espérer pour toute l'éternité. Il fit paraître les mystères et la morale de cette religion avec tant d'éclat et de bon sens, que le peuple admirant la sublimité des articles de notre Symbole, et la sainteté des commandements de Dieu, protesta que la religion qui enseignait des choses si hautes et si justes estait la véritable religion, qu'il fallait préférer à toutes les autres.

Les esprits estant ainsi échauffez, on pria instamment M. Laneau de demeurer un an dans cet endroit, avec promesse que toutes les familles se convertiraient, et quelques-uns demandèrent dès lors le baptême avec un grand empressement, mais il ne jugea pas devoir rien accorder de ce qu'on désirait de luy, par de sages considérations. Il s'engagea seulement de revenir de temps en temps pour voir s'ils seraient toujours dans les mêmes dispositions, et s'ils auraient persévéré dans les mêmes exercices de piété qu'il leur avait prescrits pour les préparer à recevoir la grâce qu'ils souhaitaient, de sorte qu'il ne baptisa aucun adulte, Dieu n'ayant accordé ce bienfait qu'à six ou sept enfants à l'article de la mort qui s'envolèrent au ciel incontinent après le baptême, et qui furent les prémices du fruit qu'on attend de ce royaume.

Cette petite course apostolique si heureusement consommée augmenta si fort le zèle de M. Laneau pour tous les Siamois, qu'il se pressa d'achever l'étude des langues de Siam et baly, dont la dernière est absolument nécessaire pour acquérir la connaissance parfaite de la religion du pays : et c'est pour cette raison qu'il fit une grammaire et un dictionnaire de l'une et de l'autre langue. Il tourna aussi en siamois les prières et la doctrine chrétienne, et composa en même langue un petit écrit divisé en quatre parties, dont la première traite de l'existence de Dieu ; la seconde, des mystères de la Trinité et de l'Incarnation ; la troisième, des marques de la vraie religion ; et la quatrième, de la manière de réfuter les erreurs de la religion du pays.

Outre cela, il instruisait quelques néophytes pour les préparer à la fonction de catéchistes, et les mettre même en état de pouvoir être un jour élevés au sacerdoce.

Il espérait que, lorsque les missionnaires, que l'on attendait d'Europe, seraient venus, il obtiendrait du roy pleine liberté de prêcher l'Evangile par tout son royaume. En attendant, on ne laissait pas de travailler en secret en quelques endroits où l'on voyait plus de jour à faire quelques progrès auprès des infidèles.

A Bengarin et à Jongselang.

Relat. des miss. des evesq., p. 72.

1671.

Il y avait trois ans que M. Pérez estait prestre lorsqu'on jetta les yeux sur luy pour l'envoyer seul en mission. On l'avait donc envoyé à Bengarin et à Jonsalam, qui sont à l'extrémité de Siam entre Ténassérim et Malaqua.

Il y trouva un petit nombre de chrétiens que le commerce y avait attirés depuis longtemps de la côte de Coromandel, et qui se sont alliés aux gens du pays ; de sorte qu'il résolut d'y bâtir en leur faveur une chapelle, où il baptisa bientôt plusieurs personnes, et il forma même le dessein de passer une année tant à Bengarin qu'à Jonsalam, pour éprouver si les peuples se porteraient à recevoir l'Evangile, et, au cas qu'il les y vit disposés, il promettait d'en donner avis à Siam, afin de suivre les ordres qu'on lui prescrirait.

Il a reçu des marques très sensibles de la protection de Dieu, qui ne manquent jamais à tous ceux qui marchent dans la pureté de leur vocation. Il fut averti par une personne, que l'on avait fait complot de le tuer sur le chemin de Merguy à Jonsalam avec quatre ou cinq chrétiens qui le devaient accompagner, et, ayant donné par reconnaissance la moitié de son viatique à celui qui lui avait rendu ce bon office, la Providence permit, pour le purifier davantage par un dépouillement entier, qu'on lui dérobât bientôt après ce qui lui restait.

Il eut joie de se voir réduit à attendre tout son secours de Dieu seul, au milieu d'un pays où il n'y a quasi point de charité et très peu de gens qui soient en état de la faire, et Notre-Seigneur s'étant fait son charitable pourvoyeur, il ne manquait ni de riz, ni de figues, ni de jacques, qui sont les deux seuls fruits du pays ; il en faisait sa nourriture ordinaire, et quand il n'en avait plus, il faisait cuire des feuilles d'arbres avec de l'eau et du sel, ou bien il prenait un peu de poisson que quelque serviteur pêchait, mais cela arrivait très rarement.

Cette manière de vivre n'altérait point sa santé ; et bien qu'il soit d'un tempérament fort délicat, il ne laissait pas de se bien porter et d'avoir assez de forces pour faire toutes les fonctions apostoliques d'un zèle toujours en action.

IV

Œuvres.

Projet général.

Mgr LAMBERT DE LA MOTTE A Mgr PALLU.

A. M.-E., vol. 875, p. 224.

octobre 1667.

Il y a quelque temps que j'ai fort en vue de vous écrire, touchant trois grands services qu'on peut rendre à l'Eglise dans ce royaume et qui y seraient bien reçus.

Le premier est d'y établir un séminaire et collège perpétuel de toutes sortes de nations, qui puisse contenir près de cent personnes ; c'est ce dont nous avons déjà jeté les fondements, dans l'espérance que Dieu y donnera des progrès considérables.

Le deuxième serait d'instituer une communauté de plusieurs petites vierges, qui pourrait estre autant et plus nombreuse que celle des séminaristes ; nous aurions besoin pour cela de deux ou trois vertueuses dames de France, qui eussent grâce pour cet emploi ; il ne serait pas bien difficile de venir ici par mer, et elles ne doivent pas avoir moins de courage que les dames du Portugal et de l'Espagne, dont les premières vont par toutes les Indes, et les autres jusqu'aux Philippines.

Le troisième, et qui donnerait le plus dans les yeux de cette Cour, serait l'érection d'un hôpital pour les malades, pour le gouvernement duquel on aurait besoin de deux personnes zélées pour le service des pauvres, et qui entendissent quelque chose de la chirurgie et de la médecine, et quand même ces aides ne seraient pas si habiles, ils ne laisseraient pas de passer ici pour de grands hommes. Il ne faut pas s'épouvanter de ces hautes entreprises sous prétexte des grands fonds qui semblent nécessaires pour les établir et soutenir ; puisque mon expérience me fait connaître qu'assurément pour mille écus par an, on peut nourrir et entretenir ici plus de cent séminaristes, il en faudrait encore moins pour la communauté de filles, parce que n'estant pas occupées à l'étude, elles pourront par leur travail manuel gagner la meilleure partie de leur subsistance et pour la dépense des malades. Pour tous ces grands desseins qui produiront des fruits si considérables, et pour la conversion des âmes, et le soulagement des pauvres malades, un fonds de 2500 écus de rente semblerait suffire, dont le capital serait d'environ 50000 écus. Mais bien plus, qui aurait ici 12 mille écus en réaux d'Espagne, en les mettant en rente, au prix du roy, ils produiront tous les ans 2500 écus, à raison de 22 et demi pour cent, qui est le prix le plus bas et le plus modéré de ce royaume. Vous voyez par là, Monseigneur, qu'on peut ici faire le bien à beaucoup meilleur marché qu'en France. Il suffit que je vous aye donné cet avis pour en attendre quelque heureux succès.

Religieuses.

Relat. des miss. et des voy., 1672-1675, p. 61

1672.

Cet hospice de charité pour les malades ne fut pas le seul établissement auquel on donna commencement ; celui des vierges chrétiennes, dont M. de Bérithe avait formé le projet dès l'année 1667, fut aussi mis en exécution dès l'année 1672, par la rencontre heureuse de plusieurs sujets qui se trouvèrent disposés à ce dessein, et qui vivaient déjà ensemble sur la fin de cette année en esprit de communauté, comme celles qu'on a établies les années précédentes dans la Cochinchine et dans le Tonkin, ainsi que M. de Bérithe l'écrivit à feu Madame la duchesse d'Aiguillon par sa lettre du 22 novembre 1672 après son retour de la Cochinchine.

M. Langlois aux directeurs du Séminaire des M.-E.

A. M.-E., vol. 858, p 207.

juin 1671.

Pour ce qui est des religieuses d'Europe, je n'y vois guère d'utilité en ce pays, où nous sommes aujourd'hui en liberté, et peut-estre demain chassés ; jusqu'à ce qu'on soit assuré des lieux, et que la plupart des puissants soient chrétiens, il ne faut guère penser à envoyer des filles ou femmes qui ne feraient qu'embarrasser les missionnaires ; quand il s'en présentera du pays, alors nous tâcherons de leur donner les mêmes règlements qu'à nos religieuses d'Europe, ou du moins ceux que nous croirons pouvoir estre observées.

Hôpital.

Relat. des miss. et des voy., 1672-1675, p. 60.

Cette mesme année (1671), Dieu bénit si visiblement les soins et les remèdes de M. Laneau par la guérison des malades, qu'on le fit passer à la Cour et dans la ville pour un médecin très habile. On estima donc qu'il fallait se servir de cette réputation pour prendre occasion de sauver les âmes sous prétexte de guérir les corps ; et dans cette vue on bastit auprès du Séminaire un petit hospice pour les pauvres qui seraient attaquez de quelques maladies, jusques à ce qu'on eût le moyen de bâtir et fonder le grand hospital dont on avait déjà conçu le dessein quelques années auparavant. Peut-estre que Notre-Seigneur inspirera dans la suite des temps à quelques riches mandarins la bonne volonté de fournir à cette dépense, et qu'il convertira par cette voye un grand nombre de pauvres qui passeront par les mains des missionnaires ; car on voit tous les jours avec une extrême consolation, que la charité qu'on exerce envers eux dans ce petit hospice est un attrait merveilleux pour les gagner à Jésus-Christ, et pour étendre la religion dans tout le royaume. Il y en a déjà plusieurs qui ayant reçu le baptême et les autres sacremens dans leurs maladies avec grande dévotion, et qui ayant été guéris ensuite par le bon traitement de leurs charitables infirmiers, ont mis notre sainte loy en si bonne odeur, que quantité de païens commenceront dès lors à l'estimer beaucoup, quant ils feront réflexion que c'est elle qui nous porte à rendre au prochain des services si utiles, et même si contraires aux sens et à la nature, non seulement avec désintéressement, mais encore avec beaucoup de dépense : d'où il est aussi arrivé que les missionnaires mêmes ont conçu une nouvelle estime de leur vocation, et un nouveau désir d'y persévérer jusqu'à la mort, malgré toutes les difficultez que l'on y rencontre.

V

Clergé Indigène. — Collège Général.
Instructions données par la Propagande aux premiers Vicaires apostoliques.

A. M.-E., vol. 262. p. 9.

1659.

Potissima ratio quæ Sacram hanc Congregationem movit, ut vos Episcopos in has regiones mitteret, ea fuit ut omnibus modis atque rationibus curaretis juventutem illam sic instituere ut sacerdotii capaces reddantur, et a vobis consecrentur, suisque locis per vastas illas regiones collocentur, rem illic christianam summa diligentia vobisque dirigentibus curaturi. Itaque hunc finem semper ob oculos habetote, ut ad sacros Ordines quamplurimos, et quam aptissimos adducatis, instituatis et suo tempore promoveatis.

Recrutement.
Mgr PALLU.

Relat. ab. des miss. et des voy., p. 40.

1666.

Je me contenterai seulement d'observer en cet endroit, que comme il n'y a rien de plus nécessaire pour la propagation de la Foi en tous ces pays d'Orient, que d'y avoir des séminaires, pour y élever des gens du pays, et les disposer à l'état de catéchistes ou du sacerdoce, on le peut faire aisément à Siam, où il est permis à toutes sortes de nations de s'établir.

Mgr LAMBERT DE LA MOTTE A Mgr PALLU.

A. M.-E., vol. 858, p. 132.

17 octobre 1666.

Il y a ici un Séminaire d'ecclésiastiques, une école de théologie morale, des écoliers que le roy désire qu'on enseigne, une petite école de chrétiens, quelques catéchumènes et une paroisse, sans parler de bien du temps qu'on nous dérobe.

Nous élevons trois autres enfants de Siâm à la cléricature ; ils nous ont esté donnés par contrat par leurs pères, à la charge de les entretenir et de les élever comme s'ils estaient nos enfants. Il nous est mort cette année trois petits enfants : un Chinois, un Cochinchinois, et l'autre Laos, qui sont en paradis, et prient Dieu sans doute pour nous.

Je donnerai la tonsure, le jour de la Toussaint, à trois de nos séminaristes ; un d'eux, âgé de 26 ans, m'a promis de se donner à la mission, et de s'y obliger par vœu. Je leur dirai à tous quelque chose des richesses de la pauvreté évangélique.

Il était venu cette année à Siam plusieurs personnes de Macao pour recevoir les Ordres sacrez, mais comme nous avons jugé que quelques-uns n'avaient pas la capacité ni les qualités nécessaires pour pouvoir être ordonnés, ni presque les premiers fondements des vertus qu'il faut avoir longtemps pratiquées avant que d'être admis au sacerdoce, ils ont mieux aymé s'en retourner que de se soumettre à la juste discipline d'un séminaire ; de sorte qu'il ne nous en est resté que trois ; mais deux de ceux qui étaient venus l'année précédente ont été faits diacres, et pourront bien être admis à l'ordre de la prêtrise l'année prochaine.

Nous avons icy un sujet qui promet beaucoup, c'est le sieur François Pérez, je l'ay conduit ces deux dernières années en deux retraites, je luy ay donné la tonsure, afin qu'il puisse enseigner la doctrine chrestienne les dimanches et festes après vespres, selon qu'il a désiré ; je m'attache à l'élever dans la pureté de la doctrine de Jésus-Christ, à quoy je rencontre toute la bonne disposition qu'on peut souhaiter.

Supériorat de M. Laneau.

Il ne serait pas juste de finir cette lettre sans vous dire quelque chose de notre petit séminaire auquel Dieu donne toujours de nouvelles bénédictions ; il commence à se peupler, et dans toute l'apparence avant qu'il soit peu, nous y aurons plus de sujets que nous ne voudrons, à cause du peu d'ouvriers que j'ai pour instruire, n'y ayant que M. Laneau qui y travaille avec un soin et une application incroyables. Plût à Dieu que j'eusse avec moi trente missionnaires de sa force, je trouverais bien à les employer ; et ainsi que faire à présent avec un seul ? Nous y avons des enfants qui nous sont donnés ou engagés irrévocablement par leurs parents ; vous auriez bien de la consolation, Monseigneur, de les voir tous vêtus de petites soutanes violettes faites à la manière des Portugais ; ils ne manquent point à faire leur méditation matin et soir ; ils mangent en commun, et durant le repas un d'eux lit un livre de piété, mais tous ne l'entendent pas encore, étant presque tous de différentes nations ; ils auraient besoin au moins de deux ecclésiastiques qui s'employassent entièrement auprès d'eux, et de quelques laïques qui pussent leur enseigner quelques ouvrages manuels, ne se trouvant personne qui s'acquitte de ces choses-là avec l'affection et fidélité nécessaires. J'aurais aussi besoin de quelqu'un pour le temporel de dedans notre maison, dont dépend tout le bien, et principalement à présent qu'elle commence à se peupler beaucoup.

JOURNAL DE LA MISSION.
A. M.-E. vol. 121, p. 748.

1668.

Deux séminaristes se trouvant en état d'être ordonnés furent faits prêtres le dernier jour de mars, veille de Pâques, *sub titulo missionum ;* l'un se nomme Joseph, catéchiste cochinchinois, âgé de 28 à 29 ans, qui fut envoyé à ce sujet par feu M. Hainques, et l'autre François Pérez, fils d'un Portugais originaire de Negapatan sur la côte de Coromandel, âgé de 24 à 25 ans. Ces deux sujets sont considérables pour leur piété et leur dégagement. Le premier a eu l'honneur de recevoir plusieurs coups de bâton dans les prisons de Cochinchine, à cause qu'on le voyait assister les généreux fidèles qui y étaient détenus, et qui furent depuis condamnés à mort en haine de ce qu'ils professaient la religion chrétienne ; le second a été le seul Portugais qui ne sortit point du séminaire, lorsque l'on publia le papier-contre les missionnaires sous le nom du commissaire du Saint-Office. On ne peut assez bénir Dieu de ce qu'il a donné à la mission ces deux personnes, qui ont de belles dispositions pour être quelque jour de grands missionnaires.

Supériorat de M. Langlois.
MÉMOIRES DE BÉNIGNE VACHET.
A. M.-E., vol. 110, p. 164. — Ann. de la Cong. des M.-E., vol. 1, p. 184.

1671.

On crut M. Langlois le plus habile des missionnaires pour gouverner le collège qui faisait la grande application des Vicaires apostoliques, et comme l'ordre des supérieurs était la règle de la volonté de M. Langlois, il mit ces messieurs en possession de tout ce qu'il possédait. Sitôt qu'il se vit à la tête du collège, il sentit bien que la langue cochinchinoise lui était nécessaire. Il s'y appliqua et l'apprit, mais en si peu de temps qu'on ne pouvait concevoir ce dont on était témoin oculaire. Dès le sixième mois, il commença un dictionnaire contenant quinze cents mots de plus que celui du P. de Rhodes qui avait passé quatorze ans en Cochinchine ; il composa sa grammaire qui est estimée un chef-d'œuvre ; les écoliers firent un si grand profit, qu'en moins de trois années, il y en eut douze qui furent jugés capables d'entrer en philosophie.

Enfin, on lui accorda ce qu'il désirait avec tant d'ardeur, qui était d'aller finir sa vie dans la mission de la Cochinchine.

M. LANGLOIS A M. DE BRISACIER.
A. M.-E., vol. 857, p. 239.

9 novembre 1672.

Parmi nos écoliers les uns parlent chinois, les autres tonkinois, cochinchinois et siamois, les autres portugais, et tous n'entendent rien de notre langue. Je suis seul au Séminaire, où il y a bien 25 personnes qui parlent les uns une langue, les autres une autre ; comment les puis-je instruire tous ! Il est vrai que l'italien que je savais m'a fait apprendre en peu de temps le portugais ; je le savais quand je suis arrivé à Siam l'année passée, le 4 juillet. J'appris la langue de Siam jusqu'au mois de décembre passé ; je la sais lire et écrire, parler et entendre à peu près ; mais n'ayant personne pour enseigner nos Tonkinois et Cochinchinois, qui sont au nombre de 6, et qui perdraient leur temps s'ils n'avaient un homme qui sût leur langue pour les enseigner, je m'appliquai de toutes mes forces à l'apprendre avec eux.

Dieu m'a donné tant de bénédictions en peu de mois, qu'à la dernière fête de l'Ascension de Notre-Seigneur, je commençai à confesser les Cochinchinois en leur langue ; je leur ai appris à lire, écrire, et commence à présent à expliquer en leur langue le Nouveau Testament.

La nécessité d'ouvriers obligea Monseigneur de me tirer du Séminaire et de m'envoyer ce mois de juillet dernier à la Cochinchine. Les pauvres séminaristes eussent bien voulu détourner ou retarder ce voyage par les pleurs qu'ils répandirent en abondance ; mais l'affaire semblait de conséquence, et il fallait que je partisse. Cependant, soit que leurs soupirs arrivassent jusqu'au ciel, ou que Dieu me voulût à Siam, après deux nuits et deux jours que nous naviguâmes sans arrêter sur la rivière, pour aller au vaisseau qui était à la rade, nous trouvâmes que ce vaisseau avait déjà fait voile ; ainsi je retournai ici avec M. Laneau au bout de six jours, et l'on me rechargea du Séminaire.

M. LANGLOIS AUX DIRECTEURS DU SÉMINAIRE DES M.-E.
A. M.-E., vol. 860, p. 14.

30 novembre 1674.

On m'a donné des écoliers qui ne savaient ni A ni B, ni servir la messe, ni parler aucune des langues que je savais ; on m'a mis en main un rudiment latin et français, et le dictionnaire du Père Alexandre de Rhodes, puis c'est tout. Ce dictionnaire ne peut servir qu'à un missionnaire qui sait très bien le latin, et non pour l'apprendre ; ainsi j'ai été obligé de traduire premièrement le rudiment français en cochinchinois, puis de faire un dictionnaire en latin et cochinchinois fort ample ; j'ai fait un apparat cochinchinois, et latin tiré de *l'apparat français et latin* du Père Lebrun, pour enseigner facilement le latin ; enfin j'ai traduit encore la *Nouvelle méthode pour apprendre avec facilité les principes de la langue latine* (imprimée chez Claude Thibout, devant le collège des trois Évêques, à Paris), du français en cochinchinois, mot pour mot ; et tous mes écoliers l'ont manuscrite ; c'est un moyen à présent très facile pour les missionnaires d'apprendre le cochinchinois ; et qui que ce soit apprendra le latin avec facilité dans les royaumes du Tonkin et de la Cochinchine.

Nous avons traduit en nos caractères quasi toute la vie des Saints en cochinchinois, des explications sur tous les Évangiles des dimanches et fêtes de l'année, et quantité d'autres livres. Je ne parle point du siamois, pour lequel M⁸ʳ de Métellopolis a beaucoup travaillé ; nous y travaillons encore actuellement ; mais tout ceci sera inutile, Messieurs, si par vos bontés et charités, et par l'amour que vous avez pour ces missions si agréables et si précieuses à Notre-Seigneur, vous ne nous assistez.

L'unique moyen et le plus utile qu'on en puisse prendre pour cet effet, pour subvenir simplement à toutes ces missions et satisfaire à toutes cés nécessités, c'est de nous envoyer l'imprimerie, avec laquelle nous vous déchargerons d'une infinité de soins et d'importunités ; le papier de Chine est ici assez suffisant et à très bas prix, et les ouvriers à bon marché. Outre que les auteurs des livres sont en ces missions, il n'est pas à propos d'envoyer leurs manuscrits en Europe, perdre beaucoup de temps, faire beaucoup de dépenses, courir des risques, et souvent faire naufrage.

Nos Seigneurs les évêques et les missionnaires français ne sont pas moins à considérer que les autres missionnaires qui ont une imprimerie dans leurs missions. Les Jésuites ont leur impression chez eux à Goa, à Macao, et à Manille, où ils font imprimer ce qu'ils veulent. Les Dominicains l'ont aussi à Manille dans leur couvent, où ils font imprimer ce qu'ils jugent à propos. Nous la pouvons bien avoir chez nous à Siam, où est l'abord de toutes nos missions et de toutes les nations, et un très beau Séminaire ; nos domestiques mesmes seront les imprimeurs. A cet effet, il faudrait nous envoyer d'Europe les lettres déjà faites, dans des coffres, avec un garçon imprimeur ; ou bien que deux des missionnaires qui doivent venir travaillent quelques mois chez un imprimeur ami ; ici ils enseigneront ce qu'ils auront appris à qui ils voudront, car ces gens-ci, spécialement les Chinois, Tonkinois, et Cochinchinois, sont capables de faire tout ce qu'ils voient faire. Si on ne veut envoyer les lettres, il faut envoyer deux garçons fondeurs, qui les sachent fondre ; car pour la matière, elle est ici à meilleur prix qu'en Europe ; avec eux qu'on envoie quelques garçons imprimeurs. Il serait meilleur qu'ils sussent déjà le latin, parce qu'il y aurait plus d'espérance de les pouvoir garder ; et ils pourraient prétendre à la prêtrise et à estre missionnaires pour travailler un jour au salut des âmes.

Nous aurions aussi besoin de quelques graveurs qui sussent écrire sur des tables de cuivre, comme les livres d'écriture, afin d'y faire tirer les doctrines chrétiennes en caractères du pays ; ce serait admiré de toutes ces nations, et spécialement des Siamois, dont l'écriture est fort facile et fort grosse ; et il n'y a rien au monde que le roy et les mandarins estimeraient, comme de voir des livres de notre religion si bien faits en leurs caractères, avec leurs ornements, comme on les donne en Europe. Le cuivre est à très bon marché ici ; si on n'en voulait pas faire la dépense, en le demandant au roy, il le donnerait volontiers.

VI

Le Patronage du Portugal. — Difficultés avec les Portugais.

Formule du serment que devaient prêter les missionnaires d'après le décret du roi de Portugal[1].

A. M.-E., vol. 878, p. 21.

Ego N. testem invoco Deum, cujus oculis omnia nuda et aperta sunt, quod in imperiis, regnis, principatibus, insulis, provinciis, et quibuscumque

---

[1] Nous ne jugeons pas à propos de publier les très nombreux documents que possèdent les *A. M.-E.* sur le Patronage portugais, sur les difficultés qu'il causa aux Vicaires apostoliques et à leurs missionnaires, sur les procès et sur les sentences canoniques qu'il

aliis locis et terris, sive in Africa, sive in Asia vel America, tam acquisitis, quam acquirendis, tam detectis, quam detegendis, tam inventis, quam inveniendis per Serenissimos Portugaliæ Reges vel eorum nomine; nullius alterius principis partes sequar ; neque ad id auxilium, consilium, vel directionem præstabo per me seu alium vel alios quomodolibet directe vel indirecte ; sed semper in omnibus et per omnia Serenissimis Portugaliæ Regibus fidelem me esse promitto ; ac si forte sciam aliquid procurari vel fieri quod in damnum pro tempore existentis Regis Portugaliæ, aut regnorum, dominiorum, terrarum et conquistarum ipsius sit, vel cedere possit, id eidem Regi, vel illius proregi, aut gubernatori, vel duci, quam cito potero, significabo. Servabo omnia jura, concessiones, donationes, privilegia, facultates, prohibitiones, ampliationes, et extensiones a Romanis Pontificibus latas in favorem Serenissimorum Regum Portugaliæ, pro supradictis partibus. Patriarchas, archiepiscopos et episcopos per Sedem Apostolicam, et pro tempore existentem Romanum Pontificem in præfatarum partium Ecclesiarum prælatos superiores, aut pastores ad præsentationem similiter pro tempore existentium Regum Portugaliæ juxta formulam præscriptam in litteris apostolicis eisdem Regibus concessis et non alias, præfectos vel præficiendos tantum modo recognoscam. Item gubernatores, administratores, vicarios, seu provicarios a capitulis cathedralium, vel a metropolitanis, aut primate, seu ab episcopis et gubernatoribus, aut administratoribus dictarum Ecclesiarum nec non in administratoribus episcopalibus a magno Magistro Militiæ Jesu Christi juxta idem præscriptum et prout eis competit de jure vel privilegio aut legitime introducta consuetudine respective electos et deputatos similiter tantum et non alias recognoscam. Item ea qua par est observantia recipio et amplector quoad omnia et singula in eis contenta, omnes et singulas litteras apostolicas quibus continentur donationes, concessiones, jus patronatus et illarum partium privilegia, ac quæcumque aliæ declarationes, prohibitiones, et pœnæ latæ pro augmento et conservatione illarum partium, necnon quibus etiam continentur confirmationes, extentiones et ampliationes factæ vel respective confirmatæ et concessæ Regibus Portugaliæ, vel Militiæ Jesu Christi, aut illius magno Magistro et administratori præsertim Innocentii VIII, Alexandri VI, Leonis X, Pauli III et IV, Julii III, Pii V, Gregorii XIII et Pauli V, et nominatim constitutionem Leonis X, quæ incipit *Dum fidei constantiam,* emanatam anno 1514, 7 idus junii, in qua confirmatur et extenditur patronatus conquistarum ad quascumque Ecclesias Africæ et aliarum provinciarum ultra mare in terris acquisitis et acquirendis consistentium. Item hujus constitutionis declarationem datam in forma brevis die ultima martii anno 1516, incipit *Dudum pro parte tua.* Item alteram Leoni X constitutionem cujus initium est *Præcessæ devotionis,* datam apud S. Petrum 1514, 3 nonas novembris, in qua continentur donationes, concessiones, privilegia patronatus, et concordata cum Regibus Castellæ circa conquistas a prædecessoribus Nicolao V, Calixto III, Sixto IV, et aliis Romanis Pontificibus respective concessa et approbata et confirmata, declarata, extensa, et ampliata ; nec non Julii III constitutionem incipientem *Præclara charissimi in Christo filii nostri Joannis,* emanatam 3 calendas januarii anno 1551, per quam regiæ coronæ unitur magistratus Militiæ Jesu Christi : amplector item et recipio eodem modo quo supra omnes et singulas litteras apostolicas fundationum, erectionum et dotationum Ecclesiarum patriarchalium, primatialium, archiepiscopalium, et episcopalium vel etiam administratorum episcopalium illarum partium Regibus Portugaliæ et magno Magistro seu administratori Militiæ Jesu Christi per Romanos Pontifices con-

cessas vel concedendas sive dictæ constitutiones et brevia et in eis contentæ
vel insertæ et respective concessæ, approbatæ, confirmatæ, et ampliatæ concessiones, donationes, patronatus, privilegia, facultates, declarationes, prohibitiones, pœnæ, concordata, extentiones, ampliationes, fundationes, erectiones
et dotationes, sive mere gratiosæ, sive remunerativæ existant, vel etiam vim
habeant validi et efficacis contractus ; et signanter amplector constitutiones
Pauli III incipientes *Æquum reputamus*, datas 3 nonas novembris anno 1539,
et alias incipientes *Romani pontificis circumspectio*, datas 8 julii anno 1539,
nec non alias Pauli IV pro erectione Ecclesiæ Machaonensis sive Sinensis et
alias Sixti V pro erectione Ecclesiæ Japonensis, cum aliis etiam Pauli V ema-
natis anno 1615 die 7 decembris, pro administratione dictæ Ecclesiæ tempore
vacationis. Sic voveo, spondeo ac juro, tactis sacrosanctis Evangeliis.

JOURNAL DE LA MISSION.

A. M.-E., vol. 121, p. 635.

1663.

Il est venu un ordre du Portugal à Goa par lequel on eût à arrêter les
évêques français au cas qu'ils passassent sur les terres de cet Etat ; comme
il n'a pu être exécuté, on l'a ensuite envoyé à tous les endroits où il y a des
Jésuites avec injonction d'empêcher leur passage à quelque prix que ce soit.
Ce commandement, qui arriva un peu avant la fête de Noël (1662) en cette
ville, fut un sujet de grande délibération parmi ceux de la nation portugaise,
et produisit ce bon effet que plusieurs d'entre eux qui étaient mal ensemble
se réunirent dans cette rencontre contre les missionnaires. Ceux-ci s'étant
bien doutés de cela par de fortes conjectures, et ayant depuis appris la nouvelle, quittèrent le quartier des Portugais où ils n'étaient pas en sûreté.

M. DE BOURGES A LA PROPAGANDE.

A. M.-E., vol. 249, p. 13. — Docum. hist. rel. à la Soc. des M.-E., vol. 1, p. 42.

1664.

Cependant les Portugais, qui sont à Siam, ayant ouvertement conspiré
contre la vie de Mgr de Bérithe, mon dit seigneur, ayant une juste appréhension que les Portugais ne réduisissent les missionnaires français en cet état
d'où ils n'auraient aucun moyen ni d'écrire, ni de recevoir des lettres, prit
résolution d'envoyer un de ses deux missionnaires qui l'avaient accompagné
depuis Paris, et de le faire retourner en Europe, pour lui servir d'une lettre
vivante, pendant que lui-même tenterait encore d'autres voies pour faire
savoir l'état de toutes choses et surtout la détresse où il se trouvait.

Quoiqu'il semble incroyable que des catholiques puissent prendre un
dessein si mauvais, comme est celui d'attenter à la vie d'un évêque, ils n'ont
pas laissé néanmoins de le prendre à Siam, portés par une jalousie naturelle,
et croyant peut-être en cela rendre à leur prince un service agréable.

Car dès le mois de juin de l'année 1661, il arriva à Goa des ordres exprès
du roi de Portugal de se saisir des évêques français, lorsqu'ils passeraient sur
ses terres dans les Indes, et de les renvoyer au Portugal par le premier vaisseau qui partirait. Ces ordres ne furent pas tenus si secrets que Mgr l'évêque
de Bérithe n'en fût averti, dès son entrée dans les Etats du grand Mogol, à
Surate, au mois de décembre de la même année, ce qui le confirma davantage
dans la résolution qu'il avait déjà prise de s'éloigner des terres des Portugais.

Comme les gouverneurs de Goa, à qui cet ordre avait été adressé, virent
que les évêques français prenaient leur route sans passer sur les terres dé-
pendantes de la couronne de Portugal, ils répandirent et envoyèrent les nouvelles de cet ordre par tous les lieux où les Portugais se sont retirés, sur les
terres des princes des Indes, après la perte de leurs villes, afin de les empê-

cher de passer dans leurs missions par tous les moyens dont ils se pouvaient aviser.

Les Portugais religieux et laïques, qui avaient, dans le commencement, traité Mgr de Bérithe avec quelque civilité et respect, voyant ses sentiments sur quelques désordres qui se passaient publiquement et avec scandale dans Siam, et apprenant les ordres du roi de Portugal contre les évêques français, changèrent aussitôt toute leur courtoisie en une aversion mortelle, et se mirent à regarder Mgr de Bérithe comme un ennemi de leur prince, voyant qu'en effet, il était entré dans les Indes sans prendre attache du Portugal, et ensuite quelques-uns d'entre eux prirent résolution d'en venir aux mains. Des desseins si extrêmes ne pouvant se prendre ni s'exécuter sans beaucoup de bruit, il fut aisé de conjecturer, par le changement si grand et si subit qu'ils firent paraître, qu'ils pourraient enfin accomplir ce qu'ils méditaient, ce qui obligea Mgr l'évêque de Bérithe de se retirer de nuit de la maison et du quartier où il avait jusqu'alors demeuré parmi les Portugais, et cela sans doute par une conduite spéciale de la divine Providence ; car, depuis, les Portugais eux-mêmes lui ont avoué, dans une rencontre particulière, que deux d'entre eux s'étaient chargés de le venir assassiner dans sa maison.

Cette petite persécution s'étant ainsi élevée, fit justement appréhender que peut-être, dans la suite, les évêques français et les missionnaires ne tombassent entre les mains des Portugais, qui ne leur laisseraient pas la liberté ni d'écrire, ni de recevoir des lettres. Et, en effet, Mgr de Bérithe commença à faire réflexion et à s'étonner comment, depuis plus de sept mois qu'il était dans le royaume de Siam, il n'avait reçu aucune lettre, quoique, selon toutes les apparences, les personnes avec qui il avait fait habitude sur le chemin, et qui avaient bien voulu être ses correspondants, lui dussent avoir écrit ; après cela, il ne douta plus qu'il ne fallut envoyer un de ses missionnaires, afin de suppléer à ce que des lettres ne pouvaient peut-être pas suffisamment expliquer, mais spécialement pour répondre à quantité d'accusations, que les Portugais auraient pu faire à la Sacrée Congrégation contre les évêques et les missionnaires français, afin de les faire rappeler de leurs missions ; et aussi pour poursuivre l'exécution et l'expédition des choses nécessaires au bien de la publication de l'Evangile dans les pays infidèles.

Condescendance de Mgr Lambert de La Motte

JOURNAL DE LA MISSION.

A. M.-E., vol. 5, p. 190,

1664.

Les réguliers Portugais résidant à Siam ne firent d'abord aucune difficulté de reconnaître M. de Bérythe pour évêque, comme il est ci-devant remarqué à l'occasion de quelques ordinations, mais ce prélat zélé ayant pris la liberté de les avertir de quelques défauts, les Pères se crurent offensés, et d'un commun accord prirent la résolution de lui faire une querelle. Il se répandit peu à peu un bruit parmi les chrétiens qu'on doutait que M. de Bérythe fût évêque, et sur cela un Dominicain, qui faisait la fonction de commissaire de l'Inquisition de Goa, lui écrivit pour le citer juridiquement, afin qu'il eût à lui montrer ses pouvoirs dans un temps fixé ; à quoi M. de Bérythe répondit qu'il s'étonnait qu'il eût attendu à lui faire cette citation trois ans après l'avoir reconnu évêque, que les Révérends Pères Jésuites, qui avaient vu une patente de filiation à lui accordée par leur Général, où il est qualifié d'évêque de Bérythe et de vicaire apostolique de la Cochinchine, en pouvaient rendre témoignage, qu'il ne refusait pas d'exhiber ses pouvoirs, mais qu'il doutait qu'un simple commissaire de l'Inquisition fût compétent pour l'y obliger. Cette contestation dura quelque temps, pendant lequel le sieur Paul Acosta, vicaire général de l'évêché de Malacca, envoya une lettre à M. de Bérythe, où il le reconnaissait évêque, et de plus lui donnait tous ses pouvoirs pour l'Eglise de Siam. M. de Bérythe fit alors entendre à ce commissaire et aux autres réguliers, qui agissaient pour lui, que la difficulté qu'on lui faisait était terminée, puisqu'il était reconnu évêque par leurs supérieurs *in spiritualibus*. Quelque temps après, le chapitre de Goa, qui s'attribue une juridiction universelle sur les évêchés des Indes, députa exprès à Siam un commissaire pour requérir M. de Bérythe de montrer ses pouvoirs, à quoi le prélat acquiesça sans peine, avec protestation néanmoins qu'ayant été envoyé immédiatement par le Saint-Siège, il ne reconnaissait que lui pour juger de sa conduite.

Mᵍʳ Lambert de La Motte attaqué.
MÉMOIRES DE BÉNIGNE VACHET.
A. M.-E., vol. 110, p. 58. — Ann. Cong. M.-E., vol. 1, p. 64.

On révoqua en doute si M. de Bérythe était véritablement évêque, et si ceux de sa compagnie étaient prêtres, n'étant pas obligé de les croire sur leur parole. La chose ne paraissait pas trop déraisonnable, puisque l'on trouve tous les jours tant d'imposteurs dans le monde. Ce fut donc pour s'en éclaircir, qu'à la suggestion de ces religieux, le grand vicaire, à la tête des principaux du camp des Portugais, fut trouver M. de Bérythe dans sa maison pour le sommer, comme étant revêtu de l'autorité du roi de Portugal et de l'archevêque de Goa se qualifiant primat des Indes, de lui faire voir par écrit ses pouvoirs et de qui il les tenait.

Il faut remarquer que le Souverain Pontife, pour maintenir ses droits, avait expressément défendu aux vicaires apostoliques de montrer quoi que ce soit de tout ce qu'il leur avait été accordé, lorsqu'il en serait requis par voie d'autorité et de justice. M. de Bérythe, qui ne voulait pas contrevenir aux ordres du Pape, leur dit, pour les contenter, qu'il ne pouvait se soumettre à la formalité qu'ils demandaient, n'étant pas sujet du roi de Portugal et encore moins de l'archevêque de Goa ; que, s'ils voulaient pourtant, il était prêt à communiquer ses pouvoirs en ami et en tête-à-tête à Monsieur le grand vicaire qui leur en ferait son rapport. C'est ce qu'il exécuta le lendemain, et le grand vicaire parut très satisfait.

Ce n'était pas là le compte des ennemis des missionnaires. Ils eurent l'adresse ou plutôt la malice de tourner en poison tout ce qui faisait la justification du prélat et des siens : « Nous accordons, disaient-ils, que le Saint-Siège les ait véritablement envoyés, et qu'ils soient revêtus de tous les privilèges qu'on nous dit avoir vus et lus ; c'est en cela même que nous les trouvons très coupables, parce qu'ils étaient obligés de passer par Lisbonne et de se présenter à la chancellerie du roi de Portugal, qui a un droit incontestable de patronage dans toutes les Indes, pour y faire enregistrer leurs bulles et leurs décrets avant que de sortir de l'Europe, faute de quoi toutes ces pièces sont censées nulles, et on ne doit y ajouter aucune foi. De plus, quand il ne leur aurait pas été possible de passer par le Portugal, ne devaient-ils pas se rendre auprès de l'archevêque de Goa, qui est le seul primat des Indes, pour en obtenir la permission d'exercer leurs fonctions dans les lieux qui lui sont soumis ? Ce manque de respect nécessaire envers les puissances nous persuade qu'ils ne sont pas ce qu'ils nous disent, et qu'on doit s'assurer de leurs personnes, qui nous sont très suspectes. »

Où est le bon sens qui ne se rendrait pas à un discours si captieux ? Parler à un Portugais de la puissance et de l'autorité de son roi, c'est lui enfler tellement le cœur que, pour la soutenir, il n'y a point d'excès où il ne s'abandonne. Ce serait peut-être ici le lieu de pulvériser toutes ces raisons apparentes et fausses ; je me réserve néanmoins d'en traiter plus amplement dans un endroit où j'aurai des écrits à combattre, et non pas des paroles qui eurent cependant tout l'effet qu'on s'en était promis ; car non seulement la haine prit la place de l'amour, mais il ne se passa quasi aucun jour qu'on ne leur suscitât quelque nouveau sujet de chagrin.

Le capitaine du comptoir hollandais, qui était de l'autre côté de la rivière, sachant bien que la vie de ces Messieurs n'était pas en sûreté parmi ces Portugais, leur offrit sa maison comme une retraite assurée : mais M. de Bérythe et ses deux compagnons ne jugèrent pas à propos d'accepter cette offre, parce que, en se retirant chez des hérétiques, ils auraient donné aux Portugais de nouveaux sujets de plaintes et d'indignation. Ce généreux Hollandais, se voyant refusé, fit dire à l'évêque et à ses deux missionnaires que du moins ils se donnassent bien de garde de rien manger, qui fut apprêté dans leur maison, ou qui vint du dehors, et qu'il aurait soin de leur envoyer tous les jours, dans une boîte fermée à clef, tout ce qui serait nécessaire pour les nourrir. Les Cochinchinois qui avaient leur camp situé à une lieue plus haut en remontant la rivière, ayant appris que M. de Bérythe était destiné pour leur pays et qu'il était en danger parmi les Portugais, par une générosité naturelle à cette nation, vinrent en plein jour enlever M. de Bérythe, ses compagnons, leurs valets et leurs effets, et ils les menèrent dans leur camp où ils leur bâtirent une maison et une chapelle sur le bord du fleuve.

Les Portugais, au désespoir d'avoir vu ravir à leurs yeux une proie dont ils se croyaient assurés, en témoignèrent une rage qui n'est pas concevable. L'un d'entre eux, jeune homme étourdi et téméraire, voulant se distinguer des autres, se mit dans une barque ayant avec soi ses amis. Il arriva sur le minuit au-dessous des fenêtres de ces messieurs, et, en touchant de sa guitare, il se mit à chanter dans son langage qu'il voulait tuer un évêque, afin qu'on n'en parlât plus. M. Deydier, qui l'ouït distinctement, se sentit la bile un peu émue, et il se préparait à sortir pour l'arrêter quand M. de Bérythe l'en empêcha.

Quelque temps après, un autre fanfaron, qui se disait parent du roi de Portugal, aborda à Siam où il apprit tout ce qui s'était passé. Bouffi qu'il était de sa qualité, il assura les Portugais qu'il les délivrerait bientôt de leurs inquiétudes. Il choisit pour son dessein un jour de dimanche, lorsqu'on achevait les vêpres, pour se rendre à la maison de M. de Bérythe, où il entra avec une arrogance digne de lui. Il s'était fait accompagner d'un grand cortège de serviteurs et d'esclaves. Son bateau était magnifiquement paré ; deux trompettes à la proue ne cessaient de sonner des fanfares, une quantité de banderolles de taffetas de toutes les couleurs flottaient tout alentour au gré du vent ; il avait pavillon royal ; en un mot, on aurait dit que c'était un autre Jean de Paris qui allait faire quelque entrée pompeuse.

Ce fut avec un dédain audacieux qu'il se contenta de dire en entrant dans la maison : « Qu'on avertisse l'évêque que je suis ici ». M. de Bérythe, qui avait toujours une présence d'esprit et une sérénité admirables, accompagné de MM. Deydier et de Bourges, le fut trouver dans la salle où il se promenait en rongeant ses ongles. Le prélat l'aborda avec toute la civilité possible et le pria de s'asseoir ; il lui fit même un petit compliment de congratulation sur son heureuse arrivée, en lui témoignant qu'il l'avait prévenu par sa visite. Ce brutal l'interrompit en lui disant : « Vous vous trompez, si vous vous imaginez que je suis venu ici par pure civilité. Le sujet qui m'y amène est pour vous contraindre de me montrer à présent et sans délai la permission que le Roi de Portugal vous a donnée pour venir dans les Indes, faute de quoi je vous traiterai, vous et les vôtres, de prévaricateurs de ses droits souverains, et je vous ferai conduire pieds et poings liés jusqu'aux degrés de son trône, pour lui faire réparation d'honneur et lui demander pardon de votre témérité ».

A peine avait-il achevé cet insensé discours, qu'on vit entrer dans la salle le capitaine des Cochinchinois avec dix ou douze de ses compatriotes, qui, à la hâte, s'étaient habillés en gens de guerre qui vont au combat, c'est à-dire en bonnet de crin à la tête, le bras droit nu et le sabre à la main ; on venait de leur dire que cet hidalgo n'était venu que pour enlever M. de Bérythe et ces deux messieurs. Ce capitaine cochinchinois, qui était entré dans la salle fort brusquement et sans permission, alla droit au Portugais ; il le prit par le bras et le forçant de se lever, il se servit de l'injure la plus outrageante de son pays en lui disant d'un ton de voix grondeur : « Sors d'ici, fils de chien que tu es, rends grâce à la présence de mon prélat, car, si ce n'était le respect que je lui porte, je t'aurais déjà tranché la tête ». M. de Bérythe fit tout ce qu'il put pour s'opposer à cette violence, mais les Cochinchinois firent les sourds à ses prières et ne relâchèrent point le Portugais qu'ils ne l'eussent remis par force dans sa barque, non sans avoir reçu quelques coups de poings et de pieds par dérision. Ce fier-à-bras, tout hors de lui-même, jetait feu et flamme en arrivant chez lui. Tous les supplices les plus atroces ne contentaient pas son esprit pour venger cet affront ; et comme si les Portugais du camp n'eussent pas été en assez grand nombre (quoiqu'on y comptât plus de douze cents hommes) pour exécuter la funeste résolution dont il était agité, il se fit conduire encore tout bouillant de colère chez le chef des Hollandais, croyant qu'après lui avoir rapporté ce qui venait de lui arriver, il armerait tout son monde pour courir à la vengeance.

Le capitaine hollandais, qui était sage et prudent, l'entendant parler avec la furie qu'il possédait, pour l'apaiser tant soit peu lui dit : « Vous ne connaissez pas, Monsieur, les Cochinchinois ; ce sont des gens qui s'irritent aux premières menaces qu'on leur fait, et quoiqu'ils ne soient tout au plus que soixante hommes dans leur camp, je vous réponds que quand vous iriez avec tous vos Portugais pour les brûler dans leurs maisons comme vous dites, avant que d'y arriver, ils auront taillé en pièces tout votre monde, et ne se donneront aucun repos qu'ils n'aient réduit en cendres tout votre camp, et qu'ils ne vous aient arraché la vie : pour ce qui me regarde, je ne puis pas repousser cette querelle, car outre que j'en prévois de terribles suites, infailliblement je serais repris de mes supérieurs. »

Le Portugais ne fut pas content de ces raisons ; il quitta assez brusquement cet officier, avec la même colère. Le capitaine hollandais ne l'ayant pu calmer, et prévoyant qu'il était capable de se porter à une dernière extrémité, crut qu'il était obligé d'en donner connaissance à M. de Bérythe, de crainte de quelque accident.

Le chef des Cochinchinois, qui en fut aussi averti, assembla ses gens et fit faire bonne garde toute la nuit alentour du camp et de la maison de l'évêque. Le matin, vers neuf heures, il partagea tout son monde sur deux petites galères que le roi de Siam lui avait confiées pour le suivre lorsqu'il allait à la guerre, et ayant fait le signal de partance, les Cochinchinois, tambours battant, mirent en mouvement leurs galères qui, d'une rapidité extraordinaire, se présentèrent en un moment devant le camp des Portugais, et quand ils y furent arrivés, sans plus se servir de leurs rames, ils se laissèrent emporter doucement au courant de la rivière, ayant tous le sabre à la main, insultant à ce peuple timide qui mourait de peur qu'ils ne missent pied à terre ; la plupart ayant abandonné leurs maisons pour se réfugier dans les églises. C'est de la sorte que les Cochinchinois passèrent et repassèrent jusqu'à la quatrième fois qu'ils s'en retournèrent, voyant que personne ne leur répondait.

Le capitaine hollandais, qui était sur son pont et qui avait auprès de lui un fort honnête homme portugais, qui s'était établi de son même côté, lui dit en se riant : « Vous voyez la bravoure de notre grand hidalgo, qui se vantait hier d'aller brûler les Cochinchinois dans leurs maisons, il s'est si bien caché qu'il ne paraît point ». Et, en effet, on ne le vit plus depuis ce jour-là. Les pauvres Portugais furent si étonnés que, plus d'un mois entier, ils n'osaient pas passer devant le camp des Cochinchinois, quelques affaires qu'ils eussent au-delà, aimant mieux prendre un grand détour par terre, et c'est ce qui mit fin à un événement qui ne pouvait être que triste et tragique.

VII

Juridiction sur le Siam.

De l'établissement d'une résidence dans la ville de Juthia.

ADDITIONS AUX INSTRUCTIONS QUI ONT ÉTÉ DONNÉES AUX ECCLÉSIASTIQUES MISSIONNAIRES ENVOYÉS DANS LA CHINE, LA COCHINCHINE, LE TONKIN, FAITES À ISPAHAN ET ACHEVÉES LE 10 DE SEPTEMBRE 1662, PAR Mgr PALLU.

A. M.-E., vol. 116, p. 73.

Il est d'une dernière conséquence pour la mission d'établir dans la ville de Siam une bonne résidence ; il en faut faire le centre de notre correspondance pour l'Europe afin d'y envoyer sûrement nos lettres et relations, et en recevoir les avis dans le besoin et la subsistance nécessaires ; ce sera aussi une bonne retraite si l'on est obligé de quitter pour un temps les lieux de la mission, et au cas qu'il fût trop difficile au Tonkin et à la Cochinchine d'instruire ceux qui se présenteront pour être promus au sacerdoce, ou au moins quelques-uns qui en seront jugés très capables, on les enverra dans ce lieu pour y être cultivés par ceux qui y seront.

Ceux qui seront envoyés dans cette résidence dépendront de l'évesque qui en sera le plus proche, pour ne faire rien de considérable sans son ordre ; ils seront gouvernés immédiatement par M.   s'il juge à propos de tenir cette résidence ; s'il va au Tonkin, il priera un de ceux qui y resteront de prendre la charge de supérieur, jusqu'à ce que le seigneur évêque plus proche en dispose autrement ; en sorte qu'en cette résidence comme en toutes les autres il y ait toujours quelque subordination.

Ils ne laisseront passer aucune occasion d'écrire aux seigneurs évesques au Tonkin et à la Cochinchine, lesquels ne manqueront pas de leur écrire également, comme aussi en Europe.

S'il arrive que quelqu'un des dits seigneurs et particulièrement le plus proche de leur résidence les appelle, ils lui représenteront l'importance de cette résidence, et l'ordre que nous leur avons donné de ne l'abandonner point qu'elle ne soit occupée par quelqu'autre, principalement jusqu'à ce qu'ils aient reçu des nouvelles de l'Europe, et des missionnaires qui en doivent venir bientôt, et apporter quelques fonds pour la subsistance de la mission. Le supérieur de cette résidence aura soin de la distribution des aumônes, qu'on enverra de temps en temps de France pour la subsistance des missionnaires, et tâchera d'avoir toujours quelque petit fonds de réserve pour subvenir aux plus pressants besoins. Il fera connaissance avec les Anglais, Hollandais et autres pour les besoins qu'ils en pourront avoir ; il prendra garde néanmoins de n'avoir pas avec eux une très grande privauté pour plusieurs inconvénients. Les missionnaires feront paraître dans leur compagnie, comme partout ailleurs, une grande modestie et retenue, particulièrement dans le boire et dans le manger, ne mangeant et ne buvant point, s'il est possible, hors de leur maison, ou s'ils sont quelquefois obligés de le faire, s'y comportant très sobrement. Cet avis est de très grande importance dans tout l'Orient ; qu'ils se souviennent de la grande et extraordinaire retenue des Capucins d'Ispahan en ce point, pour se régler par leur exemple.

Ils ne se contenteront pas, non plus que tous les autres missionnaires, de servir la mission par ces offices extérieurs, ils contribueront davantage à son bien et à sa perfection s'ils se rendent fidèles, comme ils y sont obligés, à la pratique de l'oraison, de la mortification et des autres vertus qui leur ont été recommandées.

Ils ne regarderont pas cette résidence comme étrangère à notre mission, mais comme la principale et la plus importante partie. Ils prendront la connaissance qu'ils pourront du bien que l'on y peut faire pour les progrès de notre sainte foi, et de celui que les missionnaires qui y sont établis y ont fait jusqu'à présent ; ils feront des mémoires fort exacts de toutes les choses qui sont comprises dans le modèle qui leur sera donné, pour en envoyer des copies en Europe.

Ils entretiendront une parfaite intelligence avec les missionnaires ; ils feront de concert avec eux tout ce qu'ils pourront pour le bien de la mission ; ils y contribueront sur toutes choses par leur bon exemple dans tous les exercices extérieurs de religion, dans le mépris qu'ils feront de tous les biens du monde, dans tous les offices de charité et de miséricorde, principalement à l'égard des plus pauvres et des plus abandonnés, et dans une patience invincible au milieu de toutes les disgrâces et adversités qui leur pourront arriver ; ils fréquenteront les hôpitaux et donneront tout le temps qu'ils pourront à panser et servir les malades.

MÉMOIRE DE M. DE BOURGES A LA PROPAGANDE.

A. M.-E. vol. 249. p. 13. — Docum. hist, rel. à la Soc. des M.-E., vol. 1, p. 44.

1664.

La Sacrée Congrégation, ayant étendu la juridiction des évêques sur le royaume du Pégu et du Siam, pouvait encore donner à ces deux grands royaumes un secours plus puissant, les pourvoyant d'un évêque, lequel trouverait une abondante moisson et qui l'occuperait entièrement, parce que les peuples y sont doux et traitables, qu'ils n'ont point d'aversion du christianisme, et les princes y souffrent assez volontiers les chrétiens dans l'exercice public de leur religion. Ces deux Etats étant d'une si grande liberté comme ils sont pour toutes sortes d'étrangers, de quelque nation et religion qu'ils soient, serviraient d'asile aux autres évêques et missionnaires, au cas qu'ils trouvassent tant d'opposition dans les lieux propres de leur mission qu'ils fussent obligés de se retirer. Il est encore fort à propos que, comme ces deux royaumes servent de passage pour aller à la Chine, au Tonkin et en Cochinchine, ils soient tenus par des personnes qui sont du même esprit et en bonne intelligence avec les autres évêques et missionnaires ; afin que, concourant tous au même dessein, ils tiennent toujours les chemins libres, étant facile, une fois habitués là, de dissiper les desseins des Portugais, lesquels entreprendraient peut-être de faire fermer les passages, par les mauvais rapports qu'ils pourraient faire aux princes étrangers contre les missionnaires ; et lorsqu'il y aurait un évêque sur les lieux, ce serait à lui que les missionnaires qui seraient destinés pour la Chine, Tonkin et Cochinchine seraient adressés, lequel, ayant la pratique des lieux, et étant toujours bien informé, leur prescrirait leur route pour se rendre en leur mission. C'est un grand avantage qu'on puisse, de la ville d'Ava, entrer dans la Chine en vingt-cinq journées de chemin, et cela sans qu'on puisse appréhender les oppositions des Portugais. Il est vrai que le roy du Pégu avait une garnison sur les chemins et en empêchait le passage, ce qui fut la cause que Mgr de Bérithe ne prit pas cette route pour entrer dans la Chine ; mais si la nouvelle que les Hollandais ont donnée à Paris depuis trois mois est véritable, ce passage est maintenant ouvert ; parce qu'ils disent que l'empereur tartare, qui est maintenant le maître de la Chine, a aussi conquis le royaume du Pégu ; et en effet, il commençait à s'en approcher dès l'année 1662, car il poursuivait si vivement ·mpereur chinois, lequel, depuis la perte de ses Etats, s'était retiré avec nombre de ses sujets dans quelques provinces montagneuses qui confinent le Pégu du côté de l'Orient, qu'il obligea de se retirer dans le royaume du Pégu, d'où il envoya une ambassade au roy de Siam pour lui demander secours ; mais comme le secours qui lui fut donné fut faible, il est facile de croire que le Tartare a poursuivi ses conquêtes jusque sur les Etats du roy du Pégu, qui avait reçu le vaincu dans sa fuite. Si donc maintenant la Chine et le Pégu sont sous un même prince, la communication de l'un à l'autre sera aisée.

Et c'est à quoi serviront un évêque et des missionnaires français établis dans les royaumes du Pégu et de Siam, car par leur moyen on aura une correspondance facile et assurée de la Chine en Europe et d'Europe à la Chine. Il semble que c'est maintenant qu'il faut prendre ces deux postes, puisque jusqu'à présent les Portugais n'y ont nulle autorité, et que, suivant le dessein que les marchands français ont d'aller établir leur commerce dans les Indes orientales, les missionnaires pourront passer avec eux jusqu'aux ports des royaumes du Pégu et de Siam, où, trouvant un évêque et des missionnaires établis, ils ne pourront être empêchés d'entrer en leur mission ; enfin, si la Sacrée Congrégation approuvait cette proposition, elle trouverait aussitôt un ecclésiastique de mérite, et tout disposé d'y aller avec la mission qu'il recevrait d'elle.

Décret de juridiction.

DECRETA CONGREGATIONIS PARTICULARIS A SANCTISSIMO DOMINO SPECIALITER DEPUTATÆ SUPER REBUS SINARUM ET INDIARUM ORIENTALIUM HABITA DIE 24 DECEMBRIS 1668.

A. M.-E., vol. 263, p. 103.

Cum D. Episcopus Beritensis, Vicarius apostolicus in Cocincina, Siami commorans, in gratiam quorumdam christianorum cocincinensium, quorum multi baptismi sacramentum ibidem susceperant, ecclesiam seu capellam ædificaverit; cumque idem episcopus et missionarii Vicarios apostolicos secuti, concessis sibi a Sacra Congregatione facultatibus, ubi cum eisdem usi fuerint easque exercuerint, revocatum est in dubium a nonnullis eorum an id licuerit, cum regnum Siami intra Vicariatus fines non comprehendatur et cætero facultatum exercitium extra dictos limites vetitum sit :

Quare supplicatur ut quod ecclesiam aperuerint Sacra Congregatio approbet; et quæ cum dictis christianis suis facultatibus utendo gesserunt tanquam valida confirmet, auctoritatemque in posterum libere ibidem exercendi dictas facultates licentiam benigne concedat.

Quoad 1am partem : quod ecclesiam instituerint Sacra Congregatio approbavit.

Quoad 2am : respondit supplicandum esse Sanctissimo ut pro confirmatis et approbatis habeat ea quæ Vicarii apostolici et eorum missionarii ante annum 1664, et in eodem anno intra facultatum sibi a Sacra Congregatione concessarum limites gesserunt; quæ vero intra earumdem facultatum limites post annum datum 1664 gesta sunt, Sacra Congregatio declarat approbatione vel confirmatione non indigere, quoniam eo tempore in vim decreti Congregationis facultas ipsis tributa fuit alibi properam missionem collocandi, postquam omni spe ceciderunt prosequendi propriam.

Quibus relatis per secretarium Sacræ Congregationis Sanctissimo Domino Nostro, Sanctitas Sua resolutionem Sacræ Congregationis approbavit et confirmavit in audientia habita die 20 decembris 1668.

2° Quoniam nonnulli christiani variis temporibus in regnum Siami appellentes accedente illius regis licentia, in quibusdam campis ipsis a rege specialiter assignatis ecclesiam seu capellam construxerunt, in qua olim parochus a vicario Malacensi constituebatur ad illorum christianorum regimen, et quoniam, dicta ecclesia destructa, vicarius Malacæ in locum parochi ultimi defuncti alium substituere noluit, atque presbyteri Dominicani et presbyteri Societatis Jesu ibidem commorantes, functiones parochiales et curam pastoralem in propriis ecclesiis supra plus exercuerunt sine ulla dicti Vicarii licentia. Idcirco quæritur an Vicarii apostolici eorumque missionnarii possint quoque ipsi in eorum ecclesia seu capella quatuor aut quinque milliaribus a dictis campis dissita, sacramenta administrare dictis christianis et in eorum gramtiam suis uti facultatibus, absque eo quod debeant licentiam a dictis Regularibus petere.

Sacra Congregatio respondit licere, præter quam in festis paschalibus, si tamen Regularibus jura parochialia jur? competant.

Datum Romæ 24 decembris 1668.

Bref de Clément IX donnant aux Vicaires apostoliques juridiction sur le Siam.

A. M.-E., vol. 26,t, p. 43.

CLEMENS PP. IX.

Ad futuram rei memoriam. Cum, sicut accepimus, civitas Juthia, vulgo Siam, sit præcipuum emporium totius regni Siami' et ad illam sit continuus concursus diversarum nationum tam vicinarum quam longinquarum, quibus rex dicti regni, ut ad illam libentius confluant et ibidem securius commorentur, liberum religionis et sectarum quarumlibet exercitium concessit; et sicut Venerabiles Fratres Episcopi Vicarii apostolici ad regna Sinarum, Tunchini et Cocincinæ destinati Nobis exponi fecerunt, ipsi ob arduas difficultates ingrediendi fines suorum Vicariatuum sedem in dicta civitate interea fixerint, ecclesiam seu capellam ibidem erexerint, et in conversionem infidelium tam suorum Vicariatuum quam aliarum nationum incubuerint, seminarium quoque instituerint, cupiantque propterea episcopo Metellopolitano Vicario apostolico apud Sinas, consecrato seu mox conscecrando, extensionem administrationis sui Vicariatus ad dictum regnum Siami et civitatem Juthiensem a Nobis benigne concedi. Nos eorumdem Vicariorum apostolicorum votis hac in re, quantum cum Domino possumus, favorabiliter annuere volentes, et eorum singulares personas a quibusvis excommunicationis, suspensionis et interdicti, aliisque ecclesiasticis sententiis, censuris et pœnis a jure vel ab homine quavis occasione vel causa latis, si quibus quomodolibet innodati existunt ad effectum præsentium dumtaxat consequendum harum serie absolventes et absolutos fore censentes, supplicationibus eorum nomine Nobis super hoc humiliter porrectis inclinati, de Venerabilium Fratrum nostrorum S. R. C. Cardinalum negotiis propagandæ Fidei præpositorum, qui hæc omnia aliaque ponderarunt et accurate perpenderunt, consilio, memorato episcopo Metellopolitano administrationem sui Vicariatus ad regnum Siami et civitatem Juthiensem hujusmodi, auctoritate apostolica, tenore præsentium, extendimus, quousque ingredi in Sinas idem episcopus Metellopolitanus potuerit, cum obligatione tamen dictum ingressum diligenter procurandi; et eo casu facultatem quoque eidem concedimus provicarium ibidem constituendi, donec aliter per Sedem Apostolicam provisum fuerit. Decernentes easdem præsentes litteras firmas, validas et efficaces existere et fore, suosque plenarios et integros effectus sortiri et obtinere, et illis ad quos spectat et spectabit in futurum plenissime suffragari; sicque in præmissis per quoscumque judices ordinarios et delegatos etiam causarum palatii apostolici auditores judicari et definiri debere, ac irritum et inane, si secus super his a quoquam quavis auctoritate scienter vel ignoranter, contigerit attentari. Non obstantibus constitutionibus et ordinationibus apostolicis, nec non quibusvis etiam juramento, confirmatione apostolica, vel quavis firmitate alia roboratis statutis et consuetudinibus, privilegiis et litteris apostolicis in contrarium præmissorum quomodolibet concessis, confirmatis et innovatis. Quibus omnibus et singulis, illorum præsentibus pro plene et sufficienter expressis et ad verbum insertis habentes, illis alias in suo robore permansuris, ad præmissorum effectum hac vice dumtaxat specialiter et expresse derogamus, cæterisque contrariis quibuscumque. Datum Romæ, apud Sanctam Mariam Majorem, sub annulo Piscatoris, die 4 julii 1669, Pontificatus nostri anno tertio.

Mgr Laneau nommé évêque de Métellopolis et Vicaire apostolique de Siam.

VIE DE Mgr LANEAU PAR BÉNIGNE VACHET

A. M.-E., vol. 120, p. 80.

Tous les missionnaires, d'un commun accord, furent d'avis de prier M. de Bérythe de repasser en Europe pour représenter au Saint-Siège les inconvénients qui en résulteraient, si on n'arrangeait pas promptement les affaires avec les Portugais. M. de Bérythe, qui en jugeait plus qu'aucun autre la nécessité, représenta qu'il était prêt à se soumettre à ce que l'on désirait de lui, mais qu'il ne pourrait jamais se résoudre à quitter les missions, quoique pour un temps, sans y laisser un chef pour les gouverner, puisque le Pape lui en avait réservé l'autorité, dont il ne voulait point se servir, si ce n'était du consentement unanime de toute la Compagnie, de laquelle il était résolu de suivre les avis. Les remontrances furent inutiles, ce fut en vain qu'on lui dit qu'il n'avait qu'à nommer un sujet et à le sacrer, qu'on aurait pour cet évêque la même déférence qu'on avait pour lui, il n'en voulut rien démordre. Enfin l'on convint qu'on exposerait durant trois jours le Saint-Sacrement, depuis la prière du matin jusqu'à celle du soir, pour demander à Dieu, qu'il lui plût, par sa miséricorde, d'inspirer aux missionnaires lequel de tous il avait choisi pour cette place importante. Toutes les messes furent célébrées à cette intention ; les chrétiens y concoururent par leurs nombreuses communions. Pendant ces trois jours, il n'y eut point de récréations, ni quasi d'études ; quoiqu'on eût fait un billet de ceux qui devaient assister devant le Saint-Sacrement, qui se relevaient d'heure en heure, la plupart des missionnaires y passaient tout le jour.

Enfin le terme étant expiré, on s'assembla pour délibérer. D'abord on lut le bref apostolique qui donnait le droit à M. de Bérythe de nommer un évêque vicaire apostolique pour succéder à feu M. Cotolendi. L'on y remarqua une condition qui ne permettait plus de douter des sujets électifs, car ce bref portait formellement, que les deux évêques, ou s'ils ne pouvaient pas se joindre « l'évêque de Bérythe choisirait l'un des ecclésiastiques qui étaient partis avec eux de France », ce qui donnait l'exclusion à tous les nouveaux venus. Dans l'assemblée, qui était de quatorze missionnaires, sans y comprendre M. de Bérythe, il n'y avait que le seul M. Laneau qui était électif, les autres étaient tous dans des pays fort éloignés. Il n'y avait nulle apparence de faire venir à Siam ou M. Deydier ou M. de Bourges, qui étaient au Tonkin. Cet embarras n'était pas petit, et la surprise qu'il causera fera voir que les vues des hommes, quoique très gens de bien, sont quelquefois fort éloignées de celles de Dieu ; car quand il fallut dire son sentiment, chacun selon l'ordre qu'il était assis, de quatorze voix, il y en eut treize qui donnèrent l'exclusion à M. Laneau, non pas qu'on ne le jugeât très digne de l'épiscopat, car tous ces Messieurs étaient parfaitement convaincus qu'il les surpassait tant pour la science que pour la vertu ; mais en agissant en hommes qui croient suivre les principes ordinaires, ils se fondaient sur des défauts qui sont très louables dans un ecclésiastique particulier, mais qui ne convenaient nullement dans la conjoncture présente des affaires à celui qui serait élu pour être à la tête des missions.

Le premier était sa trop grande douceur, prévoyant qu'il n'aurait jamais cette fermeté nécessaire pour s'opposer aux obstacles et aux embûches qu'on lui préparait.

Le second, que s'il était une fois le maître du capital qui faisait subsister les missionnaires, on ne pourrait plus compter sur aucun viatique, car on voyait tous les jours que ses libéralités étaient si outrées, que quoique le matin, en sortant de sa maison il eut une chemise sur le corps, il n'en avait plus le soir en y entrant. Chacun fit valoir ces raisons domestiques du moins mal qu'il put.

Quand ce fut au quatorzième à parler, qui était à la gauche de M. de Bérythe, ce missionnaire s'adressant au prélat, lui dit : « Monseigneur, il n'est plus question de mon suffrage, puisque la pluralité des voix va à l'exclusion de M. Laneau ; voulez-vous que je sois le seul qui s'oppose aux sentiments de ces Messieurs ? Nous sommes tous bien persuadés que ce qu'ils ont avancé est très juste, mais il me semble qu'ils n'ont pas fait assez d'attention d'un simple ecclésiastique à un évêque. Laissez M. Laneau dans la place qu'il occupe aujourd'hui, il sera toujours doux et toujours libéral ; mais si vous le faites évêque (je suppose que Dieu l'y appelle), l'on verra avec étonnement qu'il aura plus de fermeté que ceux qui le suivront, et qu'il deviendra si bon économe qu'on n'aura plus rien à lui reprocher. »

M. de Bérythe qui devait conclure cette conférence remit l'affaire au lendemain. C'est une chose merveilleuse que, s'étant rassemblés après les messes célébrées, des quatorze votants il y en eut treize qui votèrent pour l'élection de M. Laneau. Un seul persista dans son sentiment, ce qui n'empêcha pas que M. de Bérythe ne prononçât en faveur de M. Laneau, qui en fut très mortifié : car, les larmes aux yeux, il se jeta aux genoux de l'évêque et des autres missionnaires, pour les prier avec son humilité ordinaire de ne pas penser à lui ; on ne l'écouta pas, et bon gré, mal gré, on le porta à l'église où l'on chanta le *Te Deum*.

Ce fut dans la même semaine que M. de Bérythe reçut un gros paquet de M. d'Héliopolis, qui était arrivé à Surate avec une belle troupe de missionnaires ; il y rencontra M. Chevreuil que les Portugais avait mené du Cambodge à Macao et de Macao à Goa, pour être remis à l'Inquisition comme coupable d'hérésie ; et parce que l'archevêque et l'inquisiteur ne voulurent pas s'en charger, ils le renvoyèrent dans sa mission, ce qui lui donna occasion de voir M. d'Héliopolis à Surate.

A ces nouvelles, le voyage de M. de Bérythe fut différé, aussi bien que le sacre de M. Laneau, qui fut le seul qui en témoignât de la joie. De Surate M. d'Héliopolis passa à Bantam dans l'île de Java, où il trouva un petit navire portugais, qui était prêt de partir pour Siam. Il aurait bien voulu s'en servir pour se rendre auprès de M. de Bérythe, mais on lui en représenta l'exécution si difficile par rapport à sa personne, qu'il crut prudent de différer ce voyage, jusqu'à une autre commodité qui serait plus sûre. Ce prélat prit la résolution de s'en retourner à la côte de Coromandel, pour y arriver par Ténassérim, qui était l'une des provinces du royaume de Siam. Comme il n'avait aucune connaissance de ce qui s'était fait à Siam sur l'élection de M. Laneau, il crut que dans les circonstances présentes, ne pouvant se réunir à M. de Bérythe, il pouvait de son autorité nommer un évêque comme successeur à M. Cotolendi, pour l'envoyer à la Chine ou dans l'une des autres missions. Il choisit M. Chevreuil, du consentement de tous ceux qui étaient avec lui, et il se vit à la veille de le sacrer, lorsqu'il reçut des lettres de M. de Bérythe, qui l'informaient de l'élection de M. Laneau. Il demeura extrêmement surpris de la hardiesse de M. de Bérythe, à cause qu'il présumait qu'il dépendait de lui seul de nommer cet évêque, au cas qu'ils ne pussent pas se joindre. Cependant comme il avait une très grande déférence pour M. de Bérythe, il suspendit le sacre de M. Chevreuil, et par les lettres qu'il écrivit à M. de Bérythe, il le priait de suspendre aussi le sacre de M. Laneau.

C'est ce qui fut cause que M. d'Héliopolis mena avec lui M. Chevreuil et toute sa troupe. Sitôt qu'ils furent arrivés à la côte de Coromandel, ils trouvèrent le moyen de faire savoir à Siam de leurs nouvelles.

Enfin M. d'Héliopolis arriva à Siam. La joie fut grande de part et d'autre. Après que les évêques se furent communiqué tout ce qu'ils avaient à dire des affaires générales, ils s'étendirent à fond, mais en particulier, sur les deux élections de MM. Laneau et Chevreuil. M. d'Héliopolis croyait la sienne canonique, M. de Bérythe soutenait qu'on ne pouvait pas trouver à redire à celle qu'il avait faite. Il fallut en venir à un éclaircissement, pour juger lequel des deux était le mieux fondé. M. d'Héliopolis produisit un acte authentique, signé de l'archevêque de Paris, de son secrétaire et du notaire de l'archevêché, qui était l'original de la copie de la bulle du pape, et qui avait la même force que celle de Rome par laquelle il était dit : « qu'au cas où les évêques d'Héliopolis et de Bérythe ne pussent pas se joindre pour la nomination d'un successeur à feu M. Cotolendi, tout ce pouvoir était réservé à M. d'Héliopolis. »

M. de Bérythe fut quelque temps sans pouvoir revenir de sa surprise. Mais enfin il montra à M. d'Héliopolis l'original qui portait tout le contraire. Ce prélat, l'ayant lu et relu, ne se trouva pas moins embarrassé et se mit à faire mille excuses à M. de Bérythe, protestant que, s'il y avait erreur, il en était innocent comme l'enfant qui vient de naître. M. de Bérythe en riant lui dit : « Ne voyez-vous pas bien, Monsieur, que c'est une faute du copiste qui pour mon nom a mis le vôtre ? » Et sans vouloir approfondir la matière : « Cette erreur, ajouta-t-il, ne doit pas nous arrêter, nous voici enfin assemblés tous les deux, regardons ce qui s'est passé, comme si de rien n'était, et voyons entre nous sur lequel de nos missionnaires nous jetterons les yeux. »

M. d'Héliopolis nomma M. Chevreuil, M. de Bérythe nomma M. Laneau. Il n'y en avait qu'un d'électif, et par conséquent il fallait bien s'accorder. Voici le moyen que M. de Bérythe proposa. « Nous avons, dit-il à M. d'Héliopolis, dans les Actes de saint Luc, l'exemple des Apôtres hésitant lequel des deux ou de saint Mathias ou de Joseph surnommé le Juste, devait remplir la place vacante de ce sacré collège. Nous voici, vous et moi, dans le même embarras, imitons-les, faisons ce qu'ils ont fait et le Saint-Esprit en décidera. » M. d'Héliopolis fut ravi de cette ouverture. Aussitôt l'on fit deux billets : dans l'un était écrit Louis Laneau, dans l'autre Louis Chevreuil. Les billets étaient tout semblables, pliés de la même façon. M. de Bérythe les mit dans son bonnet, et les deux évêques s'étant mis à genoux, ils firent la même prière que les Apôtres avaient adressée à Dieu dans une pareille occasion. Étant encore dans cette posture, M. de Bérythe prit son bonnet, le remua quelque temps pour confondre la place qu'occupaient les billets, et ensuite il le présenta à M. d'Héliopolis, en lui disant : « Tirez, Monsieur, le premier qui vous tombera sous la main. » M. d'Héliopolis prit l'un des deux, il l'ouvrit, et ce ne fut pas sans surprise qu'il lut : Louis Laneau. M. de Bérythe qui s'en aperçut dit à son collègue : « Je vous prie, Monsieur, de replier ce billet dans sa première forme. » Ce qui étant exécuté, il le remit dans le bonnet, qu'il remua comme la première fois, ajoutant : « Ne craignez pas, Monsieur, tirez hardiment. » Le bon prélat le fit sans faire trop attention à ce qu'il faisait, il développa ce second billet et y trouva : Louis Laneau. Il en eut de la confusion, il en demanda pardon à M. de Bérythe qui lui dit : « Monsieur, rassurez-vous, remettez ce billet dans son état et tirez pour la troisième fois. — A Dieu ne plaise, s'écria M. d'Héliopolis, ne me suffit-il pas de cette première confusion, pour vouloir en hasarder une seconde qui serait plus criminelle. » Sur quoi M. de Bérythe lui dit : « Je suis si fort persuadé que Dieu a choisi lui-même M. Laneau, pour remplir la place de feu M. Cotolendi, que quand même nous mettrions tout autant de billets que nous avons de missionnaires, cent fois nous les mettrions au sort, que cent fois l'on verrait avec étonnement paraître le nom de Louis Laneau. »

Consécration épiscopale de Mgr Laneau.

Relat. des miss. et des voy. 1672-1675, p. 231.

1674.

M. Laneau ayant été élu dès la fin de septembre 1673, pour succéder à feu M. de Cotolendi évêque de Métellopolis, aurait été consacré le ving-septième décembre de la même année à son retour de Lavau [1], sans la maladie de M. de Bérythe, qui fit différer la cérémonie jusqu'à l'année suivante

L'on choisit le vingt-cinquième jour de mars 1674 (auquel la fête de Pâques tombait ce jour-là), pour faire ce sacre avec plus de solennité. On s'y prépara dans le Séminaire de Siam, tant par plusieurs exercices extraordinaires de piété, que par un grand soin d'instruire tous les prêtres et clercs qui devaient y faire quelques fonctions. M. Laneau s'y disposa en particulier par un redoublement de zèle qu'il alla répandre dans plusieurs villages de Juthia à sept ou huit lieues à la ronde, comme M. de Bérythe l'a écrit ; après quoi, pour dernière préparation, il fit une retraite spirituelle de plusieurs jours.

Le jour de Pâques étant venu, MM. les évêques d'Héliopolis et de Bérythe conduisirent le prélat élu à l'église, et après lui avoir fait prêter le serment de fidélité au Saint-Siège, dont on a envoyé depuis l'original à Rome, ils le consacrèrent évêque de Métellopolis, et l'établirent en même temps Vicaire apostolique, non seulement de Nanquin en la Chine, etc., mais encore de la ville capitale et de tout le royaume de Siam, comme il était porté par un bref de Clément IX. L'on observa depuis le commencement du sacre jusqu'à la fin toutes les cérémonies à la romaine, avec toute l'exactitude qui fut possible dans le lieu où l'on se trouvait, selon que le Pape Alexandre VII l'avait ordonné dans les deux brefs, par lesquels il avait accordé le pouvoir aux Vicaires apostoliques de consacrer des successeurs à ceux d'entre eux qui finiraient les premiers leurs jours.

L'évêque consacrant était M. de Bérythe, à qui M. d'Héliopolis voulut bien déférer l'honneur de la cérémonie. Celui-ci fut le seul évêque assistant ; mais pour assister avec lui, il prit M. Chevreuil, missionnaire apostolique et bachelier en Sorbonne, qui bien qu'il fut seulement prêtre, sans être constitué dans aucune dignité ecclésiastique, avait été rendu capable de ce ministère par la permission portée expressément dans les mêmes brefs ; la mitre, la crosse, la croix, l'anneau et tous les autres ornements pontificaux du nouveau sacré n'étaient pas fort précieux, mais ils étaient propres, et l'on peut dire que la pauvreté qui paraissait en tout cela au milieu d'un royaume idolâtre, avait je ne sais quel éclat qui représentait, avec des couleurs bien vives, la riche simplicité des premiers siècles de l'Eglise.

[1] Louvo.

Mgr LAMBERT DE LA MOTTE ET Mgr LANEAU
1673-1679.
RELATIONS AVEC LA COUR DE SIAM
1673-1679.

I

Présentation au roi de Siam des lettres de Clément IX et de Louis XIV.

Premiers pourparlers.

A. M.-E., vol. 5, pp. 466, 854, 867. — Relat. des miss. et des voy., 1672-1675, p. 107.

Mgr Pallu arriva à Siam le 27 de mai 1673.

En s'en retournant d'Europe pour la seconde fois en 1670, il était porteur de deux lettres adressées au roy de Siam, l'une du pape Clément IX, et l'autre de Sa Majesté très chrétienne, toutes deux accompagnées de présents, pour remercier ce prince de la protection singulière qu'il a toujours donnée aux évesques français ; et pour l'obliger à conserver l'entière liberté avec laquelle il leur permet de faire leurs fonctions dans la capitale : de sorte qu'aussitôt qu'il fut arrivé à la ville royale, M. de Bérithe fit donner avis à la Cour que le prélat apportait pour le roy des lettres du pape et de Sa Majesté très chrétiennne. Le roy reçut cette nouvelle avec joie, et l'on n'eut pas lieu de douter que tout ne dût très réussir : mais on trouva de la difficulté à chercher comment ces lettres pourraient être rendues, à cause que ce prince ne donne jamais d'audience particulière à aucun étranger, et que d'ailleurs les évesques estimaient d'une extrême conséquence de les lui présenter eux-mêmes. Après que Sa Majesté eût été suffisamment informée de la qualité et de la grandeur des deux souverains qui lui écrivaient, il fit dire à nos prélats que, pour marquer l'estime qu'il en faisait, il voulait les recevoir avec une pompe extraordinaire dans une audience publique. Cette résolution fit naître un nouvel embarras touchant la manière avec laquelle les deux évesques paraîtraient en sa présence, parce que personne n'y peut être assis, ni debout, ni chaussé, ni autrement que prosterné contre terre ; ce qui est chez eux une coutume si inviolable, que les ambassadeurs mesmes n'en sont pas exempts.

Les évesques lui firent représenter, pendant trois ou quatre mois que cette affaire demeura indéterminée, qu'il y avait plusieurs choses dans les cérémonies qu'on leur avait marquées qu'il ne leur était pas permis d'accepter, étant bien aises de s'exempter par là de tout ce qui pouvait blesser l'honneur de la religion, la dignité de leurs personnes, et la gloire de la France, dont le grand monarque remportait en ce temps-là des victoires si éclatantes, que le bruit en retentissait jusqu'aux extrémités du monde.

Le roy voulut bien se relâcher sur ce chapitre. Il consentit qu'ils demeureraient chaussés, et seraient assis en particulier sur un tapis richement brodé, et qu'ils feraient leurs civilités à la mode de l'Europe. Il ne resta donc plus qu'à choisir un jour propre pour cette cérémonie ; et tandis qu'on y travailla, pour ne point perdre de temps dans un lieu où les moments sont si précieux, nos deux évesques songèrent à donner un successeur à feu M. de Métellopolis.

Présentation des lettres.

La veille du jour que le roy avait marqué pour donner audience aux évesques, M. de Métellopolis accompagné des missionnaires et de sept autres Français, fut porter les Lettres que l'on devait présenter à Sa Majesté dans le lieu où l'on a coutume de mettre en dépôt celles des rois étrangers ; et après qu'elles y eurent demeuré quelques heures, on députa du palais plusieurs officiers pour aller les prendre. Ceux-ci les mirent séparément dans deux grandes corbeilles d'or, qui furent portées dans la sâlle royale où se tient le Conseil, et où un très grand nombre de mandarins s'estaient rendus avec le ministre, pour être présents à l'interprétation de ces lettres que M. de Métellopolis fit en langue de Siam. On avait préparé en cet endroit un buffet magnifique pour les recevoir ; et après qu'elles y eurent été quelque temps, deux mandarins les posèrent sur un dessus de table qu'on éleva sur leurs épaules : cette espèce de trône fut soutenu par plusieurs autres seigneurs de même rang, et environné d'un nombre de soldats armez, qui, tenant un parasol sur chacune des corbeilles, les accompagnèrent jusqu'au palais au son des hautbois, des tambours et des trompettes.

Le lendemain on envoya sur les cinq heures du matin un bateau à cinquante rames pour conduire les évesques au palais. Ce bateau était suivi de quatre autres moindres où les missionnaires entrèrent avec neuf Français. Il y avait dans le bateau des évesques un lieu fort élevé où ils étaient assis ; les plus grands du royaume, quand ils passèrent devant le palais du roy, descendirent au plus bas lieu de leur bateau, pour marquer leur respect envers leur prince ; mais les évesques demeurèrent sur leur siège pendant que leur bateau passa devant le palais. On arriva sur les sept heures et demie à la première cour où est la salle royale, dans laquelle les prélats furent menez. Le ministre et les autres officiers estaient dans une autre salle assez proche. Pendant trois quarts d'heure on convint de quelques cérémonies qu'il était encore nécessaire de régler ; après quoy le signal des tambours et des trompettes ayant été donné par trois fois, deux officiers considérables vinrent avertir les deux évesques de se rendre à l'audience avec M. de Métellopolis pour leur servir d'interprète. Ils avancèrent dans une seconde cour où il y avait quelques compagnies de soldats, et quelques éléphans de parade. Ils passèrent de cette cour dans une troisième remplie d'un très grand nombre de soldats en très bel ordre, les mains jointes sur la tête, et couchés la face contre terre ; de là on les introduisit dans une quatrième cour, où ce fameux éléphant blanc dont on a tant parlé dans l'Europe, et celuy que le roy monte ordinairement avec leurs riches équipages, estaient en vue d'un côté sous de fort beaux pavillons ; quatre chevaux du roy superbement caparaçonnés estaient sous les leurs de l'autre côté, et l'on voyait assez loin de là plusieurs autres éléphans d'une prodigieuse grandeur, qui avaient chacun leurs cornacs.

Au milieu de cette dernière cour il y avait deux salles remplies de mandarins, et dans le fond vis-à-vis de la porte paraissait un corps de logis tout doré par dehors, où est une grande salle, dont l'entrée n'est permise à aucun estranger, non plus qu'à fort peu de personnes du royaume, et où jamais aucun ambassadeur n'a été reçu. Ce fut néanmoins en ce lieu-là où le roy voulut recevoir les évesques ; ce qui ne causa pas peu d'étonnement à toute la Cour. Ils furent introduits dans cette salle par les deux officiers qui étaient venus les prendre, et ils y trouvèrent les grands de l'État prosternez sur des tapis de Perse. M. de Bérythe était à la gauche de M. d'Héliopolis, et ils marchaient tous deux d'un pas égal par le chemin qu'on leur avait laissé exprès. Ils aperçurent le roy sur un trône fort élevé et fort magnifique, la couronne en tête, vêtu d'une sorte de veste extraordinairement riche et brillante de toutes sortes de pierreries.

Sitôt qu'ils furent arrivez au lieu qui leur avait été préparé, ils s'assirent et firent en cet état trois inclinations au roy, après quoy le ministre et les grands de la Cour, ayant sur la tête un bonnet de forme pyramidale, et plusieurs d'entre eux un cercle d'or, les uns simple et les autres parsemé de fleurons de la largeur de deux doigts, se levèrent sur les genoux pour faire trois inclinations au roy, les mains jointes et élevées sur leurs têtes, et se remirent tous au même état qu'ils étaient auparavant, à la réserve du ministre, auquel il appartient de présenter les ambassadeurs. Ce ministre dit quelques paroles au roy, après lesquelles un mandarin vint se mettre devant les évesques, et fit la lecture des lettres du pape et du roy très chrétien d'un ton de voix haut et intelligible. La lecture étant faite, le roy commença à parler aux prélats par interprète. Il adressait la parole à son ministre qui rapportait à M. de Métellopolis ce que le roy disait, et M. de Métellopolis rendait la réponse des évesques au roy par le même ministre. A chaque fois que Sa Majesté achevait de parler, ce mandarin se prosternait trois fois profondément à la manière du pays, et il faisait de même avant que de lui rendre la réponse des évesques.

Entre les questions différentes que ce prince fit, il s'informa principalement de la santé du pape et de Sa Majesté très chrétienne, de la dignité de l'un et des qualités de l'autre ; de l'expédition du dernier en Hollande, du succès de ses armes, de l'état de la maison royale, de la beauté et de la magnificence de sa Cour. Il loua ensuite la magnanimité de ce grand monarque qui portait ainsi en tous lieux son nom et sa gloire. Sur quoy l'on eut la joie de répondre fort avantageusement, suivant les nouvelles que l'on avait reçues depuis peu de France.

Ce fut íci que quelques officiers du roy parurent avec des coupes d'or, dans lesquelles ils présentèrent certains fruits, qu'on appelle arèques, et des feuilles qu'on nomme bethel[1] ; ce qui est une marque de l'estime qu'on fait des personnes de qui l'on reçoit visite. Peu de temps après, un autre officier apporta dans une caisse deux habits violets d'étoffe de soie de la Chine pour les deux prélats, et un noir pour M. de Métellopolis qui n'était pas encore pour lors connu à la cour pour évêque, et qui en effet n'était pas encore sacré. Ils reçurent ces présens en faisant trois inclinations au roy, qui leur dit que, s'ils désiraient quelque chose de luy, ils pouvaient s'adresser à son ministre. Ce prince finit en disant à M. de Bérythe que comme c'était luy qui avait eu l'avantage de commencer la liaison entre deux rois, il était aussi de son soin de chercher les moyens de l'entretenir.

Cela ne fut pas plutôt achevé qu'on entendit au dehors le son des trompettes, des tambours, et de quelques instruments de musique, dont l'harmonie continua l'espace d'un demi-quart d'heure ; pendant lequel temps le roy demeura sur son trône, et toute la cour prosternée de la même manière et dans le même silence que l'on a déjà décrit, jusqu'à ce qu'on tirât un premier rideau pour cacher Sa Majesté et deux autres ensuite plus grands qui couvrirent entièrement le trône. C'est ainsi que l'on finit toute la cérémonie, en emportant au palais sur des riches guéridons les corbeilles d'or où l'on avait remis les lettres.

Pour lors les mandarins s'assirent sur les tapis ; quelques-uns des plus considérables d'entre eux, qui étaient amis particuliers de M. de Métellopolis, luy firent quelques questions, auxquelles ayant satisfait, les évesques se levèrent et s'en retournèrent par le même chemin par où ils étaient entrez, en saluant tantôt d'un côté, tantôt de l'autre les grands de la Cour de quelques inclinations de tête.

On a cru que quelques personnes seraient bien aises de voir ce que le pape et Sa Majesté très chrétienne écrivirent au roi de Siam, c'est ce qui a obligé de mettre ici la copie des deux lettres : voici celle de Sa Sainteté :

Lettre du pape Clément IX.

Serenissime Rex, salutem et lumen gratiæ. Inclytum istud regnum favoris Celsitudinis tuæ temporibus spectatissime florere libenter audivimus : Quin eximio voluntatis studio justitiam, clementiam et alias regii animi virtutes

[1] Bétel.

amplectimur, quibus constantia famæ testimonio christianæ fidei cultoribus et religiosæ pietatis instituta profitentibus nedum æquum te præbere, sed etiam favere didicimus.

Harum quidem egregiarum laudum in hac urbe insignis præco præ cæteris nuper extitit Venerabilis Frater episcopus Heliopolitanus, quem Nos æternæ salutis universarum gentium procurandæ zelo ferventi volentem et postulantem isthuc in præsenti remittimus.

Is enim præter alia præclara, qua potentiæ viriumque tuarum, qua mentis præcelsæ decora, rem Nobis maxime gratam et acceptam enarravit : siquidem asseruit a Celsitudine tua Venerabili Fratri episcopo Berithensi atque sibi concessum fuisse solum et materiem ecclesiæ, domusque construendæ ; aliasque non obscuras præcipuæ benignitatis, animique propensi significationes impertitas, qualibus homines nostri (quamvis multo abhinc tempore aditum in regiam civitatem istam habuerint) nunquam antea frui consueverint. Sacros igitur hos ambos præsules et cæteros in provinciis tuis catholicæ religionis nostræ viros, authoritate, justitia et clementia tua ab inimicorum et improborum hominum injuriis defendi, ac omnibus in rebus protegi et juvari summopere petimus.

Idem episcopus Heliopolitanus exigua munera quædam, sed ingentis erga te benevolentiæ et existimationis Nostræ pignora reddet : testabitur etiam quam enixis et assiduis precibus adeamus omnipotentem Deum, ut Celsitudinem tuam (veritatis divinæ luce plane cognita) diu in terris et æternum in cœlo regnare velit. Quod nunc etiam ab ejus infinita bonitate, et misericordia toto ex corde flagitare non definimus.

Datum Romæ, apud S. Mariam Majorem sub annulo Piscatoris, 24 Augusti 1669, Pontificatus nostri anno tertio.

Lettre de Louis XIV.

Très-haut, très-excellent, très-puissant Prince, notre très cher et bon amy. Ayant appris le favorable accueil que Vous avez fait à ceux de nos sujets, qui par un zèle ardent pour notre sainte religion se sont résolus de porter les lumières de la Foy et de l'Evangile dans l'étendue de vos Etats, Nous avons pris plaisir de profiter de l'occasion du retour du sieur évesque d'Héliopolis pour Vous en témoigner notre reconnaissance, et vous marquer en même temps que Nous Nous sentons obligez du don que vous lui avez fait et au sieur évesque de Bérythe, non seulement d'un champ pour leur habitation, mais même de matériaux pour construire leur église et leur maison. Et comme ils pourront avoir de fréquentes occasions de recourir à votre protection et à votre justice dans l'exécution d'un dessein si pieux et si salutaire, Nous avons cru que Vous auriez agréable que Nous Vous demandassions pour eux et pour tous nos autres sujets toute sorte de bons traitements ; Vous assurant que les grâces et les faveurs que Vous leur accorderez Nous seront fort chers, et que Nous embrasserons avec joie les occasions de Vous en marquer une gratitude, priant Dieu, très-haut, très-puissant, très-excellent Prince et très-cher et bon amy, qu'il veuille augmenter vostre Grandeur avec fin heureuse.

Ecrit en cette ville royale de Paris, le 31 janvier 1670.

Signé : Votre très-cher et bon amy, Louis.

Et plus bas, COLBERT.

Les Vicaires apostoliques à Louvo.

Les prélats rendirent grâces à Dieu d'un si beau succès et de ces honneurs extraordinaires qu'ils ne trouvaient doux qu'en les regardant par rapport à la religion et à la gloire de Jésus-Christ. Ils demandèrent plus instamment que jamais à Notre-Seigneur qu'il daignast lui-même achever son ouvrage, et qu'il ne laissât pas imparfait ce que sa main puissante avait si heureusement commencé.

Peu de jours après cette cérémonie, ils apprirent que Sa Majesté avait dessein d'envoyer un ambassadeur en Europe pour répondre aux deux souverains qui lui avaient écrit. Cette nouvelle les réjouit infiniment ; ils pensèrent aussitôt à la faire savoir en Italie et en France : mais comme ils ne voulaient rien mander dont ils ne fussent très-certains, ils s'adressèrent au ministre d'Etat pour savoir de lui si ce qu'on leur avait dit était vrai, et s'ils en pouvaient donner assurance à Sa Sainteté et à Sa Majesté Très-Chrétienne. Il leur répondit qu'il fallait en parler au roy. Et parce que ce prince était sur son départ pour Lavau [1], qui est un lieu de plaisance à deux journées de la ville royale, où il va tous les ans passer quatre ou cinq mois pour prendre le divertissement de la chasse des tigres et des éléphans, cette affaire fut retardée de huit jours, au bout desquels on envoya par écrit aux évesques la résolution que Sa Majesté avait prise de faire réponse l'année prochaine par les ambassadeurs aux lettres qui leur avaient été apportées.

Le même officier que l'on avait député pour cela eut ordre de les avertir de la part du roy, qu'ils pouvaient se rendre à la Cour, où il leur promettait une audience particulière. Ils ne doutèrent plus que Dieu ne se déclarât visiblement pour eux, et qu'il ne leur offrit à ce coup l'occasion toute entière de parler au prince de la religion catholique. Le gouverneur de la ville avait reçu en même temps un autre ordre de la part du ministre, qui lui enjoignait de faire équiper un vaisseau pour conduire commodément les prélats à la Cour ; et toutes choses s'exécutaient avec tant d'exactitude, qu'un moment après ce gouverneur envoya savoir quand ils désiraient partir.

Ce fut le 19 novembre que les deux évesques s'embarquèrent avec M. de Métellopolis et M. de Courtaulin, sur un bateau à vingt-six rames. Ils arrivèrent le lendemain sur les sept héures du soir, et le jour suivant on fit donner avis au ministre de leur arrivée. Cet obligeant mandarin leur avait fait préparer une maison à la ville, assez proche du palais, où ils se rendirent le 22 de grand matin. A peine y furent-ils entrez, qu'un officier leur amena deux éléphans que le roy leur envoyait, pour les porter au lieu où Sa Majesté a coutume de se donner le plaisir de la chasse. MM. d'Héliopolis et de Bérithe montèrent sur l'un de ces éléphans, où il y avait un siège avec un balustre d'un demy pied tout autour, ils estaient assis de front en rochet et en camail, et M. de Métellopolis se plaça sur l'autre, en soutane et manteau long. On les conduisit de cette sorte jusqu'à l'entrée du parc, où le roy s'estait déja ren-

---

[1] Louvo, cette ville est située dans un terrain élevé, à deux journées de la ville capitale, assez proche des montagnes ; elle est peu fournie de maisons, principalement de maisons en briques. Lorsque la Cour y réside, les plus considérables mandarins y font faire des maisons de cannes assez propres, et les autres demeurent dans leurs bateaux, long ordinairement de une à huit brasses, et larges d'une ou une brasse un quart, sur lesquels ils ont des petites chambres de planches d'une brasse et demie ou deux de long, couvertes très proprement ; ils sont à la vérité plus commodément que ceux de la ville, mais plus éloignés de la Cour, et il y a une si grande quantité de ces bateaux, que, pendant qu'il y a de l'eau dans la rivière (qui est à sec toutes les années) on la voit des deux costés bordée à double et triple rang sur plus d'un grand quart de lieue. Le roy se plaît incomparablement plus à faire sa demeure dans cette ville que dans sa capitale, parce qu'il y est en plus grande liberté, et se promène lorsqu'il veut ; il manque peu de jours, quand il fait clair de lune, qu'il ne se promène dans les campagnes et les bois jusqu'à minuit, monté le plus souvent sur son grand éléphant qui véritablement peut estre appelé beau. (*A. M.-E., vol., 856, p. 11*).

du : ils passèrent le long d'une palissade qui avait deux portes assez belles, c'estait là-dedans qu'on renfermait les éléphans. Comme il y en avait un nouveau qui n'y estait arrivé que du jour précédent, le roy s'estait placé sur une petite éminence proche de la palissade pour le voir dompter.

Ce prince, ayant ce jour-là sur son bonnet une couronne d'or toute parsemée de diamants, estait monté sur un éléphant noir magnifiquement paré ; plusieurs officiers de la Cour l'accompagnaient tous à pied, et dans le dernier respect ; le ministre et un mandarin more étaient seuls sur des éléphans, mais sans siège et tout courbez ; les soldats en ordre tenaient divers étendards, et plusieurs autres marques d'honneur que l'on porte quand le roi marche, et derrière on menait un nombre d'éléphans et de chevaux de main.

Dès que les évesques furent aperçus, le ministre vint au devant d'eux et se mit en devoir de les introduire en la présence du roy. Ils firent en arrivant trois profondes inclinations. Ce prince les reçut fort obligeamment, et les fit approcher si près de lui, que les trompes des éléphans pouvaient le toucher ; ce qui surprit extrêmement toute la Cour, et donna occasion aux mandarins mores, qui sont fort puissants en ce royaume, de murmurer un peu de ce que l'on faisait à des étrangers un honneur que l'on n'avait fait à aucun de leur nation.

L'entretien que les évesques eurent avec le roy dura environ trois heures, qui fut tout le temps que l'on employa à dompter cet éléphant furieux. Sa Majesté s'informa de nouveau, et plus amplement qu'elle n'avait fait dans l'audience publique, de la santé du roy, de la Maison royale, du nombre des princes du sang, des troupes et des conquêtes de Sa Majesté très-chrétienne ; ce prince ouvrait par là un beau champ à des réponses agréables. Aussi fut-ce assez de lui faire une peinture fidèle de notre incomparable monarque, pour l'obliger d'avouer que rien ne lui paraissait plus auguste. Il admira la sagesse profonde avec laquelle il gouverne ses États, le courage invincible qu'il fait paraître avec tant d'éclat dans les heureux succès de ses armes ; mais principalement cette laborieuse et infatigable vigilance qui l'a porté de de tout temps à vouloir tout connaître et tout exécuter par luy-mesme ; il loua extrêmement tant d'excellentes vertus, et s'en retraçant le portrait à mesure qu'on les lui marquait, il semblait inviter les évesques à faire leurs réponses plus longues.

Mais rien ne produisit un meilleur effet que ce qui arriva dans la suite. Car le roy ayant demandé quel pouvait être le motif qui avait porté les évesques à passer tant de mers, et pourquoy Sa Majesté très-chrétienne avait bien voulu envoyer si loin ses sujets, ces prélats lui expliquèrent comment le zèle du salut des âmes en estait la seule cause, et lui firent entendre que le roy très-chrétien avait beaucoup d'ardeur pour estendre le royaume de Dieu : cette dernière réponse lui donna encore plus de sujet d'admirer le prince dont on lui parlait, jusques-là qu'il dit aux évesques qu'il serait bien aise de contribuer à ses glorieux desseins, et que pour lui donner des marques de l'estime particulière qu'il faisait de sa vertu, il avait résolu de lui faire offre, dans l'étendue de ses États, d'un port où l'on pourrait bâtir une ville au nom de Louis le Grand, qui serait même dans la suite (si ce monarque le jugeait à propos) la demeure d'un de ses vice-rois : les prélats répliquèrent par M. de Métellopolis, qu'il ne se pouvait rien voir de plus obligeant, et qu'ils ne doutaient pas que, quand ils en auraient informé Sa Majesté très-chrétienne, elle n'en fût sensiblement touchée, et n'en témoignât avec joye ses reconnaissances.

Lorsque le roy eut achevé de s'éclaircir de tout ce qui regardait la France, il fit plusieurs questions touchant notre Saint Père le Pape, et demanda de quelle nation il était, quels États il possédait, et quelles villes il avait en sa puissance. Ceci donna bien de la joie aux évesques, qui ne laissèrent pas échapper l'occasion favorable de raconter l'histoire de la conversion du grand

Constantin, les merveilles de son baptême, et les grands bienfaits que cet empereur et ses successeurs ont faits au Saint-Siège et à l'Eglise. Toutes ces choses furent écoutées du roy avec une singulière attention ; et il assura ces prélats, avant de les congédier, qu'il voulait encore se donner le plaisir de les entendre plus d'une fois.

Le lendemain les évesques rendirent visite au ministre, pour le remercier du logis qu'il leur avait fait préparer, et de toute la bienveillance qu'il leur témoignait ; ce mandarin, après leur avoir demandé fort obligeamment s'il ne leur manquait rien, et s'il pouvait leur rendre quelque bon office, leur parla d'une disgrâce arrivée à Ormus, en Perse, où l'un des vaisseaux de Sa Majesté, qui était parti de Siam avec le pavillon hollandais, avait eu son mast et ses cordages mis en pièces par les vaisseaux de France. Il ne fut pas malaisé de se justifier de ce procédé, et de lui faire comprendre que les lois de la guerre avaient sans doute obligé les Français d'en user ainsi ; il se rendit aisément, et avoua qu'ils n'avaient pas tort, ajoutant qu'il priait cependant les évesques d'écrire à ceux qui commandaient les vaisseaux français, de considérer ceux du roy son maître, ce qu'ils lui promirent avec plaisir.

Il continua l'entretien par plusieurs questions qui regardaient nos saints mystères, demandant en quel lieu Notre-Seigneur Jésus-Christ avait pris naissance, et s'il était vray qu'il fût mort, ou s'il avait substitué un corps en la place du sien, lorsqu'on le voulut faire mourir, ainsi que le disaient les Mores. Il désira ensuite d'être éclairci sur les mystères de sa Résurrection et de son Ascension : M. de Métellopolis satisfit à toutes ces demandes avec tant de netteté, que celui qui les avait faites parut entièrement content. Mais quoyqu'il ne pût estre que très avantageux pour la religion d'avoir instruit ainsi publiquement une personne de cette qualité des principaux points de la foy, et de lui avoir découvert les secrets du Fils de Dieu, et la conduite adorable qu'il a tenue pour opérer le salut des hommes, on ne laisse pas de craindre que ce ministre ne profite pas, comme il devrait, de ces divines lumières, à cause de l'attachement extrême qu'il a toujours fait paraître pour le culte de ses idoles. Plusieurs jours furent ensuite employez à recevoir les compliments de quelques mandarins, et M. de Métellopolis de son côté fut aussi voir ses principaux amis, dont il fut fort bien reçeu.

Le 27 du même mois, le roy envoya aux évesques, dans quarante grands bassins d'argent, un régal de fruits et de confitures du Japon, de la Chine et de Siam, accompagnez de deux excellents chevreuils ; le ministre seconda la libéralité du roi son maître, et voulut aussi faire ses présents.

Dans ce même temps, il arriva de Tennacerim un courrier chargé de plusieurs dépêches qui s'adressaient toutes au ministre d'Etat. Entre les paquets il s'en trouva un pour les évesques, que M. de Chandebois missionnaire français leur envoyait. Ce ministre le fit tenir aussitôt par son secrétaire, et les pria de lui faire part des nouvelles qu'ils croiraient devoir être agréables à Sa Majesté. Il s'en trouva une qui plut extrêmement à toute la Cour ; ce fut l'honnêteté que M. de la Haye avait fait faire par M. de Chandebois au gouverneur de Tennacerim, à l'occasion d'un vaisseau du roy de Siam qu'il avait cru être aux Mores, et qu'en cette qualité il avait fait arrêter au port de Masulipatan, mais qu'il avait ordonné peu de temps après qu'on relâchât, ayant reconnu qu'il appartenait au roy de Siam : et comme il estait bien aise que ce prince n'eût pas mauvaise opinion des Français, il pria ce gouverneur de donner avis au roy de ce qui s'estait passé en cette rencontre, et de l'assurer qu'il n'y avait personne sur ses vaisseaux qui ne fût comme luy fort au service de Sa Majesté. Ce compliment fut trouvé d'autant plus agréable à la Cour, que le nom de M. de la Haye n'y estait pas inconnu ; et la manière généreuse avec laquelle il en avait usé dans cette occasion parut si fort d'un honnête homme, que le roi lui témoigna qu'elle lui avait extrêmement plu.

Le jour suivant, ce prince voulut continuer à donner des marques publiques de l'estime qu'il faisait des évesques, et pour ce sujet il les invita à venir voir le combat d'un tigre contre un éléphant, qu'il allait faire donner à leur considération ; mais comme ce n'estait pas ces sortes de divertissements qu'ils cherchaient, et qu'il estait bon d'ailleurs de donner à cette Cour un exemple de modération, principalement à l'égard de ces combats, où il y a toujours quelque chose de cruel, ils firent supplier le roy de trouver bon qu'ils ne se rendissent pas a ce spectacle, ajoutant que, s'ils avaient assisté à la prise d'un éléphant lorsque Sa Majesté y était présente, ce n'avait été que pour avoir l'honneur de lui parler.

Le roy reçut fort bien leur excuse, et le lendemain sur les sept heures du matin il leur envoya trois éléphans, avec ordre de se rendre au palais, où il voulait leur accorder encore une audience. Dès qu'ils y furent descendus, un officier les reçut et les conduisit à la salle royale, en attendant qu'on eût donné avis au roy de leur arrivée ; il y avait dans cette salle un des premiers seigneurs de la Cour, accompagné de quantité d'officiers pour les entretenir ; après qu'ils y eurent été environ une demi-heure, on vint les avertir que le roy était sur son trône. Aussitôt ils avancèrent dans la seconde cour, qu'ils trouvèrent toute remplie d'officiers et de soldats armez dans le même ordre, dans la même posture, et dans le même respect que le jour de l'audience publique, mais en bien plus petit nombre.

Cette audience dura environ une heure et demie ; la curiosité du roy en fit presque tout le sujet ; car ce prince désira savoir combien il y avait de rois et de royaumes chrétiens, comment on les nommait ; s'il n'y avait nulle différence entre eux au sujet de la religion, et plusieurs autres choses semblables. M. de Métellopolis répondit parfaitement bien à tout ; et le roy ayant demandé fort obligeamment aux prélats s'ils voulaient rester à Louvo, ils s'en excusèrent; il reçut bien la réponse qu'ils firent à cette honnêteté extraordinaire, et se retira.

Les évesques ne pensèrent plus qu'à retourner à Siam ; mais, avant de partir, ils allèrent prendre congé du ministre et de plusieurs autres personnes considérables, et sur le soir (1er décembre) ils s'embarquèrent pour se rendre à la ville où ils arrivèrent dès le lendemain matin. M. de Métellopolis resta cependant à Louvo pour cinq ou six jours, afin d'y négocier les affaires de la religion, et de là il devait venir se disposer à son sacre, pour lequel on avait pris jour au 27 décembre, que l'Eglise célèbre la fête de saint Jean l'Evangéliste.

Envoi au roi de France du récit de ces faits.

Mgr PALLU, Mgr LAMBERT DE LA MOTTE, Mgr LANEAU A LOUIS XIV.

A. M.-E., vol. 858, p. 263.

8 novembre 1673.

Sire,

L'évêque d'Héliopolis ayant apporté des lettres que notre Saint Père le Pape et Votre Majesté ont écrites au roi de Siam, nous avons cru qu'il était de notre devoir de les lui rendre nous-mêmes, afin de nous en prévaloir, pour les intérêts de la religion. Nous pouvons assurer Votre Majesté qu'elles ont été reçues avec toute l'estime dont cette Cour est capable, et que le roy a pris résolution d'y donner des marques toutes particulières, par la réponse qu'il fera l'année prochaine à Votre Majesté, par son ambassadeur qu'il enverra sur un de ses vaisseaux. Nous avons dressé un petit narré de ce qui s'est passé en cette action, pour satisfaire à l'obligation que nous y avons, et pour témoigner

à Votre Majesté que nous sommes avec tout le respect qui nous est possible.
De Votre Majesté,
Les très humbles et très obéissants serviteurs.

FRANÇOIS, *évêque d'Héliopolis, vicaire apostolique du Tonkin;*
PIERRE, *évêque de Bérythe, vicaire apostolique de Cochinchine;*
LOUIS, *évêque élu de Métellopolis, vicaire apostolique de Nankin.*

Promesse d'une église et d'une maison. — Don d'un terrain.

JOURNAL DE LA MISSION.

A. M.-E., vol. 854, p. 858.

1673-1674.

Le roi de Siam a envoyé quérir M. de Métellopolis depuis son retour de Louvo, pour lui dire qu'il voulait faire travailler au plus tôt à la construction de l'église qu'il leur veut faire bâtir, dont il a ordonné qu'on lui traçât un plan des plus beaux, sans avoir égard à la dépense qu'il y faudra faire.

Mgr LAMBERT AUX DIRECTEURS DU SÉMINAIRE DES M.-E.

A. M.-E., vol. 5, p. 511.

3 décembre 1673.

Depuis notre première audience où nous présentâmes les lettres du pape et du roy, le roy de Siam nous a accordé le camp des Cochinchinois pour notre demeure, qu'il a fait marquer lui-même un jour qu'il descendit la rivière. Il nous a promis encore une plus grande grâce, qui est de nous faire bâtir une grande maison en briques et une église.

Relat. des miss. et des voy. 1672-1675, p. 129.

On sçait que la plupart des rois de l'Orient ne se montrent presque jamais en public, soit qu'ils suivent en cela la coutume qu'ils ont trouvée établie sans se donner la peine de l'examiner, soit qu'ils soient effectivement persuadez qu'ils perdraient quelque chose de leur majesté à se produire plus souvent aux yeux du peuple : mais comme il ne serait pas raisonnable que des sujets ne vissent jamais le visage de leur prince, ils choisissent quelque jour de l'année, où ils se montrent dans tout l'éclat et tout l'appareil que leur puissance peut leur fournir.

Le roi de Siam n'a qu'un seul jour tous les ans destiné à cette cérémonie, et il est aisé de se figurer combien la magnificence en doit être grande par les richesses immenses que ce monarque possède. C'est sur la belle rivière de Siam que se donne ce pompeux spectacle. Plus de deux cents vaisseaux, équipés et ornés de la manière du monde la plus superbe et la plus éclatante, sur lesquels sont montez les mandarins et les autres seigneurs de la Cour, laissent voir au milieu d'eux un autre vaisseau qui les surpasse tous en beauté et en richesse. Il est si couvert d'or de tous côtés, qu'il semble être fait tout entier de ce précieux métal.

Le roi, plus brillant encore d'une infinité de pierreries, paraît là comme un soleil aux yeux de toutes les nations qui se trouvent à Siam, et qui ne manquent pas de se rendre en foule sur le rivage, et dans les maisons et les jardins qui sont sur le bord de la rivière.

Ce fut donc dans ce jour solennel, que Sa Majesté faisant donner ordre aux rameurs de quitter la route qu'ils avaient accoutumé de tenir, et de remonter la rivière au lieu de la descendre, s'approcha du lieu où la maison des Français est située, et là s'arrêtant quelque temps à considérer leur bâtiment et leur camp avec une application qui montrait assez sa bienveillance, elle ne trouva pas qu'ils eussent suffisamment de terrain, et leur donna au même temps un autre camp tout proche, où elle déclara qu'elle voulait bâtir une magnifique église pour être un jour la première cathédrale de son Etat.

Comme ce camp était celui de la nation de la Cochinchine, il fallut placer autre part les Cochinchinois : et dès qu'ils furent sortis on commença, suivant les ordres du roi, d'y transporter à ses dépens tous les matériaux nécessaires pour la construction de ce nouveau temple, où il voulait que rien ne fût épargné, ni pour la beauté et la grandeur du dessein, ni pour la solidité et l'ornement de l'ouvrage, dont il se fit donner le plan, qui fut tel qu'on le voulut faire, que les missionnaires ont envoyé de Juthia tracé au crayon, et qu'on a fait graver à Paris pour contenter la curiosité et la dévotion du public.

JOURNAL DE LA MISSION.

A. M.-E., *vol. 876, p. 897.*

décembre 1673—4 février 1674.

Sur la fin de décembre (1673), l'infirmité de l'évêque de Bérythe s'augmentant, l'interprète des missionnaires en fut donner avis à la salle royale, où les mandarins s'assemblent tous les jours pour délibérer sur toutes les affaires ; ils dépêchèrent un exprès pour en aller donner avis au roi qui était à Louvo, à quelques lieues de la ville royale. Sa Majesté, qui a inclination pour l'évêque de Bérythe, envoya ordre par écrit à deux de ses médecins de le traiter, et à quelques mandarins considérables de le visiter de sa part. Le plus habile des deux médecins, qui est originaire de Canton, ayant pris à son compte de le guérir, on ne manqua pas l'occasion de lui parler de la religion chrétienne, dont il voulut être instruit, avec un disciple de la même nation qui ne le quitte jamais. Après deux mois de conférences sur cette matière, tous deux déclarèrent qu'ils avaient pris résolution d'embrasser la religion catholique, et demandèrent d'être encore plus amplement éclaircis de ses mystères[1].

Janvier 13. — Dans ce mois, le roi envoya demander le plan d'une fort belle église qu'il voulait faire bâtir suivant qu'il l'avait promis ; Mgr de Métellopolis le lui fit présenter et demeura à Louvo où était la Cour, afin de solliciter l'exécution de ce dessein et pour y ménager les intérêts de la religion catholique.

Février 2. — L'évêque de Bérythe écrivit une lettre de remerciement au roi de Siam pour toutes les bontés qui lui avaient été témoignées de sa part pendant sa maladie ; elle fut portée le même jour à la Cour à Mgr de Métellopolis, pour la traduire et la présenter ou faire présenter au roi.

4. — Nos Cochinchinois sont partis pour aller à la guerre dans deux galères du roi ; il leur est venu un ordre avant que d'embarquer, par lequel Sa Majesté leur ordonnait de quitter le lieu où ils sont, et que leurs femmes s'en aillent demeurer en un autre lieu, dans la ville, assez proche des missionnaires, afin, dit l'ordre du roi, « qu'on y bâtisse l'église que le roi a promis de faire édifier à ses frais aux évêques français ». Ces pauvres gens sont venus se plaindre à l'évêque de Bérythe, qui leur a dit qu'ils peuvent encore demeurer sur le lieu où ils sont, jusqu'à ce qu'il ait obtenu du roi un lieu en leur faveur plus proche des missionnaires, et qu'il allait écrire pour ce sujet à la Cour.

---

[1] Nous finirons par l'espérance que nous avons de la conversion d'un des médecins du roi, qui a traité M. de Bérythe dans sa dernière maladie ; il a déclaré aux évêques français qu'il voulait être leur disciple. La conduite qu'il a tenue à leur égard a persuadé qu'il parle sincèrement, leur ayant d'abord fait connaître qu'il n'avait aucune estime pour toutes les religions de la Chine, qu'il n'en pratiquait aucune de celles qui y sont reçues, ne voyant pas, disait-il, pourquoi il s'attacherait à l'une plutôt qu'à l'autre. Si cette conversion se fait, elle aura sans doute de grandes suites, ce médecin étant habile et des plus considérés de cette Cour. (*A. M.-E.*, *vol. 854, p. 858.*)

Relations avec la Cour pour le progrès du catholicisme.

JOURNAL DE LA MISSION.
A. M.-E., vol. 876, p. 898.

8 février — 12 mars 1674.

Février 8. — M. Constance[1] est revenu de la Cour ; il a rapporté que les lettres de remerciement que l'évêque de Bérythe écrivit au roi y ont esté bien reçues, et que M⁣ᵍʳ de Métellopolis y négocie avantageusement les affaires de la religion. Ce dernier a achevé un livre où il traite indirectement de plusieurs erreurs qui se rencontrent dans la religion de Siam ; le ministre, qui a une estime pour lui toute particulière, le doit présenter au roi devant que de partir avec des troupes pour les frontières du Cambodge, où les Cochinchinois sont entrés et se sont saisis de la rivière et de la ville capitale ; leur dessein est de rétablir roi, le frère de celui qui a esté tué, et de combattre celui qui a esté élu roi par les Cambodgiens.

9. — On a conféré comment on pourrait procurer l'avancement de la religion et profiter des bonnes grâces du roi ; le moyen qui a paru le plus facile a esté de demander une cinquantaine de familles à Sa Majesté pour le service des missionnaires, et pour qu'on connût par là l'estime qu'elle fait d'eux en leur donnant des vassaux, comme il a coutume de donner aux grands mandarins. Personne ne doute que le roi n'accorde cette faveur, ni que ces familles estant sujettes des missionnaires ne se fassent chrétiennes. Suivant ce projet, on a résolu de choisir des familles qui sont le plus propres à embrasser la religion chrétienne, et qui n'ont ni talapoins, ni pagodes.

27. — M. de Métellopolis a écrit à l'évêque de Bérythe qu'autant il a reçu de joie de la nouvelle venue de Cochinchine, autant le roi l'a reçue avec peine, craignant que l'évêque ne prît résolution de s'y en aller. Le roi a donné ordre à M. de Métellopolis de savoir à quoi M⁣ᵍʳ de Bérythe se déterminait ; la réponse de celui-ci a été qu'il attendait de voir l'ordre du roi de la Cochinchine. Cet ordre étant conforme à l'avis qu'on lui donne, il ne pourra s'exempter d'aller remercier le prince de l'honneur qu'il lui fait de l'autoriser à demeurer en son royaume, et de ce qu'il permet la liberté de la religion catholique ; que si le roi de Siam désire qu'il demeure ici aux mêmes conditions, l'obligation qu'il lui a, jointe à l'inclination, le porterait à finir ici ses jours pour le service de Dieu et celui de Sa Majesté.

Mars 3. — M. de Métellopolis est revenu de la Cour ; il a rendu compte de son voyage, dont le principal fruit a été qu'il a plu à Dieu d'accréditer la religion catholique par les conférences qu'il a eues avec plusieurs grands de la Cour. Quelques-uns en veulent être éclaircis ; mais il faut du temps pour les disposer à l'embrasser. Il a apporté l'ordre de faire venir les matériaux pour bâtir notre église ; il paraît qu'on pense fort à l'ambassade de France, et qu'on est prié de dire tout ce qui sera le plus estimé en France, afin de l'envoyer comme présents à Sa Majesté très chrétienne.

7. — Les trois évêques se sont de nouveau assemblés pour délibérer des affaires des missions ; ils ont résolu que, si le roi de Siam persiste à vouloir que l'évêque de Bérythe demeure dans ses Etats, il le fera à condition que Sa Majesté accorde des lettres-patentes, par lesquelles il permet à ses sujets d'embrasser la religion catholique, et aux missionnaires de la prêcher partout. On croit que le roi accordera cela, suivant le sentiment d'un de ses intimes confidents ; on a résolu de recommander cette affaire à Notre-Seigneur, comme une de celles qui paraissent des plus importantes à l'Église.

[1] Constance Phaulkon.

Avril 27. — Le roi a envoyé deux courriers pour convier Mgr de Métellopolis à se rendre à la Cour ; ne s'en pouvant pas dispenser, on a expédié une chaloupe pour lui mander de revenir.

Mai 2. — On a résolu que l'évêque de Bérythe ira à la Cour pour y négocier plusieurs affaires importantes pour la mission, et pour déclarer sa résolution au roi sur son voyage de Cochinchine. Un des envoyés du roi de Cochinchine est venu voir le prélat ; il lui a dit bien des choses qui regardent son voyage en ce pays, ou celui des missionnaires qu'il y voudra envoyer. L'annonce du départ du prélat avait donné lieu au mandarin de dire au roi que, si Sa Majesté voulait accorder à cet évêque les mêmes grâces en faveur de la religion que le roi de Cochinchine, il croyait que l'évêque demeurerait dans ses États ; à quoi le roi parut réfléchir ; mais il n'osa pas faire pour lors davantage, ayant cru qu'il était mieux d'en parler dans un jour ou deux. L'après-midi, il arriva deux autres mandarins, qui dirent que le roi s'étonnait que le prélat pensât à partir dans un temps où il était nécessaire à Siam, pour régler beaucoup de choses qui regardent l'ambassade de France, et pour conserver l'alliance des deux rois commencée par son entremise. La réponse de l'évêque a été qu'après les offres que le roi de Cochinchine lui faisait en faveur de la religion, il ne pouvait rester en ce royaume de Siam, à moins qu'il ne plût au roi de lui accorder les mêmes grâces ; après quoi les mandarins se sont retirés dans le dessein de déclarer cette résolution au roi. On a continué les prières et gémissements à Notre-Seigneur pour le succès de cette affaire, qui est une des plus importantes qui se puissent concevoir, pour l'intérêt de la gloire de Dieu et le salut des âmes.

4. — On a envoyé un exprès avertir à la Cour que les évêques de Bérythe et de Métellopolis partiront demain pour s'y rendre, et l'on a été occupé à disposer toutes les choses pour ce voyage qui paraît de grande conséquence pour les affaires de la religion. C'est pourquoi il a été arrêté qu'on redoublera les prières à Notre-Seigneur pour lui en demander la bénédiction.

5. — On a différé le voyage jusqu'à demain de peur d'être obligé d'attendre les éléphants au lieu du débarquement. Les évêques ont arrêté de recommander cette grande affaire au Saint-Esprit qui a la clef des cœurs, afin qu'il lui plaise d'ouvrir celui du roi, pour accorder des lettres-patentes en faveur de la religion, lui promettant que la première église qui sera bâtie sera en son honneur.

6. — Les évêques de Bérythe et de Métellopolis sont partis pour la Cour ; ils ont conféré des moyens de faire réussir l'affaire qui les y mène, qui est d'obtenir des lettres-patentes en faveur de la religion, pour la pouvoir prêcher partout. Après beaucoup de conférences, on est convenu qu'il faut tout attendre de Dieu et le prier extraordinairement pour cela. L'évêque a éprouvé un état de tristesse extrême de voir la perte des pauvres peuples de ce vaste royaume de Siam ; il a demandé instamment à Notre-Seigneur qu'il leur donne sa connaissance et son amour.

7. — On est arrivé de grand matin au lieu où on devait débarquer pour monter sur les éléphants qui n'étaient pas encore arrivés. On s'est occupé à mettre les affaires en état, et à traduire en siamois les nouvelles qui sont venues de Masulipatam.

8. — Les éléphants n'étant pas arrivés, on a envoyé un exprès pour les hâter. M. de Métellopolis a prêché la foi à des gentils et à des talapoins qu'il a convaincus ; le sensible regret de l'évêque de Bérythe, de voir la perte de tant d'âmes en ce royaume, si capables d'aimer et de connaître Dieu, a continué. Sur les quatre heures après-midi, le roi a envoyé huit éléphants pour porter les deux évêques, leurs domestiques et leurs hardes.

9. — On est arrivé sur les six ou sept heures du soir à Louvo, à une maison qui était marquée pour le logement des évêques ; ils envoyèrent aussitôt donner avis de leur arrivée à celui à qui l'on est obligé de le faire en l'absence du ministre, qui n'est pas de retour de son voyage au Cambodge.

10. — Cet officier, qui agit en l'absence du ministre, est venu voir les deux évêques et savoir le sujet de leur venue. L'évêque de Bérythe lui a dit qu'il venait pour prendre congé de Sa Majesté, le remercier de toutes ses bontés, et lui demander un passeport pour aller à la Cochinchine. Alors l'officier, qui est un mandarin de considération, a tâché de dissuader le prélat de son dessein, en lui disant qu'il le croyait nécessaire en ce royaume, pour confirmer l'amitié des deux rois, qui avait été commencée par son entremise. L'évêque de Bérythe a été trouver incognito un mandarin, son ami, pour le prier de déclarer au roy son intention de ne point demeurer en ce royaume, si Sa Majesté ne lui accorde des lettres-patentes, par lesquelles il permette à lui et aux missionnaires de prêcher par tous ses Etats notre sainte foi, et à ses sujets de l'embrasser. Cet homme, qui n'avait pas coutume de trouver difficulté aux propositions que lui faisait ce prélat, en fit beaucoup à celle-ci, lui faisant connaître qu'il en demandait trop ; qu'il devrait être content de toutes les grâces que le roy lui avait faites contre toutes les coutumes du royaume ; qu'à son avis, c'était assez que le roy souffrit qu'on fît des chrétiens de toutes nations ses sujets, sans en rien dire, quoiqu'il le sût fort bien ; et qu'en faisant bâtir une église à ses frais, on ne pouvait pas douter qu'il n'approuvât la religion catholique. Cependant, ayant ouï les raisons de l'évêque et de ses peines, il lui promit d'en parler au roy ce jour même ou le lendemain. Les deux évêques redoublèrent leurs gémissements à Dieu, pour lui demander le succès de cette affaire, où il semble que le salut d'une infinité de monde soit attaché. Pendant deux jours, il a fait des tonnerres extraordinaires, ce qui a donné sujet de croire que les démons sont fort en colère de la poursuite de cette affaire.

12. — Il est venu un homme qui travaille aux mines du roy visiter les évêques, disant que le roy a dessein de donner audience à ces deux prélats. On nous a aussi assuré que le roy veut envoyer cette année ses ambassadeurs en Europe, et qu'il désire qu'un des évêques les accompagne, mais qu'il souhaite fort que l'évêque de Bérythe demeure dans son royaume à cause de l'amitié qu'il a pour lui, et de ce qu'il le croit propre pour conserver son alliance avec Sa Majesté très chrétienne. Comme on a eu avis qu'on doit parler cette nuit au roy des lettres-patentes que lui demande l'évêque de Bérythe, on a pris résolution de redoubler les supplications à Dieu.

Relat. des miss. et des voy. 1676-1677, p. 214.

1677.

Quoique les affaires de la religion fussent sur un très bon pied l'année précédente, elles allèrent encore beaucoup mieux celle-ci. La continuation des bontés du roy ne se fit pas seulement voir dans le soin qu'il eut de faire achever à ses frais le grand corps de logis de briques à deux étages, auquel il ne manquait plus rien que de le faire blanchir, et qui était si nécessaire à la mission, à cause du nombre d'ecclésiastiques, de religieux et d'écoliers, qui remplissaient le séminaire ; mais elle éclata encore plus dans l'ordre, que Sa Majesté donna à un de ses principaux officiers, de faire porter de sa part aux évêques une chaire à prêcher, toute dorée, et d'assister aux sermons et aux prières, afin de lui faire rapport de tout : et ce prince déclara en présence de quelques mandarins, qu'il n'empêchait aucun de ses sujets d'embrasser le christianisme.

Dès l'année précédente, durant le débordement de la rivière qui inonde le pays, justement au temps que les peuples ont coutume de fréquenter les temples de leurs dieux, il avait commandé que l'on enfermât les portes, et défendu sous de grosses peines qu'on y laissât entrer personne. Tout le monde en fut extrêmement étonné : et comme depuis ce temps-là on ne le vit pas aller au temple, à la manière de ses prédécesseurs, on disait communément qu'il était de la religion des étrangers.

Mgr LAMBERT DE LA MOTTE ET Mgr LANEAU
1673-1679.
(Suite).

TRAVAUX ET ŒUVRES

I

Travaux apostoliques.

A Juthia.

JOURNAL DE LA MISSION

A. M.-E., vol. 876, p. 898.

13 janvier — 5 mai 1674.

Janvier 13. — On reçut nouvelles de M. Pérez, prêtre, portugais de nation et agrégé à notre mission, par lesquelles il écrivait de Ténassérim, qu'après la mort du curé auquel il a administré les derniers sacrements, il a esté élu par les chrétiens de ce lieu-là en sa place ; ce qui a donné beaucoup de joie aux missionnaires, à cause que ce poste est important pour nos missions, et que personne ne se peut plaindre que nous ayons cette église-là. On lui a écrit qu'il peut demeurer à Ténassérim pour avoir soin des chrétiens qui y sont, et qu'on pense lui envoyer Jean, de Manille, qui est un bon sujet, après qu'il sera ordonné prêtre. Ainsi secondé, il pourra aller par les villages prêcher l'Evangile aux gentils dont il sait la langue, pendant que ce nouveau prêtre desservira l'église de Ténassérim et y tiendra les petites écoles.

Février 2. — Il faut remarquer que depuis le 19 décembre jusqu'à ce dit jour, 2 février, qui est le temps de la maladie de l'évêque de Bérythe, il fut baptisé sept ou huit adultes, deux ou trois petits enfants, et quatorze ou quinze personnes moribondes, tant à la prison qu'ailleurs, entre lesquelles il y a trois ou quatre petits innocents qui ont expiré peu après leur baptême.

On a baptisé à la prison un adulte près de mourir, que depuis longtemps on instruisait, et un petit enfant prêt à expirer.

3. — On est allé catéchiser une femme malade à l'extrémité ; il s'est présenté un mari avec sa femme infidèle pour estre chrétiens ; l'on continue à enseigner trois catéchumènes pour les disposer à recevoir le saint baptême la veille de Pâques.

4. — On a eu avis de trois personnes de la campagne qui voulaient se faire chrétiennes, et d'un vieux chrétien médecin, ami de M. de Métellopolis, qui veut venir mourir proche des missionnaires.

5. — Un mauvais chrétien, renégat cochinchinois, qui avait été baptisé par les Jésuites, vaincu par la patience et les bons offices des missionnaires. leur est venu déclarer qu'il se voulait confesser et faire le devoir d'un fidèle à l'avenir. Un père est venu offrir ses deux petits enfants à baptiser et a promis de donner l'aîné, âgé seulement de quatre ans et fort joli, pour estre instruit dans notre séminaire ; ce qu'on lui a accordé avec bien de la joie.

6. — On a baptisé un adulte de Négapatam après l'avoir instruit. Il est venu un chrétien demander dispense de trois bans ; on a jugé ne devoir pas l'accorder pour rétablir peu à peu les commandements de l'Eglise, qui sont dans l'oubli dans tous ces quartiers, et aussi parce qu'on a eu avis qu'il y avait un empêchement à son mariage qui méritait bien d'estre examiné.

7. — On a baptisé les deux petits enfants dont on parla avant-hier. Une famille de gentils qui demeure proche des missionnaires a promis de se faire chrétienne. Un chrétien qui trafique à Boraon, à environ moitié chemin d'ici à Pourcelouc, nous a dit qu'il connaît deux ou trois personnes qui voudraient bien ouïr parler de notre sainte religion, et qu'en ce lieu de Boraon, il y a vingt-cinq ou trente hameaux d'anciens Laos qui n'ont point de pagodes, qu'il y a peu de talapoins, et que ces peuples-là embrasseraient facilement le christianisme.

10. — On a baptisé le matin cette femme moribonde qu'on fut visiter avant-hier ; c'est un grand coup de la grâce, parce qu'elle s'était consacrée au service des idoles comme font nos religieuses à Dieu.

11. — Il est arrivé sept Cochinchinois, cinq chrétiens et deux catéchumènes, qui ont esté portés ici par la tempête dans leur petite barque. Ils ont offert à l'évêque de Bérythe, en s'en retournant, d'emmener des missionnaires à la Cochinchine, ce dont il a béni Dieu.

On est allé pour confesser un vieux renégat qui estait à l'extrémité ; mais on l'a trouvé sans parole et sans ouïe. Un mari et une femme gentils ont promis de se faire chrétiens.

Un talapoin considérable, blessé à mort, a fait cette belle réponse à ceux qui lui ont demandé qui estaient les assassins : « Il n'est pas permis à un homme qui porte mon habit de nommer ses meurtriers, ni de se venger. » C'est d'après cette même maxime, que ceux de son couvent ont déclaré qu'ils ne pouvaient faire aucune poursuite pour la mort de leur supérieur.

12. — Le vieux médecin chrétien, ami de M. de Métellopolis, est venu loger à notre petit hôpital avec trois de ses esclaves, afin d'y trouver secours spirituel et consolation dans son mal. On est allé instruire ce mari et cette femme, qui déclarèrent hier qu'ils voulaient estre chrétiens, ainsi que notre médecin chinois, et aussi trois ou quatre catéchumènes qui sont proches de nous.

13. — Un chrétien concubinaire avec une gentille, qui a esté plusieurs fois exhorté par M. de Métellopolis, est venu déclarer qu'il voulait se marier à cette païenne, laquelle voulait embrasser la foi. J... nous a amené un adulte gentil, qu'il a instruit et qu'on a baptisé.

14. — On a été visiter quelques malades à la prison, et voir quelques gentils pour leur parler de la religion.

L'évêque de Bérythe a reçu les lettres de M. de Métellopolis ; ce dernier lui mande qu'on désire qu'il aille bénir des mines d'or et d'argent, dont le roy a fait faire l'ouverture à une journée de Louvo ; plusieurs mandarins doivent s'y trouver.

15. — On a résolu de retirer un homme qui est engagé pour 37 écus 1/2 ; on pourra le dresser dans peu pour estre catéchiste. On a esté visiter quelques malades, et instruire quelques catéchumènes et mauvais chrétiens.

16. — Trois Cochinchinois, dont deux chrétiens et un gentil arrivés depuis peu, sont venus voir l'évêque de Bérythe ; le gentil a déclaré qu'il voulait estre chrétien. On a continué d'instruire quelques catéchumènes.

17. — Un écolier du camp des Portugais, né à Siam, âgé d'environ 17 ans, est venu demander à entrer dans notre séminaire, disant qu'il perdait tout son temps ; on lui a répondu qu'il fallait qu'il s'informât de nos règles, et que nous nous informassions de ses mœurs ; après quoi on lui donnerait réponse. On a esté catéchiser notre médecin chinois et quelques catéchumènes.

18. — Le médecin chinois a dit qu'il était convaincu de la vérité de notre sainte religion ; cependant il a prié d'estre baptisé sans éclat, parce qu'il craignoit, si cela se faisait publiquement et venait à la connaissance de toute la Cour et de ceux de sa nation, qu'il en vînt un notable préjudice en ses affaires. On lui a répondu qu'on y penserait et qu'on continuerait à l'instruire. On a esté aux prisons visiter les malades.

19. — On a baptisé un petit garçon, fils d'un gentil qui veut estre chrétien.

20. — On a esté visiter plusieurs malades : l'un d'eux a demandé à estre amené à notre hôpital pour estre instruit en notre religion ; une femme a dit qu'elle s'y fera transporter après-demain, du consentement de son mari, pour le même sujet.

21. — On a baptisé le petit enfant d'un gentil moribond ; on a visité la prison ; on a fait la charité spirituelle et corporelle au malade qui se fit hier apporter.

23 — On a baptisé une adulte moribonde ; on a instruit une autre malade pour la disposer au baptême. On a esté occupé à dépêcher un courrier que le roy envoie à Ténassérim, et qui avait reçu ordre de passer chez les missionnaires.

25. — On a baptisé un vieillard fort malade qui estait venu à notre hôpital ; on a instruit une femme malade qui désire fort estre faite chrétienne, du consentement de son mari et de ses parents ; on a enseigné quelques catéchumènes.

26. — On a continué à instruire cette femme malade qui donne des marques d'une haute vocation à la foi ; on a esté aux prisons.

28. — On a esté visiter notre médecin chinois que le respect humain et les intérêts temporels commencent d'ébranler ; on a instruit plusieurs autres catéchumènes.

Mars 1. — Les évêques ont arrêté qu'auparavant de se séparer, on fît des conférences traitant des principales difficultés, qui se rencontrent dans les missions sur plusieurs cas, afin d'estre en conformité de doctrine.

2. — On est allé parler de la religion à trois personnes qui désirent en estre instruites ; on a esté aux prisons visiter les malades.

5. — On a baptisé un moribond. On a pansé un homme qu'on a amené blessé gravement. M. de Métellopolis a visité les prisons.

6. — On s'est assemblé pour traiter de beaucoup de choses qui regardent nos missions, et particulièrement des moyens de pourvoir à celle de la Cochinchine, qui a plus besoin de secours que les autres à cause de la liberté de religion qu'on y a accordée.

8. — On a agité plusieurs cas touchant les mariages des infidèles, et résolu qu'on les devra estimer bons en général ; il sera nécessaire d'avertir la première femme quand un infidèle se fera chrétien et voudra épouser une chrétienne, sous peine de nullité du deuxième mariage. M. de Métellopolis a esté voir une mandarine qui désire entendre parler de la religion.

9. — Le médecin chinois, dont il a été question, est venu proposer ses difficultés à l'évêque de Bérythe ; il a témoigné estre très satisfait des réponses qu'on lui a faites, et a réitéré la promesse de se faire chrétien avec son disciple. M. de Métellopolis a baptisé un petit enfant moribond en allant par la ville.

10. — On a esté visiter le médecin chinois et son disciple pour les disposer à recevoir le baptême. On a esté à la prison et on a instruit quelques catéchumènes.

12. — On a amené un malade gentil à notre hôpital ; M. de Métellopolis a esté aussitôt lui parler de la religion. On a disposé plusieurs catéchumènes pour estre baptisés le samedi saint.

[Deux pages du manuscrit sont perdues].

Avril 14. — On a baptisé un petit enfant en péril ; on a instruit quelques catéchumènes, et on a disposé toutes les choses nécessaires pour aller faire une mission. Les trois évêques ont signé entre eux un accord de plusieurs articles, par l'un desquels tous leurs revenus, de quelque nature qu'ils soient, seront partagés également entre eux.

15. — On a donné la tonsure et l'ordre de   à Jean, de Manille, âgé de plus de 30 ans, qui est au service de la mission depuis 5 ans. On a fait le mariage de X...

M. de Métellopolis est parti pour faire une mission à un village proche de la baie, avec M. de Chandebois et Jean.

16. — On a dressé le testament de Mgr d'Héliopolis. On a esté visiter quelques personnes pour leur parler de la religion.

18. — On a enterré un néophyte qui est mort à la prison. On a résolu de donner la tonsure au frère chinois le jour de la Pentecôte. On a esté visiter la prison.

20. — On a esté visiter les prisons.

21. — On a reçu nouvelle de l'arrivée d'un vaisseau de Cochinchine. On a arrêté d'envoyer donner avis à la Cour du départ de Mgr d'Héliopolis pour le Tonkin, et demander les passeports ordinaires pour pouvoir sortir du royaume.

22. — On a visité quelques néophytes pour les fortifier dans la foi, et quelques catéchumènes malades.

23. — On a apporté un chrétien fort malade à notre hôpital ; on l'a soigné pour le spirituel et le temporel.

25. — On a donné les derniers sacrements à un malade qui estait à l'hôpital.

On a reçu les lettres de M. de Métellopolis qui écrit à l'évêque de Bérythe ; il est occupé à l'instruction de plusieurs infidèles qui étudient nos mystères avec une grande affection.

26. — On s'est occupé à expédier le catéchiste Ignace pour aller en mission.

27. — On a soigné quelques malades spirituellement et corporellement.

28. — On a instruit quelques catéchumènes pour les disposer au baptême la veille de la Pentecôte. On a résolu que MM. Bouchard et de Courtaulin iront à la Cochinchine, par le retour de la barque, qui nous est venue de ce royaume au mois de février dernier.

29. — On a esté à l'hôpital assister quelques malades et continuer à enseigner quelques catéchumènes.

30. — On a esté administrer un chrétien qui est à l'extrémité à notre hôpital. On a esté occupé à disposer bien des choses pour le départ de MM. Bouchard et de Courtaulin pour la Cochinchine.

Mai 1er. — On a enterré un Chinois qui est mort cette nuit à notre hôpital. M. de Métellopolis est revenu de sa mission ; il nous en a fait le récit, ce qui nous a comblés de joie, car il a laissé environ 80 catéchumènes qu'on instruit tous les jours, et qui reçoivent tous l'instruction de nos saints mystères avec un contentement indicible. M. de Chandebois et le catéchiste Ignace ne les quitteront point qu'ils ne soient baptisés.

3. — M. de Métellopolis a esté visiter les prisons ; il a trouvé un aveugle gentil assez malade, et dans une grande nécessité corporelle. Il a esté alors prier un officier de permettre à ce pauvre prisonnier de venir en notre hôpital, pour estre assisté corporellement et spirituellement ; quoique ce soit contre les lois, cela lui a été accordé, à cause du grand respect qu'on a pour ce prélat.

On a pansé quelques malades. M. de Métellopolis a prêché quelques-uns de nos néophytes pour les confirmer en la foi.

M. Langlois [par ordre de Mgr Laneau] a la Propagande.

A M.-E., vol. 856, p. 294.

20 octobre 1675.

In siamensi regno remanent :

In seminario episcopali S. Josephi :

Illustrissimus ac Reverendissimus Dominus Metellopolitanus episcopus ac Vicarius apostolicus Nanchin, Siami et aliquando in regia civitate, aliquando per villas et oppida Christi Evangelium prædicans.

Magister Ludovicus Chevreuil, baccalaureus theologus, Gallus, procurator generalis trium Vicariatuum.

Mag. Petrus Langlois, Gallus, missionarius ac notarius apostolicus, et præfectus seminarii Cochinchinensium.·

R. P. Ludovicus a Matre Dei, Lusitanus, Ordinis Sancti-Francisci de Observantia, missionarius apostolicus, curans infirmos et edocens pueros.

Mag. Sebastianus Correa, 42 annos natus, Macaensis, jam subdiaconus, brevi sacerdotio initiandus, Sacræ Congregationi voto adstrictus.

Quinque ostiarii Cochinchinenses ; sex clericali tonsura insigniti, pariter Cochinchinenses.

Unus clericus e civitate Tennasserim. Viginti alii e variis nationibus orti, scholastici et alumni ejusdem seminarii, scripturæ lectionique operam navantes sub P. Ludovico a Matre Dei.

Interpres Illustrissimi D. Berythensis episcopi, qui se in seminarium devotionis causa recepit, ubi idioma caracteresque siamicos, plures in eo maxima diligentia, zeloque juvenes edocet, ei libros componit, ac perfecte adimplet munus catechistæ.

In parochia Immaculatæ Deiparæ Conceptioni dicata :

Assistunt Mag. Claudius de Chandebois, Gallus, missionarius et notarius apostolicus, qui speciali Dei benedictione in cura infirmorum magnam consecutus est famam, et Mag. Joannes-Baptista Bangayana, Manilensis, missionarius, Sacræ Congregationi voto adstrictus.

In parochia civitatis Tenasserim : Mag. Franciscus Perez, missionarius et illius civitatis parochus, Sacræ Congregationi voto adstrictus.

Omnes supranominati sacerdotes et alii sub directione et dependentia Ill. DD. Episcoporum et Vicariorum apostolicorum uno animo laborant.

In vico Banfrang vulgo Lusitanorum :

Mag. Nicolaus a Motta, presbyter malacensis, 63 annos natus, Sanctæ Sedis Sacræque Congregationis ordinationibus, et mandatis morem gerit, et obedientiam exhibet.

Mag. Constantius Georgius macaensis presbyter, 30 annos natus vel circiter.

Mag. Thomas a Rocha, presbyter.

In residentia Societatis Jesus :
P. Thomas Valgarneira, Siculus, superior, totus in reædificandis mœnibus occupatus.
P. Emmanuel Suarez, Lusitanus.
P. Joannes Maldonat, Belga.

Assistunt in ecclesia Sancti-Dominici :
P. Emmanuel a Nativitate, Ordinis Prædicatorum, superior
P. Ludovicus Fragoso, ejusdem Ordinis religiosus.

A Bangkok et dans les environs.
Mgr LANEAU A Mgr PALLU.
A. M.-E., vol. 877, p. 467.

9 octobre 1677.

Je suis maintenant avec M. de Chandebois près de Bangkok, depuis quelque temps que je me suis comme furtivement retiré de la ville de Siam, y ayant laissé M. Gayme pour répondre aux mandarins quand ils viendront à la maison, car il commence à bien sçavoir la langue et s'accoutume bien à l'humeur des Siamois ; aussi disent-ils que c'est mon frère. C'est un bon sujet, et tel que Votre Grandeur me l'avait dépeint.

Pour M. de Chandebois, il se fait mieux connaître ; il croît incroyablement en vertu ; je vous assure, Monseigneur, qu'il me fait plus de confusion et de honte que je ne puis vous l'avouer. Au dire de M. Vachet, qui est ici à présent, c'est celui de tous les missionnaires qui a le plus l'esprit de missionnaire, sans faire tort à qui que ce soit ; enfin il m'apprend mon métier, et bon gré mal gré, il me mène dans ses allées avec lui, et me fait dîner avec lui sous le premier arbre au bord de la rivière, avec du riz qu'il fait cuire le matin avant de partir ; car telle est sa vie presque tous les jours. Dieu le favorise de beaucoup de merveilles qu'il opère par ses mains ; je ne vous rapporterai que la première que je vis peu de jours après estre arrivé : il y avait une personne fort malade qu'il m'obligea d'aller voir ; il lui donna une goutte d'eau bénite, l'assurant que le lendemain elle serait guérie, ce qui fut comme il lui avait dit ; aussi les enfants mesme se le disaient les uns aux autres. Malheureusement, il ne peut encore bien s'expliquer, ce qui fait qu'il ne retire pas de son travail tout le profit qu'il pourrait s'il était plus exercé dans la langue ; je ne fais que lui servir d'interprète. Un très grand nombre de gentils s'instruisent ; aussi s'il avait quelques catéchistes, en peu de temps on verrait ici, avec la grâce de Dieu, un très grand fruit. Il n'est pas impossible d'en avoir ; mais leur entretien est de grande dépense ; c'est ce qui regarde les soins et la charité de Votre Grandeur.

A Pourcelouc (Phitsilok).
Relat. des miss. et des voy. 1672-1675, p. 324.

1675.

A la fin de cette année 1675, M. Langlois fut envoyé commencer une nouvelle mission et une nouvelle résidence à Pourcelouc, qui est une grande ville du royaume de Siam, frontière du côté des royaumes de Pégu et de Laos, située sur la grande rivière qui passe par la capitale de Siam dont elle est éloignée de cent lieues. Le roi y envoyait cette année un nouveau gouverneur, Portugais d'origine, grand mandarin de ce royaume, et ami particulier de MM. les évêques de Bérythe et de Métellopolis. Ces prélats crurent devoir se servir de cette occasion pour établir en ce lieu une nouvelle résidence, nonobstant qu'ils eussent peu d'ouvriers ; ils y envoyèrent donc M. Langlois quoique très nécessaire dans le séminaire, dont il était le préfet, et ils y joignirent quatre séminaristes, dont le travail augmenta bientôt tellement, qu'il leur fallut envoyer l'année suivante un nouveau missionnaire pour les soulager. Ils écrivent de ce lieu, qu'ils ont connu par expérience qu'il était facile de persuader aux habitants l'absurdité de leur religion et la vérité de la nôtre, mais qu'il était bien plus difficile de les convertir.

M. VACHET AUX TANTES DE M. LANGLOIS.

Relat. des miss. et des voy. 1676-1677, p. 199.

1677.

M. Langlois s'offrit à M. de Métellopolis, pour aller où il lui plairait ; cet évêque, le connaissant très laborieux, lui proposa d'aller planter la foi dans un endroit où l'on n'en avait point encore entendu parler, et prêcher l'Evangile à des peuples éloignés de la ville de Siam d'environ un mois de chemin par eau, et qui n'avaient jamais vu de missionnaire. Quoique ce dessein lui parût difficile dans l'exécution, il ne se découragea point ; mais après s'être humilié, il prit tous les moyens qu'il crut nécessaires pour l'entreprendre avec prudence, et pour le continuer avec succès ; il s'appliqua quelque temps à la médecine, soit pour pouvoir étendre sa charité sur les corps aussi bien que sur les âmes, ou plutôt pour s'ouvrir le chemin au salut des âmes, par la guérison des corps. Cette vue lui a parfaitement réussi, car dès qu'il fut débarqué au lieu où en l'envoyait (et qui comme nous l'avons déjà dit, est la ville de Porcelouc), il se présenta l'occasion la plus favorable du monde d'ouvrir la mission, par l'exercice de son art : il y trouva quarante habitants blessés depuis peu assez dangereusement de coups d'arquebuses, de flèches, et de coutelas, dans un combat donné contre des peuples voisins qu'on appelle Malayais ; il les entreprit tous pour l'amour de Dieu, avec une extrême confiance en sa bonté, et ce premier effet fut un chef-d'œuvre aussi heureux qu'on le pouvait désirer ; je ne sais pas positivement s'il n'en mourut pas deux ou trois, mais on a cru, jusqu'à présent, qu'il les avait guéris tous, ou presque tous. Cette cure lui acquit beaucoup de crédit dans tous les esprits, et lui gagna l'affection de tous les cœurs ; les idolâtres passèrent aisément de la reconnaissance, qu'ils avaient pour le bienfait temporel que quelques-uns avaient reçu, à l'admiration de la charité qu'ils avaient remarquée dans ce nouveau médecin, et ils sont si fort attachés à sa personne, que je doute qu'ils le laissassent présentement sortir de chez eux, s'il voulait s'en séparer pour aller ailleurs pousser ses conquêtes ; mais il n'a garde d'y penser, dans un temps où il ne songe jour et nuit qu'à les instruire et à les affermir dans la créance de l'Evangile ; il bâtit en peu de temps une petite église à Dieu, un hôpital aux pauvres, et une maison pour lui, il vit bientôt dans cette église plusieurs néophytes qui l'aidaient à chanter les iouanges de Dieu ; son hôpital fut aussi rempli de malades, qui se louaient tous de son zèle et de ses remèdes, et sa maison fut une école pour la jeunesse qu'il catéchisait, ou plutôt un hospice ouvert à tout le monde pour entendre parler de Dieu, ou pour recevoir quelque secours, et il était soulagé en tout cela par M. Gayme qu'on lui avait donné pour compagnon.

Avis sur la mission de Pourcelouc.

[PROBABLEMENT PAR M. LANGLOIS].

A. M.-E. vol. 853, p. 393.

[Sans date, mais vers 1670].

1. — Porcelouc estant comme le milieu et le centre des royaumes de Siam, Laos et Pégou, il semble très propre pour y faire une résidence générale correspondante à toutes les missions de ces trois royaumes.

2. — La mission du Laos semble se pouvoir ouvrir plus commodément

par la petite ville de Locontay, dont les habitants sont Laos, et sujets présentement du roy de Siam. Après qu'on y aurait fait quelques chrétiens, on pourrait passer avec quelqu'un d'eux au Laos, soit en cachette, soit par le changement des affaires entre les deux couronnes de Laos et Siam. La faveur que l'on a du gouverneur de Locontay, qui a témoigné désirer un missionnaire pour faire de la médecine, permet d'espérer toute liberté de prêcher en ce lieu. M. Pierre Grosse, après s'être exercé quelque temps dans cette mission à apprendre la langue et connaître le génie des Laos, pourrait laisser ce poste à quelque autre, et passer plus avant.

3. — La mission de Pégou et Ava pourrait pareillement s'ouvrir plus facilement par quelqu'une des villes frontières de Pégou, qui ont esté subjuguées par le roy de Siam, dont la plupart des habitants sont pégous. On a encore la faveur des gouverneurs dans quelques-unes de ces villes, qui souhaitent quelque missionnaire pour la médecine ; c'est en ces villes aussi qu'est la commodité de faire couper le bois propre aux charpentes. M. Monestier me paraîtrait propre pour cette mission.

4. — La ville de Porcelouc, comme le milieu des royaumes susdits, me paraîtrait propre pour un séminaire d'enfants de Siam, Laos et Pégou, auxquels on pourrait joindre, dans le commencement, les chrétiens du camp portugais de Siam, pour donner ouverture à ce séminaire, dont l'église de Porcelouc recevrait quelque lustre par l'office solennel qui s'y ferait au moyen de ce séminaire ; par là on séparerait les chrétiens tonkinois et cochinchinois de tout autre, selon que l'ont désiré et demandé plusieurs fois Messieurs du Tonkin.

5. — Cette séparation semble nécessaire, non seulement par les raisons de Messieurs du Tonkin qui regardent à conserver leurs écoliers dans les bonnes mœurs ; mais aussi pour empêcher les dégoûts que pourraient prendre facilement les écoliers siams, pégous et laos, si on les mettait à la même école que les Tonkinois et Cochinchinois ; car ceux-là, estant moins spirituels et prompts à concevoir, se croiraient aussi très incapables de profiter et moins propres aux études que les autres ; cela a coutume de dégoûter beaucoup les écoliers.

Ce séminaire estant établi à Porcelouc, quelques-uns des missionnaires, qu'on destinerait aux missions susdites, pourraient aller en ce lieu apprendre les langues propres de leurs missions.

7. — Porcelouc serait aussi un lieu très propre pour une maison de santé, à cause que l'air y est très bon, le pays fort beau, et que la mission y possède maison et jardin à la ville et au dehors de la ville.

8. — Une maison de retraite en forme d'ermitage estant très utile à la mission, tant pour ceux qui viennent de temps en temps des missions, que pour ceux qui se disposent à y aller, auxquels une retraite de 40 jours ou de quelques mois est prescrite par le livre des *Instructions apostoliques*, on pourrait l'établir si l'on voulait à Porcelouc, tant pour la beauté du lieu, que pour la commodité qu'on y a de trouver un grand nombre de Laos pour les services nécessaires, et pour le temporel qu'on y possède et qu'on peut augmenter ; ceci joint au bon marché qu'on y a de toutes choses ; ce qui fait qu'une telle résidence, nonobstant qu'il y eût séminaire, maison de santé, et ermitage, serait peu à charge à la mission, lequel avantage n'est pas de petite considération.

Les choses ainsi établies, un évêque de Siam aurait ce semble à partager la résidence, partie à Siam pour le soin des affaires générales, partie à Porcelouc pour la visite des missions de Porcelouc, Locontay et Pégou ; de cette sorte, on pourrait travailler fortement à ouvrir la mission de Siam par Porcelouc, si Monseigneur y résidait quelque temps.

II

Œuvres.

Le Collège général et ses annexes.

JOURNAL DE LA MISSION.

A. M.-E., vol. 876, p. 904.

19 février 1674. — On a résolu de faire venir un maître qui sache le bali, pour apprendre à lire et à écrire la langue de Siam et le bali aux séminaristes qu'on destinera pour cela.

Relat. des miss. et des voy, 1672-1675, p. 228.

1674.

On était plus occupé que jamais dans le séminaire, car outre un bon nombre de séminaristes que l'on disposait à recevoir les saints ordres, il y avait trois écoles où l'on faisait leçon tous les jours soir et matin. M. Langlois, missionnaire, instruisait les enfants de la Cochinchine et du Tonkin, qu'il avait rendus capables, en moins de trois ans, d'expliquer et de parler aussi facilement latin que le pourraient faire de bons humanistes d'Europe, pendant qu'un autre missionnaire leur avait appris le chant et les cérémonies de l'Église, dont ils s'acquittaient fort bien, et qu'il les avait formés à prendre soin de la sacristie, où ils faisaient leur petit devoir avec autant de propreté et d'exactitude qu'on pouvait désirer.

La seconde école était composée de 18 ou 20 écoliers Chinois, Japonais, Malayais, Indiens, Portugais et autres, dont le R. P. Louis de la Mère de Dieu avait bien voulu prendre soin. Ce religieux est Portugais de nation et de l'Ordre de Saint-François ; il avait eu l'humilité de s'offrir aux Vicaires apostoliques pour travailler sous leur conduite dans l'étendue de leur mission, suivant le pouvoir, que ses supérieurs légitimes lui avaient donné, par écrit en bonne forme, de s'unir à ceux d'entre les ouvriers évangéliques qu'il lui plairait, pour travailler avec eux dans les Eglises orientales. Et comme on l'avait reçu à bras ouverts, il se soumit à tout ce qu'on voudrait faire de lui, soit dans la maison, soit dehors. Il a un talent merveilleux pour l'instruction de la jeunesse, et encore plus de sainteté que de talent ; il sait accorder l'observance de la règle avec les emplois qu'on lui donne ; et il joint à tout cela une charité et une adresse extraordinaires auprès des pauvres malades, dont il guérit les maladies corporelles et spirituelles avec un bonheur égal à son zèle.

Enfin il y avait un bon laïque, naturel du pays, qui bien qu'il fût engagé dans le mariage, s'était retiré au séminaire avec le consentement de sa femme pour s'y faire maître des enfants siamois, qui étaient en plus grand nombre que tous les autres. C'est celui-là même qui avait toujours servi d'interprète aux Vicaires apostoliques depuis leur arrivée à Siam ; et il semble qu'il se soit entièrement dévoué au service de leurs missions, tant qu'il leur plaira le retenir auprès d'eux et lui donner de l'emploi.

M. LANGLOIS AUX DIRECTEURS DU SÉMINAIRE DES M.-E.

Relat. des miss. et des voy. 1672-1675, p. 322.

1675.

M. Langlois nous apprend :

. . . .

2° Que M. de Métellopolis fit les ordres le 13 avril, jour auquel tombait le samedi-saint, et que M. Jean-Baptiste Bangayana, du diocèse de Camarin dans les îles Philippines, qui demeurait depuis cinq ans dans le séminaire sous Nos Seigneurs les Vicaires apostoliques, fut promu au sacerdoce dans la trente-troisième année de son âge. Ce prêtre, outre sa langue originaire, savait fort bien l'espagnole, la portugaise, la tonquinoise, la cochinchinoise la siamoise, et assez raisonnablement la latine. Il avait eu la dévotion dès le mois précédent, après y avoir mûrement pensé, de s'engager par vœu, en présence du Saint Sacrement, à travailler toute sa vie dans les missions des Vicaires apostoliques sous les ordres de la Sacrée Congrégation de la Propagation de la Foi, parce qu'il avait été ordonné sous le titre des mêmes missions.

3° Que le même jour du samedi-saint, on avait donné la tonsure et les Ordres moindres à douze autres séminaristes de Siam, dont l'un était de Macao, l'autre de Ténassérim, et le reste de la Cochinchine.

4° Que le nouveau prêtre avait dit sa première messe le jour de Pâques, et que peu de jours après il était parti avec le prélat qui l'avait ordonné pour aller prêcher la foi.

M. Chevreuil aux directeurs du Séminaire des M.-E.

A. M-E., vol. 877, p. 315.

décembre 1675.

Il y a quinze jours que les voleurs voulant entrer dans cette maison (séminaire), et trouvant les portes fermées, y mirent le feu sur le minuit. Ils s'attaquèrent à un corps de logis que M. de Métellopolis avait fait bâtir depuis deux mois pour les jeunes enfants de Siam qui apprenaient le latin. Ce corps de logis fut entièrement consumé, avec cinq autres que l'on ne put jamais garantir. Notre église, qui était au milieu, échappa de l'embrasement comme par miracle ; car le vent portant d'abord la flamme droit sur elle, Notre-Seigneur permit qu'il changeât en un moment ; ainsi cet édifice fut sauvé avec le séminaire des Cochinchinois ; et nous croyons en être redevables à l'intercession de saint Joseph qui en est le patron, et des saints Anges.

M. Vachet aux directeurs du Séminaire des M.-E.

Relat. des miss. et des voy. 1676-1677, p. 217.

1677.

Le nombre des écoliers, que l'on instruisait dans les diverses résidences, était si grand, et leurs nations si différentes, que l'on y parlait dix ou douze langues. M. de Chandebois avait à Bangcoq, à vingt lieues de Siam, dans la paroisse de l'Immaculée Conception, une dizaine de séminaristes, partie tonkinois et partie cochinchinois, qui avançaient extrêmement dans leurs études. M. Le Noir, prêtre français, qui était arrivé l'année précédente, avait été destiné au commencement de celle-ci à l'instruction des Tonkinois, lorsqu'on les attendait tout seuls ; mais M. Vachet étant arrivé de la Cochinchine à Siam le jour de la Pentecôte 1677, pour rendre compte de cette Eglise à M. de Bérithe, et ayant amené avec lui plusieurs Cochinchinois qu'on n'attendait pas, on joignit ceux-ci avec les autres pour les instruire tous ensemble ; et comme M. Vachet, qui croyait retourner au lieu d'où il venait, vers le mois d'août, fut arrêté à Siam jusqu'à l'année suivante pour se refaire un peu de ses longues maladies, on le choisit lui-même pour cet emploi, qu'il accepta de tout cœur, et voici ce qu'il en mande :

« Dès que l'on m'eût déterminé à demeurer à Siam, l'on m'envoya dans l'un de nos hospices à vingt lieues de la Cour, pour enseigner les nouveaux écoliers qui étaient venus du Tonkin, et ceux que j'avais amenés avec moi de la Cochinchine, qui tous ensemble faisaient le nombre de 12 ; je fus si édifié de leur modestie et de leur docilité, et si content de leur travail, qu'il aurait été difficile d'ajouter quelque chose à ma joie, et n'était qu'il fallait

5

nécessairement retourner à la Cochinchine, lorsqu'on me l'ordonnerait, je leur aurais donné très volontiers tout le reste de ma vie. Avant la fin de l'année il y en avait deux à qui j'expliquais la théologie. »

Hôpital.

M. Gayme aux directeurs du Séminaire des M.-E.

A. M.-E., vol. 877, p. 654-656.

11 novembre 1678.

L'hôpital que l'on a bâti est toujours plein ; et, outre cela, le nombre des malades qui viennent de tous côtés se faire panser chaque jour monte quelquefois à 200 et 300, ce qui donne beaucoup de crédit à la religion qu'on leur enseigne, et qu'ils écoutent avec applaudissement.

Mgr de Métellopolis travaille plus que jamais ; il assiste régulièrement au pansement des malades qui viennent de toutes parts et journellement ; il aide à les panser, il prêche, et quand il peut dîner à deux heures après-midi, c'est le plus tôt. L'huile et l'eau bénite qu'on baille ici aux malades opèrent beaucoup, et principalement sur les ladres ; on la distribue selon la formule prescrite dans le Rituel ; nous espérons que Dieu tirera sa gloire de cet ouvrage, par un si grand concours de peuple qui se guérit et écoute la parole du bon Dieu. Quoiqu'on garde peu les règles ordinaires de panser les malades, n'est-ce pas miraculeux que tous généralement ou guérissent, ou se trouvent soulagés ; ceci montre visiblement que c'est l'ouvrage de Dieu. Les talapoins viennent en foule et écoutent la parole de Dieu, qui dans son temps pourra germer.

M. Gayme aux directeurs du Séminaire des M.-E.

A. M.-E., vol. 861, p. 95.

28 décembre 1678.

Mgr de Métellopolis mange seul, et à trois ou quatre heures après midi, parce que depuis neuf heures du matin jusqu'à onze heures, il baille des médecines. Après, il vient à l'église bailler aux nouveaux venus de l'huile et l'eau bénite ; il y prêche une ou deux heures durant ; il y a journellement 100 ou 140 personnes qui écoutent ; on fait plusieurs catéchumènes, et la plus grande partie apprend les prières, et on ne peut avoir assez de livres pour les instruire ; plusieurs viennent seulement pour écouter la parole de Dieu, et nous voyons, ce semble, un grand changement ; il faut tout attendre de Dieu.

M. Aumont

Mémoires, p. 223.

En sortant de l'enceinte du séminaire, les mandarins virent deux grands hôpitaux, l'un rempli d'hommes et l'autre de femmes malades. Ils entrèrent, demandèrent à ces malades, qui étaient tous gentils et idolâtres de leur nation, ce qu'ils faisaient là ; ils répondirent qu'ils étaient là pour être guéris de leurs maladies. Ces officiers leur demandèrent : « Qui vous donne des remèdes ? Qui vous nourrit ? » Ils leur répondirent que c'était l'évêque et les missionnaires. « Mais, dirent ces officiers, lorsque vous êtes guéris, vous les payez sans doute. — Non, répartirent-ils ; ils nous renvoient à nos familles sans nous rien demander, et, quand nous sommes de loin, ils nous donnent des vivres pour notre voyage. — Mais c'est donc que vous êtes de leur religion ? — Lorsque quelqu'un de nous veut embrasser leur religion, cela leur fait bien du plaisir ; mais ceux qui ne veulent pas l'embrasser n'en sont pas moins bien traités ; on n'espère de nous aucune récompense. » Ces officiers, tout étonnés et hors d'eux-mêmes, furent au palais faire le rapport de ce qu'ils avaient vu dans cette maison qu'on bâtissait et de ce qu'on leur avait dit ;

ensuite ils dirent au roy : « Seigneur, en sortant de ce bâtiment, nous avons vu une chose étonnante dont nous ne pouvons revenir : il y a, à la porte de l'enceinte de ce séminaire, deux très grandes salles, l'une remplie d'hommes et l'autre de femmes malades, tous vos sujets : ces Pères les traitent pendant leurs maladies, leur donnant remèdes et nourriture sans tirer rien d'eux. » Le roy, touché de cette charité qu'inspirait notre sainte religion, ordonna sur-le-champ que l'on fît une chaise dorée semblable à celle du premier des évêques des talapoins, qui sont les ministres de sa religion, et qu'on la portât solennellement à M⁰ʳ de Métellopolis, avec cet ordre qu'il dicta lui-même : « Je vous ordonne de prêcher cette religion, qui enseigne si parfaitement la charité, à tous les peuples qui sont dans mon royaume : Siamois, Laos, Pégous, Cambodgiens et autres. La chaise que je vous envoie sera placée dans votre temple pour vous y asseoir. » Ces mêmes officiers apportèrent cette chaise qui était placée dans le milieu d'un grand ballon tout doré, accompagnée de plusieurs autres officiers dans différents ballons.

Cette nouvelle fut bien agréable à Monseigneur et à tous les missionnaires. Sur-le-champ, cette chaise fut transportée en cérémonie sur le trône épiscopale en présence de ces officiers et de tous les Siamois qui l'avaient accompagnée ; on chanta en leur présence un *Te Deum* pour rendre grâces à Dieu, et on fit en langue siamoise plusieurs prières pour la santé du roy. Depuis ce temps, cette chaise n'est point sortie du trône épiscopal. Je tiens cette relation de M. René Charbonneau qui m'a dit être présent lorsque cela arriva.

III

Éloges. — Nominations.

BREF D'INNOCENT XI[1].

A M.-E., vol. 269, p. 170 bis.

Venerabilibus Fratribus Petro episcopo Berithensi[2], et Ludovico episcopo Metellopolitano, Vicariis apostolicis Cocincinæ et Siami.

INNOCENTIUS PP. XI.

Venerabiles Fratres, salutem et apostolicam benedictionem.

Quo tardiores, si tamen tales dici possunt e tam longinquis regionibus advenientes, eo præ omnibus gratiores acciderunt Nobis Fraternitatum Vestrarum litteræ Siamo datæ ; præter eam, enim, quam in persona humilitatis Nostræ, nullis præcedentibus meritis, sed sola ordinatione divinæ Providentiæ ad Ecclesiæ gubernacula erectæ, huic Sanctæ Sedi detulistis observantiam, uberem pastorali sollicitudini Nostræ lætitiæ segetem præbuistis, diserta explicatione proventuum, quibus in dies magis istis in regionibus ditescit Dominicus ager ; et quidem cum perspectum habeamus, quanto studio in tam præclarum opus incumbatis, et quam vehementi catholicæ fidei amplificandæ zelo incensi sitis, præcipuo quodam paternæ charitatis sensu, vos in Domino complectimur, utque in suscepto instituto provehendo constantes maneatis, magnopere hortamur, persuasum vobis esse volentes, præter mercedem magnam nimis, quæ vobis reposita est in cælo, non defuturum piis conatibus vestris præsidium Nostrum, sicuti ex deliberationibus, quæ a Cardinalibus Congregationi de propaganda Fide præpositis captæ fuerunt, et a Venerabili Fratre Francisco episcopo Heliopolitano satis superque vos cognovisse credimus, quibus assidua cælestis gratiæ dona a Deo precamur, atque apostolicam benedictionem peramanter impertimur.

---

[1] La copie de ce bref, telle que nous avons publiée dans les *Doc. hist. relat. à la Soc. des M.-E.*, p. 85, est fautive.

[2] M⁰ʳ de Bérithe était mort quand cette pièce et la suivante furent expédiées.

Datum Romæ, apud Sanctam Mariam-Majorem, sub annulo piscatoris die 4 octobris 1679.

DÉCRETS DE LA PROPAGANDE.

A. M.-E., vol. 204, p. 476; vol. 276, p. 164.

DECRETUM.

Die 12 octobris 1679.

Habita fuit Congregatio particularis de propaganda Fide super rebus Sinarum in aulâ ejusdem Congregationis, in quâ interfuerunt Eminentissimi et Reverendissimi Domini Cardinales Ottobonus, de Alteriis, Columna, Azzolinus et Casanate, necnon Reverendissimus Pater Dominus Cursius prose cretarius, relatæque fuerunt infrascriptæ instantiæ episcopi Heliopolitani :

. . . .

4° In casu mortis episcopi Beritensis, qui gravi infirmitate in lecto detinetur, subrogetur in delegatione ipsi destinatâ, in Congregatione præfatâ 17 julii, episcopus Metellopolitanus, fuit responsum : Concedatur quoad ea, quæ modo exercentur per episcopum Beritensem, si Sanctissimo placuerit.

5° Ne, moriente etiam episcopo Metellopolitano, qui parum bene affectus est, deficiat in missionibus Sinarum episcopalis character, concedatur ipsi et præfato episcopo Beritensi eadem facultas, quæ huic et episcopo Heliopolitano fuit a sanctæ memoriæ Alexandro VII tradita ; nimirum, ut eorum superstes præmorienti posset substituere unum ex missionariis ; Eminentissimi Patres rescripserunt : Nominet modo idoneos.

IV

Missionnaires morts[1]. Détails biographiques.

M. de Chameson-Foissy Philippe.

Né dans le diocèse de Reims vers 1732, parti pour les missions le 17 octobre 1661, mort à Masulipatam le 25 août 1674.

MÉMOIRES DE BÉNIGNE VACHET.

A. M.-E., vol. 110, p. 34.

M. de Chamesson était de la noble maison de Foissy, dont la branche aînée s'est trouvée éteinte en sa personne, et dont le nom et les alliances sont connues de tout le royaume ; son père était Jacques de Foissy, chevalier seigneur de Trenay et de Motheux près Monthereau ; son grand-père s'appellait Bertrand de Foissy, lieutenant de la compagnie de cent hommes d'armes commandée par M. le duc de Mayenne ; et il fut fait chevalier de l'Ordre de Saint-Michel sous Charles IX, en 1568, en considération de ses services dans les guerres. Son grand oncle était Philibert de Foissy, grand prieur de Champagne, et la plupart de ses ancêtres ont fait de si belles actions, qu'il n'y en a presque aucun qui ne méritât une place honorable dans l'histoire.

Il fut nommé Philippe sur les sacrés fonts de baptême, et au lieu de porter le nom de Foissy ou de Crenay, on lui donna celui de Chamesson que portaient les barons, aînés de la maison de Foissy.

Il tira du fond de sa naissance un tempérament généreux ; l'épée fut quasi dès le berceau sa plus forte inclination, et M. son père, ayant reconnu qu'il se portait plus aux armes qu'aux lettres, souffrit avec plaisir qu'il renonçât à l'étude pour se donner à la guerre dès ses plus tendres années.

---

[1] Il n'est pas question ici des missionnaires sur lesquels nous n'avons d'autres détails que la date de la mort ; on trouvera, dans le *Mémorial* 2ᵉ partie, les rares renseignements que nous possédons sur eux.

Il servit en Flandre, en Hollande, en Savoie, en Piedmont, et en Suisse ;
il fit voir partout qu'il était homme de tête et de main, et il sut si bien accorder les plus délicats intérêts du métier avec ceux de la conscience, que
sans rien perdre de la réputation de brave, il conserva toujours la fidélité de
chrétien, dont la qualité lui était dès lors infiniment plus chère que celle de
gentilhomme.

Cependant la crainte qu'il eut de ne pouvoir pas toujours se soutenir
dans une route où les pas sont si glissants, le pressa d'entrer dans une autre
qui lui paraissait plus sûre, et lui fit quitter le service avec toutes ses espérances, dans un temps où son mérite lui promettait bonne part à la fortune,
et dans un âge où ses amis et ses proches le faisaient aspirer aux alliances les
plus riches et les plus illustres de Champagne et de Bourgogne, parce qu'il
était fils unique d'un père qui avait de belles terres dans l'une et dans l'autre
de ces deux provinces.

Divers accidents de fortune concoururent avec lui pour le dépouiller de
la plus grande partie de son bien, et le désordre s'étant mis dans ses affaires,
il ressentit plus de joie de se voir dans la nécessité d'être pauvre, que les
mondains n'en ressentent quand ils sont sur le point de s'enrichir. Le renversement de son temporel autorisa la simplicité de ses habits et la modération de sa dépense. Il ne voulut plus ni domestiques, ni ordinaire réglé, ni
demeure fixe. Son plaisir fut de chercher partout les gens de bien pour faire
liaison avec eux, et pour s'enflammer à la vertu par leurs exemples.

Il y avait déjà quelques années qu'il communiait tous les jours, et qu'il
passait quatre heures à genoux en prières (outre le temps qu'il mettait à servir
plusieurs messes) à réciter l'office de Notre-Dame et à dire son chapelet, lorsqu'il apprit le grand dessein que le Saint-Siège avait d'envoyer des évêques
français à la Chine. Cette nouvelle lui fit désirer ardemment de connaître
ceux que l'on destinait à cette mission apostolique ; et à peine les eut-il vus,
qu'il demeura très étroitement lié à leurs œuvres et à leurs personnes.

Il se levait tous les jours à 3 h. 1/2 pour faire oraison jusqu'à 6 h. Il
servait régulièrement la première messe, à la fin de laquelle il communiait
sans manquer, et faisait ensuite une demi-heure d'action de grâces avec la
même exactitude. Il passait deux heures à tenir les petites écoles pour des
enfants ramassés, tant pour leur apprendre à lire nos caractères que pour les
instruire des mystères de notre foi, et cela avec plus de soin et d'affection que
la plus tendre de toutes les mères n'aurait fait à son propre enfant. Le reste
du matin était occupé à faire la lecture spirituelle, ou à donner ses ordres
aux domestiques, qui le regardaient plus comme leur père que comme leur
maître. On le voyait à l'examen particulier qui précède le dîner, avec une
ferveur qui le distinguait du reste de la Communauté. Et quoi qu'il ne parût
jamais à l'église qu'avec une modestie d'ange, on remarquait pour lors en lui
un surcroît sensible de récollection. Il n'était pas moins sobre et moins tem-
pérant à la table du séminaire que dans ses voyages, dans lesquels on l'a vu
quelquefois sans pain, sans vin, sans viande et sans légumes, réduit à un peu
de riz cuit dans l'eau croupie, dont il fallait boire, et dont il était aussi content que s'il eût été à un festin délicieux. Il se trouvait pour l'ordinaire en
récréation avec les autres ; et quelque chose qu'on y dît, il en tirait toujours
des sujets d'édification d'une manière très commode et très naturelle. A deux
heures, il faisait une petite revue qui lui était particulière. Cette revue était
suivie de la lecture d'un chapitre du *Nouveau Testament* à genoux, et de la
récitation d'une partie de l'office de la Vierge ; après quoi il vacquait aux
soins de la maison en qualité d'économe, dont il faisait les fonctions avec une
douceur si constante, et une charité si générale, qu'il n'y avait personne qu'il
ne prévînt le plus obligeamment du monde dans toutes sortes de besoins. Si
cet emploi ne le tenait pas si longtemps, il lisait quelque bon livre, et n'ou-

bliait jamais un chapitre de celui de l'*Imitation*, et d'un autre qui a pour titre *Le Jardin des Ames Chrétiennes*, parce qu'il faisait ses délices de l'un et de l'autre. A quatre heures, il disait Matines et Laudes du petit office pour le lendemain, et son chapelet pour le jour. Depuis cinq heures jusqu'à sept, il était en oraison devant le Saint-Sacrement, et après le souper et la récréation du soir (où il se comportait comme le matin), il assistait à la prière commune, laquelle étant finie, il assemblait les serviteurs et les petits enfants pour les faire prier en particulier, et pour leur dire quelque mot d'instruction familière selon leur portée. Quoiqu'il se couchât souvent fort tard, il se levait tous les jours à son heure, et gardait inviolablement sa règle depuis le matin jusqu'au dernier des exercices de la journée, si ce n'est que l'obéissance l'obligeât à changer l'ordre pour faire quelque chose de plus pressé et de meilleur. Il joignait à cette fidélité un zèle merveilleux du salut des âmes, principalement des infidèles ; et voulant avoir part aux travaux de tous les missionnaires qu'on envoyait en différents lieux, il demandait, pour ainsi dire, l'aumône comme un pauvre, afin de les enrichir des quêtes qu'il avait faites, et de leur donner les petites curiosités qu'il avait reçues.

M. DE CHAMESON à Mgr PALLU.

A. M.-E., vol. 876, p. 931.

1674.

Le 25 de mars, nous mîmes à la voile ; le 15 avril nous mouillâmes l'ancre à la rade de Masulipatam, et le lundi 16 du dit mois, de grand matin, j'appris l'accident et l'assassinat de M. Malfosse. Deux autres Français gentilshommes furent blessés par leur témérité, parce qu'ils voulurent aller secourir le dit Sieur Malfosse contre toutes les forces du gouverneur de cette ville ; j'appris que les autres Français s'étaient sauvés de cette ville, et qu'ils s'estaient mis dans une barque chargée de riz, de viandes, de deux cents poules et autres choses appartenant aux Hollandais, qui en ont fait grand bruit. Il y avait en cette barque dix matelots et vingt Français, qui ont pris le chemin de Bengale. Tout ce malheur-là m'embarrassa beaucoup ; ne sachant que faire, voyant qu'on cherchait de tous les côtés les Français pour les prendre et les maltraiter, je n'eus d'autre chose à dire sinon que je venais pour les affaires du roy de Siam. Le pilote du navire et le sarangue me dirent de ne point me mettre en peine ; que sur leur tête ils me mèneraient à terre, et que rien ne me serait fait. Le faiteur du roy de Siam qui est un Maure, et des premiers de cette ville, me fit dire d'aller descendre à la faiturie du roy de Siam, ce que je fis. On me débarqua dans la chaloupe du navire, et le sarangue ne manqua pas de m'accompagner à la dite faiturie, où je ne me fusse jamais hasardé d'aller sans lui ; mesme il me fut écrit et conseillé par un Français, qui a esté au Tonkin et que vous connaissez très bien, qu'il y avait grand péril pour moi de venir à terre. Je ne reçus pas cette lettre dans le navire où je fus quatre jours à attendre cette réponse ; et quand je fus à terre, l'on me donna trois lettres du dit Sieur qui disaient la mesme chose. Lorsque je fus en la faiturie du roy de Siam, le faiteur du roy, appelé Pelar, me mena chez le gouverneur, et lui dit que je venais pour les affaires du dit roy de Siam ; pour lors, le dit gouverneur me fit dire que je pouvais aller où bon me semblerait. Je fus à l'église pour rendre mes respects à Dieu ; puis j'allai saluer le Père qui estait fort triste de la mort de M. Malfosse, car il estait considéré en cette ville.

M. GAYME AUX DIRECTEURS DU SÉMINAIRE DES M.-E.

A. M.-E., vol. 876, p. 927.

Surate, 28 novembre 1674.

Le bon Dieu semble prendre plaisir à visiter notre mission, lui faisant ressentir affliction sur affliction. A mon arrivée dans cette ville, où le Révérend Père Ambroise m'a reçu avec des entrailles de vrai père, j'ai appris la mort de M. de Chamesson à Golconde, où ayant été pris et pillé par les Maures à cause qu'il était Français, il a demeuré quarante jours prisonnier et maltraité; il serait mort dans le cachot, sans secours, si un chirurgien français nommé M. d'Estremont n'avait obtenu sa liberté. Cela ne lui a servi qu'à prolonger sa vie une huitaine de jours; il l'a achevée par un flux de sang le 25 août dernier, le bon Dieu se contentant de ses travaux pour l'appeler à une plus grande récompense. Les papiers qu'il apportait de Siam n'ont pas esté pris, et nous les attendons tous les jours pour vous les envoyer. Il allait en France pour chercher des ouvriers et porter des paquets d'importance.

M. Le Roux François.

Né à Saint-Lô (Manche) vers 1647, parti pour le Siam le 17 janvier 1676, mort à Juthia le 24 octobre 1677.

MÉMOIRES DE BÉNIGNE VACHET.

A. M.-E., vol. 111, p. 102.

Il tomba malade dès le lendemain qu'il fut arrivé à Siam. C'était suivre son inclination naturelle que de me charger du soin de sa santé. Du moment qu'il fut arrêté, je ne le quittai plus qu'il n'eût rendu le dernier soupir. Son mal consistait dans une fièvre très violente et continue, avec des redoublements, qui fut bientôt suivie d'une fluxion de poitrine. Les poumons furent attaqués, car il crachait et du pus et du sang; on s'attendait à toute heure à un transport au cerveau; cependant il conserva toujours un jugement très raisonnable.

Le troisième jour de la maladie, M. l'évêque de Métellopolis lui administra les derniers sacrements, qu'il reçut avec tant d'édification que les assistants, partie de joie de remarquer en lui de si saintes dispositions, partie de tristesse de perdre si tôt un si admirable sujet, ne purent se défendre de verser des larmes en abondance.

Quoique les douleurs qu'il souffrait fussent très aiguës, par de grands maux de tête, de poitrine et d'entrailles, jamais je ne lui ai ouï prononcer une seule parole de plainte; en sorte qu'un jour je lui dis: « Il me semble que vous ne souffrez pas, car vous n'en donnez aucun signe. — Il est vrai, répondit-il, que mon corps souffre beaucoup, mais mon esprit est tranquille et content, et si c'était l'ordre de Dieu que je souffrisse davantage, je m'y soumettrais avec plaisir, parce que par ces souffrances mon âme serait d'autant plus purifiée pour se présenter au redoutable tribunal de Dieu. »

Son humilité avait quelque chose d'héroïque. Je ne sais s'il est de plus bas sentiments qu'il avait de lui-même et une estime plus générale et particulière qu'il faisait de son prochain; les âmes des autres lui paraissaient toujours en meilleur état que la sienne, et quand il y remarquait quelques défauts, ceux qu'il aurait commis, s'il se fût trouvé en pareille occasion, lui semblaient des poutres auprès des pailles qu'il découvrait.

J'en fus bien convaincu dans un entretien que nous eûmes ensemble. Je voyais que les approches de la mort qui effraient les autres, n'avaient pour lui que des nouvelles douceurs; soit pour ma consolation particulière, soit aussi qu'il y eut un peu de curiosité mêlée, je le priai de m'en dire la cause.

Ce fut sur cela qu'il me tint ce discours que je n'oublierai de la vie: « Il est vrai, mon cher confrère, que mon cœur baigne dans la joie, quand je considère que je vais arriver au port pour lequel je soupire depuis tant d'années; aller jouir de Dieu, l'aimer et être aimé de lui éternellement, ne plus craindre de lui déplaire; c'est ce qui me console et me ravit, et j'ai bien des actions de grâces à lui rendre de la bonté qu'il a de me prendre présentement, et de n'avoir pas attendu un temps plus considérable pour m'appeler à lui ; car enfin, qu'est-ce qu'il en serait arrivé, si ce n'est que j'aurais occupé la place d'un autre missionnaire, qui s'acquittera bien plus parfaitement du sacré ministère où l'on m'avait destiné ; Dieu y trouvera sa gloire, le prochain son salut, et le missionnaire s'y sanctifiera ; au lieu que de ma part j'aurais déshonoré mon ministère par mes chutes fréquentes, par ma paresse, par ma tiédeur, par ma négligence et par mon amour-propre. Oh ! que les obligations que j'ai à Dieu sont grandes, de trancher le fil de ma vie, pour que je ne sois point obligé de lui rendre le compte redoutable qu'il demandera, particulièrement aux ouvriers qu'il aura employés dans sa vigne... Je vous prie, et j'en fais de même à tous nos Messieurs, de le remercier pour moi de la miséricorde infinie qu'il exerce à mon égard. » En faut-il davantage pour admirer la profonde humilité de ce grand serviteur de Dieu.

Mgr. Lambert de La Motte Pierre.

Né à La Boissière (Calvados) le 28 janvier 1624, parti pour les missions le 18 juin 1660, mort à Juthia le 15 juin 1679.

M. GAYME A M. SEVIN.

A, M.-E., vol. 860, p. 21.

27 octobre 1679.

La mort de Mgr de Bérythe est le premier chagrin à vous dire ; je crois que cette nouvelle vous sera autant désagréable qu'elle cause de perte à la mission. Dieu soit loué de tout ! Le prélat est mort le 15 juin dernier, à 4 heures du matin. Il n'a jamais eu deux heures de suite de repos depuis votre départ, non plus qu'avant. L'ennui et le chagrin étaient son plus grand tourment, et jusqu'à deux mois de sa mort, il ne fallait le contrarier en quoi que ce fût, et il était de très difficile manœuvre. Mes écoliers, pendant plus de quatre mois, ont fait le quart à sa chambre, la nuit, avec quelques autres pour le divertir. Pendant quarante ou cinquante jours, je le promenais en ballon sur la rivière, voyant que cela soulageait du moins son ennui. Depuis votre départ, il n'y a guère de jours que je ne lui aie baillé trois ou quatre heures de mon temps, jusqu'à six semaines environ avant de mourir, qu'une forte fièvre le saisit. Je fis appeler M. Geffrard, et pendant tout le temps nous faisions le quart en sa chambre, jour et nuit, avec des écoliers. Je m'étais assigné trois quarts, et à nos Messieurs deux, à cause de la confiance particulière qu'il avait en moi pour le boire, le manger, etc. Je ne sais comme je m'étais comporté avec lui ; mais il n'y avait que moi qui pût bien traiter avec lui. Il mourut d'éthysie, à la fin de mon quart, à 4 heures du matin, et le minuit avant il voulut encore communier, et me fit lire sa profession de foi ; il faut que je vous avoue que je le faisais la larme à l'œil. Quelques huit jours avant, il fallait le changer de lit tous les quarts d'heure, jusqu'à mon quart à la fin duquel il mourut. Je ne voulais plus qu'il changeât, craignant qu'il ne de-meurât entre mes bras ; il ne parlait qu'à nous autres, sans admettre aucun étranger, pendant quinze jours avant sa mort. Presque tout le camp portugais vint ici à la nouvelle de sa mort, et le lendemain à son enterrement, qui a été au cimetière, dans une fosse murée en briques partout.

M. GAYME A M. SEVIN.

A M.-E., vol. 860, p. 29.

22 novembre 1679.

Je vous assure qu'il a souffert autant qu'il pouvait souffrir. Son état me faisait compassion, et principalement sur la fin où l'ennui le pressait si fort, qu'il le fallait changer de lit tous les quarts d'heure. Le Père Jean d'Abreu, qui pour lors était à Siam, le vint visiter avec le Père Motta, quarante jours avant de mourir. Un Portugais de Macao, plein de bonne volonté, voulut bailler quelque remède à Monseigneur. Son remède soulagea quelque temps le prélat, mais le mal était plus fort.

Mgr LANEAU AUX DIRECTEURS DU SÉMINAIRE DES M.-E.

A. M.-E., vol. 860. p. 25.

2 novembre 1679.

MESSIEURS ET TRÈS CHERS FRÈRES,

Notre-Seigneur Jésus-Christ soit l'unique objet de nos pensées.

La perte dont il a plu à Dieu de nous affliger cette année, quand il nous a privé de Mgr de Bérythe, ne vous sera que trop connue par notre abrégé de la relation et nos lettres précédentes, pour estre obligé de vous en parler davantage. Il est mort plein de douleurs, et Notre-Seigneur lui a fait ressentir jusqu'à l'excès le poids de sa croix, dont il avait esté si épris pendant sa vie. On n'a pas osé mettre dans la relation toutes les particularités de ses souffrances, crainte que cela ne parût peu croyable à ceux qui ne savent pas la manière dont Dieu traite ses plus intimes favoris ; mais comme nous ne devons rien avoir de caché entre nous, il est à propos que je vous en dise quelque chose. Il y avait plusieurs années qu'il ressentait de grandes difficultés d'uriner ; mais cela ne l'empêchait pas de remplir ses emplois ordinaires, quoiqu'à la vérité, il n'osât se hasarder l'an passé d'aller à la Cochinchine. Le jour de l'Assomption, il lui survint un aposthème qu'on crut estre des hémorroïdes, mais qui dégénéra en fistule qui lui causa des douleurs d'autant plus cruelles, qu'il avait peine à souffrir qu'on y appliquât les remèdes nécessaires. Le roy de Siam lui envoya ses médecins, qui lui donnèrent quantité de remèdes ; mais tout cela ne lui servit de rien, et au contraire lui fit du mal. Après, vinrent une fièvre éthique, avec une fièvre putride, une soif ardente, une incontinence d'urine, ce qui fit penser qu'il n'avait pas la pierre, mais après sa mort, on lui en trouva trois grosses collées les unes contre les autres, dont on n'avait pas esté assuré auparavant, n'ayant jamais voulu consentir qu'on y mît la sonde, à cause de l'indécence. Et avec ces pierres, on lui trouva encore la vessie toute pourrie et ulcérée, et un des rognons gros comme le poing avec un ulcère, ce qui faisait que son urine estait d'une très mauvaise odeur. Dans les premiers mois il se levait, mais enfin il fut obligé de faire dans son lit, ce qui lui causa des ulcères en plusieurs endroits, car sur la fin il n'avait plus que la peau et les os. Au commencement, il ne pouvait aller à ses nécessités, et dans les derniers temps, il eut le flux de ventre. C'estait une pitié d'entendre les cris qu'il faisait quand ses douleurs recommençaient, et qui arrivaient presque tous les quarts d'heure, ou demi-heures ; or il disait souvent que tout cela n'estait rien, en comparaison de l'ennui et de l'amertume dont son âme estait remplie ; car Notre-Seigneur lui ôta toutes consolations intérieures, et il ne lui restait qu'une petite étincelle de je ne sais quelle lumière, qui l'empêchait de se désespérer. Il estait dans des inquiétudes et des obscurités si étranges, qu'il ne savait de quel costé se tourner ; il se faisait porter d'un lieu à un autre ; et dans sa chambre, il changeait continuellement de lit. Cependant, comme il voyait bien qu'on trouverait étranges de telles inquiétudes, il priait de ne pas s'en scandaliser ; qu'il fallait donner cela à la nature qui se plaignait, mais que, bien que les sens fussent tout dans le trouble et la misère, cependant il jouissait d'une profonde paix dans le fond de son âme ; et bien que l'animal fût à la torture, le calme de la partie supérieure n'en ressentait point de l'altération. Il faisait ses plaintes à Notre-Seigneur, telles à peu près que faisait Job au plus fort de ses souffrances ; et pour son refrain ordinaire il n'avait dans la bouche d'autres paroles que celle-ci : *Auge dolorem, auge patientiam ;* disant que bien qu'il proférât quelquefois des paroles d'impatience, qu'il n'y consentait pas, qu'il ne voulait absolument que ce que Dieu voulait. On lui proposa de faire quelque vœu pour obtenir de Dieu sa santé ; mais après m'avoir communiqué ce qu'on lui suggérait, il conclut qu'il n'osait pas demander la santé à Dieu, et qu'il ne savait point si cela estait expédient, vu son âge et ses infirmités ; qu'il ne pouvait plus se tenir à genoux, ni faire de pénitence ; et qu'il donnerait mauvais exemple aux missionnaires. Il recevait du soulagement de voir quelques-uns de nous ; mais à cause de tant d'occupations ici, il était difficile souvent de l'assister ; lui-mesme nous congédiait en disant qu'on allât faire les affaires de Dieu, et qu'on le laissât souffrir. Jamais son jugement ne s'est altéré ; il a toujours répondu à tout ce qu'on lui proposait, comme durant sa santé. Souvent il a reçu la communion, et on ne peut croire les saints empressements qu'il a témoignés pour recevoir les derniers sacrements de l'Eglise. Enfin, il a rendu l'esprit à Dieu en vrai homme de douleurs comme toujours il a vécu, au milieu des croix et des souffrances, non pas tant extérieures qu'intérieures, par où Dieu l'a fait passer pour l'anéantir entièrement, et le rendre incapable, pour ainsi dire, d'avoir aucune complaisance de ce que Dieu faisait par lui.

Mgr LANEAU
1679-1696.

ÉTAT DE LA MISSION
1679-1687.

I

Travaux apostoliques.

A Juthia. — Séminaire.

M. GAYME A M. SEVIN.

A. M.-E., vol. 860, p. 30.

22 novembre 1679.

Nous faisons l'oraison en commun : le matin en été, de 4 heures à 5 heures ; en hiver, de 4 heures 1/2 à 5 heures 1/2. Nous récitons aussi le bréviaire en commun ; nos écoliers nous aident et le disent bien. Nous avons une conférence de spiritualité par semaine, où les écoliers qui sont clercs assistent, et pour cela nous parlons en portugais ; une autre, de cas de conscience.

M. DE PONS (FONDATION).

A. M.-E., vol. 2, p. 475.

19 mars 1680.

Par acte du 19 mars 1680, l'abbé de Pons fonde une rente de 50 livres qui seront emploiez à faire brûler continuellement jour et nuit trois lampes avec de l'huile de coco, et fournira le dit sieur fondateur à ses dépens les dites trois lampes, les mieux travaillées qu'il pourra, pour être mises devant le Saint-Sacrement devant l'autel de la cathédrale de Siam et les principales chapelles de la Cochinchine et du Tonquin, pourveu que le Saint-Sacrement y repose ; et son cœur après sa mort sera porté à Siam et attaché au bas de la lampe de l'église, et ces paroles gravées sur l'estuy de son dit cœur : *Cor contritum et humiliatum Deus non despicies ;* et que dans les trois principaux séminaires de Siam, du Tonquin et de la Cochinchine on fasse dire tous les jours durant un an, à la prière du soir, à son intention : *Domine, propitius esto peccatori ;* et les dits prêtres missionnaires exhorteront les payens

et hérétiques convertis à la foi par leur moien de prier Dieu pour le dit sieur
fondateur en toutes leurs communiens et bonnes œuvres.

M. DE COURTAULIN A M. TRONSON.

A. M.-E., vol. 866, p. 78.

30 octobre 1683.

Ce séminaire[1] ici va très bien ; nous sommes quinze ou environ, allant
et venant ; car il y en a peu à avoir ici de longue consistance. Nonobstant cela,
quoiqu'il n'y en ait que quatre ou cinq de permanents, tout va bien ; les oraisons en commun, les examens, la lecture à table, l'office et les conférences
spirituelles, et les cas de conscience ne s'interrompent point.

M. BOUREAU-DESLANDES A M. BARON.

A. M.-E., vol. 859, p. 191.

26 décembre 1682.

Il y avait longtemps que Messeigneurs avaient envie que le roy leur
voulût faire bâtir une église ; Mgr d'Héliopolis cherchait quelque moyen pour
cela ; il s'en ouvrit au sieur Constantin Phaulcon, qui lui promit, sans que
Monseigneur le demandât, qu'il ferait en sorte que Sa Majesté le fasse. Et
Sa Grandeur vit peu de temps après l'effet des promesses de cet ami, puisque
le roy lui envoya demander le dessin d'une église. Il lui fut présenté, et
ce prince a ordonné qu'on la bâtît selon ce modèle, qui est beau, grand et
magnifique. Si les officiers secondaient la bonne volonté du roy, elle serait
bientôt sur pied.

Mgr LANEAU AUX DIRECTEURS DU SÉMINAIRE DES M.-E.

A. M.-E., vol. 859, p. 284.

14 janvier 1684.

Comme notre église que le roy fait bâtir s'avance de jour en jour, il
m'est venu en pensée que, si vous pouviez nous envoyer, je n'ose pas dire un
peintre, mais un bon barbouilleur pour y peindre en dedans tous les mystères
de la religion, ce serait un grand avantage pour notre mission, parce que
cela vaudrait mieux que dix prédicateurs ; et elle sera assez grande pour y
contenir tous les portraits tant de l'Ancien que du Nouveau Testament.
Après qu'il aurait fait cet ouvrage pendant sa première ferveur, s'il voulait,
il pourrait se marier comme les autres ; on ne l'en empêcherait pas.

On dit que les pinceaux d'ici ne valent rien ; pour les couleurs il y en a
assez ; mais, ou les peintres de ces pays ne savent pas s'en servir, ou elles
ne sont guère bonnes. Il y a du minium en quantité, du vert-de-gris assez
cher, du bleu point trop beau, de la gomme-gutte en quantité, et de l'indigo :
voilà, ce me semble, à peu près tout ce qu'il y a. Celles qui manqueraient, il
faudrait les apporter, pourvu qu'elles ne coûtassent pas beaucoup ; car pourvu
que cela ait un peu d'éclat, et que les couleurs soient vives, cela contente
plus que les beaux portraits de Michel-Ange et de Poussin. Ainsi, par paren-
thèse, s'il se pouvait faire que les images que vous envoyez fussent enlumi-
nées, cela serait beaucoup plus estimé que toutes les plus belles tailles-
douces. Il serait à propos qu'il sût dorer les cuirs, comme on fait en Italie, et
nos missionnaires souhaiteraient aussi extrêmement que l'on pût avoir quelques
vitres pour le chœur.

---

[1] Les missionnaires du Siam ont, pendant longtemps, donné plusieurs significations
au mot séminaire : c'est tantôt l'évêché, le presbytère, l'église, le collège, en un mot l'ensemble de leur première installation à Juthia ; tantôt l'évêché et le presbytère qui étaient
une seule habitation ; tantôt le collège général. Le contexte indique, selon l'occurrence,
la signification précise du mot.

JOURNAL DE LA MISSION.
A. M.-E., vol. 8, p. 459.

1683.

Le séminaire est dans la ville royale : le roi a commencé d'y faire bâtir un assez beau corps de logis de pierres et de briques, et il a promis d'en faire achever le dernier étage et poser la couverture dès que M. de Métellopolis sera revenu de la Cochinchine.

M. AUMONT

Mémoires, p. 222.

Le séminaire de Siam est bâti sur le milieu d'une grande terrasse élevée au-dessus du niveau de la rivière d'environ six pieds, et n'étant éloignée de son bord que d'environ trente pieds. La porte de l'enceinte se trouve dans le milieu de la façade de cette terrasse qui regarde la rivière. Le long du côté gauche, en entrant, se trouve l'église, qui est fort grande et qui a un assez beau portail soutenu de quatre pilastres de briques donnant sur le bord de la rivière. De chaque côté du portail, il y a une tour carrée qui finit par une pointe et une boule dessus assez élevée. L'église est toute de briques et de chaux, bien bâtie, ayant deux ailes à la porte du chœur ; une croix forme deux chapelles ; les ailes tournent autour du chœur et du sanctuaire ; derrière le maître-autel est la sacristie qui est fort grande, formant un grand bâtiment carré à deux étages, sans compter la sacristie qui est au rez-de-chaussée de l'église, en sorte que cela forme comme une grande tour carrée qui est derrière l'église et aussi haute qu'elle. L'église est fort bien éclairée par de grandes croisées, dont les châssis sont garnis de toile, les vitres étant inconnues dans ce pays ; le toit est formé à la manière des temples des idoles du pays ; en dedans, elle n'est point montée, mais plafonnée de planches.

Au-dessus de la grande porte, il y a un jubé fort grand dans lequel se trouve un bel orgue, dont le secrétaire de Monseigneur jouait assez bien. On y monte par la tour qui est à droite en entrant, et dans laquelle sont aussi la cloche et une grosse horloge de paroisse qui va bien ; l'autre tour est vide. Le maître-autel est placé dans le cintre qui forme le fond du sanctuaire. Du côté de l'Evangile est le trône de Monseigneur, avec un fauteuil de bois doré qui a été donné anciennement par le roy de Siam, pour placer l'évêque à l'église ; une balustrade, à l'ordinaire, sépare le sanctuaire du chœur où sont les ecclésiastiques, rangés comme dans toutes les églises de France ; au bas du chœur, à la première place, il y a un fauteuil et un prie-dieu pour l'évêque lorsqu'il n'officie point.

Dans l'aile droite, vis-à-vis la porte du côté du chœur, une porte de l'église donne dans le séminaire ; c'est par là que Monseigneur et tous les ecclésiastiques entrent.

De cette porte au corps du bâtiment du séminaire, il peut y avoir une trentaine de pieds.

Le séminaire est un grand bâtiment rectangulaire, ayant deux étages et un rez-de-chaussée, bien bâti de briques et de chaux. A l'extrémité qui est proche de l'église, on voit une tour aussi élevée que le séminaire, dans laquelle est l'escalier ; le haut fait un colombier toujours assez bien garni de pigeons. A chaque étage est un dortoir qui va d'un bout du bâtiment à l'autre. Le rez-de-chaussée se trouve partagé en quatre parties par le corridor, qui va d'un bout à l'autre, et que croise le passage qui traverse le milieu de la maison, de la porte de devant à la porte de derrière. Une de ces quatre parties est le réfectoire, l'autre est la dépense et un magasin ; la partie à droite en entrant comprend une salle avec une chambre au bout pour le procureur ; c'est là qu'il doit écouter les affaires des chrétiens et les juger ; mais lorsque les affaires sont d'importance, on fait monter les parties au premier étage, où dans le milieu du bâtiment est une grande salle, dans laquelle Monseigneur écoute les affaires et reçoit ses visites. La quatrième partie en bas est occupée par un escalier qui ne monte qu'au premier étage, et derrière cet escalier sont établis trois différents magasins pour les provisions.

Au premier étage, outre cette grande salle qui occupe tout le milieu du bâtiment, il y a deux grandes chambres pour Monseigneur et quatre chambres pour des missionnaires d'Europe. Au second étage, il y a douze chambres, dont deux forment la bibliothèque ; les autres sont pour les missionnaires indiens et même les Européens quand il y en a beaucoup. Les quatre gros murs de ce bâtiment sont très solides ; mais les autres, étant de bois et de briques, ne le sont pas autant, à cause que les fourmis blanches mangent ces bois, et seront cause un jour d'une grande dépense ; ils ont commencé à s'affaisser, sans que les murailles principales de la maison aient branlé : tous les planchers ne sont que de planches, ce qui ne laisse pas que d'être incommode par le bruit que l'on entend au-dessus de soi.

Lorsque Mˢʳ de Métellopolis faisait bâtir ce séminaire, les Siamois, les plus timides des hommes, qui n'avaient jamais vu de bâtiment si élevé, crurent que Monseigneur bâtissait une forteresse ; car, dans les commencements, le séminaire était un bâtiment de planches, qui est encore subsistant à droite en entrant dans l'enceinte du séminaire, et qui sert maintenant pour loger les écoliers de Mahapram, lorsqu'ils viennent demeurer au séminaire pour les grandes fêtes. Le roy de Siam, voulant s'éclaircir sur le dessein que Mˢʳ de Métellopolis pouvait avoir, lui envoya deux officiers considérables de son palais, pour voir par eux-mêmes comment le dedans de ce bâtiment était arrangé, et s'il y avait quelque apparence de forteresse. Ces officiers, étant arrivés au séminaire, communiquèrent l'ordre qu'ils avaient reçu du roy, et dressèrent procès-verbal de la réponse que fit Monseigneur et de ce qu'ils avaient vu par eux-mêmes, que cela n'avait nulle apparence de forteresse, le bâtiment étant séparé en chambres pour loger les missionnaires à la manière d'Europe.

Revenons maintenant à l'arrangement et à la situation du séminaire. Il est donc placé dans le milieu de cette grande terrasse élevée, comme j'ai dit, environ de six grands pieds au-dessus du niveau de la rivière. La muraille qui entoure cette terrasse ne surpasse cette dernière que comme un bord d'appui, sur lequel sont plantés des bois à deux et trois pouces de distance l'un de l'autre, de la hauteur de trois à quatre pieds, ce qui ferme l'enceinte et empêche les voleurs d'y entrer la nuit. Du bout du séminaire à l'enceinte du côté droit, est un espace assez large planté d'une allée de manguiers qui sont de belle apparence ; devant et derrière le séminaire, sont des compartiments entourés de petites palissades où il y a des fleurs, des salades et de la verdure. Derrière la sacristie, est un petit cimetière où on enterre seulement les enfants qui meurent après avoir reçu le baptême ; dans ce cimetière il y a plusieurs arbres.

Derrière cette enceinte du séminaire, il y a un grand étang. Le cimetière de la paroisse est un emplacement planté de bambous gros comme le bras et qui peuvent avoir trente à quarante pieds de haut. Ces arbres sont d'une grande utilité dans toutes les Indes.

Des deux côtés du séminaire, une rue formée de maisons de chrétiens est limitée par deux temples d'idoles qui sont fort voisins. Par delà le terrain de la pagode, du côté droit, est le camp des chrétiens cochinchinois qui est assez grand ; il a son oratoire au milieu, où les chrétiens s'assemblent soir et matin pour faire leurs prières en leur langue ; mais pour la messe et l'office, ils viennent à l'église du séminaire. De l'autre côté du temple, à gauche du séminaire, il y a aussi une grande peuplade de chrétiens, la plupart habillés à la manière de l'Europe. Voilà en quoi consiste tout le terrain de l'évêque placé sur le bord de la rivière, en face de la ville de Siam.

A Louvo.

JOURNAL DE LA MISSION.

A. M.-E., vol. 879, p. 549.

1685.

M. Le Clergues, missionnaire, demeure ordinairement à Louvo ; il y a plusieurs chrétiens grecs et arméniens engagés dans le service du roy, qu'il a trouvés pour la plupart dans de méchants commerces, et n'osant pas faire profession ouverte du christianisme, dans la crainte où ils étaient de s'attirer la haine des mahométans, qui sont au service du roy dans le même emploi. Depuis qu'on les a exhortés à paraître sans crainte ce qu'ils sont et à vivre en bons chrétiens, ils font publiquement les exercices de notre religion, et ils ont épousé, en face de l'Eglise, les femmes du pays, avec qui ils vivaient mal, après qu'elles ont été instruites et baptisées.

Il y a aussi des Siamois et Pégous, qui ont reçu notre sainte foi, et huit enfants baptisés. Ces chrétiens, pour vivre plus régulièrement, se sont mis ensemble dans un camp, et il y a parmi eux une bonne veuve pégoue, qui est d'une grande ardeur pour notre sainte foi. On envoie là les catéchumènes, surtout les filles, pour les instruire. Et cette bonne veuve ne manque pas, tous les soirs, de leur faire des instructions, aussi bien qu'aux enfants chrétiens et autres qui sont en état d'en profiter.

Mgr LANEAU A LA PROPAGANDE

A, M.-E., vol. 879, p. 963.

1687.

In urbe Louvo, unus est missionarius qui supra 190 tum Peguenses tum Siamenses baptisavit, quorum uti et veterum christianorum curam gerit.

Armeni etiam schismatici atque alii hæretici ad Ecclesiam ibi redierunt. In pago, qui dicitur Banmakkham, est sacellum, ubi sunt christiani forte 35 aut 40, quorum tamen numerus certo non scitur, eo quod missionarius, qui illic morabatur, jam obierit ; ubi illius memoria est in honore apud omnes, tum propter egregiam, ipsius sanctitatem tum propter miraculosas quas per illum Deus operatus est ægrotantium curationes.

A Bangkok.

RAPPORT DE M. DE CHANDEBOIS.

A. M.-E., vol. 878, p. 3.11

1682.

Quelques remarques des plus considérables effets de l'eau et de l'huile bénites, à Bangkok et dans les environs.

Il est à remarquer, d'abord, que Dieu a fait agir l'eau bénite si fortement, qu'elle opérait par qui que ce fût et à qui que ce fût ; car les talapoins même, qui sont comme les religieux des pagodes, en guérissaient comme les autres ; j'en ay vu qui venaient de bien loin et en ont emporté plusieurs fois pour distribuer dans leur pays. De plus, il faut encore remarquer qu'elle opérait ordinairement son effet le même jour qu'on la donnait, ou la nuit suivante, à moins que l'on ne prît quelque remède, ou que l'on ne fît quelque superstition des gentils, ou que l'on n'eût quelque diablerie dans la maison ; en ce cas, elle n'opérait rien ; mais quand on jetait tout cela dehors, et que l'on en prenait une seconde fois, le lendemain matin on se trouvait guéri.

Dès le commencement que l'on donna de l'eau bénite, une femme venant de fort loin avec trois ou quatre de ses enfants qui avaient tous une fièvre très maligne, me demanda des remèdes pour les guérir. Lui ayant dit que ces sortes de fièvres si malignes et si invétérées étaient de difficile guérison, je lui proposai de prendre de l'eau bénite. Cette femme, croyant que c'était une eau bénite comme celle qu'ils font à leurs pagodes, crut que je me moquais d'elle. Cependant, après lui avoir fait entendre la différence de l'une avec l'autre, elle consentit que j'en donnasse à ses enfants ; toutefois elle aurait mieux aimé que je leur eusse donné des médecines. Le lendemain matin tous les enfants se trouvèrent parfaitement bien guéris. Cette femme fut si étonnée de cette guérison, que par tous les camps où elle entrait, elle en faisait le rapport, disant que tous ses enfants avaient été guéris d'une si grande maladie, pour avoir pris chacun une goutte d'eau que je leur avais donnée. Cela commença à faire connaître la vertu de l'eau bénite.

Ayant un jour vu une pauvre femme captive, abandonnée de son maître, toute couverte d'ulcères très puants depuis les pieds jusqu'à la tête, en sorte que son corps ne paraissait qu'ulcères qui faisaient horreur à voir, je la fis entrer dans notre ballon ; étant arrivé à la maison, je la fis mettre dans une cabane qu'un malade avait fait faire, lequel s'en était allé. Ayant lavé les ulcères avec de l'eau bénite trois ou quatre jours de suite, la puanteur cessa et la chair commença de paraître vermeille et bien nette, ce que voyant, un Siamois, qui l'avait vue comme on l'amenait, fut si surpris et si ému qu'il en pleura. Enfin, continuant de la laver avec de l'eau bénite, elle fut bien guérie et rend actuellement bon service à son maître. Ce qui est encore à remarquer, c'est que, quand cette pauvre femme, que Dieu a guérie corporellement et spirituellement, tombe en quelque maladie, ou qu'il lui revient quelque ulcère, elle a aussitôt recours à l'eau bénite, et en guérit mieux que par aucun remède.

Une jeune femme aveugle a recouvré la vue pour s'être lavé les yeux une fois avec l'eau bénite. Une vieille femme, éloignée de notre maison de dix à douze journées de chemin, voyant l'effet de l'eau bénite que j'avais donnée à des gens de son camp, pour distribuer à tous les malades qu'ils trouvaient, s'en vint à notre maison pour s'en faire mettre aux yeux ; ce qu'ayant fait pendant quelques jours, elle vit suffisamment pour se conduire, puis s'en alla en en prenant pour emporter avec elle.

Deux vieilles femmes sourdes ont été guéries de leur surdité, en mettant de l'huile bénite dans leurs oreilles.

Un talapoin, autrefois maître de pagode, mais pour lors chrétien, arriva une nuit à notre maison avec trois ou quatre de ses nièces, toutes malades d'une fièvre violente sur laquelle les remèdes n'opéraient rien. Leur ayant donné aussitôt de l'eau bénite, elles furent toutes guéries le matin, ce dont le talapoin fut fort touché. Il me dit : « Je vois bien clairement que la religion des chrétiens est la vraie religion. »

Un homme était presque à l'extrémité, à peine avait-il la force de dire quelques paroles tout bas ; ayant pris une goutte d'eau bénite qu'il me restait, il fut guéri le matin.

Deux talapoins lépreux, ayant pris de l'eau bénite, furent aussitôt guéris.

Étant entré dans un camp, je trouvai une femme tourmentée de grandes douleurs ; lui ayant donné de l'eau bénite, elle fut guérie avant que je sortisse de son camp.

Une autre femme venant de dehors en ballon, et ayant un grand cours de ventre depuis longtemps, ce qui la rendait fort faible, prit de l'eau bénite et se trouva guérie le même jour.

Dans une autre province, une femme fort sourde, ayant mis de l'huile bénite dans ses oreilles, fut guérie au même instant, devant une grande assemblée de gens.

Un talapoin me pria d'aller voir son neveu hydropique ; l'ayant trouvé si mal, je dis à l'oncle que je ne croyais pas que le malade pût guérir par remèdes ; mais que, s'il voulait avoir recours à l'eau bénite, et que l'on jetât dehors toutes les diableries que l'on faisait, il pourrait guérir. Ayant consenti à tout, je donnai de l'eau bénite au neveu, et il fut parfaitement guéri.

Les gens de notre maison ayant ôté, le soir, à un petit enfant des diableries, que ses parents lui avaient mises aux mains, le démon le rendit si malade que l'on me vint dire le matin, qui était dimanche, que ce petit enfant se mourait. Pensant que cette maladie ne provenait que du démon, afin que ces pauvres gentils crussent plus fortement à ces sortes de diableries, sitôt que j'eus béni l'eau à la grand'messe, je lui en envoyai ; il fut guéri avant que la messe fût finie.

Une femme possédée du démon avait une grosse fièvre ; je lui dis d'avoir recours à l'eau bénite ; elle me fit réponse qu'elle ne manquait pas d'eau, étant dans le mois auquel tout le pays est inondé chaque année. Cependant, lui ayant persuadé qu'elle pourrait être guérie par la vertu de l'eau bénite, elle consentit à en prendre ; elle fut délivrée de sa possession et guérie tout ensemble.

Le diable faisait toutes les nuits de grands bruits dans un certain camp, un des habitants emporta de l'eau bénite ; depuis qu'il l'eut bue, plus rien ne se produisit.

Dans le même camp, un vieux et une vieille, perclus de leurs membres, furent guéris par l'huile bénite.

Une femme ayant mis à ses yeux de l'huile qui n'était point bénite, et qu'on lui avait donnée par mégarde, elle fut saisie d'une si grande douleur aux yeux, qu'elle vint tout aussitôt se plaindre à la maison ; mais ayant appliqué de l'huile bénite, les douleurs cessèrent incontinent.

Un Castillan étant venu dans ce royaume, les jambes pleines de loupes que l'on n'avait pu guérir à Manille et à Macao, je les lui fis laver avec de l'eau bénite deux fois le jour, et il fut guéri en peu de temps. Avertissant cet homme d'en remercier Dieu, il fut assez mal avisé de me dire que, s'il avait pris de belle eau claire et qu'il s'en fût lavé les jambes, de même peut-être bien il aurait aussi guéri. Mais il ne tarda pas à connaître qu'il avait parlé mal à propos ; car après s'être baigné cinq jours dans une belle eau claire, ses jambes commencèrent à noircir ; et s'il n'eût discontinué le bain, apparemment son mal serait revenu.

Une femme païenne ayant perdu la parole et le sentiment depuis deux jours, on lui donna de l'eau bénite ; elle revint au bon sens et parla, puis fut instruite et baptisée.

Trois Laos, dont l'un était lépreux et les autres avaient de grandes douleurs, vinrent me trouver sur le soir ; ils prirent de l'eau bénite, et le lendemain matin, tant le lépreux que les autres se trouvèrent guéris.

Un homme éthique, presque mourant, fut guéri après avoir pris une fois de l'eau bénite.

Une femme avec son enfant, tous deux gâtés de la grosse vérole, m'étant venue demander des remèdes, je lui dis d'avoir recours à l'eau bénite ; en ayant pris pendant quelques jours, elle fut guérie avec son enfant.

Un homme alla dire à la mère d'un petit garçon qui était à notre logis, qu'il avait le corps plein de petite vérole ; elle envoya dès le lendemain matin des gens pour le transporter en sa maison ; mais ils le trouvèrent déjà guéri par la vertu de l'eau bénite, et ce qui les étonna, c'est que le croyant si mal comme on le leur avait dit, il alla lui-même au devant d'eux pour les recevoir.

Une femme, ayant un grand tremblement dans tout le corps depuis longtemps, prit une fiole d'eau bénite et fut guérie.

Voilà les choses les plus considérables, dont j'ai pu me souvenir en écri-

vant ceci par l'ordre de Monseigneur l'évêque d'Héliopolis. Tous ceux qui
en ont distribué en pourront dire peut-être davantage ; mais il y a eu tant
de monde guéri par l'eau et l'huile bénites, que je ne pourrais citer toutes les
guérisons obtenues. Que toute la gloire en soit à Dieu seul !

Note sans signature. M. de Chandebois m'a confessé que cette vertu mi-
raculeuse de l'eau bénite, qui a été si manifeste dans tout le royaume, a été
éprouvée immédiatement après une neuvaine que Monseigneur de Métellopolis et lui se trouvèrent inspirés de faire, pour demander à Notre-Seigneur
qu'il lui plut de dessiller les yeux de ces pauvres aveugles par quelque signe
sensible.

Mgr LANEAU A LA PROPAGANDE.

A. M.-E., vol. 879, p. 963.

1687.

Ad ostia fluminis, prope urbem Bankok, est unum sacellum ubi aliqui
Siamenses et Peguani aliique ex quadam natione, quæ Europeis incognita est
et vocatur Kouai, fere 90 baptisati reperiuntur plures jam defuncti sunt post
multos a baptismate suscepto annos.

In quodam pago Peguensium, qui dicitur Samkouk, versus civitatem,
diu morati sunt sed successive duo missionarii, qui linguam peguensem addis-
cebant, sed quum alias abierint, neophyti ad civitatem magna ex parte se
contulerunt.

Jongselang.

JOURNAL DE LA MISSION. — M. MARTINEAU A Mgr LANEAU.

A. M.-E., vol. 879, p. 527.

1686.

Mgr de Métellopolis, ayant appris qu'il y avait des chrétiens à Jonsalam,
et que depuis que M. René Charbonneau estait gouverneur de cette Ile, il
avait disposé plusieurs gentils à recevoir le baptème, manda à M. Martineau, qui estait pour lors à Merguy, d'y aller passer quelque temps pour
voir le fruit qu'il y aurait à faire. Voici ce que lui en a écrit ce missionnaire,
au commencement de cette année-ci : « Je partis de Merguy le 13 novembre
dernier, et en douze jours d'heureux voyage je suis arrivé ici. J'ai trouvé la
mission de ce pays en un état aussi pitoyable et digne de compassion qu'elle
pouvait jamais être. Elle avait une nécessité extrême d'un missionnaire. Le
nombre des chrétiens baptisés tant de Jonsalam, comme de Bangari et de
Takua, peut monter à 60 ou 70, en y comprenant les maisons de M. René et
de M. Rival, qui en sont gouverneurs. J'ai trouvé quelques-uns de ces chrétiens si dévoyés du véritable chemin du christianisme par leur vie scanda-
leuse, qu'ils semblent avoir perdu le nom de chrétien ; les autres sont dans
une si grande ignorance des choses nécessaires au salut, qu'ils ne savent
seulement pas ce qu'ils sont chrétiens ou non. Mais la plupart de ceux-là
sont véritablement dignes de compassion, n'estant plongés dans cette ignorance que pour n'avoir eu personne qui les en tira en les enseignant. Quelques-
uns sont véritablement baptisés, mais ils n'en savent rien. Comme ils sont
fils de Siamois et de chrétiens, ils sont aussi dans leurs manières à demi Siamois et à demi chrétiens ; néanmoins leur inclination est plus vers le christianisme ; c'est pourquoi ils seront faciles à ramener. Quoique généralement
parlant, les chrétiens de ces pays-ci soient, comme j'ai dit, fort dévoyés du
véritable chemin, néanmoins j'ai trouvé trois bonnes gens pauvres, simples,
mais d'un cœur droit, qui, ayant été dûment mariés avec des Siamoises con-
verties, ont été bénis du bon Dieu par une nombreuse postérité. Il y a
environ 20 enfants entre ces trois familles ; plusieurs sont baptisés, la plupart ne le sont pas encore ; quelques-uns sont déjà mariés avec des Siamois

ou Siamoises, quoique à la manière de Siam, et ont plusieurs enfants ; tous sont pour être baptisés après avoir été instruits. Ce que M. René vous écrit qu'il y avait bien 80 ou 90 personnes à baptiser est vrai ; j'espère qu'avec l'aide de Dieu, le temps et le travail il y en aura davantage.

« Il y a ici je ne sais quel mélange de sang chrétien et de gentil, qui à la vérité procède du péché, mais qui apparemment sera suivi de la grâce. J'y trouve des personnes qui ne diffèrent en rien des Siamois et qui, nonobstant cela, se disent, les uns Français ou mieux fils ou petit-fils de Français, les autres Portugais, les autres Hollandais. Et comme le sang incline presque toujours vers le côté d'où il est sorti, aussi la plupart de ceux-là ont-ils inclination pour les chrétiens et le christianisme. Il n'y a qu'à les prendre doucement, et petit à petit on les gagnera à Notre-Seigneur. Je m'applique à connaître tous ces descendants de chrétiens ; quoique déjà retombés dans le paganisme, de père en fils, quelques-uns reviennent presque d'eux-mêmes.

« Pour les autres qui demeurent en repos dans leur aveuglement, je les irai trouver et les avertirai de leur devoir, en les faisant souvenir de leur père et non pas de leur mère. Quoique plusieurs soient déjà ou baptisés ou inclinés au christianisme, ils sont néanmoins tous ou fort tièdes ou tout à fait froids ; outre cela ils sont dispersés çà et là, et ainsi il sera difficile de les aller trouver.

« Voyant cette mission en cet état, j'ai cru qu'il aurait été de peu d'utilité d'y avoir fait seulement un tour et passé une semaine ou deux, comme m'a écrit Votre Grandeur de le faire ; et je n'ai pas cru qu'en conscience je pusse la quitter pour aller en une autre, où il y aurait bien moins ou peut-être rien à faire, sans vous avoir auparavant averti de l'état où elle est, afin que vous y pourvoyez selon votre prudence ; car quand même on pourrait y instruire tous ces gens-là, dans l'espace d'une année, ce qui paraît impossible, il serait presque inutile de l'avoir fait, si on ne les entretenait ; autrement ils retomberaient aussitôt en leur premier état, ne fût-ce que par dégoût de se voir abandonnés.

« Me croyant ainsi obligé à rester ici jusqu'à ce que vous m'en retiriez par un ordre particulier, et voyant des apparences d'y faire une nombreuse chrétienté, j'ai tâché de connaître les moyens d'en venir à bout plus facilement. Et voici les mesures que je voudrais prendre : 1° faire une église dans Jonsalam et ramasser autour de l'église tout doucement, sans inquiéter trop personne, le plus que l'on pourrait de chrétiens et de susdits descendants de chrétiens. Car ils sont, en vérité, trop dispersés. Les uns demeurent dans l'île de Jonsalam, mais en différents villages éloignés les uns des autres d'une demi-journée et même d'une journée entière de chemin. Les autres demeurent à Bangari, éloigné de Jonsalam d'une bonne journée de chemin. Les autres enfin demeurent à Takua, éloigné de Bangari d'une demi-journée de chemin et d'une et demie de Jonsalam. A Takua, la plupart des chrétiens y sont habitués, et c'est là où M. Pérez faisait le plus ordinairement sa résidence ; il y a laissé une manière d'église. Je sais que presque tous viendraient demeurer à Jonsalam, s'il y avait une église établie et un prêtre résidant. L'on assure même que quantité de chrétiens de Malacca, qui sont fort opprimés par les Hollandais, viendraient habiter ici, s'ils savaient qu'il y eût un prêtre stable. Néanmoins, touchant l'établissement d'une église, je n'ai rien voulu précipiter ; sans savoir votre résolution si vous souhaitiez y laisser toujours un missionnaire résident ou non, car s'il n'y en avait un que pour un temps, il ne serait pas bon d'inquiéter les chrétiens et de leur causer la dépense de changer de demeure.

« 2° Un autre moyen dont je me voudrais servir, pour augmenter le nombre des chrétiens en ce lieu, est fort naturel et humain, c'est par les mariages. Autant que je pourrais, je procurerais que quelques chrétiens qui se veulent marier gagnent quelques païennes à Notre-Seigneur, et les prennent pour femme. Si je puis réussir dans ce dessein, j'aurai bientôt bon nombre de chrétiens, car il y a ici plusieurs personnes tant filles que garçons à marier. »

En même temps que Mgr de Métellopolis reçut cette lettre de M. Martineau, il en reçut encore une autre postérieure datée du 20 février :

« Depuis ma première lettre, dit-il, j'ai été à Takua, où demeurent la plupart de nos chrétiens, je les ai trouvés comme ceux d'ici dans la dernière ignorance. Aucun de ceux qui sont des naturels du pays ne savaient seulement faire le signe de la croix, et bien moins savaient-ils ce qu'était le mystère de la croix. En un mot, ils ne connaissaient que les superstitions, et je crois que, s'ils eussent demeuré plus longtemps, ils seraient entièrement dégénérés en Siamois gentils. Je faisais tous les jours le catéchisme en langue siamoise, mais je me trouvais et me trouve encore fort embarrassé pour expliquer nos mystères en cette langue ; c'est pourquoi, si vous voulez me laisser ici plus longtemps, je vous prie de m'envoyer quelques-uns des catéchismes que vous avez pris la peine de faire en siamois. »

Pourcelouc et les environs.
JOURNAL DE LA MISSION.
A. M.-E., vol. 852, p. 138.

1685-1686.

A Pourcelouc, qui est le confin du royaume du côté du nord, depuis quelques années s'était établi M. Monestier, missionnaire zélé et d'une foy très vive. On y avait envoyé aussi le P. Angelo, missionnaire franciscain, Italien de nation, et M. Pierre Grosse, tous deux très dignes et zélés missionnaires, dans le dessein qu'ils ouvrissent un chemin pour passer dans le royaume du Laos ; c'est pourquoi ils pénétrèrent encore à trois journées de Pourcelouc jusqu'à Sokotay, dernière ville qui sépare le royaume de Siam de celui de Laos. Mais la guerre qu'il y avait pour lors entre les Siamois et les Laos, les difficultés des chemins tous déserts et montagneux, et les avanies que les gouverneurs et officiers de cette ville leur firent dans le commencement, les ont obligés à s'établir là même où M. Pierre Grosse mourut bientôt accablé de fatigues, et même quelques jours avant sa mort fut battu très rudement par les démons, qui lui reprochaient d'y être venu pour les inquiéter et chasser de cette province, selon le témoignage du dit P. Angelo, son compagnon de mission et de chambre. Et le dit Père bientôt y trouva beaucoup de crédit par plusieurs miracles qu'il y fit par son chapelet, non seulement lui, mais aussi un jeune écolier nouveau converti, qui faisait des merveilles par le chapelet du dit Père. Lui et M. Monestier, missionnaire de Pourcelouc, s'entr'aidaient dans leurs missions ; et ils trouvèrent dans cette province, éloignée de tout commerce avec les chrétiens européens, tant de dispositions pour le christianisme, qu'ils en espéraient beaucoup et avaient même fait des conversions assez nombreuses en très peu de temps.

Outre l'établissement du P. Angelo à Sokotay, M. Monestier avait déjà à Pourcelouc deux grandes églises de planches, que les chrétiens ont contribué à bâtir ; et sans compter ceux qui ont déjà reçu la foy, il y avait actuellement plus de cinq villages qui demandaient l'instruction et le baptême. Voilà un bref récit des établissements des missionnaires dans le royaume, sans parler de plusieurs autres endroits où il y avait aussi des familles chrétiennes dispersées, et où les missionnaires ne faisaient que les visiter sans y avoir aucun établissement.

JOURNAL DE LA MISSION. — M. MONESTIER A Mgr LANEAU.

A. M.-E., vol. 879, p. 535.

1685-1686.

M. Monestier continue à travailler du côté de l'ourcelouc avec beaucoup de bénédiction. Il y a déjà quelques années qu'y étant envoyé, il ne trouva pas dans ces peuples grande ouverture pour notre sainte religion ; tout ce qu'il pût faire fut de baptiser des enfants moribonds. Il écrivit à Mgr de Métellopolis que, pour la conversion des adultes, elle paraissait moralement impossible. Mais Dieu voulut faire voir qu'on peut tout en lui. Il ouvrit le cœur des habitants d'un village nommé Vangmedeeng. De 18 familles qui le composent, 14 se rendirent assidues aux instructions que M. Monestier leur faisait deux fois par jour. Elles apprirent les prières des chrétiens et les mystères de la foi. Comme elles étaient sur le point de jeter leurs idoles et marques de superstition, un des principaux du village s'y opposa, leur disant que si elles le faisaient le diable, pour s'en venger, ne manquerait pas de leur faire souffrir plusieurs maux. M. Monestier leur remontra que tous les diables d'enfer ne peuvent rien contre ceux qui ont un cœur droit pour le Dieu véritable. Voyant que ses paroles ne pouvaient vaincre la crainte que cet homme leur avait inspirée, il dit à ces pauvres gens que, puisqu'ils ne voulaient pas se rendre à la vérité, il allait ailleurs prêcher la religion du vrai Dieu, et comme il était sur son départ, ces pauvres gens vinrent se jeter à ses pieds et le conjurer avec larmes de rester avec eux, protestant de lui obéir en tout. Touché de leurs prières, il leur laissa son catéchiste, et s'en alla ensuite à un village nommé Namjeng, où il jeta les fondements d'une chrétienté. Pendant ce temps-là, les néophytes de Vangmedeeng mirent les idoles qu'ils avaient, hors de leurs maisons, les jetèrent au pied de la sienne, afin qu'il en disposât comme il jugerait à propos. A son retour, il en fit un feu de joie au milieu du village. Comme il continuait à préparer ces catéchumènes au baptême, plusieurs d'eux furent attaqués de différentes maladies : les uns avaient des coliques étranges, les autres des fluxions au visage, les autres des ulcères horribles, deux enfants moururent après avoir reçu le baptême. On ne manqua pas de dire que le démon se vengeait, et l'on ne vit presque plus personne venir aux instructions qui se faisaient à l'église.

« J'entrepris, dit M. Monestier dans une de ses lettres du 25 juin 1685, le combat avec le démon, en m'appuyant sur la toute puissance de Dieu, et sur les mérites de Jésus-Christ. Je leur permis de me jeter dans la rivière si je les trompais. Je leur promis la guérison de toutes leurs maladies et la délivrance entière du démon. Ils me donnèrent aussi leur parole. Je leur commandai de faire des croix de bois et de venir au matin me les apporter pour les bénir ; ce qu'ils firent fidèlement. Je les bénis et nous les adorâmes, comme on adore la croix la semaine sainte. Je fus ensuite en leurs maisons avec l'étole et l'eau bénite, je les bénis aussi ; je mis en la place de leurs diables la croix, pour y avoir recours en leurs besoins. Oh ! qu'il fait bon se confier en Dieu qui a promis de n'abandonner jamais ceux qui se confient en lui.

« Tous ces malades furent guéris en même temps, et ces ulcères, qui semblaient être incurables ou du moins qui ne pouvaient être guéris qu'à la longue, ne paraissaient plus. Je fus tout étonné de les voir venir à l'église. »

Ils dirent dans une lettre que c'est le lendemain qu'ils vinrent tous en bonne santé. Leur ferveur redoubla et ils firent de grandes instances pour être baptisés au plus tôt. Le 8 juillet 1685, le missionnaire en a baptisé 23, le dimanche suivant, 15. La fièvre, dont il fut attaqué pour lors, l'obligea de descendre ici, où l'on fit ce que l'on put pour le rétablissement de sa santé. L'inquiétude qu'il avait pour les néophytes ne lui permit pas d'attendre qu'il fût guéri ; il repartit d'ici le 19 septembre avec M. Genoud, et se rendit à Pourcelouc environ dans vingt-cinq jours, passa de là à Namjeng, où il avait laissé quelques chrétiens qui le reçurent avec une joie extrême, d'où il se rendit à Vangmedeeng, pour revoir ses néophytes. Il les trouva qui persévéraient dans les exercices qu'il leur avait prescrits avant son départ. Il y en avait pourtant quelques-uns que le démon avaient séduits pendant son absence, entre autres une femme qui, ayant un enfant malade, lui ôta les marques de religion qu'il portait ordinairement depuis son baptême, et alla dans les bois invoquer le diable avec certaines cérémonies superstitieuses, promettant de lui offrir un buffle s'il lui accordait sa guérison. L'enfant mourut et la mère fit brûler son corps selon la coutume du pays. Dès que M. Monestier fut arrivé, elle l'alla trouver. Le cœur pénétré de douleur, elle lui confessa humblement sa faute, et reprit les exercices de notre sainte religion. Un autre de ses enfants étant tombé malade, elle le lui apporta, afin qu'il lui donnât quelque remède ; il lui protesta qu'il ne lui en donnerait point d'autre que l'eau bénite, lui assurant que, si elle était ferme dans la foi, son enfant guérirait. En effet, après que le missionnaire lui eut donné de l'eau bénite, et récité l'évangile de saint Jean sur la tête, l'enfant fut entièrement guéri en peu de jours. Cette femme touchée de voir que Dieu, nonobstant sa première infidélité, la favorisait ainsi, a procuré que sa belle-mère a reçu le baptême quelques jours avant sa mort, et que son frère et sa sœur, qui avaient quitté l'exercice de notre sainte religion, l'ont repris avec beaucoup de ferveur.

Depuis, le nombre des chrétiens a encore augmenté ; tout le village de Vangmedeeng est chrétien, au nombre de 53 personnes, outre trois enfants et un homme qui sont morts dans notre sainte religion. Il y a fort près de là, un autre village, dont presque tous les habitants sont catéchumènes. On leur doit bientôt donner le baptême. L'église de Vangmedeeng est sous le nom de saint Michel. Elle est très pauvrement faite, dans un endroit où était auparavant une maison dédiée au diable, qu'on abattit pour y faire un oratoire dédié au vrai Dieu. On devait, ce mois de septembre dernier, commencer à en faire une autre. Dans Namjeng, il y a 12 familles toutes chrétiennes, au nombre de 40 personnes ; l'église porte le nom de Sainte-Thérèse, et on espère que, sous la protection de cette grande sainte, ils iront de vertu en vertu et abonderont en toutes sortes de biens spirituels. On devait y baptiser quelques catéchumènes le jour de saint Michel. Il y avait 15 personnes qui se disposaient pour cela. « Celle qui paraissait la plus empressée pour se faire chrétienne, dit M. Monestier, était une sorcière de profession, qui avait perverti deux de ses gendres et quelques autres chrétiens. Dieu l'a éclairée. Elle est suffisamment instruite et veut se faire baptiser avec ses quatre gendres et leurs enfants. Le zèle des chrétiens de ces quartiers-là à réciter les prières qu'on leur a apprises, leur ferveur à fréquenter les sacrements et la confiance qu'ils ont dans l'eau bénite, agnus Dei, chapelets et autres marques de notre religion, sont véritablement admirables.

« Les chrétiens de Vangmedeeng ne manquent point tous les jours de s'assembler le matin et le soir dans l'église, pour assister à la messe et faire leurs prières avec beaucoup de dévotion ; ils s'assemblent aussi trois fois la semaine pour réciter le chapelet. Ils ne manquent pas non plus de venir aux instructions qu'on leur fait, quoiqu'ils sachent fort bien les principaux mystères de notre foi, et qu'il n'y ait pas jusqu'aux enfants de six à sept ans qui n'en soient instruits.

« Une bonne femme qui a des terres à cultiver à deux lieues de Vangmedeeng ne manque pas d'y venir tous les samedis soir, pour entendre la messe le dimanche, quoiqu'elle passe quelquefois seule dans des lieux exposés aux tigres ; elle dit qu'elle ne craint rien, parce qu'elle est sous la protection du Dieu tout puissant. Notre-Seigneur a béni sa fidélité, car quelque temps après avoir reçu le baptême, elle vint prier M. Genoud de le venir donner à sa mère qui était malade et qui le demandait. « Si j'eus de la joie, dit ce missionnaire dans une de ses lettres, d'apprendre de si bonnes nouvelles, je n'eus pas moins d'étonnement de voir que celle qui me parlait eût encore sa mère, car elle-même était toute blanche de vieillesse. Je fus donc aussitôt la visiter et je fus fort consolé de la trouver bien disposée à recevoir les instructions que j'avais à lui faire. Témoignant une grande horreur des idoles et des talapoins qui l'avaient, disait-elle, si longtemps trompée, elle défendit à ses parents non seulement de ne leur plus porter d'offrandes, mais encore de ne leur laisser jamais mettre le pied chez eux ; elle reçut avec le baptême, outre la santé de l'âme, celle du corps, se sentant, aussitôt qu'elle l'eut reçu, guérie de sa maladie. Elle mourut quatre ou cinq mois après, âgée de 110 ans. Il a plu à Dieu d'entretenir ces néophytes dans leur ferveur par plusieurs choses extraordinaires qui leur sont arrivées. »

Nous en rapporterons ici quelques-unes tirées des lettres de M. Monestier :

« Une femme avait un enfant qui languissait depuis longtemps, sans que tous les remèdes qu'on lui avait appliqués l'eussent pu soulager ; la seule eau bénite le guérit. Son père avait déjà reçu le baptême ; surpris de cette guérison, il le fit recevoir à sa femme et à trois autres enfants qu'il avait, après qu'ils eussent été disposés à ce sacrement.

« Un néophyte avait un enfant, qui depuis qu'il était né l'importunait par des cris continuels, sans lui donner de repos ni jour ni nuit. Ayant été repris par un missionnaire de ce qu'il ne l'avait pas apporté d'abord après sa naissance à l'église, pour y recevoir le baptême, il l'y porta, et cet enfant dès qu'il fut baptisé cessa de crier. Le père étonné de ce changement avoua au missionnaire que jusqu'alors ses paroles n'étaient point entrées dans son cœur, et que s'il était venu avec les autres à leurs exercices, cela avait été par hypocrisie, mais qu'il était surpris de se voir tout d'un coup changé, de sentir autant d'amour pour la religion du véritable Dieu et d'horreur pour celle des Siamois qu'il en sentait ; que ce qui était arrivé à son enfant était un miracle, et qu'il reconnaissait que ceux qui n'étaient pas baptisés étaient les enfants du diable qui les tourmentait en différentes manières, et qu'au contraire le malin esprit ne pouvait rien sur ceux qui étaient devenus par le baptême enfants de Dieu.

Depuis que les chrétiens de Vangmedeeng ont reçu le baptême, la plupart se sont confessés et ont communié aux grandes fêtes. Le jour de l'Assomption, une vieille femme aveugle, ayant manqué à le faire comme les autres, vint le lendemain avec grand empressement chercher le missionnaire pour se confesser. Étant renvoyée au jour suivant, elle vint dès la pointe du jour de crainte de perdre l'occasion, et dit qu'ayant manqué à faire ses dévotions le jour de la fête de l'Assomption, elle avait vu en songe, la nuit suivante, une véritable personne qui lui disait : « N'as-tu pas de honte, toi qui es une ancienne chrétienne, obligée de donner exemple aux jeunes, de n'avoir pas communié. » Elle communia avec grand contentement et grande édification.

Le P. Angelo est venu à Vangmedeeng pour aider M. Monestier, qui est malade depuis plus d'un an d'une fièvre quarte. Ce Père a été aussi souvent attaqué de maladie dont il est à présent guéri, Dieu merci. Il a fait longtemps mission à Locontay et à Bampran, qui sont sur les frontières du royaume du côté de Laos ; mais le fruit n'a répondu ni à ses travaux, ni aux merveilles que Dieu avait opérées pour la conversion de ces peuples. M. Genoud y a été depuis peu ; il n'a trouvé à Locontay de chrétiens que quatre personnes, qui demeuraient avec le P. Angelo, et à Bampran que sept à huit personnes, qui vinrent assiduement à ses instructions. M. Monestier y doit aller faire un tour, pour voir si l'on continuera ou si l'on abandonnera cette mission. Nous rapporterons ici l'extrait d'une lettre du P. Angelo :

« La confiance qu'ont les chrétiens au pouvoir de Notre-Seigneur fait qu'ils recourent à lui dans tous les besoins, jusqu'à se servir de l'eau bénite pour la guérison de leurs buffles et éléphants, ce que Notre-Seigneur a approuvé par la guérison de leurs animaux, comme il a aussi donné l'abondance au champ où ils avaient planté des croix. »

Au reste, les trois missionnaires qui sont là : M. Monestier, le P. Angelo et M. Genoud ne s'appliquent pas seulement à convertir les gentils, et à affermir les néophytes, ils travaillent encore à former de bons catéchistes ; ils enseignent aussi à lire et à écrire le siamois et le latin, et à chanter le plain-chant à quelques jeunes enfants à qui ils enseigneront aussi la langue latine s'ils les trouvent disposés à cette étude

Nicobar.

JOURNAL DE LA MISSION.

A. M.-E., vol. 879, p. 549.

1686.

On a donné récemment à M{sup} de Métellopolis des nouvelles assurées que dans les îles de Nicobar, qui sont entre la côte de Malacca et celle de Coromandel, il y a quantité de peuples abandonnés, qui peut-être entendraient assez volontiers un missionnaire qui leur annoncerait la foi ; qu'ils avaient parmi eux, dans la principale île, une femme portugaise, âgée de plus de quatre-vingts ans, laquelle y ayant été jetée par un naufrage, il y a peut-être plus de trente ans, y a été toujours depuis traitée par ces peuples avec une vénération et une soumission extrêmes. M{sup} de Métellopolis a parlé depuis peu à une personne, qui la vit encore l'année dernière, ayant fait naufrage près de l'île où elle est. Cette femme porte toujours ses chapelets, médailles et autres marques de religion.

M. MANUEL AUX DIRECTEURS DU SÉMINAIRE DES M.-E.

A. M.-E., vol. 859, p. 411.

30 septembre 1686.

Nicobar est une île qui est entre Ténassérim et Masulipatam, assez proche des Andamans où l'on mange les hommes ; on a su qu'il y avait là beaucoup de peuples humains et traitables ; ils reconnaissent pour reine une Portugaise, qui depuis quarante ans y échoua avec son mari ; ils la respectent, l'aiment et la gardent avec soin, ce qui a donné lieu de l'appeler la déesse de Nicobar. Elle porte toujours sur soi des marques de sa religion, des images, croix, chapelets, médailles. Monseigneur de Métellopolis, qui depuis vingt ans avait entendu parler de cette prétendue déesse, avait toujours tenu cela pour une fable, jusqu'à ce que, il y a environ deux mois, il a été informé au vrai de ce que c'était, par un Allemand qui depuis peu y a échoué avec ceux de sa barque. Il s'enfuit aussitôt dans les bois avec cinq personnes : ils montèrent sur les arbres croyant être bientôt mangés ; mais ils furent bien étonnés, quand ils virent que tous les gens qui les environnaient les assuraient, en langue portugaise, qu'on ne leur ferait point de mal. Ils trouvèrent des gens plus hommes qu'ils ne pensaient, qui les menèrent à cette reine, dont ils reçurent beaucoup de civilités, et ils ont rapporté tout ce qu'ils savaient de cette île. M. Gravé se prépare d'y aller dans peu.

M{sup} LANEAU AUX DIRECTEURS DU SÉMINAIRE DES M.-E.

A. M.-E., vol. 860, p. 152.

2 juin 1687.

Des Pères franciscains qui vinrent ici l'année passée de Manille, il n'y a que le supérieur qui soit resté avec un frère laïque, les autres s'étant dispersés de côté et d'autre. Ce supérieur est allé aux îles de Nicobar, où aucun missionnaire jusqu'à présent n'était jamais allé, à cause que ce sont des gens barbares, et qui n'ont presque commerce avec personne. Cependant ce Père, après l'avoir instamment demandé, y est allé ; je pense qu'à son arrivée il a été pillé par quelques voleurs ; mais ensuite il a été bien reçu par les naturels, qui lui ont fait une grande maison, lui ont donné douze hommes pour le servir, et quantité d'enfants pour enseigner. Ils viennent tous baiser une croix qu'il a au col, et il a baptisé un enfant et deux vieillards.

J'y avais déjà envoyé un missionnaire[1] pour faire une tentative ; mais je ne sais pas pourquoi, cela n'a pas réussi ; peut être que les Français avec qui il avait passé ont eu trop de prudence, e. n'ont pas osé le hasarder. Il est parti avec le même vaisseau français à Pondichéry.

II

Visites aux malades. Baptêmes d'enfants de païens.

JOURNAL DE LA MISSION.

A. M.-E., vol. 878. p. 189.

1682.

Environ le commencement de janvier de cette année 1682, le roy apprit que plusieurs de nos missionnaires, au nombre de sept ou huit alors, allaient tous les jours par la ville et par les villages aux environs, ainsi que c'est la coutume, pour panser les malades qui estaient en grand nombre affectés d'une petite vérole contagieuse, dont presque tout le monde mourait ; il sut aussi que nos médecines réussissaient mieux que celles des médecins chinois, pégous, siamois et autres, qui estaient tous en campagne. Il envoya trois ou quatre de ses médecins en remercier Monseigneur, et le prier d'agréer que ses médecins allassent chez les malades avec nos missionnaires, pour apprendre à les traiter. Il donna ordre aussi qu'on fournît à nos missionnaires deux grands ballons ou bateaux, avec dix hommes pour ramer et conduire les missionnaires où ils voudraient aller. Il enjoignit aussi à ses médecins de faire savoir aux Siamois, que sa volonté estait qu'on nous laissât voir tous les malades à quelque jour que ce fût, et en quelque estat que fût le malade ; car la superstition des Siamois est telle, inspirée par leurs médecins et talapoins qui se meslent aussi de médecine, qu'en de certains jours, disent-ils, si on laisse entrer quelqu'un chez le malade, le malade en doit mourir, ou son estat empirer ; en d'autres jours il ne faut laisser entrer que les gens qu. viennent d'un certain costé ; si on en admet qui viennent du costé opposé, le malade mourra ; mais surtout quand le malade est à l'extrémité, c'est alors que personne ne peut entrer ; ils mettent pour cela un signal à la porte. Le démon a trouvé cette invention pour empescher que les enfants moribonds et les adultes ne puissent recevoir le baptesme avec la foy, ainsi qu'il arrive à plusieurs chez qui on entre enfin, nonobstant ces difficultés. Tout ce que le roy avait ordonné fut exécuté ; les médecins du roy, selon la coutume des Siamois, inscrivaient exactement le nombre des maisons où nous entrions, et le nombre de ceux que nos remèdes guérissaient, pour en faire leur rapport au roy, qui demanda aussi à Monseigneur une semblable liste depuis que la maladie de petite vérole avait commencé. Cette liste qu'on fit à peu près, et au prorata du nombre des jours et des missionnaires qui avaient été appliqués par Monseigneur à cet exercice de charité, se trouva monter à 800 maisons environ, où nous estions entrés pour donner des remèdes aux malades, dont quelques-unes avaient esté visitées plusieurs fois.

---

[1] M. Gravé.

M. DUCHESNE AUX DIRECTEURS DU SÉMINAIRE DES M.-E.

A. M.-E., vol. 878, p. 186.

13 novembre 1682.

Le 26 d'octobre, Mgr de Métellopolis ordonna qu'on ferait, quotidienne-
ment au matin, une leçon de médecine aux missionnaires, et que tous s'exer-
ceraient à la chirurgie, dans la salle où l'on panse tous les jours publiquement
les malades, ayant reconnu par expérience qu'il n'y a rien de plus nécessaire
en ces pays, pour se concilier l'amitié des grands et des petits, que de savoir
un peu de médecine et de chirugie, et que ce moyen qui paraist si naturel,
nous est néanmoins recommandé dans l'Evangile, lorsque Notre-Seigneur,
envoyant ses disciples en mission, leur enjoignit de prendre soin de guérir
les malades : *curate infirmos*. De fait, si nous sommes estimés icy et favorisés
du roy, c'est à cause du bien qu'on estime que nous faisons au simple peuple
par la médecine et chirurgie. Si nous sommes tolérés publiquement en Cochinchine, c'est à cause de la médecine et de la chirurgie que M. Vachet premièrement et aujourd'huy M. Langlois y ont exercées. Si nous avons quelque espérance de nous establir en Chine, et de nous y maintenir contre la puissance
des mandarins, elle est fondée, après l'aide de Dieu, sur l'appui que l'usage de
la médecine et de la chirurgie nous y donnera, ainsi que nos amis chinois
nous l'assurent, et que nous le montre l'exemple tout récent des Pères Franciscains qui se maintiennent à Canton, malgré tous les efforts des mandarins,
par ce moyen-là.

En février, Mgr de Métellopolis prit le dessein d'une charité plus per-
manente et plus profitable. Comme il a l'expérience depuis plusieurs années
qu'il est icy, que presque tous les ans les maladies de petite vérole et autres
enlèvent beaucoup de monde de ce royaume faute d'assistance, il pensa qu'un
hôpital général, comme l'Hôtel-Dieu de Paris, pourrait apporter du soulagement aux malades ; il résolut pour cet effet d'en faire faire la proposition
au roy, s'offrant d'en prendre soin avec ses ecclésiastiques et chirurgiens
laïques, pour ce qui concernerait les médecines et les remèdes. Le but de
l'évêque estait aussi d'édifier par cet exemple de charité, et d'avoir occasion
de parler à plusieurs au lit de la mort, où l'on est plus disposé à escouter, de
l'affaire de leur salut ; mais comme les Siamois sont fort attachés à leur religion, et surtout le barcalon, lorsqu'on luy fit cette proposition dont Monseigneur le priait de parler au roy, ce ministre, craignant peut-estre que cela
n'acréditât beaucoup l'évêque et la religion qu'il enseignait, ainsi qu'il avait
déjà témoigné craindre de l'exercice de charité qu'on pratique en allant voir
les malades, répondit que ce n'estait pas la coutume dans ce pays d'avoir de
tels établissements. On n'a pas esté tout à fait fasché du refus, parce qu'une
telle œuvre nous aurait esté fort à charge. Les deux hôpitaux d'hommes et de
femmes que nous entretenons à la porte de nostre maison, tant pour les
médecines que pour le vivre, le coucher et le vestir, quoiqu'il n'y ait pas plus
de 20 ou 30 personnes, ne laissent pas de l'estre beaucoup, même pour le
seul soin des remèdes qui leur sont nécessaires.

JOURNAL DE LA MISSION.

A. M.-E., vol. 878, p. 316.

1682.

M. Pierre Grosse, dont j'envoie un mémoire, a baptisé depuis le 29 d'aoust
1681, jusqu'à la fin d'octobre 1682, 389 enfants.

M. Monestier, nonobstant sa longue maladie, en a baptisé, dans le même
espace de temps, 248.

M. Ferreux, 60 ; M. de Capony, 120 ; M. Pérez, 406, dont 100 et plus
d'adultes.

Depuis le 20 d'aoust de l'année 1682, jusqu'au 8 de décembre, M. de
Lionne en a baptisé 45.

M. Maigrot, 30 ; M. Pin, 20.

RELATION DE M. PIERRE GROSSE.

A. M.-E., vol. 878, p. 295.

1682.

Estant allé à Mahapram par ordre de Mgr l'évesque de Métellopolis pour
y apprendre la langue de Siam, après y avoir séjourné quelque temps, la
Providence m'y fit naistre une occasion, pour que je n'y fusse pas tout à
fait inutile. Un jour, on me vint avertir qu'il y avait, dans le village même
où j'étais, un petit enfant fort mal ; je fus à sa maison, sous prétexte de luy
donner quelque remède ; mais le meilleur et le plus salutaire fut de le baptiser, car il était à l'extrémité et mourut la nuit suivante. Je m'informai ensuite
s'il n'y avait pas encore quelque autre malade dans le village ; on me conduisit à la maison d'un autre enfant attaqué du flux de sang, comme l'était le
premier ; je lui procurai le même bien qu'à son petit voisin, et il mourut pareillement un jour après avoir été baptisé. Dieu, sans doute, voulut m'envoyer ces deux proies pour me donner le courage d'en aller chercher d'autres
plus loin.

En effet, dès ce jour-là, je fis dessein de parcourir les villages voisins
pour chercher les petits moribonds. Laissant les adultes à ceux de nos missionnaires, qui savaient suffisamment la langue pour les instruire, je continuai
ce petit travail pendant quelque temps, et m'y appliquai tous les jours sans
discontinuer, jusqu'à ce que Mgr de Métellopolis me réglât à deux ou trois
jours par semaine, afin de ne pas négliger tout à fait la langue.

Nos missionnaires, qui étaient pour lors dans le séminaire de Siam, travaillaient pareillement au même ouvrage, mais d'une manière bien plus avantageuse ; car comme la moisson est beaucoup plus grande à la ville qu'à la
campagne, à cause de la plus grande multitude de gens qui l'habitent, aussi
le nombre des petits enfants qu'ils baptisaient était incomparablement plus
grand.

Après avoir séjourné quelques mois à Mahapram, Monseigneur m'appela à la ville, où je fus joindre et aider nos Messieurs, laissant la mission de
Mahapram entre les mains de M. Ferreux, qui la continua avec autant de
succès qu'on pouvait espérer d'un lieu où les villages ne sont pas des plus
peuplés.

Quoique le fruit de nos petits travaux eût été assez considérable jusqu'alors, la Providence nous voulut bien fournir des moyens pour l'augmenter, en permettant que non seulement la ville royale, mais pareillement les
villages qui en sont voisins et même presque tout le royaume, fussent infectés de petite vérole, qui emporta une grande quantité de personnes, tant
grandes que petites. Ce fut pour lors qu'on ne garda plus de règle. Les deux
ou trois jours par semaine ne suffisant pas pour pouvoir soulager tous les
malades, et particulièrement les moribonds, dont quantité mouraient sans
baptême, Mgr de Métellopolis n'omit rien pour que chaque malade fût soulagé, et pour qu'aucun ne fût privé par notre faute du baptême. Sa Grandeur
s'y portait elle-même très souvent, particulièrement chez les adultes auprès
de qui nous ne pouvions pas faire grand'chose ; car comme la plupart de
nous ne savaient point assez la langue pour les instruire des principaux mystères de notre religion, et qu'on ne pouvait pas non plus les désabuser des
superstitions diaboliques de la leur, il fallait que MM. de Chandebois et Pérez y allassent. Nous fûmes alors obligés de congédier pour quelque temps
le maistre qui nous enseignait la langue, afin d'aller tous les jours par les
camps chercher les moribonds, pour les gagner à Jésus-Christ ; le nombre en

était si considérable, qu'à peine se passait-il un jour durant ces grandes maladies, qu'on en baptisât 20 et 30 à chaque fois qu'on allait en mission ; de sorte que, dans moins de sept ou huit mois, il s'en trouva près de 1200 ou 1300, tant adultes que petits enfants, qui reçurent le baptême, et dont fort peu sont revenus en santé.

Le roy fut informé, par je ne sais quel mandarin, des œuvres que faisaient nos Messieurs auprès des malades ; qu'il n'y avait que les Pères français qui avaient le secret pour guérir ces sortes de maladies ; qu'ils guérissaient la plupart de ceux qu'ils traitaient. Pour marque de la joye qu'eut Sa Majesté d'une telle nouvelle, elle ordonna en même temps, sans en être priée, et même sans que Mᵍʳ de Métellopolis en fût informé, qu'on donnât deux ballons avec dix hommes pour conduire les missionnaires par les villages et les lieux infectés de petite vérole. M. Pérez fut à Piply avec un de ces ballons, et M. Ferreux et moy à Tieu avec l'autre ; nous baptisâmes un assez grand nombre de petits enfants. Sa Majesté commanda pareillement à ses médecins d'aller avec nous, pour apprendre à panser les malades, et avec ordre de mettre par écrit le nombre des cures que nous ferions.

Au commencement de cette petite mission, nous eûmes une difficulté fort grande pour avoir accès et entrée dans la maison des malades, particulièrement de ceux qui étaient le plus mal ; et comme c'était eux que nous cherchions, il fallut trouver quelque invention pour les aborder. Quand les gens de ce pays-cy sont malades, ils font mille sortes de superstitions, mettant des portraits affreux dans la chambre ; ils mettent aussi devant leurs maisons un bambou, qui est fait comme une espèce de grille, attaché au bout d'un baston ; tant que cette superstition dure, ils ne donnent entrée à aucun étranger, disant pour toute raison que le diable les maltraiterait et ferait mal au malade, s'ils laissaient entrer ceux qui viennent du dehors. Nous avions beau faire connaître leur aveuglement, en leur représentant le mal qu'ils faisaient, laissant mourir leurs malades sans soulagement, refusant même ceux que la Providence leur envoyait, tous nos raisonnements ne servaient de rien ; ils refusaient très souvent l'entrée même aux médecins du roy, tellement ils sont attachés à leurs superstitions. Comme notre but, dans la distribution des remèdes, n'était autre que de procurer le ciel à quelque pauvre moribond, nous ne pûmes point trouver de meilleure invention, que d'entrer tout d'un coup, sans rien dire, dans les maisons où il y avait de ces sortes de marques ; et quand par hasard nous étions surpris, et qu'on nous fermait la porte au nez, nous tâchions cependant d'entrer quoiqu'ils s'y opposassent, en leur disant que nous étions des Pères, et que nous avions permission d'entrer partout, aussi bien que leurs talapoins. La petite violence qu'on semblait leur faire leur était fort agréable par après ; ils nous demandaient la plupart excuse, et disaient qu'ils ne nous refusaient l'entrée qu'à cause qu'on leur avait dit de ne laisser entrer personne ; de sorte que nous sortions presque toujours bons amis de leur maison, grâce au soulagement qu'on tâchait de donner à leurs malades.

M. DE COURTAULIN A M. TRONSON.

A. M.-E., vol. 860, p. 78.

30 octobre 1683.

Nous allons à la chasse des petits enfants moribonds, que nous baptisons à l'insu de leurs parents. Je fais compte qu'on en baptise tous les ans environ 1.000 ; et l'année de la petite vérole, on en baptisa plus de 2.000 ; on les va chercher, sous prétexte de chercher des malades, pour leur donner des médecines gratis, ce qui d'ailleurs donne très bonne odeur à cette maison, et dans l'esprit du roy, et dans l'esprit des grands et du peuple.

III
Ouvrages de doctrine ou de controverse.
Mgr LANEAU A LA PROPAGANDE.
A. M.-E., vol. 879, p. 963.

1687.

Plures libros composuere missionarii de religione catholica, tum etiam ad oppugnandos errores, non solum idiomate siamensi et peguensi, sed etiam idiomate bali, quod idioma, cum sit sacrum apud omnes nationes quæ eamdem religionem tenent, sitque difficillimum. Missionarius ille qui hoc didicit operæ pretium fore credidit, si libros aliquot in illud converteret : ut illis imposterum uti possent missionarii non in hoc solummodo regno, sed et in regnis Cambodiæ, Pegu, Ava, Aracan atque illis omnibus regnis quæ sub uno nomine Laos vulgo cognoscuntur. At hæc sufficiant, quæ eo scripta sunt consilio ut missionarii qui ad hanc missionem venturi sunt, non desperent, sciantque illos qui per tot annos in illa utcumque operam dederunt, jam seminasssse viamque aperuisse Evangelio : superest ut alii in ipsorum labores introeant messemque colligant, quam ab omnipotente Deo spes est non exigua fore uberrimam, ut qui seminat gaudeat simul et qui metit.

Varii confecti sunt de religione catholica libri et tractatus :

1° Quidem brevis tractatus de vera Divinitate et attributis divinis.

2° De mysterio Incarnationis ac fidei necessitate.

3° De præparatione ad Baptismum.

4° De Eucharistia.

5° De Pœnitentia.

6° Dialogus de præcipuis fidei mysteriis, duo aut tria volumina librorum siamensium continens.

7° Dialogus contra cultum idolorum.

8° Alter Dialogus paulo fusior, atque vocibus linguæ bali, quæ ab omnibus alta, imo et sacra æstimatur, sed a doctis solummodo intellecta, et exornatior, in quo explicantur et probantur mysteria fidei, et religionis christianæ motiva, ac signa probabilitatis ad longum exponuntur, continetque septem aut octo volumina siamensia.

9° Alter Dialogus contra religionem siamensium, eodem quo prior stylo.

10° Duo priores illi Dialogi in linguam peguensem conversi sunt.

11° Catechismus, lingua peguensi, in quo exponuntur mysteria fidei et præparationes ad suscipienda sacramenta necessariæ.

12° Historia creationis mundi, ac redemptionis generis humani, in formam dialogorum, lingua peguensi.

13° Explicatio sacrificii missæ, lingua siamensi volumen unum.

14° Explicatio rosarii, lingua siamensi.

15° De amore et cognitione Dei, ex variis S. Augustini locis excerptum, lingua siamensi volumen unum.

16° Explicatio primorum capitum Genesis, lingua bali, atque synopsis historica Veteris Testamenti, lingua siamensi volumen unum.

17° Explicatio Genesis paulo fusior atque historiæ Bibliæ lingua, siamensi duo aut tria volumina.

18° Historia D. N. Jesu Christi ex Evangeliis desumpta, quatuordecim volumina lingua siamensi, sed paulo altiori stylo, idest vocibus bali intermixta.

19° Concordantia Evangeliorum, in purum bali, sed nondum perfecta, habenturque quatuor aut quinque volumina.

20° Alia Concordantia Evangeliorum fere usque ad Passionem D. N. Jesu Christi, lingua bali simul et siamensi, id est ea quæ historica sunt, lingua siamensi, verba vero Domini aut aliorum, lingua bali pura exponuntur.

21° Preces recitare ab omnibus solitæ, tum lingua siamensi tumpeguensi, sed litaniæ B. Mariæ nonnisi idiomate bali potuerunt explicari.

22° Catechismus historicus a D. abbate de Fleury, lingua gallica conscriptus et in linguam siamensem vulgarem conversus, decem aut duodecim volumina, sed necdum perfectus.

23° Explicatio spheræ, lingua siamensi, ad confutandas errores gentilium de systemate mundi qui in libris religionis eorum continentur.

24° Varii tractatus pro rege ; v. g. de Alexandro.

25° Grammatica siamensis et bali, quæ postrema omnium difficillima est.

26° Dictionarium siamense et peguense, sed hoc postremum nondum absolutum est.

IV

Un incident.

M. Duchesne aux directeurs du Séminaire des M.-E.

A. M.-E., vol. 878, p. 191.

13 novembre 1682.

Nous ne fusmes pas peu consternés d'une insulte, que nous vinren faire dans nostre maison 20 ou 30 matelots chinois des navires arrivés icy de Formose pour chercher du riz, à cause que la famine a esté grande presque partout. Les navires estaient au nombre de quatre, qui furent bientôt suivis de six autres, et sur chacun desquels il y avait au moins 200 hommes.

Le 28 mars, veille de Pasques, au matin, comme on sortait du service qui avait esté fort long, arrivèrent les susdits mariniers chinois dans nostre église, on ne sait à quel dessein ; estant sortis de ce lieu, et entrés dans le vestibule de notre maison, un d'eux s'assit sur une chaise qu'il rencontra là, mettant ses pieds de costé et d'autre sur les bras de la chaise. M. Vachet, pensant que c'étaient quelques Chinois venus de Cochinchine, s'approcha d'eux, leur demanda en cochinchinois s'ils avaient des lettres pour Monseigneur, mais celuy qui estait dans la chaise se gaussant de M. Vachet, se lève, le prend par la barbe, et luy donne un bon soufflet.

M. Vachet, grand soldat d'ailleurs, comme vous le savez, témoigna en cette rencontre une grande patience, ne bougeant pas, ni ne répliquant un seul mot ; mais un de nos escoliers tonquinois qui estait présent, ne pouvant souffrir cette insolence chinoise, se jette sur le Chinois et le charge de bons coups de poings ; et appelant ses camarades, qu'on avait fait venir du collège ce jour-là, à cause du nombre des officiers nécessaires à la cérémonie du jour et du lendemain, où Monseigneur officiait pontificalement, peu s'en fallut que les Chinois, dont une partie estait dedans et l'autre dehors de la maison, ne fussent bien battus sur l'heure. M. Vachet et d'autres mission naires, ayant retenu les écoliers, donnèrent lieu aux Chinois de se sauver par dessus les murs de nostre enclos, cependant que les autres Chinois du dehors, frappant avec de gros bois contre nostre porte, la voulaient jeter dedans pour secourir leurs camarades ; mais la leur ayant ouverte, on les exhorta de se retirer, ils le firent. Ayant néanmoins trouvé peu après un escolier, ils le voulurent emmener de force ; ils le tiraillent ; mais nos escoliers s'en apercevant, et accourant au dehors plus tôt qu'on ne peut y apporter le remède, prennent les avirons de nos ballons ou bateaux qui sont devant la porte, et commencent à frapper les Chinois d'une si terrible force, qu'ils en blessèrent plusieurs très grièvement, et les obligèrent tous, parce qu'ils n'osèrent s'enfuir par le chemin de terre, à cause que le camp des Cochinchinois estait à leur rencontre, de se jeter à la nage dans la rivière, où les escoliers et nos serviteurs les suivirent tant qu'ils purent, les chargeant dans l'eau de coups d'aviron, de toutes leurs forces.

Cependant un de nos missionnaires, ayant attrapé un de ces Chinois,

le retint prisonnier ; Monseigneur ordonna qu'on le gardàt pour sçavoir de
luy le secret de l'insulte que nous avaient faite les Chinois, ce qu'on n'a pu
néanmoins sçavoir de luy ; ce dernier point fascha les Chinois plus que tout,
parce qu'il manquait un de leurs gens qu'ils voulaient avoir à toute force.

On appréhenda qu'ils ne revinssent pour le reprendre et avoir leur revanche, ce qui estait d'autant plus à craindre que les Chinois de Formose
sont tous pirates et voleurs, par effet et par réputation. Monseigneur se pré-
cautionna et se mit en défense, de manière qu'ils n'osèrent venir ; un capitaine anglais de Macao envoya offrir ses services à Monseigneur quoiqu'il
ne l'eût pas visité, et fit armer son vaisseau tout prest à monter vers nous et
à combattre en chemin les vaisseaux chinois au premier mouvement qu'ils
eussent fait.

Le P. Maldonat et le P. Thomas prirent occasion aussi de là de visiter
Monseigneur. Tout se passa bien de la part des chrétiens portugais ; mais
de la part des officiers du roy, le roy et le barcalon estant à Louvo, les
choses ne se passèrent pas de mesme.

Opra Chiduc, gouverneur de la ville, establi par le roy depuis longtemps
mandarin des Cochinchinois et des Français pour veiller sur eux et les protéger aussi, se déclara ouvertement contre nous, tant parce qu'il est Chinois,
que parce qu'il ne nous a jamais aimés. Monseigneur luy envoya son interprète aussitôt que l'affaire se fût passée, avec le frère René et le capitaine du
camp cochinchinois, pour luy dire comment les choses avaient eu lieu, et
luy demander sa protection ; mais luy, n'ajoutant foy à rien de ce qu'on luy
disait, frappa mesme de son éventail, qu'il tenait à la main, le capitaine cochinchinois, et envoya sous la conduite d'un mandarin, et sous divers prétextes, nos trois personnes aux navires chinois, pour sans doute les faire
maltraiter. Il envoya en même temps faire commandement à Monseigneur
de rendre le prisonnier, mais Monseigneur refusa jusqu'à ce qu'il luy eût
rendu les trois hommes qui avaient été envoyés vers luy, et qui revinrent
quelques heures après, s'estant dégagés sur le chemin, comme ils avaient pu,
des mains de ceux qui les conduisaient, se doutant bien qu'on les menait à la
boucherie. Sur le soir, il vint un mandarin chinois, en apparence ami et
médiateur, pour demander le prisonnier ; Monseigneur le lui rendit sur la
parole qu'il donna de le représenter toutes fois qu'on voudrait, et sur escrit
qu'on lui fit signer, par lequel il déclarait avoir appris des témoins qu'on luy
fit ouïr que les Chinois avaient les premiers commencé, fait des insolences et
pris un Père à la barbe. M. Boureau-Deslandes[1] partit pour Louvo avec cet
escrit afin d'informer le roy. Celui-ci donna prise de corps contre les Chinois qui s'estaient déjà évadés, fit châtier le gouverneur de la ville, tira les
Français avec les Cochinchinois de sa juridiction, et nous bailla celui que
nous demandâmes. Ainsi se termina cette affaire, dont nous fûmes en crainte
durant sept ou huit jours, pendant lesquels on fit bonne garde.

M. Boureau-Deslandes a M. Baron[2].

A. M.-E., vol. 859, p. 189.

26 décembre 1682.

La veille de Pâques dernier, il entra quelques Chinois dans le séminaire,
où l'un d'eux donna un soufflet à un des Messieurs les missionnaires, ce qui
ayant obligé tout le monde de la maison d'accourir au secours, ils arrêtèrent un Chinois. Opra Chiduc, mandarin considérable, Chinois de nation,
et qui était notre mandarin, fit arrêter notre interprète, disant qu'il le gar-

----

[1] Agent à Siam de la Compagnie Française des Indes Orientales.
[2] Un des directeurs de cette même Compagnie.

derait jusqu'à ce qu'on eût rendu ce prisonnier. Tous les Chinois qui étaient dans cette rivière s'apprêtaient pour aller faire insulte dans le séminaire, de quoi ayant eu nouvelle, j'y allai avec douze Français ou autres Européens que je pus ramasser, et nous étions assez bien armés. Les Chinois, en ayant eu nouvelle, n'entreprirent rien pour lors. Monseigneur et moi envoyâmes un Français, chirurgien du roy, avec un petit interprète au mandarin, pour lui demander notre interprète qu'il retenait ; il voulut faire quelque violence à ce Français qui lui résista vertement. Ensuite il lui ordonna ainsi qu'à notre petit interprète et au capitaine du camp cochinchinois, dans lequel est situé le séminaire, d'aller voir quelques Chinois qu'il prétendait avoir été blessés dans le séminaire. Il leur donna un mandarin et vingt Chinois pour les accompagner dans le chemin. Le chirurgien, qui craignit qu'il ne lui arrivât accident, mit l'épée à la main et se sauva.

Je m'en revins sur le soir en notre maison, où l'on nous donna plusieurs alarmes que les Chinois s'assemblaient pour nous forcer. Nous nous tînmes toujours sur nos gardes. Cependant ils emmenèrent notre petite interprète et le capitaine du camp cochinchinois ; ils leur firent souffrir mille supplices, et les laissèrent pour morts sur la place. Ayant vu l'insolence de ce mandarin chinois et de ses gens, je crus qu'il était dangereux de souffrir de tels affronts ; je pris résolution d'en aller demander justice au roy, qui était à quatre ou cinq journées d'ici. J'y allai, et ayant présenté une requête au barcalon, il me témoigna beaucoup de déplaisir de cet accident, et me dit qu'il prenait les affronts qu'on nous faisait comme faits à sa personne, et qu'il parlerait de cette affaire au roy. Le lendemain, il me dit que le roy avait été bien fâché de ce qui nous était arrivé ; qu'il avait envoyé un officier, qui est comme entre nous l'exécuteur de la justice, afin de mettre la corde au col à Opra Chiduc, et l'amener à la Cour pour avoir la tête piquée de tous costés, et ensuite empalé pendant deux fois vingt-quatre heures ; que le roy avait aussi ordonné de mettre à la chaîne les Chinois qui avaient été chez Monseigneur. Je m'en revins à Siam, où j'appris quelque temps après que tous ces ordres avaient été exécutés.

V

Des vêtements des missionnaires.

Mᵍʳ LANEAU A LA PROPAGANDE.

A. M.-E., vol. 878, p. 617.

1682.

Quæritur utrum indulgeri possit missionariis ut religiosorum siamensium, quos talapoinos vocant, vestes deferant.

Notandum in primis hujusmodi vestes quatuor potissimum consistere linteis seu pannis, quorum primus totus ex partibus ad invicem consutis, ne videlicet rapiantur a latronibus, ut quidam ex antiquis illorum doctoribus facere ipsos docuit, contextus est, et hoc quidem panno cooperiunt humeros. Alter vero quo ad dormiendium pro syndone utuntur. Tertius est instar femoralium qui ad genua decurrit ; quartus denique est cingulum quo reliquas constringunt vestes, ne videlicet immodeste defluant. Hi autem omnes panni colore ut plurimum, flavo nonnulli, alii flavo aut rubro, alii fusco aut ferrugineo cincti sunt. Ex quibus quidem coloribus flavus vix a nullo alio præterquam ab istis talapoinis usurpatur. Rubeus vero a laicis quoque in usu est.

Hæ sunt horum religiosorum vestes, quas a quodam talapoino quem pro deo colunt, non tam institutas aut præceptas, quam ab eodem et ab aliis superiorum templorum diis in usu habitas acceperunt ; nam persuasum habent multos successive deos extitisse, futurosque imposterum sibi fingunt, quos omnes fuisse talapoinos affirmant. His addendum quod talapoini bis in mense

caput ac supercilia radunt, pedibus nudis, nudoque capite incedunt, flabel-
lumque gerunt in manibus, ne videlicet oculos libere huc illuc contorquentes
feminarum aspectu forsan delectentur.

Sunt item et alii qui medium quemdam statum inter laicos et talapoinos tenent, quales sunt, qui vitam volunt vivere paulo reliquis observan-
tiorem, et hi quidem eamdem cum laicis figuram tenent in vestibus, sed albi
solummodo coloris, caput autem et supercilia in morem talapoinorum
radunt, quod præstant pariter et alii plures, tum feminæ suorum in funere
parentum.

Sciendum præterea hujusmodi religiosorum multas esse constitutiones
seu regulas, quæ omnes fere ad hoc unum tendere videntur, ut ad maximam
paupertatem, passionum mortificationem, rerumque omnium abdicationem
illos perducant; quas licet pauci admodum, vel nulli, saltem adamussim servent, gestiunt tamen videri quales se profitentur, et revera vivendi viam
moratam satis ac bene constitutam tenent; non irascuntur, castitatem colunt
stante nimirum talapoinico statu, quem pro libito cum vestibus dimittere licet; parci sunt in cibis, vino abstinent; non comant horis serotinis, ne scilicet inter dormiendum nocturnis turbentur pollutionibus; dæmoniorum cultum,
ac sacrificia variasque superstitiones reprobant; ipsi sacerdotum officia nul-
latenus exercent, nisi forte quod e pulpito doceant populos, recitentque psal-
lentium in modum nescio quas preces tum in templis idolorum, tum in domi-
bus ægrotantium; plurimaque sunt ejusmodi quæ, si converterentur ad fidem,
adeo non improbanda, quin et magnopere suadenda essent.

Sciendum tertio quod talapoini sunt apud omnes auctoritate ac reverentia, tum propter vitæ quam præ se ferunt austeritatem, cum propter non
obscuram illam, quam ad Deum quem colunt relationem habent; unde populi maximam illorum verbis fidem adhibent, frequentes illis eleemosynas
erogant, putantes factum iri ut a gehenna ignis sint liberandi, illorum precibus munerumque ac eleemosynarum acceptatione.

His positis, videtur quod permitti non possit ut missionarii hujusmodi
vestibus utantur : 1° propter relationem illam de qua supra ad falsum numen ;
2° propter scandalum atque offensionem non modo fidelium, sed etiam ipsorum infidelium qui, dum viderint missionarios suorum religiosorum vestibus
indui, in pristinis confirmandi erunt erroribus; 3° quod licet talapoini, nulla
faciant sacrificia, ii tamen soli sunt qui sacerdotum nomen possunt sibi vindicare.

In contrarium multa suadere videntur ut eædem vestes missionariis permitti possint : 1° quidem auctoritas doctorum qui asserunt religiosorum infidelium vestes a fidelibus posse gravi de necessitate assumi ; 2° auctoritas
missionariorum, qui apud brachmanas, præcipue in provincia Madurensi, maximum ex Evangelii prædicatione fructum perceperunt ex quo ipsorum vestibus uti non reformidarunt, licet omnibus fere propter novitatem initio recla-
mantibus ; 3° maxima quam patiuntur hisce in partibus in prædicatione Evan
gelii difficultas ex hoc potissimum nascitur, quod nimia sit apud omnes talapoinorum existimatio, nec facile sibi persuadere possit missionarios posse
unquam ad illorum pertingere sanctitatem. Unde quamvis iidem missionarii
possint inter ipsos morari, prædicare, eorumque errores arguere ; rudes tamen populi qui non ita attendunt ad rationum momenta petitaque ex intrinse-
cis fidei principiis argumenta, quam ad exteriorem illam prædicatorum vir-
tutem. Hinc fit ut dum missionarios laicorum seu non religiosorum, ut pu-
tant, hominum vestibus indutos vident, vix adduci possint ut illis assensum
præbeant fidemque in præjudicium talapoinorum aliter sentientium adhibere
possint, nisi post multorum annorum experientiam ; quod si missionarii
illorum semel acceperint vestes, compendiaria prorsus et expedita apud
ipsos patebit absque dubio ad prædicandum via ; 4° licet videantur vestes
præ se ferre aliquam ad falsum numen relationem, cum tamen hæ alium

habeant pariter usum, non est cur facile in missionario damnari possint.

Verum si omnino permitti non possint talapoinorum vestes simul sump-
tæ, videtur tamen earum aliquas non esse missionariis denegandas, nempe ut
fidem sibi facilius concilient, ad eosque faciliorem aditum habeant. Si autem
figura vestium displiceat, saltem rubeus color seu potius flavus qui magis
in veneratione illis est, in veste ordinaria, saltem videtur posse assumi. Ex-
perientia enim demonstrat, quod religiosi sinenses, qui hoc in regnum aliquibus ab hinc annis advenerunt, etiam si alium, a Siamensibus Deum colant,
aliamque a talopoinis figuram in vestibus servent; quia tamen cinericium
colorem quo in China utuntur dimiserunt, ut flavum assumerent, hoc uno
nomine magna in reverentia sunt.

LUDOVICUS, *episcopus Metellopolitanus,*
Ita est :
FRANCISCUS, *episcopus Heliopolitanus.*

S. C. de Prop. Fide. — Negative etiam quoad colorem. (*Collect. Const.
Decret. Indult. ac. Inst. Sanctæ Sedis, Hong-kong, 1898, n° 223*).

VI

Le Collège général à Mahapram et à Juthia.

REGULÆ SEMINARISTARUM SANCTI-JOSEPHI.

A. M.-E., vol. 129, p. 349.

1680.

Hora 4. Omnes surgent et in ecclesiam se conferent, ubi per horam
integram meditationi vacabunt. Post orationem, missam dicent qui erunt
presbyteri audientque cæteri.

Post missam, jentaculum et studium privatum usque ad *horam 9.*

Hora 9. Collatio de theologia morali ; immediate vero sequetur cantus
cui omnes assistent ut ediscant per mediam horam.

Hora 11. Fiet examen ; tunc prandium ; deinde habebitur recreatio communis per horam integram ; qua finita, quisque se recipiet in cubiculum suum.

Hora 3. Altera habetur collatio de theologia morali.

Hora 5. Recitabuntur in ecclesia Matutinum ac Laudes pro die sequenti
ab iis qui tenentur ad recitationem Breviarii.

Hora 6. Fiet lectio alicujus libri pii.

Hora 6 1/2. Cœna ; tunc recreatio communis, in cujus fine aliquid vel de
Scriptura Sacra vel de alia utili materia proponi poterit.

Hora 8. Preces recitabuntur, ac qualibet feria secunda et qualibet feria
quarta novum meditationis argumentum proponetur.

Hora 9. Signum pulsabitur et quisque in cubiculum suum se recipiet
lumenque in eo extinguet.

Singulis diebus, omnes coronam Beatissimæ Virginis Mariæ recitabunt,
Ecclesiæ ceremonias omnes addiscere curabunt ac exercere summo honore
habebunt.

Humiliationi et abnegationi propriæ quisque studebit, et ad id multum
conducet culpas suas post auditum orationis argumentum declarare.

Multum etiam consulitur, licet omnino non jubetur, labor manualis cu-
jusmodi est horti cultura.

Feria 6. Post recitationem Breviarii, fiet exhortatio de rebus spiritualibus.

Aliquando per ultimam mediam horæ meditationi destinatæ fiet orationis
repetitio, et ad hoc exercitium fructuose faciendum monita aliqua tradentur.

Ubi signum audietur, ad aliquod exercitium, omnes ad illud convolabunt relicto etiam imperfecto caractere qui scribi cœptus fuisset ; a nullo vero exercitio quisque aberit aut exibit absque licentia, quam si petere non posset excusationem subinde dabit.

Feria 5. Vacabitur et animus concorditer relaxabitur.

Nemo opus quod pium aggredietur, quo a studiis aut exercitiis avocabitur, nisi prævia licentia semper requirenda. Qui aliqua re opus habebit eam liberrime petet, ac etiam qui morbo aliquo laborabit statim monebit.

Nullus domo egredietur sine licentia, et eos qui egrediuntur socium secum unum qui assignabitur, habere convenit.

Cui alicujus rei cura demandabitur, ei in hac re omnes alii obsequentur.

Sabbato. Post recitationem Breviarii, cui quotidie interesse debent qui sacros Ordines susceperunt, fiet collatio spiritualis.

Nemo ingredietur in cubiculum alterius neque quemquam alium introducet in suum ; exactum silentium ubique servabitur et ab omni strepitu legendo et ambulando cavebitur.

Alia quam latina lingua nemo loquetur. Quisque directorem suum toties adibit libere quoties id sibi expedire credet, ac semel in mense specialius cum eo aget de rebus animæ suæ.

Omnes confitebuntur sua peccata semel in hebdomada et diebus dominicis communicabunt.

Hæ regulæ semel in mense legentur.

LUDOVICUS, episcopus Metellopolitanus.

FORMULA JURAMENTI

A. M.-E., vol. 879, p. 923.

Ego Petrus Arzilla, filius Nicolai Arzilla et Mariæ Cutngan, oriundus Apalit pagi, provincia Pampanga, diœcesis Manilæ, insulis Philipinarum, plenam habens instituti hujus collegii notitiam, legibus et constitutionibus ipsius, quas juxta Superiorum explicationem amplector ; me sponte subjicio, easque pro posse observare promitto.

Insuper spondeo et juro, quod dum in hoc collegio permanebo, et postquam ab eo quocumque modo, sive completis, sive non completis studiis exiero, nullam religionem, societatem, aut congregationem regularem sine speciali Sedis Apostolicæ licentia, vel S. Congregationis de Propaganda Fide ingrediar, neque in earum aliqua professionem emittam.

Spondeo pariter, et juro, quod volente S. Congregatione de Propaganda Fide statum ecclesiasticum amplectar, et ad omnes sacros etiam presbyteratus Ordines, cum Superioribus visum fuerit, promovebor.

Item voveo et juro, quod sive religionem ingressus fuero sive in statu sæculari permansero, si intra fines Europæ fuero, quolibet anno, si vero extra, quolibet biennio, mei ipsius meique status, exercitii et loci, ubi moram traxero, Congregationem de Propaganda Fide certiorabo.

Voveo præterea et juro, quod, jussu prædictæ Congregationis de Propaganda Fide, sine mora, in provinciam mihi a Superioribus assignandam ibo, ut ibi perpetuo in divinis administrandis laborem meum ac operam pro salute impendam, quod etiam præstabo si cum prædictæ Sedis licentia religionem, societatem, aut congregationem regularem ingressus fuero, et in earum aliqua professionem emisero.

Denique voveo et juro me prædictum juramentum ejusque obligationem intelligere, et observaturum juxta declarationes factas a S. Congregatione de Propaganda Fide, et Brevi Apostolico roboratas. Sub die ann.   Sic me Deus adjuvet et hæc sancta Dei Evangelia.

Inutilis Dei Servus.
PETRUS ARZILLA.

LE CLERGÉ INDIGÈNE.
A. M.-E., vol. 129, p. 105.

Mgr de Métellopolis, croyant qu'il devait veiller d'une manière toute particulière sur les écoliers, leur fit faire un établissement à deux lieues de la capitale de Siam [1], assez près du séminaire pour s'y pouvoir transporter facilement, et demeurer avec eux autant qu'il voudrait, et assez loin de la peuplade cochinchinoise pour en éviter le mal qu'il y avait à craindre.

JOURNAL DE LA MISSION.
A.M.-E., vol. 118, p. 381.

1680.

Plusieurs endroits de ce royaume ayant été extraordinairement infestés cette année ici d'une infinité de moucherons ou cousins, et particulièrement les environs de la ville de Bancok, qui est presque à l'entrée de cette rivière, cela nous a obligé de retirer les Tonkinois et Cochinchinois d'une maison où on les élevait proche de ce lieu, dans un jardin qui nous a été donné, il y a déjà longtemps, par le roi de Siam, à cause de l'extrême incommodité qu'ils en recevaient, telle qu'ils ne pouvaient vaquer à leurs études. On les a fait passer dans une autre maison, qu'on a fait bastir nouvellement, environ à une lieue d'ici, et que l'on a dédiée aux Saints Anges, où ensuite, pour d'autres raisons, on a aussi envoyé les séminaristes qui étaient dans ce séminaire de Saint-Joseph, du moins presque tous. Il semble que Dieu donne une bénédiction toute particulière à ce nouvel établissement ; car depuis qu'ils ont été ainsi tous assemblés en un mesme lieu, on les voit animés d'une ardeur pour l'étude toute autre qu'ils n'avaient auparavant ; c'est un travail et une application continuels depuis le grand matin jusques à 9 ou 10 heures du soir, et quelques fois plus tard ; de sorte que, si on a quelque difficulté avec eux, c'est plutôt à modérer leur ferveur qu'à l'exciter. C'est une merveille de voir l'union et la concorde avec laquelle ils vivent ensemble, quoiqu'ils soient de divers âges, de diverses langues, de divers pays. Ils ne se servent entre eux que de la langue latine, on dirait qu'ils auraient oublié celle de leur pays, ce qui fait qu'ils ont fait en peu de temps un tel progrès qu'on en est étonné.

M. DUCHESNE AUX DIRECTEURS DU SÉMINAIRE DES M.-E.
A M.-E., vol. 861, p. 93.

— 18 novembre 1681.

Pour ce qui regarde l'état de ce séminaire, tant en ses exercices qu'en ce qui regarde ses étudiants, je vous avoue que j'en avais une plus haute idée qu'il n'est en effet, surtout dans le nombre des étudiants, que je croyais estre plus grand, et de plus de sortes de nations ; mais au reste il est présentement en un état beaucoup meilleur qu'il n'estait lorsque je suis arrivé ; il est séparé en deux, le grand et le petit.

Le petit, qui est composé de tous les étudiants portugais, cochinchinois, tonkinois, est à deux lieues d'ici en montant la rivière, à un village nommé Mahapram. M. Pascot en a la conduite entière, excepté pour le spirituel dont M. Féret a soin. Il leur a enseigné, au moins à la plupart, la logique dans cette dernière année, et ils y réussirent mieux que je n'avais cru estant en France ; il leur a facilité le latin, ayant mis pour loi dans son séminaire, qu'on ne parlerait que le latin.

Pour le grand séminaire, il y a quatre fois la semaine, avant le souper, une conférence des cas de conscience dont on m'a demandé le soin, une spi-

[1] A Mahapram.

rituelle le vendredi à la mesme heure, et une le dimanche sur les affaires de la mission, à la mesme heure aussi. Tous les jours au matin, à neuf heures, il y a une leçon de médecine, par un médecin suisse qui s'est donné à la mission, et panse tous les jours les malades à la boutique et donne les écrits. Monseigneur le croit très habile ; il est jeune et a pris la soutane, quoiqu'il n'ait pas dessein d'estre d'Eglise. Outre cela, il y a, tous les jours une ou deux fois, des leçons de la langue de Siam et de Cochinchine.

M. DE LIONNE AUX DIRECTEURS DU SÉMINAIRE DES M.-E.

A M.-E., vol. 859. p. 297.

28 octobre 1684.

Je crois que vous serez bien aise d'apprendre que le collège de Mahapram n'a jamais mieux esté que présentement ; les écoliers qui étudiaient la philosophie viennent de l'achever, et ont soutenu des thèses aussi bien qu'on peut faire en Europe ; ils ont surpris tout le monde. Le bon Père Jésuite, qui est présentement seul en cette ville, et qui a 70 ans, n'en a pas manqué une et y a toujours voulu disputer, ce qui vous sera encore une marque de la bonne intelligence que nous gardons avec les Pères Jésuites. Mgr de Métellopolis mesme a esté surpris de les voir si bien répondre ; de sorte que je ne doute point qu'en quelques années, ils n'en sachent autant que tous nos plus habiles missionnaires.

M. Joret n'a pas moins surpris tous les Pères qui sont en cette ville ; on ne peut pas posséder une plus grande netteté d'esprit, ni une plus grande facilité à se bien énoncer ; on peut dire que ce qu'il sait, il le sait en perfection ; il se prépare à leur enseigner la théologie dans un mois, à propos de quoi nous croyons qu'il serait bon que vous nous envoyassiez Isambert qui est un auteur très solide ; non pas à la vérité pour le leur enseigner, parce qu'il est trop long ; mais parce qu'il peut estre très utile pour un maître qui les enseigne. Car dans la dernière sincérité, ils font des objections et difficultés très fortes, et qu'on ne voit guère faire à des écoliers d'Europe ; aussi étudient-ils avec une affection et une férveur qu'on ne voit pas en Europe. Le plus sensible plaisir qu'on leur puisse faire, c'est de leur enseigner quelque chose. Vous rendriez encore un grand service à cette théologie qui va éclore, si vous pouviez envoyer les écrits qu'a dictés M. Grandin qui, généralement parlant, sont les meilleurs qu'on puisse donner ; vous les trouverez tous à Saint-Sulpice et à Saint-Lazare.

Quant aux écoliers qui sont moins avancés, et qui sont sous la conduite de M. de Mondory, ils ne font pas un moindre progrès ; il y en a environ trente-cinq à quarante. dont la plupart donnent de grandes espérances. Vous serez surpris d'apprendre que des Pégous et autres semblables, qui n'avaient jamais vu nos caractères, composent des thèmes en six mois ; il y a deux Tonkinois, arrivés ici depuis quatre mois, qui font tous les jours leurs thèmes et leurs versions ; il y en a d'autres qui expliquent facilement Cicéron, soit en leur langue, soit en autre latin, quoiqu'il faille avouer que le lieu du monde où il se fait le plus de solécismes c'est là, parce qu'on y parle toujours latin. M. de Mondory n'a pas moins grâce pour gouverner toute cette jeunesse que pour l'instruire ; il est là dans son élément et sa vocation, ce que vous croirez facilement.

Nous avons vu la piété de ceux qui ont fait le choix des livres que la Sorbonne a donnés, car ils ont choisi de très bons livres en eux-mêmes ; mais il eût été à souhaiter qu'ils eussent un peu su quels livres nous sont icy les plus nécessaires, car quoique nous estimions et recevions les escrits des Pères de l'Église, il ne s'ensuit pas que nous ayons le temps de les lire. Les casuistes et théologiens et quelques livres spirituels, les livres de médecine et de mathématiques sont ceux dont on a besoin dans ces missions.

Mgr LANEAU AUX DIRECTEURS DU SÉMINAIRE DES M.-E.

A. M.-E., vol. 859, p. 364.

17 novembre 1684.

Notre collège est bien rempli de jeunes gens de différentes nations, lesquels n'ont que la langue latine en usage ; ils profitent merveilleusement en vertu et en science, ils viennent de soutenir leurs premières thèses de philosophie, avec beaucoup d'applaudissements de tous les étrangers qui entendent la philosophie, et qui y ont assisté. Il y en a qui ont aussi bien soutenu qu'on aurait pu faire à Paris ; il faut avouer que la consolation qu'ils nous donnent est très grande, par l'espérance de ce que Dieu pourra faire par leur moyen à l'avenir ; pour moi, je n'en espérais pas tant, et je suis aise d'estre heureusement trompé.

M. JORET A M. DE BRISACIER.

A. M.-E., vol. 862, p. 151.

14 décembre 1685.

Quoique j'ai eu assez de zèle et de ferveur pour me faire courir de royaume en royaume, l'obéissance comme une chaîne m'a arrêté dans le collège de Mahapram, où pendant deux ans j'ai appris, et en mesme temps enseigné la philosophie et la théologie, à douze et treize écoliers qui attendaient de vous un autre maître que moi, pour faire dans cette haute science tout le progrès qu'ils sont capables d'y faire, estant enseignés par une personne habile. Ils auront de quoi se contenter dans la personne de M. Basset ou dans celle de M. Manuel qui ont déjà donné des preuves de leur haute science M. l'abbé de Lionne nous enlève un des meilleurs écoliers[1], et je crois que quand vous l'aurez connu, vous souhaiterez que tous les autres lui soient semblables ; cependant il n'y en a pas un qui ne tâche de le passer en tout, et on a le plaisir de leur arracher les livres des mains, crainte que la trop grande étude ne les rende malades. On les voit aller d'eux-mesmes tous les dimanches et les fêtes se confesser et communier.

JOURNAL DE LA MISSION.

A. M.-E., vol. 879, p. 549.

1686.

Il y a dans le collège de Mahapram 58 écoliers en 6 classes : la première comprend ceux qui apprennent à lire ; la seconde ceux qui apprennent les rudiments ; la troisième ceux qui commencent à composer ; la quatrième est celle des humanistes rhétoriciens ; la cinquième celle des philosophes ; et la sixième celle des théologiens.

M. Chevalier a soin des trois premières ; M. de Mondory est chargé de la quatrième et de la cinquième ; et M. Joret de la sixième.

Parmi les écoliers, il y a 1 diacre, 1 acolyte, 2 lecteurs, 5 portiers et 4 clercs.

JOURNAL DE LA MISSION.

A. M.-E., vol. 879, p. 515.

1686.

M. Constance étant allé au commencement de cette année au collège de Mahapram, MM. de Mondory, Chevalier, et Joret, qui en ont soin, l'y reçurent, suivis de tous leurs écoliers, le plus honorablement possible. Après avoir visité le collège, il en parut fort édifié, et dit qu'il voulait le transporter au plus tôt dans la ville de Siam. Il en parla bientôt au roy ; Sa Majesté envoya

---

[1] Antonio Pinto qui alla en France avec M. de Lionne.

incontinent des mandarins pour choisir une place dans la ville, avec ordre d'employer quantité de personnes pour achever promptement les travaux nécessaires. La place qu'on choisit étant fort basse, on employa durant quelques mois 4000 ou 5000 personnes à y porter de la terre ; on éleva ensuite l'église et tous les appartements en bois, à la manière du pays. M. Constance a promis dernièrement qu'il allait incessamment faire achever ce qui manque, afin que les écoliers pussent y venir demeurer. Le dessein de M. Constance était de bâtir en briques tout le collège ; mais Mgr de Métellopolis le pria de le faire d'abord en bois, afin que les écoliers y pussent aller au plus tôt, ce qui n'empêchera pas qu'il ne le bâtisse de briques peu à peu, en élevant un appartement après l'autre, sans incommoder les écoliers[1].

M. BASSET A SON PÈRE.

A. M.-E., vol. 862, p. 253.

14 décembre 1687.

J'ai passé aussi quelque temps au collège que nous avons à présent dans la ville de Siam, où M. Constance l'a fait bâtir. Mgr de Métellopolis s'est appliqué avec un soin extraordinaire à le bien régler, et y a passé pour cela presque tout le temps du carême de l'année dernière. Enfin, il y a environ trois mois que Mgr de Métellopolis, ayant retiré du collège ceux qui avaient déjà fait leur théologie, et les ayant mis au séminaire, il m'a ordonné de rester avec eux, pour y faire des conférences sur des cas de conscience et sur des matières de piété pour les disposer à recevoir les saints Ordres et à en faire les fonctions. C'est à présent ma principale et presque mon unique occupation, excepté peut-être les confessions que j'entends les fêtes et les dimanches, et quelques petites instructions que je fais parfois le dimanche par forme de prône, mais le séminaire m'occupe presque uniquement. Nous y avons l'heure d'oraison le matin ; la lecture spirituelle tous les jours ; une conférence de cas de conscience le matin, une autre le soir ; un silence perpétuel, hors les heures et les jours où l'on permet de se récréer. Ils sont 10 séminaristes : 3 Tonkinpis, 4 Cochinchinois, 1 Japonais d'origine, mais Siamois de naissance, et 2 Manillois. Trois sont déjà prêtres, et les autres se disposent à ce grand Ordre. Je ne sais si je me trompe, mais pour la piété et pour la science, je ne leur trouve pas moins d'aptitude qu'en ont ordinairement les Européens de leur âge. Ils ont beaucoup plus de docilité et de soumission que nous n'en avons ordinairement, et je crois que, s'ils avaient un bon maître, on en ferait d'excellents sujets. Nous sommes dans un corps de logis entièrement séparé de celui où demeurent les missionnaires. Depuis quatre mois que je suis dans cet emploi, je leur ai enseigné d'abord quelques petits traités de théologie morale ; durant le second, j'ai été malade, mais j'en suis parfaitement remis. Il y a un mois qu'on leur fait revoir leur théologie spéculative, dont ils doivent faire des thèses qu'ils dédieront au Pape et au roy de France, au retour des ambassadeurs qui sont présentement à Louvo ; mais on ne sait s'ils resteront assez ici pour y assister. Quand ces thèses seront présentées, ce qui sera au plus tard dans une quinzaine de jours, je recommencerai à leur faire des leçons de morale.

---

[1] A propos de cette construction, voici ce qu'en dit le P. de Fonteney (de Fontaney) dans une lettre au P. Verjus : « M. Constance a obtenu du roy un grand emplacement à Siam, où il a bâti un collège à Messieurs du Séminaire, pour y élever les enfants des nations étrangères, auquel il a donné son nom, l'appelant le collège Constantinien. Cinq cents ouvriers travaillent actuellement à cet ouvrage. C'est lui qui nourrit universellement tous les écoliers du séminaire, auxquels il donne quinze cents écus tous les ans. Il y a mis un pourvoyeur de sa main, qui fait la dépense de toute la maison. » (*Second voyage du P. Tachard et des Jésuites au royaume de Siam, p. 261*).

Mgr LANEAU
1679-1696.
(Suite).

LES AMBASSADES
1667-1684.

I

Préludes des ambassades.
Mgr Lambert de La Motte a Mgr Pallu.
A. M.-E., vol. 857, p. 222 ; vol. 876, p. 492.

19 octobre 1667.

Voyant ces premières traces de la grâce dans le cœur de ce roy, il faut, Monseigneur, que je vous expose une pensée qui m'est venue, dont vous ferez tel usage qu'il vous plaira : c'est qu'ayant appris les grands desseins que notre généreux monarque a pour l'établissement du commerce aux Indes, il me semble que cette ville estant un lieu très avantageux, pour cela, on pourrait insinuer au roy d'envoyer un ambassadeur en cette Cour, à l'exemple des Hollandais qui y ont bien réussi, afin de traiter par lui du commerce que l'on peut faire dans ce royaume, et par ce même moyen, que Sa Majesté Très Chrétienne conviât ce roy de vouloir embrasser notre religion comme estant très sainte, et la plus propre à faire régner les princes qui la professent, dans une suprême autorité, parce qu'elle oblige par ses lois les chrétiens d'estre fidèles et très obéissants à leurs souverains sous peine d'estre damnés, et lui représentant d'ailleurs, qu'il doit à la religion catholique la prospérité et grandeur de ses Etats, que lui et ses prédécesseurs ont si heureusement possédés depuis tant de siècles.

Mgr Lambert de la Motte aux directeurs du Séminaire des M.-E.
A. M-E., vol. 858, p. 277.

23 novembre 1674.

On est toujours icy dans le dessein de l'ambassade pour l'Europe. Le roy souhaite que je l'y accompagne : je ferai tout mon possible pour m'en défendre.

Mgr Laneau a Colbert.
A. M.-E., vol. 858, p. 281.

25 décembre 1675.

Je crois, Monsieur, que vous aurez encore une particulière satisfaction, de savoir que dans ces extrémités du monde, où à peine savait-on autrefois s'il y avait une France, surtout avant que nous y fussions arrivés et que nous en eussions donné les premières connaissances le renom de notre grand monarque y est si fameux, que toutes les nations s'entretiennent avec étonnement de ses conquêtes et de son grand pouvoir ; ce qui fait extrêmement désirer à tous ces roys-ci et à leurs sujets d'y voir des établissements de la Compagnie, qui sans doute seraient très propres à faire connaître de plus en plus son nom glorieux.

Mgr Lambert a l'Archevêque de Paris[1].
A. M.-E., vol. 877, p. 445.

1676.

Je ne désespère pas d'avoir encore l'honneur de vous voir, puisqu'on a résolu en cette Cour d'envoyer des ambassadeurs en France, et que je ne

---

[1] Mgr Fr. de Harlai de Champvallon.

pourrai pas me défendre des instances qu'on me fait d'y aller avec eux. On aurait exécuté ce dessein cette année, si les Hollandais n'eussent pas refusé les passeports nécessaires. Le sujet de cette ambassade est que le roy de Siam, répondant à la lettre que Sa Majesté Très Chrétienne lui a fait écrire de sa part en notre faveur, lui témoigne désirer son alliance, et lui fait des offres fort considérables, dont la principale est que, s'il le juge bon, il donnera un port dans son État, où les Français pourront bâtir une ville pour la sûreté de leur commerce. Nous croyons que l'avis que nous en avons donné au roy et à M. Colbert est arrivé en France ; si cependant cela n'estait pas, par quelque malheur, Votre Grandeur voudra peut-être bien y suppléer par celui qu'elle en donnerait à la Cour ; c'est ce dont je la supplie, et de me croire avec tout le respect possible, etc.

Mgr LANEAU AU CURÉ DE SAINT-JACQUES DE LA BOUCHERIE.

A. M.-E., vol. 857, p. 469

9 octobre 1677.

Le roy de Siam continue toujours dans la pensée d'envoyer une ambassade aux Cours de France et de Rome ; ses présents sont déjà tout prêts ; il les aurait envoyés n'eût esté la guerre des Hollandais ; et il souhaite qu'un évêque français accompagne ses ambassadeurs, et comme ce prince nous affectionne extraordinairement et qu'il favorise beaucoup la religion, en permettant l'exercice aussi public que pourrait faire un prince catholique, jusque là mesme qu'il nous bâtit actuellement une église, et nous a donné de quoi subsister, ayant eu recours à lui dans nos nécessités, en un mot qu'il nous sert de père, il sera difficile, pour ne pas intéresser la religion, de ne pas lui accorder ce qu'il demande pour accompagner ses ambassadeurs. Mais quoi qu'il en soit, je ferai tout ce qui sera en mon pouvoir, pour que le sort ne tombe pas sur moi ; car il y a ici pour moi des attraits, que je ne puis trouver en aucun lieu ; quoique ce ne soit pas le motif qui m'y retienne, mais la seule volonté de Dieu qui m'y a amené, et qui semble vouloir me permettre d'y rester autant de temps que je ne m'y verrai pas tout à fait inutile.

Mgr LAMBERT DE LA MOTTE ET Mgr LANEAU A Mgr PALLU.

A. M.-E., vol. 877, p. 632.

4 septembre 1678.

Le roy de Siam fit assembler, il y a deux ou trois jours, ses mandarins à la salle royale, et leur ordonna de choisir des ambassadeurs pour France. Ils en nommèrent deux, et rapportèrent au roy le choix qu'ils avaient fait ; celui-ci se mit en colère de ce qu'ils n'estaient pas assez considérables, et leur commanda d'en choisir d'autres. Nous ne savons pas s'il a dans sa pensée de les envoyer cette année ; l'exécution en paraît difficile à cause des Hollandais. C'est Opra Krai qui nous a donné cette nouvelle.

II

Première ambassade siamoise.

RAPPORT DE BOUREAU-DESLANDES [1].

A. M.-E., vol. 856, p. 10.

1680.

Une seule chose pouvait retenir le roy de Siam dans l'envoi de l'ambassade, c'estait de n'avoir pas de sujets propres à conduire un navire jusqu'en France, vu qu'ils n'ont coutume de naviguer que le long des costes,

---

[1] Il est appelé Boureau-Deslandes, Deslandes-Boureau, Deslandes.

où il n'est pas besoin de beaucoup de science du pilotage. Cependant M. Baron, directeur général pour la Royale Compagnie, estant pleinement informé des intentions du roy de Siam, promit un navire pour porter ses ambassadeurs, voulant en cela augmenter les triomphes et les victoires de son roy par l'ambassade d'un des plus grands princes de l'Orient.

En effet. l'année dernière 1680, le 3 septembre, arriva le navire nommé *Le Vautour* à la barre de Siam, ce dont toute la Cour fut émue. Avant qu'on eût avis que le navire fût entré dans la rivière, on avait fait demander au roy s'il trouverait bon que ledit vaisseau saluât en passant la forteresse de Bangkok, suivant la coutume des Européens et contre celle des Siamois. L'ordre fut incontinent porté au gouverneur de la place, qui est turc de nation, de rendre le salut au navire s'il saluait. Or, depuis longtemps tous les navigateurs de ces pays prennent le pavillon hollandais comme étant le plus connu parmi ces peuples, et comme le roy de Siam, mesme jusqu'à présent, n'en a eu aucun de fixe, ledit gouverneur arbora le pavillon hollandais Le capitaine. nommé M. Cornuel, fit dire au gouverneur que s'il souhaitait qu'il saluât la forteresse, qu'il en retirât le pavillon hollandais, et que pourvu qu'il n'y en eût aucun des nations d'Europe, il pouvait arborer celui qui lui plairait. Le gouverneur fit donc abattre le pavillon hollandais, pour en élever un rouge ; et pour rendre le salut il fit tirer cinquante coups et davantage, sans garder aucune mesure, ce qui aurait paru incroyable à toutes les nations, si les Portugais, avec plusieurs autres, n'y avaient esté présents pour en rendre témoignage.

M. Baron, directeur général, envoyait une lettre au roy avec des présents, au nom de la Compagnie, par le sieur Boureau-Deslandes qu'il avait choisi. M. l'évêque de Métellopolis, estant le conducteur de part et d'autre de toutes les négociations, crut avec juste raison qu'il pourrait dans une semblable conjoncture obtenir quelque privilège particulier. contre les lois et les coutumes de la Cour ; il exprima le désir que le sieur Deslandes offrît lui-mesme la lettre et les présents au roy. On demeura vingt jours et plus à insister, sans avoir aucune réponse de la Cour, le premier ministre ne faisant connaître au roy aucune des propositions qu'on avançait. La raison de leurs coutumes l'emportait sur toute autre, jointe à l'émulation de quelques envieux et adversaires qu'on n'a pas eu de peine à découvrir, et qui voulaient ôter ce petit honneur à la nation française. On aurait esté plus opiniâtre pour obtenir ce que l'on avait demandé, si le peu de temps que le navire avait à demeurer, et les ordres de M. Baron pour le faire partir au plus tôt, n'eussent obligé le sieur Deslandes à céder ; outre cela, le roy devait dans trois jours partir pour Louvo, ville distante de deux journées, où il demeure huit mois de l'année.

Le jour estant assigné pour porter la lettre et les présents, trois grands mandarins avec leurs bateaux d'État et de parade vinrent jusque devant la maison de M. l'évêque, où estait logé M. Deslandes, pour accompagner la lettre de M. Baron, et les présents qui furent portés publiquement sur deux grands bateaux, jusque dans la salle où le premier ministre, assisté de plusieurs mandarins chinois, maures, siamois et portugais, attendait M. Deslandes qu'accompagnaient M. Cornuel et une vingtaine de soldats français armés. MM. Deslandes et Cornuel s'assirent au milieu de la salle, vis à-vis du premier ministre, ayant la lettre devant soi dans une corbeille d'or, laquelle fut lue et traduite en siamois dans la mesme salle, par un missionnaire français que l'on avait placé seul dans le lieu de leurs grands talapoins. L'audience dura une grosse heure environ, et se passa en plusieurs demandes sur la Cour de France, les grandeurs de l'Europe et autres, auxquelles M. Deslandes satisfit sans hésiter, et avec louange de tous les assistants. qui disaient hautement que ce jeune homme avait esté bien élevé. L'audience finie, le premier ministre porta la lettre et sa traduction avec les présents, au roy qui les estima, à ce que quelques mandarins de la Cour ont rapporté, plus que tous les autres présents qu'il a coutume de recevoir, principalement un grand lustre, un moyen, et deux girandoles, le tout de cristal, qu'il fit porter à Louvo pour s'en servir. Ils estiment le cristal bien ouvragé plus que l'argent, et en recherchent partout, aussi bien que les ouvrages d'émail.

Le roy, néanmoins, pour favoriser le sieur Deslandes par dessus les autres nations, voulut bien, à la prière de M. l'évêque, se faire voir à lui. Au jour assigné, il sortit tout exprès de son palais, accompagné de plus de 600 soldats, pour venir dans une grande cour où MM. Deslandes et Cornuel l'attendaient sur un tapis, et après quelque petit entretien, il se retira, leur faisant présent à chacun d'un justaucorps de brocart de Perse[1].

Le mesme jour que le roy arriva à Louvo, il depêcha un exprès pour avertir M. l'évêque et un de ses amis missionnaire de venir en Cour pour traiter de l'ambassade.

L'entretien du roy avec M. l'évêque, qui eut lieu sans interprète, dura cinq gros quarts d'heure sur plusieurs différentes matières : mathématiques, astrologie ; mais principalement géographie, gouvernements et grandeurs des roys et princes d'Europe, surtout de France ; et sur la grande renommée que s'estait acquise le roy de France dans toutes ses guerres, puisque entre tous les princes d'Europe on ne parlait que de lui, de ses victoires et prises de villes.

Le roy fit voir dans l'entretien, qu'il avait profité des livres que le prélat a composés en langue de Siam pour lui, et principalement de la géographie dont il parla assez pertinemment. Il serait trop long d'insérer ici tout l'entretien ; trois mandarins écrivaient tous ces discours, et peu s'en fallut qu'ils ne fussent maltraités pour n'avoir pu suivre tout l'entretien, parce que, quand ils présentèrent au roy ce qu'ils avaient recueilli, il leur dit que de la tête ils en avaient fait les pieds, et des pieds la tête.

Le temps cependant passait sans beaucoup avancer la négociation de l'ambassade, et il fallait songer au départ du navire. Les oppositions des Maures, qui cherchent à chasser les missionnaires français du royaume de Siam, aussi bien que celles de quelques autres envieux, retardaient l'exécution du dessein du roy. On a su par voie certaine qu'il fut obligé de dire à ceux qui s'y opposaient, qu'il fallait faire l'ambassade ; qu'il ne pouvait s'en dispenser, et que rien ne l'en empêcherait. M. l'évêque et son missionnaire[2] ne perdaient pas de temps, et par leurs négociations, vinrent à bout de leur dessein, surmontant les difficultés par la patience. Il faut pourtant avouer

---

[1] Dans un passage de sa relation, dont nous ne citons qu'une partie, Boureau-Deslandes trace de Phra-Naraï le portrait suivant :

Le roi est d'une stature médiocre ; ni blanc, ni noir ; âgé de 40 ans ; un visage large et riant ; grand front point de barbe ; le nez camus et épaté qui remue tant soit peu dans son parler ; ses lèvres sont assez grosses. Son habit estait d'un satin rouge de Perse, parsemé de petites fleurs d'or, en manière de veste, les manches comme d'une soutane sans boutonnières, et au-dessus une veste de mesme façon d'étoffe de bengale fort fine et très claire, avec un ouvrage manière dentelles aux coutures. Un crise à poignée d'or garni de pierreries à son costé gauche ; un sabre du Japon très richement orné sur ses genoux, et ses doigts ornés jusqu'à demi d'anneaux et de pierreries de toutes sortes de couleurs, et très grosses. (A. M.-E., vol. 856, p. 13).

[2] M. Gayme. Au sujet du choix de ce missionnaire, voici ce que raconte B. Vachet : « Dans une conversation que le roi eut avec Mgr de Métellopolis, il dit : « N'appréhendez pas que j'aie jeté les yeux sur vous ; je vous nommerais volontiers mon ambassadeur en chef ; mais l'idée de vous envoyer en sous-ordre n'a pu entrer dans mon esprit. Celui que je vous demande, c'est M. Gayme que voilà à vos côtés ; ne me le refusez pas si vous ne voulez pas m'affliger. »

Mgr Laneau accéda immédiatement à la proposition. M. Gayme remplissait alors la charge de procureur général après avoir été procureur à Bantam.

que les grandes idées qu'on a baillées au roy, de la France et de son monarque, ont beaucoup contribué à le décider d'apprendre par ses propres ambassadeurs ce qu'il ne connaît que par des rapports ; car on lui a toujours soutenu que l'Europe estait la plus belle, la plus riche et la plus puissante partie du monde, et que la France estait le royaume le plus fleuri de toute l'Europe. C'est pour cette raison qu'il a choisi pour son premier ambassadeur un homme déjà âgé de 62 ans, qui a fait trois ambassades en Chine, à Pékin, pour voir la différence des pays avec la France, et du train et gouvernement d'une Cour avec l'autre. Il est à présumer que ces ambassadeurs seront obligés de dire ce que disait la reine de Saba : « J'ai vu quelque chose de plus grand que ce que j'ai ouï dire de Salomon ».

Le roy conclut par les lettres qu'il devait écrire au Pape et au roy, dans lesquelles on voit encore le style dont usaient anciennement les roys de l'Orient ; elles furent remises à M. l'évêque pour en faire la version ; elles sont élégantes dans leur langue de Siam et mêlées de beaucoup de paroles de leur latin (bali), la traduction en a esté faite le plus exactement possible, mot à mot, sans y ajouter ni diminuer. La version faite, on fit coucher l'original en siamois sur une feuille d'or de l'épaisseur d'un sequin, longue d'un pied et plus, et large de huit pouces environ avec son étui d'or. La lettre pour le Pape est aussi sur une plaque d'or ; mais pour ce qui est de l'étui, quand l'or fut battu pour le faire, il survint une difficulté, à savoir que le Pape estant prêtre et adonné entièrement au service de Dieu, peut-estre se formaliserait-il, si on lui envoyait un étui d'or, pensant qu'on le tenait pour un homme qui aime l'or et les richesses, lesquelles selon sa condition ils croyent qu'il méprise. Sur cette pensée, ils consultèrent M. l'évêque et le missionnaire qui connaissent déjà leur scrupule, après leur avoir dit plusieurs choses sur le pouvoir spirituel et temporel du Pape, les laissèrent dans la liberté de choisir, ou de l'or, ou du bois de calamba qui est aussi cher que l'or, ou du sandal ; n'ayant trouvé aucun calamba assez gros pour faire l'étui, ils le firent de sandal.

Avant mesme que les lettres fussent écrites, les présents estaient déjà choisis par le missionnaire, qui devait lui-mesme accompagner les ambassadeurs. On lui offrit au commencement quelques ouvrages d'argent du Japon et de Chine ; mais il fut répondu, qu'il n'estait pas à propos d'envoyer des ouvrages d'or et d'argent en France, puisqu'on n'en saurait porter qui approchassent de la beauté de ceux que l'on y fait, qui surpassent en nombre et en perfection infiniment tous les ouvrages d'Orient.

Le roy fit demander aux Anglais et Hollandais ce qui pourrait estre plus propre, pour faire des présents en France et à Rome ; ils firent la mesme réponse. Néanmoins, comme selon la coutume du royaume ils n'envoient jamais d'autres présents, ils firent choisir parmi tous les ouvrages vernissés du Japon ce qu'il y avait de plus convenable ; ils s'étonnaient de voir que le missionnaire en choisissait si peu, et le pressèrent fort d'en prendre un grand nombre ; il s'excusa à la fin, vu les pressantes sollicitations, ajoutant qu'on ne manquait pas de tous ces ouvrages en France et de plus beaux.

On fut bien étonné à la Cour, lorsqu'on fit savoir que les ambassadeurs iraient faire la révérence à la reine, à Mgr le Dauphin, et à Monsieur ; cela les obligea à faire encore choisir des présents pour tous trois, dont le mémoire fut joint avec les lettres du Pape et du roy. Dans ces pays, c'est une chose inouïe que les ambassadeurs fassent la révérence à la reine.

Comme ils considèrent la Compagnie, ils s'informèrent quels en estaient les chefs ; suivant la réponse, ils choisirent quelques présents pour MM. Colbert et Bénier. Les noms des ambassadeurs sont les suivants : 1° Opra Pipatracha maytri ; 2° Louang Séri Vissan Senton ; 3° Cun Nacolla Vichay.

Le tout estant préparé, il ne restait plus qu'à faire choisir par leurs astrologues un bon jour pour fermer et cacheter les lettres, et les envoyer au navire. Deux jours auparavant, le premier ministre fit bailler quelque connaissance des grandeurs de son roy et de son royaume, au missionnaire qui conduisait les ambassadeurs, lesquels sont aussi fournis des reponses qu'ils doivent faire aux demandes qu'on leur adressera touchant la grandeur et puissance de leur roy, qui peut être jugée par le nombre des éléphants et la quantité des navires. Le 1er décembre ayant esté choisi pour cacheter les lettres et les porter au navire, le premier ministre envoya avertir le missionnaire de venir dans le grand temple de la ville, sur les neuf heures du matin, où il estait attendu, pour voir fermer et cacheter les lettres. C'est une cérémonie purement civile ; plusieurs grands mandarins y estaient présents ; le missionnaire estant assis auprès du premier ministre, quelques trompettes à leur manière commencèrent à sonner, et tous ces mandarins et le premier ministre firent des profondes inclinaisons aux lettres, et ce par trois fois. Le missionnaire voyant qu'on ne mettait point de cachet sur les lettres en demanda la raison ; le premier ministre lui répondit que ce n'estait pas la coutume, et quand on voudrait le mettre, il ne tiendrait pas sur l'or ; alors le missionnaire dit que, s'il n'y avait point de sceau, on n'approuverait pas cela en France, et qu'il pouvait le mettre sur la traduction qui estait en papier et pliée dans l'original d'or, ce qu'ils exécutèrent aussitôt sans répugnance ; puis ils la roulèrent dans celle d'or, la mirent dans l'étui aussi d'or, celle du Pape dans son étui de bois de sandal, et enfin, toutes deux dans deux coffres du Japon couverts d'un brocard d'or de Chine, violet pour le Pape et rouge pour celui du roy, comme pour un guerrier. Les trois ambassadeurs estaient présents à cette action, laquelle finie, tout aussitôt on porta les lettres dans des bateaux du roy.

Le premier ministre, les accompagnant à pied jusqu'au bord de la rivière, monta sur son bateau de parade, armé de cent rameurs ; plusieurs autres grands mandarins accompagnèrent les lettres jusqu'au vaisseau ; le premier ministre ne fut qu'à moitié chemin, vu qu'il ne peut s'éloigner de la Cour. M. l'évêque partit en même temps, et se rendit le lendemain au navire pour y aider à recevoir et faire honneur aux lettres. Au bruit du canon, on les plaça sur un beau tapis de Perse, sur une table au-dessous d'un tendelet. De la ville de Siam jusqu'à la barre, tous les mandarins estaient obligés de venir faire leurs prosternations comme devant le roy.

Mgr Laneau a Mgr l'archevêque de Paris.

A. M.-E., vol. 859, p. 129.

16 novembre 1680.

Ayant appris par les lettres de M. Fermanel, que Votre Grandeur l'avait assuré que Sa Majesté recevrait avec joie les ambassadeurs du roy de Siam, je prends la liberté de lui donner avis par cette première voie qu'ils doivent partir au commencement de décembre, afin de la supplier de vouloir bien prendre la peine d'en prévenir la Cour. Le bon accueil que ce roy espère de la magnificence de notre grand monarque s'étendra d'autant plus dans tous ces pays, que c'est ici le seul endroit où tous les Orientaux viennent en plus grand nombre, et y demeurent avec plus de liberté. Si feu M. de Bérythe était encore en vie, lui ou moi les aurions accompagnés ; mais estant seul à présent, je ne puis, comme voit Votre Grandeur, abandonner ces missions ; j'envoie en ma place un de nos anciens missionnaires, qui ayant esté plusieurs années notre procureur général est suffisamment informé de tous ces pays-ci pour en rendre compte. C'est particulièrement de la bienveillance de Votre Grandeur, que j'espère qu'ils recevront du roy toutes sortes de faveurs, et plus mesme qu'ils ne peuvent se persuader, soit dans leur séjour en France, soit dans leur voyage de Rome, ce qui ne servira pas peu à affectionner ce prince de plus en plus aux ouvriers évangéliques, et à favoriser la religion dans ses Etats. Je ne puis assez vous témoigner, Monseigneur, combien je me sens vous estre obligé de vouloir bien vous montrer le protecteur de nos missions, et d'en procurer le bien en tant de rencontres ; et comme je suis convaincu de votre bienveillance, j'ose facilement m'en promettre la continuation, vous suppliant avec tout respect de me croire..., etc.

M. GAYME AUX DIRECTEURS DU SÉMINAIRE DES M.-E.

A. M.-E., vol. 858, p. 446.

18 novembre 1680.

Comme ce sont gens de l'autre monde, vous n'aurez pas de peine à obtenir que le roy les défraye ; les dépenses ne seront pas grandes ; ce ne sont pas gens à festins ; il sera bon que vous préveniez la Cour de cela. Il faudra aussi que du port où l'on arrivera, Sa Majesté leur fasse fournir les commodités pour se rendre à la Cour. Les ambassadeurs estant bien reçus, si le roy demande à celui de Siam de se faire chrétien, il l'ébranlera fort ; et à vrai dire, ce prince fait une estime toute particulière de Sa Majesté Très Chrétienne, par-dessus tous les autres ; le bon Dieu pourrait bien vouloir se servir de cette ambassade pour la conversion de ce royaume infidèle.

S'ils vont à Rome, le roy pourra leur en faciliter le voyage, en leur fournissant une galère ; autrement je ne vois pas qu'ils puissent l'entreprendre pour estre de retour au temps qu'ils ont déterminé. Ils feront leurs cérémonies à leur manière, vêtus comme leurs ambassadeurs qui vont à la Chine ; il serait à propos que du port où ils descendront pour aller en Cour, on leur fasse prendre le chemin sur lequel il y aura les plus belles villes, pour contenter leur curiosité ; enfin ce roy ici attend toutes sortes de générosités de Sa Majesté.

La nouvelle de cette ambassade va être répandue dans tout le monde : dans ces quartiers, à cause du commerce qui se fait ici de toutes les parties des Indes, de la Perse, du Japon, de la Chine, etc. ; et en Europe, elle ne manquera pas de courir dans les gazettes. Ils se flattent ici que Sa Majesté Très Chrétienne renverra aussi une ambassade de sa part ; nous ne leur promettons rien là-dessus.

LE BARCALON A MM. LES DIRECTEURS GÉNÉRAUX DE LA COMPAGNIE DU COMMERCE DES INDES ORIENTALES.

A. M.-E., vol. 858, p. 469 ; vol. 877, p. 789 ; vol. 879, p. 141.

1680.

Lettre de Chao Peya, Sery Terrama, Racha Chady, Ammatraga, Nuchitra, Pipitra, Rattana, Ratconsta, Tibody Apaya Pery Bora Crounna Pahoua, qu'il envoie en signe d'amitié sincère à Messieurs les directeurs généraux de la Compagnie royale de France, d'autant que le roy de France, et le roy mon maître désirent qu'il y ait union et royale amitié entre leurs deux couronnes.

Le grand roy mon maître envoie ses ambassadeurs, afin de porter ses royales lettres et présents à la haute et royale Majesté du grand roy de France, afin que les alliances si excellentes et si avantageuses puissent estre perpétuelles à l'avenir. Or, comme les ambassadeurs, sous-ambassadeurs et serviteurs du roy mon maître font un chemin fort long, si les dits ambassadeurs, sous-ambassadeurs et serviteurs du roy mon maître, ou bien le Père Gayme et Emmanuel Picaredo[1] vont le demander à la Compagnie royale, je prie la dite Compagnie royale de presser et assister les dits ambassadeurs, sous-ambassadeurs et serviteurs du roy mon maître, qui sont envoyés conformément à sa volonté et nécessité ; et si les ambassadeurs, sous-ambassadeurs et serviteurs du roy mon maître, prennent quelque chose de la royale

---

[1] L'interprète.

Compagnie, qu'elle en fasse un compte clair et net, et l'envoie ici, afin que l'on satisfasse à tout ce qu'ils auront reçu de la Compagnie. De plus, si la Compagnie désire quelque chose du royaume, je la prie de nous le faire savoir avec toute la clarté possible, sans aucune obscurité.

LE BARCALON A M. BARON.

A. M.-E, vol. 858, p. 473 ; vol. 877, p. 790.

1680.

M. le Directeur général a eu la générosité d'envoyer par M. Deslandes des lettres et des présents, pour estre présentés au grand et puissant roy mon maitre, me recommandant de donner mon assistance pour les lui estre présentés, et qu'il m'a aussi envoyé une lettre et des présents que j'ai reçus. On m'a expliqué les dites lettres, suivant la coutume, et j'ai connu par leur teneur, et par les discours de M. Deslandes que M. le Général, ayant su que l'on devait envoyer des ambassadeurs au roy de France et au saint Pape, en avait conçu beaucoup de joie, et qu'il avait fait préparer un vaisseau bien fourni d'armes et de gens, avec M. Cornuel, capitaine du vaisseau, afin de recevoir l'ambassade. Il avait recommandé à M. Cornuel d'agir conformément à ce qui leur serait ordonné, et que si l'on différait encore d'envoyer l'ambassade, il nous priait que le vaisseau fût dépêché à temps pour retourner et ne pas perdre la mousson. De plus, il me recommandait d'assister M. Deslandes en tout ce qu'il pouvait avoir besoin. Ayant donc entendu tout le contenu des dites lettres, j'ai reçu une grande joie, et en ayant donné connaissance au grand roy mon maître, il a esté aussi très satisfait et très content du procédé de M. le Général ; et comme il y a très longtemps qu'il désirait avec passion qu'il y eût alliance et union ferme entre les deux couronnes quand M. le Général a envoyé un vaisseau pour emporter ses ambassadeurs, c'est ce que son cœur royal souhaitait le plus ardemment ; en mesme temps il m'a donné ses ordres que j'ai reçus sur le sommet de ma tête, savoir de choisir des ambassadeurs pour porter ses lettres et présents à la haute Majesté du grand roy de France, afin que cette royale et très excellente alliance fût perpétuelle à l'avenir. Je crois que M. Deslandes ne manquera pas de donner avis à M. le Général des services que je lui ai rendus.

Le roy mon maître vous envoie

[Omission].

Et moi, de ma part je vous envoie un coffret du Japon à couverture verte, le fond noir avec des feuilles d'or ; un coffre de Chine, le fond noir travaillé avec ambre et or ; deux arbrisseaux d'ambre ; un pot d'ambre, dont le couvercle est orné d'or et d'argent ; deux boules à chao, huit choanns, deux bandes noires et peintes, une paire de paravents du Japon ; ce que je vous prie de recevoir pour l'amitié que je vous porte. Je laisse à M. le Général de prévoir les moyens qui sont nécessaires, pour qu'entre lui et moi il puisse y avoir un parfait amour et une inviolable amitié pour l'avenir.

PHRA NARAÏ A LOUIS XIV.

A. M.-E., vol. 858, p. 465.

1680.

Lettre de la royale et insigne ambassade du grand roy du royaume de Juthia, qu'il envoie à vous, ô très grand roy et très puissant seigneur des royaumes de France et de Navarre, qui avez des dignités suréminentes, dont l'éclat et la splendeur brillent comme le soleil ; vous qui gardez une loi très excellente et très parfaite, et c'est aussi par cette raison que, comme vous gardez et soutenez la loi et la justice, vous avez remporté des victoires sur tous vos ennemis, et que le bruit et la renommée de vos victoires se répandent par toutes les nations de l'univers. Or, touchant les lettres de la royale ambassade pleine de majesté, que vous, ô très grand roy, nous avez envoyée par Dom François[1], évêque, jusque dans ce royaume, et après avoir compris le contenu de votre illustre et élégante ambassade, notre cœur royal a esté rempli et comblé d'une très grande joie, et j'ai eu soin de chercher les moyens d'établir une forte et ferme amitié à l'avenir ; et lorsque j'ai vu le général de Surate envoyer ici, sous votre bon plaisir, un vaisseau pour prendre notre ambassade et nos ambassadeurs, pour lors mon cœur s'est trouvé dans l'accomplissement de ses souhaits et de ses désirs, et nous avons envoyé tels et tels, pour estre les porteurs de notre lettre d'ambassade, et des présents que nous envoyons à vous, ô très grand roy, afin qu'entre nous il y ait une véritable intelligence, une parfaite union et amitié, et que cette amitié puisse estre ferme et inviolable dans le temps avenir ; que si, ô très grand et puissant roy, vous désirez quelque chose de notre royaume, je vous prie de le faire déclarer à nos ambassadeurs.

Lorsque les mesmes ambassadeurs auront achevé, je vous prie de leur donner permission de s'en revenir, afin que je puisse apprendre les bonnes nouvelles de vos félicités, ô très grand et puissant roy. De plus, je vous supplie, ô très grand et puissant roy, de nous envoyer des ambassadeurs, et que nos ambassades puissent aller et venir sans manquer, vous priant que notre amitié soit ferme et inviolable pour toujours ; et je conjure la toute-puissance de Dieu de vous conserver en toutes sortes de prospérités, et qu'il les augmente de jour en jour, afin que vous puissiez gouverner vos royaumes de France et de Navarre avec toute tranquillité ; et je le supplie qu'il vous agrandisse par des victoires sur tous vos ennemis, et qu'il vous accorde une longue vie, pleine de prospérités.

PHRA NARAÏ AU PAPE.

A. M.-É., vol. 858, p. 467 ; vol. 877, p. 792 : vol. 879. p. 140.

1680.

Lettre de la royale ambassade du grand roy de Siam. qu'il envoya au saint Pape, qui est le premier et le père de tous les chrétiens, dont il soutient la religion pour lui donner de l'éclat et la gouverner, afin que tous les chrétiens y demeurent fermes, et suivent ce que la religion et la justice demandent, d'autant qu'il a esté de tout temps visité par les grands roys et princes, qui excellent en mérites et en forces, ont soin et désirent ardemment étendre leurs royales amitiés sur toutes les parties du monde, et sur les diverses nations qui l'habitent, et savoir les choses qui s'y passent. C'est pourquoi, quand le saint Pape nous a envoyé ici en royale ambassade Dom François, évêque, cela nous donna une très grande joie ; et après avoir lu le contenu de la lettre dont il estait porteur, remplie de beaucoup de civilités, notre cœur royal fut débordant d'une joie très grande. Pour ces raisons, nous avons résolu d'envoyer tels et tels, pour porter au saint Pape les lettres de notre royale ambassade, et les présents dont ils sont chargés, à dessein qu'il y ait une royale amitié entre nous, un mutuel amour et une union qui dureront jusqu'à l'éternité.

Quand nos ambassadeurs auront achevé ce dont nous les avons chargés, je vous prie de les laisser revenir, afin qu'ils m'apportent des nouvelles du saint Pape, qui me seront très chères, et que j'estimerai infiniment. Je prie aussi le saint Pape de m'envoyer des ambassadeurs, et que nos ambassades puissent aller et venir sans interruption, afin qu'une si excellente, si précieuse, et si illustre amitié, puisse durer éternellement. Enfin je souhaite que le saint Pape jouisse de toutes sortes de biens et félicités dans la loi des chré-

____
[1] Mgr Pallu.

tiens, et qu'il vive plusieurs années pleines de mérite, sainteté, joie, et
repos.

M. GAYME AUX DIRECTEURS DU SÉMIMAIRE DES M.-E.

A. M.-E., vol. 858, p. 449.

Bantam, 18 janvier 1681.

L'ambassade ayant été conclue et tout estant préparé, nous partîmes de
Louvo, où nous nous étions rendus Monseigneur et moi par ordre du roy,
pour négocier cette ambassade qui nous a causé bien du travail, et à moi particulièrement, une maladie dont je me ressens encore. Nous partîmes de Siam
la veille de Noël ; avec l'aide de Dieu, du bon vent et la vigilance de notre
capitaine, nous sommes arrivés en cette rade de Bantam le 17e jour de notre
navigation, ce que nul vaisseau n'a pu faire jusqu'à présent.

Il y a trois ambassadeurs, tous trois de différentes qualités ; celle du
premier correspond à celle de marquis en France, et les autres se propor-
tionnent Le premier, qui est un vieillard de 60 ans, a déjà fait trois ambassades pour le roi de Siam à l'empereur de la Chine ; et c'est pourquoi on l'a
choisi pour celle-cy, afin de savoir la différence qu'il y a entre l'un et l'autre
pays. Il se vante d'avoir passé depuis Canton jusqu'à Pékin par 66 grandes
villes ; et comme la grande renommée de Sa Majesté Très Chrétienne et celle
de son royaume ont beaucoup contribué à déterminer ce roy à accomplir enfin
sa parole sur le sujet de cette ambassade, vous aurez la bonté de ménager
avec la Cour la route qu'on pourrait leur faire prendre, pour voir quantité
de belles villes avant d'arriver à Paris ; et de Paris à Rome, où ils sont aussi
envoyés, on pourrait en faire de mesme, si on le juge à propos. Ces ambassadeurs portent pour leurs dépenses environ 3.000 écus et 2.300 que la mission doit encore, que Monseigneur a promis leur faire toucher en France. Et
par ordre du roy, le premier ministre écrit à Messieurs de la Compagnie
royale.

En quelque port de France que nous arrivions, je vous en baillerai incontinent avis. Cependant je vous prie de savoir de Messieurs les directeurs
généraux de la Compagnie, s'ils accepteront la lettre de crédit, afin que nous
puissions régler les dépenses.

Trois jours après l'arrivée, le chef de la loge de Bantam ayant fait préparer le mieux qu'il put une maison tenant à la loge, l'ayant fait tapisser de
toiles peintes, et ayant couvert le planch de grands tapis, alla lui-mesme,
avec le plus de Français qu'il put, prendre les ambassadeurs au navire ; ils
en sortirent avec les lettres, au bruit du canon tant français qu'anglais, avec
plusieurs parasols Il les régala ce jour là le mieux qu'il lui fut possible, voulant autant qu'il pouvait de son costé caresser et bien traiter les ambassadeurs, pour l'honneur du roy et pour l'avantage de celui de Siam.

Nous attendons un navire de Surate, qu'on nous a fait espérer pour porter les ambassadeurs en France. Néanmoins, en attendant on va faire raccommoder celui où nous sommes venus de Siam, qui est d'une grandeur raisonnable, et auquel il y a peu à faire, afin d'estre prêts à partir d'ici au 15 février
pour le plus tard, sans y manquer.

Bantam, 25 juillet 1681.

Le vaisseau *Le Soleil d'Orient* étant arrivé ici de Surate le jour de saint
Jean pour aller en France, nous partirons à la fin du mois d'aoust à Masca-
regne, où la Compagnie envoie quelque secours, et nous pourrons arriver en
France à la fin de mars. Le troisième de nos ambassadeurs est fort mal ; il
commence d'être attaqué d'une paralysie. Je prends un soin particulier à le
faire traiter.

III

Relations des Vicaires apostoliques et des missionnaires
avec le roi de Siam, de 1682 à 1684.
JOURNAL DE LA MISSION.
A. M.-E., vol. 878, p. 488.

1681-1682.

Au commencement de décembre, le roy alla à Louvo pour le bon air et le divertissement qu'il y trouve de la chasse des éléphants ; il y passe ordinairement huit mois de l'année. Avant de partir, il envoya ses médecins à Mᵍʳ de Métellopolis, pour luy demander si on luy pouvait faire dans nostre maison de l'or liquide ; Monseigneur qui a depuis deux ans un fort habile apothicaire et chirurgien du pays de Suisse, savant dans la chimie, leur répondit que oui, et le roy donna aussitost ordre qu'on bastit dans nostre enclos le laboratoire et les fourneaux nécessaires à cette opération, et qu'on fournit l'or qui serait nécessaire, avec les hommes et le bois, ce qui fut exécuté ; et le mois de février suivant, on mit entre les mains des mesmes médecins du roy une fiole d'or liquide très bien composé, dont le roy témoigna estre très satisfait, n'en ayant jamais reçu en ce pays, quoiqu'il eût désiré d'en avoir depuis longtemps à cause de la réputation qu'a cette liqueur, qui toutefois dans le fond n'a pas toutes les vertus que l'on en publie, s'il en faut croire les plus sincères médecins.

Au commencement de juin, Mᵍʳ de Métellopolis, ayant résolu d'aller en Cochinchine pour faire au roy des présents que feu Mᵍʳ de Bérythe avait promis, vu principalement qu'on n'avait aucune nouvelle du départ de Mᵍʳ d'Héliopolis de France et de son arrivée à Surate, fit demander son congé au roy pour ce voyage ; il le luy accorda, et luy fit savoir qu'il voulait luy donner audience avant son départ. Vers le 8 du mois, l'évêque fut appelé à Louvo ; il eut audience du roi à l'accoutumée. Le roi lui demanda ce qu'il allait faire en Cochinchine ; combien il y avait de chrétiens et d'églises ; si les églises estaient de pierre ; et enfin sur la croix il le pria de luy expliquer ce qu'elle signifiait, et invita Monseigneur à le prêcher, ainsi qu'il faisait les chrétiens. Monseigneur satisfit très bien le roy sur tous ces points ; mais comme l'escrivain du roy, qui notait tout l'entretien de cette audience, n'avait pas bien rapporté ce que Monseigneur avait dit de la croix, le roy l'envoya chez Monseigneur pour escrire de nouveau plus exactement ce que Monseigneur avait dit. Ce fut en cette audience que le roy donna pour la première fois à Monseigneur une croix d'un métal meslangé, plus précieux icy que l'or, avec un habit violet. Le roy fit escrire aussi par le barcalon au roy de Cochinchine, pour luy recommander la personne de Mᵍʳ de Métellopolis ; il luy fit fournir beaucoup de riz pour son voyage, ce qui nous a beaucoup servi icy dans la maison, à cause que cette année il a esté très cher ; et outre la cherté, il estait très difficile d'en trouver[1].

M. DUCHESNE AUX DIRECTEURS DU SÉMINAIRE DES M.-E.

A. M.-E., vol. 878, p. 194.

13 novembre 1682.

Au commencement d'avril, le roy ayant ouï parler d'un certain or fulmi-

---

[1] Avant de partir de Siam, Monseigneur voulant donner aux Jésuites un exemple d'humilité, ainsi que de l'union qu'il désirait avoir avec eux, alla conjointement avec Mᵍʳ d'Auren visiter le P. Supérieur des Jésuites. On ne saurait dire combien ce Père fut interdit ; il ne fit aucune réception à Monseigneur ; tout au contraire, les Pères Dominicains en firent une qui allait à l'excès ; cela fut bien remarqué ; aussi depuis, Dominicains et Jésuites sont convenus d'estre uniformes, et ont pris un milieu entre le trop des Dominicains, et le trop peu des Jésuites, ainsi qu'on l'a constaté dans la visite que Mᵍʳ d'Héliopolis a rendue depuis à ces Pères. (*A. M.-E.*, vol. 878. p. 489.)

nant, et avec tant de force et de bruit qu'il est comparé pour cela à la poudre
et en prend mesme le nom, fit demander à Monseigneur, si celui qui avait
fait l'or liquide pouvait lui faire de l'or fulminant. Monseigneur qui n'omet
rien pour contenter le roy, quoiqu'il lui manquât quelques drogues pour
faire cette poudre, ayant néanmoins trouvé le moyen d'y suppléer par d'autres
que nostre médecin chimiste inventa, promit de satisfaire le roy, ce qu'on a
fait aussi ; car le mois passé, après plusieurs expériences faites devant les
médecins du roy de l'effet surprenant de cette poudre d'or, on la leur mit
entre les mains pour la présenter eux-mesmes au roy à Louvo, où il est
présentement. On n'a pas encore su ce que le roy en avait dit ; cela nous
affectionnera sans doute de plus en plus le roy, et nous trouverons plus
d'entrée auprès de luy pour en obtenir les faveurs nécessaires, pour travailler plus librement à la religion en ce royaume.

    C'est le 4 juillet 1682, que Mgr d'Héliopolis arriva au séminaire après la
prière du soir, ayant envoyé auparavant M. Pin donner avis de son arrivée.
Comme il arriva de nuit, on ne put pas luy faire de réception telle qu'on désirait et qu'on devait faire ; on se contenta de chanter un *Te Deum* et un *Ave
maris stella* à l'église, et on le conduisit à sa chambre pour se reposer ; il
nous embrassa tous si affectueusement que nous ne pouvions contenir notre
joye ; nous adorâmes la Providence de nous l'avoir ramené dans un temps
où il estait icy très nécessaire.

    Mgr d'Héliopolis apportait de la part du Pape quatre grands tableaux
avec de très belles bordures dorées, sçavoir : l'Adoration des Roys, l'Ascension
de Notre-Seigneur, l'Apparition de la Croix à Constantin, et la retraite d'At-
tila de Rome. Les autres présents, il les fit en son nom ; en ajoutant, cependant, que le roy l'avait aidé pour en faire la dépense. Ces présents consistaient en deux grands miroirs à bordure de cuivre doré ; deux autres miroirs
de moindre grandeur avec de belles peintures sur les glaces, et des bordures
de bois doré fort bien ciselées ; deux pièces de brocard fort riche ; une très
belle et fort grande pendule sonnante ; une montre émaillée et ornée de très
belles miniatures ; deux petits arbres d'or émaillés, dans des caisses de cuivre
doré ; deux grands tapis, qui devaient servir seulement de montre et non de
présent, ayant esté tous gastés dans le vaisseau, Monseigneur offrant d'en
faire venir d'autres semblables si le dessin et la façon agréaient au roy ;
enfin, un livre des estampes de la vie et de la mort de Notre-Seigneur.

    Monseigneur présenta aussi au barcalon un grand miroir, une pièce d'es-
carlate très fine de 20 aulnes, et deux autres pièces d'étoffes de mesme grandeur, l'une d'écarlate moins fine, et l'autre de ratine d'Angleterre.

    Le 24, le barcalon fit appeler Monseigneur pour luy dire, de la part du
roy, que Sa Majesté avait eu si agréables les lettres du roy de France, que
pour correspondre de sa part au témoignage d'union et d'amitié que luy donnait le roy, et à la recommandation qu'il luy faisait des marchands français,
il voulait faire donner à la Compagnie française un poste fort considérable
nommé Jor, à la pointe de la presqu'isle de Malaque, et que tous les ans il
voulait envoyer au roy de France tout ce qu'il pourrait trouver de plus curieux dans la Chine et le Japon.

    Le 20 septembre, Monseigneur ayant donné à disner à maître Constance,
ce dernier dit qu'estant quelques jours auparavant en conversation avec le
roy (car il est du nombre des mandarins qui vont tous les jours saluer le
roy et faire leur cour), le roy luy parlant du dessein de Monseigneur d'establir la foy dans ce royaume, et de la persécution que les Japonais avaient
faite aux chrétiens, il ajouta que pour luy il laisserait toujours à tout le
monde la liberté de faire ce qu'il jugerait le meilleur sur ce point, vu que
c'est l'affaire de Dieu qui parle au cœur. Cela consola beaucoup Monseigneur,
à qui ce mesme maître Constance a dit depuis, que s'entretenant une autre

fois avec le roy sur la cause des tremblements de terre, et luy apportant les causes qu'on en donne ordinairement : « Mais qu'en dit l'Evangile ? dit le roy, car Nostre-Seigneur ne pouvait pas ignorer cela, puisqu'il sçavait tout. » A quoi maître Constance ayant répondu qu'il n'en avait rien lu dans l'Evangile : « Il faut sans doute, dit le roy, qu'on ne l'en ait pas interrogé ; car il n'aurait pas manqué de le dire, n'ignorant rien. Ensuite, ayant demandé comment Nostre-Seigneur enseignait, M. Constance luy répondit qu'il le faisait par paraboles et exemples fort familiers, qu'il expliquait ensuite ; il luy apporta l'exemple de la monnaie de César. Monseigneur espère beaucoup de ces entretiens familiers du roy avec ce mandarin sur le sujet de la religion. Une autre fois, le roy ayant condamné à mort 28 voleurs, M. Constance prit la confiance de demander leur grâce ; elle lui fut accordée ; mais le roy interrogea s'il y avait un aussi grand nombre de voleurs en Europe ; à quoi ce mandarin répondit, qu'à la vérité il n'en manquait pas ; mais que Jésus-Christ avait establi dans la religion un moyen qui en diminuait beaucoup le nombre. « Quel est-il ? dit le roy. — C'est la confession de ses péchés, dit le mandarin, et l'obligation aux voleurs de restituer, pour avoir l'absolution que les évesques et prestres, comme vicaires de Jésus-Christ, donnent sur la terre, ou refusent à leur volonté, selon la bonne ou mauvaise disposition des pénitents, laquelle Jésus-Christ ratifie au ciel. » Alors le roy se tournant vers ses mandarins leur dit : « Canailles, canailles, écoutez cela ; je vous enverrai à M. l'évesque pour vous confesser. » Puis, ayant demandé à maître Constance si tous estaient fidèles à dire leurs péchés et à restituer : « A la vérité, répondit ce mandarin, le diable s'empare tellement du cœur de quelques-uns qu'ils ne le font pas ; mais le plus grand nombre le fait. — Oh ! dit le roy, si cela est, j'appréhende bien que mes canailles ne soient du nombre de ces premiers. » Ce M. Constance est si bien intentionné pour la religion et si affectionné à rendre service à Monseigneur, que c'est à luy principalement que Monseigneur doit l'offre que le roy luy a faite de luy bastir une église ; et c'est de son soin principalement qu'on en attend l'exécution. Au mois d'octobre, le roy donna audience aux ambassadeurs du roy de Jamby, dans l'île de Sumatra, et à M. Deslandes chef du comptoir français ; on fit placer celui-ci dix à douze pas plus près du roy que les ambassadeurs.

Le roy lui parla avant de parler aux ambassadeurs et luy demanda pourquoi il n'estait pas venu de navire de la Compagnie cette année ; et après que M. Deslandes l'eut satisfait, il lui fit présent d'un justaucorps de brocart d'or, de la pièce que M. Deslandes avait présentée luy-mesme au roy en venant icy de la part de la Compagnie ; il lui donna également une pièce d'étoffe de soie pour faire la culotte, et un beau sabre couvert de lames d'or, ce qui est, pour ce qui regarde le sabre, un honneur que le roy n'a encore fait à aucun marchand, et qu'il fit, comme par extraordinaire, dernièrement, au capitaine anglais de Macao avant son départ. En cela, M. Deslandes a esté autant favorisé que luy ; de plus le roy l'a reçu en audience dans le mesme lieu et la mesme place avec le mesme présent. Le roy fit dire aussi à M. Deslandes qu'il luy donnât le modèle d'une maison qu'il voulait faire bastir pour les ambassadeurs du roy de France.

Mgr PALLU A COLBERT.

A. M.-E., vol. 859, p. 185.

15 novembre 1682.

Je suis heureusement arrivé en cette ville le quatrième de juillet dernier. Je ne vous dirai rien du détail de mes voyages, pour ne vous estre pas ennuyeux ; je vous rendrai compte seulement du succès qu'ont eu les lettres de Sa Majesté pour le roy de Siam, et les présents dont Elle m'avait chargé pour lui remettre. Aussitôt que je fus arrivé, je fis savoir au roy que je lui apportais des lettres du roy de France[1] ; il fut d'abord surpris de se voir prévenu et honoré une seconde fois des lettres d'un si grand monarque, avant qu'il eût pu recevoir la réponse qu'il avait faite à ses premières dépêches, sachant bien que les ambassadeurs qu'il avait envoyés en France n'y pouvaient pas estre arrivés quand j'en suis parti. Il ordonna aussitôt qu'on reçût ces lettres avec le mesme appareil et la mesme magnificence des premières, à laquelle il eût esté difficile d'ajouter quelque chose.

Le roy de Siam a auprès de soy un certain Grec de nation, homme d'esprit et fort entendu, et qui nous considère beaucoup. Lui ayant fait voir les lettres de Sa Majesté, il me pria de n'en point parler ; il me dit qu'il ne pouvait pas me dissimuler que ces présents ne paraissaient pas proportionnés à la grandeur de l'une et de l'autre Majesté, et qu'il appréhendait qu'en les présentant, cela ne fît un très mauvais effet en cette Cour ; qu'il estimerait beaucoup mieux de n'en point faire du tout, le roy de Siam sachant bien, par ce que je lui fis entendre lorsque je lui présentai les premières lettres du roy de France, qui n'étaient accompagnées d'aucun présent, que ce n'est pas la coutume des roys d'Europe d'accompagner toujours leurs lettres de présents, comme on fait ordinairement dans les Indes. Il m'ajouta que je pourrais bien faire, si je voulais, ces mesmes présents en mon nom, pour marquer la reconnaissance que je dois au roy, pour tous les bienfaits dont il nous honore tous les jours ; et pour lors, je pourrais faire dire au roy que je les ai reçus du roy de France, pour me mettre en état de satisfaire en quelque façon aux grandes obligations que nous avons à Sa Majesté. J'ai cru devoir suivre de point en point l'avis de cet ami, ne doutant pas qu'il ne fût très conforme aux intentions de Sa Majesté ; ce qui m'a fort bien réussi, le roy m'ayant fait dire par son ministre, que quoiqu'il n'eût pas coutume d'accepter des présents des personnes comme moi qui, n'estant pas marchands, ne tirent aucune utilité de ses Etats, et qui au contraire y font beaucoup de bien, néanmoins, eu égard à l'affection avec laquelle je les lui offrais, et pour ne me pas contrister, il les acceptait bien volontiers.

Il m'a fait depuis sonder plusieurs fois, pour savoir ce que je désirais de lui, et quoique je lui aie toujours répondu que je ne demandais autre chose que l'honneur de ses bonnes grâces, ayant su néanmoins par cet ami qu'il ne pourrait rien faire qui me fût plus agréable que de me faire bastir une église, il ordonna sur le champ qu'on m'en vînt faire l'offre de sa part, de telle grandeur et de telle manière que je la voudrais. Elle doit estre à trois nefs, de vingt brasses de long, et d'une largeur et hauteur proportionnées, avec deux croisées, et deux tours aux costés du frontispice. Le roy en a vu le plan, et a ordonné qu'on le suivît. Si son ministre avait autant d'affection pour nous que le roy nous en témoigne, ce projet serait bientôt exécuté ; voilà la plus grande preuve que le roy de Siam puisse donner de l'estime qu'il fait de notre religion, et qui nous servira plus auprès de ses sujets, dont la plupart ne se font pas chrétiens, crainte de déplaire au roy[2].

Si Sa Majesté savait au vrai combien sont grands l'estime, le respect, et l'affection qu'a ce roy pour elle, je ne doute pas qu'elle n'en fût sensiblement touchée ; il en parle très souvent, il s'est fait quelquefois apporter, trois ou quatre fois le jour, une très belle miniature que je lui ai donnée de Sa Majesté ; il m'a fait dire par son ministre qu'il voulait lui envoyer tous les ans ce qu'il recevrait de plus curieux de la Chine et du Japon ; et s'il ne venait

---

[1] Les A. M.-E. ne possèdent pas la copie de la lettre de Louis XIV apportée par Mgr Pallu, et les circonstances actuelles ne nous permettent pas de la rechercher dans les archives de l'État.

[2] Voir au sujet de cette église pp. 75, 115.

pas de vaisseaux ici, il les enverrait à Surate, pour les faire partir sur les vaisseaux de la Compagnie.

Je vous prie, Monsieur, de prendre occasion du rapport que vous ferez de ces choses à Sa Majesté, pour lui faire faire réflexion aux soins qu'ont nos missionnaires, partout où ils sont, d'y porter la gloire de Sa Majesté et l'honneur de la France. Si je n'appréhendais pas de paraître intéressé, je vous prierais de lui représenter en mesme temps les besoins où nous sommes, et la juste crainte que j'ai de ne pouvoir pas soutenir longtemps le poids du fardeau dont je suis chargé. Outre la mission de la Chine que nous allons ouvrir, je dois pourvoir à plusieurs autres qui nous sont ouvertes dans les royaumes du Tonkin, de la Cochinchine, du Champa, du Cambodge, et nommément dans ce royaume de Siam où nous avons six résidences, dont quelques-unes sont éloignées de 80 ou 100 lieues de cette ville, qui est le centre de toutes nos missions, où il me faut de plus donner à manger tous les jours à plus de 80 personnes, y compris notre séminaire, et nos petits hôpitaux, et où nous avons une boutique qui est ouverte à toutes sortes de malades, et où l'on distribue gratuitement tous les remèdes qu'on y vient demander. C'est ce qui m'oblige, Monsieur, à réitérer mes instances auprès de Sa Majesté, pour en obtenir l'union de quelque bénéfice à notre Séminaire de Paris, ou des pensions fixes et stables pour le soutien des Vicaires apostoliques de ces lieux, et pour leurs missions.

INNOCENT XI AU ROI DE SIAM.

A. M.-E., vol. 269, p. 167.

Illustri ac Potentissimo Regi Siami.

INNOCENTIUS PP. XI.

Illustris ac potentissime Rex salutem et lumen divinæ gratiæ.

Inter egregias magnoque Rege dignas dotes, quibus Celsitudinem Tuam insignitam esse, præclara ubique fama vulgavit ; præcipuum Tibi vindicare locum clementiam, qua christianæ fidei cultores respicis, ingenti cum lætitiæ sensu audivimus. Quia vero Nos in primis afficiunt beneficia omnia, quibus Celsitudo Tua ejusdem fidei professores prosequitur, prætermittere nullo modo voluimus, quin has ad Te grati animi Nostri testes daremus litteras, ex quibus intelligeres, vehementer cupere Nos, assiduas dari se Nobis occasiones, declarandi reipsa Tibi mutuam erga Te propensæ voluntatis Nostræ responsionem, quantique faciamus amplissima decora Tua. Lætiora autem in dies de singulari in eosdem christianæ fidei cultores benignitate tua Nobis allatum iri sperantes, unde Nostra vicissim erga Te studia magis etiam inflammentur, Celsitudini Tuæ cum ad perfectam divinæ veritatis agnitionem, tum ad omnem rerum secundarum faustitatem et gloriam, omnipotentem Deum propitium, at que faventem ex intimis animi penetralibus accurate precamur. Datum Romæ die 4 octobris 1679.

JOURNAL DE LA MISSION

A. M.-E., voi. 878, p. 520.

1682-1683.

Au commencement du mois de novembre 1682, Mgr l'évêque d'Héliopolis envoya M. Le Blanc, missionnaire français, à Louvo, pour y bâtir une maison de bambous à la manière du pays. Cette maison devait servir de logement à M. l'évêque d'Argolis, italien, et à deux de ses religieux franciscains, de même nation, qui souhaitaient faire quelque séjour à la mission des évêques français, pour apprendre plus facilement la langue de la Chine où ils étaient destinés. Le roy, en ayant eu nouvelle, ordonna aussitôt à son premier ministre de leur donner une maison ou de leur en faire bâtir une, ce que ce ministre exécuta incontinent ; il leur en donna une bâtie de pierre et fort commode, où ce prélat, ses deux religieux, et MM. Duchesne et Le Blanc, se logèrent.

Quelques jours après, le roy fit inviter le prélat et ses missionnaires à la chasse de l'éléphant ; il leur fit l'honneur de les faire placer dans un lieu où personne n'entra que Sa Majesté, son premier ministre et un mandarin grec ; ils sortirent fort satisfaits des honnestetés qu'on leur fit, et de la chasse qui est très agréable et magnifique. Le lendemain, le roy envoya à ce prélat un présent de fruits.

. Au commencement de décembre, le roy ordonna à un mandarin de faire bâtir l'église pour les évesques français, selon le modèle qu'on luy en avait donné. Il envoya le même ordre à un autre mandarin pour faire bâtir une maison dans la ville, à la manière de France, pour recevoir les ambassadeurs de Sa Majesté Très Chrétienne, ce qui obligea le premier ministre à faire de même, et s'offrit à luy fournir un vaisseau et tout ce qui luy serait nécessaire pour aller à Canton.

Le 15 de mars 1683, l'on ouvrit les fondements de l'église que le roy faisait bâtir aux évêques français ; M. d'Héliopolis y mit la première pierre, avec ses ornements et habits pontificaux, le 15 avril de la même année, en présence d'un mandarin qui y avait été envoyé de la part du roy, lequel ne discontinua pas d'en envoyer de temps en temps pour faire avancer l'ouvrage.

Le 21 du même mois, le prélat fut invité par le roy à Louvo, et le même jour, le chef du comptoir de la Compagnie de France, M. Deslandes, et celuy de la Compagnie de Hollande y furent aussi appelés ; Sa Majesté donna à chacun de ces deux derniers un habit, et les remercia de ce qu'ils s'étaient offerts d'aller en personne, avec tout leur monde, défendre la forteresse de Bankok contre les Chinois qui semblaient prendre le chemin de Siam, après avoir pillé la ville capitale du Cambodge.

Le 30 du même mois, MM. les évêques d'Héliopolis et d'Argolis, ayant eu une audience qui dura bien une heure, Sa Majesté fit présent au premier d'une très belle écritoire du Japon, et d'un beau baston garni de vermeil doré, pour soutenir, disait-il, sa vieillesse ; il donna au second un habit gris avec une croix pectorale, et envoya deux habits à deux de ses religieux.

Le 5 avril, les deux prélats ayant fait demander leur congé au roy, Sa Majesté voulut leur donner encore une seconde audience, après laquelle (ce qui ne s'était pas pratiqué de mémoire d'homme) on leur fit voir tout le palais, excepté la chambre où était le roy. Ce prince, dans la dernière audience qu'il leur donna, promit à M. d'Héliopolis de luy faire bâtir une église et une maison à Louvo, et une autre à Bankok ; au jour du départ des deux prélats, il leur fit amener des éléphants, et au milieu de leur chemin leur fit préparer une tente pour se reposer à l'ombre, pendant la chaleur du soir. Ce dernier honneur a été estimé très grand de tout le monde, le roy n'ayant pas accoutumé de le faire à personne.

Au commencement de may 1683, M. l'évêque d'Héliopolis obtint du roy de Siam passage sur un vaisseau qu'il envoyait à Macao, espérant de là passer à Canton, premier port de la Chine. Ayant obtenu à cet effet une forte recommandation de Sa Majesté, et une lettre de crédit pour recevoir 2.000 écus de son ambassadeur qu'il envoyait droit à Canton.

Le 27 suivant, MM. les évêques d'Héliopolis et de Métellopolis allèrent à Louvo, et eurent audience de Sa Majesté qui les régala d'un disner magnifique, et s'informa près du dernier du cours de son voyage en Cochinchine, s'il y avait beaucoup de chrestiens, combien il y avait d'églises, et s'il y en avait quelqu'une de pierre. A l'issue de cette audience, M. l'évêque de Métellopolis fut prié par le barcalon, de demander au roy la grâce d'un officier mis en prison, pour n'avoir pas fait assez avancer la maison qui devait recevoir les ambassadeurs de Sa Majesté Très Chrestienne, ce que ce prélat obtint incontinent.

Quelques jours après, le roy envoya demander à M. l'évêque de Métellopolis le grand portrait de Mgr le Dauphin ; l'ayant vu, il commanda aussitôt qu'on luy fit des habits semblables à ceux de Monseigneur, pour voir s'ils luy siéraient bien ; il fit faire en même temps une très belle dorure au tableau.

Le 21 du mois d'aoust, le roy allant visiter une pagode, esloignée de la capitale d'environ trois lieues, se détourna pour passer devant un lieu appelé Mahapram, qu'il avait donné aux évêques français pour y bâtir un collège pour l'instruction des Tonkinois, Cochinchinois, etc. Etant arrivé auprès, par une faveur extraordinaire il s'arresta un peu pour le regarder, ce qui estonna tous les officiers de sa Cour qui l'accompagnaient. Les missionnaires qui y étaient avec tous leurs écoliers firent ce qu'ils purent pour témoigner à Sa Majesté tous les respects dont ils étaient capables. Le prince était sur un trône bien doré, fort élevé, et ses courtisans au bas du trône, tous prosternés. Quelque temps auparavant, sur le bruit que le roy devait passer sur la rivière, les missionnaires avaient fait orner la façade de leur maison de tapis de chittis, ou toiles peintes de Masulipatam, quoiqu'ils ne sussent pas que Sa Majesté leur dût faire l'honneur de s'approcher si près et de s'arrester.

Le 13 septembre, les évesques français, ayant appris par des lettres du mois de janvier 1683, qui leur avaient été envoyées de Paris par un vaisseau anglais venu en droiture de Londres à Siam, que le vaisseau *Le Soleil d'Orient*, dans lequel s'étaient embarqués en 1680 les ambassadeurs du roy de Siam auprès du roy très chrestien, n'était pas encore arrivé en France, et qu'on n'en avait eu aucune nouvelle, appréhendèrent fort de faire sçavoir cette nouvelle au souverain. Mais après avoir bien considéré l'affaire, ils résolurent de ne luy en rien cacher, ce qui réussit mieux qu'ils n'eussent osé espérer ; car cette fâcheuse nouvelle, au lieu de causer aucun mauvais effet dans l'esprit de ce prince, ne servit qu'à obtenir des témoignages plus certains du désir qu'il avait de lier une étroite amitié avec Sa Majesté Très Chrestienne. Pour en donner une marque infaillible, il répondit incontinent que, quand bien même ses ambassadeurs auraient fait naufrage, comme l'on craignait, il voulait, nonobstant cela, entretenir toujours une amitié inviolable avec le roy de France, et se la procurer par toutes sortes de moyens.

Quelques jours après, il donna ordre à son premier ministre d'Etat d'écrire de sa part à MM. Colbert et de Croissy, et d'envoyer deux mandarins avec quelques-uns des missionnaires, pour leur porter des présents ; cette démarche est comme un préambule d'une seconde ambassade qu'il enverra dès leur retour, ainsi qu'il s'est expliqué à un mandarin de ses favoris.

Au commencement du mois de novembre, M. Deslandes, chef du comptoir de Siam pour la Compagnie de France, eut du roy son audience de congé. Sa Majesté lui fit tous les honneurs imaginables, et beaucoup plus grands que ceux que reçurent en même temps les Anglais, ce qui ne donna pas peu de jalousie à ces derniers. Ce prince après avoir donné audience à M. Deslandes dans un lieu fort honorable, après luy avoir parlé un temps fort considérable et luy avoir témoigné le désir qu'il aurait que la Compagnie s'établît solidement dans ses Etats, luy fit expédier deux taras, c'est-à-dire deux pouvoirs : l'un de prendre tout le poivre de son royaume à un prix très raisonnable, l'autre de prendre tout le cuivre du Japon, ce qui fait croire que la Compagnie ne négligera pas ces offres avantageuses[1].

---

[1] Ces démonstrations d'amitié ont peut-être besoin d'un correctif pour être appréciées à leur juste valeur. Le voici dans une lettre de Boureau-Deslandes qui paraît si bien traité par Phra-Naraï :

« Si je voulais vous expliquer l'indifférence avec laquelle nous sommes traités ici,

M. Le Clergues a M. de Lionne.
A. M.-E., vol. 861, p. 171.

27 mai 1684.

Hier 26ᵉ du courant, le roy donna audience à Sa Grandeur, à Mgr l'é-
vêque d'Argolis, au Père augustin qui est venu de Manille, et j'eus l'honneur d'y accompagner Mgr de Métellopolis, qui m'a ordonné de vous écrire,
pour vous faire part de ce qui se passa pendant une heure de cette royale
conversation.

Sa Majesté, tout d'abord, s'informa de la santé de Mgr de Métellopolis,
et lui fit un reproche agréable de ce qu'il ne prenait pas assez de soin de sa
santé, en se privant des aliments qui pourraient le remettre dans ses premières forces, pour user de ceux qui avaient un effet contraire, ou du moins
qui n'estaient pas suffisants pour le faire revenir en convalescence. De là, il
passa à Mgr d'Argolis, et le remercia de la peine qu'il avait prise pour faire
entrer l'eau dans son palais, de quoi Sa Majesté se sentait fort obligée.

Après quoi, Mgr d'Argolis lui fit faire un compliment par M. Constance,
qui estait entre Mgr de Métellopolis et moi, un peu au-dessous, et lui fit demander son congé pour la Chine. Sa Majesté le lui accorda en des termes
par lesquels elle lui souhaitait une heureuse et prompte arrivée, avec un
prompt retour, et donna ordre à M. Constance de faire toutes les provisions,
de sorte qu'il ne lui manquât rien. On lui apporta trois paires d'habits, un
de religieux, un à la chinoise, et le dernier à la mode tartare; et tout autant
à chacun de ses deux Pères qui estaient au dehors, joignant à tout cela dix
catis en argent[1].

Après sa royale libéralité, Sa Majesté retourna à Mgr de Métellopolis,
en lui demandant l'origine du vêtement différent entre nous et les religieux;
et après en avoir appris l'origine, il demanda si Notre-Seigneur Jésus-
Christ l'avait ainsi ordonné avant son Ascension. Après la réponse négative
que lui fit Sa Grandeur sur ce dernier point, Sa Majesté questionna Mgr de
Métellopolis sur l'ambassadeur portugais, et lui demanda si c'estait la coutume d'Europe d'envoyer des ambassadeurs sans lettre de leur prince. Monseigneur répondit que non, et qu'il n'avait jamais vu, ni entendu, qu'une
personne fût reçue pour ambassadeur sans lettre formelle et immédiate de
son roy. Cette réponse a fait tirer des conséquences à M. Constance, que
Monseigneur voulait lui nuire et lui faire perdre les bonnes grâces du roy;

j'en pourrais remplir une main de papier; nous avons été obligés de faire raccommoder
à nos dépens la maison que le roy nous a fait donner; j'y ai dépensé, l'année passée,
cinq à six catis pour la rendre tant soit peu logeable. Il y pleut de tous les côtés. Le
barcalon m'avait promis cette année de la faire accommoder aux dépens du roy; mais il
s'est ensuite moqué de nous. Il m'a depuis fait dire que je ne devais pas faire de difficulté
de la faire accommoder, puisqu'on ne nous faisait payer aucun louage. Je lui montrai que
j'y avais dépensé six catis en huit mois qu'il y avait que nous y demeurions; qu'il fallait
encore en dépenser plus de vingt; que je le priais de la faire accommoder, et que je paye-
rais le louage comme il souhaiterait; mais tout cela en vain. Je le priai l'année passée,
le roy voulant prendre tout le cuivre qui venait du Japon, de nous en faire donner, au
prix que le roy l'achetait, quatre ou cinq cents caissons, ce qu'il avait accordé à trois ou
quatre particuliers; il me le refusa, disant que le roi en avait besoin; mais que pour
montrer l'envie qu'il avait de nous rendre service, il m'en ferait donner ce que j'en demandais à vingt écus. Et le roy ne l'achetait que quinze...

« Si les choses ne changent de face, il est de toute impossibilité que nous puissions nous
établir ici; j'ai donné avis de toutes ces choses à Surate, et ai mandé à M. le Directeur général d'écrire un peu fortement au barcalon. Je vois bien que nous aurons du bruit cette
année avec les Maures; je n'ai pu estre payé du prêt que nous doivent ceux qui passèrent
l'année dernière. Le barcalon me fit dire de leur délivrer les marchandises qui étaient
sur le navire, et qu'il répondait de tout; présentement, il s'en moque, et n'en veut pas. »
(*Lettre à M. Gayme, 1ᵉʳ février 1682. A. M.-E., vol. 858, p. 544*).

[1] Le cati valait alors environ 150 livres de France.

c'est à quoi Sa Grandeur pensait le moins ; mais j'espère que dans la visite que va rendre Monseigneur à M. Constance, tout se rétablira.

M. LE CLERGUES A Mgr PALLU.

A. M.-E., vol. 861, p. 190.

3 juillet 1684.

M. Constance s'est plaint, mais honnêtement, qu'on ne parlait pas, au séminaire et à la loge, du roy ou de lui, avec des termes respectueux ; qu'au contraire, on traitait du roy, de ses affaires et de ses ministres, comme on traite des personnes basses et malveillantes pour le public. « Je vous avertis de cela, me dit-il, afin que vous le fassiez savoir à ceux que vous jugerez à propos, pour que dorénavant on prenne garde à ce qu'on dira touchant les affaires qu'a faites M. Baron, avec la langue, au barcalon et à ses lieutenants. J'ai eu bien de la peine d'en tirer le second ; le troisième est cassé de toutes ses charges, fouetté presque à la mort, et en cet état mis aux fers ; le dernier a esté fouetté trois fois autant que le troisième ; mais comme il est jeune et fort, il a résisté aux coups, et il lui resta encore assez de force et de vigueur pour s'enfuir, et rendre par là son crime plus énorme. » Cette fuite a esté cause de l'emprisonnement de sa femme, de beaucoup de ses parents, et de la confiscation de tous ses biens. Le lendemain, ayant esté attrapé, tous ses parents furent délivrés ; la nuit que le susdit s'enfuit, quatre bras peints[1] vinrent ici à environ minuit, pour s'informer de lui ; mais il estait déjà parti. L'emprisonnement et le châtiment du barcalon et de son lieutenant arrivèrent la veille de saint Pierre et saint Paul ; la nuit suivante, il y eut ordre fort pressé que M. Baron se retirât d'ici.

Le jour de saint Pierre et saint Paul, à la sortie de la messe solennelle, et estant près de dîner avec tous nos chrétiens, Sa Majesté me fit l'honneur de m'envoyer à dîner avec sa magnificence ordinaire ; et un peu après le dîner, deux mandarins vinrent, de la part de Sa mesme Majesté, pour me demander l'endroit où je voudrais faire faire une église, une maison, et une boutique de médecine. Après avoir remercié son Impériale Majesté de tant d'honneurs et de grâces, dont je me sentais reconnaissant autant qu'il m'estait possible, je leur demandai quelques jours pour penser à l'endroit qui me paraîtrait propre ; j'entendais différer jusqu'à la venue de M. Constance, pour prendre son avis, parce que l'endroit que j'avais montré à Votre Grandeur et à M. Constance, le roy ne l'a pas voulu accorder. M. Constance me dit, la veille de saint Pierre, dans une conversation qui dura au moins trois heures, que le roy estait fort content de moi, et qu'il lui avait parlé de moi bien souvent, avec des termes qui marquaient que Sa Majesté voulait se servir de moi. Il ajouta : « Je ne suis pas prophète, mais je puis bien assurer que vous aurez du pouvoir à la Cour avant peu de temps. » — Je dis tout ceci à Votre Grandeur comme il m'a été dit, sans augmenter, ni diminuer les termes, afin que Votre Grandeur, en estant informée, demande par ses très bonnes prières que la sainte volonté de Dieu soit faite en tout ce qu'il lui plaira de faire de moi. Dans cette conversation sur le propos de la religion et de son petit accroissement dans ce royaume, je dis à M. Constance que le barcalon défunt avait fait des défenses cachées, aux gouverneurs et aux principaux de cet empire, de se faire chrétiens. « Je ne savais pas cela, dit-il, et je suis bien aise de l'apprendre. » Votre Grandeur s'étonnera peut-estre de ce que je me sers de ces termes d'empire et de Majesté Impériale ; c'est un conseil que M. Constance m'a donné de ne pas omettre ces termes, soit en parlant, soit en écrivant, et tous les écrits ou contrats, qui se sont faits depuis quelque temps, n'ont point esté reçus, à moins qu'on y mît ces mots.

---

[1] Gardes de la prison.

Mgr LANEAU AUX DIRECTEURS DU SÉMINAIRE DES M.-E.
A. M.-E., vol. 589, p. 290.

15 octobre 1684.

Le roy témoigne toujours un très grand désir de s'informer des choses de la religion ; et suivant ce que l'on peut en conjecturer, il a des mouvements de la grâce ; mais c'est une grande misère que d'estre embarrassé dans la politique d'un royaume. Je le recommande à vos prières plus que jamais.

M. DE LIONNE AUX DIRECTEURS DU SÉMINAIRE DES M.-E.
A. M.-E., vol. 859, p. 295.

28 octobre 1684.

Je crois qu'il serait assez à propos que vous fissiez en notre nom quelque présent au roy de Siam, ce qui ne vous serait pas fort à charge, car il ne serait pas nécessaire qu'il fût cher et fort considérable. Outre que cela ferait un bon effet et augmenterait de plus en plus la bonne affection du roy de Siam, cela nous attirerait un don de sa part. Ce présent, ce me semble, devrait consister en quelques curiosités, car non seulement il ne serait pas nécessaire qu'il fût magnifique, mais même cela ne me semblerait pas à propos. Mgr d'Héliopolis, parmi ses présents, lui donna une certaine grotte de Nevers qui représentait Ste Madeleine dans son désert, qu'il estima beaucoup ; de jolies petites boîtes où l'on verrait dedans de belles perspectives seraient bien reçues et quelque beau thermomètre qu'on aurait pris soin de faire pour un pays chaud. Un de nos missionnaires a vu en France un petit cabinet dans tous les tiroirs duquel il y avait de belles perspectives, cela serait icy très estimé ; quelque couteau à la manière de Siam, pour leur bétel, dont le manche fut de corail, serait aussi très apprécié. Pour des montres de prix et de belles étoffes, il n'y faut pas songer ; le roy en a tant qu'il n'en fait point de cas. Il sera bon aussi que vous lui escriviez.

Mgr LANEAU AUX DIRECTEURS DU SÉMINAIRE DES M.-E.
A. M.-E., vol. 859, p. 308.

17 novembre 1684.

Le roy continue ses faveurs ; notre église qui est fort grande s'avance beaucoup ; il a ordonné d'en faire une autre à Ténassérim et une à Louvo. Cette année, il estait venu un ambassadeur, de la part du vice-roi de Goa, au nom néanmoins du prince régent qui semble n'avoir d'autre affaire que de faire des plaintes contre l'évêque français, à dessein, dit-on, de nous chasser. Il n'a rien obtenu du tout, sinon que le roy envoyant une ambassade en Portugal, en réponse à celle-là, le principal point qu'il enjoint à ses ambassadeurs est de se plaindre à Goa, et comme je crois aussi à Lisbonne, de ceux qui avaient donné de mauvaises informations contre nous. Il a pris cette occasion pour envoyer des présents, que j'ai vus et qui sont de prix, à Sa Majesté Très Chrétienne, dont il a une si haute idée que cela n'est pas concevable.

Mgr LANEAU AUX DIRECTEURS DU SÉMINAIRE DES M.-E.
A. M.-E., vol. 802, p. 83.

22 novembre 1684.

On vient présentement de me dire la meilleure nouvelle, ou du moins une des meilleures que je pouvais souhaiter, qui est que le roy a demandé à M. Constance un beau crucifix pour l'honorer, l'adorer, etc., mais qu'il lui a commandé le secret absolument. Or, comme par bonheur je lui avais fait présent de ce crucifix d'ivoire sur velours, avec un cadre doré, que vous aviez eu la charité de nous envoyer, il le lui donna ; et le roy l'a beaucoup estimé, et l'adore prosterné à terre. Ce sont là de belles apparences, et cela revient à ce que j'ai toujours pensé, qu'il avait des touches de Dieu, mais qu'il y résistait fortement par politique ; il faut bien prier Dieu qu'il daigne achever son œuvre. Ce n'est pas M. Constance qui nous a donné cette nouvelle, mais un des pages du palais.

IV

Relations des Vicaires apostoliques et des missionnaires avec Constance Phaulkon.

M. BOUREAU-DESLANDES A M. BARON.

A. M.-E., vol. 859, p. 190.

26 décembre 1682.

Il y a ici un mandarin que le roy a mesme élevé à la qualité d'opra, qui est la seconde du royaume ; il s'appelle Constantin Phaulcon, natif de Céphalonie ; il a été élevé avec les Anglais, desquels il suivit mesme la religion ; mais depuis peu il a fait abjuration de son hérésie, et s'est marié ici. Cet honnête homme est d'un esprit vif, agissant et pénétrant, ce qui l'a fait monter à un tel point de faveur, depuis deux ans qu'il s'est engagé au service du roy, qu'on le nomme présentement en riant le second barcalen. Il fait plus de négoce que tout le reste des marchands particuliers ensemble, va deux fois le jour à l'audience du roy, et le prince qui se plaît à sa conversation et est curieux, se fait souvent entretenir des deux et trois heures d'horloge par ce mandarin. Vous pouvez juger de quelle utilité l'amitié d'un tel homme nous peut estre, puisqu'on ne peut rien faire savoir au roy de ce qu'on souhaite, que par le moyen de quelque personne affidée. J'ai fait une amitié très particulière avec lui, et j'ai aussi aidé à l'engager au service de Messeigneurs, de telle manière qu'ils ne font rien et ne demandent rien que par son avis et par son moyen. Et comme nos entretiens sont ordinairement sur les grandes actions de notre invincible monarque, duquel il conserve le portrait et plusieurs estampes dans les lieux les plus éminents de sa maison, il est certain qu'il donne à ce prince des idées si grandes de notre grand roy, qu'il n'y a rien à y ajouter. Quand ici je vais visiter le barcalon, il me fait toujours compagnie ainsi qu'à Monseigneur, et nous reconnaissons sensiblement, par les succès, le crédit qu'il a, et l'affection avec laquelle il sert. Quoique je m'étende beaucoup sur cet article, je ne peux cependant vous marquer le quart de ce que je souhaiterais à son égard. Monseigneur d'Héliopolis lui a fait présent à son arrivée de quelques curiosités d'Europe, qu'il a eu peine à accepter.

M. DE LIONNE AUX DIRECTEURS DU SÉMINAIRE DES M.-E.

A. M.-E., vol. 859, p. 298.

28 octobre 1684.

Il faut aussi, ce me semble, que vous fassiez quelque présent à M. Constance ; vous pourrez voir dans un mémoire qu'il avait donné à M. Lefebvre ce qui lui serait plus agréable ; néanmoins parmi les livres qu'il demande, je choisirais plutôt de lui envoyer ceux qui parlent seulement d'histoire, que ceux qui parlent de jardinage, fontaines, et choses semblables ; car comme le roy s'est affectionné à ces sortes de choses, il est bon de le rendre toujours dépendant de nous pour cela. Dans la lettre que vous lui écrirez, il le faut traiter de Monseigneur et de ministre du roy de Siam.

Nous avons présentement, par la faveur de M. Constance, un grand avantage que nous n'avions pas par le passé, qui est de pouvoir facilement, et sans dépense, faire donner tout ce que nous voudrons à presque tous nos missionnaires dispersés dans toutes nos missions, par le moyen des vaisseaux du roy de Siam qui vont partout, et où nous pouvons sans aucune diffi-

culté mettre tout ce que nous voulons, et mesme faire passer des missionnaires, si on le juge à propos. Nous avons beaucoup à espérer de la faveur
de cet homme dans ce royaume, lequel, quoiqu'il n'ait pas encore le nom de
premier ministre, en a desjà néanmoins le pouvoir.

Mgr LANEAU AUX DIRECTEURS DU SÉMINAIRE DES M.-E.

A. M.-E., vol. 859, p. 308.

17 novembre 1684.

Le roy a présentement un nommé M. Constance Phaulkon, grec de
nation, mais élevé entièrement à notre manière, qui est catholique, lequel
sait toutes les affaires, et est en fort grande autorité ; cela fait du bien à la religion ; mais ce M. Constance désirerait avoir quelques Européens qui
pussent le seconder, et en cas de mort ou de quelqu'autre accident, lui succéder. Il est difficile d'en trouver tel que lui ; car outre qu'il a beaucoup d'esprit, fort agissant, qu'il travaille jour et nuit à ce qui regarde le service du
roy, c'est qu'il est fort désintéressé, et qu'il ne demande rien au roy ; qu'il
est équitable ; qu'il a pris entièrement la manière d'agir des gens du pays,
ce qui le rend fort agréable au roy, et le fait craindre des plus grands mandarins. Ce n'est pas qu'avec cela il ne fasse bien son compte particulier. Or
toutes ces qualités ne se rencontrent point aisément en une même personne.
Quoiqu'il en ait déjà écrit en plusieurs lieux pour tâcher d'en avoir, il pro-
teste que sa principale vue est de procurer l'avancement de la religion.

Mgr LANEAU AUX DIRECTEURS DU SÉMINAIRE DES M.-E.

A. M.-E., vol. 859, p. 401.

juillet 1686.

Le roy de Chiampa favorise M. Féret pour la religion ; j'ai écrit à ce
prince, et lui ai envoyé quelques présents ; je lui ai aussi fait écrire par
M. Constance ; j'ai reçu de grandes informations du Pégu, par lesquelles
j'ai appris qu'il y a un très grand nombre de chrétiens. J'y envoie M. Gravé
qui partira dans peu, pour y passer par la Coste. M. Constance est toujours
fort affectionné à la mission ; il a fait transporter dans la ville de Siam le collège de Mahapram[1], et fait bâtir, à ses propres dépenses et frais, la maison et
l'église.

Il est bon que vous sachiez, en cas que vous écriviez à M. Constance,
qu'on le traite d'Excellence dans ce pays-ci ; on n'épargne point les grands
noms ; les plus longs font les plus grandes qualités, principalement à la mode
de Siam.

Note sur C. Phaulkon.

[Sans nom d'auteur, de l'écriture de M. de Lionne.]

A. M.-E., vol. 880, p. 15.

Un esprit qui veut dominer sur tout, hardi, entreprenant, généreux à
dépenser pour paraître, fier, emporté, inégal, sur qui on ne peut faire aucun
fond ; inventant mille choses et les donnant comme véritables, avec mille circonstances superbes ; vindicatif, vain, promettant tout et ne tenant rien ; qui
ne se soucie que de lui ; éclairé pour connaître le faible des gens et les
prendre par là ; d'une humeur hautaine et insupportable à tout le monde, et
par là ne s'estant pas pu conserver un ami ; à qui l'on ne peut rien confier de
peur qu'il ne le déclare étant en colère ; se choquant des moindres choses, et
dans sa colère disant les choses du monde les plus dures ; d'un esprit chica-
neur et pointilleux qui se plaît à faire de la peine aux gens ; qui a esté souple

---

[1] *Voir* au sujet du transfert du collège p. 101.

quand il a esté peu de chose, mais qui présentement prend un air de hauteur qui révolte tout le monde contre lui ; détesté de toutes les nations qui sont en Siam et aux environs ; qui a rompu avec tous par ses manières insupportables ; qui n'a pas un ami et n'en peut avoir ; qui par le commerce qu'il a avec les Français fait que les Siamois, qui le croyent uni aux Français, haïssent les Français à cause de lui ; qui, ayant rompu avec toutes les nations, ne se peut conserver auprès du roy de Siam que par les Français, le roy de Siam croyant qu'il contribue beaucoup à cela ; qui est détesté de tout le peuple de Siam pour les impositions qu'il fait mettre sur les habitants ; qui, si le roy venait à mourir, serait déchiré en mille pièces par les Siamois ; avec qui on ne gagnera jamais rien par amitié, mais selon qu'il espérera ou craindra, si on lui remet les choses ; qui fera échouer le voyage à venir comme les autres et trouvera moyen de se conserver toute l'autorité ; qui, s'il peut, ne manquera point de faire revenir les Anglais et de les mettre en parallèle avec les Français, pour dominer sur tous les deux ; enfin vrai grec de nation et de naturel.

*
* *

Le portrait qu'on envoie de M. Constance pourra beaucoup servir à établir cette proposition :

En passant par le canal de M. Constance, on se met hors d'état de savoir jamais les véritables sentiments et dispositions du roy, car il est bon de savoir que :

M. Constance fait un des principaux points de sa politique d'empescher qu'aucun Européen puisse parler au roy immédiatement.

Se servant de M. Constance, les Siamois croyent qu'on est fort uni avec lui, et qu'on approuve tout ce qu'il fait, ce qui produit une grande aversion des Siamois pour les Français, les Siamois haïssant à mort M. Constance.

Le roy de Siam ne trouvera point mauvais que les Français soient indépendants de tout, je dis mesme de lui, dans les postes qu'il leur donnera, ainsi que les Anglais sont à Madras ; et le roy ne l'a jamais entendu que comme cela, quand il a songé à donner une place aux Français dans ses Etats. Tant qu'on écrira par M. Constance, non seulement il prétendra qu'on soit soumis au roy de Siam, mais encore à lui, comme il peut paraître par les patentes qu'il a données aux officiers français qui sont à Bangkok, et par la manière dont il en use avec le général qu'il retient toujours auprès de lui, et avec les autres officiers qu'il fait appeler quand il veut.

M. Constance est connu pour vouloir tout gouverner et dominer à sa volonté.

Mgr LANEAU

1679-1696.

(Suite).

LES AMBASSADES

(Suite).

1684.

I

Envoi en France de mandarins siamois avec MM. Vachet et Pascot.

Mgr LANEAU AUX DIRECTEURS DU SÉMINAIRE DES M.-E.

A. M.-E., vol. 859, p. 282 ; vol. 878, p. 400.

janvier 1684

Tout le déplaisir que le roy a tesmoigné de la perte de ses ambassadeurs et de ses présents, a esté de voir que la passion qu'il a de savoir ses ambassadeurs arrivés jusques en France n'ait pu estre encore accomplie. Il prit en mesme temps la résolution d'en envoyer d'autres, protestant qu'il le ferait jusqu'à ce qu'il y en eust quelques-uns qui arrivassent à bon port ; ce qu'il aurait exécuté dès cette présente année, si la nouvelle de leur perte eust esté entièrement assurée. Il s'est donc contenté dans cette incertitude de faire escrire par son ministre à MM. Colbert et de Croissy, et de leur envoyer quelques présents pour leur tesmoigner les desseins du roy son maistre. Vous pouvez vous persuader que nous ne sommes pour rien en tout cecy, et que nous avons esté surpris, autant que vous le pouvez estre, de cette résolution du roy. Il n'y a que la haute estime et une affection presque incroyable qu'il a pour Sa Majesté Très Chrestienne, qui l'obligent à cela. Il ne peut se lasser de s'informer des grandeurs du roy, de sa conduite, de ses victoires, etc. Il a son portrait en esmail, dont Mgr d'Héliopolis luy a fait présent, qu'il ne peut se lasser de regarder ; quelquefois, pendant des audiences entières, il ne parlera que du roy : en un mot, je ne sais si dans tout le monde il se peut trouver aucun souverain, qui ait autant d'estime et d'amour pour nostre grand monarque que celui-cy ; mais je ne doute point qu'il n'y en a aucun qui puisse en avoir davantage. Il nous a demandé deux ecclésiastiques pour porter ses lettres ; quoique cette demande nous puisse être préjudiciable, nous ne nous sommes pas trouvés en estat de luy refuser, vu les grandes obligations que nous luy avons, et les grâces presque continuelles que nous recevons de ses bontés ; c'est pourquoi, comme M. Vachet et M. Pascot se sont trouvés plus en estat de faire ce voyage, le premier par la nécessité qu'il a de chercher quelque remède à la maladie de la pierre dont il est menacé, le second par sa santé robuste, qui lui permettra facilement et sans beaucoup de peine de faire le dit voyage, ils s'embarqueront sur un vaisseau anglais de marchands particuliers, qui doit partir en peu de temps et s'en retourner droit en Europe. Ainsi, je crois qu'ils seront arrivés plus tost que la présente ne vous sera rendue. Ils doivent, à ce que je crois, avoir aussi des commissions pour quelques ouvrages que le roy désire ; mais de cela je ne puis vous rien dire encore en particulier.

Mgr LANEAU AUX DIRECTEURS DU SÉMINAIRE DES M.-E.

A. M.-E., vol. 862, p. 21.

7 janvier 1684.

Je vous ai déjà écrit par mes précédentes, que le roy de Siam, ayant appris le retardement de ses ambassadeurs, loin de s'en inquiéter beaucoup à cause de la perte qu'il avait pu faire, proposa incontinent d'en envoyer de nouveaux, dans la passion qu'il a d'avoir l'amitié du roy de France, duquel il a une si haute estime que cela ne se peut concevoir. Néanmoins, après avoir fait réflexion qu'il n'estait pas encore tout à fait certain que ses dits ambassadeurs fussent perdus, il a choisi un moyen qui est d'envoyer deux officiers, avec des lettres du premier ministre adressées à MM. de Colbert et de Croissy, pour leur donner avis de ce qu'il avait fait il y a déjà trois ou quatre ans, et en mesme temps les prier de lui bien expliquer ce qu'ils jugeraient le plus à propos de faire pour établir cette amitié. Il nous a demandé deux ecclésiastiques pour aller avec eux, et je ne doute point que vous ne soyez surpris que je les lui ai accordés ; mais ça esté une espèce de nécessité, car M. Vachet est attaqué de la gravelle, qui le tourmente de temps en temps extrêmement ; et M. Pascot, pour certaines raisons, a fait tant d'instances de retourner en France, que si cette occasion ne se fût présentée, on eût esté obligé de le laisser aller par Surate. Le roy de Siam a chargé ces dits envoyés de quelques commissions, pour faire faire quelques ouvrages dont ils portent le modèle avec eux ; comme ce sont des choses de prix, j'eusse bien voulu estre en état de m'en dégager, vu qu'il n'envoie point d'argent pour cela, fondé sur les offres que Mgr d'Héliopolis lui adressa par différentes fois, pour faire apporter de France, ce qu'il pourrait souhaiter. Cependant, je crains que cela vous donne beaucoup d'embarras et de peine à fournir à tous ces frais ; ce n'est pas qu'il y ait rien à perdre ; car outre notre ancienne dette, Mgr d'Héliopolis, en partant pour la Chine, a pris une lettre de change de deux ou trois mille écus sur les officiers de ses vaisseaux qui sont allés en Chine ; ce qui peut faire une grande partie de la dépense.

De plus, il envoie quatre jeunes enfants pour leur apprendre quelques arts libéraux et les faire élever à la française ; vous pouvez en tout ceci couper et trancher selon que vous le jugerez à propos, soit pour ces jeunes enfants, soit pour les autres envoyés, soit pour les ouvrages mesmes.

Entre les ouvrages qu'on demande, il y a quantité de grandes glaces ; mais comme toutes ces glaces, quand elles sont ici, sont ordinairement toutes pleines de taches, il me semblerait nécessaire d'apporter une table de marbre avec des feuilles d'étain battu ; pour le vif argent, il n'en manque pas ici. S'il est possible de renvoyer ces deux Siamois au premier départ des vaisseaux, avec leurs ouvrages ou du moins une partie, ce serait un plaisir et service que vous rendriez au roy de Siam. Ce que je vous recommande de plus particulier dans cette affaire, c'est de vouloir avoir la bonté que ces jeunes gens (quels qu'ils soient, car je ne les ai point vus et je ne sais s'ils ont esté bien ou mal choisis) soient élevés en la piété, et qu'ils ne soient mis qu'en des maisons où ils puissent acquérir de la vertu, parce que cela peut être de grande conséquence en ces pays ici. Pour tout le reste des autres commissions, comme je vous ai déjà dit, le roy laisse entièrement à votre disposition de faire comme vous le jugerez le plus à propos. Si j'eusse eu un peu de santé, et que j'eusse pu dans cette occasion agir par moi-mesme, peut-être que les affaires eussent esté un peu mieux réglées ; car pour ce qui est du roy de Siam, il a les meilleures intentions du monde, et il a cru nous obliger en agissant de la sorte ; c'est pourquoi il n'a point voulu ni les Anglais ni les Hollandais pour cela, lesquels à la moindre parole lui auraient fait faire tout ce qu'il eût pu demander. MM. Vachet et Pascot vous expliqueront plus en détail tout ce que vous pourrez souhaiter de savoir ; car bien qu'il semble que je me porte un peu mieux à présent que par le passé, je suis encore néanmoins trop faible pour écrire plus au long ; c'est pourquoi je finis en vous suppliant de me continuer l'assistance de vos saintes prières.

Mgr LANEAU A COLBERT.

A. M.-E., vol. 859, p. 345.

18 janvier 1684.

Le roy de Siam ayant appris l'année passée que Sa Majesté lui avait fait l'honneur d'envoyer des officiers de sa Cour, pour recevoir ses ambassadeurs au port, il s'en tint extrêmement honoré, et il souhaitait plus que jamais de recevoir des nouvelles de leur heureuse arrivée en France ; mais ayant connu par les dernières lettres, que l'on ne savait point ce qu'ils estaient devenus, bien qu'il en ait conçu beaucoup de chagrin, il prit néanmoins en mesme tempa la résolution d'envoyer une seconde ambassade par un vaisseau anglais, qui estait pour lors dans ce port ; car d'envoyer en France quelqu'un de ses vaisseaux, cela ne lui est pas possible, vu qu'il n'en a point qui soit capable de faire un si long voyage, et bien moins encore de gens qui puissent le conduire. Néanmoins, comme quelques-uns de ses principaux officiers lui remontrèrent que peut-estre le vaisseau ne serait point perdu, et qu'il pourrait y avoir quelque inconvénient que deux ambassades se rencontrassent en mesme temps en France, il s'est contenté pour cette fois de donner ordre à

son premier ministre de vous écrire, pour vous prier de donner part à
Sa Majesté de l'extrême passion que le roy son maître a d'avoir l'honneur de
son amitié, et de lui témoigner, aussi bien qu'à Mgr le Dauphin, la grande
joie qu'il a reçue de la naissance de Mgr le duc de Bourgogne ; et enfin, pour
vous prier de lui faire connaître tous les moyens, que vous jugerez les plus
convenables pour établir son amitié et une perpétuelle correspondance
entre ces deux Couronnes. Ce ministre vous envoie, Monseigneur, quelque
présent, suivant la coutume de ces pays qui ne permet pas de se présenter
à des personnes de votre qualité, non plus que de leur écrire, sans leur
offrir quoi que ce soit. A cette occasion, le roy de Siam m'a fait demander
deux ecclésiastiques que je n'ai pu lui refuser ; comme ils ont appris de la
bouche de ce prince ses intentions, ils pourront vous les déclarer plus amplement.

II

Instructions pour les envoyés.

Ordres du roi de Siam pour MM. Vachet et Pascot,
et pour les envoyés.

A, M.-E., col. 855, p. 453; col. 878, p. 559.

14 janvier 1684.

Les deux Pères Vachet et Pascot, et les deux envoyés du roi de Siam,
sont chargés des lettres et présents pour M. Colbert et pour M. de Croissy,
et vont en France pour s'informer de la première ambassade.

Le capitaine du navire où les deux envoyés passent aura un soin particulier de leur faire toutes sortes de bons traitements, et ne permettra pas
qu'il leur soit fait aucune chose qui les puisse inquiéter.

Arrivant à Douvres, le capitaine fera diligence de leur trouver une commodité pour les faire passer en France avec tous leurs effets.

Etant arrivés à Calais, ils s'informeront du gouverneur de la première
ambassade, et lui donneront connaissance du sujet de leur envoi, le priant
de favoriser les envoyés pour leur voyage de Paris, et pour le transport de
leurs effets. Que si le gouverneur les favorise en cela, MM. Vachet et Pascot ne s'escarteront pas des lettres et des présents jusqu'à les rendre aux
lieux où ils sont envoyés.

Si M. Gayme était à Paris, les deux envoyés remettraient, tant les lettres
que les présents, en mains de M. Gayme et des ambassadeurs, pour être
présentés aux ministres. Que si ni M. Gayme, ni les ambassadeurs ne sont
plus à Paris, MM. Vachet, Pascot et les deux autres envoyés présenteront
eux-mêmes les lettres et présents aux personnes à qui ils sont destinés.
Pour les envoyés, ils déclareront à MM. de Colbert et de Croissy qu'il y a
plus de quatre années que le roy de Siam fit partir une ambassade pour
France ; elle arriva heureusement à Bantam, et ensuite partit de ce port ;
mais depuis l'on n'en sait aucune nouvelle à Siam.

Qu'environ un an et demi après la sortie des ambassadeurs, le seigneur
évêque d'Héliopolis, François Pallu, était arrivé à Siam et était porteur des
lettres, tant du Souverain Pontife que du roi, écrites au roi de Siam, qui
les avait reçues avec toutes les cérémonies qui s'observent dans la réception
des plus grandes ambassades, comme de la Chine et du Japon ; et que c'est
par cette voie que l'on a appris à Siam, comme on en avait déjà connaissance en
France, que les ambassadeurs étaient partis de Bantam et qu'on les attendait
d'un jour à l'autre en France.

Qu'il y a près de trois ans que le roi de Siam attend leur retour, et qu'il
avait fait construire une maison pour recevoir ceux qui viendraient au nom
du roy de France ; et que la dite maison est construite selon le modèle que
M. d'Héliopolis en a donné, à la manière de France.

Que l'année passée, M. Georges Weth, marchand anglais, avait écrit à Siam que l'ambassade n'était pas encore arrivée en France, et qu'il y avait grande apparence qu'elle était périe.

Que par la même voie, les évêques français et M. Deslandes, facteur pour la Compagnie française, avaient reçu des nouvelles de France, toutes conformes aux précédentes.

Le roi de Siam voyant les choses en un état incertain, pour continuer à faire voir combien il avait à cœur de continuer l'amitié qu'il avait commencée avec le roi de France, fit aussitôt demander à l'évêque français deux ecclésiastiques, et donna ordre de choisir deux mandarins de la Cour, tant pour aller faire des enquestes assurées que pour porter quelques lettres et présents en signe d'amitié, se servant de cette occasion pour faire travailler à quelques ouvrages de curiosité que le roy de Siam souhaite du royaume de France.

Les dernières nouvelles apprennent la naissance de Monseigneur le duc de Bourgogne ; le roi de Siam en a témoigné une joie toute particulière, et demande à Dieu que la maison royale de France florisse en toutes sortes de prospérités.

Qu'il y a présentement un an, l'évêque d'Héliopolis ayant fait sçavoir au roi de Siam qu'il lui était très important de faire le voyage de la Chine, ce prince avait donné ordre au capitaine du navire qui doit aller à la Chine de lui donner passage, et qu'il fournît tout ce que ce prélat lui demanderait.

Avant de partir de Siam, l'évêque a vu commencer une grande église que le roi fait bâtir selon le modèle que lui-même en a fourni. Que si Sa Majesté Très Chrétienne envoye quelqu'un de sa part à Siam, chargé de ses ordres avec titre et qualité d'ambassadeur, il convient mieux que ce soit un ecclésiastique qu'un laïque.

Pour ce qui est de la négociation de ces envoyés, ils se comporteront conformément aux ordres du roi, que l'on a mis aux mains des deux envoyés de Siam. Et quand même ils ne sçavent pas interroger sur tous les points que l'on y a marqués, ils ne laisseront pas dans l'occasion d'en parler selon leur prudence.

Que les deux envoyés seront chargés des lettres de l'évêque de Métellopolis pour Messieurs du Séminaire de Paris, afin qu'ils leur fournissent les sommes nécessaires pour faire faire les ouvrages dont ils portent les modèles, et pour les autres dépenses qu'ils seront obligés de faire, lesquelles sommes seront remboursées à Siam au seigneur évêque, conformément au mémoire que l'on recevra.

Etant arrivés à Douvres ou autres lieux, si les officiers des douanes veulent ouvrir et visiter les présents, qu'on fasse toute diligence pour les en exempter.

MM. Vachet et Pascot, avec les deux envoyés, laisseront à M. Weth un mémoire de toutes les négociations qu'il faudra faire en Angleterre, et se conformeront à son sentiment.

Les envoyés étant arrivés à Paris donneront avis à M. Weth de l'état de leurs affaires en France, et entretiendront avec lui un commerce et correspondance de lettres pour cet effet. En cas que l'on trouve quelque difficulté en France, on en fera part à M Weth, à qui le roi de Siam a donné l'ordre d'aider les envoyés en tout ce qu'il pourrait. Et comme le sr Weth sçait bien les coûtumes de Siam, par le séjour qu'il y a fait, il pourra en écrire à Siam avec plus de facilité.

MM. Vachet et Pascot sont priés de ne rien omettre de ce qu'on leur recommande, et spécialement de tout ce qui est porté dans les ordres, ce que l'on commande aussi aux deux envoyés siamois sous peine de châtiment.

Ces ordres ont été délivrés le vendredi du mois de Gi, le 2e de la lune de l'année Koon Being Ja Socq Sacavah Pave Si Sipe Haa, qui correspond au 14 de janvier 1684.

Instructions données à Siam par M. l'évêque de Métellopolis à MM. Vachet et Pascot, missionnaires français, qui accompagnent les envoyés du roi de Siam.

A. M.-E., vol. 878, p. 575.

1684.

1. Durant le voyage, ils tâcheront de se concilier l'amitié des Siamois par toutes sortes de bons offices, et commenceront à enseigner aux jeunes gens la langue française ; mais surtout ils leur feront lire souvent notre catéchisme traduit en siamois.

2. Etant arrivés en Angleterre, ils écriront incessamment à Paris aux directeurs du Séminaire des Missions-Etrangères, et leur enverront une ample information du sujet de leur voyage. S'ils vont à Londres, ils iront saluer M. l'ambassadeur pour recevoir ses ordres.

3. Etant arrivés à Paris, ils informeront les directeurs du dit Séminaire de toutes choses, et leur diront que le roy de Siam se remet entièrement à leur prudence pour tout, tant à l'égard de sa personne, des envoyés, comme de leur négociation.

4. Après avoir présenté les lettres et les présents à MM. de Colbert et de Croissy, ils suivront les ordres de ces ministres. Que si les ambassadeurs du roy de Siam ne sont point arrivés en France, il serait bon de solliciter que les deux envoyés fussent présentés au roy, ce qui ne sera pas, comme je crois, difficile à obtenir ; et à leur égard il n'est pas nécessaire de faire de grandes dépenses.

5. Pour les ouvrages que le roy de Siam a ordonné de faire faire en France, les envoyés diront à nos Messieurs que l'année passée M. d'Héliopolis, étant arrivé icy, présenta au roy des ouvrages qui luy plurent beaucoup ; en suite de quoi le roy de Siam témoigna tant de bonté à Monseigneur, que ce prélat luy fit offre de luy faire venir de France tout ce qu'il pourrait souhaiter. Or, comme dans ce pays-cy, les compliments tiennent lieu de promesses, c'est sur cela que ce prince a pris dessein de faire faire des ouvrages d'émail et autres, suivant les mémoires dont les envoyés sont porteurs ; les plus difficiles à mon avis sont des glaces, dont il veut faire comme une tapisserie à une chambre.

6. Quant à la machine que l'on demande pour voir les éclipses, il serait à propos qu'on y pût voir celle du soleil suivant la longitude et la latitude de Siam, où du moins avoir quelque règle assurée pour les découvrir. Cette machine n'est pas universelle ; il faut la faire construire suivant l'élévation de Siam, et il est d'autant plus important qu'elle soit facile à déchiffrer, que ce sera une grande conviction contre la religion des Siamois, sur une chimère du ciel et de la terre.

Pour les jeunes gens [1] que le roy envoye en France pour y apprendre

---

[1] Les quatre jeunes gens envoyés par le Siam pour les faire élever à la française ne paraissent pas avoir donné toute satisfaction, et dans l'examen qu'il fait des omissions qui se produisirent, Vachet marque celle-ci :

L'on n'a pas assez tenu la main à Siam à l'idée que le roy a prise de faire passer en France quelques jeunes garçons de son pays. Ceux que l'on nous a donnés, outre qu'ils sont très mal faits et de corps et de visage, avaient l'esprit aussi assez mal tourné. Il n'y a pas de lieu dans le monde où l'on puisse mieux choisir qu'à Siam. Les pagodes regorgent de fort jolis garçons. L'on peut jeter les yeux sur ceux où l'on remarquera de meilleures dispositions, et même il ne serait pas mal de les avoir au séminaire quelque temps avant leur départ. Ce sur quoi il faut le plus s'arrêter, c'est qu'ils n'aient qu'à répondre aux missionnaires qui seront avec eux ; car tant que les mandarins envoyés des métiers, il faut tâcher de les mettre chez des gens qui ayent la crainte de Dieu, et les empêchent de fréquenter les mauvaises compagnies. On leur apprendra à être fontainiers, architectes, orfèvres, etc.

Surtout, ils feront connaistre à la Cour les obligations que nous avons au roy de Siam pour les grands services qu'il rend à nos missions. Il nous a fait bâtir un séminaire ; on travaille actuellement par son ordre à une grande église ; il a procuré à M. d'Héliopolis le passage à la Chine, avec ordre de luy fournir tout ce qui luy serait nécessaire, et l'a adressé aux agents qu'il a dans cet empire. Il a donné le gouvernement d'une province considérable à un français catholique.

Enfin, ils ne sauraient assez exprimer la haute idée que ce prince a conçue du roy, surtout depuis qu'il a su ses conquestes sur les Hollandais qui sont si puissants dans les Indes ; et ce fut dans ce temps-là qu'il prit le dessein de luy envoyer les ambassadeurs qui partirent d'icy le 21 décembre 1680. Ayant appris la naissance de Monseigneur le duc de Bourgogne, il en a témoigné une joye toute particulière, et demande à Dieu que la maison royale de France florisse en toutes sortes de prospérités.

III

Voyage et séjour des envoyés Siamois en France.

MÉMOIRES DE BÉNIGNE VACHET.

A, M.-E., vol. 111, p. 141 ; vol. 112, p. 177 ; vol. 856, p. 45.

Départ de Siam.

J'étais tout nouvellement arrivé de Cochinchine avec M. l'évêque de Métellopolis, qui m'avait obligé de l'accompagner dans son retour. Je ne sais ni pour quelles raisons, ni par quel motif, le roi de Siam jeta les yeux sur moi, pour me donner la qualité de premier envoyé. Je fis inutilement tous mes efforts pour m'en défendre ; car je ne respirais que pour retourner dans ma mission de Cochinchine. Je ne gagnai rien à dire que je ne savais pas le siamois ; qu'il y avait dans le séminaire plusieurs de mes confrères très habiles, qui entendaient parfaitement la langue, qui s'acquitteraient incomparablement mieux que moi de cette commission ; tout cela ne servit à rien[1]. Il fallut m'embarquer sur un petit vaisseau anglais, qui devait aller en droiture à Londres. Le sieur Constance s'accommoda avec le capitaine Thomas Obones, qui devait nous défrayer jusqu'à notre arrivée dans la Tamise.

Notre troupe consistait en deux mandarins, six jeunes gens du pays pour apprendre des métiers de France, M. Pascot et moi. Nous mimes à la voile le jour de la conversion de saint Paul, de l'année 1684, et notre voyage fut assez heureux jusqu'à Angola, qui appartient aux Portugais sur la côte d'Afrique.

auront quelque autorité sur eux, il ne faut pas s'attendre qu'on puisse leur enseigner quoi que ce soit, ni dans le voyage, ni pendant le séjour que les ambassadeurs feront en France. Mais sur toutes choses, il faut empêcher les dits mandarins de les éloigner de la religion, de les intimider et menacer sur ce sujet, ce qui est un très grand obstacle à ces jeunes gens pour être instruits de la foi. (*A.M.-E.* vol. 856, *p.* 55).

[1] Dans un passage de ses *Mémoires*, B. Vachet écrit :
Le roi de Siam, ayant appris que j'étais de retour de la Cochinchine, fit prier M. de Métellopolis de me mener au palais. Ce prince nous dit qu'il avait résolu de faire partir des envoyés pour la Cour de France, afin de s'informer de ce qu'étaient devenus les premiers ambassadeurs qu'il y avait envoyés, et en cas qu'il fussent perdus, de confirmer les négociations dont ils étaient chargés, pour établir une amitié étroite entre les deux Couronnes ; qu'il souhaitait que j'accompagnasse ses envoyés, à qui il donnerait ordre de m'obéir en tout. Je fis ce que je pus pour m'en défendre, mais inutilement, parce que M. de Métellopolis me dit que les obligations que nous avions au roi étaient trop grandes pour lui refuser l'honneur qu'il me faisait (*A, M.-E.,* vol. 111, *p.* 141).

Le navire où nous étions était un interlope, c'est-à-dire qu'il n'avait aucun pouvoir ni du roi, ni de la Compagnie d'Angleterre pour faire le voyage des Indes; ce qui fut cause que nous n'osâmes toucher au cap de Bonne-Espérance, parce que les Hollandais étaient convenus avec les Anglais d'arrêter et de confisquer ces sortes d'interlopes; ni encore moins à l'île de Sainte-Hélène, qui appartenait à la Compagnie, trop jalouse de son commerce pour souffrir des gens sans aveu.

Le temps nous favorisa presque toujours, car nous fîmes plus de sept mille lieues en six mois; mais nous manquâmes d'être pris par les corsaires algériens à la vue du cap Foreland : c'étaient deux grands vaisseaux algériens, qui nous donnaient la chasse, et nous faisions tous nos efforts pour aller échouer à terre, lorsque nous aperçûmes deux navires de guerre anglais, qui sortaient de la Manche. Nous fîmes voile sur eux : il se trouva que l'un des deux capitaines était parent et ami du nôtre. Il lui conseilla de ne pas aller à Londres, s'il ne voulait se faire emprisonner et perdre tout son bien.

Quoiqu'il fut déjà tard, les Anglais coururent sur les corsaires et nous les vîmes se canonner d'une étrange manière; mais nous n'avons pas appris quel en fut le résultat.

Notre capitaine m'appela en particulier dans sa chambre, pour me dire qu'il était résolu d'aller à Dantzig pour mettre à couvert et sa personne et son vaisseau. Ce n'était pas là mon compte. Je le priai de nous mettre dans un port de France qui n'était pas éloigné. Il me dit que ce serait empirer ses affaires. Je le priai du moins, de rester un jour et une nuit dans l'île de Wight, pour me donner le temps d'avertir celui à qui l'on nous adressait à Londres, lequel peut-être trouverait les moyens de faire décharger nos effets et de nous faire passer en France.

M'ayant accordé cette grâce, je me disposais à partir en poste, lorsque mon compagnon, M. Pascot, me représenta que je n'étais pas en état de souffrir cette fatigue à cause d'un mal qui me tourmentait; qu'il était jeune et vigoureux et qu'il me promettait de donner promptement de ses nouvelles, si je voulais lui permettre de faire cette course.

Le capitaine se joignit à lui, et enfin j'y consentis. Je fis à la hâte deux lettres pour M. Hoveit et pour M. Duvivier, un banquier, notre correspondant. Je lui donnai tous les mémoires que j'avais dressés en mer pour l'instruction de nos Messieurs du Séminaire de Paris, et lui dis de les cacheter et de les mettre à la poste Le capitaine lui remit une lettre pour sa femme. Il monta à cheval avec ces dépêches, et à la pointe du jour il se rendit à Londres. Il fit si bien que je lui avais donné cinquante écus qui me restaient.

En Angleterre.

Le jour étant venu, nous fûmes mouiller l'ancre à Margate, où la femme du capitaine nous vint trouver sur les trois heures du soir, et nous apporta l'agréable nouvelle que nous pouvions aller en toute sûreté à Londres.

M. Hoveit et quelques Anglais de ses proches et de ses amis nous rencontrèrent en vue de la ville. Ils avaient avec eux des tambours, des trompettes et des hautbois; ils nous logèrent dans une maison qu'on avait fait préparer pour nous, et ce ne fut qu'un festin continuel jusqu'à notre sortie d'Angleterre.

Le roi était pour lors à Windsor ; deux jours après notre arrivée, je m'y rendis pour y traiter de nos affaires. Comme j'étais chargé d'une lettre pour l'ambassadeur de France, que le roi de Siam lui avait fait écrire par M. l'évêque de Métellopolis pour le prier de m'assister de son crédit à la Cour, afin que les présents, que je portais en France, ne fussent pas visités et fussent exempts de la douane, je me crus obligé de lui donner la première nouvelle de ma venue et du sujet de mon envoi en France. J'étais habillé en laïque quand je lui rendis la lettre dont j'étais le porteur. D'abord il me reçut fort froidement, mais quand il eut lu ce qu'elle contenait, il parut en colère et me dit assez brusquement : « Est-ce que le roi de Siam me connaît pour me charger d'une telle commission ? » Je lui répartis : « Je ne crois pas qu'il connaisse M. de Barillon ; mais pour l'ambassadeur de France en Angleterre, tout le monde sait qu'il y en a un. » Et sur cela je pris congé de lui et me retirai sans cérémonie de part et d'autre. Probablement qu'il fit une prompte réflexion à ce que je venais de lui dire ; car je n'étais pas encore au milieu de l'escalier, qu'il me rappela, et, me parlant avec plus de civilité, il me dit que ce que l'on désirait de lui était très difficile et même dangereux, parce que si on lui accordait cette grâce, on lui en demanderait cent autres qu'il ne pourrait plus refuser. Il me demanda si je verrais le roi. Je lui répondis que j'aurais cet honneur dans le temps qu'il retournerait de la promenade. « Eh bien ! dit-il, c'est à moi de vous présenter. Trouvez-vous sur la terrasse vers les quatre heures : je tâcherai de vous rendre service. » En suite de quoi il me fit mille honnêtetés[1].

Au sortir de chez lui, je fus voir M. de Sunderland qui me fit encore mes affaires plus difficiles, parce que, me dit-il, le roi n'en est pas le maître. Je lui représentai que le roi de Siam ne demandait rien qu'il ne pratiquât à l'égard des Anglais, dont toutes les marchandises n'étaient ni visitées, ni ne payaient aucun droit en entrant à Siam. Cette remarque le frappa, et il m'assura qu'il ferait tout son possible pour me servir. Il y a apparence qu'il prévint le roi, que je trouvai dans l'appartement de Mme de Portsmouth ; MM. de Barillon et Porterland me tenaient chacun par une main, quand je fus introduit dans la chambre. Ce prince me mit d'abord sur l'histoire de la Chine, parce que les journaux en parlaient diversement. J'en fis le détail. Il n'y eut que la dame qui m'interrompit cinq ou six fois, et souvent je ne faisais pas semblant de l'écouter ; elle s'approcha de moi et en me prenant la main elle me dit : « Sachez que si vous ne voulez pas satisfaire ma curiosité, je ne vous donnerai aucun repos. » Le roi me fit signe de la contenter. « Eh bien ! Madame, lui dis-je, sachons quelle est votre curiosité. — C'est, Monsieur, me répondit-elle, de savoir la véritable raison qui a porté ces Chinois d'abandonner leur pays, leurs familles, leurs biens pour l'entêtement de ne vouloir pas couper leurs cheveux et se soumettre à la volonté du conquérant ? — Est-ce là tout, lui dis-je, et me donnez-vous permission de vous répondre ? — Oui, dit-elle. — Madame, répliquai-je, je n'en sais point d'autres raisons, si ce n'est que les hommes chinois sont autant amoureux de leurs cheveux, que les femmes de ces pays-ci de leur beau teint. » Je n'eûs pas lâché la parole que le roi, la frappant sur l'épaule, lui dit : « Madame, Madame, vous avez voulu vendre des coquilles à un pèlerin de Saint-Jacques. » Et en se tournant vers moi : « Continuez, me dit-il, car ce que j'entends me fait plaisir. »

Le discours achevé, le roi me dit de son propre mouvement, que si j'avais

---

[1] Sitôt que nos Messieurs du Séminaire de Paris eussent présenté leur premier mémoire à M. de Seignelay, et qu'on l'eût informé de notre envoi et du sujet de notre détention à Londres, voici ce que l'on fit pour nous. Par l'ordre du roy, M. de Seignelay fit d'abord trois démarches qui nous ont été très favorables : 1° Il écrivit à M. de Barillon, ambassadeur de France en Angleterre, d'agir en cette Cour de tout son pouvoir, pour qu'on y accordât les choses que nous y avions proposées ; de nous y assister de tout son crédit et de sa bourse, et de nous y procurer un passage avantageux ; 2° de dépêcher au-devant des envoyés l'un des principaux de sa maison, qui eût un soin très exact de nos voitures et vivres ; et même l'on ordonna aux gouverneurs des provinces par où nous devions passer, de nous traiter avec toute la civilité possible ; 3° le mesme ordre fut très positivement enjoint à Messieurs les fermiers, non seulement de n'ouvrir, ni de visiter nos effets, mais bien davantage d'estre les premiers à s'empresser pour prendre toutes les mesures nécessaires afin que nous eussions un indispensable sujet de nous louer des services qu'ils nous rendaient dans cette conjoncture. Après cela, on ne doit pas s'étonner de la manière dont nous fûmes reçus et traités. (*Note de B. Vachet*).

quelque grâce à lui demander, je pouvais le dire. Je n'avais garde de laisser échapper une si belle occasion ; j'exposais en peu de mots ce que j'avais déjà dit à M. de Barillon et à M. de Sunderland. Après quoi le roi ajouta : « Cela est trop juste. » Et, en même temps, il dit à M. de Sunderland d'écrire en son nom au trésorier général, qui était le chef de la douane, de me remettre mes ballots sans les visiter, et il signa la lettre. Je me crus au-dessus du vent, et je m'en retournai promptement à Londres. Je remis la lettre en main propre à M. le trésorier, qui, après l'avoir baisée et mise sur sa tête, la lut, et voici ce qu'il me dit : « Je suis bien fâché de ne pouvoir exécuter à l'heure même les ordres que vous m'avez apportés : c'est une nécessité que j'assemble la Chambre pour faire mes très humbles remontrances à Sa Majesté. La chose ne vous retardera pas beaucoup, car dès demain matin nous résoudrons cette affaire. »

Je savais que le roi devait partir pour la chasse le même jour que je le quittais. J'en étais éloigné de vingt milles et il commençait à se faire tard. J'étais venu en poste, et les chevaux m'attendaient à la porte du palais. Dès que je fus hors de la présence de cet officier, je dis à mon postillon que, s'il voulait se rendre avant minuit à Westminster, je lui donnerais une guinée. L'ayant reçue, il m'assura que nous y serions auparavant, et, en effet, il eut soin de me donner de si bons chevaux que nous y arrivâmes un peu avant dix heures. Le roi était encore à son souper. Ce prince, en m'apercevant parut surpris. Il me dit : « Je vous croyais à Londres et vous voilà ! » Je lui répondis que je ne faisais que d'en arriver, que j'avais présenté la lettre de Sa Majesté à son trésorier, qui l'avait reçue avec beaucoup de respect, l'ayant baisée et mise sur sa tête ; mais qu'après en avoir fait la lecture, il m'avait témoigné être fâché de ne pouvoir pas me donner satisfaction, qu'auparavant il n'eut fait assembler la Chambre, pour lui faire leurs très humbles remontrances ; que sans perdre de temps et sans lui dire mon intention, j'avais repris la poste pour lui dire comment la chose s'était passée.

M. de Sunderland n'étant pas encore arrivé, le roi se fit apporter papier, plume et encre et, sans sortir de table, il écrivit les lignes suivantes :

« Mon grand trésorier. A la vue du présent billet, je vous ordonne d'aller en personne à la douane remettre entre les mains du présent porteur tous les effets qu'il a apportés de Siam pour la France, et cela sans ouverture ni frais quelconques, et vous les ferez mettre sur mon yacht, *La Charlotte*, que je lui accorde pour le conduire jusqu'à Calais, et que le tout soit exécuté sous peine de mon indignation. »

Et en me donnant le dit billet, il me dit : « Pour le coup, voici mon consentement. »

Je repris aussitôt la poste et me rendis à Londres. A sept heures du matin, je fus droit au palais où l'on me dit que le trésorier général venait de sortir pour aller à la Chambre. Mon postillon m'y mena, et je frappais à la porte de la salle où se tenait le Conseil. L'huissier, qui n'avait pas coutume d'entendre frapper, entr'ouvrit la petite porte pour voir avec indignation celui qui avait eu la hardiesse de frapper, car on ne faisait que gratter, et il me dit fort brusquement : « Qui êtes-vous ? » ce que je n'entendis pas, car il me parla anglais. Je lui dis néanmoins que j'apportais les ordres du roi pour M. le trésorier général, ayant le billet à la main et le lui montrant. Il comprit ce que je voulais dire et referma la porte. Mais, en ayant averti le dit trésorier, on ouvrit aussitôt la grande porte qui était à deux battants, et l'on me fît signe d'entrer. M. le trésorier descendit de son trône, plus de huit marches. Je lui remis le billet ; il le lut sans rien prononcer, et, se tournant du côté de ses collègues, il leur dit : « Notre assemblée est finie ; le roi m'ordonne d'aller incessamment remettre à Monsieur que voilà tous les effets, au sujet desquels je vous avais assemblés. » Et, sans remonter à sa place, il me

prit par la main, et m'obligea de monter dans son carrosse qui était à six chevaux. Nous fûmes droit à la douane, et nous n'eûmes pas mis pied à terre
que tous les officiers et commis se rangèrent auprès de lui. Il vint lui-même
dans le magasin où étaient nos ballots. Il me pria de les compter et de voir
s'ils étaient dans l'état que je souhaitais. Je lui dis qu'ils étaient en tout de la
même manière qu'on les avait débarqués. Aussitôt il les fit mettre sur la *Charlotte* qu'on avait fait avancer par son ordre. Il les y fit ranger en sa présence,
et recommanda au capitaine d'avoir grand soin de nous et de nous bien traiter.

Il voulut à toute force me reconduire à notre maison. Il fit arrêter son
carrosse devant un café, en me disant qu'il ne voulait pas me quitter sans
avoir bu à ma santé. Nous y entrâmes, et on apporta une bouteille de vin
d'Espagne. Il me présenta un verre et il en prit un autre. Quand on eut
versé du vin, il me dit : « Monsieur, avant que je vous salue, je vous prie
de me dire, quel démon, quel grand démon vous a pu transporter depuis hier
au soir jusqu'à ce matin, pour avoir pu obtenir le billet que vous m'avez
rendu ? » Je lui répondis : « Buvons toujours un coup, et après cela je vous
ferai voir le démon que vous me demandez. » Je lui dis ce que j'avais fait et
de la manière que je l'ai rapporté ci-dessus. Il me témoigna que cela lui faisait
plaisir et il me remit dans notre maison.

M. B. Vachet donne sa démission de premier envoyé.

Comme je voulais attendre des réponses de Paris, je ne pressais point
mon voyage. Dès la première lettre que je reçus, je me trouvai très embarrassé ; nos Messieurs du Séminaire ayant montré ma permission à la Cour,
on n'y avait pas jugé à propos que je prisse la qualité de premier envoyé ;
je devais la céder aux Siamois, qui m'étaient inférieurs, et les faire marcher
devant moi pour que tous les honneurs leur fussent rapportés.

Comme j'étais parti de Siam avec cette qualité, que je l'avais prise en
Angleterre, et que d'ailleurs le roi de Siam comptait quasi uniquement sur
moi, je me crus obligé d'envoyer quelques remontrances sur cet article ;
mais quoiqu'on entrât assez dans mes raisons, cependant l'on en demeura au
premier sentiment ; et l'on m'envoya M. Sevin, l'un des directeurs du Séminaire, qui vint jusqu'à Calais pour m'y attendre et pour m'assurer que telle
était l'intention de nos Messieurs de Paris et de la Cour.

Dans le fond, je m'estimais heureux de me voir déchargé d'un poids que
je ne portais qu'avec regret, quoique je prévisse bien les suites fâcheuses qui
en arriveraient, à cause de l'humeur brusque et fâcheuse de mes compagnons,
qui se croiraient libres de faire leur volonté lorsqu'ils n'auraient plus de
supérieur : ce qui ne manqua pas d'arriver dans la suite.

Néanmoins, pour que la chose ne parût venir que de moi-même, lorsque
nous eûmes mouillé dans le port de Calais, M. Sevin se rendit à notre
yacht, comme je l'en avais prié par la dernière lettre que je lui écrivis. Ce
fut en sa présence que je fis venir les Siamois ; je leur dis que depuis notre
sortie de Siam jusqu'à l'heure présente, je m'étais toujours porté pour le
premier des envoyés ; que jusqu'ici je n'avais qu'à me louer de leur conduite,
parce qu'ils s'étaient toujours conformés à ce que j'avais désiré d'eux ; mais
que dorénavant je me croyais obligé de leur céder le pas, parce que nous
allions entrer dans mon propre pays, où il ne convenait pas que je parusse
au-dessus d'eux. Il est vrai qu'ils firent beaucoup de difficultés de se soumettre à cette proposition ; mais pour les y contraindre, je leur remis devant
les yeux ce que le roi de Siam leur avait dit en ma présence, à savoir : que
s'ils refusaient de faire tout ce que je leur prescrirais, il les ferait châtier
sévèrement à leur retour, si je lui en adressais la moindre plainte. Ils en tom-
bèrent d'accord. Je leur dis : « Si vous ne voulez pas faire par amitié ce que je
souhaite de vous, je vous le commande comme ayant droit de le faire. » Voyant

qu'ils ne pouvaient reculer, ils prirent la précaution de me demander ce commandement par écrit, ce que je leur accordai, et depuis ce temps-là, je ne passai plus que comme un homme qui était à leur suite pour leur donner conseil.

A Calais.

A Calais, M. le duc de Charost, qui est l'ami intime de la Mission, se fit une gloire particulière d'ordonner dans tout son gouvernement, tant aux officiers de guerre qu'aux magistrats de ville, de ne rien omettre dans ces sortes de rencontres. En effet, nous ne mîmes pied à terre que pour être reçus avec applaudissements de la noblesse, de la bourgeoisie et des soldats; nous trouvâmes autour des carrosses une foule d'officiers qui s'empressaient pour nous donner la main. Tous les principaux de la ville étaient sortis à notre rencontre, et les soldats sous les armes, tambour battant, étaient en haie ; ce fut de cette sorte que nous arrivâmes dans l'une des plus belles maisons, que l'on avait ornée plus qu'à l'ordinaire pour nous loger, où à peine fûmes-nous entrés, que l'on servit un repas des plus magnifiques que j'aie encore vus. Tous les Messieurs furent toujours chapeau bas ; pendant le dîner, les violons, les trompettes et les tambours firent à qui mieux mieux. Une demi-heure après, la noblesse qui ne s'était retirée que pour s'assembler vint nous complimenter de la part de M. le duc de Charost ; Messieurs de la ville, en corps, les suivirent de près, et nous apportèrent les vins les plus délicieux. Et pour empêcher la foule du peuple, l'on nous envoya les gardes du gouverneur, qui de nuit et de jour étaient à leurs postes, de mesme que si nous eussions été leurs maîtres. M. de Châteaurenault, supérieur de la douane, ne se contenta pas de faire transporter nos hardes directement chez nous ; il eut même la bonté de voir en personne emballer les hardes qui en avaient besoin, et de nous fournir les chariots nécessaires pour leur transport.

De Calais à Paris.

M. le duc d'Elbœuf, gouverneur de la Picardie, avait pris les mesmes précautions que son lieutenant-général, M. le duc de Charost. Aussi, dans toute la marche, ce n'était pour nous qu'une suite de compliments, de déférences, de présents, jusque-là mesme que, dans les places de guerre, comme à Calais, Boulogne, etc., les officiers vinrent prendre le mot de nous. Il est bien doux, ce semble, de vivre parmi tant d'éclat, de n'entendre que des applaudissements, de voir les plus apparents des villes s'entre-choquer pour nous aborder, et pour ne nous faire connaître des empressements que pour nous honorer. Il est vrai que la curiosité y a sa bonne part ; mais quoi qu'il en soit, c'est une chose de dure digestion, lorsqu'on est avec des gens qui se froissent des actions les plus honnêtes, qu'il faut aiguillonner comme des bœufs pour les disposer à une civilité, et qui se choquent aussi facilement que les autres s'étudient simplement à leur donner du plaisir. Peut-être que je répéterai plusieurs fois cette chanson ; mais quoi qu'on en puisse dire, il est très nécessaire d'y apporter quelque remède.

Arrivant à Beaumont, nous y trouvâmes M. de Brisacier, supérieur du Séminaire, MM. Fermanel et Lefebvre. M. de l'Isle, envoyé de M. de Seignelay, nous logea dans l'hôtellerie où ils s'étaient mis à notre occasion. Sitôt que nous fûmes dans notre appartement, ces Messieurs s'y rendirent, et M. le supérieur y harangua en forme nos envoyés, qui le remercièrent par ma bouche, en leur témoignant qu'ils ne manqueraient pas, à leur retour, d'en faire un rapport fidèle au roi de Siam leur maître. Ils soupèrent avec nous ; ensuite je me retirai dans leur chambre, et leur remis tous les paquets, dépêches et lettres dont j'étais chargé, qu'ils prirent et dont ils firent un relevé très exact, jusqu'à la moindre lettre particulière.

Nous avions pour voiture un carrosse à six chevaux, et deux grands chariots de bagage. Ces Messieurs, en ayant un un peu plus propre que le nôtre, pressèrent nos envoyés de le prendre, et eux se servirent du nôtre, où je me plaçai pour satisfaire à plusieurs demandes qu'ils avaient à me proposer. Nous ne fîmes que trois ou quatre lieues de la sorte, car avant que d'arriver à Saint-Denis, nous trouvâmes deux carrosses à six chevaux, les plus beaux de la maison des Colbert, qu'on avait fait partir au-devant de nous, avec M. Blondeau, capitaine des gardes de Paris, accompagné de quelques-uns de ses cavaliers très bien montés, avec leurs casaques bleues, et mousquetons, qui se portèrent devant et à l'arrière du plus apparent des carrosses, où nos deux envoyés, M. Blondeau, l'interprète et moi nous montâmes. De cette sorte nous arrivâmes à Saint-Denis ; mais parce qu'il y avait ordre que l'on ménageât de jour l'entrée à Paris, nous n'eûmes que le temps de dîner et de nous remettre en carrosse. Il ne faut pas s'informer si nous fûmes bien traités ; tous les principaux abbés du Séminaire[1], chacun en son particulier, voulant contribuer à cette action, avaient fait le voyage de Saint-Denis dans des voitures très propres et très vastes, de telle sorte qu'il se trouva quatorze carrosses en file lorsque nous fûmes aux portes de Paris.

Arrivée à Paris.

Nous étions à la tête de tous, précédés par les gardes ci-dessus mentionnés, et qui avaient soin d'informer les curieux d'où venait un tel convoi. L'on entendait par toutes les rues : « Ce sont les ambassadeurs du roi de Siam ! » Les boutiques et maisons se dépeuplèrent ; ceux qui ne pouvaient nous voir dans un quartier couraient vite dans l'autre ; les uns civils, les autres railleurs, tous s'entre heurtaient jusqu'à se mettre dans le danger évident de se blesser, ou sous les chevaux, ou sous les roues. Comme nous marchions à pas comptés, la foule grossissait toujours ; l'on voyait des carrosses, des chaises et des cavaliers rebrousser leur chemin, et ensuite retourner tout doucement, pour se donner la satisfaction de nous voir.

Enfin, après avoir traversé les plus belles rues de Paris, nous vînmes descendre à l'hôtel de Taranne, proche de la Charité, dans le faubourg Saint-Germain. De tous les hôtels de Paris, on ne pouvait en choisir un qui nous accommodât mieux ; car pour le quartier, c'est l'un des plus agréables de cette grande ville, et assez proche de notre Séminaire, ce qui était ce que nous avions souhaité et demandé. Rien de plus commode que cette maison. Notre appartement consistait en une jolie salle d'entrée ; une autre beaucoup plus grande et bien parée qui donnait sur la rue, et où nous mangeâmes toujours ; une autre petite à côté; puis deux grandes chambres ornées de miroirs de première grandeur, bordés d'argent et de beau vermeil, de buffets et de tables damasquinés. La deuxième était encore plus riante que la première, et ce furent les deux endroits destinés à nos envoyés. Nous avions, outre cela, deux autres chambres tendues de damas rouge, avec des ameublements non moins considérables que dans les deux précédentes ; les unes et les autres communiquaient par une petite galerie peinte et enjolivée de plusieurs curiosités. Outre cela, deux officiers et deux valets de la maison de M. de Seignelay, qu'on attacha à notre service, étaient aussi très bien logés, ainsi que M. le maître et son commis, et un valet ; le chef d'office et son second ; l'écuyer et deux autres cuisiniers, deux autres valets et un portier, tout cela sans compter l'appartement de deux Flamands que j'avais amenés à Paris, d'un homme d'affaires qui se donna à nous, de nos quatre écoliers, de notre interprète, et de nos serviteurs.

La table fut réglée à douze couverts et fut toujours servie avec abon-

---

[1] Sans doute les futurs missionnaires et les prêtres pensionnaires au Séminaire des Missions-Étrangères.

dance aux dépens du roi qui était pour lors à Fontainebleau. Nous avions un carrosse entretenu.

  Quelques jours après notre arrivée à Paris, MM. Fermanel et de Brisacier m'engagèrent d'entrer en conférence avec M. l'abbé de Choisy, auquel je fis par leur ordre un détail sincère de toutes les affaires que nous avions à négocier. Je m'appliquai particulièrement à lui faire l'histoire des commencements, du progrès, et de la fin, non seulement de notre envoi, mais encore de ce que l'on attendait du voyage des premiers ambassadeurs. L'on ne peut assez exprimer combien l'on reçoit de lumières des personnes qui, comme M. l'abbé de Choisy, ort toute leur vie pratiqué la Cour ; aussi, j'en reçus des avis sur lesquels ont roulé la plus grande partie des choses où l'on a réussi. Je fais expressément cette remarque, pour que ceux qui seront employés dans ces sortes de négociations ne manquent pas de se conformer aux circonstances suivantes : 1° Il est très nécessaire qu'ils ouvrent le fond de leurs cœurs, sans se rien réserver, à quelques personnes intelligentes et qui soient d'expérience ; 2° Que ce ne soit qu'à ceux que Messieurs du Séminaire leur indiqueront, et sans avoir égard à leurs propres lumières, qui ne s'accordent pas toujours avec celles des autres. Il ne faut qu'une démarche faite mal à propos, ou qui parte d'un zèle indiscret, pour retarder ou plutôt ruiner des affaires qui se font facilement, lorsqu'on les traite par le conseil d'un homme sage et prudent.

Premier entretien avec M. de Seignelay et M. de Croissi.

  Peu après, M. le marquis de Seignelay m'écrivit un billet pour me rendre incognito à la Cour ; ce fut M. l'abbé de Choisy qui m'y mena.

  J'arrivai assez tard à Fontainebleau pour n'être pas reconnu. Sitôt que M. de Seignelay l'eût appris, il me fit entrer dans son cabinet où nous eûmes près de trois heures de conférence. Il s'informa d'abord du principal motif de notre envoi. Je lui en indiquai trois : le premier, pour apprendre des nouvelles de la première ambassade ; le second pour féliciter le roi sur la naissance de M. le duc de Bourgogne ; et le troisième pour marquer au roi la part que celui de Siam prenait à ses victoires et ses conquêtes, et pour lui demander son amitié. Il me dit qu'il avait vu nos mémoires ; mais qu'ils n'étaient pas véritables, et que je me gardasse bien, sur toutes choses, de parler d'un ambassadeur, parce que le roi était résolu de n'en pas envoyer ; et la raison qu'il m'en allégua était fondée sur une fausse nouvelle que les Hollandais avaient fait courir, savoir : que jamais le roi de Siam n'avait pensé envoyer un ambassadeur en France ; par conséquent, que je m'étais trompé. L'obligation où j'étais de me justifier, fit que je le priai de m'écouter sans prévention. Je lui dis donc, que ce dont il s'agissait était un fait, et que je m'obligeais de le lui prouver, sans qu'il eût un mot à me répondre, et pour le convaincre je lui dis : « N'êtes-vous pas, Monsieur, à la tête de la Compagnie royale des Indes ? Rien ne vous est plus facile que de vous faire présenter les livres de dépenses qu'on a faites à Bantam, durant trois ou quatre mois que les ambassadeurs siamois ont été nourris et défrayés dans la loge française. Celui qui en était le chef dans ce temps-là, est actuellement à Paris ; vous pouvez le faire appeler, il se nomme Guilhem et est logé à l'auberge du Lion. Il vous dira comme il les a embarqués sur le navire le *Soleil d'Orient* pour la France. Il n'y a point de ces Messieurs de la Compagnie qui ne vous assurent du même fait. Ce n'est donc pas une idée chimérique, que le roi de Siam a envoyé des ambassadeurs en France. De plus, la même Compagnie a reçu des nouvelles des affaires qu'elle entretient dans l'île de Bourbon, que les ambassadeurs y ont mis pied à terre, et qu'ils se sont rafraîchis durant plusieurs semaines, et qu'on les a vus partir faisant la route du cap de Bonne-Espérance ; que si par une tempête furieuse ils ont fait naufrage et qu'on n'a plus ouï parler d'eux, la faute en doit-elle être imputée au roi de

Siam, qui, de sa part, n'a rien omis pour que l'ambassade eût un heureux succès, et ne la doit-on pas regarder comme si réellement elle était arrivée ? — Je pense, me dit M. de Seignelay, que vous persuaderez que le roi doit envoyer un ambassadeur. En voilà assez pour aujourd'hui. Retournez-vous en à petit bruit comme vous êtes venu ; je vous ferai savoir la résolution du roi ; je vais de ce pas l'instruire de tout ce que vous venez de m'apprendre. »

Je me trouvais embarrassé, car comme je ne savais pas que le roi avait chargé M. de Seignelay de notre négociation, qui de droit appartenait à M. de Croissi, son oncle, comme ministre des Affaires étrangères, j'appréhendais d'un côté, que si je l'allais voir, M. de Seignelay ne le trouvât mauvais, m'ayant dit de me retirer à petit bruit ; d'autre part, je craignais de choquer M. de Croissi, étant à Fontainebleau, de ne l'avoir pas été saluer. Entre ces deux extrémités, je fus chez M. de Croissi, qui avait déjà entendu parler de moi, et je lui dis que, si je n'étais pas venu chez lui le premier, je le priais de m'excuser, parce que M. de Seignelay m'avait écrit de la part du roi, de le venir trouver sans faire d'éclat. M. de Croissi me rassura aussitôt, car il me dit : « La chose ne me regarde pas comme M. de Seignelay, puisque le roi l'en a chargé expressément[1]. »

Audience du roi à M. Vachet.

Le roi étant de retour à Versailles, M. le marquis de Seignelay me présenta à Sa Majesté, en lui disant que, quoique je voulusse bien passer pour un particulier, néanmoins dans la Commission des envoyés, mon nom était à la tête ; mais qu'à cause que j'étais Français, j'avais cédé le pas en mon pays. Le roi, en riant, me dit que j'étais fort honnête, et il me fit passer à la main gauche,

---

[1] Voici quelques réflexions de M. Vachet sur la manière de traiter avec les ministres ; elles sont bien dans la tournure d'esprit de ce Bourguignon très pratique sous ses allures primesautières :

« L'on est très convaincu qu'il n'y a rien de plus important que de se bien mettre auprès des ministres ; c'est ce qui doit faire la principale occupation des missionnaires qui accompagnent les ambassadeurs. S'il arrivait, comme à nous, qu'il faille négocier avec M. de Seignelay, à l'exclusion de M. de Croissi, ce serait toujours un point très délicat, puisque ce serait se mettre en danger de ne se pas conformer à toutes les intentions du premier. Il n'est pas moins dangereux de ne pas rendre au second ce que l'on lui doit à cause de sa charge. Pour se tirer de ces embarras, il faut bien étudier les lettres que la nécessité oblige de leur écrire et adresser ; les mémoires qui leur faut présenter doivent être tout à fait de première classe, et quoique l'on sache positivement auquel des deux l'on a affaire, il faut cependant agir de telle sorte, que ni l'un ni l'autre ne s'aperçoivent de plusieurs différences auxquelles il faut se résoudre. Il n'est pas malaisé, dans l'exposition qu'on leur fait du principal, de remarquer s'il leur plaît ou non, et lorsqu'ils interrompent le discours par de nouvelles interrogations sans s'adresser aux premières idées, il faut se faire scrupule de leur répondre, comme si c'était l'unique affaire qu'on ait à traiter avec eux. C'est une erreur d'appréhender que faute d'explication l'on omette les matières qu'on avait préparées, puisque les ministres, qui sont des gens rompus aux affaires, ne laissent guère de choses en arrière dont ils ne s'informent, et c'est ici l'un des plus solides moyens de s'expliquer avec eux. Il y en a un autre qui est plus usité et moins fatigant ; c'est de leur dresser des mémoires courts et substantiels, où l'on met par article, d'un style simple et clair, tout ce qu'on souhaite leur proposer.

« La première fois que j'eus l'honneur de faire la révérence à M. de Seignelay, qui était à Fontainebleau, il me fit plus de vingt questions consécutives, sans me donner le temps de répliquer. Je sais très bien, par ma propre expérience, qu'au sortir de son cabinet il me semblait que je n'avais plus rien de nouveau à lui proposer, et je puis assurer qu'il me fit jour à lui expliquer plusieurs circonstances de grande conséquence, auxquelles je n'aurais peut-être jamais songé (A. M.-E., vol. 856, p. 57.)

« Il ne faut pas moins garder de précautions en parlant aux femmes ; très souvent lorsque l'on ne s'en défie pas, elles vous font des interrogations captieuses qui peuvent avoir de grandes suites ; l'on s'imagine que les femmes entrent plus volontiers dans nos intérêts, et pour un peu de tendresse qu'elles nous témoignent, nous n'appréhendons pas de leur faire confidence du fond de nos affaires. Dieu de mon âme ! qu'il faut bien éviter ce piège ! Il est très à propos d'être bien auprès d'elles ; il en résulte que vous avez audience autant de fois que vous le souhaitez, et ce moyen est un des meilleurs pour bien réussir » (A. M.-E., vol. 856, p. 66.

car c'était durant son dîner. Ainsi je me trouvais entre le roi et Monsieur, frère unique de Sa Majesté. Je fus obligé de répondre à plusieurs questions curieuses, et spécialement pourquoi le roi de Siam paraissait avoir tant d'empressement à rechercher l'amitié du roi. J'en expliquai toutes les raisons.

Après que l'on fût sorti de table, le roi me fit entrer dans son cabinet, où M. Bontemps seul entra avec nous et ferma la porte. Nous y fûmes enfermés plus d'une grosse heure, et tout l'entretien roula sur la conférence que j'avais eue avec M. de Seignelay, et je m'aperçus bien qu'elle avait fait impression sur l'esprit du roi.

Conversation avec le P. de la Chaise.

Le R. Père de la Chaise, qui était pour lors à Versailles, me convia le lendemain de dîner avec lui. Le Père Verjus était de la compagnie. Après le repas, les deux Jésuites me firent asseoir au milieu, devant un bon feu. Le Père de la Chaise entama la conversation, en me disant qu'ils avaient une grâce à me demander, et qu'il me priait de ne la lui pas refuser. Je lui répondis que je ferai mon possible pour le satisfaire : « La grâce que je vous demande, me dit-il, c'est de m'éclairer sincèrement de la véritable cause des divisions qu'il y a entre les Vicaires apostoliques et nos Pères des Indes ; car supposez que j'en connaisse le fond, je ferai tous mes efforts pour y rétablir l'esprit de paix. — Mon Révérend Père, lui dis-je, ce que vous souhaitez de moi demande une grande attention, mais plus spécialement un certain désintéressement qui vous fasse tenir la balance avec tant de justice qu'elle ne penche que du côté de la raison et de la vérité. Je vous demande en grâce, à mon tour, que je ne sois pas interrompu. Je ne vous flatterai point les hommes. Je vous dirai simplement ce en quoi ils ont péché, et pourquoi ils ne sont pas unis. »

A ces paroles, le P. Verjus se récria contre moi, en me disant que ce que j'avançais n'était pas possible, puisque toutes les lettres qu'il recevait des Indes lui disaient le contraire. Le P. de la Chaise m'exempta de la peine de lui répondre, car, se tournant de son côté, il lui dit : « Prétendez-vous, mon Père, canoniser tous nos Pères des Indes ; vous savez encore mieux que moi ce que l'on en écrit. Si ce que Monsieur me dit vous déplaît, vous pouvez ne le pas entendre et nous laisser seuls ; car il me fait plaisir, et il me semble que je découvre la vérité toute simple, comme si je la voyais moi-même. » Le P. Verjus prit le parti de se retirer, ce qui me donna plus de liberté qu'auparavant. Nous fûmes bien encore une bonne heure ensemble, et le P. de la Chaise me témoigna tant d'amitié et de reconnaissance, que, non content de m'embrasser très tendrement, il me pria de lui promettre que dorénavant je lui écrirais comme à un ami, sans lui rien déguiser.

Réceptions des Siamois.

Revenons maintenant à nos Siamois :

Il y eut tout l'hiver chez nous : huit feux, dix bougies blanches dans les chambres, un service complet de vaisselle d'argent du garde-meuble et aux armes du roi, tant à dîner qu'à souper, carrosse entretenu, et une très grande chaise. Il est vrai que le soir on ne recevait que les personnes les plus connues ; mais aussi, à midi, nous eûmes ordinairement douze couverts remplis. Nous avons eu l'honneur d'y traiter des princes, ducs, maréchaux de France, des comtes, marquis, conseillers d'Etat, présidents, maîtres des requêtes, évêques, abbés, et enfin tous les fils et plus proches parents de Messieurs les ministres et secrétaires d'Etat. Les dames les plus qualifiées se faisaient un honneur de nous venir voir manger. Je ne crois pas hors de propos de découvrir combien grande était notre liberté dans ces sortes de rencontres ; car, ordinairement, lorsque nous en étions au dessert, nous en faisions présenter aux dames, c'est-à-dire des confitures les plus fines, et en bonne quantité.

L'on ne doit pas s'imaginer que cette liberté vînt de nous ; notre maître d'hôtel, qui y perdait le plus, fut le premier à nous y pousser, en nous assurant que ce serait faire plaisir à la Cour.

Ces sortes de repas étaient des occasions de continuelles mortifications que nos envoyés nous ont causées, je ne dis pas à moi seul, mais à MM. de Brisacier et Fermanel, qui assez souvent étaient priés par des amis de la mission de les y amener. Ils trouvaient dans nos envoyés des difficultés quasi insurmontables, parce que bien qu'ils se fussent engagés le soir auparavant de manger en public, l'heure du dîner étant venue, l'un feignait un mal de tête, et l'autre de ventre ; ils se tenaient clos et fermés dans leurs chambres, et plus d'une fois il a fallu renvoyer des compagnies très considérables, qui n'étaient chez nous que pour leur faire honneur et civilité.

Les Français sont autant curieux que civils ; si l'on ne correspond ni à l'un, ni à l'autre, il faut se résoudre de passer pour des magots. Je pèse d'autant plus sur ce point, que le roi, Monsieur et les ministres m'en ont parlé, et m'ont enjoint plusieurs fois de donner à entendre aux envoyés que tous ceux qui allaient à l'hôtel Taranne n'y portaient qu'un esprit de respect et d'honneur pour eux. Je sais bien qu'à ce sujet-là, j'ai été plus de dix fois en grosse colère, et que leurs excuses n'étaient autres que des brutalités, alléguant pour prétexte que le roi de Siam ne leur avait pas ordonné de se trouver dans les compagnies.

Le roi étant pour lors à Fontainebleau, l'on jugea à propos de nous faire visiter les places les plus importantes de la Flandre. M. de Seignelay me le fit savoir par un mot d'écrit, et l'on disposait toutes choses à ce voyage, lorsque nos envoyés, bien plus contents de rester sur un lit que d'admirer les plus belles forteresses du monde, cherchèrent tant d'anicroches, qu'on se vit contraints de rompre ce voyage. Pour sauver au moins l'apparence, nous représentâmes que nous ne les croyions pas en état de souffrir l'hiver de Flandre ; que le voyage ne pouvait qu'être extrêmement pénible, et que nos envoyés avaient besoin de repos ; que cependant, pour ne pas perdre le temps, nous ne laisserions écouler aucun bon jour, sans leur faire voir tout ce qui fait l'admiration des étrangers, soit au dedans, soit au dehors de Paris. C'était en avancer plus que nous n'en exécutâmes. Oh ! que ces gens sont propres à faire le métier de fainéant ! Je présume qu'il n'y a pas tant de difficultés à entrer chez les Capucins, qu'à les faire sortir de leurs chambres. Aussi, je n'ai pas passé bien du temps sans avoir des reproches de notre ministre ; car j'étais l'âme de la maison. Il me fallait porter toutes les incivilités, lâchetés, impatiences, et pour tout dire en un mot, toutes les impertinences des Siamois. Mais ce qui est pire, c'est qu'il me fallait continuellement chercher des prétextes pour couvrir leurs défauts et les excuser.

Audience des ministres aux Siamois.

Le jour de notre première audience de Messieurs les ministres étant fixé, je disposai de mon mieux les Siamois pour cette cérémonie. Ils nous envoyèrent prendre à Paris dans leurs carrosses, qui étaient suivis de plusieurs de leurs officiers. Nous fûmes coucher à Versailles, où nous fûmes traités magnifiquement. Le premier, chez qui nous allâmes, fut M. le marquis de Seignelay ; dans son appartement toute la famille et les amis de la maison étaient assemblés. Les mandarins siamois étaient habillés très proprement, avec toutes les marques de distinction qu'ils portent devant le roi de Siam, excepté la casaque qu'ils quittent, car je leur dis de ne pas la quitter. Ils avaient en tête un bonnet blanc, pointu, fort exhaussé avec un cercle d'or large de trois doigts sur l'extrémité d'en bas. La harangue, que les Siamois firent, fut d'exposer leur Commission dont nous avons déjà parlé. La réponse de M. de Seignelay fut courte. mais elle renfermait tout ce que nous pouvions désirer[1].

Ensuite nous fûmes chez M. de Croissi et y trouvâmes une très belle et très nombreuse compagnie. La réponse de ce ministre fut bien plus étendue, car il se jeta sur les louanges du roi de Siam et sur celles de son maître avec une éloquence qui fut admirée de tous les auditeurs.

Il importe de remarquer que nous avions seulement trois points capitaux sur lesquels roulèrent toutes nos harangues : le premier, pour s'informer des Siamois partis en 1680 ; le deuxième, de prier Messieurs les ministres de congratuler Sa Majesté, de la part du roi de Siam, sur la naissance de M. le duc de Bourgogne ; le troisième, d'engager les mêmes ministres à s'appliquer de découvrir les voies les plus courtes et les plus solides pour lier une ferme amitié et correspondance entre les deux Couronnes. C'est sur ce dernier qu'on a fait un plus grand fond. Messieurs de Seignelay et de Croissi, qui en avaient déjà conféré avec le roi sur les mémoires dont on les avait prévenus, s'attachèrent spécialement à leur faire bien goûter et entendre, que le plus assuré de tous les moyens consistait dans l'unité de religion, qui ferait un lien indissoluble, et sur lequel ni l'éloignement des royaumes, ni la jalousie des autres nations ne pouvaient aucunement apporter d'altération. Non seulement ils ne se contentèrent pas d'être fort clairs à l'explication qu'ils en firent, mais aussi ils m'enjoignirent très expressément de m'en entretenir plusieurs fois en notre particulier avec eux. Quoiqu'il ne fût encore que dix heures du matin, on servit une table très splendide, parce que l'on était convenu qu'on nous présenterait au roi allant à la messe, et que les mandarins auraient l'honneur de voir dîner Sa Majesté.

Audience du roi.

C'était dans la grande salle des miroirs que cette action se devait passer. Elle était déjà quasi remplie de tous les courtisans de l'un et de l'autre sexe, quand y arriva le roi que nous attendions à l'autre bout. Nos Siamois, qui étaient accoutumés à ce profond respect et à ce grand silence que l'on garde en présence de leur roi, étaient dans une surprise extraordinaire d'entendre un murmure confus, et de voir qu'on s'empressait si fort pour s'approcher de la personne du prince ; les uns le devançaient, d'autres le suivaient, et la plus grande partie était à ses côtés, en sorte que n'étant plus qu'à cinq ou six pas de nous, il fallut nous dire : « Voilà le roi ! »

---

[1] « M. de Seignelay leur a donné audience à Paris en son hôtel, leur harangue fut sur le sujet de la passion où estait le roi leur maître de faire alliance avec le roi, et ils lui demandèrent les moyens les plus efficaces pour réussir dans ce dessein ; à quoi M. de Seignelay, après plusieurs autres paroles de civilité, leur répondit que le meilleur moyen pour faire cette amitié estait d'embrasser la religion chrétienne, à quoi Sa Majesté, en fils aîné de l'Eglise. invitait fortement le roi de Siam, afin qu'après avoir régné en ce monde dans une parfaite amitié, ils pussent régner ensuite dans l'autre pendant une éternité » (*Tiberge et J.-C. de Brisacier à l'abbé Pallu. 29 novembre 1684. A. M.-E., vol. 9, p. 425.*)

La même lettre ajoute :

« Mgr le Nonce a voulu estre informé de la bouche de M. Vachet de la bonne disposition du roi de Siam à l'égard du Saint-Siège, et après avoir fait répéter à M. Vachet ce que le roi de Siam lui avait dit sur ce sujet, et qu'il souhaitait que l'un des deux missionnaires allast faire de nouvelles civilités de sa part à Sa Sainteté, et l'assurer qu'il était toujours dans les mêmes sentiments qu'il lui avait témoignés par cette ambassade qui est perdue. Mgr le Nonce a fait mettre cela par écrit et signer par M. Vachet pour l'envoyer dans son paquet à Rome. »

« Sa Majesté siamoise dit à M. Vachet que s'il n'eût point craint de retarder son retour à Siam, il aurait été bien aise qu'il eût été à Rome faire ses compliments au Saint Père ; mais M. Vachet lui ayant répondu que s'il ne pouvait pas y aller lui-même, notre Séminaire pourrait y suppléer par notre agent à Rome, Sa Majesté parut contente. Nous avons donné un mémoire de tout cela il y a six semaines à Mgr le Nonce qui l'a envoyé au Pape. » (*J.-C. de Brisacier à l'abbé Pallu, 13 décembre 1684. A. M.-E., vol. 9, p. 437.*)

Aussitôt je fis prosterner les Siamois le visage à terre et les mains jointes, de la manière que je les avais vus devant le roi de Siam. Comme je voulais commencer le petit discours que je venais de méditer, car je ne m'attendais pas à cette rencontre, puisque M. de Seignelay ne m'en avertit qu'un petit quart d'heure auparavant, le roi, ne pouvant souffrir ces Siamois dans cette posture, me dit de les faire lever, ce qui étant exécuté, je prononçai le peu de mots que voici : « Sire, les Siamois, que Votre Majesté voit en sa présence, sont des envoyés que le roi de Siam a fait partir de son royaume pour venir en France, prier vos ministres d'État de les aider de leur crédit, afin d'obtenir de Votre Majesté ce que ce prince souhaite avec tant d'empressement. Ils viennent de s'en expliquer avec M. de Seignelay et M. de Croissi, et ils s'en reposent sur eux pour en informer Votre Majesté, trop heureux d'avoir trouvé une occasion si favorable de lui présenter leurs très humbles et très profonds respects. »

Ces mots achevés, je fis une révérence profonde. Le roi eut la bonté de me dire : « Assurez ces Messieurs que je suis ravi de les avoir vus, et que je ferai pour le roi de Siam, mon frère, même avec beaucoup de plaisir, ce qu'il pourra désirer de moi. » Ensuite de quoi, il continua son chemin pour aller à la messe.

Visite du palais de Versailles.

Comme nous fûmes quelque temps à visiter tous les appartements, le roi étant déjà assis pour dîner, on nous fit entrer, et on nous fit asseoir sur un banc de velours rouge, au côté gauche de Sa Majesté. Durant tout le repas, ce fut un concert d'instruments avec une seule voix de fille qui accompagnait de temps en temps. Pendant cette symphonie, le roi m'ordonna deux choses : la première, de leur faire remarquer et leur expliquer toutes les raretés que nous verrions dans les jardins ; la seconde, de les amener à Versailles le mardi suivant pour voir représenter l'opéra de *Roland*, qu'il voulait avancer en leur faveur. Ce dernier article m'a causé bien de la peine comme nous le verrons ci-dessous.

L'on fit jouer toutes les eaux, et nous allions des unes aux autres dans des chaises tirées par des Suisses. Ces merveilles, qui font l'admiration de toute la terre, mes Siamois les regardaient avec une indolence qui me glaçait le cœur ; et comme s'ils s'en fussent dégoûtés, ils me disaient à chaque représentation nouvelle : « C'en est assez, allons nous-en ». Par bonheur il n'y avait que moi à m'apercevoir de leur goût dépravé.

À l'opéra. Incident.

À notre retour à Paris, je fus au Séminaire rendre compte au supérieur de ce qui s'était passé, et pour me conseiller de ce que j'avais à faire pour contenter le roi, qui voulait que je menasse ces Siamois à l'opéra. Tout éclairé qu'il fût, il n'osa pas me dire positivement le parti que j'avais à prendre. Il me mena chez M. Tronson, supérieur du séminaire de Saint-Sulpice. L'on sait que c'était un homme qui passait pour une des premières têtes de Paris. Celui-ci n'y trouva aucune difficulté, et il me dit tout net que je ne devais pas avoir de répugnance d'obéir au roi en ce point.

Ce jour étant venu, je conduisis mes Siamois à Versailles. Le roi, qui devait assister à l'opéra, avait donné ses ordres à M. de Seignelay pour qu'on nous plaçât vis-à-vis de lui. Le bruit qui s'en était répandu, attira une infinité de monde de Paris. L'on avait disposé dans la grande écurie des amphithéâtres des deux côtés. Celui qu'on avait destiné pour nous était de quatorze étagères de bancs qui se surmontaient. Les gardes du corps, qui étaient fort embarrassés pour placer la foule qui s'y trouva, se rejetèrent les uns sur les autres à nous conduire dans l'endroit qui nous était destiné, en sorte qu'on nous laissa sur le pavé près d'un quart d'heure. Mes Siamois commençaient à se dégoûter, et étaient prêts de s'en retourner, si je ne les avais pas arrêtés ; ce qui m'obligea de dire à un des officiers, qu'il eût à prendre garde à ce qu'il faisait, et que si les mandarins s'en retournaient, le roi en serait certainement fâché et qu'on lui en imputerait la faute. Aussitôt il appela d'autres gardes pour nous ouvrir le passage ; mais au lieu de nous placer dans le lieu où nous devions être, ils nous mirent par mégarde dans celui que leur major avait retenu pour lui et sa compagnie.

Les Siamois, qui ne savaient pas que le rang d'en bas fût le plus noble et le plus commode, furent se placer au plus haut pour n'avoir personne sur leur tête. A peine fûmes-nous assis, que les gardes s'aperçurent de leur erreur, et se mirent en devoir de nous faire passer plus haut. Les Siamois crurent qu'on leur faisait affront, et sans vouloir m'écouter, ils furent à pied comme des brutaux à l'hôtellerie où les carrosses nous attendaient, et revinrent à Paris, malgré toutes les remontrances, et les avis, et les menaces que je leur fis.

Le roi n'était pas encore entré, mais au moment qu'il se fut placé, il s'informa des Siamois, et on lui dit qu'ils s'en étaient retournés ; d'où il conclut qu'il fallait qu'on leur eût fait quelque peine. Je ne pus jamais joindre M. de Seignelay pour l'en avertir ; mais après l'opéra où je n'assistai pas pour cette fois, je fus le trouver et lui racontai les choses comme elles s'étaient passées.

Ce ministre prévit bien que l'affaire n'était pas indifférente, et, pour se justifier il rapporta au roi ce qu'il voulut, lequel témoigna un esprit d'indignation contre les gardes et qu'il saurait bien les châtier.

Monsieur, qui était présent, crut que je pourrais trouver quelque tempérament pour apaiser le roi ; mais je n'étais plus à Versailles ; car la colère où j'étais me fit aussitôt revenir à Paris, où Dieu sait ce que je dis ou ne dis pas à ces Siamois, qui croyaient avoir fait une grande merveille. Je les menaçai que je m'en plaindrais au roi de Siam ; mais ils hochèrent la tête en me disant : « Que pourra-t-il nous faire ? Au pis aller, il nous condamnera à la mort : notre vie nous est moins chère que l'honneur. »

Dès le lendemain, Monsieur m'envoya l'un de ses gentilshommes pour me prier de sa part de l'aller trouver à Saint-Cloud. Ce prince me dit que le roi était beaucoup en colère, et que si je ne trouvais quelque moyen de l'adoucir, certainement quelques-uns des gardes pourraient bien perdre la vie et d'autres être condamnés aux galères.

Il faut que je fasse ma confession. Je répliquai à Monsieur qu'il ne m'en venait qu'un seul dans la pensée : c'était de supposer que l'un des deux s'était trouvé pressé par une incommodité qui l'avait obligé de sortir promptement.

Son Altesse royale trouva que cet expédient pouvait avoir son prix ; mais elle m'ajouta qu'il faudrait les disposer à venir une autre fois à l'opéra. Je lui dis que je n'en pouvais pas répondre, puisqu'ils m'avaient témoigné, que si le roi lui-même ne les envoyait inviter à ces sortes d'actions, qui que ce soit ne pourrait les y obliger ; que si pourtant l'on jugeait cela nécessaire, j'avais besoin d'un peu de temps pour les y résoudre.

Effectivement, Monsieur s'en expliqua avec le roi, qui ne jugea pas à propos de se commettre avec des gens si peu raisonnables, et Sa Majesté eut la bonté de dire à son frère, qu'il me fallait abandonner cette négociation et qu'il espérait que j'en viendrais à bout.

Au Palais-Royal, à Saint-Cloud.

Pour continuer la suite des bontés que Monsieur a eues pour nous, étant à Paris, il me fit appeler et m'engagea de lui amener nos mandarins au Palais-Royal. Nous y trouvâmes en très bel ordre les gardes à cheval dans la première cour, les Suisses qui bordaient les dehors, et enfin le reste des officiers de la maison, disposés dans toutes les salles. Ce grand prince, accompagné d'une Cour magnifique, nous attendait dans la galerie qui passe pour une des plus vastes de Paris.

Voici le lieu de faire quelques réflexions pour ne pas agir en clerc, car il faut garder de grandes mesures dans ces sortes de visites, et bien prévoir que les respects, que l'on rend à un frère d'un roi, sont différents de ceux qu'on rend à un souverain. Il faut encore se munir contre un autre défaut. Comme les princes sont ravis d'entendre jargonner une langue où ils ne comprennent rien, cela n'empêche pas qu'on doive leur parler comme si c'était de leur langue naturelle dont on se servit. C'est ce qu'il faut inculquer fortement aux Siamois, autrement ils se rendent ridicules par une chose qui arrive toujours : au lieu de s'adresser à la personne à qui ils ont affaire, on les voit continuellement tournés du côté d'un interprète, sans jamais jeter les yeux sur celui à qui ils parlent. A la rencontre de Monsieur, je fis prosterner nos envoyés selon leur coutume siamoise, et ne les fis relever qu'après trois ou quatre fois que Monsieur l'eût ordonné. Il faut bien connaître ce grand prince pour juger de ses bontés. Il nous dit mille honnêtetés en faveur du roi de Siam ; il nous engagea à lui faire ses civilités bien en particulier, et que ce serait avec une joie extrême qu'il ferait naître l'occasion de les lui témoigner par quelques services. Ensuite, il nous convia d'aller voir sa belle maison de Saint-Cloud, où il s'allait rendre à cause de nous, toutes choses étant préparées pour nous y bien régaler. En effet, nous suivîmes son Altesse Royale de près, car nous ne donnâmes pas le temps au carrosse qu'il envoyait au devant de nous de passer la grande porte où le nôtre le joignit.

Le palais nous parut enchanteur. Tout y est grand et magnifique. L'azur, l'or, la peinture, les statues, l'argent, les fontaines, la maison, le jardin, l'orangerie, passent toutes les idées des personnes qui n'en ont lu que des relations, ou qui n'en sont informées que par des ouï-dire. Nous descendîmes d'abord dans l'appartement de M. de Chartres, fils unique de Monsieur. Je ne veux pas taire une circonstance qui s'y passa. Notre vieux mandarin, qui se trouva un peu harassé du voyage et qui était accoutumé à fumer, donna quelque petit signe qu'une pipe de tabac lui serait bien agréable. Monsieur ne l'eut pas plus tôt appris, que l'on mit dans notre chambre les plus nobles officiers, qui avec des pipes, qui avec du tabac, qui avec des flambeaux ; et pour exciter les mandarins à prendre cette liberté, ils fumèrent tous les premiers, les uns sans jamais avoir pris du tabac, et les autres en étant désaccoutumés depuis un temps considérable. L'on nous servit une petite collation avant le dîner, et après nous être bien chauffés et reposés, l'on fut aiguiser l'appétit dans un petit, mais très agréable jardin, où jamais n'entrent ni carrosses, ni chevaux.

Le festin du dîner correspondait entièrement à la grandeur du prince qui nous le donnait ; il n'y eut que les principaux officiers qui mangèrent avec nous, et parce qu'il ne s'ensuivait aucune conséquence, l'on nous servit avec plus d'honneurs qu'on n'avait fait même à plusieurs princes. Nous ne sortîmes de table que pour monter dans les carrosses de Monsieur, qui nous conduisit par tous les plus beaux endroits de son parc et de ses jardins. Qui donc ne demeurerait surpris de voir jaillir plus de trois mille jets d'eau, dont quelques-uns montent jusqu'à soixante pieds de hauteur ; de remarquer la subtilité de l'ouvrier et de la nature ; de faire au naturel avec de l'eau des figures qui coûtent tant de peine à un sculpteur. J'avoue pour moi que je me trouvais si surpris, que je doutais quasi de ce que je touchais du doigt ; il me semblait être au mois de juin, et novembre s'achevait. Je maniais des fruits et des fleurs comme si j'eusse été au milieu du printemps ; toujours de nouveaux objets se présentaient à nos admirations. Les cabinets de verdure, les grottes, les labyrinthes, les cascades, les perspectives, et mille autres curiosités nous firent passer cinq heures, plus vite que cinq minutes.

Je ne sais où mes Siamois avaient marché ce jour-là, ou plutôt si quelques vins et liqueurs qu'on avait servis, et qu'ils trouvèrent très bons, ne leur avaient pas réjoui la tête, car il est certain qu'ils me parurent tout autres que je ne les avais encore vus ; la joie se peignait sur leurs visages ; ils admiraient tout ce qu'on leur montrait ; ils relevaient les moindres choses au-dessus de tout ce qu'ils avaient vu à Versailles ; en un mot, ils payèrent de leur personne au-delà de toutes mes espérances. On leur fit quelques présents. Puis on les reconduisit à Paris dans les carrosses de Monsieur et avec ses gardes pour les accompagner.

A la messe à Notre-Dame.

M. l'archevêque de Paris devant officier pontificalement dans l'église de Notre-Dame le jour de la fête de la Toussaint, nous eûmes une grande facilité d'obtenir de ce prélat la permission que nos envoyés assistassent au service. On les aurait même placés dans le chœur, s'ils eussent voulu promettre de se prosterner ou de s'agenouiller dans le temps de l'élévation ; le refus qu'ils en firent ne dégoûta pas l'archevêque, car il trouva un moyen de les placer à la tribune, qui fut absolument fermée à toutes sortes de personnes. S'il y a quelque cérémonie capable de donner du respect pour notre sainte religion, ce doit être de voir officier pontificalement un archevêque de Paris, accompagné de tout son clergé. L'église ne fut pas assez grande ce jour-là ; il fallut se servir de soldats pour ouvrir le chemin à la procession qui se fit avec une modestie toute angélique ; la messe fut chantée d'une façon des plus harmonieuses et les cérémonies exactement observées. Il n'y eut que la longueur qui déplut à nos mandarins. Ils parurent encore plus choqués, lorsqu'ils virent que toute la procession passait au-dessous de nous. Je crois cependant qu'ils se sont peu à peu déshabitués de toutes les manies auxquelles l'on est si fort attaché dans leur pays. Après la grand'messe, je les fis passer à l'archevêché pour remercier Mgr de Paris des bontés qu'il avait eues pour nous. Cet illustre prélat leur dit les choses du monde les plus touchantes, et leur fit l'honneur de les conduire jusqu'à l'escalier.

A Chantilly.

J'étais trop avancé dans les intérêts de Monsieur le Prince, pour ne pas faire les premières démarches. Je pris la liberté de lui écrire. Mes propositions furent très agréables à Son Altesse, et nous prîmes jour pour le voyage

---

1 « Son Altesse Royale qui une conversation de trois heures à diverses reprises avec M. Vachet, dont Elle témoigna être très satisfaite, et en le prenant par le bras, elle lui dit : « M. l'abbé Vachet, il faut que le roy entre dans cette affaire, et qu'il témoigne au roy de Siam qu'il ne lui veut pas céder en générosité. » (*J.-C. de Brisacier à l'abbé Pallu, 6 novembre 1684, A. M.-E., vol. 9, p. 413.*)

Au sujet des repas M. Vachet fait ailleurs cette réflexion :

« L'on doit user de grandes précautions avec les Siamois dans les repas qu'ils font au-dedans et au-dehors de la maison ; l'on n'ignore pas que les vins de France sont fameux et violents ; mais comme ils sont agréables à boire, ces Messieurs, peut-être sans s'en apercevoir, en prennent plus qu'ils n'en peuvent porter. M. Fermanel m'est un témoin irréprochable, combien j'observai de mesure pour qu'il ne nous arrivât rien de fâcheux, car outre l'ordre que j'avais donné à l'hôtel Taranne de tellement baptiser leur boisson, que l'eau n'eût que la teinte du vin, je ne fis aucune difficulté dans toutes les maisons étrangères où nous avons mangé, de prévenir les maîtres d'hôtel, pour remédier à tous les sujets de scandale. Il arriva pourtant, en deux différentes fois, que leurs valets ayant pris une bouteille pour une autre, nous éprouvâmes avec beaucoup de chagrin combien cet avis est important ; toutefois ce désordre n'arriva que dans l'enceinte de notre famille, et il n'y eut que des amis de la mission qui s'en aperçurent, et qui nous en gardèrent le secret. » (*A. M.-E., vol. 850, p. 60.*)

de Chantilly, qui est à cette heure son séjour ordinaire ; il s'en remit entièrement sur son premier secrétaire, qui nous vint prendre dans un carrosse
bien doré, tiré par six des plus beaux chevaux de Monsieur le Prince, et qui
nous menèrent à six lieues de Chantilly. Qui parut bien surpris, et encore
plus contents ? Ce fut nous, d'y trouver la plupart des officiers de Son Altesse, un magnifique dîner, des chevaux et un autre carrosse de relai. Quoiqu'il eût beaucoup neigé, toutes les fontaines et cascades jouèrent comme si
c'eût été en été. Nos Siamois ne me firent point de déshonneur, c'est-à-dire
que je fus content de leur conduite.

A la messe et à la première séance du Parlement.

Pour instruire nos mandarins de tout ce qu'il y a de plus auguste en
France, on leur procura d'assister à la messe et à la première séance du
Parlement. Par ordre de Monsieur le premier Président, les gardes furent
doublés. L'on avait disposé pour eux des places vis-à-vis du siège de l'évêque
officiant ; mais parce que jamais Monsieur le premier Président ni moi ne
pûmes obtenir d'eux qu'ils se mettraient à genoux lors de l'élévation de
l'hostie et du calice, nous eûmes recours à d'autres moyens, qui manquèrent
à faire bien du bruit, et peu s'en fallut qu'il n'y eût meurtre ; car malgré plus
de 200 personnes qui étaient portées dans un des côtés de l'autel il fallut
abandonner ce lieu uniquement pour nous ; plus de vingt mousquetaires en
gardaient l'avenue. Comme de toutes les cérémonies, la plus apparente est
celle de l'offertoire, sitôt qu'on l'eût achevée, je fis sortir nos mandarins et
leur fis prendre place dans la principale des deux lanternes qu'il y a dans la
grande chambre, car l'autre était réservée pour M. le Nonce. Ce fut là que
nos mandarins contemplèrent à loisir le plus auguste prince du monde, tout
couvert de pourpre, d'hermine et d'écarlate. Les harangues finies, et le serment de fidélité rendu, nous passâmes chez Monsieur le premier Président
pour le remercier. Il s'attendait que nous dînerions chez lui ; mais il fut impossible d'y jamais arrêter nos fâcheux envoyés, qui furent brutaux au possible ; mais ce qui acheva la scène, c'est que MM. Fermanel et de Brisacier
nous attendaient chez nous avec des personnes du premier rang qu'ils avaient
engagés de les y accompagner à manger, et nos bourrus d'envoyés ne voulurent aucunement entendre parler de se mettre à table. Pour le coup, je
ne pus dissimuler, et je passai deux jours sans les voir, ce qui ne fut pas
une médecine inutile.

Négociations pour une séance à l'opéra.

Mais ce qui suit me donna beaucoup de chagrin et d'inquiétude ; car le
roi ayant continué de témoigner qu'il désirait qu'ils vissent l'opéra, et me
voyant obligé par là de les y faire consentir, malgré la protestation qu'ils
m'avaient faite de n'y assister que par un ordre formel du roi, je pris les
mesures suivantes :

Je me gardai bien de leur en parler, et supposai que j'allais à Versailles
pour conclure nos affaires et accélérer notre retour à Siam ; ce fut la plus
heureuse nouvelle qu'on pouvait leur donner ; aussi m'en surent-ils si bon
gré qu'ils se jetèrent à mon col en me priant d'agir de mon mieux, et qu'en
cela je leur rendrais le plus grand service qu'ils pouvaient attendre de moi.

Pour venir à mes fins, je proposai à MM. de Seignelay et de Croissi, de
nous donner notre audience de congé le matin du lendemain qu'on devrait
jouer l'opéra ; que je les amènerais ce jour-là coucher à Versailles, où nous
n'arriverions que vers les quatre heures du soir ; qu'on nous tint prêt à
souper, et que vers la fin du repas, c'est-à-dire dans le temps qu'on allait
commencer l'opéra, l'on envoyât dans notre hôtellerie un officier avec six
gardes-du-corps ; qu'il y eût à la porte trois chaises à porteurs, et qu'on

nous préparât un balcon, qui était quasi de front avec la place du roi, et par conséquent d'où l'on voyait tout ce qui se passait sur le théâtre, et où facilement tous les assistants pouvaient nous voir. Toutes choses ainsi disposées, le dit officier et ses gardes entrèrent assez brusquement dans notre chambre et m'adressant la parole, ils me dirent qu'ils venaient de la part du roi convier les mandarins siamois pour se rendre à l'opéra, qui allait commencer, et où le roi entrerait un moment après eux. J'avais eu la précaution de leur faire conserver leurs habits de parade durant le repas, sous prétexte que Messieurs les ministres nous enverraient peut-être avertir ou du moins visiter.

Aussitôt je me levai de table et les fis lever, en leur disant : « Allons, Messieurs, promptement, pour prévenir le roi qui va entrer à l'opéra et qui vous fait l'honneur de vous y convier par ces Messieurs, qui sont de la garde de son corps ; et, sans leur donner le temps de réfléchir et de me répondre, je fis signe aux gardes de faire ce dont nous étions convenus. Alors, les six gardes, comme si c'eût été une civilité en France, nous prirent par dessous les bras, nous mirent dans les trois chaises et nous conduisirent de la sorte dans le balcon, à la porte duquel l'officier et ses gardes demeurèrent.

A l'opéra.

Du moment que les Siamois furent assis sur des chaises de velours rouge à franges d'or, ayant devant eux un tapis très riche qui leur couvrait seulement les jambes, ils se dirent l'un à l'autre que je les avais trompés, et que tout ce qui se passait par rapport à eux n'était qu'un jeu de mon invention ; de sorte qu'il me fallut leur dire deux fois de se tenir debout, lorsque le roi entra, lequel eut la bonté de se tourner de leur côté, pour les saluer. Monseigneur et toute la Cour en firent de même, et ce ne fut qu'à force de remontrances qu'ils rendirent le salut.

L'on ne croira pas aisément que, pendant toute l'action, ils ne jetèrent les yeux ni sur le roi ni sur les acteurs, les tenant baissés, si ce n'est pour les tourner de temps en temps vers la porte. Quelque envie qu'ils eussent de sortir, ils n'osèrent jamais me la témoigner, et il fallut rester jusqu'à la fin, et quoiqu'il fût neuf heures du soir, si les carrosses eussent dépendu d'eux, ils seraient retournés à Paris.

Comme l'interprète vint expliquer leur dessein, et qu'ils étaient persuadés que l'audience de congé dont je les avais flattés n'était qu'une pure fiction, je fus obligé, pour les désabuser, de prendre un air fort sérieux, et je ne craignis point de leur reprocher la mauvaise disposition de leur cœur à mon égard. Je tâchai de leur faire sentir qu'ils me prenaient pour un insigne fourbe, s'il était vrai qu'ils fussent persuadés que je les abusais, pour les avoir assurés que le lendemain nous devions avoir notre audience de congé, puisque, si j'en avais imposé à des ministres d'État, disant d'eux ce qui n'était pas, il n'en faudrait pas davantage pour me perdre de réputation et pour anéantir tout ce que le roi de Siam désirait avec tant d'ardeur ; que je ne doutais pas que, si une fois ce prince apprenait quels avaient été les sentiments qu'ils avaient eus de moi, il ne leur fît ressentir les effets de sa juste indignation ; qu'au reste étant aussi déraisonnables qu'ils le faisaient paraître, j'étais résolu de les abandonner, et que je balançais si je les accompagnerais chez MM. de Seignelay et de Croissi. Ces dernières paroles les effrayèrent et ils se jetèrent à mes pieds pour me demander pardon.

Audience de congé.

Le lendemain matin, lorsque les Siamois virent par eux-mêmes les carrosses des ministres qui venaient nous prendre pour aller à notre audience de congé, ils me firent de nouvelles excuses et me prièrent d'oublier leur mauvaise humeur et leurs soupçons. Je les assurai que je n'y songeais plus. Cette action se passa au contentement des parties et nous reprîmes le chemin de Paris, où nous restâmes encore quelque temps.

Préparatifs pour l'envoi d'une ambassade française à Siam. M. de Chaumont. Les présents.

Ce fut dans cet intervalle que le roi me fit l'honneur de me dire qu'il avait choisi un ambassadeur dont l'on serait très satisfait, en ce qu'il avait toutes les qualités que je lui avais fait proposer par M. le marquis de Seignelay, excepté qu'il n'était pas ecclésiastique ; mais que c'était un homme d'une rare piété et d'une grande douceur ; enfin il ajouta que c'était M. le chevalier de Chaumont. Il est vrai que je ne le connaissais pas encore, mais dès la première fois que je lui parlai, il me parut tel que je pouvais le désirer.

L'on donna les ordres pour préparer deux vaisseaux, un grand et un médiocre, et l'on disposa tous les présents qu'on devait envoyer tant pour le roi de Siam, que pour le barcalon et M. Constance. Ceux pour le roi étaient magnifiques, mais ils furent quasi tous gâtés par le roulis et l'eau de mer, pour ne les avoir pas bien placés dans le navire. Il y eut deux grands tapis de pieds, qu'on avait fabriqués à la Savonnerie qui ne furent pas endommagés. Ils coûtèrent près de quatre mille livres à cause de la longueur et largeur ; c'était pour mettre dans deux salles d'audience, dont j'avais apporté les mesures et les dimensions. Ce qui souffrit davantage, ce furent plusieurs pièces de brocard, les plus belles et les plus riches qu'on put trouver ; quatre pièces d'écarlate et plusieurs pièces de toile de Hollande et six douzaines de chapeaux de castor de diverses couleurs. Le Séminaire fit la dépense au nom du roi de Siam pour dix-huit mille livres de glaces fines, pour mettre dans les appartements du palais. Il n'y en eut pas une seule de fêlée et elles arrivèrent toutes à bon port. Les pendules et les montres de poche, qui étaient très curieuses et richement enchâssées, se retrouvèrent en bon état. Entre ces pendules, il y en avait une dont je donnai le modèle à M. Martineau, fameux horloger, qui marquait et sonnait les heures à la manière de Siam. Outre cela, il y avait encore des armes à feu d'un prix considérable, des sabres et des épées dont la garde était garnie de pierreries ; de petits miroirs de toutes les sortes avec des bordures d'or et d'argent. Mais l'une des pièces qui fit le plus de plaisir au prince, fut une belle lunette de deux pieds, qui distinguait les objets de deux lieues de distance. Toute la boîte était d'or et émaillée[1].

Pour le présent particulier de Messieurs du Séminaire, une personne de leur connaissance leur fit deux représentations en relief sur du carton. La première représentait toute la maison du roi à cheval. Les figurés, tant des hommes que des chevaux, étaient d'émail, de la hauteur d'un pouce et demi, avec les habits et harnais d'ordonnance, le tout en bataille sur un carré large de six pieds et de quatre de hauteur, dans un pied et demi d'enfoncement, sur un cadre d'or, avec une seule glace qui renfermait le tout

La seconde, égale en longueur et largeur et profondeur, représentait en perfection tout ce qui se voit à Paris, lorsqu'on est au milieu du Pont-Royal

---

[1] « Il ne faut pas omettre de noter une faute où nous sommes tombés : de ne pas se flatter de toutes les apparences qui s'offrent, lorsque, comme nous, l'on est chargé de faire travailler à des ouvrages pour le roi de Siam. Nous passâmes près d'un mois dans l'espérance que la Cour n'en aurait pas plustôt su le détail, que l'on nous déchargerait de la peine d'y travailler ; en quoi nous nous sommes trompés nous-mesmes, et il n'en est arrivé autre chose, sinon une précipitation continuelle à chercher des ouvriers, et bien des allées et venues pour avoir, en deux mois, ce qui ne nous aurait pas donné beaucoup de soucis, si dès les premiers jours nous eussions fait la moitié des diligences qu'il nous fallut faire dans la suite ». (*Note de B. Vachet*)

et qu'on regarde les tours de Notre-Dame, en sorte que tous les quais, les maisons apparentes, comme les Tuileries, le Louvre et celles qui sont du côté des théâtres, aussi bien que le Pont-Neuf et le Pont-au-Change, y étaient disposés et reliés sans qu'il y manquât ni une porte, ni une fenêtre. Par-dessus, paraissaient les tours de Notre-Dame, la Sainte-Chapelle et plusieurs autres clochers, dômes et pyramides, et la Seine au bas avec une infinité de grands et de petits bateaux avec leurs mariniers. On regarda à Siam comme une merveille que, dans un voyage de sept mille lieues, il ne se trouvât pas une seule figure de déplacée de son lieu. Il y avait encore bien d'autres curiosités, que la mémoire ne me fournit plus. Quoi qu'il en soit, on estima en France que ces présents pouvaient se monter à la somme de quatre cent mille livres.

Deux jours avant la sortie de nos mandarins, on leur en apporta de particuliers pour eux, de la part des ministres; ils passèrent 2000 écus de valeurs; 500 pour l'interprète et 50 écus pour chacun des valets.

Les Jésuites mathématiciens.

Comme on préparait toutes ces choses, j'appris que les Jésuites seraient de la partie, et qu'on en avait déjà nommé six pour le voyage : les Pères de Fontaney, Tachard, Lecomte, Bouvet, Gerbillon et Visdelou ; ils furent reçus de l'Académie des Sciences, et on les fit agréger aux Messieurs de l'Observatoire.

En qualité de mathématiciens du roi, on leur assigna des pensions, et outre vingt mille livres que ce prince leur donna gratuitement, il voulut que ce fût à ses frais qu'on achetât tous les instruments qui leur étaient nécessaires, sans parler d'autres présents très considérables, comme des pendules, des montres, et un grand nombre d'autres curiosités, entre lesquelles il y avait deux pièces qu'on ne pouvait assez estimer.

La première était une mappemonde de cuivre doré, de deux pieds et demi de diamètre, monté sur un beau pied d'argent. Le globe du ciel y était représenté avec tous les cercles de la sphère, le zodiaque et ses douze signes, les constellations bien distinctes, le firmament avec ses étoiles, les sept planètes et leurs tourbillons, et tout cela marqué par autant de pierreries de différentes couleurs et grosseur ; mais ce qui ravissait davantage, c'est que le tout était mouvant et qu'on le faisait marcher par des ressorts dont la concavité du globe était remplie ; de sorte qu'en donnant l'année, le mois, le jour et l'heure, tels qu'on voulait choisir, on voyait tous les mouvements des cieux dans la même situation qu'ils étaient à cette date ; en sorte que les éclipses du soleil, de la lune et des étoiles se faisaient avec toute la régularité que les meilleurs astronomes proposent, après les avoir exactement supputées. Cette petite merveille suffisait pour trouver entrée dans les palais des plus grands princes, et par conséquent, celui qui la gouvernait aurait toujours été nécessaire.

La seconde pièce était un globe terrestre, qui avait les mêmes dimensions que la première. Entre toutes les parties du monde qui y étaient parfaitement représentées, on y voyait le flux et reflux de la mer, et jusqu'à quel point elle montait dans l'endroit, au jour et à l'heure qu'on assignait. Il faut l'avoir vu pour le croire.

B. Vachet explique au roi la durée du voyage.

Je ne dois pas passer ici sous silence quelques circonstances qui regardent notre embarquement. Les principaux chefs de la marine, comme MM. de Tourville, Châteaurenault et quelques chefs d'escadre, étaient pour lors à Versailles. Le roi, s'adressant à eux, leur parla de notre voyage pour savoir le temps dans lequel ses vaisseaux pourraient être de retour de cette longue course. Ils supposèrent tous que nous serions forcément obligés d'hiverner, ou à la Côte ou en quelqu'autre lieu, et que par conséquent il ne fallait pas se promettre de les voir de retour avant quatre années ; et, comme M. de Seignelay avait assuré Sa Majesté que le voyage ne serait que de deux années tout au plus, le roi l'envoya chercher, et lui dit devant ces Messieurs qu'il n'était pas d'accord de sentiments avec eux, qui avaient l'expérience de la mer. Ce ministre s'excusa sur moi, et dit que je lui avais promis que dans vingt mois les navires du roi seraient dans le port de Brest. J'étais par bonheur à Versailles, dînant avec M. de Croissi, lorsqu'on vint m'avertir que le roi me demandait. Il était encore à table lorsque j'arrivai. Le roi m'ayant fait approcher me dit : « Avez-vous assuré Seignelay que mes vaisseaux ne seraient que vingt mois en route tant à l'aller qu'au retour. » Je répondis que la chose était véritable, et que pourvu qu'on nous fît mettre à la voile aux premiers jours de mars, sauf les accidents qu'on ne peut prévoir, j'avais mis encore le terme trop reculé, puisque seize ou dix-sept mois suffisaient pour achever entièrement ce voyage. M. de Tourville m'entreprit, en me disant que je parlais de la mer comme si je n'avais eu à répondre que de mon bréviaire.

Je le connaissais pour faire la fonction d'amiral, je reconnus aussi M. de Châteaurenault, ce qui me fit prendre la liberté de m'adresser au roi, et je lui dis que j'étais ravi de parler devant des gens du métier, puisqu'il m'était facile de les faire convenir de ce que j'avais avancé :

« Ces Messieurs ne disconviendront pas que le chemin des Indes nous est aussi connu qu'aux Hollandais ; que nos pilotes ne doivent rien aux leurs. Or je soutiens que les Hollandais ne font partir leur flotte du printemps que vers la fin de février. Quand ils passent devant nos côtes, le mois de mars est déjà avancé, et néanmoins c'est l'ordinaire qu'ils arrivent au cap de Bonne-Espérance en trois mois tout au plus, et que après avoir pris quelques rafraîchissements durant quinze jours ou trois semaines, ceux qui sont pour Batavia s'y rendent en moins de deux mois, et de Batavia à Siam il n'y a que quatre cents lieues, et jamais on ne met un mois à les faire. Pourquoi ne pourrions-nous pas faire ce que les Hollandais et les Anglais font, si l'on nous fait partir dans la véritable saison, telle que je l'ai indiquée. Voilà pour notre arrivée à Siam, où j'espère me trouver au mois de septembre prochain. Il nous reste octobre, novembre et décembre pour en partir. Votre Majesté sait mieux que personne, qu'il ne faut que ces trois mois pour achever les négociations qu'elle a commises à son ambassadeur. Ainsi je persiste dans le sentiment que les navires de Votre Majesté seront de retour dans le mois de juillet de l'année prochaine. » Je ne savais pas que l'ambassadeur de Hollande était présent. Je n'eus pas achevé ce discours qu'il prit la parole pour confirmer tout ce que j'avais dit, ajoutant qu'on devait bien s'en rapporter à lui ; qu'il avait fait deux fois le voyage à Batavia, et qu'il n'y avait mis que le temps que je venais d'indiquer. Il faut dire par avance que le 15 de juin de l'année suivante nous étions de retour dans le port de Brest, et lorsque j'eus l'honneur de saluer le roi, il me dit en souriant : « Vous avez payé vos dettes plus tôt que vous ne vous étiez engagé. »

Dernières visites. Plaintes contre les Siamois.

Nous employâmes le peu de jours qui nous restaient à faire les principales visites. C'est ici où un missionnaire doit être bien résolu de boire continuellement un calice d'amertume. Les personnes de qualité, qui sont fières de bien recevoir ces sortes d'étrangers, font des préparatifs, assemblent des parents et amis, préparent des collations, disposent jusqu'au moindre petit recoin de leurs palais, pour que tout y soit riant, et pour engager d'autant plus les gens à y rester davantage. Tout cela n'eut aucun effet sur l'esprit de nos Siamois. Jamais ils n'ont voulu s'asseoir, et à peine pouvait-on gagner sur eux de passer jusque dans la chambre principale, voulant toujours prendre congé du maître dans l'endroit où par honneur on les venait recevoir. Il ne fallait pas même faire grand fond sur leurs promesses, car MM. de Brisacier et Fermanel perdirent leur temps et leur latin pour les faire venir chez Mme de Nemours, à qui l'on avait donné jour et heure.

Le séjour de trois mois que nous fîmes à Paris n'avait pu suffire pour toutes les personnes qui nous voulaient convier à manger; il n'y eut que M. du Ruau-Pallu, et Messieurs de Sainte Geneviève qui nous banquetèrent. Mlle et Mme de Colbert, Mlle et Mme de Guise, MM. les ducs de Chevreuse et Charost, Mme de la Meilleraye, les conseillers d'Etat, les présidents à mortier, les présidents aux comptes, et généralement tous les plus grands de Paris, ne réussirent pas à les y disposer. Ce ne fut même qu'avec répugnance qu'ils accordèrent cette faveur à Messieurs de notre Séminaire[1].

J'insiste souvent sur ces sortes d'amertumes, pour que l'on s'en explique nettement, si l'on se voit obligé une autre fois d'accompagner les officiers du roi de Siam.

L'éloignement qu'ils ont témoigné pour tout ce qui regarde la religion n'est pas moins considérable. Sitôt qu'on leur parlait de visiter des églises, ou des couvents, cet éloignement allait au-delà de tout ce qu'on en peut dire. Pour ne pas rapporter tout ce qui s'est passé, il suffit d'avancer que Mademoiselle, nous avait donné rendez-vous chez les Carmélites, dont l'église estait disposée comme si c'eût été le jour de la fête de sainte Thérèse. Cette princesse voulut leur parler à la grande grille du chœur; le jeune mandarin s'y opposa formellement, et le vieux ne l'accorda qu'avec des postures qui ne prouvèrent que trop combien ils avaient d'oppositions pour nos autels.

Je suis las de leurs bizarreries; je passe sous silence un million d'actions de cette nature pour les faire sortir de Paris.

Je fis encore cinq voyages à Versailles; je passe au dernier, qui fut celui où je pris congé du roi. Je priai M. de Seignelay de m'accorder la même grâce de me présenter à la sortie, comme il avait fait à mon arrivée: il me répondit en riant que je n'en avais plus besoin; que je n'avais qu'à me montrer, et qu'on ne me chasserait pas. J'y fus, et c'était au souper du roi: Monsieur qui accompagnait Sa Majesté, mais qui ne mangeait pas, m'aperçut entre Messeigneurs les évêques de Langres et de Troyes. Le roi en fut aussitôt averti et me fit signe d'avancer. Je mis un genou à terre, et baisant sa main, je lui fis mon petit compliment. Le roi, d'une bonté qui passe tout ce que l'on s'en peut imaginer, posant le couteau et la fourchette qu'il tenait, me jeta les deux mains sur les épaules: « Vous voulez donc partir, M. Vachet, me dit-il. Allez, je prie Notre-Seigneur de donner un heureux

---

[1] Voici à ce sujet une lettre de M. de Brisacier à M. Pallu:

« Nous reçûmes dimanche Monsieur, votre lettre du 16 décembre, justement le lendemain de notre fête qui se passa fort bien, Dieu merci. Nous donnâmes ce jour-là à dîner aux mandarins dans la chambre du petit chevalier de Rassetôt, qui est leur favori, et dans le réfectoire nous avions, à la première table, M. Roville. M. le prévost des marchands, MM. les abbés de Chavigny, de Pelletier et de Charost qui avaient officié à la grand'messe, et M. de Flamanville; à la seconde étaient M. le comte de Chaumont avec Monsieur son frère l'ambassadeur de Siam, M. du Ruau-Pallu, M. Duert, amy de M l'ambassadeur, M. Thévenot et autres; et à la troisième, M. de Frontenac que M. l'abbé de Chavigny nous avait amené sans prier, MM. les abbés de Filsjean, des Mares de Saint-Sulpice, de Fourcy, les deux frères fils de M. le prévost des marchands, et encore quelques autres. Après le dîner, les mandarins descendirent dans la salle où toute la compagnie les vit à loisir. M. l'abbé Fournier nous prêcha, et M. l'abbé de Chavigny, ayant dit la messe, chanta le salut. » (10 janvier 1685, A. M.-E., col. 9, p. 479.)

succès à tous nos desseins ; je sais qu'ils sont bons, et j'espère que nous nous reverrons encore. » Je me relevai, fis une profonde inclination, et d'un ton assuré et trop libre : « Sire, répliquai-je, je m'y attends bien ; mais s'il plaît à Dieu, ce sera dans le paradis, et non dans votre royaume ». Un discours de cette nature surprend d'autant plus qu'il n'est point usité dans les Cours. Je me retirai aussitôt, et l'on eut beau m'appeler, je continuai mon chemin.

Prévisions de M. Vachet.

Je me rendis chez M. de Seignelay, qui me fit souper avec lui et me retint jusqu'à midi du jour suivant.

Le point le plus important roula sur la religion et sur les réponses que le roi de Siam fera, aussi doit-il être la plus sérieuse de nos occupations. Ce serait une témérité de vouloir pénétrer dans le fond du cœur du roi ; l'on n'en peut juger que par les choses qui paraissent au dehors. Jamais négociation n'a été ni plus délicate, ni plus considérable. Toute l'Europe a les yeux tournés sur nous ; du résultat de cette commission sortira, ou un bien immense, ou des croix très pesantes à porter. S'il était possible que Mᵍʳ de Métellopolis, après être bien rempli de toutes choses, pût avoir une audience particulière du roi, je ne doute pas que l'on n'y réussît incomparablement mieux, que si nous n'agissions que par l'entremise de M. Constance.

MÉMOIRE POUR ÊTRE PRÉSENTÉ A MM. LES MINISTRES D'ÉTAT DE FRANCE, SUR TOUTES LES CHOSES QUI REGARDENT LES ENVOYÉS DU ROI DE SIAM, PAR B. VACHET.

(*A. M.-E., vol. 856, p. 29.*)

1685.

Il faut examiner d'abord les raisons qui ont pu obliger le roi de Siam à envoyer des ambassadeurs au roi, et les avantages qu'on peut tirer de l'amitié de ce prince, tant pour le bien de la religion, la gloire du roi, que pour l'avancement du commerce.

La ville de Siam est la ville du monde où l'on voit le plus de différentes nations ; il y a plus de cinquante ans que les Hollandais y ont bâti une belle faiturie pour leur commerce ; les Portugais, obligés d'abandonner plusieurs des terres qu'ils avaient dans les Indes, y ont fait une colonie ; les Anglais n'omettent rien pour s'y bien établir ; la Compagnie de France y a un comptoir. Il y a des Italiens, des Espagnols, des Danois, des Suédois, des Allemands, des Turcs, des Persans, etc. Les évêques français, Vicaires apostoliques, par une providence particulière de Dieu en ont fait l'entrepôt de toutes leurs missions, et s'y sont appliqués à répandre la bonne odeur de Jésus-Christ par la prédication de l'Évangile, se rendant utiles au public et aux particuliers par des hôpitaux d'hommes, qu'ils entretiennent à leurs frais ; par l'établissement de collèges, où l'on reçoit gratis tous les enfants en qui l'on remarque quelques bonnes dispositions ; et enfin, par l'envoi de plusieurs missionnaires dans les provinces de ce royaume, pour y exercer les mêmes charités.

L'abord de tant de nations différentes a rendu le roi de Siam fort curieux des pays étrangers, et afin de les reconnaître quelque peu, il interrogea fort les évêques quand ils arrivèrent dans son royaume, et les obligea à lui donner le caractère des autres nations. Il y a beaucoup d'apparence qu'il fit la même chose à l'égard des Français, et l'on peut croire que les Hollandais lui firent un portrait du roi, conforme à ce qu'ils crurent être de leurs intérêts. Ils voyaient que la nouvelle Compagnie française était capable de ruiner tout leur commerce des Indes, et pour l'empêcher, ils crurent qu'il fallait faire peur au roi de Siam, du roi de France ; ils le dépeignirent comme un prince très puissant et très ambitieux, qui seul tenait tête à toute l'Europe et ne faisait la paix ou la guerre que suivant ses volontés. Ces discours firent un effet tout contraire à leur intention; le roi de Siam eut envie de faire amitié et alliance avec un si grand prince, et depuis ce temps-là, c'est assez d'être Français pour avoir part à ses bonnes grâces. C'est ce qui l'obligea, au mois de décembre 1680, à faire partir la plus solennelle ambassade qui soit jamais sortie de son royaume, pour venir de 5.400 lieues rechercher l'amitié du roi. On peut pourtant considérer qu'il y a un peu d'intérêt mêlé, et qu'il espère qu'étant ami et allié du roi, il pourra traiter avec plus de hauteur les autres nations de l'Europe, et surtout les Hollandais qui souvent lui font des insultes, parce qu'ils sont les maîtres de toutes ces mers. Cette conjecture est fondée sur ce qui arriva à Siam il y a quelques années. Les Hollandais, n'étant pas contents des privilèges qu'ils avaient dans le royaume, et ne pouvant venir à bout de les faire augmenter par amitié, se retirèrent la nuit sur leurs vaisseaux, abandonnèrent leurs maisons et toutes leurs marchandises, et s'en allèrent. Ils équipèrent des vaisseaux de guerre et vinrent croiser à l'embouchure de la rivière de Siam, de sorte qu'il n'y pouvait entrer aucun vaisseau sans être pris ou coulé à fond. Le roi de Siam fut obligé de faire la paix et de leur accorder tout ce qu'ils demandaient. Il y a apparence qu'il n'a pas oublié ce traitement, et qu'il espère qu'en faisant alliance avec le roi de France, il n'aura plus rien à craindre de semblable, et en cela il ne se trompe pas, puisque nous avons l'expérience qu'au seul nom du roi, tout tremble jusqu'aux extrémités de l'univers.

J'oubliais de dire, que quand le roi de Siam apprit les grandes conquêtes que le roi de France avait faites sur les Hollandais en moins d'un mois, il augmenta d'estime pour lui, et se détermina à lui envoyer des ambassadeurs. Il est si persuadé que le roi répondra à toutes les avances de sa grande amitié, qu'il a déjà fait bâtir une maison à la française pour l'ambassadeur de France, et qu'il a fait faire de la vaisselle d'argent pour le traiter magnifiquement. Il s'attend aussi que plusieurs Français viendront s'établir dans ses États, et il prétend se servir d'eux pour le gouvernement de ses places, pour l'administration du commerce, et pour la garde de sa personne. Il parle si hautement, devant toutes les nations, de l'amitié et de l'extrême considération qu'il a pour le roi de France, qu'après le siège de Saint-Thomé, le roi de Golconde lui envoya un ambassadeur, comme à un ami commun, afin de le prier de s'entremettre pour son accommodement avec la France; et l'ambassadeur avait ordre de voir sur cela les évêques français et de leur demander de s'y employer.

Voyons présentement les avantages qu'on peut tirer de l'amitié du roi de Siam, tant pour la religion que pour le commerce. Il semble que tout s'achemine à la conversion de ce prince. Il s'est fait instruire, plusieurs soirs, de la grandeur de notre sainte religion; il a supprimé, depuis quelques années, la plupart des superstitions païennes, comme celle de couper les eaux et de leur commander de se retirer; on ne craint plus qu'il se fasse mahométan. La reine d'Achem lui avait envoyé des ambassadeurs pour l'engager à son exemple à embrasser l'Alcoran; mais bien loin d'écouter ses propositions, il se défie des mahométans, et leur a ôté le gouvernement de toutes ses places.

Son favori est présentement un grec, nommé M. Constance, qui était calviniste, et depuis peu s'est fait catholique; il s'est marié par l'ordre et du consentement du roi. Ce ministre établit sa fortune sur la ruine des mahométans, qu'il a convaincus de concussion, et à qui il a fait rendre de grandes sommes d'argent.

De plus, le roi de Siam, en toutes occasions, favorise les missionnaires français: il leur a fait bâtir, à ses dépens, une très belle église, auprès de leur séminaire ; et comme il est presque toujours à Louvo, sa maison de plaisance, il y fait aussi bâtir une église, et y veut toujours avoir des missionnaires auprès de lui.

Il a donné des ordres très précis, pour que l'on fournît aux missionnaires de Ténassérim tout ce qui leur est nécessaire pour le bâtiment de leur église.

Enfin, dans la dernière audience qu'il a donnée au sieur Vachet, en présence de toute sa Cour, il lui dit en termes fort clairs, qu'à son retour il voulait exécuter un dessein dont il ne s'était expliqué à personne, et qui donnerait bien de la joie à beaucoup.

On a lieu d'espérer qu'en l'état où sont les choses, le roi enverra un ambassadeur au roi de Siam pour lui accorder son amitié et son alliance, et qu'il lui proposera d'embrasser la religion chrétienne, comme le véritable moyen d'être unis en ce monde et en l'autre ; on a, dis-je, lieu d'espérer que ce prince pourrait se faire chrétien, et tout son peuple suivrait son exemple, et peut-être les rois voisins. On laisse à juger quelle gloire ce serait pour le roi de France, et quel mérite, devant Dieu, d'avoir tenté une si grande affaire, quand même elle ne réussirait pas. Cette ambassade serait un puissant appui aux Français contre celle que le roi de Portugal a ordonnée à son vice-roi dans les Indes de dépêcher à Siam, au Tonkin, et à la Cochinchine.

On avait appris cette nouvelle à Siam, où l'on savait qu'un des ambassadeurs portugais devait arriver au mois de mars de l'année 1684 ; elle a été confirmée au sieur Vachet en Angleterre.

Quant au commerce qu'on peut faire à Siam, les marchandises du pays sont : l'étain, le plomb, le fer, la poudre, le salpêtre ; le bois de safran qui sert aux teintures ; le sucre non raffiné ; le cuivre, la cire ; le chevaa, qui est une espèce de gomme dont se fait le vernis ; la cire d'Espagne brute, les nids d'oiseaux et les ailes d'oiseaux (ces deux dernières sortes sont recherchées par les Chinois et par les Japonais) ; la gomme-gutte, l'encens, le poivre, l'arec, l'huile de coco, le cuir, le coton.

Tous les ans, les navires qui reviennent du Japon y apportent du cuivre en caisse ; le roi le prend tout, et le revend aux étrangers avec un gain notable. Il a de plus des soies bien travaillées, du thé, de la porcelaine plus grossière que celle de la Chine, des ouvrages d'or et d'argent, et autres curiosités.

Il est facile de faire sa charge à Siam pour le Japon, et c'est l'unique endroit des Indes, où les draps de France se débitent bien. Les navires qui y viennent de la Chine apportent des soies brutes et travaillées, des pièces de brocart de toutes manières, du crépon, des porcelaines, du thé, etc.

Du Tonkin il y vient de la soie, du musc, des ouvrages de vernis doré.

De la Cochinchine, on a l'or du pays, le vrai bois de calamba, les vrais nids d'oiseaux, le poivre, les soies brutes, les nattes, le sucre, l'ébène.

Le Chiampa fournit du calamba, la laque.

Le Cambodge a les dents d'éléphant, la gomme gutte, le plus beau et le meilleur benjoin du monde.

Toutes ces marchandises se trouvent à Siam ; les Européens et ceux des costes de Coromandel, Malabar, Surate et Perse en tirent tout autant de cuivre qu'ils en peuvent porter.

On pourrait demander au roi de Siam de donner le cuivre à la Compagnie française, au même prix qu'il s'achète au Japon, en payant les frais du voyage qui ne sont pas si considérables que quand ils se font sur nos vaisseaux, parce que la paye des officiers et matelots siamois est fort médiocre.

On pourrait encore lui demander que sur ses propres navires les Français pussent faire le commerce du Japon et de la Chine, ce qui faciliterait aux missionnaires l'entrée dans ce grand royaume.

Voilà à peu près les avantages que le roi de France peut retirer de l'amitié du roi de Siam, tant pour la religion que pour le commerce.

On peut avoir quelque idée des choses de France qui lui seraient les plus agréables, par les commissions qu'il a données à ses envoyés ; il les a chargés de plusieurs pièces d'or pour les faire émailler ; il veut avoir une grande salle de miroirs, et a donné la grandeur des tapis de la Savonnerie qu'il veut avoir ; il souhaite des ouvrages de cristal, quelques pièces de brocart, suivant le modèle qu'il en a donné, et des armes à la française.

Il est bon de remarquer, que lorsque le roi de Siam voulut envoyer deux mandarins en France, il ordonna à son barcalon ou premier ministre de choisir des personnes irréprochables, et qui n'eussent jamais reçu de châtiment ; et comme M. Constance, son favori, avait envie de faire parler de lui en Angleterre, où il a été élevé, il pria le roi de lui accorder deux de ses gens, pour avoir soin de quelques ouvrages qu'il voulait faire faire en Angleterre. Le roi le voulut bien, à condition que ces deux hommes seraient pris parmi ceux qui sont notés pour avoir reçu quelques châtiments, et qu'ils ne s'adresseraient qu'à un marchand particulier de Londres. M. Constance n'a pas laissé d'écrire au roi d'Angleterre et de lui envoyer quelques présents en son propre nom ; en tout ce qu'il peut, il favorise les Anglais dans le royaume de Siam, et a déjà fait donner le gouvernement de Ténassérim à un Anglais.

Mgr LANEAU
1679-1696.
(Suite).

LES AMBASSADES
(Suite).
1685.
I

Départ de l'ambassade de M. de Chaumont.

MÉMOIRES DE BÉNIGNE VACHET.

A. M.-E., vol. 112, p. 325 ; vol. 113, p. 79.

De Brest a Siam. — Règlement.

Lorsqu'on fut arrivé à Brest, les deux vaisseaux du roi l'*Oiseau* et la *Maligne*, n'attendaient que cette compagnie pour mettre à la voile. Il était juste de partager les douze, tant ecclésiastiques que religieux, sur les deux vaisseaux ; et, comme l'intendant avait nommé trois Pères Jésuites avec l'aumônier de l'*Oiseau* pour passer sur la *Maligne*, qui n'en avait point, ces Pères firent tant de démarches auprès de l'ambassadeur pour n'être pas séparés, qu'on prit la résolution dans le conseil de mettre sur la *Maligne*, MM. Basset et Manuel avec le prêtre qui devait desservir le navire l'*Oiseau*.

Six jours après qu'on eût mis à la voile, qui fut le troisième de mars de 1685, lorsqu'on se fut un peu rétabli du mal de mer, qui ne laissa pas d'être violent à cause d'un vent furieux qui agitait le navire, les missionnaires ecclésiastiques dressèrent un plan de vie, qui devait servir de règle pour tout le voyage. L'on aurait bien voulu s'associer les Révérends Pères Jésuites ; mais le Père de Fontancy qui était leur supérieur, en fit un particulier pour eux.

Les exercices commençaient à 5 heures du matin, qu'on se levait. Au quart, on faisait l'oraison en commun jusqu'à 6 heures. Ensuite, on récitait les petites heures après lesquelles on assistait à la messe. Ces deux jeunes Messieurs communiaient tous les dimanches, les fêtes et les jeudis. Il leur était libre de prendre un peu de relâche jusqu'à 9 heures. Pour lors, on faisait une conférence des cas de conscience sur les matières pour lesquelles

les missionnaires du Fo-kien avaient consultées à Rome, à la Sorbonne, à Manille et à M. l'évêque de Méachli puis, pour en recevoir la solution. Le Père de Paz, l'un des plus savants Dominicains de la province du Saint-Rosaire, avait fait imprimer à Manille les résolutions qu'il en avait portées. M. de Métellopolis, de son côté, y avait aussi répondu.

Cette conférence durait jusqu'à 11 heures ; chacun avait la liberté de dire son sentiment et de proposer ses difficultés. MM. les abbés de Choisy et du Chayla[1] s'y trouvaient ordinairement. Mais il faut avouer que personne de la compagnie n'y parlait plus juste que M. Basset. Ses objections étaient toujours bien fondées, ses difficultés paraissaient claires et raisonnables, et la facilité qu'il avait à s'énoncer lui attirait une estime toute particulière.

Comme il était fort humble, ses propres lumières ne l'éblouirent jamais, et il avait autant de facilité à se soumettre aux sentiments des autres, qu'il avait de pénétration pour les combattre, et c'est ce qu'on admire le plus en lui.

A 1 heure après-midi, on lisait un chapitre du Nouveau Testament, on récitait le chapelet ; ensuite, on disait none, vêpres et complies ; après quoi ces deux Messieurs s'appliquaient avec l'interprète des Siamois pour apprendre à lire et à écrire la langue siamoise. Après cela, jusqu'à 5 heures du soir, ils étudiaient ensemble les psaumes de David ou quelques-unes des épîtres de saint Paul. A 5 heures précises, on faisait une méditation sur un chapitre de l'*Imitation de Jésus-Christ ;* puis, on récitait en commun matines et laudes, qui n'étaient finies qu'un peu avant le souper.

La récréation de nos jeunes diacres était de se partager entre l'équipage, auquel chacun de son côté faisait un catéchisme instructif sur tous les articles les plus importants de la religion.

Dès le premier dimanche qu'on eut ouï prêcher M. Basset, si l'on eût cru les officiers et les matelots, il aurait été le seul qui leur eût annoncé la parole de Dieu, tant ils prenaient de goût et de plaisir à l'entendre ; mais, malgré leurs remontrances, il fallut concéder que tous les prêtres, qui étaient sur le vaisseau, prêcheraient chacun à leur tour, je veux dire ceux qui se présenteraient ; mais, excepté deux ou trois fois, dans tout le reste du voyage, le P. Le Comte, jésuite, et M. Basset parlèrent alternativement.

Propositions de s'établir à Singor.

Arrivés que nous fûmes devant Singor, je pris la liberté de faire assembler le conseil de M. de Chaumont, notre ambassadeur. Ce fut là où je proposai que le roi et la Compagnie, ayant eu très agréable la concession que le roi de Siam avait faite de ce petit royaume pour y établir les Français, il me semblait que, puisqu'il était en vue, il ne fallait pas négliger ce moment heureux d'en prendre possession au nom du roi de France ; qu'il ne fallait qu'y arborer le pavillon et y laisser dix hommes, jusqu'à ce que, par les ordres du roi de Siam, on y eût fait bâtir une forteresse et une petite ville, où Messieurs de la Compagnie établiraient des marchands et des commis. J'ajoutai que j'avais déjà prévenu les envoyés siamois, qui avaient été les porteurs des

[1] François de Langlade du Chayla, d'une famille noble du Gévaudan, né en 1647 (à Saint-Chély-d'Apcher ?) Il partit avec l'ambassade de Chaumont et revint avec elle. Quoi qu'en disent plusieurs dictionnaires, il ne fit jamais partie de la Société des Missions-Étrangères, et ne travailla point à la conversion des infidèles dans le royaume de Siam, où il ne resta que quelques mois. Il retourna dans son diocèse en 1686, fut curé de Saint-Germain-de-Calberte (Lozère). Il fut nommé par son évêque inspecteur des missions dans les paroisses des nouveaux convertis. Il résidait à Pont-de-Montvert où il fut massacré par les protestants des Cévennes le 23 juillet 1702. (*La relation de la mort de l'abbé de Langlade du Chayla,* par M. Rescossier, doyen du chapitre de Marvéjols, petit in-12, 1703 ; réédité à Toulouse, in-24, 1853).

intentions de leur maître, les témoins de l'acceptation des ministres de France au nom du roi, et qu'ils y consentaient volonticrs.

D'abord cette proposition fut reçue avec applaudissements. On avait déjà la vue sur M. le chevalier de Forbin pour le roi ; et sur M. Verret pour la Compagnie ; ils devaient, le lendemain matin, aller prendre possession. On prépara le canon ; on distribua de la poudre aux soldats pour faire des décharges après cette cérémonie ; mais ce qui surprit étrangement tout le monde, fut que le matin, à la pointe du jour, M. de Chaumont fit mettre à la voile sans en alléguer aucune raison. Je laissai passer les premiers mouvements et j'épiai le moment de le pouvoir entretenir seul. Il m'écouta avec attention : c'était pour lui faire part d'un pressentiment qui me serrait le cœur, parce qu'effectivement je l'honorais avec une tendre affection. Je lui dis donc, ce qui lui arriva dans la suite, qu'ayant manqué une si belle occasion, il ne la retrouverait pas quand il voudrait ; et qu'il aurait peine de se justifier en France d'une faute qu'on regarderait comme capitale ; que je ne comprenais pas que lui, qui la veille m'avait remercié si particulièrement d'un si bon avis, avait changé tout d'un coup en moins de douze heures, et je le priai de ne pas me céler son motif. Je m'aperçus bien que ce que je disais lui était sensible. Il m'avoua qu'on lui avait représenté que M. Constance pourrait se choquer d'une action qu'on aurait faite sans lui en parler, d'autant plus que nous n'étions plus qu'à cent lieues les uns des autres Ce fut un malheur pour M. de Chaumont et surtout pour la Compagnie. Singor était de toutes les Indes, le point le plus avantageux à cette Compagnie. Par là, elle s'attirait le commerce de Cambodge, Siam, Cochinchine, Tonkin, Chine, Japon, et des Philippines. Bientôt Batavia n'aurait été qu'un désert et ses riches habitants chinois n'auraient pas tardé de s'établir parmi les Français, où le profit aurait été plus que le double. Voilà ce que nous coûte cette conduite de M. de Chaumont, avec les suites funestes de la révolution de Siam, qui ne serait jamais arrivée, si les Français eussent pris d'abord possession de Singor.

Arrivée à Juthia. — Satisfaction du roi de Siam.

Le 22 septembre, nous arrivâmes sur le soir à la vue de la grande rade de Siam. Le lendemain matin, avant que l'on eût jeté l'ancre, je partis dans la chaloupe du navire pour porter à Siam la première nouvelle de notre arrivée. Les deux envoyés siamois étaient tout disposés de venir avec moi ; mais comme ils virent que M. Verret (Véret), nommé chef du comptoir des Français, était déjà dans la chaloupe, ils refusèrent d'y descendre. Je ne gagnai rien à leur représenter qu'ils allaient s'attirer quelque chose de fâcheux ; ils voulurent rester dans le vaisseau, ou bien que le dit M. Verret ne fût pas dans la chaloupe. J'avais mes raisons pour le mener avec moi, parce que Messieurs de la Compagnie m'en avaient prié, avant ma sortie de Paris. On me donna à la tabangue[1] un ballon avec quinze rameurs, qui me menèrent avec une vitesse incroyable auprès de M. de Métellopolis, qui en envoya aussitôt l'avis au roi. Il était 10 à 11 heures du soir : c'est le temps que le roi de Siam tient son conseil. Un moment après, des officiers de la Cour vinrent nous avertir que le roi nous attendait. M. l'évêque de Métellopolis et M. l'abbé de Lionne m'y conduisirent. Dans le discours que je fis, je tâchai de renfermer toutes les heureuses dispositions que nous avions trouvées dans le roi de France, pour correspondre en tout et partout à l'amitié parfaite qu'il lui avait fait demander ; que c'était pour l'en assurer qu'il lui envoyait un ambassadeur, qui était actuellement à la barre de Siam, où il attendait ses ordres pour se rendre auprès de sa personne royale, et que là, il lui expliquerait les intentions du roi son maître.

---

[1] Douane. Les missionnaires écrivent tabangue et tabanque.

Ce bon prince m'écouta avec des transports de joie que je ne saurais exprimer : et tout-à-coup prenant un air fort sérieux, ayant élevé les mains et les yeux au ciel, voici les premières paroles qu'il me dit : « Père Vachet, ne vous attribuez pas la gloire des choses que je viens d'entendre, et n'en soyez pas orgueilleux. C'est au Dieu du ciel et de la terre, à qui il faut seul la rapporter et à qui j'en ai la principale obligation. Il est vrai qu'il s'est servi de votre ministère : il vous en tiendra compte. Ce qui ne doit pas m'empêcher de reconnaître et de récompenser les services très agréables que vous m'avez rendus en cette occasion. Ce qui m'embarrasse, c'est votre désintéressement, car je sais que vous comptez pour rien l'or et l'argent qui sont dans mes trésors. Les premières charges et dignités de ma Cour sont au-dessous de vous ; mais voici la pensée qui me vient dans l'esprit : Puisque vous m'avez amené un ambassadeur du roi, mon frère et très cher ami, il faut vous résoudre à lui en conduire un de ma part, et si le Dieu du ciel, que je prends à témoin, bénit votre voyage, à votre retour je vous permettrai de choisir une nation étrangère parmi toutes celles qui me sont soumises, qui ne reconnaîtra pas d'autre supérieur que vous. Il vous sera libre de prendre quel canton qui vous plaira de tous mes Etats pour vous y établir. Ceux qui vous obéiront seront exempts de toutes sortes de droits qu'ils ont coutume de me payer. Au milieu de ce peuple, je ferai bâtir une église et une maison magnifique, et je veux que sur le frontispice on y lise en gros caractères d'or : « C'est ici la récompense qu'un tel, roi de Siam, a donnée à un tel et à ses successeurs. » Et je lui assignerai des revenus qui feront juger de la grandeur des services que vous m'aurez rendus. »

Tout ceci fut dit en présence de tous les grands de la Cour, et ce fut le sieur Constance, premier ministre, qui nous servit d'interprète pour ces promesses [1].

II

Lettres du roi de France et de M. de Croissi.
Adresse de M. de Chaumont au roi de Siam.

Louis XIV a Phra Naraï.

A. M.-E., vol. 862, p. 153.

Très haut, très puissant, très excellent, et très magnanime Prince, notre cher et bon ami.

Dieu veuille augmenter Vostre Grandeur avec fin heureuse.

Nous avons appris avec desplaisir la perte des ambassadeurs que vous nous envoyâtes en l'année 1681. Nous avons été informé, par les prêtres missionnaires qui sont revenus de Siam, et par les lettres que nos ministres

---

[1] Dans une lettre à M. Maigrot, M⁙ Laneau fait l'éloge des qualités déployées par B. Vachet en ces circonstances ; l'appréciation vaut d'autant plus, que l'évêque avoue son étonnement :

« Je n'eusse pas cru que M. Vachet eût si bien réussi comme il l'a fait. Je pense que s'il n'avait point cet air soldat il aurait encore beaucoup mieux fait, mais quoique ceux qui sont encore plus sérieux n'approuvent pas cette humeur, les autres néanmoins ne la désapprouvent pas ; il a esté fort bien ... à la Cour d'Angleterre et encore bien mieux à la Cour de France ; il a eu plusieurs ...nces de Sa Majesté Très Chretienne, et enfin il a si bien fait auprès d'elle et de ses mi...tres qu'il a obtenu cette ambassade, car il a celu, comme vous le connaissez, qu'il persuade assez facilement. Il est vrai qu'en certaines choses il s'est un peu trop avancé. Il a gagné la bienveillance du P. la Chaise, de telle manière que celui-ci lui a promis en secret de faire certaines choses que je ne puis vous mander encore. Sa réputation à la Cour estait telle que le parlement de Rennes lui promit cent mille écus pour la mission, s'il obtenait du roi son rétablissement à Rennes ; mais à cause que le roi l'avait déjà refusé à des têtes couronnées, on n'osa lui en parler. Cependant comme il va un peu vite en besogne et qu'il fait beaucoup de dépenses, on lui a fait un peu froid ici après son retour ; il est vrai qu'il est venu à bout des choses que je n'aurais jamais eu la pensée de lui recommander. (22 *juin 1686, A. M.-E., vol. 879, p. 353*).

ont reçues de la part de celuy à qui vous confiez le principal soin de vos affaires, de l'empressement avec lequel vous souhaitez notre amitié royale. C'est pour y correspondre que nous avons choisi le sieur chevalier de Chaumont, pour être nostre ambassadeur près de vous. Il vous apprendra plus particulièrement nos intentions sur tout ce qui peut contribuer à établir pour toujours cette amitié solide entre nous. Cependant, nous serons très aise de trouver les occasions de vous témoigner la reconnaissance avec laquelle nous avons appris que vous continuez à donner vostre protection aux évêques et autres missionnnaires apostoliques, qui travaillent à l'instruction de vos sujets dans la religion chrétienne ; et nostre estime particulière pour vous nous fait désirer ardemment que vous vouliez bien vous-mesme les écouter, et apprendre d'eux les véritables maximes et les mystères sacrés d'une si sainte religion, dans laquelle on a la connaissance du vrai Dieu, qui seul peut, après vous avoir fait régner longtemps et glorieusement sur vos sujets, vous combler d'un bonheur éternel.

Nous avons chargé nostre ambassadeur des choses les plus curieuses de nostre royaume, qu'il vous présentera comme une marque de nostre estime ; et il vous expliquera aussi ce que nous pouvons désirer de vous pour l'advantage du commerce de nos sujets. Sur ce, nous prions Dieu qu'il veuille augmenter Vostre Grandeur avec toute fin heureuse.

Écrit en notre château royal de Versailles, le vingt et unième jour de janvier 1685.

Vostre très-cher et bon ami, Louis.

M. DE CROISSI AU BARCALON.

A. M.-E., vol. 862, p. 155.

ILLUSTRE ET MAGNIFIQUE SEIGNEUR.

Il aurait été fort à souhaiter que Dieu voulût donner une heureuse navigation aux ambassadeurs que le très haut et très magnanime prince, le roy de Siam, avait envoyés au roy mon maître ; et j'ai ressenti en mon particulier d'autant plus vivement leur perte, que Sa Majesté a témoigné un sensible déplaisir de ce naufrage. Je peux bien aussi vous assurer, que si la gloire, qu'elle s'est acquise par un nombre infini de conquêtes dont elle a augmenté l'étendue de son empire, aussi bien que par des actions héroïques et des vertus plus qu'humaines, qui font le bonheur de ses sujets et l'admiration de l'Europe, a été portée par la renommée jusque dans le royaume de Siam, et a donné au grand roy, votre maître, le désir de contracter une amitié sincère, elle n'est pas moins disposée aussi à témoigner à Sa Majesté, le roy de Siam, par toutes sortes de moyens, la haute estime qu'elle a pour lui. C'est pour ce motif que, malgré la grande étendue des mers qui nous sépare, elle envoie vers lui le chevalier de Chaumont, en qualité de son ambassadeur extraordinaire, pour marquer au roy de Siam combien son amitié lui sera chère, et pour l'exhorter d'autant plus instamment à embrasser la religion du vrai Dieu, qu'elle reconnaît elle-mesme devoir aux bénédictions divines les plus grandes prospérités de son règne, et que la pureté de sa croyance doit faire le plus solide fondement d'une étroite union avec le roy mon maître.

Sa Majesté a cependant appris avec beaucoup de plaisir, que le roy de Siam prenait part à la joie qu'elle a reçue de la naissance de son petit-fils, Mgr le duc de Bourgogne, et elle m'ordonne de vous dire qu'elle fera toujours élever les princes, ses enfants, dans le désir d'entretenir aussi soigneusement qu'elle la bonne correspondance et amitié qu'elle veut établir avec le roy de Siam. J'ai reçu en mon particulier, par les mains de Quon Pit-

chai Vatic et Quon Pitchai Tramaitri, et du P. Vachet, les présents que vous
m'avez envoyés, que j'ai trouvés très beaux ; et je souhaite que ceux qui vous
sont portés par le chevalier de Chaumont vous soient aussi agréables, et
que nous puissions contribuer, vous et moi, par nos soins et notre application, à affermir et perpétuer une bonne alliance entre Sa Majesté le roy mon
maître et le très puissant et très magnanime roy de Siam.

Ecrit au château royal de Versailles, le 18 février 1685.

COLBERT DE CROISSI.

ADRESSE DE M. DE CHAUMONT A PHRA NARAÏ.

A. M.-E., vol. 859, p. 397.

SIRE,

Le roy mon maître, si fameux aujourd'hui dans le monde par ses grandes
victoires, et par la paix qu'il a souvent donnée à ses ennemis, à la tête de
ses armées, m'a commandé de venir trouver Votre Majesté pour l'assurer
de l'estime particulière qu'il a conçue pour Elle. Il connaît, Sire, vos augustes
qualités, la sagesse de votre gouvernement, la magnificence de votre Cour,
la grandeur de vos Etats, et ce que vous vouliez particulièrement lui faire
connaître par vos ambassadeurs, l'estime que vous avez pour sa personne,
confirmée pas cette protection continuelle que vous donnez à ses sujets,
principalement aux évêques qui m'environnent, et qui sont les ministres du
vrai Dieu.

Il ressent tant d'illustres effets de l'estime que vous avez pour lui, qu'il
veut bien, Sire, y répondre de tout son pouvoir. Dans ce dessein, il est prêt
de traiter avec Votre Majesté, de vous envoyer de ses sujets pour entretenir
et augmenter le commerce, de vous donner toutes les marques d'une amitié
sincère, et de commencer entre les deux couronnes, une union autant célèbre
dans la postérité que vos Etats sont éloignés des siens par les vastes mers
qui les séparent.

Mais rien ne l'affermira tant en cette résolution, et ne vous unira plus
étroitement ensemble, que de vivre dans les sentiments d'une mesme
croyance.

Et c'est particulièrement, Sire, ce que le roy mon maître, ce prince si
sage et si éclairé, qui n'a jamais donné que de bons conseils aux roys ses
alliés, m'a commandé de vous représenter de sa part ; il vous conjure par
l'intérêt qu'il prend déjà, comme le plus sincère de vos amis, à votre véritable gloire, de considérer que cette suprême majesté dont vous estes revêtu
sur la terre, ne peut venir que du vrai Dieu, c'est-à-dire d'un Dieu tout
puissant, éternel, infini, tel que les chrétiens le reconnaissent ; qui seul fait
régner tous les roys, et règle la fortune des peuples.

Soumettre vos grandeurs à ce Dieu qui gouverne le ciel et la terre, c'est
une chose, Sire, beaucoup plus raisonnable que de les rapporter aux autres
divinités que l'on adore dans l'Orient, et dont Votre Majesté, qui a tant de
lumière et de pénétration, ne peut manquer de voir assez l'impuissance.

Mais elle le verra encore plus clairement, si elle veut bien entendre
durant quelque temps les évêques et les autres missionnaires qui sont ici.

La plus agréable nouvelle que je puisse porter au roy mon maître est
celle là, Sire, que Votre Majesté, persuadée de la vérité, se fait instruire
dans la religion chrétienne ; c'est ce qui lui donnera plus d'admiration, d'estime pour Votre Majesté ; ce qui excitera ses sujets à venir avec plus d'empressement et de confiance dans vos Etats, et enfin ce qui achèvera de vous
combler de gloire, puisque, par ce moyen, Votre Majesté s'assure d'un bonheur éternel dans le ciel, après avoir régné avec autant de prospérité qu'elle
fait sur la terre.

III

Résumé de l'ambassade de M. de Chaumont sur la question religieuse.

Mémoire de l'abbé de Choisy.

A. M.-E., vol. 8, p. 1.

À bord de l'*Oiseau*, le 1ᵉʳ janvier 1686.

Raisons de ce mémoire.

Quoique j'ai fait jusqu'ici et que je sois résolu de continuer le *Journal* de mon voyage, j'ai pensé qu'il était à propos de faire une petite relation particulière, que je ne communiquerai à personne, où je mettrai toute la suite de la négociation qui s'est faite à Siam. Il y a eu beaucoup de choses importantes, qu'il est bon de tenir secrètes. Il est bien vrai que je ne suis pas ambassadeur, mais j'ai su une partie de ce qui s'est fait, et je serai bien aise à mon retour en France de pouvoir rendre compte de ma conduite, si on me fait l'honneur de me le demander.

Sentiments du roi de Siam sur le catholicisme.

Me voyant quasi arrivé à Siam, sans que M. l'ambassadeur m'eût dit un mot de ce qu'il y allait faire, je commençais à croire qu'il ne m'en dirait rien du tout, et j'avais déjà pris mon parti d'aller descendre au séminaire, d'y prendre les Ordres, d'y demeurer jusqu'à ce qu'il fallut se rembarquer. J'étais dans ce dessein, quand M. de Métellopolis et M. l'abbé de Lionne vinrent à bord ; l'évêque alla dans la chambre de M. l'ambassadeur ; l'abbé vint dans la mienne. Je lui dis d'abord, que M. l'ambassadeur venait proposer au roi de Siam, de la part du roi, de se faire chrétien : il parut surpris de cette proposition, et me dit que les choses n'étaient point en cet état-là ; qu'à la vérité, le roi de Siam favorisait en tout la religion chrétienne, qu'il faisait bâtir des églises, qu'il donnait de l'argent aux missionnaires, qu'il avait fait entrer M. d'Héliopolis à la Chine, mais que pour changer de religion, il ne croyait pas qu'il y songeât, et que ce ne serait peut-être pas une petite affaire que de lui en faire la proposition. Je lui dis que le roi, en envoyant ici un ambassadeur, avait cru les choses plus avancées ; qu'on lui avait dit que le roi de Siam était persuadé de la fausseté de sa religion, qu'il n'allait plus aux temples de ses dieux, qu'il avait déjà quitté plusieurs superstitions, et qu'il ne fallait plus que le pousser un peu pour lui faire embrasser la véritable religion. Il me répondit que le roi de Siam ne paraissait pas trop attaché à ses idoles, mais qu'il y avait encore bien loin de là à recevoir le baptême. Là-dessus M. l'ambassadeur étant venu sur le pont, M. l'abbé de Lionne l'alla saluer, et d'abord lui dit devant moi qu'il avait été fort surpris de tout ce que je lui avais dit, et lui tint en peu de mots le même discours qu'il m'avait tenu. M. l'évêque avait dit la même chose à M. l'ambassadeur dans un grand secret, de sorte que la conversation devint commune entre nous, quasi malgré nous ; et ce fut la première fois que je parlais avec M. l'ambassadeur des affaires de l'ambassade ; il avait eu jusque-là pour moi toutes sortes de considérations et d'honnêtetés, mais toujours sur des nouvelles et choses générales.

M. l'évêque me fit beaucoup d'amitié, et supposant qu'il ne devait rien avoir de caché pour moi, il me dit l'état de toutes choses avec simplicité ; il avait reçu des lettres de Messieurs du Séminaire de Paris, qui le priaient d'avoir en moi quelque confiance. Me voilà donc dans les affaires. On tint conseil sur les mesures qu'il y avait à prendre. M. Vachet n'y fut point appelé, parce qu'il était allé à Siam, donner la nouvelle de notre arrivée. M. l'évêque nous exposa que le roi se reposait du soin de ses affaires sur

M. Constance, qui, sans avoir voulu de charge, les faisait toutes et avait toute l'autorité, que ce M. Constance avait beaucoup d'esprit, et qu'il ne fallait songer à rien faire que par son moyen, qu'il fallait donc tâcher de le gagner, qu'il ne se souciait point d'argent, mais qu'en le flattant du côté de l'honneur, où il était fort sensible, on lui ferait faire l'impossible. Cela parut fort raisonnable, et on se détermina à suivre ce parti.

Constance Phaulkon.

Cependant M. l'ambassadeur s'achemina vers Siam avec toute la pompe imaginable, et demeura huit jours à la tabangue, à une lieue de la ville, pour y régler son entrée et son audience. M. Constance l'y vint voir de la part du roi et régla toutes choses avec lui ; M. l'abbé de Lionne fut chargé de lui faire beaucoup d'amitiés, et de l'assurer que M. l'ambassadeur voulait suivre en tout ses conseils ; que venant au bout du monde pour la religion, il se croyait bien heureux d'avoir à traiter avec un ministre chrétien aussi habile et aussi bien intentionné que lui, et qu'au reste si les choses réussissaient aux souhaits de Sa Majesté Très-Chrétienne, il pouvait l'assurer d'une solide reconnaissance. Ces compliments furent fort bien reçus, et il promit merveilles. Il commença même à donner des conseils à M. l'ambassadeur, comme par exemple de faire appeler les principaux mandarins qui avaient soin de sa conduite, et de leur former beaucoup de difficultés sur son audience, afin que le roi chargeât quelqu'un de ses ministres de les régler avec Son Excellence, prévoyant assez que cela tomberait sur lui, ce qui arriva suivant son projet.

Jusque-là je ne me mêlais de rien, les conférences se tenaient entre M. l'ambassadeur, M. l'évêque et M. Constance, et quand il était sorti, ou M. l'ambassadeur, ou M. l'évêque, ou tous les deux ensemble me disaient ce qui s'était passé et ce qu'on avait résolu.

Diplomatie de l'abbé de Choisy.

Après l'entrée et l'audience, dont les particularités sont dans mon *journal*, on commença à parler d'affaires, M. Constance vint voir plusieurs fois M. l'ambassadeur ; ils étaient quelquefois trois heures en conversation avec M. l'évêque, qui leur servait d'interprète, et au sortir de là, ils me disaient ordinairement : « Tout va bien. » Enfin, un soir, M. l'évêque me dit qu'assurément je demeurerais à Siam. J'en parlai devant lui à M. l'ambassadeur, qui n'en parut pas fort éloigné, quoiqu'il ne parlât pas si affirmativement. Un missionnaire, nommé M. Paumard, qui a grande part à la confiance de M. Constance, m'assura le même jour que M. Constance lui avait dit positivement qu'il voulait avoir le cou coupé, si je ne demeurais à Siam. Alors je m'abandonnai à la joie ; je savais que je ne pouvais demeurer à Siam comme ministre du roi, qu'en cas que le roi de Siam se fît instruire dans la religion chrétienne ; et je jugeai, que puisque des gens sages m'assuraient que j'y demeurerais, il fallait que les affaires de la religion fussent en bon état. Je ne demeurai que quelques moments dans ces pensées agréables ; je fis réflexion sur tout ce que M. l'évêque et M. l'abbé de Lionne m'avaient dit, à notre arrivée, du peu d'apparence qu'il y avait à la conversion du roi ; je me souvins, que M. Constance avait dit, plusieurs fois, qu'il fallait aller doucement dans cette affaire ; et il me vint dans l'esprit que peut-être M. Constance trompait et M. l'ambassadeur et M. l'évêque. Ce sont assurément deux saints, qui font tous les jours quatre heures d'oraison ; mais ils n'ont pas vu beaucoup de négociations et peuvent être affinés par un habile ministre. Cependant l'affaire m'était assez importante pour avoir envie de connaître la vérité. Voici ce que je fis pour cela : je priai M. l'ambassadeur de me donner un extrait de l'article de ses instructions où il était parlé de mct

je ne lui en avais point encore voulu parler, croyant qu'il me le donnerait
de lui-même ; mais en cette occasion, voyant qu'il ne m'en parlait point,
et que cela m'était absolument nécessaire pour prendre mes mesures, je le
lui demandai hardiment, et il ne put me le refuser. Il tira ses instructions
de sa cassette, et devant lui je fis une copie des articles qui me regardaient.
Tous les mots portent et doivent être pesés en ces occasions. Je vis nettement
que le roi ne voulait que je demeurasse à Siam, qu'au cas d'une certitude
presque entière de la conversion du roi et pour assister à son baptême. Il fut
alors question de voir où était cette certitude presque entière de la conversion du roi ; j'entretins séparément M. l'ambassadeur et M. l'évêque ; ils
me dirent que le roi de Siam mourait de peur des Hollandais, et que pour
avoir la protection du roi, il ferait toutes choses ; que peut-être ne se ferait-il
pas chrétien par dévotion, mais qu'importe, pourvu qu'il le devînt et que ses
sujets suivissent son exemple ; qu'à la lecture de la lettre du roi, il avait dit
devant tous ses mandarins : « Oh ! oh ! le roi de France me veut faire de sa
religion, je lui suis bien obligé, et je vois bien que son amitié est véritablement désintéressée » : que Sa Majesté n'avait point du tout paru en colère
de cette proposition, qu'elle avait ajouté : « Hé bien, il ne faut pas mécontenter le roi de France, mais je ne sais encore ce que c'est que sa religion,
il faut que je m'en instruise, et si je vois la vérité, je la veux suivre. » Ils
ajoutèrent que M. Constance leur avait protesté qu'il donnerait sa vie de bon
cœur pour voir réussir une si grande affaire, mais qu'il fallait la mener doucement, et que puisque M. l'ambassadeur était obligé de s'en retourner au
mois de décembre, ce serait à moi à ménager cela, que dans sa lettre, le roi
très-chrétien ne demandait pas autre chose, sinon que le roi s'instruisît
dans la religion chrétienne, et qu'il était prêt de le faire, en donnant des
audiences particulières à M. l'évêque, qui pourrait lui parler tant qu'il voudrait de la religion.

Voilà qui paraît bien fort. Cependant comme je commençais à connaître
M. l'ambassadeur et M. l'évêque pour de bonnes gens, qui se flattent aisément sur les choses qu'ils désirent, je leur dis, que plus le roi de Siam avait
peur des Hollandais, plus ses beaux discours m'étaient suspects ; et que
peut-être il allongerait son instruction pendant dix ans pour avoir, en attendant, la protection du roi ; que néanmoins je m'abandonnais à la prudence de
M. l'ambassadeur, que je serais ravi de demeurer à Siam, que je n'étais
venu que pour cela, et que dès que M. l'ambassadeur m'en donnerait l'ordre,
je songerais à faire mon équipage ; voilà ce que je leur dis, résolu pourtant de
ne m'en pas tenir là. Je vis clairement, qu'il n'y avait que le seul M Constance qui me pût faire connaître la vérité. Je résolus de gagner son amitié.
J'entretins plusieurs jours M. Paumard sur son chapitre ; je lui dis que je
savais que M. Constance était le protecteur de la religion dans les Indes. je
me fis conter toute l'histoire de sa vie, j'en dressai des mémoires. Je lui fis
dire, que quand il voudrait, je lui donnerais toutes les connaissances que je
pouvais avoir des Cours de l'Europe, et que cela était absolument nécessaire
à un ministre ; je louai son esprit, sa libéralité, son zèle ; enfin, par le
moyen de M. Paumard, qui lui contait fidèlement tout ce que je lui disais,
je le persuadai que je voulais être de ses amis. Je lui donnai même des
petits avis sur sa conduite avec nos Français, sur la manière différente
dont il en devait user avec les uns et les autres ; je lui conseillai d'inspirer
un peu d'honnête fierté aux ambassadeurs qu'il envoyait en France, afin qu'ils
quittassent, en partant de Siam, cet air soumis et esclave, que les plus grands
seigneurs ont en ce pays-ci, et qui ne plairait pas en France, où l'on veut
que les gens de qualité soient fort civils et ne laissent pas de se sentir. Il
reçut tout cela admirablement bien, et je m'aperçus qu'en venant chez M. l'ambassadeur, il me demandait toujours et me faisait force honnêtetés. Il arriva

même une assez plaisante chose : je l'allai voir, il me reçut bien, mais il me
fit asseoir dans un lieu fort ambigu, et l'on pouvait douter, s'il m'avait donné
la main chez lui ; de plus, dans la conversation, nous parlions portugais, je
le traitais de *vossa Senhoria*, et il ne me traita de *vossa mercé*, qui est d'une
différence infinie. Je sortis fort mécontent ; j'envoyai chercher M. Paumard
et le priai de dire à M. Constance, que je le traiterais tout comme il me traite-
rait, et que, sans doute, les affaires d'État l'avaient empêché de songer à ce
qu'il venait de faire. On ne saurait croire combien cette petite fermeté lui
donna bonne opinion de moi ; il me répéta cent fois *vosta signoria* à la première occasion, et m'accabla d'honneurs et de civilités.

Véritables sentiments de Phaulkon et de Phra Naraï sur la conversion au catholicisme.

Quand je crus avoir fait quelque petit progrès dans son esprit, un soir,
sans en parler à personne, je l'allai trouver, et lui dis d'abord, à la française, que je voulais l'entretenir à loisir. Il fit sortir tout le monde. Je lui
dis que j'allais lui donner une grande marque de confiance, que la chose du
monde que je souhaitais le plus était de demeurer à Siam ; et là-dessus je
lui contai tout ce que j'avais fait pour y venir ambassadeur, et que j'espérais
qu'il contribuerait à m'y faire demeurer. Il m'interrompit pour me dire que
j'y demeurerais assurément, que le roi de France, dans sa lettre, demandait
seulement que le roi de Siam s'instruisît, et qu'il était prêt à s'instruire.
« Mais, lui dis-je, il faut, pour me faire demeurer ici, que M. l'ambassadeur
ait de bonnes paroles, et que le roi de Siam écrive au roi fortement. — Tout
cela, me répondit-il, ne manquera pas. — Oh ! bien, lui dis-je, me voilà content, il n'en fallait pas moins pour me faire demeurer ici, et voilà les ordres
du roi là-dessus. » Je lui montrai alors l'extrait des instructions que j'avais
tiré de M. l'ambassadeur. Cette marque de confiance lui fit grand plaisir ;
ensuite la confiance vint aussi de son côté. Nous changeâmes de discours, et
après avoir parlé deux heures comme si j'eusse dû demeurer assurément à
Siam, je lui dis en riant : « Franchement, j'ai de la peine à croire que le roi
de Siam se fasse chrétien ; tout est ici plein de talapoins, il n'y a pas un mandarin chrétien, et s'il m'en demandait mon avis à moi-même, je ne sais ce que
je lui conseillerais ; mais il ne faut pas dire cela à M. l'ambassadeur, car il ne
me laisserait pas ici. » Il me répondit sur le même ton : « Vous avez raison,
aussi ne se fera-t-il point chrétien, et même pour le bien de la religion, il
ne serait point à propos qu'il le fît si tôt. Il faut commencer par convertir
une partie du royaume. A-t-on jamais vu roi changer de religion sans avoir un
gros parti dans son État ? De plus le roi est vieux et malsain, tout rechan-
gerait à sa mort, et peut-être qu'on persécuterait la religion chrétienne comme
la cause des désordres. » Je le remerciai extrêmement de sa bonne foi. Il
continua, et me dit qu'à la première audience il n'avait osé dire au roi tout
ce que M. l'ambassadeur lui avait dit sur la religion, à cause des mandarins
présents, et que jusqu'à la lecture de la lettre du roi de France, Sa Majesté
n'avait point su que toute cette grande ambassade n'avait pour but que sa conversion ; que Sa Majesté lui avait ouvert son cœur là-dessus, qu'elle était persuadée que toutes les religions sont bonnes, que même elle lui avait dit : « Tu
es chrétien, si tu te faisais de ma religion, je te croirais un coquin. » Que
d'ailleurs le roi ne laissait pas d'être fort obligé au roi de France, que cela ne
partait que de bonne amitié et qu'il ne fallait pas le mécontenter ; et là-dessus il avait assuré M. l'ambassadeur que tout irait bien, qu'à son retour en
France le roi serait fort content de ses négociations, qu'il lui porterait des
lettres qui donneraient grande espérance de la conversion du roi de Siam ;
qu'enfin Dieu était le maître, qu'on ne savait point ce qui en pourrait arriver.
Je lui laissai dire tout ce qu'il voulut ; c'était un torrent de vérités que je

n'avais garde d'arrêter ; mais quand il eut tout dit, je recommençai à le louer sur sa bonne foi et à lui faire entendre que la chose du monde qui plairait le plus au roi, serait une pareille sincérité ; que cependant il fallait songer au bien solide de la religion et prendre des mesures justes ; que puisqu'il n'y avait pas grande apparence à la conversion du roi de Siam, il fallait songer à la conversion du royaume, obtenir de grands privilèges pour la religion chrétienne, tâcher de convertir des mandarins, et laisser agir la grâce de Dieu sur la personne du roi, qui, par ses vertus morales, semblait en quelque façon le mériter. Il me dit que j'avais raison, que c'avait toujours été là son avis, qu'il n'aurait point voulu presser le roi sur la religion, mais que M. l'ambassadeur l'avait voulu absolument. Là-dessus je pris mon temps et lui dis : « Si vous voulez, nous ferons prendre à M. l'ambassadeur d'autres mesures ; je n'ai qu'à lui dire une partie de ce que vous me venez de dire ; il a bon sens, il verra bien qu'il n'y a point d'autre parti à prendre et suivra tout votre avis. » Il me répondit qu'il le voulait bien, dans l'espérance qu'il eut de faire faire à M. l'ambassadeur tout ce qu'il voudrait, et je fus fort aise d'avoir obtenu de lui la permission de découvrir la vérité à M. l'ambassadeur, qui avait tant d'intérêt à la connaître.

Nous nous séparâmes après quatre heures de conversation, fort contents l'un de l'autre, et je revins au logis rendre grâces à Dieu de m'avoir fait connaître la vérité. Je vis bien dès lors que je ne demeurerais pas à Siam, et depuis j'ai pensé cent fois à la sotte figure que j'y aurais faite. M. l'ambassadeur s'en serait retourné en France, pompeux et triomphant, et aurait dit au roi : « Sire, j'ai laissé l'abbé de Choisy à Siam pour assister au baptême du roi. » M. l'évêque aurait mandé la même chose et moi aussi ; on aurait attendu avec impatience les premières nouvelles d'un si grand événement, deux ans, quatre ans, six se seraient passés sans rien avancer. N'y aurait-il pas eu juste sujet de croire que, par ma mauvaise conduite, j'aurais gâté ce que M. le chevalier de Chaumont aurait si bien commencé ?

Le lendemain je contai à M. l'ambassadeur et à M. l'évêque toute notre conversation ; ils me firent recommencer deux fois et avaient grand' peine à me croire. Je leur offris de leur faire dire la même chose par M. Constance même, pourvu que d'abord ils le voulussent louer de sa sincérité ; et de fait, le même jour, il vint chez M. l'ambassadeur et lui confirma tout ce que je lui avais dit. Dès qu'il fut parti, nous résolûmes : presque certainement, que je ne demeurerais point à Siam. M. l'ambassadeur m'avoua que, sur les apparences de la conversion du roi, il avait affirmé à M. l'évêque de m'y laisser, mais qu'il n'avait point encore voulu me le dire ni à M. l'abbé de Lionne.

On résolut ensuite de tâcher d'obtenir des privilèges pour les nouveaux chrétiens, et de faire l'avantage de la Compagnie française.

Préparation des traités religieux et politique.

M. Constance croyait avoir ville gagnée, et que M. l'ambassadeur, voyant l'impossibilité de la conversion du roi, abandonnerait l'entreprise et songerait à autre chose ; mais, au contraire, nous lui conseillâmes de pousser sa pointe, et de fait il présenta au roi un mémorial très fort sur la religion. M. Constance vit bien alors qu'il s'était trop déclaré, et plusieurs fois protesta que ce mémorial ferait un fort mauvais effet, et que peut-être le roi y ferait quelque réponse désagréable. Nous ne craignions pas cela, puisque Sa Majesté avait dit qu'il ne fallait pas mécontenter le roi de France, et au contraire nous regardions la réponse qu'il ferait comme une espèce d'engagement. Cette réponse fut un mois à venir. M. Constance amusait cependant M. l'ambassadeur à des combats de tigres, à des promenades, à des chasses,

et moi j'étais occupé à choisir dans les magasins du roi ce qu'il y avait de
plus beau pour les présents qu'il voulait envoyer en France. Je disais bien
quelquefois, et M. l'abbé de Lionne le disait aussi : « Mais il faudrait songer aux affaires, le temps de partir viendra et rien ne sera fait. » On nous
répondait : « Tout sera fait. » Nous dressâmes pourtant des articles de pri-
viléges à demander pour la religion chrétienne, et M. Verret, chef de la Compagnie française, eut ordre de dresser aussi ses demandes. M. l'ambassadeur
en parla au roi dans une audience particulière ; Sa Majesté répondit qu'elle
accordait tout, et en renvoya l'exécution à M. Constance, qui demanda encore du temps pour en passer un écrit en forme. Enfin, un soir, M. Constance, vint trouver M. l'ambassadeur, et lui dit que le roi lui voulait donner audience le lendemain matin, et qu'il venait concerter avec lui ce qu'il
aurait à dire à Sa Majesté, pour que tout réussît au contentement de tout le
monde. M. l'évêque, M. l'abbé de Lionne et moi fûmes de la conversation ;
M. Vachet, qui est plus capable d'affaires que pas un de nous, n'en fut point,
parce qu'il n'en avait pas été d'abord, et qu'on ne voulut pas multiplier le
nombre des conseillers, M. Constance commença par dire que l'amitié, que
le roi de Siam avait pour les Français, était tout à fait désintéressée ; qu'il
ne craignait rien pour ses États ; que, néanmoins, si M. l'ambassadeur voulait lui faire plaisir, il ferait courir le bruit qu'il avait signé une ligue
offensive et défensive entre le roi de France et le roi de Siam ; que cela
serait capable de retenir les Hollandais dans leur devoir, s'il était vrai qu'ils
eussent des desseins sur le royaume de Siam, et que s'il voulait bien faire,
il le dirait le lendemain à Sa Majesté à l'audience. M. Constance parlait en
portugais, et M. l'évêque ou moi expliquions ce qu'il disait. M. l'ambassadeur répondit tout d'un coup, sans hésiter, qu'il le ferait, et qu'il dirait partout qu'il y avait une ligue offensive et défensive signée entre les deux rois.
Je fus surpris qu'il allât si vite, et ne pus pas m'empêcher de lui dire en
français à demi bas : « En vérité, Monsieur, vous promettez beaucoup, et cela
est assez important pour y songer un peu. » Il ne me répondit rien, témoigna
par une mine chagrine qu'il n'était pas content que j'eusse pris la liberté de
lui donner des avis, et redit encore avec plus de force : « Oui, Monsieur, je
dirai demain au roi que je vais publier qu'il y a une ligue offensive et défensive entre Sa Majesté et le roi mon maître, et même je le dirai en passant
au général de Batavia, et si je n'y passe pas, je le lui écrirai. » Je ne dis
plus mot, M. l'évêque et M. l'abbé de Lionne ne soufflèrent pas, mais à leur
visage on vit assez qu'ils n'approuvaient pas tant de précipitation. M. Constance qui entend le français, et qui m'avait fort bien entendu, remercia fort
Son Excellence, et se plaignit amèrement d'avoir trouvé tout le monde contraire, moi entre autres, et le seul M. l'ambassadeur facile. Il lui demanda
encore s'il voulait bien laisser ici quelques officiers français. Son Excellence
était en humeur de tout accorder et dit toujours oui.

Le lendemain nous allâmes à l'audience. M. l'ambassadeur tint sa parole
et dit au roi encore davantage, jusqu'à offrir de parler de cette prétendue
ligue au chef de la Compagnie de Hollande à Siam. Sa Majesté lui dit que
cela serait suspect et paraîtrait affecté. Au sortir de l'audience, je louai
extrêmement M. l'ambassadeur sur tout ce qu'il avait dit ; c'était une affaire
faite, il n'y avait point de remède, et je ne voulais point me brouiller avec
lui ; il commençait déjà à me faire un peu froid. Je raccommodai tout bien
aisément et effaçai l'outrecuidance que j'avais eu la veille.

Le soir, M. Paumard me vint trouver de la part de M. Constance, et me
dit qu'il n'aurait jamais cru que je lui eusse été contraire dans la négociation, qu'il n'avait pas tenu à moi que M. l'ambassadeur ne lui refusât tout
ce qu'il lui avait demandé, et qu'après lui avoir promis mon amitié, comme
j'avais fait, j'en devais user autrement. Je lui répondis que dès que le service

de Dieu et celui du roi m'obligeraient à faire quelque chose, je n'aurais aucun égard aux amitiés particulières ; que si M. l'ambassadeur m'avait cru, il ne se serait pas engagé si légèrement ; et qu'au moins, avant que de le faire, il aurait tâché à faire parler le roi de Siam sur la religion, aurait obtenu par écrit tous ces grands privilèges qu'on lui promettait, et aurait fait un traité avantageux pour la Compagnie de France ; que j'avais cru faire en cela mon devoir, que je le ferais encore en pareille occasion ; mais que cela n'empêcherait pas que je ne lui rendisse service, quand je pourrais ; et qu'au reste il était trop honnête homme pour ne m'en pas estimer davantage. Il dit à M. Paumard que cela était bien, et cependant depuis ce temps-là il n'a plus eu aucune confiance en moi.

Le roi de Siam s'était engagé lui-même, dans une audience, de me charger de présents pour le Pape ; il l'en a empêché sous prétexte qu'il n'avait pas d'assez beaux présents, et quand il a rapporté à M. l'ambassadeur les privilèges de la religion et le traité pour la Compagnie, je n'ai point été appelé, et en cela il n'a pas eu grand tort, car assurément je ne les aurais pas laissé passer comme ils sont. Le roi avait tout accordé, et M. Constance a mis à chaque article des conditions qui leur ôtent beaucoup de force. M. l'ambassadeur n'avait qu'à insister et à refuser toutes ces conditions ; jamais M. Constance n'aurait osé renvoyer cela au roi. Mais qu'a fait M. Constance ? Il a toujours remis à donner les papiers par écrit, en disant qu'il les faisait copier, et qu'en s'en allant, il donnerait tout en bonne forme. M. l'ambassadeur l'a cru, et dans l'audience de congé a dit positivement au roi de Siam, qu'il était content sur tous les chefs, qu'il le remerciait des grands privilèges qu'il avait accordés à la religion chrétienne, et de tout ce qu'il faisait en faveur de la Compagnie française. Et ce qui est plaisant, il n'avait encore rien par devers lui, et n'a rien eu par écrit qu'à la rade, prêt à mettre à la voile, dans le temps qu'il n'y avait plus moyen de disputer, et qu'il fallait bien prendre ce qu'on lui voulait donner. Ce n'est pas que je fusse bien d'avis que M. l'ambassadeur fît au roi de Siam tous les petits plaisirs qu'il pouvait, sans engager le roi ; mais je voulais qu'il se fît un peu valoir, et que, si le ministre lui refusait quelque chose, il s'adressât au roi qui lui aurait tout accordé ; car il est certain que ce bon roi croit avoir fait tout ce qui est en lui.

Mais peut-être me demandera-t-on pourquoi M. Constance, chrétien et bon chrétien, n'a-t-il pas voulu souffrir qu'on pressât le roi sur la religion ? aurait-il peur qu'il n'accordât trop ? Peut-être, c'est un ministre étranger, haï de tous les mandarins : si le roi avait changé de religion, et que les peuples l'eussent trouvé mauvais, n'en auraient-ils pas accusé un ministre chrétien ; ne s'en seraient-ils pas pris à lui ; et que sait-on si son zèle va jusqu'au martyre ? D'ailleurs il a peut-être agi suivant ses pensées et a cru qu'il n'était pas encore temps, même pour le bien du christianisme, que le roi se fît chrétien. Quant aux affaires, il est tout naturel qu'un ministre rogne autant qu'il peut les privilèges que son roi accorde à des étrangers ; il se fait valoir par là, et met son maître en état d'obliger une seconde fois en accordant tout de bon ce qu'il n'avait accordé qu'en paroles.

Voilà à peu près ce qui s'est passé de plus important dans la négociation de Siam ; peut-être qu'il n'était pas impossible d'en tirer plus qu'on n'a fait, et jamais conjoncture ne sera plus favorable pour obliger un roi à faire quasi tout ce qu'on eût voulu.

V
Traité religieux.

TRAITÉ PASSÉ ENTRE M. LE CHEVALIER DE CHAUMONT, AMBASSADEUR DU ROY TRÈS CHRÉTIEN, ET LE SEIGNEUR CONSTANTIN PHAULKON PRA RETE COMMENG PAC DE SI SURENTA SENA, DÉPUTÉ DU ROY DE SIAM, EN VERTU DE PROCURATIONS AMPLES, POUR TRAITER ET ACCORDER EN SON NOM ROYAL LES PRIVILÈGES SUIVANTS POUR LES MISSIONNAIRES APOSTOLIQUES EN SES ROYAUME ET PROVINCES[1].

A. M.-E., vol. 879, p. 117.

I

Le sieur ambassadeur de France a très humblement supplié le roy de Siam de vouloir faire publier en toutes les villes de son royaume, depuis le premier ordre jusqu'au sixième, la permission aux missionnaires de prêcher la loi chrétienne, et aux peuples de les pouvoir entendre, sans que les gouverneurs y apportent aucun empêchement.

Sa Majesté le roy de Siam fera publier dans toutes les villes de son royaume, du premier jusqu'au sixième ordre, que les missionnaires apostoliques pourront prêcher la loi chrétienne, et que les peuples des dites villes les pourront entendre suivant leur inclination, sans qu'aucun gouverneur, ni autre ministre, de quelque qualité qu'il soit, puisse les molester en aucune manière, directement ni indirectement; cela, à condition que les missionnaires se contenteront de prêcher seulement la loi de Dieu, sans y ajouter aucune innovation qui altère le cœur des peuples contre le gouvernement et les lois du pays, sous quelque prétexte que ce soit. En cas que l'un des missionnaires y contrevienne, Sa Majesté entend que ce privilège soit nul, et que le dit missionnaire soit exilé et renvoyé en France, sans que jamais il puisse, sous peine de mort, revenir en aucun endroit du dit royaume de Siam.

II

Le sieur ambassadeur de France demande que les missionnaires et l'évêque puissent enseigner les naturels du pays, et les rendre capables de bien servir le roy de Siam, tant dans les affaires du gouvernement que dans celles de la bonne conscience; qu'ils aient pour cela la faculté de les recevoir dans les couvents et dans leurs demeures, avec les mesmes privilèges dont jouissent les autres couvents, sans que qui que ce soit ait la hardiesse de les inquiéter, Sa Majesté entendant que toutes les requêtes qui seront faites contre eux sur ce sujet soient renvoyées à un mandarin particulier nommé à cet effet.

Sa Majesté accorde que les missionnaires apostoliques pourront enseigner les naturels du pays, qui de leur propre mouvement voudront être instruits de quelque science que ce soit, et qu'ils pourront les recevoir dans leurs couvents, écoles et demeures, en la même conformité et avec les mêmes privilèges dont jouissent les couvents siamois, sans y avoir aucun empêchement; que les dits missionnaires seront obligés de leur montrer les sciences, lois, et autres études qui ne regardent point le gouvernement, ni les lois du royaume. En cas qu'il se vérifie par deux témoins qu'il a été contrevenu à cette partie du traité[2], le maître de cette école et le disciple seront traités ainsi qu'il est marqué, au premier article. Si les dits missionnaires apostoliques usent bien de ce privilège, toutes les plaintes qui seront faites à ce

---

[1] La copie que nous publions de ce traité porte la date du 2 décembre et non du 10.

[2] Dans le texte de ce traité, *Journal du voyage à Siam par l'abbé de Choisy*, p. 346, on lit en plus : le présent privilège demeurera nul.

sujet seront jugées par un mandarin que l'évêque présentera et que le roy nommera, pourvu que le mandarin soit digne et capable de cet emploi.

III

Le sieur ambassadeur demande au roy de Siam que tous ses sujets qui se feront chrétiens soient exemptés, les jours de dimanche et de fêtes commandées par l'Eglise, de tous les services qu'ils doivent à leurs mandarins, excepté dans une urgente nécessité.

Sa Majesté accorde que tous ses sujets, qui de leur propre volonté se seront faits chrétiens, jouissent de ce que le dit ambassadeur a demandé ; mais l'urgente nécessité doit être expliquée pour éviter les malentendus. Sa Majesté entend donc nommer une personne d'autorité, et M. l'évêque une autre, afin que tout ce que ces deux personnes détermineront, en faveur du chrétien ou du mandarin, ait son effet.

IV

Le sieur ambassadeur demande que le chrétien qui, par vieillesse ou autre infirmité, ne sera plus capable de servir, en soit exempté en se présentant devant le mandarin nommé par Sa Majesté.

Le roy de Siam ordonne que son sujet chrétien qui, par vieillesse ou autre infirmité, sera véritablement incapable de lui rendre aucun service, en soit exempté jusqu'à sa guérison.

V

Le sieur ambassadeur demande encore, que pour éviter les injustices qu'on pourrait faire aux nouveaux chrétiens, Sa Majesté nomme quelque mandarin siamois, homme de bien et d'équité, pour entendre et juger tous leurs procès, sans que le dit mandarin puisse prendre quoi que ce soit pour ce jugement ; et que les amendes soient partagées au bout de chaque année, partie au mandarin et à ses officiers, partie aux pauvres, ce qui empêchera que le dit mandarin ne soit entraîné par la convoitise à commettre aucune injustice.

Le roy de Siam accorde que le mandarin mentionné au deuxième article soit juge des procès, suivant que le demande le sieur ambassadeur. Cependant, pour éviter toute dispute, requête et procès, le dit mandarin, après avoir pris les informations sur l'affaire, demandera l'avis de l'un des juges de Sa Majesté avant de porter sa sentence, afin d'empêcher que celui qui sera condamné n'en appelle.

Sa Majesté ordonnera la publication des susdits articles par tous ses royaumes ; en sorte qu'il vienne à la connaissance de tous ses peuples, qu'il entend que les missionnaires apostoliques jouissent des dits privilèges.

Fait à Louvo le 2 décembre 1685.

Le chevalier DE CHAUMONT,
Par l'ordre susdit.
C. PHAULCON.

Réflexions sur ce traité.

NOTES.

[Sans nom d'auteur].

A. M.-E.; vol. 854, p. 820.

NOTA 1. *Les conditions choquantes auxquelles les privilèges ont été accordés, dans le traité fait à Louvo le 2 décembre 1685, ont été ajoutées par M. Constance. Il n'y a qu'à voir le mémorial que présenta M. de Chaumont. Si ce traité avait été fait par quelqu'autre du royaume que par M. Constance, les conditions, selon toutes les apparences du monde, n'y auraient pas été* insérées. Le respect que tous les grands du royaume et le roi même ont pour les talapoins va si loin, qu'ils n'oseraient pas parler de les châtier, exiler, etc. Or, ils traitaient les missionnaires du moins aussi honorablement que les talapoins. Si M. Constance eût donné ce traité de bonne heure, M. de Chaumont eût eu le temps de discuter ces sortes de conditions ; mais on lui donnait ce traité lorsqu'il partait, et la crainte sans doute que son ambassade n'aboutît pas, le lui fit recevoir tel qu'il était ; encore le lui donna-t on si mal écrit, avec tant de ratures, qu'à peine eut-on le temps d'en faire une copie nette.

" NOTA 2. *Il n'est pas vrai que ces privilèges soient inutiles.* Voici les raisons par lesquelles M. Constance prétend montrer qu'ils le sont : « Que s rt, dit-il, de publier la liberté de la religion chrétienne ? Il y a des Siamois qui se font chrétiens à qui on ne dit rien ; le roi fait bâtir des églises ; tout le monde sait que je suis chrétien et que le roi me comble de faveurs. » Cependant il serait très à propos de publier cette liberté, car nous entendons tous les jours des gens, qui après avoir écouté la religion l'approuvent, et lorsqu'on les presse de l'embrasser, ils disent qu'ils craignent le roi, leur capitaine, etc. Si l'on publiait cette liberté, toutes ces peurs cesseraient. Il y a plusieurs années que feu M. l'évêque de Bérythe fit présenter une requête au roi de Siam, pour lui demander une patente par laquelle le roi donnât permission à ses sujets de se faire chrétiens. Le roi, ayant vu cette requête, se mit à rire, en disant que M. de Bérythe voulait par là le faire chrétien ; que cependant s'il donnait cette permission authentiquement, tout le monde se ferait chrétien. Il rendit la requête au mandarin, ajoutant, pour ne pas contrister l'évêque français, de lui dire qu'il n'avait pas osé présenter sa requête au roi, ce que nous avons su très sûrement. Tout ce que rapporte M. Constance montre bien que le roi favorise les chrétiens européens, mais non pas qu'il soit bien aise que ses sujets soient chrétiens. Il n'y a pas un mandarin siamois de considération ; il n'y a pas six personnes en charge dans le royaume qui aient embrassé la religion. L'année dernière, M. l'évêque de Métellopolis fut prié par Mme Constance de vouloir bien conférer de la religion avec une mandarine siamoise fort estimée, et la confidente de la princesse. Il en conféra avec elle en présence de Mme Constance même. La mandarine avoua que sa religion était fausse, et le christianisme beau ; mais elle ajouta qu'elle craignait d'être châtiée si elle se faisait chrétienne. Tout cela montre de quelle utilité il serait que le roi de Siam fît publier dans son royaume, qu'il permet à ses sujets de se faire chrétiens. Mais il est à remarquer que, s'il y avait des grands mandarins chrétiens, la faveur de M. Constance en pourrait être diminuée ; car comme elle semble se soutenir beaucoup parce qu'il est le seul qui parle au nom des Français et des étrangers, et que l'on croit dans le royaume qu'il n'agit que par le mouvement des maîtres de sa religion, s'il y avait des mandarins chrétiens, ils converseraient avec les missionnaires, et sauraient d'eux certaines choses qui pourraient aller jusqu'au roi. Ils sauraient toujours que la religion chrétienne condamne les manières d'agir violentes et injustes, qu'elle veut que dans l'élévation on ait compassion de ceux qui sont d'une plus basse condition.

" Pour le second privilège, il dit qu'il ne faut pas prétendre qu'on puisse garder dans les collèges de jeunes Siamois pour y étudier, puisque les talapoins n'ont plus ce privilège, et que le roi en fait sortir quantité tous les jours, pour les envoyer sous leurs capitaines aux travaux publics. Comme ce privilège est le plus important de tous, il semble que c'est aussi celui qui a fait le plus de peine. Mais je réponds à sa raison : 1° Que lorsque le roi de Siam a accordé ce privilège, on ne faisait point sortir de talapoins des pagodes, qu'ainsi il faut qu'il s'appuie sur le pied qu'étaient les choses en ce temps-là, sans avoir égard à ce qui s'est fait depuis contre l'ancienne coutume.

2° Quoique le roi fasse sortir des talapoins que l on trouve ignorants dans les pagodes, cependant il en laisse encore, au lieu que nous ne pouvons pas nous assurer d'un enfant siamois pour l'instruire. Nous aurons tout au plus quelques enfants, fils des esclaves achetés, quelques enfants donnés par leurs parents, mais pas un qui y puisse venir par le droit que lui donne ce privilège. Cette année dernière, il en était venu un, que sa mère avait tiré d'une pagode depuis qu'elle s'était faite chrétienne ; elle l'avait fait baptiser ; mais son capitaine l'étant venu redemander, quoiqu'il n'eût que dix ou onze ans, quoique l'on alléguât les privilèges, quoiqu il étudiât au collège, il fallut le rendre par ordre de M. Constance.

3° On a fait sortir quantité de talapoins des pagodes siamoises, mais on n'en fait sortir encore aucun de celles des Pégous, qui sont en aussi grand nombre dans le royaume que celles des Siamois.

Au reste on ne saurait dire l'importance de ce privilège. Au commencement de cette année, il y avait des pagodes entières de talapoins pégous, qui paraissaient tous désabusés de leur religion, et qui n'avaient d'autre raison pour ne se pas faire chrétiens que celle-ci : « Nous sommes en sûreté et en paix dans nos pagodes ; nous faisant chrétiens, notre capitaine nous met aussitôt la main dessus pour aller porter de la terre, ou faire quelqu'autre travail public. » Et comme en ce temps-là, on avait espérance que les privilèges s'accorderaient, on leur disait que bientôt on pourrait leur donner la même sûreté chez M. l'évêque que dans leurs pagodes, ce qui les entretenait dans le dessein de se faire chrétiens ; mais on voit bien que l'on ne cherche qu'à les refuser. Il y a quantité de mères qui ont leurs enfants dans des pagodes où ils portent la panne, et par là sont à couvert de tout Elles ne peuvent embrasser la religion chrétienne sans les retirer, et elles n'ont pas assez de courage pour les retirer, et les voir exposés à un capitaine qui aussitôt les envoie travailler. Si ce privilège avait été tenu de bonne foi, nous aurions selon les apparences des milliers de chrétiens, et des écoliers en quantité, entre lesquels on choisirait les plus spirituels, pour les élever dans les sciences et les disposer à l'état ecclésiastique. Il n'est pas merveille que le royaume soit chargé de la quantité des talapoins qui y sont, puisque tout est plein de pagodes, et qu'il y en a qui prétendent que un tiers des hommes du royaume sont talapoins. Mais quel tort souffrirait l'Etat, si M. l'évêque pouvait, aussi bien que les talapoins, élever peut-être une centaine de jeunes gens pour l'état ecclésiastique.

4° M. Constance dit qu'il y a des troubles à craindre si l'on public ces privilèges, et que même M. l'évêque le remercia, au temps de la révolte des Macassars, de ce qu'ils n'étaient pas encore publiés. Mais M. l'évêque ne le remercia pas, au moins qu'il se souvienne, de ne les avoir pas fait publier ; il dit seulement, comme dans ce temps-là M. Constance promettait de le faire, que c'était un bonheur qu'on ne les eût pas encore publiés, en ce qu'on aurait pu attribuer cette révolte aux dits privilèges. D'ailleurs, ces privilèges ne feraient aucun déplaisir aux Siamois, qui, au contraire, en tireraient de grands avantages, étant assurés qu'en se faisant chrétiens, ils trouveraient parmi nous un refuge et une protection assurés. Ils nous estiment du moins autant qu'ils estiment leurs talapoins, et même davantage ; ainsi quand on nous accorderait ce qu'ont déjà des talapoins, cela ne les étonnerait point. D'ailleurs, le roi fait des choses beaucoup plus capables d'exciter du trouble que ne le feraient nos privilèges. Il fait sortir des cinq ou six mille talapoins M. Constance dit qu'il en a vu sortir 700 dans un seul jour, et qu'on a fait sortir 10.000 de leurs disciples. Cependant pas un Siamois n'a remué. Si l'on savait l'indifférence qu'ont naturellement les Siamois sur le point de religion, on verrait bien qu'il n'y a rien à craindre en favorisant le christianisme.

5° M. Constance dit qu'il n'est pas nécessaire qu'on demande un mandarin pour les affaires des chrétiens ; qu'il est lui-même ce manda. in. Mais il est trop grand seigneur pour pouvoir s'abaisser à entrer dans le détail des affair s des pauvres gens, qui sont ordinairement ruinés quand ils vont devant les tribunaux des juges ordinaires. Il est arrivé depuis peu une chose qui montre qu'il n'est pas trop bon protecteur des chrétiens : un talapoin, nouvellement fait chrétien, pria les Pères Jésuites de l'aider dans une affaire auprès de M. Constance ; les Pères Jésuites lui en parlèrent, et il accorda ce qu'il demandait, Or, comme il accordait la grâce, un Siamois dit que ce nouveau chrétien n'était pas parent de celui pour qui il avait demandé la grâce, car il l'avait demandée comme s'il eût été son parent, et les lois de Siam défendent d'agir dans les procès pour d'autres que pour ses parents. M. Constance entra en colère de ce que cet homme lui avait menti, et quelques prières que lui purent faire les Pères Jésuites, il le fit mettre à la cangue, se vantant même d'avoir bien puni un talapoin défroqué qui s'était fait chrétien.

NOTA 3. *Il n'est pas vrai que l'on dit que nous jouissons des privilèges*, car les Siamois craignent de se faire chrétiens. Les collèges et maisons de M. l'évêque n'ont aucune immunité. Il n'y a point de mandarins spécialement destiné aux affaires des chrétiens.

NOTA 4. *Le P. Tachard a dit aux envoyés, que le roi de France avait approuvé les raisons de M. Constance pour ne pas publier les privilèges.* Donc, avant son départ, M. Constance lui avait dit qu'il en empêcherait la publication.

NOTA 5. *Les privilèges peuvent nous être accordés de bonne foi ou de mauvaise foi* S'ils le sont de bonne foi, ils feront un bien immense ; s'ils le sont de mauvaise foi, ils ne feront rien Or, il est fort à craindre qu'ils le soient de mauvaise foi, car il n'y a rien de si aisé que de les faire publier, et ensuite d'envoyer des contre-ordres secrets, ou de chercher des chicanes sur les conditions ajoutées.

NOTA 7. *Pour en tirer avantage, il faudrait que celui qui serait chargé de la part du roi de les faire observer dit absolument, que le roi veut qu'on lui tienne parole en ce qu'on lui a promis.* On pourrait commencer à les publier aux lieux où il y a le plus de bien à faire : à Siam, Louvo, Bangkok, Merguy, Porcelouc, Joncelang, etc. Celui qui agirait au nom du roi pourrait savoir secrètement de M. l'évêque s'ils sont observés, et en cas qu'ils ne le fussent pas, insister pour qu'ils le fussent, sans se rendre même aux prières que M. l'évêque serait obligé de lui faire, du moins en apparence, pour se ménager avec sa chrétienté.

RÉFLEXIONS DE M. DE LIONNE SUR LE TRAITÉ RELIGIEUX[1].

A. M.-E., vol. 850, p. 91.

Je ne dois pas admettre que ces privilèges ne furent pas donnés dans le tems où ils sont raportés dans le *Journal* de M. l'abbé de Choisy, comme il paraît par leur date qui est du diziesme décembre, et je suis témoin oculaire qu'ils ne furent signés de M. Constance et mis entre les mains de M. de Chaumont, que lorsqu'il fut à la rade de Siam et sur le point de faire voile.

On dit que le P. Tachard, estant encore à la rade de Siam, s'estait mis à genoux devant M. l'ambassadeur pour tascher de le faire consentir qu'on ne publiast pas ces privilèges ; mais que cela soit vrai ou non, ce qui est au moins bien sûr, c'est qu'il estait convenu secrettement avec M. Constance qu'ils ne seraient pas publiés, et qu'il estait chargé de faire agréer la

---

[1] Ces réflexions furent envoyées à M. Martineau ; quand il les écrivit, M. de Lionne était en Chine.

chose en France. Car ce ne put estre que par lui qu'on sut en France qu'ils
ne le seraient pas, M. de Chaumont estant fort éloigné de se persuader que
M. Constance, après lui avoir promis de le faire, eust la hardiesse d'y manquer.

Connaissant M. Constance comme je le connaissais, il ne me paraissait
point impossible qu'il n'eust jamais proposé au roy de Siam d'accorder ces
privilèges, et au moins il ne conste nullement que le roy de Siam ait jamais
eu la pensée de les accorder, et il est encore mesme fort possible que M. Constance, qui a paru toujours avoir bien plus de zèle pour sa fortune que pour
la religion, fût d'accord en cela mesme avec le roi de Siam pour se jouer de
M. de Chaumont, en lui montrant d'un costé beaucoup de bonne volonté, et
ne lui accordant néanmoins aucun privilège. M. Constance s'est dit avoir
pouvoir du roi de Siam d'accorder en son nom divers privilèges pour la religion. Et effectivement on ne pouvait douter qu'il n'eust beaucoup de crédit
auprès du roy ; mais enfin, il ne conste par rien d'authentique que le roy de
Siam lui eust donné en particulier ce pouvoir. M. Constance signait lui
seul ces privilèges en portugais ; il les signait à la rade de Siam dans un
temps où M. de Chaumont n'estait plus en estat de disputer là-dessus, ni de
l'obliger à donner un authentique siamois qui pût faire foi auprès de cette
nation. Quelle impossibilité y a-t-il que M. Constance, qui sçavait qu'au bout
du compte on ne publierait point les privilèges, n'ait fait tout ce qu'il a fait
là-dessus, ou de lui mesme, ou uniquement pour amuser M. de Chaumont,
pour se faire un mérite en France, ou pour d'autres vues, sans avoir jamais
eu une véritable volonté de faire accorder des privilèges qu'il n'a jamais
voulu qu'on publiast. Un homme comme lui, peut, ce me semble, avec quelque
sorte de raison estre soupçonné de ce que je dis. Mais quoi qu'il en soit, une
réflexion qu'on doit encore faire sur ces privilèges est que n'ayant été signé
que de M. Constance et en portugais, et sans que M. Constance eust donné
aucune marque authentique qu'il eust pouvoir du roy de Siam de les accorder, ils n'auraient eu mesme aucune force estant publiés, et ce traité pouvait estre regardé comme un papier fort inutile, ce qui montre combien, en
cela et en autre chose, c'estait un mauvais parti que de s'abandonner à croire
aveuglément M. Constance, et de ne chercher aucune autre sûreté que sa
parole.

Je me suis un peu étendu sur la matière de ces privilèges, parce qu'il
m'a paru que c'estait un point sur lequel certaines personnes avaient pris
soin de donner des idées très fausses en France et à Rome, et que cela peut
servir à faire connaistre quelque chose de la manière d'agir de M. Constance.

MÉMOIRES DE BÉNIGNE VACHET.

A. M.-E., vol. 113, p. 221.

Si nous y prenons garde, tous ces grands privilèges accordés en faveur
de la religion et du commerce sont viciés par tant de conditions odieuses,
qu'ils n'ont jamais pu avoir leur effet : non pas qu'il en faille imputer la cause
au roi de Siam, car il les aurait tous donnés sans aucune restriction, si Constance, par un esprit de domination, voulant se réserver à lui seul la gloire
de les conserver ou de les détruire quand bon lui semblerait, n'eût inventé
des conditions de sa tête auxquelles le roi de Siam n'aurait jamais pensé,
tant il était disposé en tout et partout de favoriser l'ambassade et de satisfaire
le roi de France.

Je sais bien qu'on ne voulut pas m'écouter, quand je découvris les inconvénients qui pouvaient en arriver. Constance avait prévenu là-dessus les
esprits. Tous mes raisonnements furent coulés à fond, et je ne trouvai personne qui voulut m'écouter. La simplicité de nos gens a été trompée ; le seul
Constance a triomphé.

Mgr Laneau aux directeurs du Séminaire des M.-E.

A. M.-E., vol. 859, p. 389.

15 décembre 1685.

Il estait nécessaire que Dieu, qui tient les cœurs des roys entre ses mains, inspirât à notre grand monarque la résolution d'envoyer en cette Cour une ambassade aussi pieuse que magnifique. Il faut confesser que la Providence qui gouverne toutes choses a ses moments réglés ; mais aussi faut-il avouer que celui-ci était fort précieux pour le bien du christianisme, non seulement dans ce pays, mais aussi dans toutes les autres missions. Les choses estaient dans un tel état, qu'il fallait, si je l'ose dire, que Dieu se servît du nom de Louis-le-Grand, pour arrêter les entreprises des plus cruels ennemis que la religion catholique ait dans ces pays-ci. L'on connaissait déjà depuis longtemps les grandeurs et la puissance du roy ; mais à présent, ces peuples-ci ne sont pas moins convaincus de la piété et du zèle qu'il a pour la religion, vu le choix qu'il a fait de M. le chevalier de Chaumont pour son ambassadeur. Ces Messieurs les gentilshommes qu'il lui a donnés pour l'accompagner, les officiers et les domestiques ont vécu si exemplairement, que, dès lors que je les vis au vaisseau, je revins bientôt de l'appréhension que j'avais qu'ils ne fissent quelque scandale comme plusieurs Européens.

Je n'ai point de parole pour vous expliquer mes sentiments à l'égard de Monsieur nostre ambassadeur ; sa piété, sa modération, et ses autres belles qualités ont gagné le cœur du roy et de tout le peuple, et vous nous ferez un très grand plaisir, si vous avez quelque occasion, de lui témoigner ma reconnaissance et celle de toutes les missions. C'est véritablement Dieu qui s'est servi d'un si grand prince pour faire un tel choix ; vous me ferez aussi un plaisir très particulier si, dans les occasions où vous trouverez quelques-uns de Messieurs les gentilshommes et autres officiers de sa suite, vous prenez la peine de leur témoigner combien nous leur sommes obligés de leur bonne et vertueuse conduite dans ce pays ; car véritablement ils ont esté ce que dit saint Paul, *bonus odor Christi.* On n'a point entendu parler ni de querelle, ni d'ivrognerie, ni d'impudicité ; et j'espère que leur bon exemple ne nous servira pas de peu pour le bien de la religion ; car de voir cette jeune noblesse si bien réglée, ce n'est pas une chose fort ordinaire dans les Indes, il y a toute apparence que cette ambassade va rompre toutes s mesures des Hollandais. Je vois bien aussi que Mgr d'Héliopolis, dont la perte nous mettait dans la dernière consternation, n'est pas mort pour nos missions, et qu'il agit, avec nos autres chers prélats et missionnaires, plus fortement auprès de Dieu qu'il n'eût pu faire sur la terre ; et c'est leur esprit qui nous donne un nouveau zèle, et nous fait concevoir de nouveaux désirs pour travailler plus fortement que jamais à l'ouvrage de Dieu. J'avoue que j'ai honte de me voir occupé dans un ministère dont Dieu a tant de soins.

Je ne vous dirai qu'un mot de la principale affaire de cette ambassade, savoir que j'ai esté un peu surpris quand j'ai vu la pensée où estait le roy très-chrétien, et toute la Cour de France, touchant la conversion du roy de Siam. J'ai douté si M. Vachet ne s'estait point trop avancé ; pour cette raison, j'ai voulu voir les mémoires qu'il avait présentés à la Cour ; mais je n'y ai rien vu de trop fort, sinon une certaine interprétation des paroles que ce roi lui dit en partant. Mais après tout, cela est peu de chose pour ébranler l'esprit d'un prince aussi judicieux que celui du roy, si Dieu ne se fût mis de la partie ; car à dire vrai, bien que le roy de Siam fût très bien incliné pour le christianisme, je ne sais néanmoins s'il pensait beaucoup à se faire chrétien ; mais de voir qu'un si grand monarque comme le roy de France l'y conviait, cela l'a fait penser sérieusement, et la réponse qu'il a donnée par écrit à M. l'ambassadeur inspire toutes sortes de bonnes espérances. Cependant, je crois qu'il est à propos que vous en parliez assez sôbrement dans vos relations ; on ne peut rien assurer du futur, et on se repentirait d'avoir trop tôt avancé une chose de cette conséquence si elle venait à ne pas réussir.

IV

Détails sur le séminaire et les missionnaires
lors de l'ambassade de M. de Chaumont.

JOURNAL DU VOYAGE DE SIAM PAR L'ABBÉ DE CHOISY.

de p. 237 à p. 366, passim.

14 octobre. — Le séminaire de Siam et le collège de Mahapran qui est à une lieue de Siam, sont venus en corps saluer M. l'ambassadeur. Il y a longtemps que je n'ai rien vu qui m'ait tant touché. On voyait à la tête une douzaine de prêtres vénérables par leur barbe, et encore plus par leur mine modeste. Suivaient une quarantaine de jeunes ecclésiastiques, depuis douze ans jusqu'à vingt, de toutes nations, Chinois, Japonais, Tonkinois, Cochinchinois, Pégouans, Siamois, tous en soutane. Je croyais être au séminaire de Saint-Lazare. Un Cochinchinois a harangué en latin fort bien : un Tonkinois en a fait autant encore mieux. C'est assurément un fort bel établissement. Tous ces ecclésiastiques seront prêtres ; il y en a déjà plusieurs dans les Ordres. Ils font des actes en philosophie et en théologie comme à Paris, et quand on les trouve capables, on les envoie chacun dans son pays prêcher la foi, et ils y font beaucoup plus de fruit que les missionnaires d'Europe.

16 octobre. — Les Cochinchinois chrétiens sont venus en corps saluer M. l'ambassadeur. M. Vachet était à leur tête. Ils l'honorent et l'aiment comme un homme qui a fait de grands biens dans leur pays.

20 octobre. — Ce soir nous avons été voir M. l'évêque. Le séminaire est à une demi lieue d'ici. On y va en ballon fort à son aise. La maison est assez jolie, il y a beaucoup de logements. Le roy y fait bâtir une église qui sera magnifique.

21 octobre. — C'était aujourd'hui la grande fête du séminaire. Le Pape leur a envoyé des reliques de saints martyrs, et ils en ont fait la fête. M. de Métellopolis a officié pontificalement. Son clergé était composé de trente ecclésiastiques. Je n'y en ajoute pas un : neuf ou dix d'Europe, le reste de toutes nations. M. de Courtaulin a prêché, et a fait à M. l'ambassadeur un compliment où il y avait beaucoup d'esprit.

28 octobre. — Nous avons été à la grand'messe au séminaire. Je ne m'étonne plus que ces missionnaires fassent tant de bien en ces pays-ci : leur mine, leur conversation, tout en eux inspire l'envie de servir Dieu. Il est vrai que jusqu'ici ils n'ont pas fait grand'chose dans le royaume de Siam. Les Siamois sont des esprits doux, qui n'aiment pas à disputer, et qui croyent, la plupart, que toutes les religions sont bonnes. Il y a pourtant quinze ou seize missionnaires dispersés en différents endroits du royaume, et tous ont des églises plus ou moins grandes suivant la quantité des nouveaux chrétiens.

5 novembre. — J'ai oublié de vous dire qu'avant-hier un des Siamois, nommé Antonio Pinto, soutint dans le palais de M. l'ambassadeur des thèses en théologie dédiées au roi : c'est au nôtre. On ne peut pas répondre avec plus de capacité. Nos Jésuites disputèrent, M. Basset et M. Manuel l'attaquèrent vertement ; il y eut un diacre cochinchinois qui fit merveille, et qui ne voulait point se taire ; on avait beau battre des mains. L'archevêque talapoin de Siam y vint, et se mit vis-à-vis du répondant. Il nous aurait fait grand plaisir de disputer ; mais sa gravité l'en empêcha. M. de Métellopolis aurait pris la parole, s'il avait été nécessaire.

19 novembre. — Le roi de Siam est assez maigre, a de grands yeux noirs, vifs, pleins d'esprit. Il parle vite, et bredouille, a une physionomie d'un bon homme. Il ne sera point damné, il connaît à demi la vérité. Dieu lui donnera la force de la suivre. Il nous a fait entendre que M. d'Héliopolis et les missionnaires n'étaient entrés à la Chine que par son moyen, et cela est vrai. Il a témoigné de la joie d'apprendre la réunion des missionnaires à la Chine et dans les Indes. Il fait bâtir des églises ; il va accorder incessamment de grands avantages pour la religion ; il a un crucifix dans sa chambre ; il lit l'Evangile que M. de Métellopolis lui a donné traduit en siamois ; il parle de Notre-Seigneur Jésus-Christ avec grand respect ; il va avoir des conférences avec M. l'évêque. Tout cela ne suffit pas pour me faire demeurer ici comme ministre du roi ; mais cela suffit pour nous donner une grande consolation. Prions bien Dieu pour ce bon roi de Siam ; je suis assuré que si vous l'aviez vu, vous l'aimeriez de tout votre cœur.

2 décembre. — On a fait ce matin douze chrétiens. Voici la cérémonie : M. Le Clerc[1] les a interrogés, et M. l'évêque les a baptisés. M. l'ambassadeur a été parrain et moi aussi. La plupart de nos gentilshommes ont eu chacun un filleul[2]. Il y avait grande consolation à voir avec quel zèle ces pauvres gens répondaient, et je crois que tous les séminaristes de Paris déserteraient pour venir ici, si on leur pouvait faire un fidèle tableau de ce qui se vient de passer.

12 décembre. — Nous venons d'avoir audience de congé. M. l'ambassadeur, M. l'évêque et moi avons été portés sur des chaises à l'ordinaire. Tout le chemin était bordé de troupes à pied et à cheval, de plus de deux cents éléphants de guerre, sur chacun desquels il y avait deux mandarins avec leurs bonnets de cérémonie : cela faisait un bel effet. Les cours du palais étaient couvertes de mandarins prosternés, chacun suivant sa dignité. Nous sommes montés debout, à la française, dans la salle où le roi était sur son trône. Elle sera fort belle quand les miroirs venus de France seront placés. M. l'ambassadeur s'est assis sur son siège ordinaire, M. l'évêque et moi à ses côtés, assis sur les tapis, M. Constance était prosterné ainsi que tous les grands mandarins du royaume. M. l'abbé de Lionne et M. Vachet étaient assis derrière M. l'évêque. L'audience s'est passée en compliments, toutes les affaires étaient réglées. Le roi a fait apporter une grande bassette d'or telle que la portent les seuls oyas, qui sont les ducs et pairs siamois, et en a fait présent à M. l'ambassadeur, comme le plus grand honneur qu'il lui pouvait faire. Il a donné à M. l'abbé de Lionne et à M. Vachet, à chacun, un crucifix d'or et des habits, et nous a souhaité un heureux voyage ; le tout avec un visage riant qui gagne les cœurs. Pour moi, j'ai senti je ne sais quoi en le quittant. Dieu veuille que nous nous revoyions en paradis. Le pauvre prince parle toujours de Dieu, et par ses vertus morales semble mériter que ce Dieu de miséricorde achève de l'éclairer. Il est en bon train, il va avoir des conférences avec M. l'évêque. Nous partons avec espérance.

Soutenance d'une thèse par des séminaristes de Siam en 1688.

A. M.-E., vol. 126, p. 128.

M. de Métellopolis envoya tous les écoliers du collège de Mahapran, conduits par leurs maîtres, qui furent présentés à l'ambassadeur par

---

[1] Le Clergues.

[2] « Cette cérémonie se fit un jour de dimanche dans Louvo à la porte du palais du roi de Siam et dans l'église que le sieur Constance avait bâtie dans l'enclos de sa maison. C'était le baptême public et solennel qui fut conféré à douze adultes siamois à qui l'ambassadeur, l'abbé de Choisy et dix gentilshommes français servirent de parrains. » (*Mémoires de P. Vachet, vol. 112, p. 334*)

l'ecclésiastique qui était de retour de son premier voyage de France. Ils étaient au nombre de quarante, tous en habit long, dont il y avait vingt-deux qui avaient déjà reçu les ordres, soit de cléricature, soit des quatre mineurs, soit de sous-diacre, soit enfin de diacre, de toutes sortes de nations, qui dépendaient des Vicaires apostoliques français. On en avait choisi parmi eux quatorze, qui devaient haranguer l'ambassadeur dans des langues toutes différentes les unes des autres. Il n'y eut que les quatre premiers qu'on écouta, dont les discours furent : français, latin, siamois et cochinchinois. On remit les autres à une occasion plus favorable, parce que le temps ne permit pas de leur en donner le loisir. Ceux qui avaient parlé au désavantage du collége de Mahapran furent couverts de confusion, et si on ne le leur reprocha pas en face, comme on n'en avait que trop de sujets, c'est que l'action par elle-même se fit sentir avec tant d'efficace, que les auteurs de la calomnie, qui avaient avancé témérairement qu'on ne voyait aucun profit dans le collége de Mahapran, furent obligés d'avouer qu'on les avait trompés, dans les premières idées dont on les avait prévenus.

M. de Métellopolis fut ravi de voir M. l'ambassadeur, sa suite et les Jésuites, revenus de cette première prévention. Il alla plus loin, car il ordonna à M. Joret, docteur de théologie, de disposer incessamment deux de ses écoliers, l'un siamois et l'autre cochinchinois, pour soutenir des thèses de toute cette divine science, avant le départ de M. de Chaumont. Cet admirable ecclésiastique, qui est mort martyr dans le Pégou, fut plus tôt prêt qu'on ne se l'était imaginé. A peine deux mois s'étaient-ils écoulés, que M. Antoine[1], natif de Siam, qui avait les quatre mineurs, et M. Maure, cochinchinois, qui était sous-diacre, furent à M. l'ambassadeur lui présenter deux thèses, l'une dédiée au pape, et l'autre à Louis-le-Grand, roi de France. Les appareils qu'on fit pour cette seconde action furent magnifiques. Elle se passa dans la grande salle du palais, où l'ambassadeur de France avait coutume de recevoir les visites les plus sérieuses. On garnit cette salle de tous les ornements, et des vases les plus précieux. Sous un grand dais de broderies, étaient les portraits du pape et du roi, au pied desquels était assis l'ambassadeur, et à ses côtés, deux des plus grands mandarins que le roi de Siam avait députés pour assister à cette cérémonie. Les Anglais, les Hollandais, les Maures, les Arméniens et les autres nations avaient leurs places distinguées. M. de Métellopolis, les ecclésiastiques, et les religieux, Jésuites, Jacobins, Augustins et Franciscains, étaient aux deux côtés des répondants, qui étaient eux-mêmes élevés sur une espèce de théâtre, couvert d'un grand tapis de Perse, qui les faisait paraître à mi-corps. M. Joret était à leur gauche, sur un siège un peu plus élevé que ceux des assistants.

Après que la thèse fut ouverte par un des écoliers du collége, chacun eut la liberté de disputer. Le Père prieur dominicain, qui était meilleur philosophe que théologien, entama, le premier de tous les religieux, un argument qu'il adressa au répondant siamois qu'il prétendait embarrasser. C'était M. Antoine.

Les trois premiers arguments se passèrent de la manière ordinaire, mais le quatrième finit la dispute, car M. Antoine le retorqua avec tant de présence d'esprit et des raisons si pressantes, que le Jacobin avoua de bonne foi qu'il ne croyait pas avoir affaire à un si habile théologien.

Un Père augustin succéda au Père prieur, mais il ne fit qu'effleurer la dispute, se contentant de la première solution qu'on lui donna. Le tour des Révérends Pères jésuites arriva. Les nouveaux venus, qui sortaient des bancs, mouraient du désir d'aiguiser leurs couteaux nouvellement émoulus ; les PP. Le Comte, Gerbillon et Visdelou, qui étaient les plus jeunes, firent

---

[1] Antonio Pinto.

bien voir qu'ils ne voulaient pas épargner le Cochinchinois, à qui ils s'adressèrent. M. Maure, le répondant, était d'un esprit vif, ardent, et qui possédait bien la matière qu'il défendait ; il leur répondit avec une vivacité, qui ne devait rien à celle dont il était attaqué. C'est ce qui fit le plus grand plaisir de la compagnie, car ceux qui n'entendaient pas le latin riaient à mesure qu'ils s'apercevaient que ce jeune Cochinchinois s'animait d'un nouveau feu, pour ne le pas céder à celui dont les Jésuites prétendaient l'éblouir.

Enfin, MM. Basset et Manuel, tous les deux bacheliers de Sorbonne, qui étaient nouvellement arrivés à Siam, terminèrent les disputes de la thèse. Le premier forma une difficulté des plus obscures de la théologie, et comme il a un esprit aussi net, qu'il est éclairé, M. de Métellopolis fut obligé de prendre le fait et cause en main du soutenant, qui commençait à s'embrouiller ; et ce prélat, par un savoir profond. développa avec tant de clarté tous les nœuds les plus serrés de la question, qu'on vit bien qu'il était le plus éclairé de la compagnie.

<h1 style="text-align:center">Mgr LANEAU</h1>

1679-1696.

(Suite).

<h2 style="text-align:center">LES AMBASSADES</h2>

(Suite).

1686.

I

Diplomatie de C. Phaulkon par la nouvelle ambassade siamoise en France.

MÉMOIRE DE PHAULKON POUR LE P. TACHARD.

A. M.-E., vol. 879, p. 151.

décembre 1685.

Votre Révérence fera toutes les diligences possibles auprès du Pape, du Père Général et du Père de la Chaise, pour obtenir du roy très-chrétien, le plus tôt que faire se pourra, les articles suivants qui doivent servir pour l'établissement de la religion chrétienne dans le royaume de Siam, comme je vous l'ai fait connaître dans plusieurs conférences, ce qui doit estre entre nous tout à fait secret.

Il faut faire venir dans les navires du roy soixante ou soixante-dix personnes fort intelligentes dans le maniement des affaires, qui soient personnes de probité connue, et qu'un chacun ait un capital pour pouvoir subsister par soi-mesme, et entrer au service du roy de Siam sans aucun intérêt, ce qui servira de moyen assuré pour fermer la bouche à tous ceux qui voudront traverser leur avancement ; et si le Père Général voulait envoyer quelques Pères de la Compagnie qui fissent partie de ce nombre, il est nécessaire qu'ils soient habillés en laïques, et que mesme ceux avec qui ils seront ne les connaissent point. Je me charge, au cas qu'il leur manque quelque chose, de leur donner mon appui, de les soutenir par mon crédit, et de leur procurer les avantages les plus notables qui soient au royaume de Siam, comme de les faire gouverneurs de provinces, villes, forteresses ; de leur faire donner le commandement des armées de terre et de mer ; de les introduire dans le palais et dans le gouvernement des affaires ; mesme de faire tomber sur eux les principales charges de la maison du roy, et de m'en servir comme conseillers dans mes négociations et affaires, comme je m'en suis expliqué à Votre Révérence à diverses reprises. Et afin que l'on ait un prompt et infaillible succès, il faut bien faire entendre au roy la nécessité qu'il y a de s'emparer tout d'abord de Singor, où il est important d'amener deux bonnes colonies et des gens de guerre, parce qu'une fois que la place sera en état, on n'a plus rien à craindre ; les marchands s'y habitueront, toutes les missions de Cambodge, Ciampa, Cochinchine, Tonkin, en seront mieux pourvues et secourues, et sans beaucoup de difficultés l'on y transportera tout le commerce de Siam.

Il serait aussi bien nécessaire que ceux que l'on enverra pussent avoir, et amener avec eux quelques navires qui leur appartiennent ; car outre l'utilité particulière qu'ils en tireront, je m'en servirai préférablement à tout autre, et leur fournirai les moyens pour faire un bon commerce, ce qu'ils ne trouveraient pas dans les navires de la Compagnie.

Pour le succès de ce dessein, rien ne manque. Les vivres sont ici en abondance ; nous avons le fer, l'étain et le cuivre pour forger toutes sortes d'instruments, mesme des canons; les matériaux sont tout prêts. Il n'y a que les hommes, la diligence et le secret qui manquent, le tout de la manière dont je m'en suis expliqué à Votre Révérence.

L'on peut objecter que, si le roy de Siam mourait et qu'on arrivât avec cet appareil à la barre, tous ces desseins échoueraient ; mais je m'engage et promets que le successeur du roy sera beaucoup plus disposé à tout accorder que son prédécesseur, et qu'on trouvera en lui beaucoup plus de facilités, mesme pour la religion.

Toutes ces vues doivent estre traitées avec beaucoup de précaution et encore plus de diligence, comme nous en avons conféré avec Votre Révérence et M. le chevalier de Chaumont. Je vous demande donc, mon Père, par les entrailles et les plaies de Jésus-Christ, de bien poursuivre cette négociation auprès du roy par le moyen de son confesseur.

Je vous souhaite un bon voyage et un plus prompt retour.

Fait à l'embouchure de la rivière de Siam, dans mon ballon, le   décembre 1685.

II

Arrivée des ambassadeurs siamois en France.

Mémoires de Bénigne Vachet.

A. M.-E., vol. 113, p. 228.

A Brest.

Le 18 juin 1686 nous mouillâmes dans la rade de Brest. Je fus des premiers à terre, pour en avertir M. Decluseaux, intendant de la marine pour le roi. Je lui fis le détail de ce que le roi de Siam avait fait faire à notre ambassade, ce qui lui fut confirmé par M. de Chaumont et M. de Choisy. Là-dessus, il prit son parti pour nous préparer une entrée qui eût du rapport avec la magnificence de celle qu'on nous avait faite à Siam. Sa maison, qui est celle du roi, est fort spacieuse et très richement meublée. Il ne s'en réserva qu'un petit appartement pour lui et pour sa femme, en nous abandonnant tout le reste, où les ambassadeurs siamois furent logés avec toute leur suite. Il envoya d'abord toutes sortes de rafraîchissements aux navires l'*Oiseau* et la *Maligne*, et il s'y rendit lui-même sur les quatre heures du soir, accompagné de tous les officiers de marine et de terre, aussi bien que d'un bon nombre de gentilshommes qui se trouvèrent à Brest. Après les compliments ordinaires, il pria Messieurs les ambassadeurs de trouver bon de ne point mettre pied à terre ce jour-là, parce que, comme leur arrivée était imprévue, il n'avait pu disposer les choses en l'état convenable pour les recevoir en France. Il fut toute la nuit occupé à donner ses ordres. Le lendemain, à la pointe du jour, la forteresse fit une décharge de cinquante volées de canon et de toute la mousqueterie de la garnison. Plus de 200 pièces, qu'on avait disposées sur le pont et dans la rade, ne cessèrent point de tirer de toute la journée. Les vaisseaux qui étaient armés en firent de même. Vers les deux heures après midi, M. l'intendant, M. le gouverneur et tous ses officiers, tous les capitaines de vaisseaux dans leurs chaloupes, accompagnant une galère étoffée partout de drap d'or, avec mille banderolles de satin blanc brodées, ayant sur la poupe une espèce d'arc-de-triomphe d'une propreté enchanteresse, où il pouvait contenir 10 personnes, 50 mariniers pour ramer, habillés fort lestement, ayant trois petites pièces de canons argentées, des trompettes, des cymbales, des hautbois, des violons sans nombre, ces Messieurs, dis-je, dans cet équipage pompeux, s'approchèrent doucement et avec un ordre merveilleux de notre navire. L'on fut une demi-heure sans tirer, pour donner le temps à nos ambassadeurs de se placer. Ils se mirent dans les places d'honneur : MM. de Chaumont et de Choisy après eux, M. l'intendant à leur droite, et M. le gouverneur à leur gauche ; l'interprète et moi à côté de ces Messieurs, les autres mandarins siamois dans les chaloupes destinées pour eux, la lettre du roi de Siam, dans une boîte d'or sur les genoux du premier ambassadeur ; chacun gardant son poste, nous commençâmes à voguer aussitôt. L'*Oiseau* fit une décharge générale de tous ses canons, la *Maligne* l'imita, et l'on répondit de la forteresse, du port, de la rade et de tous les vaisseaux par tant de coups que la nuit était déjà bien avancée qu'on tirait encore. A la descente à terre, nous trouvâmes toute la garnison et la bourgeoisie en armes, qui faisaient deux haies au milieu desquelles nous passâmes. Il y avait un nombre infini de peuple, qui était accouru du voisinage. A peine fûmes-nous entrés dans la maison, que le maire et les échevins de la ville parurent pour haranguer les ambassadeurs, et faire leur présent, qui consistait en vin, confitures, dragées, bougies et toutes sortes de fruits de la saison. Madame l'intendante avait assemblé toutes les dames de Brest, parées avec la plus grande magnificence, qui saluèrent les ambassadeurs à l'entrée de la grande salle ; et ce fut la première fois de leur vie, que les ambassadeurs siamois eurent l'honneur de baiser des étrangères à la joue, sur quoi, crainte de surprise, on les avait prévenus. M. le premier ambassadeur prit la main de Madame l'intendante, qui le fit entrer dans une chambre superbe, où une collation magnifique l'attendait. A 9 heures du soir, on servit une table de vingt-quatre couverts de tous les mets les plus délicieux ; outre cette table, il y en avait six autres de huit couverts qui furent toutes servies en même temps. Durant tout le repas, il y eut symphonie, et de temps en temps quelques voix délicieuses qui chantèrent. Enfin, on se sépara pour laisser les ambassadeurs en repos. Ce qui me surprit fut de remarquer que notre premier ambassadeur n'était nullement entrepris, et qu'il jouait merveilleusement bien son personnage ; ce qui me fit bien augurer pour l'avenir. Il est vrai que durant le voyage nous nous étions souvent entretenus des cérémonies et des coutumes de France : ce qui fit qu'elles ne lui parurent pas si nouvelles qu'à un homme qui n'en aurait jamais ouï parler.

Jusqu'à ce qu'on eût reçu des nouvelles de la Cour, M. l'intendant, toujours attentif à divertir les ambassadeurs, leur proposait tous les jours quelques nouveaux divertissements ; tantôt c'était la visite des plus beaux navires, tantôt la revue des cordages ; aujourd'hui c'était l'exercice des canonniers ; un autre jour voir jeter en fonte des canons et des bombes. L'adresse des cordiers ne fut pas celle qu'ils admirèrent le moins. Ils virent filer un câble de cent cinquante brasses de dix pouces de diamètre en trois heures de temps. Les magasins les occupèrent tout un jour. Il en fallut autant pour l'arsenal. Ils trouvèrent admirables les machines à nettoyer le puits. La facilité que l'on a à caréner les vaisseaux les surprit ; mais ce qui leur parut de plus surprenant, ce fut ce nombre prodigieux d'ouvriers occupés dans un seul port de France.

De Brest à Paris.

Sitôt que le gentilhomme de la chambre du roi fut arrivé, qui ne devait plus les quitter qu'à leur sortie du royaume, on disposa toutes choses pour se rendre à Paris. Toutes les villes du passage reçurent des ordres de la Cour de faire tous les honneurs possibles aux ambassadeurs. Les habitants sortaient au devant eux et faisaient garde à leurs portes. On tira le canon de toutes les villes où il y en avait. Les magistrats venaient les haranguer et leur faire des présents. Les Cours supérieures envoyaient des députations. Les chapitres, les curés, les supérieurs de communautés et des monastères leur venaient souhaiter une heureuse arrivées ; les dames étaient admises pour les voir manger. En un mot, tout le monde, grands et petits, semblait prendre bonne part à leur arrivée et à leur en témoigner de la joie. Partout ils furent défrayés aux dépens du roi, et dans les moindres villages on y rencontrait une aussi bonne chère que dans les meilleures villes. On fut obligé de se servir des voitures publiques jusqu'à Orléans, où des carrosses très propres les vinrent recevoir, qui les menèrent jusqu'à Berny où l'on avait porté des meubles de la couronne. On y fit un séjour d'environ un mois, en attendant que le roi fut de retour à Versailles. Les journées s'y passaient très agréablement par le nombre des compagnies qui y abordaient de tous côtés, particulièrement de Paris. Les uns y faisaient venir des concerts, les autres y amenaient les plus habiles danseurs. Ceux-ci y donnaient des représentations de comédies, ceux-ci des danseurs et voltigeurs de corde. Il y en eut qui s'habillèrent en masque mais sans être masqués, qui représentèrent les deux sexes de Siam, de la Chine, du Japon et de la Cochinchine, vêtus à la mode de chaque pays, avec une bande de vingt-quatre violons. Mais le plus singulier fut, lorsque M. le marquis de Seignelay y vint avec toute sa famille. Ce ministre d'Etat ne voulait pas être connu. Ce fut M. de Montausier qui parut comme le chef de cette illustre bande, où il y avait des ducs et des duchesses. J'en étais averti et l'on me fit prier de ne pas avertir M. le premier ambassadeur ; mais comme il était d'une grande conséquence de ne se point méprendre en cette occasion, je pris le premier ambassadeur en particulier, et lui fis sous le secret le portrait de toutes les personnes de cette compagnie, et plus particulièrement ceux de M. et de Mme de Seignelay, aussi bien que celui de M. l'archevêque de Rouen qui devait passer pour l'aumônier de M. de Montausier, car aucun d'eux ne devait faire paraître les marques de leurs caractères, soit cordon bleu soit croix ; et j'abandonnai le reste à sa prudence, étant convaincu qu'il avait beaucoup d'esprit.

Il y avait déjà quelque temps que nous étions à table, quand on nous avertit qu'un fort grand seigneur de Bretagne venait d'arriver, et souhaitait de faire la révérence à M. l'ambassadeur. Je sortis de table pour les aller recevoir, et deux mandarins siamois m'accompagnèrent. Je les introduisis et les présentai. M. l'ambassadeur se leva et ne voulut pas s'asseoir que M. de Montausier ne se fut assis à son côté, et que les dames n'eussent pris les places qu'on leur avait préparées au côté gauche de la table. Chacun s'étant rangé, M. l'ambassadeur fit signe qu'on tirât les viandes et qu'on apportât le dessert qui était plus magnifique qu'à l'ordinaire. Avant que personne y eut touché, l'ambassadeur prit les boîtes de confitures sèches, les dragées et les plus beaux fruits qu'il jeta lui-même sur le giron des dames, et en se tournant du côté de M. de Montausier il lui dit fort agréablement, s'il pouvait se flatter de voir dans la suite quelque chose de plus charmant, après le roi, que cette belle troupe qu'il avait avec lui ; « Car, ajouta-t-il, sans attendre de réponse, vous me paraissez un homme né pour commander à un grand peuple ; ce gentilhomme qui est derrière vous (c'était M. de Seignelay) a la physionomie d'un habile ministre d'Etat ; cet ecclésiastique qui est proche de lui

(c'était l'archevêque de Rouen) me porte la mine d'être un jour à la tête de
tout le clergé de France ; et les deux qui le suivent (c'étaient les ducs de
Bauvilliers et de Mortemart) me paraissent dignes des premiers emplois
d'un royaume. Pour ce qui est de ces dames, en se tournant de leur
côté, si elles étaient en mon pays, nous les prendrions pour des divinités. »
Tout cela fut jugé fort spirituel. A ces compliments, l'ambassadeur joignit
l'action, il but à la santé de M. de Montausier, des dames et des seigneurs, et
les obligea tous fort galamment à lui faire raison. Le repas fini, l'ambassadeur prit la main de Mme de Seignelay, et l'on fut dans le jardin prendre le
frais. Étant assis sur une touffe de buis, Mme de Seignelay, auprès de laquelle
j'étais, me pria de demander de sa part à M. l'ambassadeur, si les femmes de
son pays étaient aussi bien faites que celles de France. Je m'en excusai et
ne voulus pas faire cette proposition ; il voulut à toute force que je lui répé-
tasse ce que la dame m'avait dit. Toute la compagnie se joignit à lui : ne
pouvant donc pas reculer, je fus comme contraint de la lui répéter ; mais la
dame se repentit bientôt de lui avoir fait cette question, car sans hésiter,
l'ambassadeur s'adressant à elle en lui serrant la main, lui dit : « Madame,
si vous étiez habillée comme les femmes de notre pays, vous seriez la plus
belle personne du monde. » Elle en rougit, la bonne dame, et les seigneurs
en firent des plaisanteries.

Entrée à Paris.

Le jour de l'entrée étant fixé, douze trompettes du roi, se rendirent de
grand matin à Berny. Plusieurs carrosses à six chevaux, mais d'une grande
beauté, y arrivèrent sur les 8 heures. Une douzaine de gardes du corps et
un officier les suivirent de près, avec M. Giraud, maître des cérémonies, qui
vint, de la part du roi, convier Messieurs les ambassadeurs de faire leur
entrée dans Paris. On fut dans cet équipage jusqu'à Rambouillet, où le dîner
se trouva tout prêt. Sur la fin du dîner, M. le duc de la Feuillade arriva avec
ses carrosses et les gardes françaises dont il était le colonel. Le roi l'avait
nommé pour les conduire avec le grand-maître des cérémonies. On ne put
pas partir sitôt, parce qu'il fallait donner le temps de faire les compliments
des princes et des princesses, qui envoyaient leurs carrosses à six et à huit
chevaux, pour honorer l'entrée des ambassadeurs.
Voici l'ordre de la marche : A la tête de tout, il y avait quatre trompettes
et une cymbale ; le carrosse vide de M. de la Feuillade, précédé par le capitaine de ses gardes et les officiers de sa maison ; le carrosse du roi, où
était M. le premier ambassadeur, M. de la Feuillade, le grand-maître des cérémonies et M. Torf, gentilhomme de la Chambre qui ne quittait jamais
l'ambassadeur. Dans le second, les deux autres ambassadeurs avec M. Giraud. Dans le troisième, j'étais seul, dans le fond derrière, portant sur mes
genoux la lettre du roi de Siam dans un coffre d'or, ayant devant moi deux
des mandarins dans une posture humiliée, un portier, quatre gardes du
roi à cheval l'épée nue à la main. Les autres carrosses des princes et princesses suivirent, remplis de la suite des ambassadeurs et de quelques personnes de qualité. Le régiment des gardes françaises se trouva en haie dans
toutes les rues où nous passâmes. Je ne crois pas qu'on ait pu voir tant de
peuple assemblé, qui était accouru de toutes parts pour contempler cette cérémonie.
La marche se fit si lentement que nous n'arrivâmes qu'à 7 heures du
soir à l'hôtel des ambassadeurs extraordinaires, dans la rue de Tournon.

II

Le P. Tachard. — Détails sur le séjour des Siamois.

M. DE LIONNE A M. MARTINEAU.

A M.-E., vol. 850, p. 97.

Estant arrivé en France, il est de notoriété publique que les affaires de
la négociation passèrent par le canal des Pères Jésuites qui s'en firent assez
d'honneur. Le P. Tachard, soit sans y penser, soit à dessein, fit d'abord éloigner d'auprès des ambassadeurs M. Vachet, un de nos missionnaires. Le roy
de Siam avait fait faire un grand mémoire siamois de quantité de choses
qu'il voulait faire faire en France, dans lequel il y avait beaucoup de choses
impossibles. M. Vachet, pour faire plaisir aux ambassadeurs, l'avait mis en
français pendant le voyage, par le moyen de leur interprète ; et quoiqu'il
vît fort bien l'impossibilité de plusieurs choses qu'on souhaitait, il l'avait
traduit mot à mot, n'ayant pas cru y devoir rien changer de lui-mesme.
Estant arrivé à Paris, le P. Tachard vit ce mémoire et lui demanda à
l'emprunter pour un jour ou deux. M. Vachet le lui ayant presté sans difficulté, deux jours après M. de Seignelay, qui avait eu communication de
ce mémoire par le canal du P. Tachard, car il ne l'avait pas pu avoir par
d'autre voye, envoya quérir M. Vachet et le supérieur de notre séminaire
de Paris, et supposant que c'estait M. Vachet qui avait engagé à Siam
qu'on fît ce mémoire, lui fit une remontrance des plus fortes qu'on peut
jamais faire, l'accusant d'avoir mis par là dans l'impossibilité de contenter
le roy de Siam, puisqu'il était impossible de faire des glaces de 20 pieds
de haut.

M. Vachet lui répondit, comme il estait vray, qu'il n'avait eu d'autre
part à ce mémoire que de l'avoir traduit mot pour mot ; mais enfin M. de Seignelay estait irrité, et il lui dit de ne se point mesler de ce qui regardait les
ambassadeurs de Siam, ce qui fit que M. Vachet, pour oster toute sorte de
soupçon, prit le parti d'aller passer quelque temps en Bourgogne.

Quoique M. de Seignelay n'eust point parlé de moy en tout ce qu'il
avait dit à M. Vachet, l'opposition que j'ai naturellement de me mesler de
ces sortes d'affaires, qui dans le temps mesme dont il s'agissait ne me pouvait être ni fort agréables, ni fort honorables, me fit prendre pour moi tout
ce que M. de Seignelay avait dit à M. Vachet ; c'est pourquoi je proposai à
M. de Seignelay de n'avoir plus aucune communication avec ces ambassadeurs, m'offrant de leur en dire telle raison qu'il souhaiterait ou de ne leur
en dire aucune. Ce ne fut mesme qu'après que M. de Seignelay m'eust dit
que le roi voulait que j'interprétasse ce que ces ambassadeurs devaient dire
au roy, que je consentis de le faire. Enfin j'ai eu si peu de part à toutes les
résolutions qu'on a prises en France que je puis jurer qu'on ne me demanda
mon avis sur rien, sinon que M. de Seignelay me demanda seulement un jour
si le P. Tachard estait si fort ami de M. Constance, pas davantage. Ce fut
mesme pour moi une providence que ni le roy, ni aucune autre personne de
sa part, ne me demandât ce que je pensais sur les affaires de Siam, et en
particulier sur M. Constance ; car comme j'en avais une idée fort différente
de celle que donnait le P. Tachard, cela m'eust bien donné des embarras
que, de bonne foy, j'estais bien aise d'éviter. Aussi, quoique le roy dans ce
voyage m'ait témoigné beaucoup de bonté, et quoique j'eusse diverses choses
qu'il eût été important pour ma mission de lui dire ; et quoique absolument parlant, je pusse espérer de la bonté du roy qu'il ne me refuserait pas
un quart d'heure d'audience, je ne le voulus pas demander spécialement,
afin qu'on ne pût pas me soupçonner d'avoir aucune part aux affaires qui se
traitaient.

M. DE LIONNE A M. VACHET.
A. M.-E., vol. 879, p. 389.

19 août 1686.

Nos ambassadeurs contentent ici tout le monde au-delà de ce que je puis vous en mander ; ils sont honnêtes gens, courtois, polis, enfin ils sont diamétralement opposés dans leur conduite, dans leurs manières aux deux premiers mandarins, qui vous ont donné tant de peine. Nous croyons qu'ils auront leur audience jeudi prochain ; ils demeureront quatre ou cinq jours au logis qu'on leur fait meubler superbement, ce qui est une distinction qu'on ne fait point aux autres ambassadeurs. Selon ce que nous pouvons juger, la Compagnie continuera toujours son commerce à Siam, et mesme l'augmentera. Dieu lui inspire de faire un bon établissement à Singor !

Soutenance d'une thèse par Antonio Pinto.

M. DE BRISACIER A M. CHARMOT.
A M.-E., vol. 10, p. 319.

30 décembre 1686.

Le roi nous reçut vendredy fort agréablement à Versailles, à l'issue de son dîner, lorsque présentés à lui par M. l'archevêque, nous lui présentâmes la thèse en latin avec une dentelle d'or et d'argent. L'archevêque lui fit un compliment qu'il interrompit deux fois pour nous dire des paroles fort obligeantes. Depuis ce temps-là, nous avons couru pour porter des thèses partout, et quoique notre soin ait été comme inutile, n'ayant vu presque personne de tous ceux que nous avions invités, surtout aucun évêque, ni aucun homme de la Cour, l'acte dans le fond s'est heureusement fait. MM. les ambassadeurs y ont été invités ; M. Antonio Pinto y a fort bien répondu ; et M. de l'Estocq, grand-maître et président, a fini par un discours latin plein de piété et d'éloges pour cet étranger et pour tous nos missionnaires. Il y aura encore demain matin à Notre-Dame un autre acte dans la salle de l'officialité, où nous espérons que notre soutenant répondra aussi bien à M. l'abbé Roze, nouveau docteur, qu'il a répondu ce soir à M. de l'Estocq.

MÉMOIRES DE BÉNIGNE VACHET.
A. M.-E., vol. 112, p. 117.

L'on avait fait embarquer l'un des écoliers de M. Joret, nommé Antoine Pinto. Quoique dans toute la route, il eût quasi toujours été malade, et par conséquent qu'il n'eût pu relire ses cahiers, cependant quelques semaines après son arrivée à Paris, Messieurs du Séminaire des Missions-Etrangères, l'ayant examiné sur la théologie, pour juger par eux-mêmes de l'effet correspondant à la réputation dont on leur avait écrit tant d'éloges, ne balancèrent pas à le faire présenter aux docteurs de Sorbonne les plus éclairés, pour l'interroger et voir si on le trouverait capable de soutenir une thèse publique, savoir une aulique, dans cette fameuse maison. Le cas était tout à fait singulier.

Avant que d'admettre cette proposition, M. Boustre et trois autres docteurs de ses amis l'examinèrent durant plus de deux heures. Ils le questionnèrent sur les traités les plus difficiles et les plus embarrassants, surtout celui de l'Incarnation. Ces docteurs en furent si satisfaits, qu'ils écrivirent à Messieurs du Séminaire qu'on pouvait hardiment produire ce jeune homme, et que la Sorbonne s'en ferait un honneur. La thèse fut dédiée au roy ; tout Paris y accourut, les prélats y assistèrent en bon nombre, et tous avouèrent qu'on ne pouvait pas mieux satisfaire que ce Siamo venait de s'en acquitter.

On trouva à propos d'envoyer ce jeune séminariste à Rome. C'était sur la fin du pontificat d'Innocent XI.

M. Pinto soutint une nouvelle thèse qu'il dédia à Sa Sainteté, dans le collège de la Propagation de la Foi. Le Pape, les cardinaux et tout ce qu'il y avait à Rome de beaux esprits s'y trouvèrent. M. Pinto y eut une approbation unanime, et l'on avoua que, depuis l'érection de ce collège, l'on n'avait pas encore vu un des étrangers qui approchât tant soit peu de la capacité de ce Siamois. Aussi le Pape fut tellement charmé que, quoique M. Pinto n'eût encore que vingt-deux ans, il voulut qu'avant son retour en France il fut ordonné prêtre par une dispense dont on n'avait pas encore ouï parler. Le Souverain Pontife le regardait même comme un sujet digne de l'épiscopat pour succéder à un des Vicaires apostoliques

Compliment fait par M. J.-C. de Brisacier aux ambassadeurs du roy de Siam, dans le Séminaire des M.-E.

A. M.-E. vol., 10, p. 387.

Un mérite aussi universel et aussi universellement reconnu qu'est le vôtre devrait être publié en toutes sortes de langues ; et nous souhaiterions pouvoir assembler ici les différentes nations de l'Europe, pour honorer votre grand roi dans vos Excellences, de même que ce puissant prince a honoré à Siam, par la députation des divers pays de l'Orient, notre incomparable monarque dans la personne de son ambassadeur extraordinaire.

Mais sans former inutilement de vains désirs et sans rien emprunter des royaumes étrangers, souffrez, Messeigneurs, que quelques prêtres de cette maison, qui vont vous complimenter après moi, se partagent entre eux, pour louer en plus d'une manière les talents et la conduite que tout le monde admire en vous ; et qu'ils employent en peu de paroles ce que l'hébreu a de savant, ce que le grec a de poli, ce que le latin a de grave et ce que le siamois doit avoir d'agréable à votre égard, pour rendre séparément et diversement à vos éminentes qualités les profonds respects qui leur sont dus, et pour répondre à l'honneur de votre visite et aux marques de vos bontés, par les témoignages sincères d'une estime et d'une reconnaissance éternelles.

Compliment fait par M. l'abbé de Lionne aux ambassadeurs du roy de Siam dans le Séminaire des M.-E., en langue siamoise.

[Traduction].

A. M.-E., vol. 10, p. 341.

Jusqu'ici, Messeigneurs, j'ai vu avec une extrême joie l'empressement extraordinaire que toute la France a fait paraître à vous témoigner l'estime, le respect, et l'admiration qu'elle a pour le très puissant roy votre maître, et pour vous en particulier qui soutenez ici si excellemment sa dignité. Voici l'unique occasion où j'ai pu mêler ma voix aux applaudissements publics, et marquer, en vous parlant à vous-mêmes, quelque chose de mes sentiments sur ce sujet. J'ose dire qu'ils surpassent ceux de tout le reste des hommes ; et pour en convenir, vous n'avez qu'à faire réflexion aux raisons personnelles que j'ai de parler ainsi. Les autres connaissent à la vérité le roy de Siam sur ce que la renommée a publi de ses grandes qualités : mais quoi qu'elle ait dit du rang éminent qu'il tient entre tous les princes de l'Orient, de la richesse de ses trésors, de la pénétration étonnante de son esprit, de la sagesse de son gouvernement, de l'application infatigable qu'il donne aux affaires de son état, de son discernement et de son amour pour le véritable mérite, de cette merveilleuse ardeur qu'il a de tout connaître et de tout savoir, de cette affabilité qui sans rien diminuer de sa grandeur, sait se proportionner à tout le monde, et attire chez lui ce prodigieux nombre d'étrangers qui y viennent

de toutes les parties de la terre, et (ce qui nous touche de plus près) cette
bonté particulière qu'il a pour les ministres du vrai Dieu : tout cela, dis-je,
quelque grand qu'il soit, n'est-il pas encore au-dessous de ce que découvrent
dans sa personne royale ceux qui ont le bonheur de l'approcher, et ce que
j'y ai découvert tant de fois moi-même.

Il en est ainsi, à proportion, des jugements avantageux que l'on a
portés ici de vos Excellences. L'on a admiré par exemple, et l'on n'oubliera
jamais, la justesse et la subtilité de vos réponses. Cependant on a souvent
connu que la moindre partie de leur beauté ; elles en perdaient beaucoup
dans le passage d'une langue à l'autre, et moi-même j'avais une espèce d'indignation de me voir dans l'impossibilité de leur donner tout leur agrément
et toute leur force. On a admiré ce fond de politesse qui vous rend capables
d'entrer si aisément dans les manières particulières de chaque nation,
quelque différentes que toutes les nations soient entre elles ; on a admiré
cette prodigieuse égalité d'âme et cette paix qui ne se trouble jamais de rien ;
on a admiré enfin cent autres qualités excellentes qui éclatent tous les jours
dans vos personnes. Cependant ceux qui en ont été touchés ne vous ont vu
que comme en passant : qu'aurait-ce été s'ils avaient eu les moyens de vous
considérer plus à loisir et de plus près ? Les ordres du très grand roy de
Siam m'ont procuré cet avantage, lorsqu'il a joint, à tous les témoignages de
bonté qu'il m'avait déjà donnés, celui de souhaiter que je vous accompagnasse
en France. Vous y avez ajouté mille marques touchantes de votre amitié, et
la nature seule, qui inspire à tous les hommes la reconnaissance, suffirait
pour me donner les sentiments les plus respectueux pour votre grand prince,
les plus tendres pour vos personnes et les plus zélés pour votre nation. Mais
Dieu, dont la providence conduit tout avec une sagesse et une bonté admirable, a pris soin lui-même de fortifier infiniment tous ces sentiments dans
mon cœur, en me confirmant dans le dessein de passer ma vie avec vous et
de la consacrer à votre service, pour tâcher de contribuer à votre salut
éternel.

M. DE BRISACIER A M. CHARMOT.
A. M.-E., vol. 10, p. 311.

16 décembre 1686.

Mardi dernier, Messieurs les ambassadeurs nous rendirent une visite
de cérémonie. Le soir, je les complimentai en français, M. de la Noe en hébreu, M. Pocquet en grec, M. Tiberge en latin, et M. de Lionne en siamois ;
vous trouverez ici tous nos compliments, savoir : celui de M. Tiberge et
le mien dans la même langue qu'ils ont été prononcés, et les trois autres
traduits en français ; MM. le duc-évêque de Laon, le marquis d'Aligre,
l'abbé Pelletier, l'abbé de Nesmond, de Lagny, Cébéret, Saillet, Des Vieux,
Lefebvre, notre ancien missionnaire et agent de Rome, les PP. Couplet et
Spinola étaient présents ; et cela se passa fort bien, grâces à Dieu.

Dès que le premier ambassadeur eut répondu, ce qu'il fit fort obligeamment, le maître d'hôtel de Mme de Nesmond nous vint avertir que la table
était servie ; on l'avait mise à un bout du réfectoire après avoir ôté toutes
nos tables ordinaires ; le lieu était éclairé de bougies, et l'autre bout du réfectoire était préposé pour le buffet. Ce repas fut servi avec toute la propreté,
toute la magnificence et toute la tranquillité possibles. Mme de Miramion
en a fait la dépense, qui, selon le sentiment des personnes entendues, ira
bien à soixante ou quatre-vingts pistoles ; et nous eûmes toute la vaisselle,
tout le linge et tous les officiers de chez Mme de Nesmond. Il y eut assurément un fort grand ordre ; pendant que les maîtres mangeaient dans le
grand réfectoire, nous fîmes manger dans le petit, à une table séparée dont
nous prîmes soin, les deux interprètes, les deux secrétaires et le chinois

du P. Couplet. Dès qu'on fut sorti de table, on prit de quoi donner à souper aux valets des ambassadeurs et aux deux suisses de leur hôtel, qui étaient venus garder notre porte.

Lorsque la compagnie s'en fut allée, environ sur les 8 h. 1/2, Mme de Miramion ayant ordonné qu'on ne reportât rien chez elle, nous nous mîmes autour de la table des ambassadeurs avec trois de nos amis de la maison de Sorbonne, et il en resta encore assez après nous, pour faire souper nos gens du Séminaire et les officiers de l'hôtel de Nesmond, qui étaient au nombre de quinze ou vingt ; car outre les laquais qui servaient à table, et outre les cuisiniers du rôti, qui s'étaient mis dans notre petite salle près de la porterie, et les cuisiniers du ragoût, et les pâtissiers qui avaient pris notre cuisine ordinaire, et les sommeliers qui s'étaient portés pour le fruit dans notre salle du poêle, il y avait encore quatre ou cinq valets de chambre fort bien faits, qui avaient soin des trois ambassadeurs, de M. de Laon et de M. le marquis d'Aligre ; et tout ce monde était sous la conduite d'un maître d'hôtel, qui par son honnêteté en inspirait à tous les autres. Cette honnêteté fut si grande, que lorsque nous fûmes à table, les mêmes personnes, qui avaient servi les ambassadeurs, nous servirent elles-mêmes, sans qu'on pût les en empêcher.

Tout était fini à 10 h. 1/2 ; la vaisselle d'argent était même lavée et portée dans ma chambre : de sorte que tous les gens de l'hôtel de Nesmond furent rendus chez eux à 11 heures. M. le marquis me dit, en voyant le repas qui était une collation lardée, qu'il avait beaucoup de l'air et de la délicatesse de ceux de Versailles. On leva deux fois, devant les ambassadeurs seulement, quelques plats pour leur en servir d'autres par distinction, comme on fait chez le roy, quand il traite quelqu'un qu'il veut honorer.

Baptême des Siamois.

M. TIBERGE A M. CHARMOT.

A. M.-E., vol. 16, p. 465.

17 avril 1687.

Je vous écris, Monsieur, pour vous dire qu'avant-hier douze de nos Siamois furent baptisés à Saint-Sulpice par M. le Curé.

Le 1er, *Pi*, fut tenu par M. le duc d'Albret et par Mme la comtesse d'Auvergne, qui le nommèrent Pierre-Emmanuel.

Le 2e, *Ppet*, devait être tenu par M. le prévost des marchands et par Mme la présidente de Nesmond. Mais M. le prévost des marchands en fut empesché, par l'engagement où il se trouva ce matin-là d'aller complimenter M. le nouveau Gouverneur de Paris, et Mme de Nesmond fut arrestée par la mort de Mlle de Lamoignon, qui est enterrée aux Cordeliers, où est la sépulture de sa Maison. Ainsi M. l'avocat général Bailly avec Mme Rouillé, femme du conseiller d'Estat, se trouvèrent à la seconde place, et nommèrent le deuxième siamois Jean-Baptiste.

Le 3e, *Oman*, fut tenu par M. le chevalier de Chaumont et Mme de Lionne la mère, et nommé Paul-Artus.

Le 4e, *Chun*, fut tenu par M. Pelletier, conseiller au Parlement, et Mme d'Aligre de Boislandry, au nom de Mme d'Aligre, sa belle-mère, et nommé Louis.

Le 5e, *Gaye*, orfèvre esmailleur, par M. l'abbé Milon, qui voulut bien suppléer M. Bertelot, secrétaire des commandements de Mme la Dauphine, et Mme la marquise de Roussy, bienfaitrice de nos missions ; il fut nommé François-Xavier.

Le 6e, *Mi*, par M. l'abbé de Fourcy au lieu de M. le prévost des marchands et par Mme ? qui prit la place de Mme la présidente de Nesmond, et nommé Henri-Olivier.

Le 7ᵉ, *Duan*, architecte, par M. de Castilly et par Mᵐᵉ de Presson, et nommé Philippe.

Le 8ᵉ, *Sac*, par M. du Ruau-Pallu et Mᵐᵉ de Valière, sa belle-sœur, en la place de Mᵐᵉ Milon malade, et nommé François (nom de feu M. d'Héliopolis).

Le 9ᵉ, *Thean*, par M. de Lagny fils, au lieu de M. son père, intendant général du commerce estranger, et Mᵐᵉ Cuissetot, présidente de Châlons-sur-Marne, et nommé Thomas.

Le dernier *Voum*, par M. Soulet, directeur de la Compagnie royale des Indes-Orientales, et Mᵐᵉ Goisland, femme du capitaine de l'hôtel des ambassadeurs extraordinaires, et nommé Nicolas.

La longueur de la cérémonie, qui dura jusqu'à deux heures après midy, n'affaiblit pas la dévotion de nos néophytes, qui édifièrent tout le monde par leur modestie et qui, ayant demandé d'eux-mêmes à jeûner la veille pour se préparer mieux à l'action du lendemain, ne marquèrent aucune lassitude ni dégoût, pendant la cérémonie.

M. l'archevêque n'a pu me donner ni aujourd'hui, ni hier, pour les lui mener prendre sa bénédiction et lui demander le sacrement de Confirmation qu'ils désirent recevoir.

Ils portèrent huit jours leur habit de baptême, qui est proprement une aube de linge damassé, bordé d'une frange de fil, des bas blancs, des souliers de la mesme couleur, et un bonnet blanc piqué, orné d'une mousseline gauffrée autour, avec une espèce d'aigrette de mesme étoffe sur le front.

Vous ne sauriez croire combien ils sont contents depuis le baptême, et combien ils marquent de piété dans leurs prières, surtout à la messe où ils assistent tous ensemble avec beaucoup de modestie et de récollection apparentes.

Ils me demandèrent des chapelets au retour de Saint-Sulpice. Je leur en fis acheter ; ils les reçurent avec respect, et ils les portèrent sur leur col comme un collier de l'Ordre de Jésus et de Marie.

Ils mangèrent avec nous à la première table, et ils m'ont demandé, ce matin, de servir tour à tour, pendant la semaine qu'ils seront parmi nous ; mais je leur ai répondu que tant qu'ils auraient leur habit baptismal, je les ferais servir par d'autres, en partie par respect pour leur innocence et leur nouvelle dignité de chrétien, et en partie par propreté pour ne pas gaster la blancheur de leur robe.

Le 12ᵉ Siamois[1] qui reste à estre baptisé est malade ; dès qu'il se portera mieux Mᵐᵉ de Guise le tiendra. Il souhaite fort le baptême.

III

A Siam pendant l'ambassade siamoise en France.

Le traité religieux n'est pas publié.

Mᵍʳ LANEAU AUX DIRECTEURS DU SÉMINAIRE DES M.-E.

A. M.-E., vol. 859, p. 439.

30 octobre 1686.

... Je ne sais à quoi imputer la faute de ce que le roy de Siam n'a pas encore exécuté les promesses qu'il avait faites à Sa Majesté Très-Chrétienne, pour l'avancement de la religion ; mais ce que je puis assurer, c'est qu'il y a eu toujours des empêchements qui ont succédé les uns aux autres, sans que l'on ait pu rien commencer ; et afin que vous puissiez répondre à ceux qui pourraient s'en informer, je vous dirai en toute sincérité comme l'année s'est

---

[1] Quoiqu'il ne nomme que 10 Siamois, M. Tiberge en avait annoncé 12 ; et il écrit ici : le 12ᵉ. De plus, au dos de sa lettre est écrit : Parrains et marraines des 12 Siamois. Enfin les contemporains parlent du baptême de 12 Siamois.

passée. Après le départ de M. l'ambassadeur, je demeurai avec M. de Chandebois quelque temps, et fis une retraite, ce qui m'empêcha d'aller à Louvo auparavant la fin du mois de janvier. Dans ce temps-là, M. Constance, sans lequel le roy ne fait rien, tomba fort grièvement malade, et quand il fut relevé, je tombai malade à mon tour ; ensuite, je fus obligé de revenir à la ville d'où je ne pus partir que vers la Saint-Jean ; ensuite de cela, il survint une affaire qui estait pour les gens du pays une chose de mauvaise augure, et de grande conséquence : c'est qu'un éléphant, sur lequel le roy monte quelquefois, s'enfuit dans les bois, ce qui pronostiquait quelque grand malheur ; c'est pourquoi on mit une infinité de monde en campagne pour le reprendre, et le roy y alla lui-mesme jusqu'à ce qu'il l'eût repris. Ceci employa presque un mois de temps.

Ensuite le roy eut quelques incommodités ; mais quand il parut se porter mieux, et que l'on songea tout de bon à commencer quelque chose, voilà qu'inopinément, l'on découvrit une trahison secrète sur le point qu'elle estait prête à éclater, ce qui a tout brouillé pendant un ou deux mois. Cette trahison estait très dangereuse et conduite avec beaucoup d'artifice ; si ceux qui en ont esté les auteurs eussent pu avoir quelque prétexte de religion, il est quasi indubitable qu'une très grande quantité de Siamois se seraient unis avec eux, et que, presqu'en un moment, ils se seraient rendus maistres du royaume. J'avoue que dès lors, que je reçus les premières nouvelles de cette révolte, je ne pus m'empêcher de bénir Dieu de ce qu'on n'avait encore rien commencé pour la religion, et j'ai reconnu que ces délais, quoique ennuyeux, ne sont arrivés que par une providence de Dieu toute particulière ; car si les Malais, dans leurs dispositions, eussent dit seulement une parole de la religion, c'en eût esté assez pour nous faire passer pour avoir esté l'occasion de tous ces malheurs. Or, à présent, toutes choses sont encore dans leur entier, et le roy nous donne toujours de bonnes espérances. M. Constance, qui a son secret plus qu'aucun, me disait encore, il y a peu de jours, des merveilles de ses dispositions, mais qu'il attendait quelque secours de France. Il faut bien prier Dieu que tout cela ait l'effet que Dieu désire en retirer, et cependant la religion se fortifie de plus en plus dans ce royaume.

Comme M. Constance envoie les petits-fils du défunt roy des Macassars[1] et qu'il présente ses deux enfants à M^{grs} les ducs de Bourgogne et d'Anjou[2], j'ai cru en devoir écrire au roy et à Monseigneur ; je vous envoie les lettres ouvertes.

Mgr LANEAU AU DUC DE BOURGOGNE.

A. M.-E., vol. 859, p. 425.

30 octobre 1686.

MONSEIGNEUR,

Le ministre du roy de Siam, ayant recherché avec beaucoup de soumission la protection de notre grand monarque, et se l'étant osé promettre sur les recommandations que lui a bien voulu donner le roy de Siam auprès de Sa Majesté Très-Chrétienne, prend à présent la liberté d'offrir à Votre Altesse Royale son fils aîné. Les augustes qualités qui brillent dans Votre Altesse Royale à un âge si tendre, et qui font la joie de notre grand roy, l'honneur de la France, et l'admiration de l'univers, lui ont inspiré le désir de lui consacrer ce fils, comme la chose la plus chère et la plus précieuse qu'il eût au monde. Dans la confiance qu'il a que Votre Altesse Royale aura la

---

[1] Ils furent confiés à M. N. Gervaise qui était parti assez jeune pour Siam avec l'intention d'être missionnaire, et qui revint en France avant d'être prêtre.

[2] Petit-fils de Louis XIV. Le duc de Bourgogne fut l'élève de Fénelon, il mourut en 1712. Le duc d'Anjou devint roi d'Espagne sous le nom de Philippe V.

bonté de l'accepter, il lui envoie quelques présents pour lui témoigner, selon
la manière de ces pays-ci, sa très humble soumission et celle de son fils. Il le
va faire élever, comme un enfant dévoué à Votre Altesse Royale, pour le disposer à recevoir ses ordres, en quelque lieu du monde qu'il soit. J'ai cru,
Monseigneur, que Votre Altesse Royale me permettrait bien de joindre mes
prières à celles de ce ministre, pour lui demander la grâce d'accepter cet
enfant et de le prendre sous sa protection. J'espère aussi, que Votre Altesse
Royale, qui ne doit pas moins hériter des grandeurs de ses ancêtres que da
leur piété à soutenir et à étendre l'Evangile parmi les gentils, ne dédaignere
pas de nous favoriser de sa protection. Je demande incessamment à Dieu de
la combler de ses grâces les plus précieuses, et suis avec des profonds sentiments de respect et de soumission etc.

Mgr LANEAU AU DUC D'ANJOU.
A. M.-E., col. 879, p. 429.

30 octobre 1686.

MONSEIGNEUR,

Les heureuses nouvelles que nous avons reçues de la naissance de Votre
Altesse Royale nous comblèrent de joie dès l'année passée, et comme de très
fidèles sujets de Sa Majesté Très Chrétienne, nous nous sentîmes obligés de
remercier Dieu d'avoir favorisé la France d'un si précieux témoignage de son
amour. Cette joie n'a pas été particulière aux Français, elle s'est répandue
même parmi les étrangers, et le roy de Siam, qui prend intérêt au bonheur de
la France et à la gloire de notre grand monarque, a témoigné en être très
sensiblement touché. Son premier ministre qui, par une providence extraordinaire, est chrétien, désirant en son particulier donner à Votre Altesse
Royale quelque marque de la joie qu'il en a eue, a cru que Votre Altesse Royale
ne désapprouverait pas la liberté qu'il prend de lui présenter un de ses enfants, et il commence à offrir à Votre Altesse Royale quelques petits présents
pour lui rendre suivant la coutume de ces pays ici ses premiers hommages.
Comme cet enfant me touche pour lui avoir donné une seconde naissance
dans le saint baptême, je prends aussi la hardiesse de joindre mes très
humbles prières à celles de son père, pour supplier Votre Altesse Royale de
daigner bien le recevoir au nombre de ses très humbles serviteurs. Je supplie
encore Votre Altesse Royale d'accorder l'honneur de sa protection à nos
missions, où nous offrons sans cesse nos vœux pour sa prospérité, et de me
permettre de lui protester que je suis moi-même avec un très profond respect.... etc.

Mgr LANEAU A M. DE SEIGNELAY.
A. M.-E., vol. 849, p. 413.

1er novembre 1686.

Je suis bien fâché de ne pouvoir encore vous dire que le roy de Siam
ait accompli ce qu'il a promis pour le bien de la religion. Je ne doute pas que
l'on ne puisse interpréter ce retardement en diverses manières ; mais je puis
vous assurer, Monsieur, que depuis le départ de M. l'ambassadeur, il est
survenu tant d'empêchements, qu'on ne peut en attribuer la cause qu'à la
providence de Dieu même, qui est telle sur ces missions-ci, que l'on ne
peut s'apercevoir de la sagesse de sa conduite, qu'après que les choses sont
arrivées. En effet, si Dieu eût permis que l'on eût commencé ce que l'on
avait projeté, c'eût été le vrai moyen de perdre tout pour jamais. Car, au mois
d'août dernier, on découvrit une conspiration contre le roy, au point qu'elle
était prête d'éclater, si les Macassars qui en étaient les auteurs y eussent pu
engager les naturels du pays. Par le prétexte de maintenir leur ancienne religion, ils en eussent attiré un grand nombre à leur parti, et on eût sans doute

accusé les missionnaires d'avoir du moins donné occasion aux troubles qui s'en fussent suivis. J'espère qu'à présent que toutes choses sont apaisées, Dieu nous fournira les moyens les plus convenables de travailler pour sa gloire.

Les officiers de la Compagnie m'ont beaucoup sollicité, Monsieur, de vous représenter l'importance qu'il y a d'avoir quelque établissement dans ces quartiers, qui soit indépendant des princes du pays, et la facilité d'en avoir sans faire préjudice à personne. Il est vrai que le roy de Siam offrit dès l'année passée l'île de Singor, dont la situation est fort avantageuse ; mais comme il n'y a rien encore de commencé, ils en proposent une autre qui est abandonnée, et qui est dans le centre pour ainsi dire de toutes les mers, en deçà les détroits de Malaque et de la Sonde, où tous les vaisseaux sont obligés de passer en allant ou venant.

Ces îles s'appellent Poulo Condor ; si l'on y était bien établi, il est certain que l'on serait les maîtres de tout le commerce ; mais comme cette entreprise ne peut s'exécuter, si Sa Majesté ne daigne l'agréer, ils vous supplient, Monsieur, de vouloir bien employer votre crédit pour la faire réussir ; pour moi, je joins mes prières aux leurs d'autant plus volontiers, que ces îles étant quasi au milieu de toutes nos missions, ce serait un avantage qui ne se peut concevoir, pour soutenir la religion dans les royaumes où elle commence déjà à s'établir, et pour la porter dans ceux où elle n'a jamais été prêchée, ou bien où elle a été détruite par les Hollandais. Ce n'est pas que, quelque avantage que nos missions en pussent tirer, j'oserais en faire la proposition, si je ne la regardais comme très utile au commerce de France.

M. Phaulkon, qui recherche avec empressement l'honneur de la protection de Sa Majesté, a cru qu'elle ne désapprouverait pas qu'il osât présenter ses deux fils à Messeigneurs les ducs de Bourgogne et d'Anjou, comme en hommage de sa soumission. Il a aussi représenté au roy de Siam, qu'il pourrait être agréable en Cour d'y envoyer les deux fils du prince de Macassar, dont le royaume a été pris, il y a déjà quelques années, par les Hollandais ; et le roy, qui a toujours une très haute estime pour notre grand monarque, et une affection très sincère pour tous ses sujets, lui a ordonné de les envoyer par les vaisseaux de la Compagnie. Comme nos missions ont beaucoup d'obligations au dit M. Phaulkon, je prends la liberté, Monsieur, de vous supplier de vouloir bien seconder ses desseins. Il est vrai qu'il s'est passé quelque chose entre lui et nos Français qui sont ici ; mais tout n'est venu que de certaines préoccupations, que j'ai tâché de tout mon pouvoir de dissiper, à cause des mauvaises suites qu'il en pouvait arriver. Et à présent, grâce à Dieu, tout est si bien apaisé, que j'espère que ce qui est arrivé ne servira que pour un plus grand bien à l'avenir. Il n'y a que M. de Forbin[1] qui a pris résolution de s'en

[1] M. de Forbin était resté à Siam à la demande de Phra Naraï et de Phaul. Il a publié dans ses mémoires (*Collection des Mémoires relatifs à l'Histoire de France*, par PETITOT et MONMERQUÉ, Paris, 1820-1829, vol. LXXIV) le résumé de son séjour dans ce pays.

Dans une lettre aux directeurs du Séminaire des M.-E., Mgr Laneau disait au sujet de M. de Forbin :

« Je ne puis m'empêcher de vous témoigner le déplaisir que j'ai du départ de M. le chevalier de Forbin, sur qui nous avions compté beaucoup pour le bien de nos missions. Nous ne nous étions pas trompés en croyant qu'il était zélé pour cette œuvre, et affectionné pour ceux qui y travaillent ; car il a bien fait voir qu'effectivement il était tel, dans les occasions qui s'en sont présentées. Cette bonne volonté, jointe à la bienveillance que lui témoignait le roy de Siam et aux emplois qu'il avait dans le royaume, augmentait de jour en jour les espérances que nous avions conçues, pour faire fructifier l'Evangile. Il avait fait venir M. Manuel à Bangkok, pour instruire les gens qui dépendaient de lui, dont le nombre était considérable ; mais, malheureusement, il est survenu des accidents imprévus qui l'ont tellement dégoûté de ce pays-ci, qu'il en a voulu sortir au plus tôt. Nous vous prions de lui témoigner à Paris la reconnaissance que nous lui aurions dû témoigner s'il était resté ici. Non seulement il nous a fait du bien quand il en eut l'occasion, mais il a même cherché ces occasions avec empressement. Il est juste que nous marquions, par tout ce que nous pourrons, que nous ne sommes pas ingrats. » (*30 octobre 1686, A. M.-E., vol. 859, p. 449.*)

'aller. Il s'est toujours comporté en homme d'honneur durant son séjour ici ; mais la bienveillance que le roy lui portait était trop grande pour ne lui point susciter de jalousie, ce qui l'a obligé à se retirer assez mécontent. J'en ai été beaucoup affligé ; mais il n'a pas été en mon pouvoir d'y apporter aucun remède, tout s'étant trouvé fait avant que j'en eusse quasi aucune connaissance.

Les Hollandais menaçaient hautement le roy de Siam l'année dernière ; mais quand ils sont revenus cette année-ci, ils n'ont plus fait paraître de fierté, et ils ont témoigné au contraire tant de respect et de soumission, qu'on n'a pas de peine à juger, qu'un changement si soudain ne peut venir que de la juste appréhension qu'ils doivent avoir de choquer un prince, que notre grand monarque vient d'honorer d'une si célèbre ambassade. Ces mêmes Hollandais viennent de nous donner nouvelle, que M. l'ambassadeur était parti du cap de Bonne-Espérance au mois d'avril, avec ses deux vaisseaux ; et que le vaisseau portugais, qui portait les ambassadeurs de Siam pour le Portugal, avait fait naufrage près du même cap. On nous a assuré que le roy de Siam recevra presque autant de joie de la perte de ses ambassadeurs pour le Portugal, que de l'heureux voyage de ceux pour France, comme s'il eût été fâché d'avoir voulu rechercher d'autres alliances que celle de Sa Majesté Très-Chrétienne. Je vous supplie, Monsieur, de vouloir bien continuer à nos missions l'honneur de votre bienveillance ; nous ne manquons pas d'y faire des vœux pour votre illustre maison.

PHAULKON A M. DE BRISACIER.

A. M.-E., vol. 862, p. 351.

1688.

MONSIEUR,

Je me réjouis fort que quelques services que j'ai rendus à l'Eglise de Dieu Nostre Seigneur, en ce royaume et en quelques autres endroits, aient eu votre approbation et celle des autres Messieurs de la Mission. Je ne sais par quel malheur il est arrivé que lorsque je travaillais avec plus d'empressement à cette même fin, dissimulant les injures que ces Messieurs m'ont faites de temps en temps, non seulement ce que je leur ai dit comme ami, qui ne cherchait que leur bien et la gloire de Dieu, n'a eu nulle autorité sur leur esprit, mais même les paroles du roy mon maître n'ont eu aucun effet ; et cela avec des circonstances que je ne puis expliquer sans un grand ressentiment. Dieu pardonne à tout le monde, et à moi en particulier ; jamais nous n'en avons eu plus de besoin.

Nous vous sommes fort obligés du bon traitement que vous et toute la maison avez fait aux ambassadeurs du roy mon maître ; je le lui ai fait connaître, et je crois que M. de Métellopolis vous rendra compte de la reconnaissance qu'il en a. Nous approuvons fort ce que vous avez fait pour les petits Siamois ; on rendra exactement au procureur ce que vous avez avancé. J'aurai bien de la joie de les voir bien instruits dans les arts mécaniques et dans la science du salut. Je suis, Monsieur, bien obligé à votre honnesteté des offres de service que vous me faites ; je ne manquerai pas d'y répondre par des effets, quand vous nous en donnerez l'occasion, vous assurant que nous ne manquerons pas de le faire.

Révolte des Macassars.

JOURNAL DE LA MISSION.

A. M.-E., vol. 879, p. 520.

Il y a eu ici une conjuration qui aurait sans doute eu des suites fâcheuses, si elle n'avait été découverte par un bonheur extrême. Voici ce qu'on a pu apprendre. Il y a environ huit mois qu'un Macassar, qui est le second de son camp, entreprit une révolte contre le roy de Siam. Il feignit d'avoir vu dans le ciel un signe extraordinaire, sept étoiles en forme de croissant et une autre étoile entre les deux pointes du croissant. « Je n'ai vu. disait-il, ce signe que trois fois en ma vie. Les deux autres fois, j'ai vu arriver de terribles révolutions d'État. Cette fois ici que pourrait-il présager ? Ne serait-ce point qu'il doit arriver quelque malheur à la religion de Mahomet que nous gardons. Ne serait-ce point qu'il doit arriver quelque bonheur à ses sectateurs ? Mais si on en voulait à notre religion, ne la défendrions-nous pas volontiers au prix de notre sang et de notre vie ? » Ayant sondé par ces discours-là l'esprit de ses compatriotes et les ayant disposés à tout entreprendre, il les gagna les uns après les autres, et les fit consentir à se révolter contre le roy. Il gagna aussi le prince de son camp, et quelques mandarins siamois. Ils résolurent d'entrer de force au palais, d'en piller les trésors, de délivrer tous les prisonniers, qui sont en grand nombre propres à faire un coup hardi, de tuer le roy, de mettre sur le trône son frère, de lui faire embrasser leur religion, et de tuer tous ceux qui ne voudraient pas aussi l'embrasser. Ils ne cherchaient que l'occasion d'accomplir ces desseins. Mais quelques deux ou trois heures devant celle qu'ils avaient marquée pour les faire éclater, un mandarin qui était de la conjuration, soit qu'il eût horreur de sa perfidie, soit qu'il craignît de ne pas réussir, vint en avertir le gouverneur de la ville qui assembla avec une diligence extraordinaire des soldats, les posta dans le palais et dans plusieurs autres endroits de la ville. Dans le même temps, le roy apprit à Louvo tout ce qui se tramait contre lui et fit réunir quantité de soldats qui gardèrent son palais jour et nuit. Quelques jours après, M. Constance descendit à Siam. Comme on parlait de prendre le chef de la conjuration, ce chef dit hautement qu'il mourrait plutôt que de se rendre, et que si on l'attaquait, il se défendrait courageusement. M. Constance lui envoya dire de le venir trouver, l'assurant qu'on ne lui ferait aucun mal. Avec cette assurance il se fit lier les mains et mettre une corde au cou, et vint trouver M. Constance en cet état. On l'assura derechef qu'on ne lui ferait rien, pourvu qu'il avouât la vérité, et après l'avoir délié on l'amena à Louvo. On lui a tenu la parole qui lui avait été donnée ; il a avoué ce que nous avons rapporté de la conspiration.

Dans le même temps qu'il se rendit, un autre capitaine macassar que l'on invita aussi de se rendre, n'y voulut point entendre ; il dit que si l'on voulait, il se retirerait du royaume. M. Constance lui accorda la permission de s'embarquer avec d'autres Macassars au nombre de cinquante ; mais il envoya incessamment ordre à M. de Forbin de fermer la chaîne de Bangkok et de les arrêter adroitement. quand ils demanderaient qu'on la leur ouvrît. M. de Forbin tint son monde prêt pour cela ; le capitaine étant venu à la forteresse avec huit personnes pour lui parler, il l'entretint quelque temps fort honnêtement, mais quand il leur fit demander leur criss qui est une espèce de poignard qu'ils portent toujours à leurs ceintures, ils le tirèrent incontinent, sans avoir égard au nombre des soldats qui les environnaient ; ils se firent un chemin au travers, et sautèrent par les embrasures de la forteresse en bas, après avoir tué quatre ou cinq personnes. Les soldats qui étaient postés hors de la forteresse coururent dessus et les assommèrent ; les autres, qui étaient restés dans la galère, se jetèrent avec fureur sur les soldats que M. de Forbin avait rangés de tous côtés. Ils en tuèrent une vingtaine, mirent les autres en fuite, nonobstant leur nombre, l'exemple et les exhortations de M. de Forbin qui combattit dans cette occasion avec beaucoup de courage et de présence d'esprit. Ils tuèrent femmes et enfants, et tous ceux qui se rencontrèrent dans leur chemin, puis s'enfuirent dans les bois. M. de Forbin les y poursuivit, et après les avoir fait chercher quelques jours, les ayant enfin trouvés, il les extermina.

Cependant il y avait encore des révoltes dans le camp des Macassars, leur prince tenait toujours bon, et il était à craindre qu'ils ne fissent quelque ravage. M. Constance accompagné de M. de La Marre, ingénieur français, les fit investir par des soldats siamois ; M. Coche, anglais, jeta des grenades dans leur camp, mais ayant couru sur lui ils le tuèrent. M. Constance fit faire feu sur eux, mais un mandarin siamois ayant manqué de mener les troupes dans un poste dont on l'avait chargé de se saisir, les Macassars, après avoir tué ce mandarin et sept de ses esclaves, s'échappèrent de leur camp par ce poste mal gardé, et traversant un bras de rivière ils passèrent dans un autre camp de Malais. M. Constance descendit de son ballon pour les reconnaître avec quelques Anglais et Français qui sont au service du roy de Siam. Dans ce temps-là, le capitaine de la loge française qui au bruit des périers et des mousquets était monté dans son bateau avec plusieurs Français, tant de la loge que du navire le *Saint-Louis,* arriva au lieu où était M. Constance ; le voyant à terre tous l'allèrent joindre sans hésiter. Ils furent sur le point d'être entourés d'une trentaine de Macassars, qui venaient par devant et de plusieurs autres qui venaient par les côtés. Voyant que les Macassars arrivaient sur eux de tous les côtés, ils tâchèrent de regagner leur ballon. Il y eut deux Français qui voulant tenir ferme, après avoir tué plusieurs Macassars, furent eux-mêmes tués de plusieurs coups de criss et de lance. Deux autres Français, en voulant regagner leur balon, se noyèrent ; il y eut aussi deux Anglais qui y moururent. Le capitaine de la loge française était entre deux eaux, et un Macassar lui mesurait un terrible coup de lance, lorsque M. de Beaumont, capitaine du *Saint-Louis,* tua ce Macassar d'un coup de mousquet et tendit promptement une rame au capitaine, et ainsi il lui sauva doublement la vie. On fit avancer des soldats siamois en quantité dans cet endroit où l'on serra de près les Macassars, qui s'enfuirent dans une pagode voisine ; on les y força et enfin on acheva de les exterminer.

Au reste, je ne sais s'il y a gens au monde aussi hardis que ces Macassars. Quand ils ont pris de l'opium et qu'ils sont *lamoc,* qui est le terme dont ils se servent pour dire qu'il faut agir en désespéré, il n'y a périls qu'ils ne bravent ; le nombre des ennemis ne les épouvante point, non plus que la mort de leurs compagnons. Blessés et ensanglantés, ils se battent jusqu'au dernier soupir, ils sont légers, sautent sur un homme d'extrêmement loin. Ils meurent contents pourvu qu'ils tuent. Leur regard est affreux, quelquefois après avoir été renversés d'un coup mortel, ils se relèvent et viennent encore se servir du fil de vie qui leur reste pour tuer un ennemi. Ils combattent avec leur criss qu'ils font vœu de ne jamais quitter, avec des lances et des zagaies qu'ils lancent avec une adresse et une raideur extrêmes ; ils ont aussi des petites aiguilles qu'ils jettent en soufflant dans des sarbacanes ; la pointe en est recouverte d'un poison auquel il n'y a presque point de remèdes. On vit parmi eux des enfants combattre avec une fureur dont leur âge paraissait incapable ; on entendit les cris horribles des femmes qui brûlaient dans leurs maisons ; on en vit une qui suivait un Macassar dans sa fuite, il se retourna et lui donna un coup de criss dont elle mourut. On parle de plusieurs sortilèges dont ils se servent pour être invulnérables et pour empêcher l'effet des armes à feu ; mais il n'en a paru aucun effet dans cette occasion.

Mgr LANEAU
1679-1696.
(Suite).

LES AMBASSADES. — RÉVOLUTION POLITIQUE
(Suite).
1687-1689

I

Nouvelle ambassade française à Siam. Congratulations.
LOUIS XIV AU ROI DE SIAM.
A. M.-E., vol. 859, p. 476.

TRÈS HAUT, TRÈS EXCELLENT, TRÈS PUISSANT, ET TRÈS MAGNANIME PRINCE,
NOTRE CHER ET BON AMI.

Dieu veuille augmenter votre grandeur avec fin très heureuse.

L'arrivée de vos ambassadeurs à notre Cour nous a été d'autant plus agréable, qu'outre les preuves certaines que nous donne une si célèbre ambassade du désir sincère qu'à Votre Majesté d'établir avec nous une étroite amitié et une correspondance parfaite, rien ne pouvait aussi nous confirmer davantage dans la haute estime que nous faisons de la sagesse et du juste dévouement de Votre Majesté, que le digne choix qu'elle a fait de ministres si prudents et si capables de bien exécuter ses ordres. Nous leur devons la justice de dire qu'ils s'en sont acquittés à notre entière satisfaction, et qu'ils nous ont parfaitement persuadé de votre affection royale, et de la confiance que nous y devons prendre dans tout ce qui peut regarder les intérêts et avantages de notre couronne. C'est aussi pour affermir d'autant plus cette bonne union, et renouveler souvent à Votre Majesté les assurances de notre estime et amitié, que nous avons jeté les yeux sur les sieurs de La Loubère et Cébéret pour, en qualité de nos envoyés extraordinaires, se rendre auprès de Votre Majesté, lui témoigner combien nous souhaitons sincèrement sa prospérité et ses avantages, y concourir mesme de notre part en la manière qu'elle croira le plus convenable au bien de ses affaires, et nous faire savoir ce qu'elle pourra désirer de notre amitié, pour détourner ses ennemis d'effectuer les mauvais desseins qu'ils pourraient avoir contre vos Etats. Comme nous ne doutons point que Votre Majesté n'ajoute une entière créance à ce qu'ils lui diront de notre part, il ne nous reste qu'à assurer Votre Majesté que nous avons été très satisfait des beaux présents que ses ambassadeurs nous ont apportés de sa part ; nous les avons aussi reçus comme des preuves indubitables de la sincérité de vos intentions pour le maintien d'une bonne correspondance avec nous, et nous nous promettons aussi qu'elle agréera ceux que nous lui envoyons par les dits sieurs de La Loubère et Cébéret, comme des gages certains de notre affection, et de la véritable estime que nous avons pour Votre Majesté. Nous nous sentons encore obligé de lui témoigner que nous avons eu d'autant plus agréable la demande qu'elle nous a fait faire par ses ambassadeurs, et par le Père de la Chaise, notre confesseur, de douze Pères Jésuites, mathématiciens français, pour les établir dans ses deux villes royales de Siam et de Louvo, qu'ayant toujours éprouvé le zèle, la sagesse et capacité de ces religieux, nous espérons que les services qu'ils rendront à Votre Majesté et à ses sujets contribueront encore beaucoup à affermir de plus en plus notre alliance royale, et à unir les deux nations, par le soin qu'ils auront d'inspirer le même esprit et les mêmes connaissances. Nous les recommandons aussi à Votre Majesté comme des personnes qui nous sont chères, et pour lesquelles nous avons une considération particulière.

À Versailles, le 20 janvier 1687.

M. DE SEIGNELAY A PHAULKON.

A. M.-E., vol. 859, p. 479.

ILLUSTRE ET MAGNIFIQUE SEIGNEUR,

J'ai reçu avec d'autant plus de joie les témoignages que vous me donnez par votre lettre du 18 décembre 1685, de la satisfaction qu'ont eue le grand roy de Siam et tous les principaux de son royaume, de la sage conduite qu'a tenue le sieur chevalier de Chaumont, en s'acquittant de l'ambassade dont Sa Majesté le roy mon maître l'avait honoré, que je sais parfaitement qu'elle n'a rien de plus à cœur que de bien faire connaître au roy votre maître combien elle désire son amitié, et la sincère disposition où elle est, à concourir de sa part à tout ce qui peut établir une bonne correspondance entre elle et le très puissant roy de Siam, ainsi qu'entre les deux nations. Je puis vous assurer aussi, que la sage conduite, qu'ont tenue en ce pays les ambassadeurs du roy de Siam, a beaucoup contribué à confirmer Sa Majesté, le roy mon maître, dans la haute estime qu'il avait déjà pour un prince, dont le juste discernement et la grande prudence paraissent si visiblement dans le choix qu'il a fait de dignes ambassadeurs. C'est aussi ce qui augmente dans cette Cour la réputation de ses habiles ministres, et en moi, le désir de vous faire connaître combien m'est cher l'honneur de votre amitié, et le soin que j'apporterai toujours à me la conserver par toutes sortes de services. Messieurs de La Loubère et Cébéret, qui s'en vont de la part du roy mon maître auprès du roy de Siam, sont si bien informés des sentiments de Sa Majesté sur tout ce qui regarde la conservation de leur royale amitié, et le bien commun de leurs sujets, que je m'assure que la conduite qu'ils tiendront méritera votre estime, et que vous voudrez bien aussi les assister de vos conseils, surtout en ce qui regarde le ministère auquel le roy mon maître les a destinés. Au surplus, je souhaite de tout mon cœur que les curiosités que je vous envoie vous soient agréables, autant que me l'ont été celles qui m'ont été données de votre part. Et comme le roy mon maître témoigne par sa lettre au puissant roy de Siam combien il considère les Pères Jésuites qu'il envoie, et tous les autres missionnaires qui travaillent à la gloire de Dieu, Sa Majesté est persuadée que vous voudrez bien aussi leur donner toute la protection et assistance qui dépend de vous ; et je vous demande encore une considération particulière pour le P. Tachard, qui est fort de mes amis, et dont le mérite extraordinaire attire l'estime de tous ceux qui le connaissent.

Escrit au château royal de Versailles, le 20 janvier 1687.

LE P. DE LA CHAISE AU ROI DE SIAM.

A. M.-E., vol. 879, p. 621.

J'ai satisfait avec bien du respect et de la joie aux désirs de Votre Majesté en procurant l'envoi de douze Pères mathématiciens de notre Compagnie, considérables par leur vertu et par leur doctrine, pour aller occuper les deux maisons avec les églises, collèges et observatoires qu'elle daigne leur donner dans les deux villes royales de Siam et de Louvo. J'ai pris sur cela les ordres du roy mon maître, qui a consenti au départ de ces Pères d'autant plus volontiers, qu'il ne pourrait envoyer à Votre Majesté de gages plus chers ni plus sûrs de son amitié royale. Il a renvoyé le Père Tachard à leur teste, afin qu'estant mieux informé sur cela des prétentions de Votre Majesté, il puisse aussi lui rendre un meilleur compte de l'exactitude et du soin avec lesquels on a tâché d'y correspondre. Si j'osais, Sire, ajouter mes recommandations à celles du plus grand roy du monde, je prierais Votre Majesté de donner aux Pères qui sont mes frères, que je chéris plus que moi, les marques de bonté et de protection que leur mérite ne peut manquer de leur attirer partout où ils seront connus. J'ai reçu, Sire, avec toute la respectueuse reconnaissance que je devais le présent du crucifix d'or, dont Votre Majesté m'a honoré, et il demeurera toujours, dans cette première et principale maison de notre Compagnie en France, exposé aux yeux de tous mes frères, afin qu'ils soient tous excités de zèle d'aller rendre leurs services très humbles à Votre Majesté, et de porter à ses sujets la parole du salut et de la connaissance du vrai Dieu qui seul mérite d'être adoré de tout l'univers. Je les suivrai de cœur et j'unirai tous mes vœux à ceux qu'ils feront sans cesse pour la gloire solide de Votre Majesté et pour la prospérité de son règne. J'ai pris la liberté, Sire, de les charger de quelques petits présents tels qu'un homme de ma profession peut les faire à un grand roy ; j'espère que la curiosité du travail ne lui déplaira pas, et je prie le Roy du ciel qui a réglé, par sa sagesse profonde pour l'instruction des hommes, les mouvements des eaux et des astres, les conjonctions des plantes, et les éclypses du soleil et de la lune que des machines représentent par une invention nouvelle, de mettre dans l'esprit sublime de Votre Majesté, par les ouvrages les plus éclatants de la main du seul Dieu que nous adorons, la connaissance et l'amour de celui qui est l'auteur de toutes ces merveilles, et à qui les roys doivent avoir plus de vénération et de soumission que le reste des hommes. Je dois au reste, Sire, ce témoignage à vos ambassadeurs et surtout à celui qui est chef de l'ambassade, qu'ils se sont comportés en toutes rencontres avec une prudence et une sagesse extrêmes, et qu'ils ont trouvé moyen, en soutenant l'honneur de leur caractère et la gloire de Votre Majesté, de satisfaire tout le monde et de plaire à notre grand roy et à toute son auguste maison. Je crois qu'ils se loueront des soins que j'ai pris pour leur obtenir du roy mon maître toutes les marques de considérations pour Votre Majesté qu'elle pouvait désirer, de sorte que je puis dire que jamais ambassadeurs d'un grand roy n'ont été traités en France avec plus d'honneurs et de distinctions. Je prie le Roy des roys, qui tient le cœur des testes couronnées entre ses mains, de lier celui de Votre Majesté à celui du roy mon maître, que n'ayant l'un et l'autre que les mêmes sentiments, vous conspiriez tous deux à le faire également adorer par les nations de l'Orient et de l'Occident, comme rien ne contribue tant à élever le nom du roy mon maître, au haut point de gloire où il est aujourd'hui, que le zèle qu'il a pour le culte du vrai Dieu, rien aussi ne donnera plus de réputation au règne de Votre Majesté, ni plus de bonheur à toutes ses entreprises. Ce sont tous les souhaits que m'engage de faire pour elle la reconnaissance infinie que j'aurais toute ma vie de la bonté royale et l'ardeur respectueuse avec laquelle je suis..., etc.

février 1687.

II

L'ambassade française à Siam.

M. MARTINEAU AUX DIRECTEURS DU SÉMINAIRE DES M.-E.

A, M.-È., vol. 859, p. 496.

La flotte, avec les troupes de France, arriva à la barre de Siam au commencement d'octobre de 1687. Les ambassadeurs du roy de Siam débarquèrent incontinent, et en diligence montèrent à la Cour pour rendre compte au roy leur maître de toutes leurs négociations et ambassade.

D'abord que le roy de Siam fut averti qu'il venait deux envoyés entraordinaires de Sa Majesté Très-Chrétienne, il donna ordre qu'on préparât tous les chemins et qu'on fît le long de la rivière, de distance en distance, des entrepôts pour leur faciliter le chemin jusqu'à la Cour.

Tout estant disposé, les deux envoyés se mirent en chemin, et furent accompagnés avec toute la magnificence que pouvait ce pays. Arrivés à la ville, ils furent reçus sur le bord de l'eau par les principaux officiers du roy de Siam, accompagnés de quantité de monde et de soldats ; et tout d'une traite, ils furent conduits au palais où le roy leur donna audience.

Les troupes ne débarquèrent pas aussitôt ; elles demeurèrent dans les navires à la barre pendant plusieurs jours, après mesme que les envoyés furent arrivés à la Cour, où ils poursuivirent toujours à demander au roy de Siam le poste de Bangkok, s'il voulait avoir des troupes françaises dans son royaume. L'affaire fut longtemps débattue, et on fut presque sur le point de rembarquer les troupes ; mais enfin le roy de Siam leur accorda Bangkok, non en propre car on ne le demandait pas ainsi, mais comme poste et lieu de retraite. Les troupes débarquèrent donc et entrèrent dans la forteresse de Bangkok, où M. Constance comme ministre du roy de Siam les reçut ; il fit assembler la garnison du roy de Siam qui s'y trouva pour lors, et à la tête des troupes, tant françaises que siamoises, proclama au nom du roy M. le marquis Desfarges, général des troupes siamoises de la garnison de Bangkok, aussi bien qu'il l'estait des françaises.

Peu de jours après, M. le général Desfarges monta à la Cour avec deux de ses fils, tous deux capitaines ; il eut audience du roy qui lui montra un cœur ouvert, joyeux de le voir, et lui donna des marques de sa bienveillance. Le roy voulut mesme étendre les marques de sa bienveillance jusque sur toutes les troupes qu'il régala pendant un mois.

Actuellement, les troupes demeurent fort en repos dans la place de Bangkok, travaillant et faisant travailler, le roy de Siam leur fournissant quantité de monde aux fortifications jusqu'au mois de mai.

Je ne dois pas néanmoins oublier, que quatre compagnies furent détachées pour aller tenir le poste de Merguy, et le faire fortifier ; elles partirent de Siam dans le mois de janvier 1688.

M. DE LIONNE A M. MARTINEAU.

A. M.-E., vol. 850, p. 90.

Dans le retour des ambassadeurs de Siam, tout ce qu'il y avait de gens dans l'escadre, et les envoyés du roy eux-mesmes, regardaient le P. Tachard comme l'âme de tout cet envoy.

Étant arrivé à Batavia, le P. Tachard, qui avait jusqu'alors été dans le vaisseau où étaient les ambassadeurs, passa sur un autre vaisseau qui partit aussitôt, afin de pouvoir arriver à Siam avant les autres. Étant donc descendu le premier à terre, il alla trouver M. Constance ; je ne sçai pas ce qu'ils se dirent, mais je sçai seulement qu'à notre arrivée à la rade, le P. Tachard, nous étant venu voir dans notre vaisseau, me dit comme en secret qu'on donnerait Bangkok aux Français ; c'est-à-dire qu'on les mettrait dans cette place à certaines conditions que résolurent le P. Tachard et M. Constance. Ces conditions, ou ne plurent pas aux envoyés du roy, ou ne furent pas exécutées, ce qui fit que les envoyés se brouillèrent avec M. Constance et avec le P. Tachard ; mais comme ce sont choses qui se passaient entre ces Messieurs, dont je n'ai pris aucune connaissance, je ne me hasarderai pas à en parler.

Ce que je puis dire seulement, parce que cela est de notoriété publique, est que le P. Tachard eût toujours la principale part à tout ; c'était le favori et le serviteur de M. Constance, car sa qualité de supérieur des Pères Jésuites français dans les Indes ne l'empêcha pas de faire la fonction de secrétaire de M. Constance dans des actes même bien particuliers, et hors de la route commune.

M. de Métellopolis, qui fut quelque temps à Louvo, n'eut pas plus de part à ce qui se passa, et il parut n'y être demeuré que pour y souffrir, avec une patience et une douceur qu'on peut appeler angéliques, les invectives les plus fortes qui pouvaient partir d'un homme aussi emporté que M. Constance, dont la superbe semblait en ce temps être montée jusqu'à son comble.

Mgr Laneau aux directeurs du Séminaire des M.-E.
A. M.-E., vol. 862, p. 237.

7 décembre 1687.

Comme je n'ai point été appellé dans les affaires de toute cette ambassade, aussi je ne m'y suis ingéré en rien ; je ne sais ce qu'on a conclu ; mais je vois que Messieurs les envoyés n'en sont point contents. A la vérité, je leur ai ouï dire que le traité de commerce ne serait pas mauvais ; mais pour la religion, à peine en a-t-on parlé. On dit cependant que l'on a obtenu beaucoup, et des choses réelles et bien positives ; mais je ne vois pas ce que ce peut être ; il y a à craindre que le roy ne se rebute, et qu'il ne se plaigne de ce que l'on avance si peu. Ces Messieurs avaient ordre de m'en parler, et de me demander le nombre des chrétiens du pays, pour le faire savoir au roy ; je leur ai dit ce qui me paraissait le plus avantageux pour la religion ; mais je pense que l'on n'a fait qu'éluder leurs propositions ; je leur ai donné aussi le nombre des chrétiens, et le lieu où il y a des résidences.

Notes sur les privilèges.
A. M.-E., vol. 854, p. 823.

Quand Messieurs les envoyés du roi sont arrivés cette dernière fois, M. Constance a dit à M. Paumard, pour qu'il le dît à M. l'évêque, que le roi de France avait trouvé très mauvais en France, qu'on eût demandé ici des privilèges ; et qu'il avait dit qu'il ne voulait rien exiger du roi de Siam, mais s'en remettre à sa générosité pour ce qui regarde la religion. Cependant cela ne s'accorde pas entièrement avec ce qu'ont dit à M. l'évêque les deux envoyés du roi : qu'ils avaient ordre du roi de faire maintenir, et s'il se pouvait augmenter, ce qu'on avait accordé pour le bien de la religion.

Voici un article de leurs instructions qu'ils lui ont communiqué : « Ils verront pareillement, par le traité fait à Louvo, tous les avantages que le dit roi a accordés à l'évêque et aux missionnaires français qui sont dans son royaume ; et ils doivent demander avec instance, de la part de Sa Majesté, que ces avantages leur soient continués. Ils doivent entrer avec l'évêque de Métellopolis dans la connaissance de tout ce qui pourrait y être ajouté, et le demander, au nom de Sa Majesté, de la manière la plus forte et la plus pressante, se remettant pour le détail de ce point de religion à ce qu'ils apprendront de la part du dit sieur évêque de Métellopolis, avec lequel ils doivent agir de concert en toutes choses sur ce sujet. »

Cet article des intructions des envoyés eût été très avantageux à la religion, s'il eût été accompli à propos ; mais il ne l'a pas été. M. de La Loubère dit à M. de Lionne au mois de novembre, quand cet abbé était à Louvo, que le P. Tachard avait empêché qu'on ne proposât cet article, et qu'il l'empêchait encore.

Cependant, au mois de décembre, M. de La Loubère ayant rompu ouvertement avec le P. Tachard et avec M. Constance, il le proposa dans les mémoires qu'il présenta ; mais le temps n'était plus si propice ; et il était déjà comme impossible de ne rien achever de ce qu'il proposait, le P. Tachard disposant de tout avec M. Constance. Cependant sur cette proposition, M. Constance fit une assemblée où il parla à M. l'évêque de ces privilèges, montrant qu'il était inutile de les publier ; son dessein était de faire consentir à cela M. l'évêque par ses criailleries ; mais M. l'évêque lui en soutint l'importance, quoiqu'il le fît avec tant de douceur, de modestie et de patience à supporter les emportements de M. Constance, que celui-ci pourrait bien s'en prévaloir.

M. DE LIONNE A LOUIS XIV.

A. M.-E., vol. 859, p. 487.

SIRE,

Lorsque j'ai dit à M. l'évêque de Métellopolis l'ordre que Votre Majesté m'avait donné avant mon départ de France, de lui recommander les Jésuites français qui sont à Siam, il a été ravi de pouvoir faire par obéissance ce qu'il faisait déjà par inclination. Jusqu'à présent, il leur a accordé tout ce qui dépendait de lui, et il se flatte qu'ils seront contents de sa conduite à leur égard. Quant à moi, Sire, le Révérend Père Tachard, qui retourne en France pourra témoigner à Votre Majesté de quelle manière nous avons vécu ensemble pendant le voyage, et comment je vis ici avec les Pères. Le respect que j'ai pour leur Compagnie et pour leur mérite, joint au plaisir qu'on a de suivre les intentions de Votre Majesté en toutes choses, me portera toujours à leur rendre toutes sortes de bons offices avec joie, et à mériter par là la continuation de vos bontés, et de la royale protection de Votre Majesté pour notre mission. Nous vous supplions très humblement, Sire, de témoigner au roy de Siam qu'il fera plaisir à Votre Majesté de continuer à bien traiter les évêques français et leurs missionnaires, et de vouloir bien faire entendre la même chose à M. Constance, dont l'appui ne nous peut manquer, dès qu'il croira faire sa cour à Votre Majesté en nous protégeant.

Siam 1687.

III

Révolution politique.

M. MARTINEAU AUX DIRECTEURS DU SÉMINAIRE DES M.-E.

A. M.-E., vol. 859, p. 498.

12 juillet 1689.

Desfarges appelé à Louvo.

Dans les premiers jours de mai, on commença à entendre quantité de différents bruits de guerre, d'ennemis qui venaient tantôt de ce costé ici, tantôt de celui-là, de Laos, de Pégou, de Cambodge, etc. On commença à voir quantité de levées de soldats ; chaque mandarin ramassait son monde ; on disait mesme qu'il se formait des partis dans le royaume ; qu'un fils adoptif, fort aimé du défunt roy, estait chef d'un des partis. Vers ce temps, M. le général Desfarges fut appellé à Louvo avec 100 de ses meilleurs soldats, par une lettre de M. Constance qui lui fut écrite au nom du roy, et que lui porta un des premiers mandarins du palais. Comme il estait fort affectionné au service du roy de Siam, il choisit incontinent le nombre complet de soldats qu'on lui demandait, et partit sur-le-champ pour se rendre à l'appel du roy. Mais arrivant à la ville de Siam, le 15 d'avril, jour du jeudi-saint, il y vit tout un trouble parmi le peuple, principalement ceux qui estaient dans les bazars et autres lieux publics, s'enfuyant de costé et d'autre, comme si chacun eût eu peur d'un ennemi qui courait après lui. Il ne fut pas peu surpris de voir ce tumulte, et s'écria : « Quoi ! on a peur de moi ? Viens-je ici pour faire la guerre ? » Poussant nonobstant son chemin plus avant, il entendit dire que le roy estait mort ; et le bruit quoique faux en estait si général, qu'il n'y avait presque pas lieu d'en douter. Voyant cette révolution, et entendant ces bruits, il pria le mandarin qui l'estait allé chercher d'aller parler de sa part au gouverneur et aux mandarins de la ville, et de leur dire qu'ils pouvaient bien savoir qu'il venait à l'appel du roy ; mais qu'arrivant ici, il estait au désespoir d'entendre que le roy estait mort ; qu'il n'en estait pas encore certain ; qu'il souhaitait de tout son cœur que le bruit qui en courait fût faux ; mais que si Sa Majesté avait payé à la mort le tribut dont aucun vivant sur la terre n'a jamais esté, ni ne sera dispensé, il restait encore deux princes, frères du défunt roy, légitimes successeurs de sa couronne, et qu'il recevrait leurs ordres. M. le général parlant de cette manière ne se montra pas politique, mais soldat qui parlait franchement, avec grande droiture de cœur. Cependant ce langage ne lui nuisit pas peu. Les mandarins de la ville répondirent à M. le général que le bruit qui courait estait faux, et que le roy estait vivant. Toutefois il ne manqua pas d'autres personnes qui assurèrent qu'il estait mort, ce qui jettait M. le général en plus grandes peines et perplexités.

Desfarges refuse d'aller à Louvo.

Pour se déterminer à quelque chose, il se retira dans ses ballons, à une lieue au-dessous de la ville, savoir vers la douane ou tabangue. De là il dépêcha un officier vers Louvo, avec des lettres pour M. Constance. L'officier ne tarda pas à revenir, et apporta des lettres de M. Constance qui assuraient M. le général que le roy estait vivant et avait besoin de son service ; qu'il montât donc promptement. Nonobstant, M. le général ne crut point devoir croire en cela M. Constance, parce que le bruit de la mort du roy estait si répandu, qu'on ne savait comment ne pas le croire ; et que de plus, le susdit officier rapporta qu'il estait arrivé chez M. Constance à minuit, et que celui-ci après avoir lu la lettre de M. le général, y fit réponse sur-le-champ, de son propre chef, sans aller au palais donner part au roy de l'affaire, comme elle le méritait. Ceci donnait lieu de soupçonner que M. Constance appelait les troupes de son chef, pour sa propre défense ; et on y voyait d'autant plus d'apparence, qu'on entendait qu'il y avait bien des bruits et brouilleries à la Cour, où M. Constance estait mêlé. M. le général, maréchal-de-camp des armées de Sa Majesté Très-Chrétienne, ne voulait point s'exposer à estre obligé d'estre le capitaine des gardes de M. Constance ; de plus, comme M. Constance l'avait déjà plusieurs fois trompé, M. le général craignait qu'il ne le trompât encore dans cette affaire de si grande conséquence. En outre, comme depuis quelque temps on apercevait qu'il y avait des brouilleries, que le monde s'armait secrètement et à la sourdine, M. le général comme étranger, ne sachant ce que c'était, et ne voulant pas se mêler dans ces affaires, refusa d'aller à Louvo, pour ne pas s'exposer avec ses meilleurs soldats à embrasser un mauvais parti. De plus, l'officier que M. le général avait envoyé vers M. Constance rapporta qu'en chemin il avait rencontré en différents lieux quantité de gens armés, et mesme qu'estant pressé de la soif, et prenant à la traverse pour aller chercher de l'eau à quelque maison qu'il voyait proche, son cheval faillit écraser avec ses pieds la tête d'un homme qui estait couché sur le ventre ; surpris de cela, il jeta les yeux de costé et d'autre, et vit quantité de monde pareillement couché. Cette rencontre lui fit bien vite oublier sa soif ; il ne songea plus qu'à piquer son cheval pour se retirer de ce pas et continuer son chemin. Pour toutes ces raisons et beaucoup d'autres, M. le général prit le parti de s'en retourner à Bangkok dans sa forteresse.

J'ajouterai ici que M. le général, se voyant en grande peine de ce qu'il avait à faire, vint dans notre séminaire, prit l'avis des évêques, qui lui conseillèrent de s'en retourner et de se tenir dans sa forteresse, et comme étranger, de ne se point mêler dans les affaires du royaume, à moins qu'il ne vît clairement que ce fût pour le soutien du roy.

Cependant M. Constance ne cessa point de presser M. le général de monter à Louvo ; il lui écrivit plusieurs fois pour cela ; mais ne voyant aucune nouvelle raison qui le portât plus efficacement à donner crédit à

M. Constance, M. le général se tint toujours ferme à sa première résolution, et demeura dans sa forteresse.

Agissements de Pitracha.

Ces incertitudes de la mort ou de la vie du roy continuaient toujours, les uns disaient qu'il estait mort, les autres qu'il estait vivant ; de manière que le plus habile ne savait que croire. Cependant les bruits de guerre des partis qui se formaient grossissaient sans cesse ; le nombre des gens armés augmentait. On voyait le pouvoir de M. Constance diminuer à vue d'œil ; le peuple ne faisait plus cas de ses ordres, quoique lui, par sa superbe, ou plutôt sa sottise et folie, voulût toujours abuser les étrangers, principalement les chrétiens qu'il savait bien ignorer ce qui se passait à la Cour, et il se montrait à eux, comme ayant toujours tout pouvoir en main.

On entendit dire que le roy, se voyant malade, avait remis tout le gouvernement du royaume entre les mains d'un des anciens et principaux mandarins du palais, nommé Opra Pitracha, et dans celles de son fils appelé Olouang Sourasa ; et en effet, on commença à ne voir qu'eux gouverner, tant dedans que dehors le palais, et envoyer les autres de costé et d'autre, toujours au nom du roy. Dans ce mesme temps, on racontait beaucoup que le fils adoptif du roy, appelé Prapy, amassait du monde ; qu'il en faisait venir du côté de Pourcelouc dont il était originaire, et où son père était puissant. On disait mesme que M. Constance estait dans son parti ; mais jamais aucun de nous, quelque diligence que nous ayons pu faire, n'a reconnu en cela la moindre chose de positif ; au contraire, on l'entendait et on l'avait toujours entendu parler des princes, comme des vrais et légitimes successeurs de la couronne de leur frère, s'il venait à mourir. Quant au susdit Prapy, il ne sortit jamais du palais, ni ne quitta le roy. Mais, si secrètement il envoyait ses ordres, je n'en sais rien, ni aucun de nous n'en a jamais appris rien de positif, quoique le bruit courût, ainsi que j'ai dit, qu'il amassait du monde et avait son parti.

Le grand mandarin Opra Pitracha faisait venir du monde de tous costés, et se rendait de jour en jour plus absolu ; mais tout ne se faisait que sous le nom du roy, et sous le beau prétexte de soutenir la couronne et de l'assurer à ses légitimes successeurs.

Pendant que les choses se passaient ainsi à Louvo, les pauvres princes demeuraient assez en repos à Siam, dans leur palais. On assurait que le plus jeune, qu'on regardait comme devant succéder à la couronne, parce que son aîné estait perclus, estait marié avec la princesse fille du roy, sa nièce, et qu'ils habitaient ensemble en grande amitié. Quelques jours se passèrent ainsi, jusqu'à ce qu'enfin ce jeune prince fût appelé à la Cour, comme par ordre du roy. On disait que c'estait pour prendre le gouvernement en mains ; le grand mandarin lui envoya quantité de monde pour le recevoir et accompagner avec honneur ; et on assurait mesme qu'il lui avait juré fidélité.

Tout cela se passa depuis le 15 avril jusqu'aux 15 et 20 mai, et pendant ce temps, on parla toujours fort différemment de l'estat du roy ; mais quoiqu'au commencement on crut presque généralement que le roy fût mort, néanmoins, dans la suite, ceux qui avaient connaissance des affaires reconnurent bien qu'il ne l'estait pas, mais qu'il estait fort mal, sans presque aucune espérance d'en réchapper, et entièrement entre les mains, et sous la dépendance du grand mandarin[1].

[1] Le roi Phra Naraï mourut au mois de juillet 1688. Ses funérailles eurent lieu le 19 février 1690 ; M. Martineau nous en a laissé le récit suivant :

« Le 19 février le corps du défunt roy qui estait décédé dès le mois de juillet 1688, fut brûlé avec grande pompe et magnificence. Il y avait plus de dix-huit mois qu'une bonne partie du royaume estait occupée à faire les préparatifs de ce brûlement ; on élevait quantité

Dans ce temps, savoir entre le 15 et le 20 mai, le susdit grand mandarin, estant maître de tout le palais, arrêta par son aut rité le susnommé Prapy, fils a .optif du roy. On dit que cet infortuné avait avis de ce qui se tramait contre lui, et que pour s'en garantir, il se tenait toujours depuis quelque temps dans la chambre du roy, comme dans son lieu de refuge, sans s'éloigner d'une palme de sa personne, ni jour, ni nuit ; néanmoins son malheur le poursuivant, il arriva qu'un jour, je ne sais pour quelles raisons et nécessités, il alla vers la porte et avança le pied, comme pour sortir ; mais à peine eut il fait ce mouvement, qu'une troupe de satellites qui estaient aux aguets se ruèrent sur lui, le tirèrent hors de ce lieu, qui leur devait estre sacré, vers un autre un peu à l'écart, où aussitôt ils le massacrèrent.

Je ne parle en ceci que selon le bruit le plus commun ; mais ne m'arrêtant qu'à ce qui est patent, je dirai seulement que Prapy fut arrêté par les ordres et menées du grand mandarin, et mis à mort.

Arrestation et mort de Phaulkon.

Dans ce mesme temps, M. Constance subit le mesme sort. Le grand mandarin, ayant posté dans le palais tout son monde pour cet exploit, fit appeler de la part du roy M. Constance, lequel se rendit aussitôt à l'appel : mais il ne fut pas plutôt entré dans le palais qu'une troupe de bras peints (vous savez que ce sont les huissiers et satellites de Siam) lui sautèrent au col, le lièrent et garottèrent, et enfin le mirent en prison, selon la manière du pays qu'on appelle à cinq prisons. Son sort ne fut pas fini si promptement que celui de Prapy. Le grand mandarin le garda quelque temps, et par différentes fois le soumit à de cruelles tortures ; on assure mesme qu'il mourut sous la gehenne. Quoi qu'il en soit, il est certain qu'après avoir beaucoup souffert il mourut.

Emprisonnement d'Européens et de chrétiens.

On arrêta aussi quelques officiers français qui se trouvèrent à Louvo, et dont la plupart commandaient les troupes de la garde du roy, et leur enseignaient l'exercice, puis quelques Européens, Anglais et autres de la garde de M. Constance ; on arrêta enfin tous les chrétiens européens, indiens et autres qui se rencontrèrent à Louvo, excepté les Hollandais qui ont repoussé le parti.

de hautes pyramides arrangées en symétrie, toutes faites de grosses poutres servant de base et de soutien, et d'une quantité innombrable de bambous qui faisaient et achevaient le corps de l'ouvrage. Ces pyramides estaient couvertes de feuilles de calain et de papier peint et doré, ou plutôt peint en façon de dorure, l'ouvrage paraissait joli à la vue ; la plus haute pyramide, qui estait celle du milieu, avait, disait-on, 43 brasses de hauteur. Ce fut dans celle-ci qu'on prépara une grande salle, et au milieu de cette salle un bûcher de bois odoriférant qui fut allumé pour brûler le corps du défunt roy.

« Nous ne fûmes pas peu touchés d'apprendre que par haine et mépris formel, comme aussi par trophée, on avait mis dans cette salle les plus beaux tableaux de notre sainte religion, entre autres l'image de Notre-Seigneur crucifié, afin de les exposer à la raillerie et moquerie de la multitude de gens de différentes nations accourant tous les jours pour voir ce grand appareil qui leur paraissait comme une merveille. Ils ne manquèrent pas non plus d'y mettre, pour les mesmes motifs, le portrait de notre bon roy, et ceux des plus grands seigneurs de la Cour.

« Trois mois avant cette cérémonie, on commença à fonder de grandes espérances pour nos pauvres patients, savoir que, au jour de la fête, il y aurait amnistie générale pour tous les prisonniers ; mais cette espérance s'évanouit, et il ne resta aux malheureux que leurs cangues, menottes et chaînes ordinaires, qui fûrent mesme renforcées dans ce temps, peut-être à cause de la crainte où l'on estait de quelques brouilleries et soulèvements. » (Journal de la Mission, A. M.-E., vol. 854, p. 540).

M. de Lionne devant Pitracha.

Dans le mesme temps, le grand mandarin fit écrire avec beaucoup de civilités à Mgr de Métellopolis et à Mgr de Rosalie[1], les invitant à monter à Louvo en toute diligence. Mgr de Métellopolis estant incommodé, il n'y eut que Mgr de Rosalie qui y alla. Il partit de notre séminaire le 24 mai ; quand il arriva à Louvo, tout ce que j'ai écrit ci-dessus estait déjà fait, excepté que M. Constance n'estait pas encore mort, mais estait à la question. Il n'y fut pas plutôt arrivé, qu'il parut devant le grand mandarin qui lui parla avec beaucoup de chaleur de l'affaire des Français ; de ce que M. le général, qui protestait n'estre ici que pour le service du roy de Siam, refusait à ses ordres de monter à Louvo avec ses troupes ; il lui dit de plus de prendre bien garde à ce qu'il avait à faire, et d'écrire et de parler à M. le général de telle manière, qu'il le portât efficacement à faire ce que le roy demandait de lui ; c'estait ainsi qu'il prenait toujours le nom du roy. « Car autrement, reprit-il en criant et menaçant fortement, il lui en prendrait mal à lui, et à tous les Pères français ; qu'il les ferait amarrer à la bouche du canon ». Mon dit Seigneur répondit qu'il n'avait rien à commander à M. le général, que tout au plus il pourrait lui parler et tâcher de le persuader.

Desfarges devant Pitracha.

Pour cela, le grand mandarin l'envoya incessamment à Bangkok ; il y fut accompagné des mandarins qui avaient esté en France ; on disait mesme qu'ils estaient précédés et suivis par quantité de troupes qui faisaient leur marche en cachette, afin de surprendre les Français et donner dessus, en cas que M. le général refusât de faire ce qu'on demandait de lui. M. le général se vit pour lors bien en peine sur ce qu'il avait à faire ; néanmoins, après avoir fait assembler son Conseil, il se résolut de monter à Louvo seul, avec un de ses fils (le plus jeune estait déjà arrêté à Louvo), accompagné de mon dit Seigneur, et des mesmes mandarins qui l'estaient venus chercher.

M. le général, estant arrivé à Louvo avec Mgr de Rosalie et les mandarins, fut tout d'une traite conduit au palais devant le grand mandarin, qui d'abord commença à parler avec beaucoup de chaleur et emportement, et demanda brusquement à M. le général pourquoi il n'avait pas amené ses troupes, et estait ainsi venu seul ; que, s'il ne le faisait de bon gré, on le lui ferait bien faire par force ; qu'il ne se crût point si assuré, ni si fort dans la forteresse ; qu'en eût-il dix comme celle-là, on l'en ferait bien sortir. Il fit lire de plus un grand papier, rempli de griefs contre M. le général et les troupes françaises ; mais il ne donna pas le temps d'y répondre, ce qui aurait esté assez facile. M. le général dit seulement que le roy son maître avait envoyé ces troupes par sa générosité de cœur, et par amitié pour le roy de Siam ; mais puisqu'il voyait qu'elles causaient de l'ombrage, pour montrer à tout le royaume et mesme à toute la terre la générosité et droiture de cœur du roy son maître et la sienne propre, il demandait des navires soit par fret, soit par achat ; qu'il s'y embarquerait incontinent avec toutes ses troupes et son bagage. Le grand mandarin ne voulut point écouter cette proposition ; il poursuivit toujours à vouloir obliger M. le général à faire monter ses troupes ; il voulut mesme l'obliger d'écrire à son lieutenant, et lui envoyer l'ordre de les amener incessamment, en le menaçant de le mettre en prison s'il y manquait. M. le général répondit que, quand bien mesme il écrirait à son lieutenant d'amener les troupes,

---

[1] M. de Lionne, nommé coadjuteur de Mgr Laneau le 20 mai 1686, et évêque de Rosalie le 5 février 1687, refusa cette double nomination. Il n'accepta qu'en 1696 d'être évêque.

celui-ci ne le ferait pas, parce que dans ces sortes de choses il n'avait rien à lui commander, estant hors de la forteresse ; et que de plus, estant sur le point de s'embarquer pour monter à Louvo, en sortant de la forteresse, il l'avait déclaré aux mandarins qui l'estaient allés chercher. Mais que le meilleur et l'unique moyen de faire venir les troupes estait que lui-mesme les allât quérir, et que si on ne se fiait point à sa parole, il laisserait ses deux fils pour otages. Après quelques contestes ce parti enfin fut accepté.

M. le général retourna à Bangkok avec le mesme accompagnement qu'il en estait venu, savoir Mgr de Rosalie (et de plus M. de La Vigne), les deux mandarins et cinq grands ballons d'escorte.

Mgr Laneau appelé à Louvo.

Pour Mgr de Métellopolis, il fut derechef appelé à Louvo, nonobstant sa maladie, avec ceux des missionnaires qui savaient le mieux la langue de Siam. L'appel estant très pressant, il s'y rendit, partit du séminaire le 4 juin avec MM. Ferreux et Le Chevalier. A moitié chemin de Louvo, ils rencontrèrent M. le général avec l'accompagnement que j'ai dit ci-dessus, qui s'en retournait à Bangkok.

Desfarges à Bangkok.

Le dit général, estant arrivé dans sa forteresse, fut dissuadé par tous ses officiers de remonter à Louvo, l'assurant qu'il n'y estait appelé de cette manière, avec ses meilleurs soldats, que pour de sinistres intentions. Ils répondirent tous qu'ils voulaient se défendre dans la place, et s'y faire plutôt tuer les armes à la main que de s'exposer à estre massacrés comme des canailles. M. le général voyant cela, aima mieux sacrifier ses deux fils qu'il avait laissés à Louvo pour otages, que d'exposer ses troupes. Ayant pris cette résolution, il ramassa incontinent tous ses soldats, qui auparavant estaient partagés à la garde de deux forts, fit passer ceux qui estaient dans le fort du costé de la ville de Bangkok dans l'autre fort qui estait à l'opposé, où il se renferma avec tout son monde, et déclara qu'il ne monterait point à Louvo ; que si on ne lui donnait des navires, ainsi qu'il l'avait demandé, il se défendrait de la bonne manière. Je n'oublierai pas qu'en quittant l'autre fort, il en fit enlever toutes les armes portatives et munitions. Pour le canon, il le creva et le jeta dans l'eau ; il encloua et démonta une grosse pièce de fonte de 112 livres de balles.

Premières hostilités.

Les Siamois qui estaient en quantité aux environs, aussitôt qu'ils virent les Français sortir du dit fort, y entrèrent et le garnirent immédiatement de canons. Les Français ne tardèrent pas à envoyer quelques volées de canon. Les Siamois répondirent, et on en vint ainsi aux mains. La nouvelle de ce qui se passait à Bangkok, portée à la Cour, mit l'alarme partout ; on ne vit en un moment que levées de soldats tirés de toutes les nations qui sont à Siam, principalement Maures, Malais, Chinois, Pégous, Siamois ; beaucoup de Portugais chrétiens du camp y estaient mêlés. On disait que deux navires armés et équipés d'Anglais, qui depuis peu estaient revenus du Cambodge pour le service du roy, y devaient aller ; mais ils n'y allèrent pas. Les Hollandais, nos plus grands ennemis, mais en renards, ne manquèrent pas cette occasion pour nous donner quelques dentées. Ils fournirent sous main des armes et du monde le plus qu'ils purent ; on ne voyait que transports d'armes, et gens armés courir de côté et d'autre, avec grand bruit ; et à entendre les criailleries, on eût dit que tous les pauvres Français qui estaient à Bangkok allaient estre réduits en cendres en un moment. Beaucoup disaient en les insultant, qu'on les allait bientôt voir amener pieds et mains liés. Cependant ces bruits, ni cette multitude n'épouvantaient les Français dans leur forteresse. Ce qui leur donnait plus de peine et de crainte, c'estait de voir leur place imparfaite, ouverte en trois ou quatre endroits, avec peu de munitions tant de guerre que de bouche, peu de monde pour occuper tous les postes. Ils n'estaient pas pour lors plus de 200 ou 250 quoiqu'ils fussent partis 600 de France ; il eu estait mort dans la traversée plus de 100 ; les autres 100 estaient morts depuis leur arrivée ; 150 avaient esté détachés pour aller à Merguy, et 60 autres, depuis le mois de mars, estaient embarqués sur deux frégates du roy de Siam, pour aller faire la ronde le long des costes ; pour lors, ils n'estaient pas encore revenus.

Mgr Laneau envoyé à Bangkok.

Dès les premières nouvelles que le grand mandarin reçut de ce qui se passait à Bangkok, il envoya Mgr de Métellopolis, accompagné de bras peints, pour parler aussi, disait-on, à M. le général, et voir s'il aurait plus d'ascendant sur son esprit que Mgr de Rosalie ; mais on ne sait par quels ordres, les gens qui conduisaient mon dit Seigneur, de la part du grand mandarin, le pillèrent en chemin, proche de Bangkok, se saisirent des serviteurs qui l'accompagnaient, les maltraitèrent rudement de coups et les mirent à la cangue, avec les autres quatre instruments de prison de Siam.

M. de Lionne devant Pitracha.

M. DE LIONNE AUX DIRECTEURS DU SÉMINAIRE DES M.-E.

A. M.-E., vol. 853, p. 101.

Environ le 15 de may, Pitracha ayant arrêté Prapy dans le palais, M. Constance nous écrivit à M. de Métellopolis et à moi, comme de la part du roy, pour qu'un de nous deux montât à Louvo. M. de Métellopolis ayant été bien aise de se dispenser de ce voyage, j'y montai et je trouvai la ville de Louvo devenue une prison pleine de chrétiens. Les officiers français qui s'étaient trouvés à Louvo à la prise de M. Constance, et que l'on avait gardés jusqu'alors très étroitement, les remettant toujours à l'arrivée de M. de Métellopolis ou de moi, eurent pour lors la liberté de venir me voir ; peu de temps après vinrent aussi les Pères Jésuites, au nombre de 9 ou 10, qui tous s'efforcèrent de me persuader qu'en parlant à Pitracha, je devais me plaindre de ce qu'on avait arrêté M. Constance, et en faire l'affaire de la nation ; et ils prétendaient qu'en menaçant Pitracha du ressentiment des Français de Bangkok, on l'empêcherait de se porter aux dernières extrémités contre M. Constance. J'avoue que j'admirai que la préoccupation où l'erreur où avaient été les Pères Jésuites par une confiance aveugle en M. Constance, put durer si longtemps.

Je leur répondis que quoique j'eusse de M. Constance des sentiments bien différents des leurs, sur les services qu'on prétendait qu'il eût rendus à la religion et à la nation, Dieu était témoin que je souhaiterais extrêmement de le pouvoir soulager dans l'état où il se trouvait, qui me faisait grande compassion ; mais que j'étais fort éloigné d'aller de moi-même, ou par leur conseil, faire de l'affaire de M. Constance l'affaire de tous les Français, surtout dans la conjoncture présente ; que je verrais ce qu'il me dirait, et servirais en ce que je pourrais M. Constance.

Je vis après dîner Pitracha qui était entouré des plus grands mandarins du royaume, dont une partie étaient prosternés, et tous se tenant d'une manière qui seule eût pu faire connaître qu'il était le maître. Il me dit que le roy souhaitait que M. Desfarges montât à Louvo, qu'il voulait donner la place de M. Constance au fils de M. Desfarges ; mais que comme il était encore jeune, il était nécessaire que dans le commencement M. Desfarges le formât ; il me demanda ensuite si je croyais que M. Desfarges monterait, m'a-

joutant que le roy l'avait déjà souhaité et l'avait demandé diverses fois ; que
la première fois M. Desfarges avait cru que le roy était mort et était redes-
cendu à Bangkok (ce fut alors qu'il vint au séminaire) ; que depuis, le roy
continuant de le presser de monter, il avait dit qu'il était malade ; et que le
roy lui ayant envoyé des médecins, on avait trouvé qu'il se portait très bien,
et que s'il continuait à ne vouloir point monter, cela donnerait des soupçons
au roy contre lui, et pourrait causer des brouilleries ; il ajouta qu'il enverrait le lendemain avec moi les deux premiers ambassadeurs qui avaient été
en France, pour aller inviter M. Desfarges à monter, et qu'en attendant il
garderait son second fils en sa compagnie.

Sans entrer dans les vues que pouvait avoir en tout cela Pitracha, il est
facile de concevoir que je ne pouvais me dispenser d'accepter la commission
qu'il me donnait, qui ne m'engageait à autre chose qu'à accompagner les
deux ambassadeurs qui devaient aller proposer à M. Desfarges de monter à
Louvo ; et je suis bien sûr qu'il n'y avait aucun Français pour lors à Louvo,
qui n'eût été bien aise de les y accompagner.

IV

Conduite de Mgr Laneau et de M. de Lionne.

Sur les conseils donnés à Desfarges.

M. DE BRISACIER A M. DE LIONNE.

A, M.-E., vol. 11, p. 488.

11 février 1692.

Il y a toujours une chose qui me fait beaucoup souffrir, et dont je vous
supplie de faire le sacrifice avec moi : c'est que le P. Verjus publie partout à
ceux qui veulent l'entendre, même, à nos meilleurs amis (témoin Mgr de Laon
qui me le disait chez nous il y a aujourd'hui huit jours), que c'est vous qui
par le conseil que vous avez donné à M. Desfarges avez été cause de la mort
de M. Constance, du malheur des Français et du renversement des affaires
de la religion à Siam. Je ne vous mande pas ceci pour vous aigrir, mais
pour vous donner occasion de pratiquer la vertu d'une manière héroïque en
aimant sincèrement ceux qui, tout revenus qu'ils paraissent être à notre égard
de bien des choses, ne nous ménagent pas assez à mon sens en beaucoup
d'autres (dans lesquelles il plaît à Dieu d'exercer notre patience), quoique
nous tâchions de notre part d'user de tous les ménagements imaginables
pour ne pas leur donner lieu de se plaindre.

MÉMOIRE SUR UNE AFFAIRE SUR LAQUELLE ON M'A DEMANDÉ
QUELQUES ÉCLAIRCISSEMENTS,
PAR M. DE LIONNE.

A, M.-E., vol. 853, pp. 72, 162, 305, 319 ; vol. 856, p. 123.

4 janvier 1692.

L'affaire est sur le conseil que M. de Métellopolis et moi avons donné à
M. Desfarges de ne pas monter à Louvo, ce qu'on prétend être la cause de tous
les malheurs de Siam.

Je rapporterai ici avec une très grande exactitude comment la chose se
passa au jour du jeudi 15 avril 1688. M. Desfarges montant à Louvo avec
70 soldats passa à la faiturie française, où il trouva M. Véret, chef du comptoir, qui lui témoigna ouvertement qu'il était surpris du voyage qu'il entreprenait dans l'état où étaient les choses, et qu'il craignait extrêmement qu'il
ne s'en suivît la perte de tous les Français présents dans le royaume. Ayant
assez longtemps discouru sur cette matière, ils montèrent l'un et l'autre à
notre séminaire pour nous demander à M. de Métellopolis et à moi notre

avis sur le dit voyage. Nous ne crûmes pas dans cette occasion, M. de Métellopolis et moi, devoir refuser de dire ingénuement à M. Desfarges ce que
nous pensions ; sur quoi il paraît qu'on nous désapprouve de deux choses :
1° d'avoir dit notre avis sur une matière si délicate ; 2° d'avoir été du sentiment dont nous avons été.

Pourquoi les évêques ont dit leur avis à M. Desfarges.

Voici nos raisons sur ce premier point :

C'est un officier de Sa Majesté, un maréchal-de-camp chargé par le roy
du gouvernement de tous les Français, qui nous demande notre avis ; qui
nous le demande dans l'affaire du monde la plus importante et pour la religion et pour la nation, ne s'agissant pas moins que de la vie de tous les
Français, et même de celle de tous les chrétiens ; qui nous le demande à M. de
Métellopolis, Vicaire apostolique de Siam, et par là père de tous les chrétiens de ce royaume, et à moi qui, quoique très indigne, était élu son coadjuteur ; qui nous le demande conformément aux ordres exprès qu'il avait du
roy d'en user ainsi dans les matières de conséquence, ordre que quelque
temps auparavant il m'avait montré pour surmonter par là l'extrême répugnance qu'il avait trouvée en moi de donner avis sur les matières qui ne
regardent pas directement ma profession. J'avoue que, si dans cette occasion
nous eussions refusé de lui dire ce que nous pensions devant Dieu de ce
voyage, nous eussions cru pécher grièvement contre la charité, et contre
notre devoir, et contre les ordres même du roy.

Car si nous eussions refusé de lui dire notre avis, je demande ce que
nous aurions pu répondre à ceux qui nous en auraient voulu faire un crime
devant Dieu et devant les hommes, et en particulier devant le roy. M. Desfarges n'estant que depuis peu de temps à Siam, et ne sachant pas un seul
mot de la langue, ne pouvait connaître par lui-même l'état des choses. Nous,
missionnaires, étions les seuls Français qui savions la langue, et qui par les
devoirs de notre ministère étions continuellement mêlés aux Siamois, pratiquant avec eux non par interprète, mais par nous-mêmes. M. de Métellopolis avait une expérience de 25 ans du royaume de Siam ; j'en avais une
de plusieurs années ; nos autres missionnaires, qui étaient appliqués à la
mission de Siam, avaient aussi beaucoup de connaissance de l'état des choses,
et avaient des Siamois fort affidés qui leur rendaient compte d'une partie de
ce qui se passait. Et ce qui fait voir, ce me semble, évidemment combien nous
étions informés du véritable état du royaume, c'est que l'année précédente, au
départ de MM. de La Loubère et Cébéret, nous avions écrit en Europe qu'il
était probable qu'au retour des vaisseaux français, on trouverait tous les Français massacrés, et Pitracha roy de Siam. Je doute fort que M. Constance et
ceux qui ne voyaient que par ses yeux eussent mandé la même chose.

M. Desfarges se trouve dans la conjecture du monde la plus triste, la
plus embarrassante, et de la plus grande conséquence qu'on puisse imaginer,
puisque, comme je l'ai dit, il ne s'agissait pas de moins que de la vie de tous
les Français.

En cet état, il vient chez nous et nous demande notre avis, après nous
avoir fait connaître qu'il avait ordre du roy d'en user ainsi en de semblables
occasions, et par une suite nécessaire et évidente que c'est l'intention du roy
que nous le donnions. Si dans ces circonstances, sous le seul prétexte qu'é-
tant des affaires séculières cela ne nous regardait pas, comme si ce qui regardait la vie des Français et des chrétiens nous devait être indifférent, nous
eussions eu la dureté de ne lui vouloir pas seulement dire notre avis, et que,
soit de lui-même, et par le conseil de M. Véret qui lui avait déjà donné le
sien, il eût fait ce qu'il a fait, soit qu'il eût pris l'autre parti, qui était de
monter à Louvo, il fût tombé, lui et tous les Français dans les pièges des

Siamois, et je le tiens indubitable, je demande si on eût loué notre procédé.

S'il y a eu quelque bonne raison qui dût en ces circonstances nous empêcher de dire notre avis, j'avoue franchement que je n'ai pas eu assez de pénétration d'esprit pour la découvrir ; et peut-estre que, si ceux qu'on dit nous accuser d'avoir donné notre avis n'avaient jamais donné le leur sur des choses dont ils n'avaient presque aucune connaissance, les choses n'eussent pas tourné comme elles ont tourné. Quant à moi, je puis dire avec vérité, que si dans tout le temps que je me suis trouvé avec M. Desfarges, il a pu avoir en quelque chose à se plaindre de moi, c'est bien plutôt sur la trop grande répugnance à lui donner conseil qu'il a presque toujours trouvée en moi, que sur un trop grand empressement à lui en donner.

Je me suis étendu là-dessus, parce qu'il me semble que ce dont on nous pourrait accuser, M. de Métellopolis et moi, regarde particulièrement ce premier point beaucoup plus que le second.

Pourquoi les évêques ont donné à Desfarges l'avis de ne pas aller à Louvo.

J'en viens présentement au second point, et l'on jugera si devant dire notre avis, nous avons dû le donner tel que nous l'avons donné, M. de Métellopolis et moi, j'y joins aussi M. Véret.

Je vais rapporter comme la chose se passa : M. Desfarges et M. Véret arrivant à notre séminaire trouvèrent M. de Métellopolis occupé à la cérémonie des saintes huiles. J'étais déjà vêtu des habits sacerdotaux pour y assister, lorsque M. Véret me vint faire les dernières instances d'aller parler à M. Desfarges, pour une affaire, disait-il, de la dernière conséquence. M'étant mis en état de leur parler, nous eûmes entre nous trois un assez long entretien. M. Véret, me racontant la conversation qu'il avait eue chez lui avec M. Desfarges, lui redit en ma présence diverses raisons très fortes, et qui me paraissaient de très bon sens, pour le dissuader de faire le voyage de Louvo, auxquelles M. Desfarges ne lui répondit autre chose sinon que s'il ne montait pas, il se brouillerait avec M. Constance, duquel il avait besoin pour achever les fortifications de Bangkok. Quant à moi, je lui rapportai ce que, tout ce que nous étions de missionnaires, avions appris de divers endroits sur l'état présent des affaires. Je me crus même obligé de lui faire connaître diverses raisons qui pouvaient lui marquer le péril du voyage qu'il entreprenait, étant toujours très bon qu'un homme qui est chargé d'une affaire en ait le plus de connaissance qu'il est possible, cela lui pouvant servir pour prendre diverses précautions. Cependant, je ne voulus pas m'avancer encore pour lors à lui donner aucun avis déterminé, me contentant de lui dire que je ne savais pas les raisons qu'il avait d'entreprendre ce voyage, ni les mesures qu'il avait prises avec M. Constance, et qu'il me paraissait seulement qu'il fallait qu'il en eût de bien fortes pour faire prudemment ce voyage dans la conjoncture présente.

M. Desfarges qui, par l'extrême confiance qu'il avait eue en M. Constance, ne savait des choses que ce qu'il lui en avait voulu faire entendre, et qui commençait à les voir bien différentes de ce qu'il avait pensé, se trouva dans un extrême embarras, d'autant plus qu'il ne nous avait point encore déclaré le véritable sujet de son voyage, sur lequel il avait promis un grand secret à M. Constance. Enfin, estant encore en doute du parti qu'il prendrait, et M. de Métellopolis nous étant venu joindre, il se résolut de nous découvrir, à M. de Métellopolis, à M. Véret et à moi, ce qu'il nous avait caché jusqu'alors, exigeant de nous le secret et que nous lui donnassions après cela notre avis sur ce qu'il y avait à faire. Il nous dit qu'en partant de Louvo, où il était allé faire un tour lui seul quelque temps auparavant, M. Constance lui avait dit que le roy se trouvant fort malade l'avait fait appeler avec

Pitracha et Prapy son fils adoptif, et leur avait dit qu'il craignait extrêmement qu'après sa mort ses deux frères qui ne l'aimaient pas ne fissent déshonneur à son corps ; et que Pitracha et Prapy lui avaient promis de l'empêcher, et de faire rendre à son corps tous les honneurs qu'on avait toujours rendus aux roys ses prédécesseurs ; que pour cela, dès que le roy serait mort, ils devaient s'enfermer dans le palais et y faire faire les funérailles du roy, mais qu'après cela, ils avaient résolu de piller les trésors de Louvo, et de monter chacun sur un éléphant de guerre et de s'enfuir hors du royaume, car ils étaient en mauvais termes avec le prince, Prapy pour avoir une fois battu le prince par ordre du roy, et Pitracha pour s'être brouillé avec le même prince à l'occasion d'une de ses sœurs, petite femme du roy que le prince avait débauchée. M. Constance ajoutait que l'un et l'autre l'exhortaient à entrer dans le même dessein, lui disant que le prince ne l'aimait pas, à quoi il témoignait acquiescer étant avec eux ; mais que, cependant, le voyage de M. Desfarges avec ses troupes à Louvo était pour les empêcher de réussir dans leur entreprise ; que M. Constance, pour avoir occasion de procurer ce voyage de M. Desfarges avec des troupes à Louvo, avait représenté au roy qu'il n'était pas de la dignité de M. Desfarges d'y être seul, et que le roy avait répondu qu'il pouvait y venir avec le nombre de gens qu'il voudrait. Enfin que M. Desfarges étant à Louvo devait entrer dans le palais, se saisir des trésors du roy, prendre Pitracha et Prapy, et après s'en être assurés, inviter le second frère du roy, car le premier étant impotent cédait son droit à venir prendre possession du palais, ce qui était, disait-il, rendre un service important à ce prince, et l'affectionnerait extrêmement aux Français étant une fois sur le trône.

C'était là le sujet du voyage de M. Desfarges, et c'est le système sur lequel nous avons donné notre avis, et sur lequel il faut se fonder pour juger si l'avis était bon ou non, ce que je fais spécialement remarquer, parce que depuis j'ai ouï parler certaines personnes qui prétendaient que les choses n'étaient pas ainsi : mais c'est un procès qui peut être entre ces personnes et M. Desfarges, et qui ne nous regarde point, puisque c'est ici le cas sur lequel M. Desfarges nous consulta, ce que j'attesterai quand on voudra.

Je dirai même ici que, dans la perplexité où était alors M. Desfarges sur le parti qu'il devait prendre, il me paraît qu'il était entièrement hors d'état de nous rien déguiser, et bien moins encore d'inventer ce que je viens de rapporter, outre que c'était lui qui avait le plus d'intérêt de nous exposer fidèlement toutes choses.

M. Desfarges nous ayant déclaré le sujet de son voyage, nous lui dîmes de notre côté ce que nous savions de l'état des choses. Il savait déjà que le roy était malade, et nous lui apprîmes qu'il courait un bruit public de sa mort, qui paraissait d'autant plus vraisemblable que les Siamois, à qui dans un autre temps c'eût été un crime capital d'en parler, le disaient hautement. Mais qu'il fût mort ou non, étant à l'extrémité et n'en pouvant pas sortir, la chose revenait au même ; d'autant plus que nous avions une preuve absolument certaine qu'il ne gouvernait plus par lui-même, savoir : que les deux princes ses frères, qu'il avait tenus jusqu'alors extrêmement serrés, et à qui il n'était pas permis de donner audience, ni aux mandarins de les voir, sous peine de mort pour les uns et pour les autres, étaient à Siam, donnant tous les jours audience aux mandarins ; que plusieurs des nations étrangères, Chinois, Cochinchinois et autres qui étaient à Siam, avaient déjà été donner leurs noms aux princes en signe de fidélité. Nous savions certainement que M. Constance n'avait aucune habitude auprès de ces princes ; il y avait déjà du temps que nous savions que son crédit était notablement diminué, quoiqu'il tâchât de le cacher aux Français avec lesquels il agissait toujours avec les mêmes airs de hauteur qu'auparavant ; que les Siamois ne faisaient plus de compte de ses ordres, ce que quelques-uns de nos missionnaires avaient particulièrement reconnu à Louvo et à Siam ; et cela ne pouvait être autrement, car comme il était universellement haï de tout le royaume, et que le roy, par la faveur duquel il s'était élevé, était à l'extrémité et ne gouvernait plus, on ne le regardait plus que comme un homme dont la fortune était entièrement ruinée. Il avait déjà même couru beaucoup de bruits qu'on l'allait arrêter, et l'on n'attendait que le moment qu'on le ferait. Il est constant qu'en ce temps-là il ne parlait plus que rarement au roy, qu'il n'entrait presque plus au palais, que dans les premières salles où s'assemblaient des mandarins de dehors et dans la salle des médecins, où on envoyait quelque fois quérir, pour servir d'interprète, un de nos missionnaires qui donnait des remèdes au roy. Le roy même lui avait fait dire de se défaire de ses charges, lui conseillant de se retirer, n'y ayant pas de sûreté pour lui, le parti de ses ennemis étant trop fort. Un des plus grands mandarins le lui avait dit même en présence de M. Paumard, un de nos missionnaires.

Il était encore certain que tout le royaume était en armes ; tous les jours on voyait monter à Louvo des gens armés ; tout le chemin de Siam à Louvo en était plein. Il n'y avait pas jusqu'à la plus vile populace et jusqu'aux rameurs de balon, qui ne portassent des armes, chose inouïe dans le royaume, si ce n'est dans un temps de révolte ou de trouble extraordinaire ; enfin il était constant qu'on répandait dans le royaume des bruits désavantageux contre les Français pour les rendre plus odieux. On les accusait publiquement de vouloir envahir le royaume, ce qui se confirmait, parce que, dès que M. Desfarges avait paru près de Siam, les femmes qui tenaient le marché près de la ville et tout le peuple avaient pris l'alarme, et s'étaient enfui comme à la vue d'un ennemi déclaré ; enfin l'on avait redoublé les gardes pour empêcher, disait-on, que les Français ne pillassent le palais de Siam.

Au milieu de cet armement général de tout le royaume, on distinguait deux partis : celui des princes, qui était sans comparaison le plus fort, et celui de Prapy. Pitracha s'était déclaré pour le premier, car le moyen dont il s'est servi pour parvenir à la couronne, et qui lui avait attiré généralement tous les mandarins, avait été de se déclarer ouvertement pour les princes, à qui il disait qu'on voulait ravir le trône. Les choses étant dans cet état, et M. Desfarges exigeant de nous que nous lui donnassions notre avis, nous examinâmes ce qui paraissait pour lui de plus à propos, ou de se retirer à Bangkok avec le peu de soldats qu'il avait, ou de continuer son voyage à Louvo.

Tout ce qui pouvait porter M. Desfarges à monter à Louvo se réduisait au prétendu service qu'il espérait rendre aux deux princes, frères du roy, en empêchant Pitracha et Prapy de piller le trésor de Siam et de s'enfuir, puisque c'était là tout le sujet du dit voyage. De l'autre côté voici les principales raisons qui étaient contre ce voyage, et paraissaient devoir engager M. Desfarges à s'en retourner à Bangkok :

En retournant à Bangkok, il faisait par cette retraite tout ce qui était en lui pour détruire les bruits désavantageux qui couraient contre les Français ; il se mettait hors de danger d'entrer dans aucun parti qui eût du dessous dans la suite ; il pourvoyait autant qu'il était en lui à la sûreté de Bangkok, qui était le principal intérêt que le roy pût avoir dans le royaume de Siam. En conservant Bangkok, il se mettait en état d'être considérable au nouveau roy qu'il ne devait pas, ce semble, craindre le devoir venir attaquer, puisqu'il ne donnait aucun sujet de se plaindre de lui. Il ne pouvait continuer son voyage à Louvo sans laisser Bangkok, et les Français qui y étaient restés absolument hors de défense, et sans s'exposer lui-même et ses 70 soldats à un danger évident de périr. C'était une chose facile à Pitracha de le faire tuer sur les chemins, avant même que d'arriver à Louvo, sans que toute sa vigilance et son courage l'en pussent garantir. Ils étaient séparés dans divers ballons qu'ils ne savaient pas conduire eux-mêmes, dans un pays qu'ils ne connaissaient point, où ils étaient obligés de se fier à ceux qui les conduisaient, et où ils n'avaient de vivres que ce qu'on leur en donnait à chaque repas. Si, lorsque les Français sont sortis de Siam tous ensemble, avec trois vaisseaux, dans un temps où l'on craignait tout de la perfidie des Siamois et de la noirceur de leurs cœurs dont ils avaient pour lors donné tant de preuves, ces derniers ont pu trouver moyen de retenir une quarantaine de soldats ou officiers, beaucoup de pièces de canons, en séparant les balons des vaisseaux, combien leur eût-il été plus facile de disperser les balons où étaient ces 70 soldats, dans un temps où ils ne se défiaient de rien et ne supposaient avoir aucun ennemi. Etant même arrivés à Louvo, il était facile à Pitracha de les y faire périr sans même en venir à une force ouverte et à un combat, et cela soit en les faisant brûler la nuit dans les maisons de bambous qu'on leur avait préparées hors de la ville, comme on avait fait environ un an auparavant à Merguy aux Anglais qui étaient à peu près en même nombre, et qui avaient déclaré qu'ils venaient pour faire la guerre si on ne les satisfaisait pas, soit en faisant appeler au palais M. Desfarges et les principaux officiers de la part du roy, ce que l'on n'aurait pu refuser, et les y arrêtant comme on a fait depuis à M. Constance et aux officiers français qui l'accompagnaient; ensuite de quoi, il n'aurait eu aucune difficulté de se rendre maître des soldats. Il y a même bien de l'apparence que Pitracha, qui observait exactement tous les mouvements des Français, avait déjà disposé toutes choses pour les prendre dans ses pièges, et qu'il souhaitait fort que les Français montassent; car quoique le bruit qu'on allait arrêter M. Constance courût depuis longtemps, il ne l'a néanmoins fait arrêter que lorsqu'il a perdu toute espérance d'avoir les Français par son moyen.

Ce qui nous confirme dans cette pensée, c'est que, depuis la prise de M. Constance, il n'a jamais cessé un moment de chercher d'autres moyens de les y faire monter, ce qui prouve que, conformément aux dépositions des otages, Pitracha n'était nullement fâché que les Français montassent à Louvo, et qu'il était hors d'état d'en rien craindre.

D'ailleurs, on avait tout lieu de soupçonner M. Constance de mauvaise foy dans ce qu'il avait dit à M. Desfarges, pour le sujet de son voyage à Louvo ; car quelle apparence que Pitracha qu'on voyait ne rien omettre pour rendre son parti le plus fort, comme il y est enfin parvenu, voulût se sauver hors du royaume sur un éléphant ? Comment M. Constance pouvait-il croire une impertinence comme celle-là ? Et ne la croyant pas, pourquoi la vouloir faire croire à M. Desfarges ? Comment se pourrait-on fier d'ailleurs à un homme tel que M. Constance, et qui avait déjà donné tant de marques de sa mauvaise foy, surtout en cette rencontre où il disait des choses qui avaient si fort le caractère de fausseté, et qui étaient en effet fausses comme la suite l'a fait voir. Mais ce qui paraissait le plus convaincant, et même évident contre ce voyage, c'est que, quand bien même M. Constance eût dit vrai en tout, ce voyage à Louvo étant l'entreprise du monde la plus hasardeuse se trouvait en même temps la plus inutile. Je ne demande d'attention que pour ces deux lignes.

M. Constance disait que Pitracha et Prapy voulaient piller le palais de Louvo et s'enfuir ensuite hors du royaume sur des éléphants de guerre ; quel préjudice en revenait aux Français pour s'exposer à tant de périls afin de l'empêcher. Quand même M. Desfarges aurait pu réussir à s'emparer des prétendus trésors de Louvo, ce que je conçois comme l'entreprise du monde la plus chimérique, aurait-il dû le vouloir ? N'aurait-ce pas été la chose du monde la plus infâme devant Dieu et devant les hommes à M. Desfarges, de s'en aller sans aucune autorisation légitime, et sans l'aveu du roy et des princes, s'emparer des trésors du palais, seulement parce que cela paraissait à propos à M. Constance ? Quand il eût réussi, eût-il été bien sûr d'empêcher le pillage ? Quand il l'eût empêché, aurait-il empêché tout ce qu'on aurait publié contre les Français ? Était-il permis à M. Constance de faire de pareilles entreprises, même sous prétexte du bien de l'Etat et de la religion ?

La seule utilité qu'on y pouvait voir n'était que pour se gagner par là l'affection des princes, et il y avait un moyen plus honnête, plus efficace, sans aucun danger, qui était que M. Desfarges allât lui-même offrir ses services aux princes qui étaient à Siam. Cela leur eût été bien plus agréable et eût bien mieux fait connaître aux peuples la disposition des Français, que d'aller de sa propre autorité, et à leur insu, s'emparer des trésors de Louvo.

Voilà nos principales raisons contre ce voyage de Louvo, et qui firent que M. Desfarges exigeant de nous que nous lui donnassions notre avis, nous crûmes lui devoir dire qu'il nous paraissait qu'en ces circonstances, il n'était pas à propos qu'il y montât, et qu'il valait mieux écrire à M. Constance pour lui demander encore plus en détail le véritable état des choses, des nouvelles de la vie ou de la mort du roy de Siam, lui marquer les raisons qu'il avait eues de suspendre son voyage, et le prier de venir jusqu'à Siam où il l'attendrait, afin de conférer ensemble.

Affaire de Mme Constance Phaulkon.

MÉMOIRE SUR L'AFFAIRE DE Mme CONSTANCE PHAULKON,

PAR M. DE LIONNE[1].

A. M.-E., vol. 854, p. 667.

17 janvier 1692.

Mme Constance estant arrivée à Bangkok, et les Siamois peu de temps après l'ayant su, et la redemandant avec instance à M. Desfarges, il nous demanda à M. de Métellopolis et à moi, ce que nous croyions qu'il dût faire en cette rencontre.

Comme dès l'instant que j'avais vu arriver Mme Constance, j'avais conçu que cela en viendrait là, j'avais pensé en moi-même avec le plus d'attention que j'avais pu sur cette affaire, et j'étais du sentiment que M. Desfarges ne devait aucunement la rendre.

M. de Métellopolis, pressé par M. Desfarges de lui dire son sentiment, se contenta de lui dire pour lors, que cette affaire était embarrassante.

M. Desfarges m'ayant ensuite demandé le mien, je lui dis que j'y penserais encore, mais qu'il me paraissait que, dans une affaire comme celle-là, il ferait bien de prendre conseil de ses principaux officiers, et de leur demander leur sentiment. Or quoique je fusse persuadé qu'il ferait bien d'en user ainsi, j'avoue que je me sentis excité particulièrement à lui dire cela, parce que je concevais que ses officiers ne seraient pas pour qu'on la rendît.

M. Desfarges qui témoignait par ses manières désirer fort qu'on lui conseillât de la rendre, et qui contrairement à moi s'imaginait que ses officiers seraient de cet avis, comme il me le dit pour lors en termes exprès, prit le parti d'assembler ses capitaines, et leur demanda à tous leur avis par écrit. Je crois qu'excepté les deux enfants de M. Desfarges, qui voyaient bien l'inclination de leur père, tous furent d'avis qu'on ne la rendît point.

M. Desfarges, ayant ensuite exigé de M. de Métellopolis et de moi, que nous donnassions notre avis dès le jour même, parce que les Siamois pres-

[1] Ce mémoire est le résumé d'un autre beaucoup plus long et contenant le récit de l'arrivée de Mme C. Phaulkon parmi les Français, de ses protestations contre la décision de Desfarges et de son retour à Juthia. (*A. M.-E. vol. 854, p. 957.*)

saient pour avoir une réponse déterminée. M. de Métellopolis fut d'avis que
l'on devait écouter les propositions des mandarins siamois déclarant à M. Desfarges : que le nouveau roy s'engagerait par un traité qu'il ne serait fait à
Mme Constance aucune violence, ni en sa religion, ni en son honneur, et
qu'elle pourrait vivre à sa liberté soit dans le camp des Portugais, soit dans
le camp qui était près de notre séminaire, où on lui bâtirait, si elle le voulait,
une maison, et où elle serait sous la protection de Mgr l'évêque ; et qu'après
avoir fait ce traité, M. Desfarges renvoyât à Siam Mme Constance, et ne l'em-
menât point avec lui. Ce fut là l'avis de M. de Métellopolis, qui crut qu'en
cette occasion l'on se pouvait fier à la parole du roy de Siam.

M. Desfarges m'ayant ensuite demandé le mien, je lui répondis que c'é-
tait une conjoncture fort triste pour moi d'être obligé de lui donner un avis
tout différent de celui de M. de Métellopolis, mon supérieur, et d'une bien
plus grande capacité ; que cependant, puisqu'il voulait savoir mon avis en
particulier, je croyais qu'il ne devait écouter aucune proposition qui tendît à
remettre Mme Constance entre les mains des Siamois, et que, cela posé, il était
bon, pour éviter les embarras et les longueurs des Siamois, de leur déclarer
ouvertement que les Français étaient tellement déterminés à ne la point
rendre qu'ils n'écouteraient rien sur ce point, et qu'il était inutile de leur
rien venir proposer.

M. Desfarges ayant entendu mon avis se leva tout en colère contre moi,
et montrant bien du mécontentement me dit : « Puisque cela est ainsi, il en
sera ce qu'il pourra ». Et il pria M. de La Vigne d'écrire en son nom une
lettre de réponse toute conforme à ce que je lui venais de dire.

M. de La Vigne sans y ajouter, ni diminuer, l'alla écrire, et la porta à
M. Desfarges pour voir s'il l'approuverait, avant qu'on la mît en siamois,
M. Desfarges la trouva trop forte, et dit à M. de La Vigne de la porter à M. de
Métellopolis, pour voir comment on la pourrait adoucir. M. de Métellopolis,
qui au sortir de notre conférence s'en était allé prier Dieu, dit à M. de La Vigne
d'aller trouver M. Desfarges et de lui dire de sa part, qu'ayant encore pensé
à cette affaire devant Dieu, il croyait qu'il y avait obligation, sous peine de
péché mortel à M. Desfarges, de rendre Mme Constance, selon les propositions que faisaient les Siamois. M. de La Vigne s'étant acquitté de sa commission me la vint apprendre, ce qu'ayant examiné devant Dieu, dans le peu de
temps que j'avais pour cela, voyant que M. Desfarges qui était chargé de la
chose était d'avis de la rendre ; que M. de Métellopolis, qui était le supérieur
ecclésiastique et mon propre supérieur, croyait même qu'il y eût obligation
sous peine de péché mortel ; que le P. Richaut, le meilleur théologien
qu'eussent là les Pères Jésuites, était aussi d'avis qu'on la rendît, je crus
non pas, à la vérité, devoir être de cet avis, mais devoir me faire quelque
scrupule de contribuer à faire déterminer la chose d'une manière contraire ;
et ainsi je pris le parti d'aller trouver M. Desfarges, et de lui dire que je le
priais de déterminer la chose selon qu'il le jugerait à propos, et que pour
moi, tout bien considéré je ne croyais pas en ces circonstances devoir lui
donner aucun avis là-dessus. Et comme il nous avait prié M. de Métellopolis
et moi de lui répondre par écrit, je lui donnai cette réponse par écrit. M. Desfarges s'étant ensuite déterminé selon l'avis de M. de Métellopolis et le sien
propre, on fit le traité avec le roy de Siam, puis on rendit Mme Constance.

Dans la suite, quand nous fûmes arrivés à Pondichéry et que M. Desfarges voulut écrire en France, comme il vit que dans l'écrit que je lui avais
donné je ne disais point que je fusse d'avis qu'il fallait rendre Mme Constance, comme je n'en étais pas en effet, il crut qu'il valait mieux n'envoyer
en France que l'écrit de M. de Métellopolis, et me rendit le mien en original,
que je garde encore. Voilà toute la part que j'ai eue en cette affaire.

Si le temps me le permettait, je vous manderais les raisons que nous avions pour et contre ; mais cela ne m'est pas possible, et vous les saurez abondamment d'ailleurs. Je dois seulement vous prier de faire attention à une chose qui est que dans le papier que M. de Métellopolis a donné à M. Desfarges où il lui conseille de rendre Mme Constance, il lui déclare qu'il ne regarde point cette affaire par rapport à un certain point d'honneur du monde et de nation, qu'il laisse entièrement à M. Desfarges pour en juger ; mais qu'il raisonne seulement de cette affaire selon la religion ; ce que je marque, parce que, quoique je crusse que M. Desfarges fit mal de rendre Mme Constance, cela me paraissait bien moins douteux, selon un certain honneur du monde que selon les règles de la religion qui ne paraissaient pas si claires. De sorte que, si l'on juge que dans cette affaire on ait péché contre la religion, cela tombe sur M. de Métellopolis ; mais si l'on trouvait seulement qu'on eût péché contre un certain point d'honneur du monde, cela regarde uniquement M. Desfarges, et nullement M. de Métellopolis qui lui a déclaré ne point donner là-dessus son avis[1].

M. FERREUX A M. DE LA VIGNE.

A. E.-M., vol. 863, p. 322.

18 novembre 1692.

Cette fuite [de Mme Constance] faite sans savoir comment les choses estaient à Bangkok, contre l'avis de M. Desfarges à qui on en avait dit quelques paroles, et qui avait répondu qu'elle ne devait pas le faire encore, qu'il n'estait pas temps, et qu'il se souviendrait d'elle quand il faudrait, mit en compromis l'honneur de la France ou la perte inévitable des troupes et des chrétiens du royaume ; car n'ayant pas les agrès des bâtiments pour sortir, il fallait nécessairement recommencer la guerre et périr. Que pouvaient faire 150 ou 200 hommes qui estaient depuis cinq mois fatigués, et comme on dit sur les dents, contre tout un royaume ? Et sans poudre, n'en ayant pas pour tirer 200 coups de canon ! Tout cela fit que les Français commencèrent à se défier des Siamois, et les Siamois des Français ; et la bonne intelligence qui ne faisait que recommencer, se rompit entièrement.

M. Desfarges, qui voyait la perte inévitable de tout son monde et de tous les chrétiens qui estaient dans le royaume, commença à vouloir traiter

---

[1] Voici ce que nous lisons dans les *Mémoires* de M. Aumont au sujet de Mme Constance, que le missionnaire vit à Juthia de 1719 à 1724 :

« Mme Constance, veuve du fameux M. Constance qui a fait tant de bruit du temps de l'ambassade de M. de Chaumont, vint aussi me voir. Cette dame pouvait avoir 65 ou 66 ans ; elle était dans le palais du roy de Siam depuis la mort de M. Constance ; l'usurpateur du royaume l'avait mise au rang de ses esclaves, ce qui, bien loin d'être déshonorant dans le pays, est pour les Siamois un rang d'honneur et leur donne le privilège de faire mille injustices ; mais pour une bonne chrétienne comme était Mme Constance, c'était un véritable esclavage. Elle avait la liberté de venir à l'église lorsqu'elle le souhaitait, et d'aller quelquefois coucher à sa maison, la plus belle du camp des Portugais, où étaient ses petits-fils. Elle avait sous sa direction plus de deux mille femmes siamoises faisant le service du palais ; elle était surintendante du magasin de la vaisselle d'or et d'argent du roy, de son vestiaire, et de tous les fruits qui se servaient à sa table ; dans ces emplois, elle aurait pu tirer des sommes considérables ; mais sa conscience ne lui permettant pas de tourner à son profit bien des choses pour lesquelles celles qui l'avaient précédée dans ces emplois n'avaient pas fait de difficulté, elle rendait tous les ans au trésor du roy une somme assez considérable, ce qui faisait dire au roy de Siam, qu'il n'y avait que des chrétiens pour être capables d'une si grande droiture, ce qui faisait beaucoup d'honneur à la religion.

« Je reconnus tant de religion et de bon esprit dans cette dame, qui connaissait parfaitement le génie de la nation siamoise, ses coutumes et ses chicanes dans les procédures, que je me servis souvent d'elle pour me tirer d'affaires très difficiles, et je me suis toujours très bien trouvé de ses conseils. Elle avait encore sa mère qui demeurait près de notre église, et était âgée de plus de 80 ans ; elle ne pouvait plus marcher, et mourut environ un an après mon arrivée. » (*Mémoires de M. Aumont*, p. 211.)

pour la dite dame, après avoir auparavant fait tout ce qu'on peut faire pour ne point la rendre ; il fit un traité pour elle avantageux autant qu'on l'eût osé espérer, savoir : qu'elle pourrait demeurer où elle voudrait, sans que personne la molestât en rien, ni pour la religion, ni pour quoi que ce fût ; qu'elle pourrait se marier si elle le souhaitait, et à qui elle voudrait; qu'enfin toute sa famille serait libre. Monseigneur eut la bonté de renvoyer, pour l'accompagner, un de nos missionnaires qui est mort de tant de misères qu'il a souffertes.

Quoi qu'on eût fait ce traité, et qu'il semblât que tout dût estre raccommodé, néanmoins la défiance des uns aux autres restait toujours ; les Siamois appréhendaient qu'on leur jouât encore quelque tour semblable, et les Français que les Siamois ne tinssent pas leur parole. De plus, le commandant, qui pour ces nouvelles brouilleries n'avait pu faire de l'eau, pressait qu'on descendît, ce qui fit se précipiter, et laisser encore quatre ou cinq mirons ou bateaux de vins qu'on attendait de Siam avec le reste des Français.

Estant arrivés à la barre, la défiance des uns et des autres fit que les Siamois retinrent quelques mirons où il y avait des canons, des hardes, des soldats, des vivres et autres choses, et ne voulurent pas les envoyer qu'on ne leur eût rendu les deux mandarins-otages que M. le général avait promis dans son papier d'accommodement de renvoyer en arrivant à la tabangue, (à la douane) ; lesquels mandarins il avait néanmoins emmenés en rade contre son traité. Les Français de leur côté appréhendaient qu'ayant renvoyé ces deux mandarins, on ne leur retînt encore leurs effets. Or, le commandant qui, comme nous avons dit, manquait d'eau et avait 200 personnes de Bangkok, pressait fort qu'on s'en allât, ce qui fit qu'après quatre ou cinq jours qui s'estaient passés à s'écrire les uns aux autres, M. le général lui dit qu'il pouvait partir quand il voudrait.

Il est certain que, si Mme Constance n'estait point descendue, tout cela ne serait point arrivé ; ainsi Dieu lui pardonne tous les maux qui ont découlé de cette fuite, aussi bien qu'à ceux qui la lui ont conseillée, et qui l'ont emmenée. Présentement, cette pauvre dame a encore l'effronterie et la malice de dire que Monseigneur est cause qu'on l'a renvoyée, et que le général la rendît, et que par conséquent on est cause qu'elle a esté deux ans enfermée dans le palais où elle a esté plusieurs mois les fers aux pieds ; car quand nous fûmes mis dans les prisons, elle fut renfermée au palais du roy ; quelques-uns de sa famille furent mis dans les prisons, et d'autres furent donnés à différents mandarins ; mais ses parents, bien loin de nous attribuer ce qu'ils ont souffert, s'en prennent à elle-mesme pour avoir fui, et aux Jésuites français pour le lui avoir conseillé.

Les missionnaires se rendent caution de Desfarges.

Papier de répondance de Mgr de Métellopolis et de M. Véret, chef de la royale Compagnie de France a Siam, pour M. Desfarges et ses troupes.

A. M.-E., vol. 854, p. 851 ; vol. 880, p. 29.

décembre 1688.

Le mardi du dixième mois et de la lune, de l'année 2282 qu'on nomme Pimerong Pattarremasaacon, Dom Bisbou, l'évêque de Métellopolis les Pères et M. Véret, capitaine pour la Compagnie française, et tous les Français, faisons un papier de répondance, d'autant que le barcalon du costé du grand roy de Siam, et M. Véret du costé de M. Desfarges, général des troupes du grand roy de France, se sont promis avec bonne amitié par ensemble, ne devoir plus songer à ce qui s'est passé ici, mais vouloir faire une amitié ferme et stable, pour durer longtemps.

Étant demeurés d'accord que cet accommodement sera stable et de durée des deux costés :

Le premier article est : quand tous les Français sortiront de la forteresse de Bangkok, les soldats ne feront aucun mal à la dite forteresse, ni aux canons, ni aux mousquets et autres armes, mais ils remettront aux mandarins tous les canons, les mousquets, et toutes les autres choses, sans qu'il y manque rien.

Le deuxième article : les Français promettent qu'en descendant en rade ils ne feront aucun acte d'hostilité et ne se battront point avec les navires et autres bâtiments, ni avec le peuple, et n'endommageront aucune chose qui appartienne au roy de Siam, soit à la rade, ou hors de la barre, ou en quelque autre lieu que ce soit.

Le troisième article : on renverra à Merguy un navire du roy de Siam, qui en est parti chargé d'éléphants et d'autres marchandises pour Masulipatam, et dans lequel bâtiment il y avait des Français avec un mandarin ; et un autre bâtiment aussi du roy de Siam, parti de Merguy pour Banderabassi chargé de marchandises, et dans lequel étaient aussi des Français avec des mandarins. Or, les Français, quoiqu'ils disent que ces deux bâtiments soient à eux, promettent que, quand les affaires pour lesquelles ils sont allés seront achevées, les Français qui les commandent les ramèneront à Merguy. Que, si M. du Bruant avec ses troupes rencontre ces deux bâtiments, il ne fera rien qui puisse les faire périr. De plus, le bâtiment du roy sur lequel il y avait vingt-six pièces de canons, et cinq mousquets, avec les mariniers et tous les agrès d'un vaisseau, lequel Messieurs du Bruant et Beauregard et les soldats français ont pris en s'enfuyant, ils le renverront à Merguy avec ses canons, mousquets, mariniers et agrès. De plus, pour que l'amitié royale des deux couronnes dure longtemps, tout ce qui sera capable de rompre cette amitié, ils ne le feront pas. Que, si quelques bâtiments qui ont accoutumé de venir trafiquer ici et à Merguy y veulent venir, on empêchera que les Français ne leur fassent aucun mal, pour être conforme à l'amitié royalle.

Le quatrième article : le grand navire du roy, qu'on emprunte pour que le général et les Français s'y embarquent, étant arrivé à Pondichéry, ils le renverront à Siam.

Le cinquième article : ils promettent qu'on nourrira et renverra les mandarins et tous les jeunes Siamois qui sont en France.

Le sixième article : que tous les effets que M. Constance a envoyés en France, on en tiendra compte aux officiers des magasins du roy ; que si les effets périssent en mer, cela sera perdu pour les officiers des magasins, et ils n'en pourront rien demander aux Français.

Le septième article : que M. le général enverra un soldat qui portera une lettre à M. du Bruant, pour l'empêcher de faire aucun mal aux bâtiments du roy ; que, si M. du Bruant a pris quelques bâtiments, il les rendra dans le lieu où il les a pris. Pour les affaires de la Compagnie à Merguy, elles seront et demeureront en bon état, et de la même manière qu'elles étaient auparavant. Que, si la Compagnie veut venir à Merguy, on l'y recevra bien à cause de la bonne amitié du roy de France avec le roy de Siam.

Le huitième article : les Siamois promettent fermement aux Français, que, quand les Français sortiront et s'en iront, ils prendront et emporteront tout ce qui leur appartient, sans qu'il en reste rien ; qu'ils sortiront de la forteresse tambour battant, le mousquet sur l'épaule, avec l'étendard, et puis s'étant embarqués, ils lèveront l'ancre et descendront conformément au papier de promesse qu'ils ont fait à l'ambassadeur. Les Français demandent par grâce au roy de Siam qu'il veuille bien leur donner deux grands mandarins pour accompagner le général dans son bâtiment jusqu'à la barre ; et M. le général promet qu'il les recevra et traitera selon leur qualité ; les Français de leur costé donneront Messieurs le major et le chevalier Desfarges, qui iront dans un balon avec un mandarin, pour être en réciprocité à ces deux mandarins, qui iront dans le navire. Quand les navires français auront passé la barre, ils renverront ces deux mandarins dans leurs chaloupes, et reprendront Messieurs le chevalier et le major pour les mener aux navires, afin de bien achever le tout par ensemble, et pour être témoins les uns des autres, comme les Français n'ont fait aucun mal aux Siamois, ni les Siamois aux Français.

Le neuvième article : que le roy accorde les mêmes privilèges et faveurs à la Compagnie que le roy défunt, et conformément à plusieurs traités qu'on a faits autrefois par ensemble avec la Compagnie, et dans lesquels traités il y a plusieurs articles. Le roy accorde aussi les mêmes privilèges aux Français particuliers laïques et aux missionnaires que le roy défunt leur avait accordés ; pour le poivre, le roy l'accorde à la Compagnie tout entièrement et de la même manière qu'on accorde les cuirs aux Hollandais ; et toutes ces grâces et faveurs seront stables et dureront. Que si le général étant sorti de la forteresse, et s'étant embarqué, vient à faire quelque faute contre ce papier de promesse et d'accommodement, nous prendrons M. l'évêque, M. Véret, capitaine pour la Compagnie, et tous les Pères qui sont à Siam.

On a signé de part et d'autre, et mis les sceaux.

Mgr LANEAU

1679-1696

(Suite).

PERSÉCUTION
1688-1691.

I

Emprisonnement des missionnaires et des Français. — Leurs souffrances.

JOURNAL DE LA MISSION

PAR M. MARTINEAU.

A. M.-E., vol. 854, pp. 523, 684.

9 novembre 1688—28 juillet 1690.

But de ce récit.

J'ai dessein de décrire ici, simplement et naïvement, le déplorable état où Mgr de Métellopolis, tous les missionnaires avec nos écoliers, et tous les Français qui se sont trouvés dans ce pays, sont réduits depuis le départ des troupes françaises, qui se retirèrent de ce royaume au commencement de novembre 1688, après certaines brouilleries survenues entre les Siamois et ces mesmes troupes sur le point de leur départ. Je prends ce dessein, afin de porter nos amis à redoubler leurs prières pour nous, avec d'autant plus d'instance qu'ils connaîtront par ce simple récit que nos misères sont grandes, et que nous avons d'autant plus besoin de la miséricordieuse Toute-Puissance. Nous souhaitons surtout qu'ils intercèdent pour nous obtenir de Dieu la grâce de recevoir ces peines et ces affronts, avec les mêmes dispositions de cœur que les Apôtres reçurent autrefois les affronts et les premiers coups de fouet, et qui, marque l'Ecriture, se retirèrent avec joie de devant le Conseil, parce qu'ils avaient été trouvés dignes de souffrir des opprobres pour l'amour de Jésus-Christ. Qu'ils demandent encore pour nous à cette infinie bonté ; qu'elle veuille recevoir tous nos biens, nos commodités, notre liberté et notre vie même, non comme victimes des affaires humaines, mais plutôt comme des victimes offertes à son saint nom, à la gloire et à la propagation de son saint Evangile, ce qui est l'unique but que nous nous sommes proposé en venant dans ces pays éloignés.

Conduite de Desfarges.

Je suppose qu'on sait que les troupes françaises, ayant esté assiégées dans la forteresse de Bangkok, en sont enfin sorties avec bonne composition et accommodement, et qu'on nous a fait répondants du contrat ; que ces troupes estant embarquées ont eu un nouveau différend et ont fait voile sans l'accommoder. Je suppose encore qu'on sait que ce différend ne consiste qu'en ce que les dites troupes emmenèrent deux mandarins qui leur avaient esté donnés en otages, parce que les Siamois ne voulurent pas leur rendre deux ou trois barques ou bateaux chargés de bagages et canons, avec trois officiers dessus, et quinze soldats demeurés en arrière dans la rivière. On donne ici toute la faute de ce différend à M. le général et à ses troupes ; pour moi, j'en laisse le jugement à ceux auxquels il appartient ; seulement je sais que jamais M. le général n'aurait songé à emmener ces mandarins, si on ne lui eût retenu son monde et son bagage. On les accuse d'avoir faussé le contrat d'accommodement en emmenant ces mandarins, et sans examen ni discussion, on s'en prend à nous comme cautions ; et c'est là l'unique raison qu'on a toujours prétextée pour nous traiter de la manière que vous allez voir. Cependant M. le général des dites troupes a depuis envoyé les dits mandarins otages, et nonobstant, on a toujours continué à nous traiter de la mesme manière. Ainsi, je laisse encore à gens plus éclairés que moi à juger de la véritable cause pour laquelle on nous a si rudement menés.

Arrestation de Mgr Laneau[1].

A peine les navires sur lesquels les dites troupes estaient embarquées eurent-ils commencé à appareiller, que Mgr de Métellopolis, qui avait été obligé de reconduire les troupes jusqu'à l'embouchure de la rivière, afin,

[1] Dans une autre relation nous lisons les détails suivants : « Mgr de Métellopolis descendait de son ballon pour répondre à l'appel d'un des mandarins généraux des troupes siamoises, mais il n'eut pas avancé trois pas, qu'une troupe de bandits et de canailles se rua sur lui, le chargea de soufflets, de coups de poing et de bâton, entre autres un des plus forts et plus barbares lui en lâcha un si terrible sur la tête, qu'un des officiers français qui était avec lui m'a dit depuis qu'il crut pour lors que c'en était fait de ce prélat ; ils lui mirent la corde au col, lui lièrent les mains, le jetèrent par terre et le traînèrent dans la boue, et le poussèrent au milieu de certains herbages où il demeura deux heures mangé et martyrisé des maringoins qui sont certaines espèces de mouches. Ceux qui ont expérimenté le tourment que causent ces petits animaux conçoivent bien ce que ce bon prélat endura dans le pitoyable état où il se trouva, pendant que ses bourreaux lui préparaient tous les instruments qu'ils appellent les cinq prisons, pour le col, les pieds, les mains. Pendant ces deux heures, il fut aussi exposé à la rage et cruauté d'une infinité de canailles qui se faisaient un mérite d'accabler ce patient prélat de toutes sortes d'injures et de mauvais traitements, de lui tirer la barbe poil à poil, lui donner des soufflets, lui cracher au visage, le charger de coups. Le même officier m'a protesté que sans exagération, il croyait que 2000 personnes éprouvèrent pour lors la force de leurs bras sur le corps du prélat et sur le sien : enfin ils lui mirent la cangue au col avec les menottes de bois, qui lui causèrent une telle douleur qu'ils lui arrachèrent les hauts cris, ce qui ne lui arriva qu'une seule fois, et après l'avoir gardé quelque temps, et promené çà et là dans ce triste équipage, ils le traînèrent enfin à Siam où pour tout repos on le mit au coin d'une rue, chargé de chaînes et de tous les autres instruments ; il demeura exposé à toutes les injures de l'air à la vue de tout le monde, jusqu'à ce qu'il eût trouvé une personne qui lui fit une petite chaumine. Il était pour lors avec la fièvre et le cours de ventre, outre la douleur des coups qu'il avait reçus, principalement d'une chute qui le rendait comme perclus de la moitié de son corps ; il passa trois mois dans cet état digne de compassion ; mais le nouveau roy craignant qu'il ne mourût, le fit délivrer de ses chaînes, et lui permit de faire faire une chaumine un peu plus grande où il est resté jusqu'à présent sous la garde de certains archers qu'on appelle ici bras peints, parce qu'en effet ils ont les bras peints. » (*A. M.-E.*, *vol. 880, p. 247.*)

disait-on, de tenir toujours la balance en équilibre au milieu des deux partis, fut arrêté prisonnier, mais d'une terrible et étrange manière. Une troupe de Siamois se ruèrent sur lui, le dépouillèrent d'abord de tout ce qu'il avait de tant·soit peu considérable, lui arrachèrent sa croix pectorale et son anneau pastoral, lui tirèrent mesme jusqu'à son chapeau ; mais enfin la perte que Sa Grandeur fit en cette occasion serait de peu de chose et facile à supporter, s'ils ne lui eussent ravi le trésor des trésors, qu'elle portait sur soi pour le mieux assurer pendant tous ces troubles, qui estait du bois de la vraie croix. Ce ne fut pas assez pour eux de dépouiller ainsi mon dit Seigneur, ils le chargèrent encore de coups de poing et de bâton, le renversèrent par terre. le traînèrent dans la boue, lui mirent la corde au col, et bien lié et garrotté le jetèrent comme à la voierie dans des broussailles, exposé à une infinité de moustiques et de maringoins, et bien davantage encore à la barbarie de canailles qui ne cessaient de passer, aller et venir, et chacun s'efforçait, comme à l'envie, de le maltraiter, affronter, invectiver et railler. Il fut ainsi exposé, en attendant que les cangues, ceps, alzèmes (bois que l'on met au col, aux jambes, et aux mains) fussent achevés ; alors on les lui mit sur son pauvre corps déjà bien affaibli ; on ne manqua pas aussi d'y ajouter les fers aux pieds et les chaînes au col ; c'étaient donc les cinq instruments de gehenne, qu'on appelle ici en termes vulgaires les *cinq prisons*, terme dont j'aurai souvent besoin, aussi je le donne à remarquer.

Arrestation des officiers et soldats français.

Les pauvres officiers et soldats que M. le général laissa en arrière eurent un traitement qui ne fut en rien dissemblable de celui-ci, sinon qu'il fut un peu plus rude ; il y en eut d'entre eux qui furent traînés le long des rues et chemins, déjà à demi morts de coups, avec la cangue au col, à peu près comme on ferait à un chien mort pour le jeter à la voierie. Tous furent amenés à la ville chargés des cinq prisons, après avoir passé plusieurs jours, tant à la barre qu'à Bangkok, dans des tourments qu'il serait difficile d'exprimer.

Mgr Laneau en prison.

Mon dit Seigneur fut mis sous la rude garde de ces sergents qu'on appelle ici « bras peints » (parce qu'en vérité ils ont les bras peints pour estre distingués). Il était proche du palais, délaissé, assis sur une claie de bambous au coin d'une rue, chargé de ses liens, en attendant que quelque personne charitable lui fît une petite cahutte qui à peine pouvait contenir son corps, où il fut gardé près de trois mois, avec les cinq prisons, toujours malade de fièvre, et ayant le ventre et tout un côté du corps comme morts d'une chute qu'il avait faite, affaissé sous le poids de la cangue qu'il avait au col, en traversant un petit pont étroit sur lequel il fallait passer vers la tabangue ou douane. Cependant on lui tirait de temps en temps quelques-uns de ses liens, qu'on remettait ensuite, soit que les geôliers fissent cela pour extorquer, selon leur coutume, quelque nouvelle pièce de monnaie, soit aussi de crainte d'être repris de manquer aux ordres qu'ils avaient reçus. Mais enfin, crainte qu'il ne succombât, atteint comme il estait de différentes maladies, on le délivra des cinq prisons au bout de trois mois, et on le laissa dans la mesme cahutte, sous la garde de ces bras peints.

Officiers et soldats français en prison.

Quant aux officiers et soldats, ils furent jetés dans la prison publique avec les scélérats du pays, où ils trouvèrent pour compagnons de misères tous les missionnaires et leurs écoliers, et tous les Français séculiers, tant ceux de la loge que les autres particuliers qui avaient esté soigneusement cherchés d'un côté et d'autre.

Arrestation des missionnaires et des séminaristes.

Le 9 novembre de 1688, aucun de nous ne sachant encore si les troupes estaient parties ou non, ni s'il y avait eu aucun différend, nous fûmes tous appelés à la salle, où le mandarin nous fit de la part du roy une longue énumération et exagération des bienfaits que le roy de Siam avait faits aux Français, et tout nouvellement leur donnant des navires, des vivres, et de l'argent pour les équiper et s'en aller ; et eux combien de leur part ils y avaient mal correspondu ; que tout fraîchement, ils venaient de fausser le contrat qui avait esté si solennellement fait, en emmenant deux mandarins qui leur avaient esté confiés en otage, et que pour cela nous qui étions leur caution, il nous arrêtait prisonniers de la part du roy ; que cependant deux de nous iraient au séminaire avec les envoyés (faiteurs) du roy qui allaient y faire le rôle de tout ce qui s'y trouverait. M. Chevreuil et moi fûmes les deux qui accompagnèrent les dits faiteurs. Nos autres missionnaires furent retenus dans la mesme salle où nous avions esté appelés.

Il nous sembla qu'ils avaient oublié le P. de la Breuille, jésuite, qui est resté seul de sa Compagnie ; mais ils ne tardèrent pas à s'en ressouvenir ; ils surent bien le reconnaître et tirer d'avec les Pères portugais de la Compagnie, chez lesquels il s'estait logé, et le joignirent à nos Messieurs.

Le lendemain, 10 novembre, nos écoliers furent aussi appelés et menés incontinent dans la prison publique.

Le jour suivant, 11 novembre, tous nos Messieurs, salués de la part du roy avec une corde qu'on leur jeta au col, furent en mesme temps menés dans la mesme prison publique, où ils ne manquèrent pas d'estre mis aux cinq prisons, et bien rudement traités.

Agents de la Compagnie arrêtés.

Les Messieurs de la faiturie furent à peu près arrêtés de la mesme manière ; trois ou quatre d'entre eux, dont M. Macary et M. Maistrot, furent aussi laissés pour témoins du rôle et de la confiscation qu'on fit par après de tout ce qui se trouva dans leur loge.

M. Paumard en liberté. Il nourrit les prisonniers.

Il n'y eut que M. Paumard qui fut privilégié, et qui l'a toujours esté à cause de la médecine. Dès le commencement, il eut le privilège de faire faire une maisonnette dans l'enclos où sont les magasins du roy, assez proche de la prison ; il s'y retira avec six des plus petits écoliers et la plupart de nos domestiques (s'entend des noirs étrangers, car pour les Siamois et Pégous il ne nous en est pas resté un seul). Il commença dès les premiers jours à faire apprêter à manger, et à envoyer la nourriture une fois chaque jour ; il continua toujours du mesme train, traitant également et sans distinction tous nos prisonniers, tant missionnaires qu'écoliers et séculiers, gens du roy et de la Compagnie, et autres particuliers, parce que nous voyant tous dans une extrême nécessité, nous avons cru que tout devait être commun, et que si Dieu permettait que nous mourussions de misère, notre sacrifice estant de plusieurs victimes unies ensemble lui en serait plus agréable. Cependant je n'oserais répondre qu'il pourra encore continuer aussi longtemps que nous prévoyons qu'il nous faudra ainsi demeurer dans la misère, car les bourses de nos amis sont bien épuisées, et les dépenses sont grandes.

Nous sommes, tant dehors que dedans la prison, près de 100 personnes qu'il faut entretenir ; outre cela il y a bien des faux frais à faire, et bien des accroissements d'avanie desquels il faut par force se rédimer.

Confiscation.

Les rôles de la faiturie et du séminaire estant achevés, il y eut ordre de

tout confisquer et porter dans les magasins du roy. Cependant on nous laissa
par grâce, ou plutôt pour ne savoir qu'en faire, nos ornements d'autel, nos
livres et nos hardes ; mais à ceux de la faiturie, on ne leur laissa rien, sinon
leur coffre de hardes ; encore je ne sais si on le laissa à tous. Tout ce qui
plut aux confiscateurs estant enlevé, on emmena ces pauvres Messieurs,
qui étaient restés témoins de la conslication, dans la prison avec les autres.
Le pauvre M. Chevreuil et moi, nous nous attendions bien à avoir le mesme
sort ; nous y étions préparés et résignés ; Dieu ne permit pas qu'il en fût
ainsi ; il voulut que nous demeurassions hors de la prison pour assister ceux
qui sont dedans.

MM. Martineau et Chevreuil expulsés du séminaire. Leur pauvreté.

Le premier jour de l'an 1689, après avoir tardé près de deux mois à
faire le rôle des effets du séminaire et à les enlever, nous eûmes ordre,
M. Chevreuil et moi, de vider le séminaire qui estait destiné à estre magasin
du prince, et de nous retirer où nous pourrions avec ce qu'on nous avait laissé. Nous portâmes nos livres et nos meilleurs ornements chez les Révérends
Pères Jésuites, et dans toute cette disgrâce, le P. Maldonade, qui est supérieur de leur résidence, nous a toujours donné des marques d'une charité
véritablement chrétienne ; quant à nous, nous nous retirâmes non loin du
séminaire, dans la maison qu'un Tonkinois nommé Joseph nous prêta par
charité. Là nous nous tenions en grande crainte, principalement pendant le
premier feu de la rage contre nous, ménageant nos provisions le mieux que
nous pouvions, pour subvenir aux grandes nécessités de nos prisonniers.

Je ne manquerai pas de remarquer ici, pour rendre louange à Dieu de
l'assistance qu'il nous a donnée, qu'en sortant du séminaire il ne me restait
pour tout argent entre les mains, et pour la subsistance de tant de monde,
qu'un seul taël ; encore se trouva-t-il estre de cuivre ; cependant Dieu, par
le moyen de deux amis, ne nous a pas laissés manquer du nécessaire.

Chrétiens emprisonnés. Leur courage.

Je vous ai simplement dit que nos pauvres gens avaient été mis dans la
prison publique parmi les plus criminels du pays ; mais à présent, il faut que
je vous donne une idée du genre de leur prison.

Dès qu'ils furent jetés en prison, on les dépouilla presque de tout, en
premier lieu du chapeau et des souliers. La soutane, ne provoquant point
l'avarice des gardes, fut laissée à nos missionnaires et aux écoliers clercs ;
il n'en fut pas de mesme des casaques, des chemises, des caleçons et culottes ;
quelques-uns passèrent jusqu'à deux mois ainsi nus, dans le temps des vents
du nord bien froids, n'ayant jour et nuit pour se couvrir qu'un méchant petit
guenillon qu'un reste de pudeur empêchait les gardes de leur enlever. On
ne manqua pas de les mettre aux cinq prisons, ou plutôt aux sept ou huit ; car
ils estaient liés et garrottés avec autant de sortes de liens. C'estait la posture
dans laquelle ils estaient pour prendre le repos de la nuit ; mais le jour ne
paraissait pas plustôt, qu'ils estaient enfilés dix ou douze ensemble dans une
mesme chaîne, pêle-mêle avec les plus grands scélérats du pays, et traînés
ainsi à un rude travail, depuis le matin jusqu'au soir, savoir à porter de la
terre, des briques, les immondices et ordures de la ville ; à curer les égoûts,
les fosses et les latrines mesmes ; à traîner des poutres, etc...

Ce fut pour lors qu'une quantité d'étrangers furent surpris de voir dans
Siam des Européens, de jeunes écoliers de 13 à 14 ans, et des missionnaires
mesmes, qui portaient sur leur visage le caractère de leur innocence, traînés
le long des rues et traités comme les plus infâmes voleurs et meurtriers du
monde. Si quelqu'un d'eux débilité de maladie, brûlé par l'ardeur du soleil,

fatigué du travail, succombait sous le faix, il estait bientôt relevé à grands
coups de bâton. Le matin en allant au travail, et le soir en revenant, ils demandaient l'aumône de porte en porte et de boutique en boutique ; on leur
donnait, comme aux autres prisonniers siamois et pégous avec lesquels ils
estaient attachés, un peu de riz, du poisson salé, et quelquefois de ces coquilles ou cauris qui servent ici de monnaie. Il ne laissait pas de se trouver
parmi le peuple, des personnes qui ne pouvaient s'empêcher de donner des
marques de leur compassion ; mais il s'en trouvait aussi qui se faisaient un
plaisir d'insulter à leur disgrâce et de leur faire en passant quelques nouvelles
avanies : arracher des poils de leur barbe, donner des coups, dire des injures, etc., et d'autres se contentaient de dire comme en grondant qu'ils méritaient bien ce traitement. Il est vrai que nous ne nous étonnions point d'entendre des gentils nous dire cela, puisqu'ils nous accusent comme d'un crime
d'avoir voulu détruire leur religion ; mais nous ne savons quel foudement
pouvaient avoir certains chrétiens, qui se disent portugais, de tenir de tels
discours.

Missionnaires exemptés des travaux.

Nos Messieurs ne furent obligés au travail que les premiers mois. Je ne
sais pourquoi ni ce qu'on représenta à la Cour ; on disait que tous les étrangers trouvaient cela bien exorbitant. Cependant les écoliers et les séculiers
continuèrent cet exercice jusqu'à l'arrivée d'Oprą Pitchaye Songcram, le
premier des otages que M. le général renvoya aussitôt qu'il fut mouillé à
Joncelang, et qui arriva ici le 20 août 1689.

Les prisonniers pendant la nuit.

Le soir estant venu, tous nos prisonniers estaient ramassés chacun dans
sa prison ; outre qu'ils avaient les pieds et les mains liés, ils y rencontraient
encore des gardes qui n'ont guère leurs pareils dans l'iniquité et la canaille-
rie, et dont la coutume immanquable est de s'enivrer tous les jours, principalement au soir, et c'est dans cet état qu'ils se divertissent à tourmenter et
à exercer la patience de nos pauvres prisonniers : à l'un ils arrachent la
barbe ; ils la brûlent à l'autre ; à celui-ci, ils crachent au visage ; à celui-là,
ils font baiser leur derrière. Il y avait entre autres un de ces infâmes qui se
faisait un honneur de faire baiser de temps en temps le sien à M. Pocquet, en
l'appelant sancraat, c'est-à-dire évêque. Mais lorsqu'ils voyent quelque apparence de pouvoir extorquer une pièce de monnaie, en la tirant pour ainsi
dire de la chair et du sang d'un pauvre prisonnier, c'est alors qu'ils em-
ploient toute leur barbarie, méchanceté et cruauté. Il s'est trouvé de ces barbares, qui après avoir bien lié et garrotté quelques uns des nôtres, ont esté
jusqu'à porter leurs mains sur les parties que la pudeur m'empêche de nommer, et les ont pressées en leur criant de donner de l'argent. Quelquefois
mesme, il leur prend fantaisie sans aucun sujet, sinon poussés par leur bru-
talité et inhumanité, de frapper outrageusement nos pauvres patients. Un
jour un de ces misérables, de sang-froid, s'en alla sur M. Delaz, officier des
troupes, et le petit Delaunay, musicien, déchargea à chacun d'eux une centaine de coups de rotin, faisant le fendant et leur demandant : « Hé bien ! me
craint-on ou non à présent ? » Pour quelque autre sujet, mais toujours fort
léger, on a la tête frappée : M. Monestier, missionnaire, a eu jusqu'à sept
blessures sur la tête ; un autre a eu les bras démis ou meurtris ; celui-ci les
côtes enfoncées ; celui-là crache le sang à la suite des coups ; enfin tous sont
dans la dernière misère. Ajoutez à cela la puanteur du lieu, où ils sont si
pressés l'un contre l'autre qu'aucun n'a de place pour s'y étendre ni remuer ;
l'infection de l'eau qu'ils boivent, mêlée d'ordures, tellement que sans exagération, lorsqu'on la puise, il faut avec le seau ranger ces ordures de côté

et d'autre ; ajoutez encore dartres, gales, furoncles dont tous sont couverts.
Il ne faut pas aussi oublier les iusectes, vermines, poux, punaises, fourmis,
maringoins, dont ils sont rongés. A présent ils connaissent par leur propre
expérience que c'est avec grande raison que l'Eglise met au rang de ses
principaux martyrs ceux qui pour la foy ont estés consumés *squalore carceris.*
Quelle agréable nouvelle serait-ce pour la plupart de nos prisonniers, si on
leur annonçait qu'aujourd'hui ou demain le glaive ou la roue mettra fin à
leurs maux ! N'ai-je donc pas raison de comparer cette prison à un enfer ? Si
l'excès du mal fournit matière au désespoir, non seulement ils y résistent
tous, mais mesme par la grâce de Dieu ils y conservent la tranquillité, la
paix intérieure, et la gaîté de cœur ; ils se résignent au bon plaisir de Dieu,
et le prient de vouloir recevoir leur sacrifice ; ils chantent les psaumes,
hymnes, litanies ; ils lisent, tant les séculiers que les ecclésiastiques, les
bons livres qu'on a soin de leur faire tenir ; il y a de nos Messieurs qui
composent des cantiques et chansons spirituelles ; c'est ainsi que tous passent
leur temps.

Tombeaux de Mgr Lambert de La Motte et de M. de Chandebois violés.

Cette fureur et rage contre nous ne fut pas assouvie en se déchargeant
ainsi sur les vivants ; elle s'étendit jusque sur les morts, ou plutôt jusque sur
les reliques qui nous restaient d'eux ; elle alla chercher jusque dans leurs
tombeaux : ils déterrèrent les ossements de Mgr de Bérythe et de M. de Chandebois qu'ils jetèrent de côté et d'autre ; mais la piété porta des chrétiens
cochinchinois à ramasser ces reliques et à les réenterrer. J'ai su que cette
cupidité et faim insatiables qu'ont les infidèles de l'or et de l'argent, fut le
plus puissant motif qu'ils eurent de fouiller ainsi jusque dans les sépulcres,
croyant, conformément à leurs coutumes, y trouver quelque chose.

Omissions.

Comme je ne vois nulle utilité de faire aucun rapport de certaines choses
qui se sont passées ici dans le commencement de l'année 1689, mais qui ne
nous regardent point, je m'en abstiendrai ; je n'ai pas mesme voulu décrire
jour par jour, ainsi que le style de *Journal* l'aurait demandé, les différents
maux dont a esté affligé chacun de nos pauvres prisonniers en particulier,
cela eût été trop long et ne servirait qu'à *renovare dolorem.*

Pourparlers entre les mandarins et l'évêque à l'occasion de la présence de Desfarges à Jongselang et de ses réclamations.

Le 20 août 1689 Mgr de Métellopolis, qui après avoir passé les trois
premiers mois de son emprisonnement avec les cinq prisons en avait esté
délivré de crainte qu'il ne succombât, atteint comme il estait de différentes
maladies, y fut remis sur le soir de ce jour, mais il n'y demeura pas longtemps ; il n'y fit que passer la nuit, et le lendemain au matin en fut délivré ;
nous sûmes aussitôt que ce surcroît, ou plutôt ce renouvellement de peine,
n'avait d'autre cause que le premier avis qui estait venu à cette Cour que
M. le général Desfarges estait à la coste de Jongselang avec quatre navires.
Le 23, mon dit Seigneur, mal vêtu et accommodé, sans chapeau ni souliers, à peu près comme un forçat déchargé de ses chaînes, fut conduit de sa
petite cachette, en passant au travers de toute la ville, dans la salle publique,
lieu destiné à traiter des affaires. Dans ce mesme lieu furent aussi conduits
tous les missionnaires prisonniers, avec les fers aux pieds et la chaîne au col,
laquelle pendant aux deux côtés de leur corps faisait en traînant le long des
rues une harmonie agréable seulement à ceux qui sont innocents comme eux.
Là le mandarin qui vint tenir la conférence leur lut de la part du roy de

Siam un long et ample écrit, qui contenait une énumération exagérée des faveurs que Sa Majesté Siamoise avait faites aux Français, et combien de leur
part ils y avaient mal correspondu ; que le général avait manqué au papier
d'accommodement en emmenant les deux mandarins qui lui avaient esté donnés en otages, et que nous, par conséquent, qui étions ses cautions, méritions
la mort, selon la coutume du royaume qui dit que tout homme qui fausse la
parole donnée au roy est digne de mort ; que Sa Majesté par pure clémence
et miséricorde n'avait pas voulu agir avec nous selon toute la rigueur des
lois de son royaume ; que toutefois elle nous déclarait que si M. le général
estant à Jongselang y faisait la moindre hostilité, elle nous enverrait tous
mettre à l'embouchure du canon, à la vue du général mesme et de ses troupes,
et qu'ensuite on lui montrerait qu'on ne le craint point dans le royaume de
Siam, et que quand mesme il aurait dix fois plus de navires qu'il n'en a, on
ne le craindrait pas ; qu'il ne pouvait que battre la mer inutilement, que Sa
Majesté n'avait déjà plus de vaisseaux en mer et qu'elle donnerait bon ordre
à ce qu'aucun bâtiment marchand ne tombât entre ses mains ; que s'il se
hasardait à descendre à terre ce serait un butin qu'il apporterait aux Siamois.
La conclusion fut que mon dit Seigneur et tous les missionnaires écriraient
à M. le général.

La lecture de ce long papier estant achevée, le mandarin demanda que
réponse à chaque article fût donnée sur-le-champ. Pour ce qui était d'écrire,
Monseigneur représenta qu'à la vérité il estait bon d'écrire, et qu'il le fallait
faire ; mais qu'il lui semblait que cela ne suffisait pas, parce que le chemin
d'ici à Jongselang estait trop long, rude et difficile pour en pouvoir attendre
des réponses aussi promptes et aussi fréquentes qu'il estait nécessaire pour
terminer une affaire de telle importance ; qu'il lui semblait plus expédient
d'envoyer deux missionnaires vers M. le général, qui pourraient le persuader
beaucoup mieux de bouche que par écrit, répondant aux raisons qu'il pourrait alléguer. A cela le mandarin répondit qu'il doutait fort que le roy accordât l'envoi de ces deux missionnaires.

Monseigneur proposa de plus que, pour terminer mieux les affaires, il
lui paraissait nécessaire de prendre un médiateur, et qu'il ne voyait ici que
les Hollandais qui pussent faire cela. Le mandarin reprit : « Mais le vou-
dront-ils ? » Mon dit Seigneur répliqua : « C'est un honneur pour eux, ils le
doivent accepter ». Voilà la substance de ce qui se passa dans cette conférence, dont la conclusion fut remise au lendemain pour savoir la volonté du
roy sur les points proposés. Cependant on reconduisit Monseigneur et tous
les missionnaires chacun dans sa prison.

Le lendemain 26, ils furent tous reconduits dans la mesme salle, et dans
le mesme équipage que le jour précédent, et le mandarin leur dit de la part
du roy qu'il ne fallait point songer à envoyer aucun missionnaire à Jongselang vers M. le général. De plus Sa Majesté ne voulait pas se servir des
Hollandais en les prenant pour médiateurs ; qu'en un mot il n'y avait autre
chose à faire qu'à écrire à M. le général. Comme à cela il n'y avait rien à
répliquer, mon dit Seigneur se mit en devoir d'écrire ; mais pour y mieux
procéder, il demanda d'avoir connaissance de ce que M. le général avait écrit.
Le mandarin aussitôt lui donna lecture de la lettre du sieur général qui ne
respirait que la paix, et déclarait simplement les raisons qu'il avait eues
d'emmener les deux otages ; mais qu'enfin il les renvoyait et venait reprendre
son monde et son bagage. Il proposait de plus pour accommodement qu'il
ferait les premiers pas, que de quatre personnes qu'il avait, savoir deux
mandarins otages, un interprète et un siamois serviteur, il en rendrait deux,
pourvu qu'on les allât prendre ; qu'ensuite on lui enverrait son monde, puis
enfin qu'il renverrait les deux autres personnes. Là-dessus Monseigneur
demanda au mandarin s'il ne trouvait pas ces propositions raisonnables ; le

mandarin répondit, qu'on ne voulait plus se fier aux Français ; que comme ils avaient emmené les otages, ils les ramenassent eux-mesmes, qu'on ne les irait pas prendre. On fit instance : « Mais si M. le général les renvoyait, lui enverrait-on son monde et son bagage ? » Le mandarin répondit : « Lorsque les Français nous auront payé les 300 catis que M. le général a empruntés, qu'ils auront rendu le navire que M. du Bruant a enlevé, qu'ils nous auront remis deux bâtiments qui sont entre leurs mains, pour lors on pourra renvoyer les prisonniers et bagage et non plus tôt. » On répliqua : « Mais il y a danger que M. le général n'accepte pas ces propositions. » Le mandarin plus fier qu'un Alexandre répliqua : « Hé bien, s'il faut se battre, à la bonne heure, nous nous battrons. » Monseigneur rompit ce discours et reprit un autre point, savoir : que pour ce qui estait du payement des dettes, c'était une chose de longue discussion, à laquelle nous n'entendions rien ; que pour liquider ces comptes, il fallait attendre quelque envoyé de la Compagnie. Le mandarin répondit qu'on ne pouvait savoir s'il en viendrait ; que les Français ayant esté trouvés menteurs et ayant faussé leur parole, on ne voulait plus se fier à eux. A cela Monseigneur se tut, et se mit à écrire ainsi qu'on lui ordonnait. La lettre fut conçue et tournée au gré des Siamois, conjurant M. le général d'avoir égard à l'amitié royale, à la religion et au papier d'accommodement qu'il avait signé, et enfin à nous qui étions ses cautions ; qu'en ces considérations, il ne fasse aucun acte d'hostilité, autrement nous péririons tous misérablement. La lettre traduite en siamois plut au mandarin et il assura qu'elle serait acceptée du roy.

Toutefois, Monseigneur ne se put retenir de représenter que M. le général connaîtrait fort bien qu'une lettre ainsi couchée avait esté faite pour plaire au roy par des personnes en son pouvoir ; que de plus, ne touchant pas le point de l'affaire qui estait de renvoyer au général son monde et son bagage et qu'il rendrait les mandarins, elle ne servirait de rien qu'à amuser et perdre le temps. Je ne dois pas oublier ce que j'entendis dire ce jour, savoir : que cette Cour avait envoyé ordre exprès aux officiers de Jongselang de ne rien fournir du tout aux Français, ni vivres, ni eau, et de faire main-basse sur ceux qui mettraient pied à terre.

Le 27, un des mandarins otages que M. le général avait emmenés arriva à Siam avec son serviteur. Il nous parut comme l'étoile du matin à un pauvre patient qui pendant une nuit douloureuse attend le jour avec impatience. Ce mesme jour, après le soleil couché, Monseigneur et nos Messieurs furent encore menés à la susdite salle publique, et incontinent le mandarin leur fit lire les lettres de M. le général et de M. Véret, autrefois capitaine de la faiturie de Siam ; elles ne respiraient, tant les unes que les autres, qu'un bon accommodement. Celle du premier disait qu'il ramenait les navires du roy de Siam, bien radoubés pour les rendre ; qu'il venait pour raccommoder les affaires, et que pour mieux faire cela, il priait qu'on laissât aller vers lui Mgr de Métellopolis, avec lequel il priait aussi qu'on envoyât quelque mandarin qui eût plein pouvoir non seulement de traiter, mais encore de conclure toute chose. Enfin, il nous redemandait tous avec son monde et son bagage. Les lettres de M. Véret ne parlaient que de comptes et autres affaires de son commerce, et priaient le barcalon d'obtenir du roy de Siam Jongselang pour la Compagnie. La lecture de toutes les lettres estant faite, le mandarin demanda à Monseigneur ce qu'il pensait sur tout ce qui y estait couché ; Monseigneur répondit en premier lieu qu'il fallait changer la lettre qu'on lui avait fait écrire le jour précédent. Mais comme la nuit estait bien avancée, le mandarin remit les délibérations à faire jusqu'au lendemain et se retira ; nos Messieurs furent ramenés dans leurs prisons.

Le lendemain 28, ils furent tous rassemblés dans le mesme lieu. Monseigneur changea sa première lettre pour M. le général et traduisit en siamois son nouvel écrit. Alors furent appelés un Hollandais et un chrétien noir, qui tous deux savaient le français et le siamois ; on leur fit lire et expliquer en siamois les lettres de M. le général, de M. Véret et de quelques particuliers écrites de Jongselang. La conférence se termina par la lecture d'un petit écrit de la part du roy de Siam, qui disait que Sa Majesté voudrait bien nous délivrer, mais que c'était une nécessité que les choses demeurassent ainsi, jusqu'à ce que M. le général eût renvoyé les deux autres Siamois qui restaient avec lui. Je laisse à penser quelle instance faisaient les prisonniers pour avoir du moins quelque soulagement ; mais ils n'obtinrent rien du tout.

Le 30, Monseigneur fut encore appelé à ladite salle publique, où le mandarin lui demanda si M. le général, ayant manqué de parole avait raison de nous demander tous, et si nous voulions nous en aller. Mon dit Seigneur estait bien éloigné de répondre que nous ne souhaitions pas nous en aller ; néanmoins le mandarin tourna sa réponse, comme si effectivement il eût dit que nous ne voulions pas nous en aller d'ici avant que M. le général eût accompli le traité.

Le 1er septembre tout au matin, on porta à Monseigneur deux lettres écrites en son nom en langue siamoise, l'une à M. le général, et l'autre à M. Véret, avec ordre qu'il y mît son cachet. Il tâcha de représenter que cela estait capable de gâter toutes les affaires, vu que cela leur ferait croire que nous étions tous morts et qu'il ne restait plus de nos vestiges que ce simple cachet ; mais comme il ne put rien gagner par ces remontrances, il fallut obéir à l'ordre. La lettre pour M. le général ne contenait que des plaintes et des instances pour l'obliger à satisfaire à tous les points du traité, et celle à M. Véret n'estait que pour l'engager à revenir. Sur le soir, on réunit tous les Français séculiers dans la salle publique ; on leur déclara que chacun d'eux pouvait écrire à qui bon lui semblerait de ceux qui estaient avec M. le général, mais en langue siamoise seulement, et que quiconque écrirait pourrait librement déclarer la misère où ils avaient esté et estaient ; on fit dire aussi la même chose à nos Messieurs qui ce jour ne sortirent pas de leur prison, et pour cela on fournit des écrivains siamois tant aux uns qu'aux autres.

Le 4, les Siamois changèrent de sentiment sur le fait d'écrire à M. le général en langue siamoise ; ils dirent à Monseigneur de lui écrire en français, ainsi qu'il jugerait plus convenable, et de marquer qu'on enverrait un missionnaire ; mais qu'estant arrivé à Jongselang, il ne joindrait point les Français et demeurerait seulement parmi les Siamois. Ainsi nous crûmes ce jour qu'enfin on enverrait un de nous ; mais dans la suite on n'en parla plus. Ce qui ne nous surprit pas peu fut la dernière résolution prise par les Siamois d'attendre en repos de nouvelles réponses de M. le général. En effet, depuis ce jour on ne parla plus de cette affaire, et chacun des nôtres fut gardé dans sa prison comme auparavant.

Tout le soulagement qu'apportèrent à nos pauvres patients la lettre de M. le général et les avances qu'il faisait, en renvoyant la moitié des otages, fut de les exempter du travail auquel ils estaient tous les jours envoyés.

Le 10, le capitaine de la faiturie hollandaise et maître Daniel, qui quoique français par la naissance garde un fond de haine insatiable contre le nom Français, et principalement contre les prêtres et les religieux, furent, je ne sais pourquoi, dans le palais, et reçurent par présent du roy, le premier une boîte d'or, le second une boîte d'argent, avec la qualité d'opra donnée à l'un et à l'autre. Apparemment, cette gratification estait une récompense de ce qu'ils avaient fait et conseillé contre les Français, et un petit aiguillon pour les pousser à faire toujours de mesme ; mais ils n'en ont pas besoin, et en vérité si faire du mal à quelqu'un mérite récompense, je ne sais quelle est celle qui n'est point due à ces Messieurs. Ils ne perdent pas la moindre occasion de nous en faire, et le plus qu'ils peuvent ; nous avons bien des fondements de croire que nos prisonniers seraient délivrés, ou du moins soulagés il y a longtemps, si leurs conseils ne fussent venus à la traverse.

Arrestation de M. Pérez et du P. Louis de la Mère de Dieu.

Le 13, M. Pérez et le P. Louis de la Mère de Dieu arrivèrent de Ténassérim en cette ville comme prisonniers. Quoique ces deux missionnaires n'aient pas esté enveloppés dans le tourbillon des Français, ils n'ont pas cependant eu un meilleur sort. Le gouverneur de Ténassérim, qui gardait une rancune dans son cœur contre M. Pérez, profita de la décadence où il voyait tous les chrétiens, principalement ceux qui avaient eu quelque habitude parmi les Français, pour se venger ; il lui suscita une méchante affaire qu'il serait trop long et inutile de raconter, pour laquelle non seulement lui et son compagnon le P. Louis furent entièrement dépouillés de leurs petits meubles, mais encore tous les biens des parents de M. Pérez furent confisqués, et son beau-frère emmené prisonnier avec lui.

Mort du P. Louis de la Mère de Dieu.

Les fatigues du voyage qui avait duré 40 jours, sous la rude domination des bras peints, jointes à la vieillesse du P. Louis, produisirent en lui un dévoiement qui commença deux jours après son arrivée, et comme on le tenait toujours dans le mesme ballon dans lequel on les avait amenés, en attendant les ordres de la Cour, les incommodités du ballon et le manque de soulagement nécessaire rendirent cette maladie mortelle ; enfin elle emporta le pauvre et vénérable malade, au bout de 9 jours, savoir le 22 du courant. M. Paumard ne laissa pas de l'aller visiter plusieurs fois pendant le cours de la maladie, et lui fournit tous les remèdes de l'âme et ceux du corps autant qu'il put. Voyant que les incommodités du ballon lui causeraient infailliblement la mort, il tâcha d'obtenir permission de le faire transporter en quelque maison ; mais il ne put l'obtenir nonobstant tout ce qu'il représenta.

Depuis que nous sommes privés de notre église, les RR. PP. Jésuites ont toujours eu la charité de donner la sépulture à nos morts ; ainsi, selon notre coutume et suivant ce qu'avait demandé notre défunt avant de mourir, j'écrivis au P. Maldonade, supérieur, de la part de Mgr de Métellopolis, et lui demandai la sépulture ecclésiastique pour notre défunt, ce que le Révérend Père accorda de très grand cœur ; il fit incontinent ouvrir une fosse dans son église et partit avec toutes les cérémonies pour aller enlever le corps qui estait encore dans le ballon ; mais le P. Esteivao, augustin, avec le P. Sylvestre qui portait l'étole de l'église de Saint-Dominique, envoyé par le P. Pedro des Martyrs qui y exerce les fonctions curiales, vint à la traverse, enleva le corps du défunt de vive force. Le R. P. Maldonade, avec M. Paumard qui se trouva là, aimant mieux, après avoir représenté doucement leur droit, céder aux dits Pères que de causer du scandale, le corps fut ainsi emporté pour estre enterré dans l'église de Saint-Dominique.

Nomination épiscopale et emprisonnement de M. Pérez.

Le 18, le P. Maldonade envoya à M. Pérez, détenu prisonnier dans son ballon, un paquet de lettres, lequel ledit sieur ouvrant, fut surpris de voir des bulles qui l'envoyaient à l'évêché de Bugie et le faisaient Vicaire apostolique de la Cochinchine. Cela nous surprit d'autant plus que nous n'en avions encore rien su, ni ne pouvions savoir par quelle voie elles étaient venues, ni comment il s'était pu faire que nos Messieurs de France, qui nous ont écrit en 1688, n'en aient pas parlé dans leurs lettres, vu que les bulles sont expédiées de février 1687.

A peine ledit sieur Pérez eut-il entrevu ces patentes si honorables, que voilà les bras peints qui entrent dans le ballon, les mains pleines de fers et de liens qu'ils lui jettent sur le corps, et l'emmènent à l'interrogatoire comme quelque grand scélérat. Le pauvre patient qui d'ailleurs est d'un naturel fort timide[1] y allait tenant le crucifix entre les bras, *sicut ovis ad occisionem*, ne croyant pas jamais échapper de ce coup. De l'interrogatoire il fut livré à la garde des bras peints qui ne manquèrent pas de le charger de tout l'attirail des cinq prisons, d'une partie desquelles il fallut le rédimer à force d'argent. Il fut ainsi sous la garde des bras peints pendant deux mois, après lesquels il fut mené dans la prison publique où sont tous nos prisonniers, non ensemble, mais partagés dans huit prisons, ou plutôt dans huit appartements différents de la mesme prison ; il y est encore jusqu'aujourd'hui, et s'applique pour se désennuyer à la langue du pays de son Vicariat. Comme le dit sieur Pérez n'a pas esté mis en prison pour le crime qu'on traite ici de capital, d'estre Français, on a fait des diligences particulières pour le délivrer, et j'espère moyennant l'aide de Dieu qu'à la fin il sortira libre. Dès les commencements, on s'adressa à ces Messieurs les Portugais du camp pour procurer sa sortie, ce qu'à mon avis ils auraient pu obtenir facilement ; on a essayé de leur faire valoir la nouvelle dignité à laquelle il estait élu par le Saint-Siège ; la considération qu'il estait portugais n'a pas esté capable de les émouvoir.

M. Paumard interrogé par le barcalon.

Le 9 novembre, le barcalon estant dans la salle publique avec trois Mogols nouvellement arrivés de la côte de Coromandel, fit appeler M. Paumard, pour lui dire que ces trois Mogols donnaient pour nouvelle que le grand Mogol avait chassé Français, Anglais et Danois ; les Français de Bengale, de Pondichéry et Surate ; les Anglais de Madras, et les Danois de Tranquebar. Ensuite le barcalon demanda à M. Paumard où il croyait que les Français seraient allés en sortant de Jongselang ; M. Paumard répondit qu'il ne pouvait porter aucun jugement là-dessus, sinon peut-être qu'ils seraient retournés en France. Nous ne pûmes nous imaginer pour quel dessein le barcalon voulut donner si publiquement cette nouvelle à M. Paumard, vu principalement qu'elle n'avait pas grand fondement, et que peu de temps après elle fut reconnue pour manifestement fausse.

Incendie de la maison de MM. Martineau et Chevreuil.

Le 19, la maison qu'un Tonkinois avait prêtée à M. Chevreuil et à moi, pour nous retirer après que les Siamois se furent emparés de notre séminaire et de tout ce qui estait dedans, fut enveloppée dans un incendie survenu dans le quartier où elle était située. Tout ce qui n'avait pas plu aux Siamois, et qui par conséquent nous estait demeuré et que nous ménagions pour subvenir à la nécessité de nos prisonniers, avec quelques provisions que nous avions amassées de côté et d'autre, fut entièremeut consumé. Quoique cette perte fût beaucoup moins considérable que les précédentes, elle ne nous fut pas moins sensible, parce qu'elle nous priva de l'absolu

[1] « M. Pérez a reçu du Père Maldonade des brefs pour estre évêque de Bugie et vicaire apostolique de Cochinchine ; mais ce jour-là mesme, il fut mis en prison ; il est dans une si grande appréhension, qu'il croit qu'on va le faire mourir chaque jour. Son plus grand crime estait que son beau-frère estait fort riche, et qu'on voulait le piller, cela fait qu'on les a emmenés et mis en prison. Or, je crains fort que M. Pérez ne perde l'esprit de ces craintes si mal fondées, si grandes, et si extraordinaires. Il croit qu'à tout moment on parle de lui, qu'on apporte sa sentence, et il est quasi comme estait M. Chevreuil ; c'est tout dire. Il avait un frère qui est mort, et qui avait une pareille faiblesse d'esprit. J'en dis un mot à la Sacrée Congrégation, mais je ne parle pas si clairement, crainte de faire soupçonner que je ne suis pas content. » (*Mᵍʳ Laneau aux directeurs du Séminaire des M.-E.*, 24 novembre 1689. A. M.-E., vol. 862, p. 381).

nécessaire dans un temps que nous ne savions d'où ni comment il nous viendrait quelques secours ; mais Dieu *vere pius, vere misericors* qui pourvoit à la vie des fourmis pourvut secrètement à la nôtre, car M. Ferreux arriva en décembre, et nous apporta un petit secours qui nous aida à traîner jusqu'à présent notre misérable vie, au travers de tant de dangers qu'il est facile à connaître que c'est sa main toute-puissante qui l'a conduit.

Arrivée du dernier des otages retenus par Desfarges.

Le 3 décembre, le dernier des otages qui restait entre les mains de M. le général, savoir Dlouan raat qui a esté en France en qualité d'ambassadeur, arriva en cette Cour, et donna les premières nouvelles certaines que, vers le commencement d'octobre, M. le général avait fait voile de Jongselang pour Bengale ; il se loua du bon traitement que les Français lui avaient fait aussi bien qu'à l'autre mandarin otage qui estait arrivé le premier ; il dit de plus que M. Ferreux et François Pinhero interprète venaient derrière, et qu'ils devaient arriver incessamment.

Retour et interrogatoire de M. Ferreux.

Le 7, en effet, M. Ferreux, avec le dit François Pinhero, arriva vers le midy ; aussitôt il fut appelé dans la maison du barcalon où il fut interrogé, et de là envoyé chez Oya Pipat, son lieutenant, qui l'interrogea jusque vers minuit, fit écrire toutes ses réponses, et le renvoya avec ordre de revenir le lendemain.

Le 8, le lendemain, il se rendit à l'ordre et fut encore examiné, tourné, viré de tous côtés, et pressé par tous les motifs dont on a coutume de se servir pour tirer la vérité de la bouche d'un homme qu'on croit qui la veut cacher. Il fut ainsi interrogé sur toutes les démarches des Français depuis le départ de cette rade jusqu'à Pondichéry, et de Pondichéry jusqu'à Jongselang ; sur tous leurs desseins, projets et prétentions, etc. M. Ferreux par ses réponses satisfit cette Cour, et donna assez à connaître la sincérité des intentions des Français.

Les Français quittent Jongselang.

De plus, M. Ferreux nous déclara comment M. le général Desfarges, voyant que la réponse des Siamois tardait trop, avait fait voile pour Bengale avec trois navires, laissant M. de Verdesalle avec deux autres vaisseaux pour attendre encore quelques jours la réponse à ses lettres. Mais le dit sieur de Verdesalle, après avoir attendu douze jours, et ne recevant enfin aucune nouvelle ou réponse, se mit en devoir de suivre ses ordres, et d'aller après M. le général, voulant mesme emmener l'otage qui lui restait aussi bien que M. Ferreux ; mais M. Ferreux l'induisit à les renvoyer à Siam.

Déceptions.

Tous nos gens partirent ainsi de Jongselang sans avoir eu connaissance de la misère où nous étions et sommes encore ; ils en entendirent seulement quelque chose, mais confusément et par des voies qui leur paraissaient suspectes, venant des Hollandais, par le retour d'une petite chaloupe que M. le général avait envoyée vers Batavia ; ainsi ils ne voulurent ajouter aucune foy à ce qu'ils avaient entendu, et aimèrent mieux pour leur repos se flatter de la pensée que nous étions bien à notre aise : le bon Dieu les conduise ! Ils nous ont laissés avec cette belle leçon : *Nolite confidere in principibus neque in filiis hominum in quibus non est salus.*

Si l'arrivée du premier otage que M. Desfarges renvoya aussitôt qu'il fut mouillé à Jongselang nous parut comme l'étoile du matin à un pauvre patient qui soupire après le jour, l'approche de ce dernier nous sembla comme l'aurore que nous nous flattions devoir être suivie du beau jour de la délivrance ; cette prétendue aurore n'a esté qu'une fausse lueur et un éclair qui ont trompé notre pensée ; la nuit obscure continue toujours, les patients gémissent toujours dans leurs mesmes maux, sans aucune diminution, et s'il semble que la longue durée a pour ainsi dire endurci et habitué leur corps à la fatigue, l'ennui d'une longue suite de maux, sans espérance d'en sortir, donne de terribles attaques au pauvre esprit, qui malgré tout est relevé par la grâce de Celui pour lequel on souffre.

Mgr Laneau avec M. Paumard.

Quand j'ai dit ci-dessus qu'à l'arrivée des mandarins otages, il n'y a eu aucun changement ni soulagement pour nos prisonniers, j'entends parler de tous, à l'exception néanmoins de Mgr de Métellopolis qui, aujourd'hui 9e jour de décembre, fut délivré de sa prison et mis avec M. Paumard ; il a assez de liberté de recevoir les visites des uns et des autres ; mais il n'a pas permission de sortir, ni d'aller demeurer où il voudrait ; ainsi il n'est que changé d'une prison dans une autre, moins rude à la vérité.

Requête en faveur des prisonniers.

Sur la fin du mois, nos pauvres prisonniers se voyant frustrés de toutes les espérances qu'ils avaient conçues d'estre délivrés, et poussés par l'excès du mal, nous prièrent, nous qui sommes dehors, de chercher moyen de présenter un placet, par lequel ils demandaient comme par grâce particulière qu'on les achevât tout d'un coup, supposé qu'on fût déterminé à ne leur accorder aucun soulagement. Que si on avait encore quelque petit reste de considération pour les Français, on pouvait être assuré que jamais ils ne seraient tant choqués de leur mort que des peines et affronts qu'on leur faisait continuellement souffrir. Quelques-uns de nous estaient assez d'avis de dresser une requête dans toute la force que le souhaitaient nos prisonniers ; mais notre interprète ne fut pas tout à fait de ce sentiment ; il nous dit de ne pas demander une telle grâce avec tant d'instance. La requête fut un peu mitigée, et dressée au nom de M. Paumard, comme nourricier des prisonniers ; elle représentait en abrégé toutes les peines et vexations journalières qu'on leur faisait, qu'ils n'en pouvaient plus, et que, si on continuait ainsi, ils demandaient qu'on les fît plutôt mourir tout d'un coup, que de les laisser tant languir. Cette requête fut présentée à un oya maure appelé Osencan, qui dès le commencement nous a témoigné assez de compassion et de bonne volonté pour nous aider ; il nous a dit qu'il l'avait montrée au grand mandarin des prisons et au lieutenant du barcalon. Nous ne savons pas si la requête n'est point allée plus loin ; mais quelques jours après, nos prisonniers eurent quelque allègement à leurs peines, et ne furent pas enchaînés si étroitement, bien que les geôliers ne laissent pas de temps en temps d'en charger quelques-uns. Nous ne savons si nous devons attribuer au placet ce changement et soulagement, qui, quoiqu'en lui-mesme bien petit, ne laisse pas de paraître doux.

Mesures favorables aux prisonniers.
Intervention de M. Paumard.

Vers le commencement du mois d'avril 1690, la Cour fit publier partout les ordres qu'on ne chantât plus de chansons railleuses et diffamatoires contre les nations étrangères (la plupart estaient contre les Français), et qu'on n'inquiétât personne dans l'exercice de sa religion.

Le 27, M. Paumard fut appelé au palais et consulté sur les remèdes propres à une certaine maladie, sans lui vouloir donner à connaître le malade. Il donna son sentiment accompagné d'une recette ; depuis ce jour, il a encore esté appelé quelques autres fois, et une fois on lui dit qu'un remède qu'il avait donné avait bien opéré ; en reconnaissance on lui remit un cati d'argent. On lui demanda de plus de la part du roy si quelqu'un l'inquiétait en quelque chose, et s'il avait quelque peine ; et on ajouta que Sa Majesté n'entendait pas qu'il fût aucunement inquiété, au contraire ; qu'elle avait une amitié particulière pour lui. M. Paumard ne perdit pas l'occasion de parler pour nos prisonniers, et répondit qu'il n'avait point de peine plus grande que celle de voir ses frères dans l'extrême misère, et ne demandait point de grâce avec plus d'instance que celle de leur délivrance. Il présenta mesme à ceux qui lui portaient la parole une requête par écrit qu'il portait toujours avec lui ; mais il n'eut aucune réponse sur ce point : c'est un mal pour lequel sa médecine ne peut trouver de remède.

Requête de Mgr Laneau.

Le 21 du mois de may sur quelques réflexions que fit Mgr de Métellopolis, il jugea à propos de faire un petit écrit en forme de requête qu'on lui promit de porter, ou de faire porter au prince. Par cet écrit, il représentait qu'il se pouvait qu'une chaloupe, dont on parlait, vînt pour moyenner quelque accommodement, et que si on la renvoyait sans avoir d'éclaircissement du moins de ce qu'elle voulait, c'estait peut-estre nous ôter le moyen de jamais sortir de nos peines, etc. La voie par laquelle cet écrit devait estre présenté ne me paraissait guère sûre, et la personne qui s'entremettait pour cela n'avait pas grand crédit ni autorité ; aussi je doute fort que ce papier soit allé jusqu'au prince. Mais nous sommes obligés de ramper par ces sortes de voies, parce que ceux qui ont quelque crédit ne daignent pas seulement nous regarder : *Vere facti sumus opprobrium hominum et abjectio plebis.*

Mauvaises nouvelles de France.

Le 9 du mois de juin, maître Daniel s'en alla bien échauffé donner au barcalon la première nouvelle de l'arrivée du navire hollandais qui venait de Batavia, pour d'ici aller au Japon ; il donnait aussi quantité d'autres nouvelles de l'Europe, et parlait des grands avantages qu'ils avaient eus avec l'armée des confédérés contre la France : En premier lieu, que les Hollandais avaient élevé leur prince d'Orange à la couronne d'Angleterre ; qu'il avait esté couronné dans Londres en le mois d'avril de 1689, avec un applaudissement universel ; que l'armée des confédérés avait pris quatre places considérables contre la France, entre autres Metz. On publiait de plus que l'empereur estait entré victorieux dans la France avec une grosse armée ; qu'il y avait un différend entre le roy et Mgr le Dauphin ; que mon dit seigneur le Dauphin à la tête de 90.000 hommes demandait au roy qu'il lui accordât onze propositions, savoir : que dans la France il y eût liberté de conscience comme auparavant ; qu'on rappelât tous les protestants qui avaient esté obligés de se retirer ; que le roy retirât le secours qu'il donnait au roy Jacques dans l'Irlande, etc. Je n'ai pas entendu les autres propositions.

Mesures répressives.

Le 8 du mois de juillet nos prisonniers, qui depuis plusieurs mois avaient joui de quelque soulagement dans leurs chaînes et autres liens, non qu'ils en eussent esté entièrement délivrés, mais allégés, y furent remis, enchaînés par bandes de 10 et 12 ensemble, et de plus mis à la cangue pendant une partie de la nuit.

M. Geffrard. — Intervention de MM. Paumard et Ferreux en faveur des missionnaires.

Quoique tous nos prisonniers soient véritablement dignes de compassion, gémissant non dans des prisons, mais dans des espèces de tortures depuis si longtemps, nul néanmoins ne l'est tant que M. Geffrard. Le pauvre homme n'a pas eu un moment de santé depuis qu'il est en prison ; quand on lui remit les chaînes, il avait la fièvre, une espèce de lèpre, etc., sa mine décharnée et ses pieds enflés témoignaient assez qu'il lui aurait plutôt fallu préparer un tombeau, que tant de liens pour l'empêcher de fuir. Le malheureux pâtit dans cette géhenne environ 15 à 18 jours, au bout desquels un chrétien, parent de la femme du défunt M. Constance, peintre qui était aussi prisonnier, mais bienvenu auprès du mandarin des prisons chez lequel il travaillait à quelque pièce de son métier, compatissant à sa misère, intercéda pour lui auprès du dit mandarin, qui enfin le délivra de cette chaîne commune, le laissant pourtant avec les fers aux pieds et chaîne au col. Pour tâcher d'y apporter quelque soulagement, MM. Ferreux et Paumard allèrent s'en plaindre au barcalon, et lui dirent de plus que les mandarins des prisons nous avaient fait faire beaucoup de dépenses en achat de bois, pour faire une prison particulière pour y garder nos Messieurs et les écoliers tous ensemble, suivant un ordre ancien du roy ; mais qu'ils n'achevaient point de permettre qu'on commençât l'œuvre. Le barcalon répondit que les mandarins estaient des menteurs et des fourbes, que nos gens prissent patience, et qu'il demanderait grâce au roy pour les faire passer tous avec M. Paumard. Comme nous étions accoutumés de n'avoir tout au plus que quelques bonnes paroles, sans aucun effet, cette réponse n'agit pas beaucoup sur notre esprit.

Délivrance de trois Anglais.

Le 13, furent délivrés trois Anglais prisonniers, suivant ce que le capitaine hollandais avait demandé un mois et demi auparavant. Le grand mandarin des prisons faisant venir devant soi les Anglais pour les faire délivrer, il arriva qu'un de nos Français se trouva enchaîné avec un d'eux. Le mandarin ayant demandé s'ils estaient tous Anglais, et ayant connu par la réponse du geôlier qu'un estait Français, il répliqua : « Pour celui-ci, fais-le bien souffrir. »

Intervention de M. Martineau.

Le 17, j'allai visiter un opra, mandarin considérable, qui m'avait témoigné un certain zèle pour assister nos prisonniers, en demandant au roy quelque grâce pour eux. Ce mandarin me dit d'abord qu'il estait prêt de présenter la requête, mais que les Hollandais estaient venus à la traverse avec certaines nouvelles qu'ils avaient données, ce qui lui avait fermé la porte. Je me plaignis encore de ce que nos prisonniers estaient si rudement traités ; il me répondit nettement qu'il y avait ordre, et qu'il ne pouvait rien en cela.

Démarche de M. Paumard. — Railleries siamoises.

Le 19, M. Paumard, avec notre interprète, alla se plaindre à Oya Jommerat, grand mandarin des prisons, de la nouvelle rigueur avec laquelle on traitait nos prisonniers, et lui réitéra la prière qu'il lui avait tant de fois faite, de permettre qu'enfin on commençât de faire la prison particulière qu'il avait lui-mesme accordée pour nos Messieurs. Le dit mandarin, au lieu de répondre à la prière, ou du moins de compatir aux plaintes qu'on lui faisait, se mit à railler sottement et grossièrement Dieu et notre sainte religion, vomissant des blasphèmes ; entre autres impertinences, il dit qu'il semblait que le Dieu des Pères estait entré en eux et leur avait fait prendre l'air en les promenant d'une prison dans l'autre. « Les Pères, disait-il, n'ont-ils pas du mérite à souffrir, depuis si longtemps ! » Il dit enfin qu'il les enchaînait ainsi de crainte qu'ils ne s'enfuient. M. Paumard répondant que les Pères n'estaient point gens à fuir, et que de plus nous nous offrions à donner caution, le mandarin répliqua : « Et le général qu'a-t-il fait ? ne sont-ils pas tous de la mesme trempe. »

Charité de l'Archevêque de Manille.[1]

Vers ce temps, M⁰ʳ de Métellopolis reçut du P. F. Antonio, à San-Do-
minico, une lettre de Manille, décembre 1689. Ce Père avertit mon dit seigneur, qu'ayant représenté à M⁰ʳ l'archevêque de Manille l'état ou es.ait
toute la mission de Siam, Sa Grandeur en avait esté si touchée, que n'ayant
pas pour lors d'argent en main, elle en avait emprunté, pour lui faire tenir,
par les mains de M. Martin, directeur, jusqu'à la somme de 1000 pataques ;
et de plus elle ajoutait un vase avec 1200 pains de chocolat et un boujon de
sucre ; c'est une aumône bien généreuse, à laquelle nous n'aurions osé nous
attendre, et si nous la recevions ici, elle viendrait bien à propos. Le bon Dieu
soit la récompense du bon et charitable prélat ; nous attendons cette aumône
par les soins de M. Martin, avec quelques autres secours.

QUELQUES PARTICULARITÉS DE CE QUI S'EST PASSÉ DANS LA PERSÉCUTION DU
CHRISTIANISME A SIAM, ET DE QUELQUES-UNS DE CEUX QUI Y ONT SOUFFERT
POUR LA FOI LORS DES RÉVOLUTIONS ARRIVÉES DANS CE ROYAUME LES ANNÉES
1688, 1689 ET SUIVANTES.

A. M.-E., vol. 880, p. 237.

Cette pièce contient un certain nombre de faits racontés dans le document précédent ; nous reproduisons seulement les détails différents et dignes de remarque.

Arrestation de M. Martineau.

Les officiers royaux vinrent ensuite diverses fois visiter le séminaire par
ordre de la Cour, dressant des inventaires de ce qu'ils y trouvaient, supposant faussement que M. Constance nous avait donné une grosse somme d'argent. M. Martineau leur déclara ingénuement tout ce qu'il y en avait ; mais il
eut beau les assurer et leur prouver que ces choses et ces deniers provenaient
des libéralités de notre pieux monarque, et des revenus de nos missionnaires
que M⁰ʳ de Rosalie avait apportés l'année précédente, ce n'étaient pas nos raisons, c'est notre argent qu'ils cherchaient. Après qu'ils eurent retenu
M. Martineau plusieurs jours, ils le firent monter à Louvo comme les autres,
ils lui mirent une cangue, et on ne lui permit pas d'aller descendre à notre
maison de la ville de Louvo, mais on lui donna une écurie pour appartement
le premier jour, et le lendemain on lui fit une cahute, et ses confrères obtinrent avec bien de la peine qu'en s'en rendant caution il viendrait demeurer
avec eux.

Interrogatoires de M. Chevreuil.

M. Martineau n'était pas encore parti pour Louvo, afin d'attendre le
vieux M. Chevreuil qui était marqué précisément dans l'ordre de la Cour ;
cet ancien missionnaire qui est un des premiers partis de Paris avec M⁰ʳ de
Métellopolis[2] en 1661, ne s'était jamais si bien attendu à la mort parce qu'il
ne recevait aucune nouvelle des autres missionnaires. On l'inquiéta fort pendant trois ou quatre jours par plusieurs questions qu'on lui fit, à l'occasion
d'une lettre qu'il avait écrite au Père Louis, à Merguy, dans laquelle entre
autres choses il lui avait mandé que le roy de Siam faisait bâtir une belle et
grande église pour les Révérends Pères Jésuites : sur quoi ce religieux lui fit

[1] M⁰ʳ Philippe Pando, dominicain, qui mourut le 31 décembre 1689, par conséquent
peu de jours après avoir fait cet acte de charité. Voici à ce sujet quelques lignes de
M⁰ʳ Laneau : « Après avoir fait embarquer cet argent il est mort, et l'administrateur des
biens de l'archevêché fit retirer la dite somme. Un père franciscain espagnol que nous
connaissons a pris hautement notre parti, et il espère gagner sa cause, ou plutôt la
nôtre. » (*M⁰ʳ Laneau aux directeurs du Séminaire des M.-E.*, 10 novembre 1690. *A. M.-E.*,
vol. 863, p. 73).

[2] M⁰ʳ Cotolendi.

réponse, qu'il souhaitait que ce bon roy fut le premier qui y fut baptisé. Les mandarins siamois appelèrent tous les Pères Jésuites pour leur demander adroitement quel châtiment mériterait un homme qui aurait eu la témérité d'écrire de semblables choses.

Arrestation de deux prêtres manillois.

On prit dans ce temps à Siam le P. Pierre[1], prêtre manillois qui était de notre mission depuis un an avec son neveu, et un autre écolier avec Dom Joseph, aussi manillois, qui quoiqu'âgé environ de cinquante ans s'était appliqué à apprendre la langue latine par le zèle qu'il avait du salut des âmes. On s'était assemblé à notre séminaire et on avait jugé à propos qu'ils allassent se cacher dans la maison d'un autre Manillois laïque, où on les croyait devoir estre plus en sûreté ; ils furent pris néanmoins avec toute cette famille, et ont esté de ceux qui ont le plus souffert dans la persécution ; car pour ne point parler des trois autres, qui n'étaient qu'écoliers, Dom Joseph fut chargé de cangue, de ceps et de menottes ; et, après avoir esté à Siam en cet état, il fut conduit à Louvo et mis dans un taudis ; on le donna ensuite pour esclave à un grand mandarin ennemi du christianisme qui n'a jamais voulu lui rendre la liberté.

Arrestation de M. Monestier et du P. Angelo.

Il y avait déjà longtemps que M. Monestier et le Père Angelo, missionnaires, avaient esté pris et mis aux fers et à la cangue, et cruellement tourmentés dans le voyage qu'on leur fit faire de Pourcelouc à Louvo, et de Louvo à Siam ; on n'avait cependant aucune nouvelle du lieu où ils pouvaient estre. Enfin ils trouvèrent le moyen de faire tenir au séminaire un bout de lettre qu'ils écrivirent avec du charbon sur un feuillet de leur bréviaire, portant ces mots : « Les missionnaires de Pourcelouc persécutés sont en tel lieu. » On n'eut pas plus tôt reçu ce billet, qu'on envoya pour leur donner les petits soulagements qu'on put, cherchant tous les moyens de les délivrer. Ils nous apprirent les particularités de leur prise et de leurs souffrances que le temps ne me permet pas de rapporter ici en détail. Je dirai seulement que les Siamois pour ne pas manquer leur coup, vinrent à eux au nombre de 300 armés de mousquets, lances, sabres, avec trois éléphants portant chacun une pièce de canon ; il est vrai qu'ils prirent encore 42 chrétiens qu'ils mirent aux fers avec eux ; ils ont été quarante jours entre les mains de ces barbares, endurant la faim, la soif, les injures, les outrages, les coups et quantité d'autres incommodités très grandes, attendant toujours l'heure de leur mort qu'ils croyaient certaine, par tout ce qu'on leur disait. Le P. Angelo, religieux franciscain italien, en a envoyé à la Sacrée Congrégation de la Propagande une ample relation que l'on ne peut pas lire sans en estre touché.

Prison. — Pauvreté.

La prison publique de la ville de Siam, où les missionnaires, les écoliers, et tous les Français laïques, officiers soit des troupes, soit de la Compagnie royale du commerce et autres, furent mis, est une chose épouvantable qui passe l'expression et l'imagination, et qu'on peut nommer une espèce d'enfer, quand on y demeure longtemps sans espérance d'en sortir, avec la cangue au col, les menottes de bois aux mains, les ceps aux pieds, outre cela le corps chargé de fers, attachés dix ou douze ensemble à une longue chaîne commune avec des scélérats, des voleurs publics, et des infâmes. Ajoutez à cela une pauvreté si grande qu'entre près de 100 que nous sommes, nous n'avons pas cinq sols pour vivre, car dans tous ces quartiers-ci on ne sait

[1] Le P. Arzilla.

ce que c'est que le pain des prisonniers, le roy, ni la justice ne leur fournissant rien du tout, outre que le nom de charité n'est pas connu pa mi des infidèles et des barbares ; ainsi nous voilà abandonnés à la pure Providence, qui est notre unique ressource et magasin ; il n'y a néanmoins encore que sept Français à qui les forces aient manqué et qui aient trouvé le repos dans la fin de leur vie, et je ne crois pas qu'un seul y eût pu résister jusqu'à présent, si Dieu n'eût conservé la liberté à M. Paumard pour assister ces pauvres prisonniers.

Destruction d'églises. — Pillages.

Pendant ces temps fâcheux on a pris, enlevé et détruit presque tout ce que la mission avait dans le royaume : trois églises et trois maisons de planches que nos missionnaires avaient en trois lieux différents de cette province de Pourcelouc furent les premières saccagées ; on n'a guère pu sauver que le calice et le ciboire ; on pilla pareillement une habitation que nous avions à Mahapram jusqu'à enlever les matériaux des maisons ; une petite famille de Tonkinois, qui y demeurait eut le même sort, et ce qui nous touche le plus, c'est que la jeune femme et sa petite fille âgée environ d'un an ont esté données pour esclaves ; tous les autres endroits du royaume comme Bangkok, Sangcoc, Jaanne, Macaam où nous avions églises et maisons ont esté également pillés et détruits par ces infidèles, qui n'ont pas même épargné notre séminaire, où ils ont enfin enlevé tout ce qu'il y avait d'argent avec tout ce qu'ils y ont trouvé de meilleur à leur usage, sans compter les curiosités et provisions que l'on gardait dans ce séminaire général pour distribuer aux missions particulières de Chine, Tonkin, Cochinchine, Cambodge, Ciampa, et autres lieux, qui se montaient encore à une somme très considérable. Ils ne touchèrent pourtant point aux ornements d'église, mais ils se sont saisis presque de tous nos serviteurs, et après les avoir tourmentés et fait souffrir, ils les ont distribués à des mandarins pour esclaves. Ils ne nous ont pas encore chassés de notre maison comme ils nous en ont souvent menacés. M. Martineau, qui est resté dans notre séminaire, a fait un mémoire fort exact de tout ce que la mission a perdu pendant la persécution des différents endroits du royaume ; il compte que, s'ils prennent encore cette dernière maison, la perte n'ira pas moins qu'à 300.000 livres. Cette somme vous surprendra sans doute, mais si vous veniez à examiner article par article chaque chose, et les pièces en détail, la valeur et l'estimation des lieux que le roy de Siam nous avait donnés, les bâtiments qu'il nous avait fait construire, et ceux que nous y avons ajoutés, à nos propres frais, y compris les sommes d'argent que ce roy et M. Constance devaient à la mission, je crois que votre surprise cesserait bientôt sur le sujet de cette grande somme, dans laquelle Sa Majesté Très Chrétienne a très grande part pour ses libéralités royales qu'il fait tous les ans à cette mission sans y comprendre ses secours extraordinaires.

Soutiens des prisonniers.

M. MARTINEAU A M. QUÉMENER.

A. M.-E., vol. 863, p. 57.

6 août 1690.

Tâchez par toutes sortes de voies possibles de nous faire tenir quelque chose pour nous empêcher de mourir de faim ; mais que cela arrive secrètement, car venant à la connaissance des Siamois, il serait fort à craindre que cela demeurât entre leurs mains. Auparavant l'arrivée de M. Ferreux[1], nous avons

---

[1] « M. Ferreux, qui estuit sorti avec les troupes, est revenu par la voie de Jongselang ; ça esté une Providence qu'il soit retourné avec les deux otages qu'on avait emmenés. » (*Mgr Laneau aux directeurs du Séminaire des M.-E.*, 13 janvier 1690. *A. M.-E., vol. 862, p. 407*).

vécu cent personnes, tant dedans que dehors la prison, avec sept catis que nous prêta bien généreusement et charitablement le père de M. Antoine Pinto, huit autres que nous prêta M. René Charbonneau (qui est le seul Français de ce royaume qui ait échappé à la ruine), quatre ou cinq catis que j'ai retirés de plusieurs ravauderies qui nous restèrent après la confiscation, et que je vendis pour vivre, et quelques autres charités que nous avons esté demander de porte en porte. Il nous reste encore la moitié de ce qu'a apporté M. Ferreux, ce qui estant fini, s'il ne nous vient rien du dehors, nous n'avons d'autre secours qu'en le dit sieur René. Nous sommes assurés qu'il ne nous laissera pas mourir de faim pendant qu'il aura quelque chose ; mais le pauvre homme, quoiqu'il n'ait pas esté entièrement ruiné, n'a pas laissé de souffrir de grosses pertes. Cette source estant tarie, je ne sais véritablement d'où nous pourrons tirer de quoi vivre, ou plutôt de quoi ne pas mourir.

Charité envers les prisonniers.

L'on peut dire en un mot, qu'il a plu à Notre-Seigneur d'éprouver la patience et la constance de tous ces bons prisonniers ecclésiastiques, aussi bien que séculiers, par toutes sortes de rudes épreuves, de peines, travaux et misères, pendant environ deux ans. A la fin, il fit éclater sa miséricorde envers eux, car il inspira tant de compassion, dans l'esprit même des gentils, à leur égard, qu'il y eut des mandarins qui souvent leur envoyaient des douceurs, des fruits et quelquefois de l'argent ; les femmes des marchés publics les voyant passer et quêter par les rues avaient souvent les larmes aux yeux, plaignaient leurs misères, leur donnaient de bon cœur des fruits, des poissons, de tout ce qu'elles vendaient, et quelquefois de l'argent. Il y eut même des talapoins, particulièrement les Pégous, qui leur ont toujours témoigné beaucoup d'amitié, partageant avec eux leurs quêtes journalières. Il y eut des femmes qui par compassion portaient à Mgr de Métellopolis la valeur de quatre ou cinq sous en argent ; il y eut des Maures qui les voyant travailler par la ville leur donnaient à manger chez eux ; il y eut des marchands anglais de Madras qui leur donnèrent par aumône une somme assez considérable d'argent, car touchés de la charité avec laquelle les missionnaires français ont assisté et assistèrent plusieurs Anglais aussi prisonniers, quoiqu'ils fussent des marchands particuliers, ils eurent la générosité d'aller trouver le barcalon et lui représentèrent la manière indigne avec laquelle on traitait les missionnaires et les Français. Ils travaillèrent, quoiqu'inutilement, à leur délivrance, offrant une somme d'argent considérable de leurs bourses, et se rendant caution de leurs personnes ; et en partant pour Madras, ils laissèrent entre les mains des Hollandais une somme d'argent, pour estre employée au même effet. Quand ils surent qu'on les faisait travailler indignement chez un mandarin maure, ils allèrent trouver ce Maure et reprochèrent même avec menace cette lâcheté.

Ce généreux procédé fit beaucoup de bien, car le lendemain les prisonniers estant conduits chez le même Maure, ils y trouvèrent non du travail, mais un grand festin ; et depuis ce temps-là, il y eut défense de faire travailler les missionnaires par la ville.

Il y eut encore un arménien qui en considération des recommandations de M. Deslandes, non seulement leur prêta une notable somme d'argent, mais aussi fit toutes les diligences possibles auprès du roy pour leur délivrance ; il obtint du soulagement à Mgr de Métellopolis. Le bon Dieu inspira même à des gens des royaumes éloignés de leur envoyer des secours, car les chrétiens de Cochinchine leur ont adressé la valeur de 200 francs, avec une provision de nattes. Une bonne veuve portugaise de Ténassérim, en mourant, leur laissa tous ses biens ; mais par les friponneries des mandarins, ils n'en ont pu encore rien toucher. Feu Mgr l'archevêque de Manille, aussitôt qu'il apprit la confiscation du séminaire de Mgr de Métellopolis, mit à part 1000 écus pour lui envoyer, et en fit une rente annuelle pour tout le temps de son emprisonnement, mais sa mort soudaine fit qu'on n'en a jusqu'à présent rien touché. Les chrétiens espagnols, religieux et séculiers, et autres de Manille, se cotisèrent et firent une bourse de 700 écus, qu'ils envoyèrent par aumône à Mgr de Métellopolis. Ça a esté le seul secours considérable que ces pauvres prisonniers ont reçu pendant plus de deux ans de leur emprisonnement.

Dureté des Hollandais et des Portugais.

Il n'y eut que les seuls Hollandais qui témoignèrent une extrême dureté envers les prisonniers, sans vouloir jamais ni leur donner quelque aumône, ni leur prêter de l'argent, et renvoyant avec beaucoup de mépris et insultes le missionnaire qui quêtait. La grande pauvreté des Portugais habitants de ce royaume les pouvait bien excuser de n'avoir point assisté les pauvres prisonniers, s'ils n'eussent fait éclater leur animosité contre les missionnaires français dans le plus fort de leurs misères, jusqu'à porter leurs prétendues plaintes devant les plus grands mandarins du royaume, sans parler des railleries qu'ils faisaient d'eux, jusqu'à représenter dans leurs comédies les missionnaires et l'évêque en habits burlesques.

Bonté des Jésuites portugais.

Il n'y a que les seuls Pères Jésuites portugais de ce royaume qui ont toujours gardé la bonne correspondance, recevant et enterrant chez eux les corps des Français qui mouraient dans les prisons, quoiqu'il y eût des Portugais assez cruels pour crier qu'il fallait les jeter dans la rivière.

Punition du mandarin Vang.

Ce qui est le plus étonnant c'est que, non seulement le bon Dieu se servit du constant et généreux procédé des prisonniers pour inspirer aux gentils de l'édification et compassion, mais aussi du respect et de la crainte, car ils ont remarqué que tous ceux des mandarins et autres qui ont maltraité les chrétiens ont péri misérablement. Un grand mandarin appelé Oya Vang avait depuis longtemps une plaie presque incurable à un pied. Sa femme dit un jour à un chirurgien chrétien qui le pansait qu'elle savait bien pourquoi cette plaie ne se guérissait pas : « Parce que, dit-elle, mon mari avec ce pied en donna un coup à M. l'évêque de Métellopolis, quand il fut arrêté prisonnier. »

Conversions de protestants et de païens.

Il y eut même des Anglais hérétiques, qui dans ces misères firent leur abjuration entre les mains de M. Paumard, missionnaire. Ceux qui y ont souffert davantage sont les chrétiens siamois et pégous, qu'on rotinait et maltraitait continuellement, afin qu'ils révélassent les autres chrétiens qui s'étaient cachés.

Non seulement nous avons eu la consolation de voir la fermeté des chrétiens, mais Dieu nous a encore fait la grâce de voir des infidèles se déclarer pour le christianisme dans le fort de la persécution. Il y avait dans le camp des Cochinchinois un infidèle, sur lequel on n'avait pu rien gagner pendant plusieurs années qu'on l'avait exhorté à se faire chrétien. Il vint un ordre du grand mandarin au chef de cette nation, de faire une liste exacte de ceux qui estaient chrétiens et de ceux qui ne l'estaient pas. Ce fut pour lors que ce Cochinchinois païen vint prier son capitaine de le mettre au nombre des chrétiens, disant qu'il ne voulait pas avoir d'autre sort que celui qu'ils auraient ; plusieurs autres encore de cette nation vinrent pour se faire instruire et sortirent de leur infidélité ; et il ne faut pas ici oublier un Siamois qui exhorta, instruisit, et convertit son père, et lui fit recevoir le baptême sans craindre le péril où il s'exposait.

II

Souffrances et courage des séminaristes. — Leurs études.
Ouvrages de Mgr Laneau. — Catalogue des prisonniers.

RECUEIL DES PERSÉCUTIONS QUE LES CHRÉTIENS SIAMOIS, PÉGOUS ET D'AUTRES DIFFÉRENTES NATIONS DES INDES, NÉS A SIAM, Y ONT SOUFFERTES POUR LA FOY DANS LES DERNIÈRES RÉVOLUTIONS.

A. M.;E., vol. 852, p. 156.

Premières souffrances des Séminaristes.

Quant aux écoliers, presque la moitié furent pris, dépouillés de leurs habits, chargés de chaînes et de bois, et mis dans les prisons ; l'autre moitié se cacha chez des parents ; une partie des naturels du pays furent pris et distribués pour esclaves chez différents mandarins. Il est inconcevable ce que ces pauvres écoliers en prison avec les missionnaires ont souffert pendant 22 mois, et surtout dans les premiers temps. La seule consolation qu'ils pouvaient avoir, c'estait qu'on ne faisait point meilleur quartier aux missionnaires, leurs chers Pères, ni même à Mgr de Métellopolis ; cependant, c'estait là une consolation bien faible à des jeunes gens, la plupart de nations estrangères et nouveaux convertis. Mgr de Métellopolis par ses fréquentes lettres spirituelles les encourageait, et même dans la suite, malgré le peu de soulagement qu'on lui a accordé dans sa prison, il commença à composer en latin un traité spirituel, qu'il leur envoyait distribuer par cahier.

Etudes des séminaristes.

M. leur régent[1], qui estait aussi prisonnier avec eux, les exhortait très puissamment et les encourageait à souffrir ; et même quand on les a dispensés d'aller travailler par la ville, à certaines heures du jour, il les faisait assembler comme il pouvait, et à travers les parois et murailles de bambous qui font la séparation des prisons, il leur expliquait les Epîtres de saint Paul et quelque bon auteur latin, pour les entretenir dans la dévotion, aussi bien que dans la langue latine. Comme ils estaient dispersés par bandes dans les prisons, tous les soirs ils s'assemblaient et chantaient dévotement les litanies de la sainte Vierge et autres hymnes de l'Eglise, faisant retentir les prisons des louanges de Dieu, à l'étonnement et à l'édification des Gentils qui même les y invitaient.

Ces secours servirent à soutenir leur jeunesse, non seulement dans leurs extrêmes misères, mais aussi à les conserver dans la crainte de Dieu au milieu de la plus grande insolence de la canaille qui les entourait. Il y en eut même parmi les officiers qui n'avaient nullement honte de faire des violences en pleine compagnie à ces jeunes écoliers liés et serrés dans les chaînes et les bois, ils se faisaient même un divertissement de donner à baiser leur devant et derrière au missionnaire leur régent ; il y en avait de si cruels qu'à la moindre plainte ou résistance de ces pauvres prisonniers, non seulement ils les chargaient de coups de rote, mais aussi à coups de briques ils leur ensanglantaient la tête impitoyablement, et il y eut un missionnaire qui pensa mourir de ces plaies.

Les premiers mois de leur prison, quand on les menait aux travaux

[1] M. Pocquet.

publics par la ville et aux environs; ils souffrirent non seulement des insolences de la populace, mais aussi des moqueries de la religion, car on les appelait les sectateurs de la rébellion; on faisait avec les doigts ou avec des bois la figure de la croix, et on crachait dessus à leur vue; on faisait avec de la paille plusieurs petites croix et on en parsemait les chemins par où ils devaient passer, enchaînés et en files parmi les prisonniers gentils.

Dans une rencontre où il se trouva trois de ces écoliers et un Français attachés avec une bande de voleurs, à qui on faisait porter de la terre dans le terrain d'une pagode, pendant que tous les autres y travaillaient, les chrétiens, par principe de religion, ne voulurent jamais y porter de la terre; ils se laissèrent battre cruellement par les officiers qui les commandaient. On fit pendre à leur cou des corbeilles pleines de terre, et comme ils les rejetaient toujours, on leur lia les mains derrière le dos; cependant, les mains liées de la sorte, ils remuaient si fort leur corps pendant le voyage, que quand on arrivait à l'endroit, l'on trouvait toujours leurs corbeilles vides.

Parmi ces écoliers, il y en avait deux fort jeunes, Chinois nouvellement envoyés de la Chine. Au commencement des troubles, leur régent leur conseilla de reprendre leurs habits chinois, et de se retirer chez les marchands leurs amis, pour s'en retourner dans leur pays à la première occasion; mais ils lui répondirent avec un grand courage, qu'ils étaient venus à Siam pour apprendre des missionnaires la science de la religion, et qu'ils étaient résolus de courir la même fortune qu'eux et même de mourir avec eux s'il le fallait. Un de ces deux Chinois tomba malade, il fut atteint de la gale et de la pourriture qu'on gagne aisément dans les misères de cette prison; un marchand chinois, gentil de sa province, le vint trouver, lui faisant offre que s'il voulait, il ferait les dépenses auprès des mandarins pour le retirer dans sa maison; le régent lui conseilla d'accepter ce bon parti, mais le jeune homme ne voulut jamais y consentir, quoiqu'il souffrît beaucoup, s'excusant toujours qu'il connaissait bien ce marchand, fort adonné aux pagodes et au diable, et qu'il ne voulait point du tout demeurer avec un tel homme.

Un écolier de Manille[1], depuis quelques années ordonné prêtre par Mgr de Métellopolis, fut arrêté chez un grand mandarin, fort ennemi du nom chrétien, appelé Oya Vang. Quelque commandement et menaces que ce mandarin lui eût faits afin de quitter la prêtrise, il ne put jamais l'y faire consentir, et ce jeune prêtre aima mieux, les fers aux pieds, travailler et souffrir toutes sortes de misères que de quitter sa soutane et estre employé à d'autres services plus honorables auprès de ce mandarin.

La première fois que Monseigneur fut pillé, dépouillé même de son chapeau, de sa croix pectorale et de sa soutane, il avait avec lui un autre Manillois nouvellement ordonné prêtre, qui pâtit extrêmement de la cruauté des mandarins. Il fut rotiné très cruellement, ayant tout le dos presque déchiré de coups, et on lui fit piquer le crâne avec un sabre, comme on a coutume de faire aux criminels.

Grâce à Notre-Seigneur, de tous ces écoliers qui furent emprisonnés avec les missionnaires, il n'y en eut aucun de perverti.

Quand ils eurent été délivrés avec les missionnaires, on les fit demeurer dans un petit endroit à costé des prisons, où on commença d'abord à leur faire faire tous les exercices de la dévotion et des études. On y avait même bâti une petite chapelle de bambous où les jours de dimanche et fêtes, tous les chrétiens prisonniers et libres de la ville s'assemblaient, et on y chantait les louanges de Dieu; Monseigneur y administra le sacrement de confirmation à plusieurs.

[1] Le P. Pierre Arsilla.

Deux séminaristes prévaricateurs.

Pour l'autre moitié des écoliers, surtout des naturels du pays, qui se sont retirés et cachés chez leurs parents, presque tous ont esté misérablement pris et distribués comme esclaves chez des mandarins, où ils sont encore jusqu'aujourd'hui. Grâce à Dieu il n'y en a point qui aient renoncé à la religion. Il faut faire exception pour un Siamois et un Pégou, qui au commencement des révolutions servirent de guides aux officiers du roy et des mandarins pour découvrir les chrétiens placés, ainsi que l'argent et les autres effets du séminaire qu'on avait cachés et enterrés en divers endroits. L'un d'eux fut si méchant qu'il leur découvrit l'endroit où on avait enterré les caisses des reliques des Saints et les saintes huiles, mais les gentils eurent assez de respect pour ne les point toucher. Ce qui est plus fâcheux, il leur découvrit un gros coffre qu'on avait caché, rempli de livres siamois composés par Msr de Métellopolis sur les vérités de notre sainte religion et sur les faussetés de celles des Siamois, qui estait la chose qu'on cherchait avec grand soin par ordre exprès de la Cour.

M. POCQUET AUX DIRECTEURS DU SÉMINAIRE DES M.-E.

A. M.-E., vol. 862, p. 505.

7 décembre 1690.

Au commencement des troubles, ayant été obligé de quitter le collège pour venir au grand séminaire, et peu de jours après m'y étant trouvé seul missionnaire, tous les autres en ayant été retirés, je me trouvais aussi dans un extrême péril avec ce qui restait d'écoliers qui s'y étaient réfugiés. Parmi eux, il y avait deux Chinois, arrivés peu de jours avant les troubles ; l'un âgé de 15 ans, grand, bien fait de corps, et d'un esprit fort vif, était neveu de M. l'évêque de Basilée[1] ; l'autre, qui ne paraissait pas avoir plus de 9 ou 10 ans, quoiqu'il en eût 11 ou 12, était d'un esprit moins ouvert et moins vif et s'appelait Thomas. Dans ce péril, je proposai à ces deux enfants de se retirer chez quelques Chinois païens, qui leur avaient offert de les recevoir. Je leur représentai que si nous étions tous mis à mort, comme on nous en menaçait, ils pourraient, aidés par ces Chinois qui les aimaient, s'en retourner à leur pays, et y rejoindre nos Messieurs qui les avaient envoyés ; si au contraire les choses se pacifiaient, ils pourraient revenir au séminaire ; qu'ils avaient encore leurs cheveux et leurs habits, etc... Ils me répondirent l'un et l'autre qu'ils étaient venus pour apprendre des Pères à bien vivre et à connaître leur religion ; mais que si on les faisait mourir avec les Pères pour la mesme religion, c'était encore un plus grand bien, et qu'ils me priaient de ne les point renvoyer chez des idolâtres. Après les avoir trouvés fermes dans leur résolution, je leur dis, aussi bien qu'aux autres, de se confesser et de se bien préparer à la mort. Quinze jours ou trois semaines après, le mal empirant toujours, vint une nouvelle qui se répandit tout d'un coup par toute la ville, et qui me fut confirmée en particulier par des personnes qui n'en étaient que trop persuadées, et en qui j'avais toutes les raisons d'ajouter foi : on nous devait le lendemain mettre à mort, tous tant que nous restions dans le séminaire. Je réitérai à ces deux Chinois la mesme chose qu'auparavant, et leur exposai le péril où nous étions ; je les trouvai dans la mesme résolution et la mesme tranquillité que la première fois. Tous donc s'étant confessés la nuit, je célébrai la sainte messe avant le jour et les communiai, en leur disant de prier Notre-Seigneur, que si c'était pour la dernière fois qu'ils le recevaient, non seulement il les remplît de ses grâces pendant ce

---

[1] Msr Grégoire Lopez, Vicaire apostolique de Nankin en 1674, mort en 1693.

qui leur restait de vie, mais aussi qu'il daignât les assister et les fortifier à leur mort.

Le plus grand de ces Chinois mourut quelques mois après, dans le temps qu'on préparait tout pour la retraite des Français. Le petit Thomas fut aussi fort malade ; mais il guérit justement pour être mis en prison avec les autres écoliers et les missionnaires, aussitôt que les Français furent sortis ; il a eu les fers aux pieds, et a été enchaîné par le cou comme les autres ; mais pour la cangue, les menottes, et les ceps des pieds, comme on n'en trouva point d'assez petits pour lui, il en fut exempté. Ce qui n'empêche pas qu'il a beaucoup souffert. Au mois de janvier 1690, après dix-sept mois de prison, deux Chinois d'assez bonne mine vinrent à notre prison ; ils dirent à cet enfant qu'ils croyaient avoir assez de crédit pour le sauver, et qu'ensuite ils l'assisteraient et le feraient repasser en son pays. Comme ils étaient païens, cela lui fit tant de peur, que malgré mes exhortations à ne pas refuser tout à fait leur offre, à leur en témoigner sa reconnaissance, je crois qu'il n'en fit rien, car je n'entendais pas leur langue ; enfin, le voyant apparemment indéterminé, ils lui dirent qu'ils reviendraient dans quelques jours ; mais il les pria de n'en rien faire.

Les raisons qu'il me donna furent qu'il craignait que ces païens l'obligeassent à adorer le diable ; qu'ils étaient d'une province où ils sont fort adonnés à l'idolâtrie, et où il y a peu de chrétiens, et qu'il était plus content de demeurer avec nous que de nous quitter.

Les Manillois, les Tonkinois, les Cochinchinois et les autres n'ont pas montré moins de foi et de religion. Deux déjà étaient prêtres et s'acquittaient avec assez de zèle, d'intelligence, et d'activité de toutes leurs fonctions ; leur piété compense bien la médiocrité de leur savoir. Je rapporterai seulement un fait d'un Tonkinois qui vint à Siam, environ un an avant les troubles : le jour du vendredi-saint 1689, on mena plusieurs bandes pour travailler autour d'une pagode ; chaque bande était composée de dix enchaînés ensemble par le cou ; il y avait dans chacune un, deux ou trois chrétiens ; tout le reste se composait de voleurs ou autre scélérats du pays. Le travail consistait à prendre de la terre et à la porter dans l'enclos du temple d'idole. Quelques Français assez bons chrétiens résistèrent, et après quelque bruit, on envoya leurs bandes travailler ailleurs ; mais comme il se trouva des chrétiens, clercs ou laïques, presque dans toutes les bandes, ils résistèrent particulièrement, aussi furent-ils bien battus. Ce Tonkinois, qui était tonsuré et s'appelait Vitus, le fut plus que les autres, parce qu'il les encouragea à résister plus ouvertement. Après lui avoir fait mille peines, il lui attachèrent son panier au cou, lui lièrent les mains par pure malice et singerie, puis ils remplirent le panier de terre, et ensuite le forcèrent de suivre la chaîne ; mais ce jeune homme trouva moyen de si bien secouer la tête et le corps en allant, qu'il ne resta pas un petit morceau de terre quand il arriva au but.

Il y en avait un autre nommé Vitus qui était fort pieux. Des Français dignes de foi, de la même prison que lui, m'ont dit plusieurs fois que dans le temps qu'on les laissait la nuit se débarrasser de la cangue, Vitus passait chaque nuit deux heures à genoux.

Ils ne furent pas plutôt exempts de travail, qu'ils reprirent leur Bible ; ils s'assemblaient presque tous les matins et sur la fin de l'après-dîner, qui sont les temps qu'on donne aux prisonniers pour cuire leur riz et pour leurs autres nécessités.

Pendant huit ou neuf mois de cette deuxième année, ils ont expliqué la moitié des Psaumes ; autant des Épîtres de saint Paul ; un ouvrage fort long et très spirituel que Mgr de Métellopolis a composé dans sa prison, et qu'un écolier qui était avec lui m'envoyait cahier par cahier, à mesure qu'il le composait ; quelques livres historiques de l'Ancien Testament, Térense presque

tout entier ; enfin plusieurs choses du Bréviaire, comme les leçons, les jours
des mystères, pour au moins se souvenir de ce qui se faisait dans l'Eglise ;
et mesme celles des Saints, dont l'exemple paraissait plus capable de les
encourager et consoler ; car en tout cela on cherchait plutôt la piété et la
consolation que l'instruction, excepté Térence qui était pour entretenir le
latin, et les récréer un peu.

Ces leçons se faisaient au travers des pagards, (séparations de chaque
cour de prison faites de bois entrelacés en forme de claies), tantôt dans un
coin, tantôt dans un autre ; toujours ou au soleil ou à la pluie, debout, les
pieds dans la boue ou dans l'ordure, avec une infinité d'avanies, jusqu'aux
coups de bâton qui ne manquaient presque à aucune leçon, enfin dans une
crainte perpétuelle que les gardiens particuliers ne les vinssent chercher.

Les Séminaristes aux Cardinaux de la Propagande.

A. M.-E., vol. 880, p. 509.

Eminentissimi Patres,

Licet indigni simus qui ad Eminentias Vestras scribamus, ipsarum tamen
speciali mandato confisi, hanc communem epistolam scribere audemus, quot-
quot residui sumus collegii vestri siamensis minores alumni, tum ut tot beneficiorum, pro quibus Eminentiis Vestris pares referre gratias nunquam
nos posse certo scimus, saltem nos gratos ac memores exhibeamus, tum ut
ipsas de studiis aliisve nostris exercitiis et vitæ statu certiores faciamus.

Aliquot ante annos singuli in hoc collegium siamense veneramus e patria
nostra missi a Reverendissimis Dominis Vicariis apostolicis, apud quos
aliquot prius annos manseramus. Cum Siamum pervenissemus, Patres Missionarii, qui in hoc regno degunt, eadem paterna charitate nos exceperunt,
et assiduo labore primis linguæ latinæ elementis, grammatica, aliis inde libe-
ralibus disciplinis, aliquot Sacræ Scripturæ libris, nonnullos etiam philoso-
phia imbuere. Interim Illustrissimus ac Reverendissimus Dominus Episcopus Metellopolitanus primo clericatura, deinde succedentibus annis, aliquot
minoribus Ordinibus, nos licet indignos initiavit.

Verum, proh dolor ! cum collegium magna alumnorum frequentia, observantia regulari, omnibus cum pietatis, tum studiorum aliisque clericalibus
exercitiis floreret, orta procella persecutionis dissipatum est ; primo quidem
in episcopale seminarium Sancti-Josephi commigrare permissi sumus, ubi
in timore ac tremore aliquot tum Veteris tum Novi Testamenti libros assidue
legimus, partim etiam memoriæ mandavimus, non tam doctrinam quam
solatium inde sperantes ; Patres etiam certa exercitia pia assignaverunt nobis
facienda, ad efflagitandam a Deo libertatem ac facultatem continuandi pris-
tina nostra studia, per intercessionem Sanctissimæ Virginis Mariæ, et Bea-
tissimi Petri ; verumtamen seu propter nostra peccata, seu quia Deus aliter
nobis futurum utilius cognovit, non in collegium reversi, sed in carceres
detrusi sumus, ab invicem distracti, inter latrones, homicidas, et cujuscumque criminis reos constituti ; præter compedes et catenas, quibus onusti
eramus, interdiu ad publicos labores durissimos deni ac deni, alligati latronibus ducebamur, noctu vero constringebamur aliis novis instrumentis
ligneis, ut nec dormire nec quiescere permitteremur.

Providentia autem Dei factum est, ut, cum sacerdotes missionarii in
eosdem nobiscum carceres detrusi essent, similibusque laboribus, suppliciis,
cæterisque injuriis afficerentur, aliquibus eorum permissum sit foris manere,
a quibus accepta jugiter oriza, aliisque vitæ conservandæ magis necessariis,
sustentati sumus ; qua in re est etiam quod divinam Providentiam admire-
mur etenim omnia Missionis bona gentilibus prædæ fuerant. Ipse Illustrissimus ac Reverendissimus Dominus Episcopus Metellopolitanus, verberibus

crudelissime cæsus, omni contumeliarum genere affectus, catenis onustus, in
alio carcere jacebat semivivus ; neque tamen in tanta rerum omnium inopia
cessaverunt prædicti Patres, quæ necessaria erant ad nos aliosque vinctos
christianos mittere. Exacto fere post incarcerationem nostram anno uno, a
publicis laboribus liberi effecti, ac nonnihil mitigato priori custodum nostrorum furore, nonnihil antiquorum exercitiorum resumpsimus : videlicet quibus horis aut occasionibus poteramus ad eum præsertim e missionariis, quem
magistrum habueramus, venientes, discebamus quibus libris privatim operam dare oporteret ; simul autem et audivimus explicationem multorum Scripturæ Sacræ, aliorumque piorum librorum. Casu etiam, nescio quo, incidit in
ejus manus Terentius, quem nobis dare, uti erat, non ausus est ; sed eum
præter Sacra Biblia et Breviarium, nullum fere librum haberemus ; ille, usus
versibus, Terentii librum ad usum nostrum confecit honestissimum atque uti-
lissimum, quem singuli descripsimus, et ille nobis explicuit. Non parum etiam
juvit nos Reverendissimus Dominus Episcopus, missis e carcere suo non
modo consolatoriis epistolis, verum etiam elaboratis a se scriptis maxima
refertis et pietate et doctrina. Aliquot ex condiscipulis nostris in carceres ad-
ducti non fuere, eo quod gravi morbo tunc detinerentur. Ex his unus nomine
Damianus Khuong Linh, lector, tunkinensis, morbo confectus, obiit. Unus
nomine Michaël Dien, ostiarius, tunkinensis, relicto clericaturæ proposito, in
patriam reversus est. Unum Reverendissimus Dominus Episcopus Metellopolitanus, cum plures non posset, in carcerem suum accersivit, atque in pietate
et litteris, toto illo biennio, assiduo labore instituit, etiam cum residuæ valetu-
dinis detrimento ac periculo ; cui et duos alios adjunxit, quo tempore cæteri e
prioribus carceribus exiere. Etenim post duos fere carcerum annos, ipso Bea-
tissimi Petri ad Vincula festo, a rege datum est decretum ut ab illis ergastulis
et vinculis liberaremur, et ipso Sanctissimæ Virginis Assumptæ festo, exe-
cutioni mandatum. Ab illo igitur die in domuncula juxta carceres manemus,
soli cum Patribus. Ibi et sanctissimo missæ sacrificio quotidie interesse, et
exercitia nostra resumere statim cœpimus : sed non parum interrupta sunt,
quod propter miserias quas passi fueramus in prioribus carceribus, omnes
ad mortem usque ægrotavimus. Tres ex Patribus obiere ; unus tantum ex
nobis, nomine Antonius Ngot, ostiarius, tunkinensis, nuperrime mortuus
est : cæteri meliori fruimur valetudine, ac omnia exercitia novo ardore iterum resumpsimus. Utinam tot tentationibus probati priores inveniamur
coram Deo, ne de nobis dicat : *Frustra percussi eos, disciplinam non receperunt.*
Certe novum ardorem sentimus ad illud assequendum propter quod huc
venimus. Inter tot pericula constituti, enixe petimus sanctissimis Eminentiarum Vestrarum sacrificiis ac precibus adjuvari, ac singulari protectione
defendi, summam Sedi Apostolicæ obedientiam, atque erga Eminentias Vestras perpetuam reverentiam ac gratitudinem iterum vovemus ac pollicemur.

EMINENTIARUM VESTRARUM,

Humillimi ac obsequentissimi alumni ac servuli :
Joannes Thoa, tunkinen., exorcista, æt. 26, alumnus seminarii per 9 annos.
Emmanuel Minh, cochinchin., lector, æt. 26, alumnus semin. per 9 annos.
Paulus Tri, tunkinen., lector, æt. 23, alumnus seminarii per 9 annos.
Linus Hiep, cochinch., ostiarius, æt. 20, alumnus seminarii per 8 annos.
Joannes Hau, tunkinen., ostiarius, æt. 23, alumnus seminarii per
8 annos.
Pius Du, tunkinen., ostiarius, æt. 22, alumnus seminarii per 7 annos.
Simon Salupo, gallo-indicus, tonsuratus, æt. 22, alumnus seminarii
per 8 annos.
Vitus Qui, tunkinen., tonsuratus, æt. 26, alum. seminarii per 3 annos.

Licet nos infrascripti necdum tonsura clericali initiati simus, nec Sacræ Congregationis votum emiserimus, ad utrumque tamen anhelantes, jamque Eminentiarum Vestrarum protectionis, et collegii, et carcerum participes effecti, quamvis omnium istorum valde indigni, audemus post majores condiscipulos Eminentiis Vestris profundam nostram venerationem summamque reverentiam significare, sperantes nos singulari vestra benignitate et sanctissimis precibus adjuvandos.

EMINENTIARUM VESTRARUM,

Humillimi et obsequentissimi servuli :

Otitius de Farno, messanensis in Sicilia, æt. 25, alumnus seminarii per 5 annos.

Ludovicus Vuart, gallo-indicus, æt. 28, alumnus seminarii per 8 annos.

Gabriel Tri, tunkinen., æt. 20, alumnus seminarii per 4 annos.

Christophorus Arzilla, manilensis, æt. 20, alumnus seminarii per 3 annos.

Thomas Atou, sinen., æt. 16, alumnus seminarii per 3 annos.

Paulus Bang, tunkinen , æt. 18, alumnus seminarii per 4 annos.

In regno. Siami, kalendis januarii an. 1691.

PIE DU A M. DE LA VIGNE.
A. M.-E., vol. 861, p. 271.

ADMODUM REVERENDE PATER,

Cum in carcere essem anno abeunte 1690, unam furtim ad te scripsi epistolam, quam utrum receperis, nescio. Nunc licet infirmus sim, oblatam tamen occasionem omittere non licere existimo, quin aliquam brevem chartulam ad te darem. Itaque fuimus in carceribus fere duobus annis, videlicet a die Dedicationis Basilicæ Salvatoris an. 1688 die 9 novembris, detrusi in carceres usque ad festum Asumptionis Beatissimæ Mariæ Virginis, matris misericordiæ, augusti, (et si nondum plenam libertatem recuperaverimus), a vinculis tamen et catenis liberati sumus, et jussu Siamensium juxta carcerem unam domuaculam fecimus super quodam loco parvulo elevato et circumdato aquis; propter hoc, Patres eum insulam Assumptionis nominaverunt. Ibi requievimus aliquot diebus ; sed propter graves præteritos labores carceris, Patres et scholastici omnes omnino inceperunt graviter quidem, ac periculose ægrotare. Tres ex Patribus jam ingressi sunt viam universæ carnis, scilicet Pater Geffrard, Pater Monestier et Pater Paumard, necnon et Antonius Ngot tunkinensis, clericus, nuperrime mortuus est ; reliqui autem, gratia Dei adjuvante, evaserunt. Ego vero bis ægrotavi, et tandem febri quotidiana laboravi jam duobus mensibus, et laboro quidem usque adhuc. Ea de causa non possum ipse mea manu, ut decet, scribere. Itaque scribo per manus condiscipuli breviter, ut intelligas meam erga te observantiam non parvam esse : finem facio. Commendo me tuis, Reverende Pater, sanctis sacrificiis et precibus. Vale.

De Deificatione hominum (Justorum) et autres ouvrages de Mᵍʳ Laneau.

MGR LANEAU AUX DIRECTEURS DU SÉMINAIRE DES M.-E.
A. M.-E., vol. 880, p. 395.

15 décembre 1690.

Dans les cahiers que vous envoie M. Pocquet, il y a ceux qui portent le titre *De Mysterio Christi* ou *De Deificatione hominum per Jesum Christum*. Je n'ai pas relu ce manuscrit après l'avoir dicté, et je ne le dictais qu'à un enfant qui pour lors estait seul avec moi dans ma première prison. Je ne

voulais lui faire écrire que cinq ou six pages, mais insensiblement cela est
allé plus loin et cet enfant les envoyait à M. Pocquet dans la prison ; comme
cela a duré quelque temps je crois qu'il y aura des redites. N'importe, si cela
va jusqu'à vous, vous en ferez ce qu'il vous plaira. Il y a quelque chose qui
paraît estre un peu particulier, mais comme je ne suis pas fort attaché à mes
sentiments, je l'effacerais aussi volontiers que je l'ai avancé. Peut-être que
vous trouverez imprudent de donner cela à un enfant de 17 à 18 ans, mais
il n'est pas incapable de toute cette doctrine, car c'est un enfant de grâce, et
souvent il me fait honte devant Dieu ; ce n'est pas pour le louer ce que j'en
dis, car peut-être dans deux ou trois ans d'ici il sera tout changé, ce qui ne
sera pas la première fois, hélas ! Dieu l'en préserve. La plupart des autres
choses n'ont été faites que pour passer le temps. Quand j'étais seul, je tra-
duisais en latin tel quel (car je n'avais point de livres) des ouvrages du
frère Jean de Saint-Samson. Faites de tout cela ce que bon vous semblera.

M. POCQUET AUX DIRECTEURS DU SÉMINAIRE DES M.-E.

A M.-E., vol. 862, p. 537.

23 décembre 1690.

Mgr de Métellopolis a composé dans sa prison plusieurs ouvrages de
piété ; j'ai cru que vous ne seriez pas fâché que je vous envoie la copie de
celui qu'il a intitulé *De Deificatione seu Divinisatione justorum per Jesum
Christum.* Outre les fautes qui se pourront trouver dans cette copie, que je
fais faire fort à la hâte et comme en cachette, j'ai entendu dire à Mgr de Métellopolis qu'il voulait revoir ce traité, et y changer plusieurs choses.

Mgr de Métellopolis a mis par écrit la résolution des difficultés qui lui
paraissaient être dans son traité de *Deificatione justorum* ; je les ai fait trans-
crire à la fin de l'exemplaire que je vous envoie. Je vous envoie aussi trois
autres petits traités du mesme Mgr de Métellopolis, qui sont pour la plupart
des traductions de différents endroits. L'un est intitulé : *Monita pro confesso-
riis* etc. l'autre *De habitu amoris divini per aspirationum viam acquirenda* etc ;
le troisième, *Speculum amoris Domini* etc. Celui-ci n'est pas tout à fait achevé
mais il s'en faut peu. Je voudrais que le tout fut plus correct et plus accompli,
mais dans le temps qu'il faut envoyer le tout, je suis tombé malade, ce qui
m'oblige mesme à me servir de la main d'un autre pour écrire. Je vous
envoie aussi cette *Logique* dont je vous ai peut-être parlé. Mgr de Métellopolis, en l'abrégeant ainsi, s'est particulièrement appliqué à retrancher les
choses les plus difficiles à entendre. Si quelqu'un y pouvait mettre la dernière
main, il rendrait un bon service à la mission, et ferait un grand plaisir à ce
prélat, qui apparemment n'aura jamais le temps de la retoucher. Je vous envoie
aussi Térence dont j'ai écrit en particulier à M. Tiberge. Une des principales
raisons qui a porté Mgr de Métellopolis à m'obliger de l'envoyer, et qui me
porte aussi à vous envoyer ses écrits, est qu'il peut bien arriver que nous
soyons pillés derechef, et que nous perdions ce qui nous reste de papiers ; en
ce cas, on pourrait avoir recours à ces exemplaires que je vous envoie.

Catalogue des prisonniers ecclésiastiques et laïques.

M. MARTINEAU AUX DIRECTEURS DU SÉMINAIRE DES M.-E.

A, M.-E., vol. 880, p. 311.

1690.

Dans la prison d'enfer ou du moins du purgatoire du Lacomban :

Missionnaires.	
MM. Pérez, élu à l'évêché de Bugie, Vicaire apostolique de Cochin-chine.	Le P. de la Breuille, jésuite.
	Geffrard, moribond.
	Monestier.
	Le Chevalier, moribond.

Rocquet, qui enseigne ses écoliers
en prison.
Manuel, traînant, maladif.
Le P. Nicolas, manillois.
d'Estréchy, moribond.

Écoliers.

Anselme, cler. gallus.
Joannes major, cler. tunq.
Joannes minor, cler. tunq.
Vitus, cler. tonq.
Louis, cler. cocin.
Simon, cler.
Manuel, cler. cocin.
Paulus major, cler tonq.
Pius, cler. tonq.
Thomas, chin.
Louis
Josaphat, cocin.
Gabriel, tunq.

Gens du roy.

de Laze.
Belmont.
Chamoreau.   } officiers.
Cosquer, cadet.
de Lambre.
Sainte-Croix.
L'Espagnol.
La Verdure.   } soldats.
Morts : Saint-Germain.
Laderoute.
Leboucher.
Saint-Frairant.   } soldats.
La Phlibuste,
Léveillé.
Launay, musicien.
Lapie, menuisier des Jésuites.
Morts : Jean Villefranche, notre an-
cien frère Jean.
Colber, anglais.
Jean Blanc, caffre, valet de M. de
Laze.

Gens de la Compagnie.

Maccary, chirurgien, le soin de la
loge lui estait commis.
Maistrot, commis.
Richard.
Julien, dépensier.
Goyer.
Mort : François Duparc, maréchal.

*Français qui estaient au service
du roy de Siam.*

Billy, gouverneur de Jongselang.
Rival, gouverneur de Takua.
Bouteille, capitaine d'un bâtiment.
Dupré,   }
La Selle,   } officiers de navires.
Briot,
Le Blé,   }
Lafontaine,   } miroitiers.

Autres Français.

Linfortune, marié à Jongselang.
Pichon, marié à Siam.
Thiber.

Hors la susdite prison :

Paumard, et avec lui sont :
Mgr de Métellopolis en arrestation
sans pouvoir sortir.
Ferreux, qui a ramené les manda-
rins otages.
Petitjean,
Duso,
Cotinet,   } petits écoliers.
Arménien,
Alexandre,
Bonaventure,
Il y a de plus des serviteurs et es-
claves.

Champagne, français, marié à Siam,
laissé là à cause de sa grande
infirmité.
Fermet, français, marié à Siam,
laissé là sous prétexte de maladie.

*Laissés pour avoir soin de ce que
les Siamois n'ont pas voulu con-
fisquer :*
Chevreuil.
Martineau.
Le frère Charles.

Ont échappé :

Antonius, cler. tunq. à cause de
maladie.
Franciscus, cler. cocin. à cause de
maladie.
Michaël, cler. tunq.
Morts : Joannes, cler. tunq.
Paulus Bang, cler. tunq.
Joseph Bai, tunq. apud Cocin.

Le P. Pierre Arzilla avec Dom Joseph, après estre enfin sortis des mains
de Javang qui voulait à toutes forces les faire ses captifs et leur faire quitter

leurs habits, sont allés demeurer dans une maison particulière dans le camp.
Le P. Pierre aide le P. Maldonade.

Le P. Jean A Costa est aussi au camp avec sa mère.

III

Emprisonnement, misères et courage des chrétiens.

RECUEIL DES PERSÉCUTIONS QUE LES CHRÉTIENS SIAMOIS, PÉGOUS ET D'AUTRES DIFFÉRENTES NATIONS DES INDES, NÉS A SIAM, Y ONT SOUFFERTES POUR LA FOY DANS LES DERNIÈRES RÉVOLUTIONS.

A. M.-E., vol. 852, p. 135.

Prévisions de la persécution.

Quatre mois avant les révolutions, presque immédiatement après le départ des envoyés de France, avant que les Européens habitant ce royaume eussent pu soupçonner rien au monde, les chrétiens du pays, mesme ceux des confins du royaume, avertirent déjà les missionnaires en grand secret de prendre leurs mesures, et qu'on en voulait à tous les chrétiens habitant dans le royaume.

Ordre d'arrêter les chrétiens.

Aussitôt que parut le nouveau gouvernement dans le royaume, il y eut ordre de faire prisonniers tous les chrétiens naturels ou naturalisés dans le pays.

Il y eut aussi quelques familles portugaises, espagnoles, arméniennes et autres étrangers, qui ont été enveloppés avec les chrétiens naturels du pays ; mais ç'a été contre l'intention du roy, et par la seule avarice des mandarins ; car touchant les étrangers, il n'y eut ordre du roy que pour arrêter toute la famille du feu M. Constance, qu'on prétendait coupable de rébellion, et comme telle devant subir toutes les rigueurs des lois du pays. Quoique la Cour pour lors fût extrêmement animée contre les troupes françaises de Bangkok, cependant il y eut ordre de ne maltraiter point les anciens Français établis ou mariés dans le pays, faisant ainsi une grande différence entre les anciens et les nouveaux. Avant de parler des persécutions et souffrances des chrétiens naturels de Siam, on sera sans doute bien aise de savoir tous les endroits du royaume jusqu'où la religion chrétienne s'était déjà répandue, et avec combien de soins et d'espérance de ses progrès.

Souffrances et courage des chrétiens.

On ne voyait que des commissaires du roy et des officiers et serviteurs de mandarins, par troupes et en armes, courir par toutes les provinces où il y avait des chrétiens, les arrêter, lier et enchaîner ; et après avoir pillé et saccagé toutes leurs maisons et souvent les avoir dépouillés de leurs habits, les emmener prisonniers par troupeaux : hommes, femmes, filles et enfants, chez leurs maîtres, où on les garda dans une rude prison, bien souvent dans la boue, exposés à toutes les injures du temps ; questionnés presque continuellement de jour et de nuit ; battus et tourmentés cruellement en mille manières, afin qu'ils avouassent tout ce qu'ils avaient pu cacher de leurs biens, qu'ils revélassent les autres chrétiens cachés et tout ce qu'ils pouvaient savoir de leurs biens. Ils souffraient toutes sortes d'affronts, moqueries et reproches qu'on leur faisait à tout moment pour avoir embrassé la religion des chrétiens.

Il y a assurément de quoi remercier bien humblement Notre-Seigneur de la force, constance et générosité qu'il fit éclater dans la plupart de tous ces chrétiens ; car estant pris et menés devant les plus grands mandarins du royaume, la première chose qu'on leur demandait estait s'ils estaient chrétiens. Ils répondaient hardiment qu'ils estaient chrétiens ; bien souvent on leur reprochait d'avoir quitté la religion du pays pour embrasser celle des étrangers et des Européens ; et il y en a eu d'assez spirituels qui leur répliquaient qu'ils n'avaient pas embrassé la religion d'aucune nation étrangère, mais celle du vrai Dieu, créateur du ciel et de la terre, et que pour cela ils n'avaient point quitté les coutumes du pays, ni cessé d'estre du pays. Il y en a qui se sont laissé déchirer le dos de coups, et tourmenter de mille façons très cruelles, plutost que de dévoiler les autres chrétiens cachés, ou leurs biens ; et comme tous ces mandarins et leurs officiers, sous le beau prétexte de religion, n'en voulaient véritablement qu'aux biens de ces pauvres chrétiens, et ne cherchaient qu'à sucer jusqu'à la dernière goutte de leur sang, tous leurs reproches, menaces de prisons et vexations ne tendaient qu'à les obliger à se rédimer par de l'argent. Il y en a eu qui se sont rédimés ; mais à peine se voyaient-ils en liberté qu'ils tombaient entre les mains d'un autre mandarin, et il y en a eu qui se sont rédimés de la sorte par trois ou quatre fois ; et au bout du compte, presque tous ont esté condamnés et distribués en un esclavage perpétuel chez divers mandarins. Parmi les filles chrétiennes, il y en a eu qui se sont signalées par une extrême générosité, tant pour professer toujours la vraie foy qu'on voulait leur faire renoncer, comme aussi pour conserver leur honneur, qu'on avait tenté par toutes sortes de moyens. En voici des exemples qu'on a pu recueillir :

Arrestations à Pourcelouc.

A Pourcelouc on arrêta les chrétiens avec les deux missionnaires, le P. Angelo et M. Monestier, et après avoir pris et confisqué tous leurs biens, on les conduisit à Siam chargés de chaînes et de bois, et bien souvent battus pendant tout le long du voyage qui dura environ 20 jours. Le bon P. Angelo particulièrement souffrit beaucoup pendant ce long et rude voyage, à cause de sa constance et résolution. On les faisait passer toutes les nuits avec les bois aux pieds, au cou, et souvent assis sur une fourmilière les mains liées derrière le dos, et les extrémités du bois du cou attachées à quelques arbres.

Un des plus considérés de ces chrétiens, appelé François, après avoir beaucoup souffert près de deux ans par le moyen d'un de ses parents qui estait au service du nouveau prince, se présenta au prince s'offrant à son service, lui promettant de fournir par an deux cents rames pour ses ballons. Il lui demanda aussi tous les autres chrétiens ses compatriotes avec leurs familles pour ses aides et serviteurs ; par cette adresse il se délivra lui-mesme et tous ses compagnons chrétiens des vexations des mandarins. Il est fort bon chrétien ; il vient souvent voir les missionnaires et recevoir les sacrements ; et dans la province il sert de catéchiste à tous ses compatriotes chrétiens, comme il leur a servi aussi autrefois en cette même qualité. C'est lui qui composa autrefois en faveur de ses compatriotes une belle et savante dissertation pour les convaincre de la fausseté de leur religion.

Fuite des chrétiens Laotiens.

Les chrétiens laos de cette même province furent les plus adroits, car la veille de la prise des chrétiens de Pourcelouc, ils vinrent avertir en secret les missionnaires qu'on se préparait à les arrêter tous, et qu'eux-mêmes s'étaient déjà préparés pour se retirer, avec tous leurs bagages, dans les bois de Laos, cette même nuit. Ils prièrent instamment les missionnaires de se sauver avec eux ; mais voyant que ces Messieurs, qui ne se doutaient de rien, se moquaient d'eux, ils se sauvèrent tous cette même nuit.

Arrestation des chrétiens de Louvo.

Les habitants de Louvo furent les premiers sur qui se déchargea d'abord la rage des gentils, les prenant tous prisonniers, les chargeant de chaînes et de bois, pillant leurs biens jusqu'à détruire leurs maisons, sans en laisser une seule sur pied dans les villages où ils vivaient ensemble, pour la plupart pêle-mêle avec les chrétiens du pays. Ils pillèrent aussi quelques familles portugaises et autres qui se trouvèrent pour lors dans cette ville, et arrêtèrent prisonniers quelques particuliers Anglais et Danois huguenots.

Malheurs de la famille de Constance Phaulkon[1].

Toute la famille de M. Constance fut aussi arrêtée, et on fit beaucoup souffrir Madame sa femme pour la faire avouer tous les biens de son mari ; et de plus, elle souffrit dans la suite, avec toute sa parenté condamnée à un esclavage perpétuel chez le nouveau roy, selon la coutume du pays, qui fait porter à toute la famille les fautes du chef. La belle chapelle que M. Constance avait dans cette ville fut un des premiers objets de l'avarice des gentils, qui la pillèrent entièrement ; les ornements furent le partage des mandarins ; les images, crucifix, tableaux et autres choses de dévotion ont esté abandonnés aux mépris et railleries de la canaille, qui les traînait et vendait pour rien dans les marchés.

Destruction du tombeau de M. Le Clergues.

Ils abattirent aussi une espèce de mausolée que feu M. Constance avait fait sur le tombeau de M. Le Clergues, et déterrèrent les ossements, croyant y trouver quelques trésors cachés.

Courage des Pégouans Joan et Louis.

Un jeune Pégou nommé Joan (je ne sais pourquoi on le qualifie de Dom Joas dans la vie de M. Constance) fut longtemps traîné aux environs de Louvo et pitoyablement battu, pour lui faire découvrir les autres chrétiens, jusqu'à en avoir tout le corps ensanglanté et le dos déchiré et couvert de plaies ; mais il se comporta avec tant de courage et de constance, qu'on ne put jamais en tirer de lui aucune connaissance. Aussi Notre-Seigneur récompensa cette fidélité, car il avait vécu jusqu'alors en concubinage, quelque remontrance et réprimande que les missionnaires lui eussent faites là-dessus ; dans ces misères, le bon Dieu le toucha, il vint trouver M. Paumard en secret, confessa ses péchés, emmena sa concubine pour la faire baptiser et la prendre pour sa vraie femme, et peu de temps après il mourut de maladie que les prisons et les coups lui avaient attirée.

---

[1] Nous trouvons dans un autre document les lignes suivantes sur Mᵐᵉ Constance Phaulkon :

Je ne saurais mieux finir ce chapitre que par Mᵐᵉ Constance, qui dans sa disgrâce a assurément fait éclater beaucoup de vertu. Après diverses questions qu'on lui posa pour avoir connaissance des effets de son mari et ce qu'elle souffrit des insolences des bras peints qui la gardaient, en quoi sa vertu n'en fût pas moins éclatante, elle eut à souffrir un très rude combat que le fils du nouveau roy livra à sa pureté ; il la fit tenter, solliciter, menacer par toutes sortes de manières sans en pouvoir rien obtenir ; il l'envoya même enlever deux ou trois nuits ; elle ne put se délivrer de ses violences que par de grands cris qu'elle ne cessait de faire retentir dans sa maison ; et les Pères Jésuites nous ont assuré qu'elle leur avait demandé si elle pouvait prendre de certaines drogues pour se rendre entièrement difforme, et par là se délivrer des poursuites de ce nouveau prince. (A, M.-E., vol. 880, p. 222).

Le 19, je fus visiter Mᵐᵉ Constance, qui enfin après avoir esté jusqu'alors, ou emprisonnée ou retenue dans le palais, avait eu quelques jours auparavant la liberté d'aller demeurer au camp portugais, avec obligation de faire une certaine quantité de confitures pour le palais (*Notes de M. Martineau, 8 janvier 1691. A. M.-E., vol. 856, p. 21*).

Il y avait aussi un autre Pégou appelé Louis, d'un grand zèle et fort entendu dans la langue, qui servait de catéchiste à M. Le Clergues ; il pâtit plus que tous les autres ; il témoigna toujours beaucoup de zèle et de constance dans la foy, car lui, sa femme et ses enfants ont esté captifs et pillés jusqu'à cinq fois par divers mandarins, souffrant beaucoup de maux et de misères. Un jour qu'on le conduisait tout enchaîné chez un mandarin, il rencontra (ou on lui fit voir) cinq autres de ses compatriotes qui renoncèrent malheureusement à la religion ; il leur demanda si c'estait vrai qu'ils abandonnaient la religion, et comme ils lui répondirent que oui, s'excusant sur les misères et les coups, il leur reprocha hardiment leur perfidie et protesta qu'il se laisserait plutôt mourir que de les imiter. Quand il eut un peu de relâchement, il vint un jour en secret trouver un marchand français son ami, et lui donna à garder plusieurs versions en pégou qu'il avait faites sur les ouvrages de Mgr de Métellopolis, pour prouver la fausseté de la religion du pays, lui disant qu'il les avait toujours sauvées très heureusement, nonobstant les pillages. Pendant les plus rudes souffrances de Mgr de Métellopolis, dans un temps où à peine les Européens même osaient aller visiter le prélat, ce zélé Pégou le vint trouver un jour en secret, et voyant dans ce saint prélat un grand changement de fortune, il lui dit tout franchement, les larmes aux yeux, que au commencement des persécutions, voyant que les chrétiens souffraient seuls et que les missionnaires ne souffraient rien, cela lui avait fait de la peine ; mais à présent qu'il voyait les Pères souffrir avec eux, cela le consolait extrêmement et l'encourageait pour souffrir avec patience. Quelque temps après, il tomba très dangereusement malade chez son maistre, et se voyant en péril pour sa vie, il le pria de le faire transporter chez un missionnaire français qui estait en liberté, pour en avoir de la médecine. Y estant transporté, il dit en secret au missionnaire qu'il avait pris le prétexte de la médecine, mais qu'il y estait venu pour lui demander des médecines spirituelles pour son âme ; il y reçut tous les sacrements avec consolation et une joye très sensible, et estant transporté chez son maistre, trois jours après il y mourut.

Courage de plusieurs chrétiennes.

Dans cette même ville de Louvo, trois filles siamoises chrétiennes furent arrêtées avec une femme âgée, aussi siamoise, chez un mandarin, lequel fit tout ce qu'il put par menaces et promesses pour dérober l'honneur de ces filles ; mais voyant que cette femme chrétienne les enseignait, conseillait, encourageait dans leurs bonnes résolutions, il l'en sépara et la condamna à garder les chèvres par la campagne, à ses frais, où elle souffrit beaucoup de misères et incommodités.

Il y avait aussi une veuve pégoue âgée, appellée Maria, fort dévote et zélée chrétienne, bien instruite dans la foy, laquelle depuis 15 ans et davantage servait de catéchiste à Messieurs les missionnaires ; dans plusieurs endroits du royaume elle avait fait déjà beaucoup de conversions des Pégous, aussi bien que des Siamois. Comme elle estait fort connue pour catéchiste, elle fut d'abord cherchée nommément par des ordres exprès, et partout on envoyait des gens pour l'arrêter ; mais le bon Dieu prit un soin si particulier d'elle, qu'on ne la put jamais découvrir, quoique tous ses parents gentils lui refusassent la porte de leurs maisons. Et pendant très longtemps elle ne fit que courir par les provinces, se cachant tantôt chez les uns, tantôt chez les autres, dans de si grandes craintes et angoisses, que bientôt elle devint toute grise et même aveugle. A présent elle demeure paisible, mais dans une grande pauvreté ; et, tout aveugle qu'elle est, elle fait toujours fonction de catéchiste.

Misères et courage des chrétiens de la paroisse de Banplahet, à Juthia.

Les chrétiens de Banplahet, où sont le séminaire et l'église des missionnaires et autres des environs, ne furent pas mieux traités que ceux de Louvo. A la vérité, les Cochinchinois et Tonkinois pour la plupart ne furent point maltraités dans leurs maisons et biens ; mais à cause du nom chrétien qu'ils portaient, on condamna les hommes à servir partie dans les galères, et partie dans les escadres du roy, et leurs femmes furent condamnées à faire de la soie pour le roy. Ces bons chrétiens ont toujours témoigné beaucoup de zèle pour la religion, pour servir les missionnaires dans leur misères, pour recevoir et cacher chez eux les images et autres choses de dévotion, quoique ensuite ils se virent obligés de les jeter dans la rivière ; et pendant la prison des missionnaires, de temps en temps ils les assistaient de quelques aumônes, quoique très légères, et quand ils les voyaient conduire aux travaux publics, par devant, ou proche de leurs habitations, ils ne manquaient point de les aller soulager avec quelques petites douceurs ; il y eut une bonne matrone cochinchinoise, laquelle nonobstant les menaces et inquisitions qu'on faisait, eut le courage et l'adresse de cacher chez elle, pendant un long temps, un jeune prêtre Tonkinois qui leur servait de curé, jusqu'à ce qu'on trouvât l'occasion de le faire évader secrètement vers son pays du Tonkin, où il est un modèle de vertus.

Quant aux autres chrétiens, Siamois et Pégous de cette paroisse, avant même qu'on eût pillé le séminaire et l'église, on leur conseilla de se retirer et de se mettre à couvert des poursuites ; ils le firent aussi. Mais un malheureux gentil, écrivain de Mgr de Métellopolis, avec deux écoliers du collège, l'un Siamois l'autre Pégou, conduisirent si bien les officiers des mandarins, qu'on les prit presque tous avec leurs familles ; on les emmena prisonniers chez divers mandarins, leur reprochant le nom chrétien qu'ils avaient embrassé, et les faisant souffrir toutes sortes de mépris et de maux, tantôt pour violer l'honneur des filles, tantôt pour leur faire renoncer à la religion chrétienne, mais principalement pour les obliger à dénoncer les autres fidèles afin de sucer leur argent et leurs biens, et cela sans aucune pitié pour les enfants, dont quelques-uns sont morts de misères, ni même pour les femmes grosses qui estaient sur le point d'accoucher.

Ursule Guet, Maria Saychay, Paul Madec, Pierre, Maria Meoday.

Une vielle Siamoise appelée Ursule Guet, âgée d'environ 70 ans, montra beaucoup de constance, avouant toujours généreusement qu'elle estait chrétienne ; elle ne voulut jamais découvrir les chrétiens cachés, souffrant avec patience les menaces, les bois aux pieds, et exposée souvent au soleil et à la pluie.

Une autre femme siamoise appelée Maria Saychay, alliée à plusieurs mandarins, vit à cause de sa foi tous ses parents, non seulement lui refuser la porte de leurs maisons, mais lui reprocher qu'elle s'estait faite chrétienne, et ne voulant lui donner aucun secours.

Un Pégou, vieillard d'une famille fort nombreuse, appelé Paul Madec, montra beaucoup de hardiesse et de courage dans ses misères ; il répondait hardiment qu'il estait chrétien, et une fois enchaîné et exposé au soleil à la vue de tous, il criait très haut aux passants que tout ce qu'il souffrait n'estait point pour avoir volé, mais seulement pour la religion de Dieu, et parce qu'il estait chrétien.

Un autre Pégou appelé Pierre, se montra si zélé pour la religion, que quand on emmena Mgr de Métellopolis à Louvo, comme le bruit courait qu'on l'allait faire mourir, il prit son sabre et l'accompagna dans ce voyage, disant qu'il voulait mourir avec son Père. Dans la suite, ce pauvre homme souffrit

beaucoup chez divers mandarins, étant battu, rottiné, enchaîné constamment,
et ce qui l'affligeait le plus fut de se voir séparé de sa femme et ses enfants
qu'on traînait et maltraitait chez divers mandarins. Il les racheta plusieurs
fois, mais continuellement on les reprenait. La grandeur de tous ces malheurs
et l'impuissance de payer les dettes qu'il avait lui ont fait perdre la mémoire
de tout ce qu'il avait appris autrefois de la religion chrétienne ; il est hors
d'état de pouvoir presque plus rien apprendre par cœur.

Une femme pégoue appelée Maria Meoday, chargée d'une grosse famille,
quelque soin qu'elle eût pris pour mettre en assurance quatre de ses filles
déjà nubiles, fut prise avec deux d'entre elles et plusieurs de ses enfants encore petits, et tous conduits en prison chez un mandarin maure, lequel lui
demanda d'abord si elle professait les coutumes et rites des Européens. Elle
lui répondit hardiment qu'elle estait pégoue et qu'elle n'avait jamais gardé
d'autres coutumes que celles de sa nation. Le mandarin lui répliqua : « Quel rite
professez-vous donc ? » Elle lui répondit qu'elle professait la religion du vrai
Dieu, créateur du ciel et de la terre. Le mandarin ne fut pas fâché de cette
hardie et sage réponse ; mais il lui fit de grandes promesses, afin qu'elle prît
celle des mahométans qui adoraient aussi le même Dieu, et qu'elle ne man-
geât plus de cochon. Mais comme il ne gagnait rien sur elle, il la tourmenta
tant qu'il l'obligea à se racheter par une somme d'argent. Quelques jeunes
parents de ce mandarin n'épargnèrent ni les caresses, ni même les promesses de mariage, pour avoir quelqu'une de ses filles, mais il ne leur fut
jamais possible de l'y faire consentir. Elle et ses filles et garçons furent encore repris deux autres fois par d'autres mandarins, et souffrirent beaucoup
dans les prisons avec les fers aux pieds, souvent exporés au soleil et quelquefois trempés dans l'eau jusqu'au cou.

Chrétiens de Mahapram, de Banmakan, de Sankok, de Banpprao, de Bangkok.

Parmi les chrétiens siamois de Mahapram, il y a plusieurs familles qui
n'ont point été tourmentées, ni vexées, à cause de quelques grands mandarins leurs parents. Il y avait une femme fort âgée, qui portait l'habit de religieuse à la manière du pays ; convertie depuis plusieurs années, elle fut tant
vexée et tourmentée pour déclarer les autres chrétiens de cet endroit qu'elle
en mourut.

Les chrétiens de Banmakan, pour la plupart, ont couru la même fortune que les autres.

Les chrétiens pégous de Sancok et Banpprao ont esté presque tous pris,
et on les a fait souffrir bien plus que les Siamois ; on les employa à des travaux si rudes et pénibles que plusieurs y moururent de fatigues et de misères.

Les chrétiens cuays de Bangkok sont tous esclaves du roy, alors on ne
les tourmenta pas tant, et on les laissa dans leurs travaux. Un chrétien siamois de cette paroisse de Bangkok, appelé Louis Provang, estant pris et
transporté à Siam avec toute sa famille, y montra beaucoup de constance et de
zèle pour la religion. Interrogé par son mandarin s'il estait chrétien, il répondit hardiment que oui, et souffrit avec patience cent coups de rottin qu'on
ordonna de lui donner sur-le-champ, et toutes les chaînes dont on le chargea,
lui, sa femme et ses enfants ; on lui confisqua ses biens qui consistaient en
400 écus environ. Dans la suite, par son adresse, non seulement il fut mis
en liberté, mais fut admis aussi au nombre des gardes qui faisaient le tour
de la ville la nuit. Il s'est bien servi de cette charge pour aider les chrétiens,
car habilement, à la faveur de la nuit et de son office, il fit évader adroitement six femmes et filles siamoises et pégoues retenues prisonnières chez
divers mandarins, et les conduisait lui-même dans des endroits sûrs.

Souffrances de quelques païens.

Il y eut même des gentils qui ont souffert généreusement à l'occasion des chrétiens ; un bon Siamois charpentier, qui demeurait proche du séminaire parmi les autres chrétiens, pour n'avoir pas voulu déclarer les chrétiens cachés et leurs biens, fut rottiné si cruellement qu'il expira sous les coups. Un autre gentil, vieillard vénérable aussi attaché à sa religion qu'il estait savant, et que le feu roy avait donné à Mgr de Métellopolis pour lui enseigner la haute langue bali, fut cherché et pris par un ordre exprès de la Cour, et châtié en toutes sortes de manières, dans sa famille, ses biens et son corps, non seulement pour avoir aidé Mgr de Métellopolis à mettre en beau langage siamois, et même en bali, les dissertations sur la religion, mais aussi pour lui avoir expliqué et révélé tous les mystères de leur religion. Le pauvre homme, après avoir bien souffert, voyant que ses affaires allaient plus mal, demanda à se faire talapoin pour expier ses péchés ; on le lui permit, et par ce moyen il se tira d'affaire. Un autre gentil, dont la femme et les enfants étaient chrétiens, pour n'avoir pas voulu découvrir ses enfants, fut tant battu qu'il en mourut.

Résumé des souffrances des chrétiens.

Enfin pour résumer en peu de mots, à la réserve de quelques familles chrétiennes, parents de mandarins, et quelques autres qui ont trouvé moyen de se cacher, tout le reste a souffert, les uns plus, et les autres moins ; mais ils ont été également arrêtés, mis en prison, pillés et confisqués de tous leurs biens. Ceux de provinces éloignées eurent cela de particulier, qu'ils ont souffert plus de travaux et de misères, par les chemins qu'on leur fit faire, tantôt par eau, tantôt par terre, enchaînés, chargés de bois au cou, souffrant de nudité, soif, faim, et souvent battus cruellement.

Après que les mandarins et leurs officiers eurent déchargé de la sorte leur première furie et haine sur ces pauvres chrétiens, et sucé d'eux tous les biens qu'ils en ont pu tirer, à la réserve d'un petit nombre qui eut le moyen de se racheter, tous les autres ont esté condamnés à un esclavage perpétuel et distribués au palais du roy et du prince, et chez divers mandarins : le père séparé de ses enfants, et souvent les maris de leurs femmes.

Il est vrai qu'il y en eut d'assez malheureux qui ont succombé au milieu des souffrances et renoncé à la religion pour apaiser la colère de leurs nouveaux maîtres ; plusieurs se sont faits d'abord talapoins pour se mettre à couvert des poursuites ; il y eut même deux écoliers, un Siamois et un Pégou, qui conduisirent les gentils à la découverte des chrétiens cachés ; mais par la miséricorde de Dieu il n'y eut qu'un très petit nombre de ces misérables.

Une des plus grandes consolations que les missionnaires éprouvèrent dans le plus fort de leurs souffrances, fut de voir la patience et le courage de la plupart de ces chrétiens, qui les venaient trouver en secret et plaindre ensemble leurs misères. Plusieurs femmes et filles siamoises qui s'estaient rachetées des vexations, les rencontrant par les rues de la ville, se prosternaient publiquement devant eux pour les saluer à la manière du pays, sans crainte ni honte de faire connaître par là qu'elles estaient chrétiennes. Il y en eut même qui estant malades ne manquaient point d'envoyer quérir les missionnaires en secret pour recevoir les sacrements.

Pieuse mort d'une jeune chrétienne.

Il arriva une chose bien particulière à une fille siamoise âgée de 18 ans et d'une grande pureté de vie. Estant malade à l'extrémité, chez ses parents, elle envoya quérir un missionnaire qui estait en liberté, lequel la vint trouver en secret et lui administra les sacrements. Pendant qu'il disait les prières, on la crut morte ; quelque temps après elle revint à elle, et ayant les yeux ouverts et élevés en haut, les bras aussi tendus en haut, en souriant, elle s'efforçait de se tenir comme pour recevoir quelqu'un ; le missionnaire lui demanda ce qu'elle voyait et faisait ; elle lui répondit qu'elle voyait la Sainte Vierge, le Père, le Fils et le Saint-Esprit, et M. Le Clergues, son ancien curé habillé en surplis, qui l'appelaient vers les cieux ; peu de jours après, elle mourut très saintement.

On doit aussi ajouter que plusieurs autres chrétiens étrangers comme des Chinois, Malabars et Caffres, mariés à des femmes du royaume, ont beaucoup souffert avec toute leur famille, par l'avarice des mandarins ; et comme ils estaient des étrangers, ils s'y sont comportés avec encore plus de constance et fierté, méprisant les menaces et même les châtiments de leurs nouveaux maîtres, visitant les missionnaires dans les prisons et s'approchant des sacrements dans une petite chapelle qu'ils firent dans la suite. Il y eut aussi quelques familles tonkinoises qui ont beaucoup souffert, et un nommé Paul mourut tout rompu des coups qu'on lui donna pour l'obliger à découvrir les chrétiens.

Courage de jeunes filles chrétiennes livrées à des mandarins.

Ce qui a plus éclaté pour la gloire de Dieu et de sa sainte religion, et qui ne doit pas estre omis dans ce recueil, c'est l'admirable constance qu'un bon nombre de filles chrétiennes ont montrée pour conserver leur foi et leur honneur contre toutes sortes de puissances, charmes et châtiments, et quoique la plupart de ces filles ne fussent point des pures Siamoises, ni des Pégoues, leur admirable constance mérite bien qu'on en parle ici.

Il y avait une métisse pégoue âgée d'environ 18 ans, de père Manillois et de mère Pégoue, laquelle dès sa jeunesse se sentant appelée de Dieu à une vie retirée et dévote, estait depuis quelques années sous la conduite d'un missionnaire. Elle professait une vie tout-à-fait religieuse quoique en habit séculier, et on l'avait destinée à estre du nombre de plusieurs autres filles qui voulaient aussi se retire et pour qui on travaillait à bâtir une maison, quand les révolutions sont arrivées. Au commencement des troubles, sur l'avis des missionnaires, elle s'était retirée en un endroit sûr, où touchée de compassion de tout ce qu'on disait des misères et de la pauvreté des missionnaires, elle eut la charité de vendre ses propres habits pour leur envoyer quelques aumônes. Quelque temps après, elle se hasarda à s'approcher d'une maison amie pour savoir de leurs nouvelles et pour recevoir les sacrements. Le lendemain de ses dévotions, avant qu'elle eût le temps de se retirer, elle fut prise avec une douzaine d'autres femmes et filles, métisses chinoises et espagnoles, et amenée prisonnière chez un des plus grands mandarins du royaume appelé Oyaa Cloahem, lequel la donna en garde avec ses autres compagnes à deux mandarins ses officiers, appelés Okunppan Seing et Okunppan Sanit. On peut s'imaginer aisément la surprise et l'étonnement, et même la crainte et la désolation où se trouvèrent pour lors ces pauvres femmes et filles, dans des endroits tout nouveaux, à elles inconnus jusqu'alors, hors leurs maisons et parentée, parmi les gentils et les mandarins dont chacun estait et paraissait un petit roy, et se faisait craindre du peuple par toutes sortes de moyens. Un Espagnol, qui s'estait trouvé pris aussi avec ses deux filles, en fut tellement épouvanté qu'il estait sur le point de tuer ses deux filles pour mettre par-là à couvert leur honneur, si un de ses camarades ne l'eût empêché. Néanmoins tout cela n'épouvanta par fort cette vertueuse métisse pégoue, laquelle s'en consolait dans l'espérance qu'elle s'en allait estre bientôt martyrisée. Quelques jours après, voyant qu'on ne parlait point de la faire mourir, elle consulta ses compagnes sur la résolution qu'elle avait prise de feindre vouloir s'enfuir, parce qu'on avait menacé de couper la tête à celles d'entre elles qui s'enfuiraient. Elles demeurèrent une quinzaine de jours prisonnières chez ce grand mandarin, souffrant beaucoup de peine dans leurs corps, mais beaucoup plus dans leur esprit, tourmentées en toutes manières, de chagrin, de tristesse et d'angoisse. La métisse pégoue estait la plus âgée de toutes les autres filles ses compagnes, et le bon Dieu permit qu'elle seule dans cette rencontre eût à souffrir de très rudes combats pour la conservation de sa foi et de son honneur, afin qu'elle servît d'exemple à ses compagnes.

Pendant cette quinzaine de jours, elle n'eut guère de repos ; le jour et la nuit on la traînait presque continuellement devant le grand mandarin, et de là chez les deux autres, ses officiers ; on la tentait par toutes sortes de promesses, de menaces, d'affronts, afin qu'elle renonçât à la religion chrétienne et consentît aux désirs du grand mandarin, lequel à la vérité n'en voulait pas tant à sa religion qu'à son honneur, la sollicitant toujours et en toutes manières jusqu'à ce qu'une fois, à environ onze heures de la nuit, il la tint attachée à une des colonnes de sa chambre. Mais l'autre mandarin son second, qui estait ennemi du nom chrétien, la tourmenta extrêmement de jour et de nuit, en public et en secret. Une fois, dans la salle du même mandarin, après beaucoup d'interrogations, la voyant ferme dans ses résolutions, il lui fit couper publiquement ses longs cheveux. Une autre fois, pour se moquer de sa religion, dans une grande assemblée, il fit traîner par terre un crucifix devant elle, et comme elle le releva d'abord, le baisant avec les larmes aux yeux, il la fit souffleter avec le dos du mesme crucifix ; ensuite, ne pouvant la forcer de fouler aux pieds le crucifix, il lui fit lier les mains et les pieds et attacher le crucifix à la plante des pieds ; dans cet état, il la fit fouetter avec des écorces d'arbres, se moquant et se raillant d'elle, lui reprochant de fouler son Dieu avec ses pieds. La pauvre fille fit tant d'efforts qu'enfin elle se délia les mains, et reprit lestement le crucifix avec beaucoup de larmes et de vénération. Une autre fois, après l'avoir chargée d'injures, il la menaça de la dépouiller et de l'exposer au milieu du marché, à la vue et à l'insolence de toute la canaille. En effet, il la fit exposer à la porte, les bois aux pieds, pendant plusieurs heures du plus ardent soleil. Il lui fit arracher le chapelet qu'elle portait au cou, et un cordon de saint François à sa ceinture, croyant que c'était ce qui la rendait si inébranlable. Une autre fois, pendant la nuit, après l'avoir tentée inutilement par toutes sortes de menaces et promesses pour la faire consentir aux désirs du grand mandarin, vers minuit il la fit crucifier, c'est-à-dire que les pieds liés, il la fit pendre en l'air par les deux bras attachés avec des cordes à deux colonnes de la salle, et la tint ainsi pendant un temps considérable ; elle en souffrit extrêmement ; par bonheur, un des gardes la voyant sans parole, et comme morte, en avertit le mandarin qui la fit détacher de peur qu'elle n'en mourût. La vertu de cette fille n'éclata pas seulement dans cette résistance et cette constance admirables, mais aussi dans les moyens qu'elle imagina, et dont elle se servit pour se rendre méprisable aux yeux du monde, et pour conserver mieux son honneur : outre qu'elle veillait la plus grande partie de la nuit, de peur des insolences des gardes qui bien souvent éteignaient la chandelle pour l'insulter, elle et ses compagnes, plus effrontément, ayant été avertie par une bonne femme que ses honnêtes habits donnaient de la grâce à sa bonne mine, elle les changea aussitôt avec d'autres vieux qu'elle put trouver, et se soumit à un rude jeûne pour s'amaigrir. Toutes les fois qu'on l'appelait pour paraître devant les mandarins, elle brouillait ses cheveux coupés, les couvrait de cendre, se frottait le visage, la poitrine et les mains du noir des pots de la cuisine, et se crottait les pieds et les habits avec de la boue. Dans cet accoutrement, elle se présentait devant les mandarins, souffrant avec gaieté leurs risées et moqueries. Jamais ils n'ont pu l'obliger à laver son corps, et ces moyens lui servirent beaucoup auprès de ces sensuels. Mais ce ne fut pas là les seuls moyens qu'elle trouva pour se rendre méprisable ; je ne sais d'où elle apprit le secret de faire des plaies sur le corps avec une composition de savon et de chaux, et cela fort aisément. Elle s'en servit, et en peu de temps elle se remplit les joues, le front, les bras, la poitrine et les jambes d'ulcères affreux.

Une métisse espagnole se coupa avec du bois pointu la veine du bras pour se faire saigner, afin d'ôter la beauté de la couleur de son visage. La plupart de ces filles conservent à leur visage des cicatrices horribles des plaies qu'elles se sont faites pour conserver la beauté de leur âme.

Quand on fit la distribution des chrétiens prisonniers parmi les mandarins, on en donna un bon nombre au nouveau prince, et on choisit plusieurs femmes et filles pour les mettre dans son palais avec quelques femmes et filles de Français. Cette vertueuse pégoue et toutes ses compagnes furent aussi de ce nombre. Elles changèrent ainsi de maître, mais pas de misère, car elles eurent affaire pour lors à un jeune homme qui cherchait tous les plaisirs. A la vérité, au commencement, il agissait par des promesses et caresses ; mais après, c'était par la force ouverte, comme on va voir.

La première fois qu'on les présenta au nouveau prince, elles se déguisèrent si bien avec leur saleté affectée dans leurs corps et leurs habits, que cela fit rire le prince. Se voyant renfermées dans le palais et toujours exposées à la vue et aux désirs de ce jeune homme, toutes d'un commun accord, habillées très malproprement, leur visage et leur corps couverts de ces plaies infectes, avec leur chapelet au cou, se tenaient rangées dans les chemins à l'heure que le prince y devait passer pour aller au palais du roy, dans l'espérance que cette vue lui aurait inspiré la même horreur de leurs personnes que les danses en avaient déjà conçue. Ces pauvres filles virent que toute leur adresse ne faisait rien de ce qu'elles espéraient auprès du prince, lequel au contraire leur fit donner à toutes quelques présents d'habits, mesme des servantes et des pensions plus grosses à celles qui lui parurent plus belles. Par les conseils et bons avis de cette métisse pégoue qui leur servait toujours de guide, elles s'avisèrent de se retirer dans le jardin intérieur du palais pour y faire des pénitences à leurs fantaisies, afin d'obtenir de Notre-Seigneur leur délivrance. C'était la vue la plus plaisante du monde que cette nouvelle manière de pénitence de ces pauvres filles : l'une toute crottée avec de la boue s'exposait aux ardeurs du soleil pour noircir la blancheur de sa peau ; l'autre, courbée sur ses mains et ses pieds, marchait comme les bêtes tout autour du jardin ; celle-ci se fouettait avec des branches d'arbres et des épines ; celle-là à genoux sous un arbre récitait dévotement son chapelet ; l'autre faisait sa méditation gardant un grand silence. Enfin toutes, avec les meilleures intentions du monde, gardaient un grand silence, priant Dieu de tout leur cœur avec beaucoup de larmes, de soupirs et de gémissements. Mais on ne les laissa pas continuer longtemps ces saints exercices, car on leur assigna à chacune leur ministère dans l'intérieur du palais, auprès du prince où il n'y a que des femmes pour le servir, qui de plus près, qui de plus loin selon leur mine et bonne grâce, et il n'y a que celles qui avaient des parents assez accommodés qui, par moyens d'argent et de présents à des vieilles matrones et à des eunuques, ont pu obtenir d'eux d'estre employées aux ministères les plus bas et les plus éloignés de la vue du prince.

La première de ces chrétiennes qui lui donna envie fut une métisse chinoise appelée Marceline ; il la tenta par toutes sortes de caresses et de présents ; mais il n'en put jamais rien obtenir. Les parents de cette fille, pour la sauver d'un si grand danger, lui cherchèrent d'abord un mari, parce que les Siamois ont beaucoup d'égards pour les femmes mariées ; par moyen d'argent et de présents, ils obtinrent des matrones et des eunuques du palais la permission de faire sortir leur fille en cachette, à l'entour du palais. Là se trouva un missionnaire français qui fit le mariage. Quelques jours après, comme elle servait auprès du prince dans son appartement intérieur, il l'appela et lui commanda de lui apporter un crachoir d'or; elle lui apporta, le mit auprès du lit où il reposait, et se tint toujours hors de l'entrée des paravents du Japon qui entouraient le lit, quelque commandement que le prince lui fit d'y entrer.

Voyant bien son dessein, elle lui dit courageusement : « Seigneur, j'entends ce que Votre Altesse souhaite de moi; mais je lui déclare que je ne peux y consentir, car je suis mariée et j'ai mon mari. » A cette hardie réponse, le prince fut d'abord étonné, et tout en colère il commanda à ses eunuques de lui donner 100 coups de rottin sur le dos et les jambes, de la mettre aux fers, et de l'employer aux plus bas services du palais, ce qui fut exécuté sur le-champ. Elle a esté longtemps dans cet état; il y a quelque temps seulement les parents, quoique pauvres, par moyen de quelques présents et de quelques aumônes, obtinrent des princesses et d'autres dames principales du palais que leur fille fût tirée hors de ses fers à l'insu du prince.

Pendant ce même temps, tous les débauchés qui connaissaient les inclinations du prince ne cherchaient qu'à s'attirer ses bonnes grâces, en lui indiquant des filles bien faites. Un Arménien, méchant chrétien, lui déclara que chez un Français marié à Siam, il y avait trois orphelines de père arménien et de mère pégoue. Ces pauvres filles furent bientôt enlevées par force, quelques efforts qu'eut fait ce bon Français pour les cacher et sauver, jusqu'à estre lui-même pris et mis au fers, et même condamné à estre confisqué avec toute sa famille, ce qui aurait esté exécuté si un puissant mandarin son ami ne l'eût sauvé. Ces trois jeunes filles, qui ne savaient encore rien des dangers du palais, y entrèrent parées à la mode du pays, et d'abord reçurent des gratifications et des servantes des libéralités du prince; elles se promenaient partout, et sur l'avis des dames du palais, elles se paraient aussi avec des odeurs et senteurs, à la manière du pays, sans aucune appréhension des dangers dans lesquels elles se mettaient.

Cette métisse pégoue dont on a parlé ci-dessus, après plusieurs remontrances qu'elle leur fit, leur parla un jour si fortement qu'elle les fit pleurer, et les poussa non seulement à changer leurs beaux habits en d'autres vilains, mais aussi à prendre la résolution de s'éloigner autant quelles pouvaient de la vue du prince. Celui-ci en fut fâché, et ordonna qu'on donnât à cette métisse pégoue 100 coups de rottin; par bonheur, dans ce même moment, on vint avertir le prince de la part du roy de se rendre incessamment au grand palais; l'ordre ne fut pas exécuté et le prince ne s'en souvint plus. Mais ce ne fut point de même pour ces pauvres Arméniennes. Peu de jours après, le prince ayant vu de loin l'aînée appelé Michaela, il l'appela. La voyant ferme à ne vouloir point obéir, il essaya de se saisir d'elle. Cette généreuse fille se défendit des violences du prince de toutes ses forces, à coups de mains, de coudes et de pieds, jusqu'à le mettre dans une telle confusion et rage qu'il ordonna à ses eunuques de traîner cette fille au dehors et de lui donner 100 coups de rottin, ce qu'elle souffrit fort généreusement; et depuis ce temps le prince en a conçu une telle haine, qu'il ne l'appelle que têtue, race de chien, et mille autres injures, et il défend à toutes ses favorites d'avoir aucun commerce avec elle.

Les matrones et eunuques du palais, qui connaissent bien cette appréhension des bonnes filles chrétiennes, cherchent avec avidité de semblables occasions pour sucer leurs biens et ceux de leurs parents; dans cette espérance ils ont même un grand soin de les avertir auparavant, afin qu'on leur prépare du profit.

Par moyen d'argent, on pourrait même peu à peu les délivrer toutes du palais ; et il y a des mandarins qui se sont plusieurs fois offerts à en délivrer moyennant une somme d'environ 300 écus ; on est toujours assuré qu'avec le tiers de cette somme d'argent l'on pourrait, non seulement mettre hors de tous les dangers chacune de ces filles, mais aussi les tirer du palais et les marier sans autres obligations que d'aller au palais trois ou quatre fois par an. Ce qui est encore plus pitoyable dans leur état, c'est le manque de tous les secours spirituels ; car à peine peuvent-elles obtenir la permission de venir chez leurs parents une fois par an pour recevoir les sacrements, et cela encore pour un ou deux jours tout au plus. Il y en a qui depuis plusieurs années n'ont pu sortir pour faire leurs dévotions, faute d'argent à donner aux vieilles matrones et aux eunuques ; et les missionnaires ne peuvent avoir aucune approche pour y apporter les secours spirituels. Il y a quelques années, les dévots et dévotes de Manille, touchés de compassion de l'état de ces pauvres filles, se cotisèrent et firent une bourse de 500 écus qu'ils envoyèrent pour leur délivrance ou soulagement et surtout pour les deux filles de Castillan ; mais ce dépôt tomba en de telles mains, que ni elles ni les autres n'en sentirent aucun profit.

Faveurs accordées à quelques chrétiennes.

Cependant le bon Dieu, qui est père de miséricorde, ne laisse point de procurer à ces filles quelque soulagement dans l'abandon et la misère où elles se trouvent ; car il permit que cette vertueuse métisse pégoue, dont on a parlé ci-dessus, trouvât tant d'amis, et du crédit auprès des princesses, dames, eunuques, et autres mandarins officiers du petit palais, qu'elle demanda et obtint de la princesse la charge de confiturière à l'européenne. Elle obtint la permission, non seulement de sortir du palais pour demeurer où elle voudrait, mais aussi elle obtint d'abord la liberté à deux de ses compagnes, quoique avec bien de la peine et quelques frais, sous le prétexte de lui servir d'aides dans ses confitures, se rendant responsable de leur personne ; et dans la suite, par ses intrigues à l'insu du prince, elle obtint le même soulagement à trois métisses chinoises et à une métisse française, se rendant aussi responsable de leurs personnes, et se chargeant de tout au cas où cela arriverait aux oreilles du prince, ce en quoi elle s'exposait très dangereusement. Quoique cette liberté qu'elle leur procure ne soit qu'un soulagement dans leurs misères, elle les met toujours hors de péril pour leur honneur, car elles se marient aussitôt, et ont la liberté de demeurer chez elles la plus grande partie de l'année. Elle travaille encore à en tirer d'autres, avec de grandes difficultés et s'exposant trop, car plusieurs vieilles matrones et des eunuques se plaignent déjà beaucoup d'elle, et l'ont même menacée d'avertir le prince qu'elle ne faisait que tirer du palais les filles chrétiennes. Si elle avait de quoi dépenser, elle fermerait bientôt leurs bouches, et en peu de temps elle mettrait toutes ces filles hors de danger de perdre leur honneur, et en état de faire tous leurs devoirs de chrétiennes.

Assurément il y a de quoi remercier le bon Dieu de la constance que toutes ces filles ont montrée jusqu'à présent dans toutes les fâcheuses rencontres qui leur sont arrivées, et ce qui doit le plus étonner, c'est que depuis sept ans qu'elles sont renfermées dans le palais, la plupart dès l'âge de dix et douze ans, séparées des chrétiens, privées de tous les secours des sacrements, élevées au milieu de 300 ou 400 femmes et filles gentiles de tout âge qui ne respirent que la vanité sans parler d'autres vices, elles se soient jusqu'à présent conservées dans la crainte de Dieu et dans la pureté de la religion.

Aide des missionnaires.

Ce que peuvent faire les missionnaires est d'entretenir les bonnes grâces des matrones et officiers, afin qu'à leur considération on traite plus doucement ces filles chrétiennes. Ils leur envoient de bons livres siamois pour entretenir leur dévotion, aussi bien que pour donner connaissance de notre religion aux dames du palais et même aux princesses, qui sont fort curieuses des lectures des choses de notre religion; et ils se servent de cette bonne métisse pégoue pour les soulager dans leurs travaux, pour leur envoyer des bons avis et conseils, pour les avertir de leurs imprudences, et pour les encourager à se maintenir dans la crainte de Dieu, ce qu'elles font avec beaucoup de charité, zèle et prudence.

Chute de quelques chrétiennes.

Grâce à Notre-Seigneur, jusqu'à présent on n'a pas encore eu le déplaisir d'entendre parler mal d'elles sinon d'une jeune Chinoise, laquelle au commencement et pendant un long temps se comporta très bien ; mais dans la suite elle se laissa corrompre.

On eut encore un autre semblable déplaisir dans la personne d'une autre jeune chrétienne, de père et mère pégous, cousine de la vertueuse métisse pégoue. Elle se convertit déjà grandelette et menait une vie louable, sous la direction d'un missionnaire, lequel comme elle estait belle et pour la préserver des occasions, la mit chez un Français marié, très bon chrétien Au commencement des troubles, elle se comporta bien quoiqu'elle se vit abandonnée de tous ses parents qui ne la voulaient point chez eux à cause qu'elle s'estait faite chrétienne ; elle se racheta à ses frais, par deux fois, des mains de deux mandarins qui l'avaient fait arrêter ; elle avait la hardiesse de se dire chrétienne, de parler aux missionnaires pour lors prisonniers, et de leur raconter ses peines, ce que peu de gens osaient faire. Je ne sais comment elle fut vue d'un jeune prince, neveu du roy, qui la fit enlever. Le roy même l'ayant vue un jour, la demanda à son neveu contre quatre de ses concubines les plus belles ; mais le jeune prince s'en excusa disant qu'il l'avait prise pour sa première femme ; en effet, elle est si fort dans ses bonnes grâces qu'elle gouverne toute sa maison et son esprit. Mais les bonheurs et grandeurs du monde l'ont tellement aveuglée et éblouie, qu'ils lui ont fait oublier Dieu et la religion. Cette bonne métisse sa parente ne manqua pas de faire son possible pour la ramener dans son devoir ; elle la trouva toujours si indifférente et froide, qu'une fois estant interrogée par la mère de ce jeune prince, pourquoi elle ne venait pas visiter sa cousine, femme de son fils, elle eut la hardiesse de répondre qu'elle ne se connaissait point aucune cousine dans sa maison. Et comme l'autre insistait, elle lui répondit avec la même hardiesse, qu'autrefois elle l'avait connue pour sa parente lorsqu'elle faisait profession de la religion chrétienne, mais qu'à présent qu'elle n'en faisait plus sa profession, elle ne la voulait point connaître pour sa cousine.

Coup d'œil général sur la conduite des chrétiens.

Voilà un petit abrégé de ce qu'on a pu recueillir de la constance et générosité avec laquelle les chrétiens du royaume ont souffert pour la foy de Jésus-Christ. Il y en a eu pour le moins les trois quarts qui se sont comportés très louablement avec bien du courage, et même plus qu'on n'aurait jamais osé s'en promettre.

Il est vray de dire que d'aucuns ont presque oublié leur foy et leurs prières. Il y en a que les parents ont mis fort jeunes dans les pagodes, ne pouvant les nourrir ; il y a des filles et des femmes qui se sont mariées avec des gentils, poussées par nécessité ou par reconnaissance de les avoir aidées à sortir de leurs misères ; il y en a qui par les misères se sont laissé corrompre, et vivent dans de méchants commerces.

IV

Lettres de Mgr Laneau. — Ses sentiments de résignation.

Mgr Laneau a M. Maigrot.

A. M.-E., vol. 856, p. 591.

19 mai 1689.

Monsieur et très cher frère,

Jésus-Christ soit l'unique objet de nos pensées.

Il faut que, puisque j'ai un moment de liberté pour écrire, je l'emploie pour vous embrasser en particulier, désirant bien davantage que nous puissions nous embrasser en montant aux cieux avec Notre-Seigneur, aujourd'hui qui est le jour de sa glorieuse Ascension ; car en vérité, toutes ces traverses et bouleversements les uns sur les autres, sans ordre et sans raison, nous rendent bien ennuyeuse cette vie ; il la faut cependant souffrir ; car qui est-ce qui serait assez présomptueux d'aspirer à la gloire infinie du ciel sans la mériter, et sans la volonté, ou plutôt contre la volonté et la disposition de la Providence ? Je me plains, je m'attriste, je me lamente devant Dieu, et pour moi, et plus encore pour mes pauvres frères ecclésiastiques et séculiers, dont les misères sont sans comparaison plus dures que les miennes. Mais cependant, je ne me trouve point mal de tout ceci, et quelquefois j'aurais scrupule d'en demander la délivrance, si je n'avais l'exemple de Notre-Seigneur, qui pour notre instruction a bien voulu demander d'être délivré de la mort de la croix qu'il allait endurer : c'est donc à lui à la demander dedans nous et par nous, comme par ses pauvres et misérables instruments. Je ne sais-ce que Dieu prétend en tout ceci : ou il veut nous châtier bien rigoureusement, ou il veut nous purifier bien exactement, ou il veut nous préparer et disposer pour quelque chose de bien inconnu et caché ; ce que je puis vous assurer est qu'il semble que sa sagesse infinie prenne plaisir à tout ceci, rompant toutes nos mesures, et faisant avorter tous les moyens que notre petite prudence nous peut suggérer ; et cela par des voies tout à fait surprenantes et imprévues. Il veut à la vérité, que, suivant le cours ordinaire de la grâce et de la nature, on se serve des moyens que lui-même nous présente ; mais cela est bon pour les autres ; pour nous, rien ne nous sert, ni ne nous profite pour nous délivrer et mettre en liberté ; il n'y a point pour nous de moyens de la prudence ordinaire ; il semble souvent que nous sommes sur le point de sortir, et voilà des embarras qui surviennent, qui rompent tout : *Sepivit vias meas lapidibus quadris (Thren. 3, 9)* : ce qui fait que nous n'avons d'autres consolations à prendre, sinon en lui seul, à l'exclusion de toutes les créatures : *Si incluserit hominem, nullus est qui aperiat, duxit sacerdotes inglorios ; sed et cum clamavero et rogavero, exclusit orationem meam (Job. 12. 14).* Et tout cela, si c'est pour nous punir de nos négligences à son service, de nos recherches, de nos projets, jamais nous n'avons été si accommodés : *Peccatum peccavit Jerusalem, propterea instabilis facta est (Thren. 1, 8).*

Le petit Père Ferreux, Dieu le lui pardonne, s'est enfui avec les autres ; il a bien fait ; il avait si bien accommodé notre maison ; notre nouveau procureur, M. Martineau, avait fait des magasins admirables ; la nouvelle église était bientôt achevée ; nous avions des lingots, et en suffisante quantité : notre maison était élevée et paraissait un petit palais, du moins dans ce pays-ci ; mais nous ne savions pas que *Qui altam facit domum suam, quærit ruinam (Prov. 17, 16).* Les lingots ont été enlevés ; les magasins servent aux officiers royaux, *Omnis populus ejus gemens et quærens panem. (Thren. 11).* On nous reproche ce que nous mangeons. Mais, cependant, Dieu ne nous a jamais montré tant d'affection et d'amour qu'à présent, *Misit ignem in ossibus meis et erudivit me (Thren. 1, 13.),* et nous instruit des maximes de l'Évangile ; il nous désabuse des fausses idées, et des fausses nécessités que l'amour-propre nous inspirait. Oh ! que Dieu est un bon directeur ! et que la souffrance est une bonne école ! Tout docteur que vous soyez, vous ne savez rien de ceci ; nos écoliers en savent plus que tous les plus grands ecclésiastiques.

Notre petit Thomas, chinois, vous en peut faire des leçons, et à M. Le Blanc qui n'a pu lui enseigner que l'A. B. C. ; mais ici il a appris les très hautes connaissances et expériences de la sagesse éternelle.

Votre petit François n'a point eu part à tout ceci, Dieu l'ayant retiré peu de temps auparavant que tout arrivât ; c'était un enfant de bénédiction et qui était chéri de tout le monde, à cause de sa douceur et de ses autres qualités O *Altitudo divitiarum (Rom. 11. 33)*, consolez-vous de cette perte que je sais vous devoir estre très sensible ; Dieu le retirant du commun embrasement vous a préparé cette affliction pour estre la part du calice que vous deviez boire.

Au reste ne vous étonnez point, et vous affligez encore moins de tous ces bouleversements ; car j'ose dire que nous avons plus gagné en tout ceci que nous n'y avons perdu : vous et nous avons perdu de la terre, et Dieu nous récompense de trésors inconcevables, et dont il ne manquera pas de vous donner une ample participation, puisqu'entre nous tout est commun, et la perte et le gain. Je vous laisse donc tout consolé dans les plaies de notre très aimable Jésus. Ce sang très précieux dans lequel il abîme nos âmes, comme dans un océan de biens ineffables, est toute notre consolation et notre joie ; c'est en lui que je vous embrasse.

Mgr LANEAU AUX DIRECTEURS DU SÉMINAIRE DES M.-E.

A. M.-E., vol. 862, p. 379.

De la prison des Bras peints, 24 novembre 1689.

MESSIEURS ET TRÈS CHERS FRÈRES,

Notre-Seigneur Jésus-Christ soit l'unique objet de nos pensées.

Bien que j'aie tout sujet de croire, ou du moins de beaucoup douter, que cette lettre ne vous soit rendue, j'ai cru néanmoins devoir tenter à tout hasard de vous écrire un mot. J'en ai autant écrit à la Sacrée-Congrégation, pour lui faire savoir l'état de nos misères ; mais je n'ai pas voulu mettre la lettre avec celle-ci, crainte que l'une ne fît perdre l'autre. Je vous écris par deux voies, et le Révérend Père Maldonade les met dans son paquet qu'il envoie aussi à tout hasard.

Or, pour ne point faire tant de préludes, je n'ai qu'un mot à vous dire, savoir que grâce à Dieu nous avons esté et sommes réduits à l'extrémité des misères ; ce n'est pas que nous ayons à nous plaindre de personne, puisque c'est Dieu qui par son amour infini nous a chassés de notre maison, ôté tout ce que nous avions, mis en prison, et fait souffrir des choses que, pour habile qu'on soit, on ne pourrait pas concevoir en Europe, parce que *Omnia excelsa tua et fluctus tui super nos transierunt (Psaw. 41, 8)*. En vérité *Saturati sumus opprobriis (Thren. 3, 30)*, et en un mot nous sommes réduits en un tel état, que bon gré mal gré il faut dépendre de Dieu seul.

On nous avait encore laissé quantité de choses qui, pour n'estre pas à l'usage de ces gens-ci, ne laissaient pas de nous estre d'un très grand soulagement ; et M. Martineau estait laissé libre avec M. Chevreuil et le Frère Charles pour en avoir soin, et voilà que, depuis six ou sept jours, Dieu a envoyé un petit feu qui a tout brûlé. Que Dieu est adorable dans son amour ! Il nous veut tout mystiques et tout spirituels. *Sine calceamentis, sine bacculo, sine pera, sine manqtis.* Comme les Pères Jésuites avaient eu la charité le retirer chez eux les livres, et une partie de nos ornements, cela a esté sauvé du feu. Voici presque un an et demi ou deux ans que nous sommes sans argent ;

cependant nous sommes encore en vie ; l'expérience nous a bien montré qu'on peut vivre de riz et de poisson salé. Tous les missionnaires, avec le Rév. Père de La Breuille, presque tous les écoliers, les Français, et quelques Anglais sont à la grande prison des voleurs. O Dieu, quel enfer, quand j'y pense ! Cela ne vous est pas possible de le concevoir ; il faut l'avoir vu, et cela ne suffit pas encore ; car je l'avais vu cent fois, et je ne savais ce qui en estait jusqu'à l'avoir expérimenté. Il est vrai que, pour moi, je ne l'ai guère expérimenté, car j'ai esté mis dans un autre lieu, dans une petite maisonnette où je suis à mon aise, pendant que nos pauvres frères sont comme des forçats ; je n'ai eu des liens que les premiers mois, et j'ai assez de liberté pour dire grâce à Dieu tous les jours la sainte messe. Ç'a esté une Providence que M. Paumard ait donné des médecines au défunt roy, car cela l'a fait connaître à quelques mandarins qui l'ont sauvé de la prison, et lui ont fait accorder toute liberté ; c'est lui seul qui nourrit près de cinquante ou soixante prisonniers ecclésiastiques, écoliers, séculiers, tant des troupes du roy que de la Compagnie et autres gens, comme aussi quelques Anglais ; car on ne leur donne pas un grain de riz. M. Paumard, avec les aumônes qu'on lui donne, leur fait entrer du riz et du poisson, et le moins mal qu'il peut, il les nourrit tous. Il travaille beaucoup, et on lui a obligation ; il est vrai que M. René Charbonneau a aussi esté conservé libre par un effet particulier de la Providence ; c'est de lui qu'on reçoit le plus d'aumônes ; mais comme ces aumônes vont trop haut, quoiqu'il ne voulût point des papiers d'obligation, néanmoins je l'ai obligé d'en recevoir un de 15 catis, ce qui fait environ 700 écus, comme aussi le frère de M. Antonio Pinto, un papier de 4 catis ou 200 écus. On n'a pas encore dépensé tout cela, mais on y puise tous les jours, et quoiqu'on ne fasse que très peu de dépenses, néanmoins il y a tant de gens, et en tant de différents lieux, que le tout monte à beaucoup. Quelques Portugais, Hollandais, Arméniens, Maures, font ou ont fait aussi des aumônes ; mais dans la continuation de temps les charités diminuent. Il n'y a que le Père Maldonade qui, quoique pauvre et n'ayant rien reçu de Macao depuis longtemps, continue les siennes.

On fait des chansons de nous, et contre la religion, *Facti sumus in canticum*. Nos pauvres écoliers, dispersés çà et là, sont les uns captifs, les autres dans les fers, quelques-uns avec M. Martineau. Ils écrivent encore comme ils peuvent, aussi bien que ceux qui sont en prison, depuis qu'ils ne sont plus au travail.

C'estait une belle chose de voir des missionnaires, des gentilshommes, des soldats, des écoliers, attachés dix à dix avec des voleurs, par une longue chaîne, les fers aux pieds et au col, aller par la ville porter de la terre, tirer des bois ; mais cela est fini. J'ai avec moi ici un écolier à qui j'explique les Epîtres de saint Paul, quoique je ne les entende pas moi-même. Il y en a d'autres dans ces prisons, qui édifient admirablement les plus insensibles geôliers. Si jamais on est en liberté, j'espère que ceci leur servira d'un très excellent noviciat. On nous fait espérer notre délivrance en peu de temps ; mais on nous a déjà fait autrefois espérer la même chose sans effet. On dit cependant que l'on n'attend que la réponse de M. Desfarges, qui estait venu à Jongselang pour nous demander tous ; mais à présent on dit qu'il n'y est plus.

Que tout ce que je vous ai écrit ne vous touche point ; car je ne puis vous dire les grâces que Dieu a faites à nos captifs, dans tout ce temps-ci ; un m'écrivait qu'il pensait estre en paradis, tant estaient grandes les délices spirituelles dont il regorgeait ; d'autres que ...... etc., car je serais trop long ; il faut expérimenter ce que c'est que de passer par de très longues et très rudes épreuves pour en connaître l'importance. Oh ! que Dieu est admirable ! oh ! que Jésus est adorable ! qu'il est proche de nous, et qu'il le fait sentir visiblement ! On apprend plus de merveilles dans un noviciat à la

cangue, qu'on ne ferait en dix ans de Sorbonne ; s'il y a quelques missionnaires
pour venir, je voudrais leur parler à cœur découvert de ce que je pense de la
douceur des souffrances extraordinaires ; ce sera peut-être une autre fois, si
tant est que je puisse avoir des paroles pour m'exprimer. Adieu, mes chers
frères ; courage, Notre-Seigneur Jésus-Christ nous presse fortement de le
suivre, pour l'aimer ensuite comme il nous a aimés jusqu'à la mort. Il veut des
saints pour estre ses missionnaires, et peut-estre que c'est pour nous châtier,
ou pour nous instruire, qu'il nous a envoyé tous ces bouleversements. Je salue très humblement tous ces Messieurs nos bienfaiteurs et amis, et suis en
Notre Seigneur Jésus-Christ, en temps et en l'éternité,

> Messieurs et très chers frères,
> Votre très humble et très obéissant serviteur et frère.
>
> Louis, *évêque de Métellopolis,*
> *Vicaire apostolique de Siam.*

Mgr LANEAU A M. DE SEIGNELAY.

A. M.-E., vol. 860, p. 159 ; vol. 880, p. 305.

15 janvier 1690.

MONSEIGNEUR,

Bien que j'aie tout sujet de craindre que cette lettre ne puisse vous
estre rendue, néanmoins comme il n'y a personne ici qui puisse vous donner
connaissance de l'état où les Français sont depuis quatorze ou quinze mois,
j'ai cru devoir plutôt hasarder ce mot d'avis, que de ne vous en point informer du tout.

Comme il arriva quelque brouillerie à la sortie des troupes de ce port,
ce qui donna occasion d'enlever les deux mandarins, ce dont on aura, comme
je pense, donné connaissance en Cour, en même temps on nous fit tous
prisonniers. Je fus mis dans une prison particulière, mais tous les autres
furent mis dans les grandes prisons des criminels, où ils ont souffert des
misères que l'on ne pourrait s'imaginer, si on ne les sentait, car les galères
et les prisons de France n'ont rien de semblable.

Il y a un Père Jésuite, nos missionnaires et écoliers, les officiers des
troupes avec les soldats qui restèrent ici, les gens de la Compagnie, et plusieurs autres Français libres, quatre Anglais et quelques autres chrétiens, il
y en a en tout près de 70, sans y comprendre 8 Français tant soldats que de
la Compagnie, qui sont morts de misères, et tous y seraient apparemment
morts de faim (car on ne donne rien aux prisonniers) si la Providence divine n'eût préservé du malheur commun un Français qui s'appelle le sieur
René Charbonneau[1], car bien qu'il ne soit pas fort riche, et qu'il ait une

---

[1] Voici ce que M. Aumont, qui vit R. Charbonneau à Juthia de 1719 à 1724, écrit à
son sujet :

M. René Charbonneau ne fut pas le dernier à me venir voir ; c'était un vénérable
veillard de soixante et dix-huit ans qui était à Siam depuis plus de cinquante ans. Il était
gentilhomme bourguignon, ayant beaucoup de piété ; il avait appris en France la médecine et la chirurgie pour se donner aux missions et y venir rendre service en cette qualité. Il passa à Siam dans les commencements que M. Laneau fut fait évesque de Métellopolis et vicaire apostolique de Siam. Peu de temps après son arrivée à Siam, Mgr de
Métellopolis lui dit : « Vous êtes venu pour rendre service à la mission, vous ne pourrez
mieux lui rendre service qu'en vous mariant. » Cette proposition lui fit d'abord beaucoup de peine, croyant que Monseigneur n'était pas content de lui ; il représenta à Monseigneur qu'il aimait mieux s'en retourner en France, où il ne manquerait pas de personnes pour se marier mieux qu'à Siam ; à quoi Monseigneur lui répliqua que la proposition qu'il lui faisait ne venait pas de ce qu'il eût le moindre soupçou sur sa conduite,
mais de ce qu'il était persuadé qu'il rendrait plus de service à la mission étant marié.
Il se soumit à la volonté de Sa Grandeur, et la suite fit voir que Mgr de Métellopolis ne

grande famille, il en a néanmoins agi aussi généreusement et chrétiennement qu'on pouvait souhaiter ; c'est quasi lui seul qui a entretenu tous ces prisonniers durant un si long temps, et fourni à un de nos missionnaires que Dieu a laissé aussi en liberté[1], pour acheter du riz et du poisson pour leur envoyer, car on nous a ôté avec notre maison tout ce que nous avions, à la réserve de ce qui n'estait pas à l'usage de ces gens ci ; on a aussi pillé la loge de la Compagnie et tout ce qu'avaient les particuliers.

Après que l'on eut renvoyé les deux mandarins, on me mit incontinent en liberté, et nous pensions que tous nos autres prisonniers allaient aussi estre délivrés ; ils ne le sont pas encore néanmoins, quoiqu'il y ait déjà plus d'un mois que je sois hors de ma prison ; on nous donne cependant de bonnes espérances, mais nous n'en avons point encore d'effet, et je pense que l'on tardera encore à nous donner une entière liberté ; car ces gens-ci demandent les vaisseaux et l'argent qu'ils ont prêtés, avec tout le reste dont ils nous ont obligés d'être cautions avec les officiers de la Compagnie.

Mais outre cela, ce qui les retient le plus, est que présentement ils reconnaissent avoir excédé en la manière dont ils ont agi avec les Français, en donnant trop de créance à ceux qui les irritaient contre nous, et lesquels leur font accroire que Sa Majesté en voudra tirer satisfaction, c'est ce qui les oblige à nous garder, comme pour leur servir de boucliers contre les armes de la France ; bien que cette persuasion soit fort mal fondée, vu que nous

s'était point trompé dans sa prévoyance. Il se maria donc à la fille d'un Portugais d'Europe, un des plus considérables qui fût à Siam.

La réputation de sa probité ayant été connue du roi de Siam, il l'envoya gouverneur de l'isle de Jongselang, proche de Merguy. Mgr de Métellopolis lui donna un bon missionnaire pour l'accompagner et y commencer une mission. Il gouverna cette province comme un bon père de famille, il s'y fit si fort aimer et respecter que son nom y est encore, après plus de quarante ans, en vénération chez tout le peuple de ce pays. De père en fils on se conte la manière équitable dont il les gouvernait. Il n'y resta que trois ou quatre ans.

Voyant la grande élévation de M. Constance, et connaissant parfaitement le caractère de la nation siamoise, il prévit que cette élévation deviendrait funeste pour les Européens, ce qui l'obligea de solliciter son rappel à Siam.

Depuis son retour à Siam, plusieurs rois qui se sont succédé les uns aux autres lui ont donné à choisir le gouvernement qu'il souhaiterait, et il a gardé jusqu'à sa mort la dignité de Pra Tuilan, qui est comme duc de l'isle de Jongselang, le roi le faisant toujours consulter sur toutes les affaires importantes qui regardaient cette province, et ne décidant que selon l'avis qu'il donnait.

Lorsqu'il fut de retour à Siam de son gouvernement, il demeurait avec sa famille près de la factorerie des Hollandais, ce qui le délivra de la grande persécution qui arriva au séminaire, lorsque Pra Pitracha s'empara du royaume de Siam. L'évesque, tous les missionnaires et les écoliers furent mis dans les prisons où il restèrent trois ans et y seraient morts de faim si M. Charbonneau, qui avait amassé quelque bien pendant le temps de son gouvernement, ne les avait secourus, leur portant chaque jour à manger.

Après que le séminaire fut rétabli, sa femme fut chargée par Monseigneur du soin des orphelines. Elle en avait toujours douze ou quinze chez elle. Après la mort de sa femme et celle de sa fille qui mourut quelques années après, il a toujours été chargé du soin des orphelines, en ayant toujours dix à douze chez lui, dont la plus grande servait de maitresse pour les enseigner, et lui le père de famille pour les nourrir. Sa réputation était si bien établie parmi ces idolâtres qu'il ne s'en est jamais trouvé aucun qui ait eu le moindre soupçon sur lui, quoique, à la vue de tout le pays, on le voyait toutes les festes et dimanches venir à l'église dans son bateau, ramé par cette douzaine de filles, ce qu'il a continué de faire jusqu'à l'âge de quatre-vingt-quatre ans qu'il est mort, regretté de tous les chrétiens et même des gentils.

Dès la première fois que je vis ce vénérable vieillard, je fus rempli d'estime pour lui ; une candeur qui paraissait sur son visage gagnait tout le monde, on voyait encore dans un âge si avancé les traits de sa figure fort avantageux ; ce qui lui avait plusieurs fois pensé coûter fort cher, ayant été une fois emprisonné pour ne vouloir pas répondre aux avances que lui faisait une malheureuse (*Mémoires de M. Aumont, p. 210*).

[1] M. Paumard. « Mgr l'Archevêque de Manille, ayant appris l'état où nous estions réduits, avait fait embarquer pour nous mille piastres d'aumône ; mais Dieu n'a pas permis qu'elles soient venues jusqu'à nous. » (*A. M.-E.*, vol. 863, p. 73. *Lettre au h... de Seignelay, 22 décembre 1690*).

tous qui sommes ici savons trop bien que nous ne sommes point des gens de telle conséquence, ni si nécessaires à l'Etat, que l'on doive s'intéresser beaucoup pour notre délivrance ; cependant cette pensée où ils sont ne nous est point avantageuse, car elle leur fait prendre garde de plus près à nous, qu'ils ne feraient.

Cependant, comme je ne doute pas que la misère de ces pauvres prisonniers ne vous touche de compassion, je crois, Monseigneur, que vous ne trouverez pas mauvais que je vous propose l'expédient le plus court pour leur soulagement, qui serait de leur faire entendre que les choses qui sont arrivées ici ont trop peu de conséquence pour mériter l'indignation de notre grand monarque, et en mesme temps leur faire rendre toutes les choses dont ils nous ont forcé d'estre cautions, et à quoi il a fallu consentir pour délivrer les troupes françaises de la nécessité inévitable de périr ici misérablement. Il est vrai qu'ils demandent beaucoup de choses, mais quand on en viendra à compter, l'on trouvera qu'ils seront encore redevables et à la Compagnie, et à nous, et aux particuliers, mais avant cela il serait bon de n'estre plus sous leur pouvoir.

Je ne puis, Monseigneur, entrer dans les desseins de Dieu, mais nous espérons qu'il en tirera sa gloire par des voies que nous ne savons pas ; la plupart des mandarins, qui nous ont le plus fait de mal, et aux autres chrétiens, ont déjà reçu leur châtiment, et ce qui est de plus étonnant, c'est qu'au même temps qu'on nous chargeait ici de fers, Sa Majesté allait en Hollande, comme l'on nous a dit, comme pour les châtier d'avoir contribué à tous ces troubles. Nous prions d'autant plus ardemment pour sa personne sacrée, et pour la prospérité de ses armes, car ce sont les seuls qui ont le plus détruit la religion dans les Indes, et qui s'opposent le plus à sa propagation, mais nous nous consolons dans la pensée que Dieu a choisi notre grand roy pour les humilier et par ce moyen ôter le grand obstacle qu'il y a à la conversion des infidèles. Nous prierons aussi pour vous, Monseigneur, que l'on regarde ici comme le seul de qui nous puissions le plus attendre après Dieu et le roy. Je suis avec tout le respect possible,

Monseigneur,

Votre très humble et très obéissant serviteur.

LOUIS, *évêque de Métellopolis,*
Vicaire apostolique de Siam, etc.

Mgr LANEAU A LOUIS XIV

A. M.-E., vol. 860, p. 175 ; vol. 880, p. 317.

SIRE,   18 mai 1690.

Les extrémités où nous sommes depuis plus d'un an et demi m'obligent de prendre la hardiesse de recourir à Votre Majesté au nom de tous ses sujets, tant ecclésiastiques que séculiers, pour la supplier très humblement de daigner bien se ressouvenir de l'état des misères où ils sont réduits. Les Siamois nous ont imputé à crime d'avoir esté caution des troupes françaises avant leur sortie ; et bien qu'ils nous y eussent contraints, ils se sont néanmoins servis de ce prétexte pour nous mettre aux fers avec les plus grands scélérats du pays. Nous n'avons pas regret d'avoir procuré la liberté à ceux qui sont sortis, en nous exposant à la captivité, car il allait trop de l'intérêt et de la gloire de Votre Majesté.

Nous ferions encore la mesme chose si c'était à recommencer, mais notre plus vif ressentiment est de voir, non seulement le nom français, mais aussi le très saint nom de Dieu avili au point qu'il est dans ce pays ; les saintes images sont profanées en diverses manières ; nous ne pouvons faire autre chose que gémir vers le ciel et d'adorer en silence. Ces gens-ci voient bien à présent qu'ils ont excédé ; mais ils nous retiennent en prison pour leur servir de bouclier à l'occasion, ne pouvant se persuader que Votre Majesté n'en veuille quelque jour tirer raison.

Pour ce qui est de nous, nous ne désirons autre chose, sinon que Votre Majesté ait quelques connaissances de nos misères, ce qui nous sera une très sensible consolation : que si Dieu veut que nous finissions nos jours en cet état, il nous sera glorieux de mourir pour les intérêts de la foi, et pour ceux de Votre Majesté. Cependant nous continuerons toujours de prier dans nos prisons pour la conservation de la sacrée personne de Votre Majesté et de toute la maison royale.

Je supplie, Sire, Votre Majesté, d'agréer que je prenne l'honneur de me dire avec un très profond respect,

De Votre Majesté,

Le très humble, très obéissant, et très fidèle serviteur et sujet.

LOUIS, évêque de Métellopolis,
Vicaire apostolique de Siam.

V

Délivrance des prisonniers.

JOURNAL DE LA MISSION PAR M. MARTINEAU.

A. M.-E., vol. 856, p. 23.

août 1690.

Libération des missionnaires.

Le *1er août*, le barcalon (qui est toujours le mandarin qui a esté le premier ambassadeur en France) fit appeler M. Paumard, et lui donna enfin l'heureuse nouvelle que le roy compatissait à la misère de nos missionnaires et de nos écoliers, et qu'il avait ordonné au sommarat (grand maître des prisons) de les faire tous délivrer, à condition néanmoins qu'ils donneraient caution de leurs personnes, et qu'ils demeureraient en arrêt dans une maison que l'on ferait faire auprès des prisons. Pour en venir à l'exécution, le barcalon fit appeler notre interprète Vincent Pinhero, et lui ordonna d'aller au plus tôt trouver deux Portugais du camp, Barreta et Xabo pour savoir d'eux s'ils voulaient estre caution, ainsi qu'ils s'y estaient engagés l'année précédente par un papier qui mesme avait esté présenté au roy (ce papier estait un placet que nous fîmes présenter en février de l'année passée 1689, mais qui n'eut aucun effet, non plus que beaucoup d'autres).

Le *2 août*, mon interprète alla parler à ces deux Portugais qui lui répondirent qu'ils estaient encore prêts d'estre caution, mais de Mgr de Métellopolis seulement, et encore à condition qu'il le garderaient dans leurs maisons. En cela mesme, ces Portugais n'avaient d'égard, ni à la dignité, ni à la personne de Monseigneur, mais seulement au bien du service de leur roy, afin de se servir de ce prélat au cas que les Français revinssent ; quant à ce qui estait des missionnaires et des écoliers, ils ne les connaissaient pas assez pour en pouvoir répondre.

L'interprète porta toutes ces réponses au barcalon, et ajouta que Mgr de Métellopolis avait de la peine que ces gens fussent sa caution et qu'ils auraient toujours ce reproche à nous faire. Le barcalon se rendit facilement sur ce point. Pour terminer l'affaire, il dit que sans chercher d'autres cautions étrangers, Mgr de Métellopolis et les trois Pères qui estaient en liberté, à savoir MM. Ferreux, Paumard et moi, serions cautions des Pères et des écoliers qu'on délivrerait ; c'est pourquoi il ordonna sur-le-champ de dresser le papier de caution. Mon interprète le dressa, puis l'alla montrer au barcalon qui, ne le trouvant pas à sa fantaisie, ordonna d'en aller dresser un autre avec son lieutenant, et il en donna la minute.

Le *3*, mon interprète exécuta ponctuellement l'ordre du barcalon, le papier fut mis en bonne forme, mais il ne put le présenter ce jour.

Le *4*, l'interprète présenta le susdit papier au barcalon, qui l'ayant lu l'approuva, et l'envoya à Monseigneur et à nous trois pour le signer. Les choses estant ainsi dressées, M Ferreux et M. Paumard allèrent solliciter le barcalon de nous assigner le lieu où l'on souhaitait que nous fissions une maison pour ceux qui devaient estre délivrés ; ils adressèrent en mesme temps la prière de faire en sorte que le roy eût la mesme compassion pour les Français séculiers qu'il avait pour les Pères. Le barcalon dit ce qu'il avait déjà répondu : qu'il fallait avoir patience, laisser sortir les Pères et les écoliers, et qu'on songerait ensuite aux séculiers. Puis il fit assigner un lieu pour une maison. Ce lieu est une manière de petite île, au milieu d'un grand marécage, derrière et à une portée de fusil des prisons. L'île a 11 brasses de longueur, et 5 brasses de largeur. Nous ne tardâmes pas à la défricher et y faire faire une maison, qui nous revint à 8 taëls ou 32 ticaux.

Le *12*, le P. Pierre Arzilla s'embarqua dans une petite barque pour aller à Manille, il estait chargé de nos paquets de lettres pour la Côte et pour l'Europe et la Chine ; on lui avait bien recommandé de les envoyer par les voies les plus promptes et les plus sûres. Ayant esté longtemps prisonnier chez Oya Vang, qui par la force le voulait faire son esclave ; se voyant délivré par l'aide de Oya Pipat lieutenant du barcalon, le P. Arzilla avait souhaité ardemment s'éloigner de ce pays ; Monseigneur lui accorda donc d'aller à Manille, non pour y demeurer, mais pour faire un voyage et y visiter ses parents. Il se proposait de faire là une recette d'aumônes, et de nous l'apporter par la première voie pour subvenir à nos nécessités. Comme dans l'état où nous sommes, on ne peut que s'attendre à avoir ses mesures rompues, Mgr de Métellopolis, pour prévenir les accidents qui pouvaient rendre ce missionnaire inutile à la mission, lui donna des patentes pour toutes nos missions, afin d'entrer dans celle qu'il verrait la plus ouverte.

Le *15*, le jour de l'Assomption de la Très Sainte Vierge, tous les missionnaires, au nombre de 9, et les 14 écoliers, furent délivrés des chaînes, fers et mesme de la prison du Laconban, après y avoir passé plus de 21 mois, et mis dans la maison dont il est fait mention ci-dessus. Ils y demeurèrent assez tranquillement, sans estre inquiétés de personne, et mesme sans avoir aucun garde ; chacun s'appliqua à ses études et autres exercices, sans estre interrompu. Ils peuvent sortir deux, trois et quatre à la fois, mais en ayant auparavant demandé la permission au lieutenant des prisons. Ils sont obligés de se rendre le soir à leur maison, sans qu'il leur soit permis de passer aucune nuit dehors. Quoique cet élargissement soit loin d'une liberté entière, néanmoins il fut goûté avec d'autant plus de douceur que la prison avait esté plus rude. Mais Dieu tempéra bientôt cette faveur, par un cours de maladies, de fièvres, qui fut si général, que pas un n'échappa. Nous répandîmes des larmes, au milieu de notre plus grande joie, pour la mort de trois missionnaires : MM. Geffrard, Monestier et Paumard, et celle d'un écolier, clerc tonkinois.

Le *20*, Mgr de Métellopolis, accompagné de M. Ferreux et de Vincent Pinhero, alla visiter le barcalon, et le remercier de la délivrance de nos missionnaires et de nos écoliers, et en mesme temps le prier d'avoir aussi la mesme compassion pour les autres Français prisonniers ; le barcalon répondit qu'ayant occasion favorable de parler au roy en notre faveur, il pousserait les choses plus loin ; mais pour ce qui regardait les Français séculiers, il n'oserait en parler, quand mesme il aurait parmi eux un de ses frères, car, ajouta-t-il, s'ils sont ainsi, à qui en est la faute ? Ensuite entrant en conversation, il vint à parler de M. Desfarges, et dit que le roy en parlait encore assez souvent et le louait sur plusieurs choses ; mais que pour M. de Verde-

salle, personne n'en disait de bien ; que c'estait lui qui avait gâté toutes les
affaires avec sa prétendue bravoure, dont il s'enflait si fort, qu'il se prisait
comme l'unique brave dans le monde.

novembre 1690. — 4 janvier 1691.

Démarches pour la délivrance des Français et la reprise des relations avec le Siam.

Au commencement de novembre, Mgr de Métellopolis a reçu une lettre
de M. Deslandes, de Bengale, qu'un Arménien de considération lui avait envoyée de Ténassérim. Cet Arménien nommé Coja Abanès estait en premier
lieu parti de Bengale ; il allait à Achem, d'où il estait arrivé à Ténassérim.
Mon dit Seigneur, ayant trouvé dans cette lettre plusieurs choses dont il
croyait qu'il serait bon d'informer les mandarins, pour le bien de nos affaires,
les fit traduire en langue siamoise, aussi bien que plusieurs autres choses qui
estaient dans la lettre de M. de La Vigne reçue presque le même jour.

Entre autres choses qu'il fit traduire de la lettre de M. Deslandes, ce fut
que les Français ne souhaitaient que la paix et l'accommodement ; que jamais
ils ne refuseraient de terminer les comptes qu'ils ont avec le roy de Siam, ni
de payer tout ce dont ils demeureraient redevables. Il disait encore qu'ayant
appris nos misères, et n'ayant pas de voie plus prompte que celle de cet Arménien, il lui avait recommandé toutes nos affaires, et fait promettre de nous
donner tous les secours qu'il pourrait.

M. de La Vigne se plaignait de n'avoir reçu aucune de nos lettres depuis
son départ de Siam (nous marquions tout exprès ce point-là, afin d'ôter aux
gens d'ici tout soupçon que nous écrivons) ; il disait que M. Desfarges,
estant sur son départ pour la France, lui avait représenté qu'en son absence
il laissait ses pouvoirs à M. le directeur Martin, avec ordre de rendre les navires et autres choses du roy de Siam, si tant est que l'on en vînt à un bon et
juste accommodement. Comme M. Deslandes marquait dans sa lettre qu'il
avait recommandé au dit sieur Arménien, Coja Abanès, d'agir en ce qu'il
pouvait pour le bien de nos affaires, Monseigneur en la traduisant eut principalement en vue de lui ouvrir un chemin pour les négociations qu'il avait
à faire. La traduction de ces deux lettres, avec les originaux, fut mise aux
mains des officiers du barcalon, qui ne manquèrent pas de la présenter au
roy, et nous en eûmes la réponse en la manière suivante :

Le 22, notre interprète Vincent Pinhero, se rencontrant avec le second
lieutenant du barcalon, appelé Olouan Vacsu Sombat, lui demanda des nouvelles des lettres de M. Deslandes et de M. de La Vigne, traduites en siamois.
Il répondit qu'il les avait lui-mesme présentées au roy ; que les ayant lues, le
roy avait témoigné estre fort satisfait du procédé de M. Deslandes, et avait
répété plusieurs fois qu'il lui en savait bon gré, que c'estait un homme d'esprit, etc. et qu'enfin il avait donné ordre au barcalon de lui répondre. De plus,
notre interprète représenta au mesme lieutenant, non seulement la continuation, mais aussi le surcroît des misères de nos pauvres Français, et combien
Monseigneur et tous les missionnaires estaient touchés de leurs peines. A
cela, il répondit par un petit soupir, plutôt par façon que par un sentiment
véritable de compassion : « Hélas, dit-il, je leur porte aussi compassion,
mais que faire ? Le barcalon que cela regarde de plus près ne s'en met pas
en peine, et quand mesme il s'en mettrait en peine, il n'oserait pas parler
pour eux ; personne n'ose se hasarder à cela ; ce que l'on peut faire est que
Pratarmasacou (c'est ainsi qu'ils appellent Mgr de Métellopolis) écrive un
placet en leur faveur ; alors le barcalon pourra le présenter comme une chose
qui ne vient point de lui, mais d'un autre. » Ce n'est pas que nous n'ayons

déjà fait remettre plusieurs placets, entre les mains de ce même lieutenant du barcalon et d'autres mandarins, le tout sans avoir de réponse. Le rapport de tout ceci estant fait à Monseigneur, il prit résolution de faire dresser un placet, ainsi que le conseillait le susdit lieutenant.

Le 24, j'allai visiter ce lieutenant du barcalon ; je le remerciai des bonnes nouvelles qu'il avait données deux jours auparavant à l'interprète, et lui dis que nous allions faire un placet, ainsi qu'il nous conseillait : je le priai de nous aider dans cette affaire tant auprès du barcalon qu'auprès du roy. Il me le promit. Je lui demandai le jour que je pourrais le rencontrer chez le barcalon pour appuyer le placet que je lui porterais ; il me remit au lendemain, et je n'eus garde de manquer au rendez-vous.

Le 25, nous dressâmes un placet en la forme suivante (je n'ai fait que le traduire fidèlement du siamois en français) : « Pratarmasacou prie Votre Excellence (il s'adresse au barcalon selon le nom et titre qu'on lui donne ordinairement) d'avoir compassion de ces pauvres Français qui souffrent de si étranges peines. A présent que ces Messieurs de la Compagnie viennent d'écrire des lettres qui montrent ne respirer que la paix et l'accommodement, j'ose me porter caution pour eux avec tous les Pères ; que si au cas qu'on les délivre l'un d'eux s'enfuit, ou fait quelque autre mauvaise action, nous consentons à souffrir tous les châtiments auxquels on voudra nous condamner. »

Je partis, accompagné de notre interprète, et présentai le placet au barcalon. Là se trouvèrent le lieutenant du barcalon et quelques autres mandarins que j'avais sollicités. Le barcalon reçut la requête, et l'ayant lue me répondit fort au long, non seulement sur ce qu'elle contenait, mais encore sur tous les motifs, raisons et occasions qu'il savait bien que nous avions eus de la présenter. Il distribua tout ce qu'il avait à me dire par article, pour me faire mieux entendre sa pensée qu'il mit au jour si clairement, que je n'eus que faire de l'aide de mon interprète pour la bien comprendre. Voici de point en point ce qu'il me dit, de la mesme manière qu'il me le dit : 1° Que M. Deslandes estait petit (c'est le propre terme dont il se servit, non par mépris, mais plutôt pour signifier selon la phrase siamoise, qu'il y en a d'autres au-dessus de lui que l'affaire regarde plus immédiatement) ; qu'il n'avait nulle autorité de traiter d'accommodements, et qu'ainsi il estait inutile d'entrer en pourparlers avec lui ; que de plus il n'estait pas convenable que lui-mesme lui écrivît, mais que Pratarmasacou suffisait pour lui répondre. 2° Que la Compagnie, mesme tout entière, qu'il connaissait et savait n'estre qu'une assemblée de marchands, n'avait pas le pouvoir de traiter de cette affaire, qui estait une affaire du roy ; qu'il savait bien que c'estait le roy lui-mesme qui avait tout ordonné, et que M. de Seignelay, suivant ses ordres, avait cherché un gentilhomme de marque, savoir M. Desfarges, qui avait esté revêtu de l'autorité de général, et envoyé ici avec des troupes par le roy. 3° Que ce général, qui est ainsi plus en dignité et autorité que la Compagnie avait fait de lourdes fautes, ayant causé des troubles ; que ces troubles avaient esté pacifiés et accommodés par lui-mesme, qui ensuite avait fait un papier d'accommodement ; et que M. Véret, qui estait caution, s'estait enfui. Il n'y avait pas d'apparence que la Compagnie, qui est moindre en autorité, puisse rétablir ce que M. Desfarges avait détruit, mais qu'il fallait que toute l'affaire allât à M. de Seignelay ; que M. de Seignelay informât le roy de toutes choses ; que le roy ensuite donnât ses ordres, et qu'ainsi ils se réservaient à répondre, lorsqu'il viendrait des lettres de France. 4° Que mesme les comptes regardaient plus le roy que la Compagnie ; que l'argent employé pour tous les ouvrages du roy n'avait jamais été demandé à emprunter à la Compagnie, mais au roy qui avait donné ordre à la Compagnie de le fournir. 5° Que les navires et l'argent fournis à M. Desfarges estaient sur le compte du roy. 6° Que ces comptes n'estaient pas difficiles à régler ;

qu'ils avaient mesme déjà esté arrêtés entre M. Véret et les facteurs du roy
de Siam, avant les troubles ; que les canons et bateaux demeurés en arrière,
après le départ de M. Desfarges, estaient peu de chose ; qu'il n'y avait environ que 25 canons, tous de fer ; que les Français en avaient bien davantage
de bronze à Bangkock ; que, de plus, les Siamois ne les avaient point pris,
mais qu'ils estaient demeurés là à cause de la fuite du général qui con-
trevenait au contrat d'accommodement ; que toutefois ils estaient encore tels
qu'il serait facile de les rendre. Pour les effets de la faiturie, ils n'avaient
fait que les prendre comme à leur garde, à cause que M. Véret s'estait enfui ;
qu'il serait facile de les rendre, et que, si par hasard il y manquait quelque
chose, en le payant on en serait quitte ; que la valeur de tous les effets ne
montait tout au plus qu'à 400 ou 500 catis ; que ce n'estait pas grand'chose
pour les Siamois, quand mesme il les faudrait payer. Comme j'écoutais toutes
ces choses que le barcalon me débitait ainsi de point en point, et que je n'ai
nulle vivacité d'esprit, il ne me resta pas assez de lumière pour pouvoir
débrouiller sur-le-champ quantité de réponses que j'entrevoyais en général confusément. Nonobstant, le barcalon n'eut pas plutôt achevé de parler,
que je voulus commencer de lui répondre sur ce qu'il avait allégué en premier lieu. Je lui dis donc qu'à la vérité, M. Deslandes n'estait pas le chef de
la Compagnie ; mais qu'il estait des premiers du Conseil, et qu'ayant écrit
que la Compagnie souhaitait toujours d'entretenir une bonne correspondance
avec ce royaume, on pouvait croire avec grand fondement que la chose estait
ainsi. De plus, quoique par cette voie de la Compagnie, on ne pouvait peut-
estre pas terminer entièrement les affaires qui concernaient le roy, cependant s'accommoder avec la Compagnie estait un bon chemin pour terminer
ensuite plus facilement les affaires qui regardent plus immédiatement le roy.
Là le barcalon m'interrompit, et me dit que ce n'estait point à lui qu'il fallait
dire ces choses ; qu'il savait trop bien ce que c'estait que la Compagnie et
ce qu'elle pouvait ; que de plus il ne fallait pas s'imaginer que les gens de
Siam d'à présent se missent en peine du commerce, comme on faisait autrefois ; qu'il appliquait ses soins à des choses qui concernaient immédiatement
le royaume. Le barcalon ayant achevé, je poursuivis mes réponses, savoir :
Que M. Deslandes qui n'écrivait qu'à Monseigneur ne prétendait point entrer
en compte, ni en pourparlers d'accommodement avec les Siamois, et qu'ainsi
ils n'avaient nulle obligation de lui répondre ; que nous n'avions traduit sa
lettre que pour les informer des bonnes dispositions de la Compagnie, et
par là ouvrir un chemin à un accommodement ; que cependant, puisqu'il voulait que Monseigneur répondît comme en son nom, je tâcherais de me souvenir de tout ce qu'il venait de me dire, et d'en faire le récit à Monseigneur,
afin de lui donner matière à sa réponse.

Le barcalon me recommanda de faire ainsi, et ajouta qu'il donnerait à
l'évêque la minute de ce qu'il aurait à écrire. Je voulais continuer mes réponses, mais le barcalon m'imposa silence, et me dit que tous ces discours
s'écartaient du droit chemin ; que sans tant de répliques, il voyait bien mon
intention et prétention, à savoir qu'ayant compassion des Français prisonniers, nous souhaitions leur procurer quelque soulagement ; qu'en cela nous
faisions bien ; que lui-mesme en avait aussi grande compassion, et qu'il nous
aiderait en ce bon dessein. Je lui en fis instance, et lui dis que, sans avoir
autre égard que celui de la charité, je le priais d'avoir compassion de ces
malheureux ; après quoi je le saluai et me retirai.

Sortant de chez le barcalon, nous allâmes, mon interprète et moi, vers
Mgr de Métellopolis, auquel nous fîmes le récit fidèle de tout ce que je viens
de dire. Réfléchissant sur le procédé du barcalon à mon égard depuis le
commencement de ces brouilleries jusqu'alors, nous conclûmes unanimement qu'il n'y avait aucun mandarin qui traversât tant nos affaires que lui, et

que pour avoir esté une fois en France, il présumait trop connaître nos coutumes et manières d'agir. Ce qui nous déplut davantage fut la mésestime qu'il faisait de la Compagnie, car par là il nous sapait le fondement de toutes les négociations que nous prétendions faire par le moyen de l'Arménien, puisque celui-ci n'avait qu'une simple recommandation de M. Deslandes, que nous voulions faire un peu valoir. Nonobstant, pour ne pas laisser ainsi déchoir et comme avorter cette petite mais unique espérance qui se présentait, nous prîmes la résolution d'écrire, en langue siamoise, les grands privilèges dont le roy avait favorisé la Compagnie, et ainsi de montrer jusqu'où s'étendait son pouvoir et son autorité. Comme nous avions un cahier imprimé de la déclaration du roy pour son établissement, nous ne fîmes que traduire en siamois les principaux articles, qui furent que non seulement les marchands pouvaient entrer dans la Compagnie, mais mesme les personnes les plus nobles, sans déroger à leur noblesse ; que la Compagnie avait un conseil souverain dans les Indes ; qu'elle pouvait envoyer au nom et avec l'autorité du royaume des Ambassadeurs vers les roys des Indes ; contracter avec eux et déclarer la guerre ; faire paix ou trèves, ou enfin faire tels autres actes qu'elle jugerait à propos. Que le roy lui promettait de la protéger et défendre envers et contre tous, et d'employer la force de ses armes dans toutes occasions, pour la maintenir dans la liberté entière de son commerce et navigation. Il y avait encore quelques autres articles que nous crûmes les plus convenables à notre dessein.

Ce papier ainsi dressé, je le portai à Oya Pipat ; mais avant de le lui présenter, mon interprète qui m'accompagnait lui déclara tout ce que le barcalon nous avait dit, principalement touchant la Compagnie. Oya Pipat répondit en souriant : « Le barcalon a esté en France, il sait tout ; pour moi, qu'ai-je à dire ? » Mon interprète poursuivit que ce que nous avait dit le barcalon nous avait extrêmement touché, parce qu'il nous coupait chemin à toutes nos négociations ; que nous n'en voyions point d'autre pour accommoder que celui de la Compagnie ; qu'à la vérité, il y avait plusieurs assemblées de marchands qu'on appelait Compagnies en France, mais que celle-ci seule s'appelait Royale. Pour cela, il dit seulement qu'on pouvait répliquer au barcalon, que puisqu'il sait que ces affaires ne regardent pas la Compagnie, il ne fallait pas se brouiller avec elle. Enfin je présentai au dit Oya mon papier des prérogatives de la Compagnie : il le lut entièrement, puis me le rendit en disant : « C'est au barcalon qu'il faut montrer cela et non à moi. »

Le *11 décembre*, le sieur Antonio Velasco me paya ce qu'il avait à nous payer ; nous lui avons beaucoup d'obligations pour cela.

Le *13*, un capitaine anglais, de ceux qui sont passés à la Côte avec M. Desfarges, et qui est revenu ici de Achem comme capitaine du navire, alla visiter Mgr de Métellopolis, et le saluant de la part de tous les autres capitaines, marchands et officiers anglais qui s'en retournèrent sur trois bâtiments, lui présenta une bourse de trente taëls pour notre assistance et celle de tous nos pauvres prisonniers. Il assaisonna le présent de beaucoup de témoignages de compassion, et de protestations que l'aumône aurait esté plus grosse s'ils eussent fait un bon négoce. Nous sommes obligés d'avouer que Messieurs les Anglais se sont toujours comportés fort généreusement à notre égard, bien différemment des Hollandais, qui ont montré une haine sordide et basse.

Le *15*, les trois ouvriers miroitiers furent délivrés des prisons[1], à la requête d'un mandarin qui a soin des glaces venues de France, et qui a représenté, ou fait représenter au roy, qu'elles se gâtaient, et qu'il n'y avait

[1] Mgr Laneau doit être leur caution. *A, M.-E.*, vol. 863, p. 77,

que les trois ouvriers français qui les pouvaient accommoder ; on leur a fait espérer qu'ils auraient chacun deux taëls par mois.

Le *24*, l'Arménien Coja Abanès arriva ici de Ténassérim. Dès le lendemain, jour de Noël, il envoya un autre Arménien son agent, appelé Coja Avangian, saluer Mgr de Métellopolis, et lui faire excuse de ce qu'il n'y allait pas lui-mesme ; mais que, quelque désir qu'il en eût, l'état présent des affaires ne le permettait pas ; qu'il ne manquerait pas avec le temps de s'acquitter de ce devoir. Il lui fit encore offre de service, et engagea Sa Grandeur à prendre patience et confiance ; qu'il espérait, moyennant l'aide de Dieu, apporter quelque changement dans les affaires. Je vous laisse à penser de quelle manière Monseigneur répondit à sa civilité, et comment il lui fit connaître combien estait grande la confiance que nous avions en lui.

Ce mesme jour après midi, Monseigneur voulut nous envoyer, M. Ferreux et moi, saluer de sa part et souhaiter une heureuse arrivée à Coja Abanès : néanmoins, faisant réflexion que ma visite pourrait faire croire aux Siamois, qui sont soupçonneux, que nous-mêmes aurions prévenu et sollicité cet Arménien d'agir pour nos affaires (ce qui n'aurait pas peu ôté de crédit à ses paroles), pour ne pas nous exposer à ce danger, et aussi manquer à la civilité, nous arrêtâmes qu'il valait mieux aller trouver son agent que nous connaissions déjà, et le prier d'aller dire à Coja Abanès que nous venions pour le saluer, mais qu'ayant fait une telle réflexion, nous nous retenions jusqu'après avoir pris conseil de lui-mesme. Nous agîmes ainsi ; l'agent alla parler à Coja Abanès, et nous revint trouver avec une réponse fort civile : Coja Abanès trouvait ma réflexion fort judicieuse ; il fallait attendre quelques jours pour nous visiter les uns et les autres. Ensuite, je priai l'agent de dire à son maître, de la part de Monseigneur, qu'il ne fallait pas plier sous les paroles du barcalon qui tâcherait de rejeter tous les termes d'accommodements ; qu'il fallait soutenir et élever l'autorité de la Compagnie que le barcalon tâchait d'abaisser. Le dit agent me répondit que son maître estait dans ces dispositions et résolutions ; mais que de plus il prétendait mesme estre porté pour caution de l'argent et autres choses qu'on redemandait aux Français, et pour garant des actes d'hostilité qu'on pouvait craindre d'eux.

Le *26*, Coja Abanès alla vers le barcalon. Je n'ai pas su ce qui s'est passé dans la conférence, sinon que Coja Abanès demandant d'avoir audience du roy, le barcalon lui avait exagéré la difficulté qu'il y avait à cela : c'estait contre les anciennes coutumes et le respect que l'on rend à Sa Majesté siamoise : tout ce qu'on pouvait lui accorder estait que les affaires de son commerce estant achevées, on l'avertirait de se tenir sur un certain chemin lorsque le roy serait près d'y passer, et qu'alors comme par rencontre, et en passant, il pourrait avoir audience. Je sais que la réponse du barcalon lui avait esté donnée par écrit.

Le *31* Coja Abanès envoya encore son agent vers Mgr de Métellopolis, pour lui offrir tout ce dont il aurait besoin. Cet agent dit à Sa Grandeur que son maître estait allé vers Oya Pipat: Oya Pipat lui avait dit de la part du roy que Sa Majesté avait appris qu'il venait pour plusieurs affaires ; qu'elle voulait le dépêcher favorablement, et qu'il n'avait qu'à dresser un placet de tout ce qu'il souhaitait. L'agent ajouta que Coja Abanès, son maître, avait dessein de demander en premier lieu la délivrance des Français ; que nous fussions rétablis dans le séminaire, et que deux Pères fussent envoyés à Pondichéry pour traiter des affaires [1].

Le *4 janvier*, un des geôliers envoya appeler pour audience Mgr de

---

1 Mgr Laneau donna connaissance de ces démarches à M. de Seignelay par une lettre du 22 décembre 1690, que nous n'insérons pas, parce qu'elle ne présente rien de particulier.

Bugie (M. Pérez) qui, de cette manière d'appeler, pressentit quelque chose de mauvais ; nonobstant cette triste pensée il se rendit auprès de ce geôlier qui lui dit froidement : « Retournez à votre première prison. » Monseigneur fort étonné de cette parole, demanda au geôlier ce qu'il y avait de nouveau. « C'est, répondit-il, que vous et les autres sortez trop ». Ayant dit cela, il entra dans l'appartement de Oya Sommerat qui estait proche, ordonnant à M. Pérez de l'attendre. Il demeura bien une heure avant de revenir ; estant de retour, il dit à M. Pérez que pour cette fois il pouvait encore s'en retourner ; mais qu'il tint pour certain que, si lui et les autres sortaient encore, ils seraient tous remis dans leurs premières prisons ; que les geôliers estaient chargés de leurs personnes et qu'ils ne voulaient pas souffrir pour eux. Il est vrai que quelques-uns, entre autres Mgr de Bugie, s'émancipaient trop.

Mgr Laneau aux directeurs du Séminaire des M.-E.

A. M.-E., vol. 880, p. 613.

12 juillet 1691.

Notre-Seigneur Jésus-Christ soit l'unique objet de nos pensées.

Je vous dirai que le 15 du mois d'août passé, les missionnaires avec les écoliers furent délivrés des prisons suivant l'ordre du roy qui en fut donné le jour de saint Pierre aux liens ; ils furent transportés dans un petit lieu assez proche des prisons, qui n'estait ni fort agréable ni fort commode ; mais à des gens qui ne font que sortir des prisons, tout est paradis ; ils y estaient sans fers, sans cangue et un peu libres, pouvant sortir en ville en ayant demandé la permission à un mandarin des prisons.

La joie de cette liberté tant souhaitée ne dura guère, car les maladies et les fièvres plus violentes que les prisons avaient excitées en nous, nous enlevèrent trois missionnaires en un mois. M. Geffrard mourut trois semaines après d'un cours de ventre qu'il avait apporté des prisons. Ensuite M. Monestier le 2 octobre, puis le 20 M. Paumard, tous deux de fièvre.

Peu s'en fallut que les autres ne les aient suivis : M. Pocquet, M. Chevalier, Mgr de Bugie, le P. Nicolas furent en grand danger. M. Ferreux avait aussi reçu l'extrême-onction.

Les écoliers furent tous malades, il n'en est mort qu'un, Antonius, clerc tonkinois, et le domestique Antonio, fidèle compagnon de mes misères.

Les trois prêtres ont esté enterrés au camp, dans le chœur de l'église des R. P. Jésuites.

Vers le commencement de février, nos missionnaires avec les écoliers furent transportés de ce petit lieu à l'endroit où j'étais ; et là hors des gardiens ; on fut assez en paix jusque vers le temps de Pâques.

Lorsque les mandarins furent renvoyés de Bengale par le R. P. Tachard avec des lettres, le roy ordonna qu'on nous rendit le séminaire. Ainsi le 25 avril nous quittâmes la ville pour revenir à notre première demeure, où nous sommes à présent.

Nous trouvâmes le séminaire dans la mesme place, mais fort bien nettoyé de meubles ; on dit que l'on nous en rendra quelque chose quand le P. Tachard sera de retour ici. Il a fallu les premiers jours arracher, nettoyer, réparer, raccommoder et porter de la terre ; on a fait une église assez commode, et de tous côtés on a fait revenir les débris de notre naufrage.

Depuis que nous sommes ici, nous nous sommes assez bien portés. M. Chevalier, qui depuis longtemps traînait, mourut le 23 de juin, et le 24 a commencé à ouvrir le cimetière. Nous voilà, comme vous voyez, réduits en petit nombre ; mais si la petitesse du troupeau attire le soin et la compassion du Pasteur, nous avons sujet d'espérer que Notre-Seigneur aura soin de nous.

Missionariorum et alumnorum missionis in monumentum recuperatæ libertatis die Assumptionis sacro anni 1690 gratiarum actiones Beatissimæ Virgini persolutæ solemnes.

A. M.-E., vol. 854, p. 681.

Item eorumdem missionariorum et alumnorum protestatio, qua seipsos et totam hanc missionem fideli ac perpetuo ejusdem Sacratissimæ Virginis obsequio et honori devovent, dicant et consecrant ; quæ protestatio quot annis vel ipso Assumptionis die, vel sabbato infra octavam, seu publice, seu privatim a singulis renovabitur.

O Beatissima Virgo Maria, cujus supremæ dignitati subjacent tum quæ in cœlis tum quæ in terris sunt, ad tuos pedes humillime prostrati, summas gratiarum actiones referimus Tibi, pro omnibus ac singulis beneficiis quæ a Sanctissima Trinitate, et Unigenito Filio tuo, Te pro nobis interveniente, suscepimus ; et particulariter pro libertate quam ipso gloriosissimo tuæ Assumptionis festo assecuti sumus. Memores igitur beneficiorum tuorum, præsumimus ad Te accedere ut nos, et totam hanc minimam missionem, omnesque ejus operarios, benefactores, et amicos sub patrocinium tuum velis dignanter accipere ; cœlestes gratias nobis impetrare, ab infidelium persecutione, et inimicorum nostrorum, tam visibilium quam invisibilium insidiis, et mala voluntate nos liberare, eorumque conatus ad majorem Unigeniti tui, et tuam, o Beatissima Virgo, gloriam convertere.

Jam ab initio nos omnes et singuli Tibi omnino devotos esse, et profitemur et gloriamur ; de novo tamen, hoc solemnitatis tuæ festo, coram et Sanctissimo Sacramento, in conspectu Sanctissimæ Trinitatis, totiusque curiæ cœlestis ac nominatim Sancti tui sponsi Josephi, summo affectu, amore et reverentia in æternum nos honori et obsequio tuo devovemus et consecramus.

Ergo, O Sanctissima Dei Genitrix Virgo, nos hodie Te in Dominam, Patronam, et Advocatam eligimus, firmiterque statuimus ac proponimus, Te nunquam esse derelicturos neque aliquid contra honorem tuum dicturos, aut facturos ; neque permissuros, ut aliquid a subditis nostris aut curæ nostræ commissis, contra honorem tuum dicatur, aut agatur. Obsecramus igitur ut nos suscipere velis in servos tuos, ut adsis nobis in omnibus consiliis, et actionibus, et nos non deseras in hora mortis. Amen.

Siami, in capella seminarii Sancti-Josephi, die 18ª augusti, anno Domini 1691.

LUDOVICUS, episcopus Metellopolitanus, Vicarius apostolicus Siami ; B^{dus} MARTINEAU, p. m. apostolicus ; PETRUS FERREUX, p. m. apostolicus ; LUDOVICUS CHEVREUIL ; ALEX. POCQUET m. ap. ; STEPH. MANUEL m. ap. ; NICOLAUS TOLENTINUS m. ap. ; JOANNES A COSTA ; JOSEPHUS, clericus ; JOANNES LUONG ; EMMANUEL MINH ; PAULUS TRI ; LINUS HIEP ; JOANNES HAU ; PIUS DU ; FRANCISCUS SIT ; VITUS QUI ; VINCENTIUS LEN ; SIMON SALUPO ; LUDOVICUS VUARTUS ; GABRIEL TRI ; THOMAS CHANG ; PAULUS BANG ; CHRISTOPHORUS ARZILLA ; OTITIUS DE FARNO ; CAROLUS D'ESTRÉCHY, clericus.

MGR LANEAU AUX DIRECTEURS DU SÉMINAIRE DES M. E.

A. M.-E., vol. 862, p. 581.

25 octobre 1691.

Notre-Seigneur Jésus-Christ soit l'unique objet de nos pensées.

Nonobstant les guerres que l'on dit estre encore bien allumées en Europe, je n'ai pas cru pouvoir m'exempter de vous écrire ce mot, pour vous donner avis que l'on nous a rendu notre séminaire, et nous y sommes entrés le jour de saint Marc de cette année 1691. Les Français séculiers, c'est-à-dire les soldats, les gens de la Compagnie, et les autres Français particuliers, avec un Moscovite, ne furent délivrés que le dimanche dans l'Octave de la

Nativité de la Sainte Vierge, et à présent ils sont avec nous ; nous sommes obligés de les entretenir de tout, car ils n'ont rien, comme nous avons fait lorsqu'ils étaient en prison. Comme leur nombre est très grand, aussi la dépense l'est-elle, ce qui nous oblige de nous endetter beaucoup, nonobstant le peu que nous avions reçu, et les aumônes que Messieurs les Espagnols nous avaient envoyées de Manille, ayant appris l'état où nous étions, la cause de notre élargissement, et le renvoi que le Père Tachard a fait des mandarins avec ses lettres et celles du Révérend Père de La Chaise. Et, comme le dit Révérend Père Tachard écrivait qu'il ne viendrait pas ici sans savoir les intentions du roy de Siam, présentement on lui envoie trois mandarins à la Côte, avec une lettre du barcalon, pour le convier de venir et lui témoigner qu'il peut venir en toute assurance ; car, suivant toutes les apparences, ils ne sont plus si éloignés de se raccommoder comme auparavant. Ils voulaient envoyer cette lettre peu de temps après avoir reçu celle du Père Tachard ; mais comme ils sont toujours très longs dans leurs affaires, ils laissèrent passer la saison, et ont esté obligés de rester jusqu'à présent.

Mgr LANEAU A M. DE LA VIGNE.

A. M.-E., vol. 854, p. 777.

21 décembre 1693.

Si M. le Directeur Général ou quelques autres désirent savoir de quelle manière les Français se sont comportés, et que vous jugiez nécessaire ou expédient de leur déclarer, vous leur pourrez dire :

1° Que les gens de la Compagnie se sont bien comportés, et qu'ils n'ont pas seulement vécu sans scandale, mais encore en vrais chrétiens, avec édification et beaucoup d'honnêteté. Ils étaient quatre : les Sieurs Maistrot, Maccary, Goyer, Julien. Les particuliers ont aussi assez bien vécu, et surtout un appelé le Sieur de Bouteville, qui a toujours vécu en homme d'honneur avec beaucoup d'édification, et en vrai chrétien, ce qui lui a quelquefois attiré de mauvais traitements de la part des gentils. Un ou deux seulement ont fait quelques échappées, mais cela n'a pas eu de suite.

Les soldats sont toujours des soldats, on a eu quelque peine avec eux ; mais après tout on en venait à bout ; pour les officiers, comme ils se regardaient au-dessus du commun, aussi ne faisaient-ils pas grand cas de ce que nous leur disions ; et ils nous ont donné assez d'exercice durant le temps qu'ils ont été en notre séminaire ; et nous n'y avons eu de la paix que lorsqu'ils en ont été dehors. Il est vrai que ç'a été par notre faute, à cause que dans les commencements qu'ils y vinrent, nous avions trop d'égards pour eux, et surtout M. Martineau qui fait trop de distinction ; mais comme ils en ont abusé, ils lui ont fait payer bien cher ses déférences, particulièrement les Sieurs Bellemont et Delaz, car pour le troisième, qui est frère de M. Chamoreau, officier de marine, il a toujours gardé plus de mesures, et toujours pris de bonne grâce les avis et réprehensions que nos missionnaires ou moi lui faisions ; il n'a que de la légèreté, à cause de sa jeunesse, mais point de malice.

VI

Association de prières entre le chapitre de Saint-Martin de Tours
et la mission de Siam.

Mgr LANEAU AUX CHANOINES DE SAINT-MARTIN DE TOURS.

A. M.-E., vol. 860, p. 179.

Siam, 3 janvier 1691.

MESSIEURS,

Je ne puis vous exprimer la joie et la consolation que nous avons reçues par les heureuses nouvelles que vous avez bien voulu nous envoyer, par Messieurs les directeurs de notre Séminaire de Paris, touchant l'association dont il vous a plu de nous gratifier, sous la protection du grand saint Martin. Quoique le jour de sa fête nous ait toujours été en grande vénération aussi bien qu'à tout le reste des fidèles, il nous le sera encore davantage à l'avenir, et plus mémorable à notre particulier, puisque ce fut ce jour-là même et les suivants que nous commençâmes, il y a deux ans, à porter les fers et à estre mis dans les prisons. Comme les faveurs des saints sont d'une nature bien différente de celles des hommes, il y a bien de l'apparence que ce fut ce saint même qui nous procura ce bien, pour nous donner le moyen d'expier nos fautes par une pénitence à laquelle notre lâcheté n'aurait jamais consenti. Car les saints ne regardent pas ce qui nous est le plus agréable, mais ce qui nous est le plus avantageux pour l'éternité. C'est dans ces mêmes sentiments que nous avons reçu vos patentes. Et pour vous marquer l'acceptation que nous en faisons, nous vous envoyons aussi les nôtres.

Acte d'association[1].
A. M.-E., vol. 852. p. 9.

Nous Louis Laneau, Évesque de Métellopolis, Vicaire apostolique de Siam et des royaumes et lieux circonvoisins jusques au Japon inclusivement, et administrateur général des missions de Chine, Cochinchine, Tonkin, etc.; François Pérez, élu évesque de Bugie et Vicaire apostolique; Bernard Martineau et Pierre Ferreux, tous deux missionnaires et provicaires de Siam; Louis Chevreuil, Jacques Le Chevalier, Alexandre Pocquet, Estienne Manuel, Nicolas Tolentin, manillois, Jean de Cost, japonnais, prêtres missionnaires; les Clers du séminaire Saint-Joseph etc. A Messieurs les Doyens, Trésoriers, Chanoines et Chapitre de la noble et insigne église de Saint-Martin de Tours, sujette sans intermédiaire au Saint-Siège apostolique, salut.

L'honneur que vous avez bien voulu nous faire à la sollicitation de Messieurs les directeurs du Séminaire des Missions-Estrangères, nos charitables procureurs, en nous associant aux saints sacrifices, prières et bonnes œuvres qui se font tous les jours dans vostre très noble et très ancienne église de Saint-Martin de Tours, comme aussi les avantages singuliers que nous en espérons recevoir sous les auspices de ce grand saint, ne nous permettent pas de délibérer seulement si nous acceptons une telle faveur, mais nous obligent encore de vous en rendre de très humbles et très affectueuses actions de grâces. Ce nouveau renfort de secours spirituels ne nous pouvait venir en un temps où nous en eussions plus besoin, puisque ces dernières années il a plu à Dieu, par un effet de sa justice, comme de son infinie miséricorde, de nous réduire à des extrémités de misères, dont luy seul, fléchi par les prières de ses serviteurs, peut nous tirer. Bien que les tribulations qu'il nous a envoyées aient esté peu de choses si nous les comparons avec ce que méritaient nos infidélités, elles ont esté néanmoins tellement au-dessus de nos forces, que nous nous sommes souvent étonnés comment elles ne nous accablaient pas sous leur poids. Mais nous ne sçavions pas, que lorsque nous estions dans un plus grand abandon de tout secours humain, nous estions plus soutenus que jamais, non seulement par les saints de l'Église militante, mais aussi par ceux de la triomphante, puisqu'en particulier le glorieux saint Martin, qui luy-même a souffert tant de combats pour la propagation de la foy, durant sa vie mortelle, daignait pour lors se rendre nostre protecteur, et vous inspirait de nous le faire connaistre par cette association aussi solennelle que

---

[1] Des lettres patentes, en date du 12 février 1689, d'une semblable association de prières, avaient été envoyées par le chapitre de Saint-Martin au Séminaire des Missions-Estrangères, qui y répondit le 29 avril suivant par des lettres patentes analogues (*A. M.-E., vol. 9. p. 297*).

celle que vous nous avez envoyée. Ce sera sans doute la suite des recommandations que M. d'Héliopolis et M. Pallu, vos illustres confrères et les nostres, luy auront faites si souvent à son tombeau, et continuent de luy faire encore dans le ciel pour ces missions, ou ils ont eu la principale part.

Or comme vous désirez de nous une mutuelle association aux prières et bonnes œuvres qui se font dans les maisons, séminaires et autres lieux de nos missions, nous vous l'accordons très volontiers par ces patentes, et dans la manière que vous le spécifiez dans les vostres, quoiqu'il doive y avoir une grande disproportion entre ce que vous voulez bien nous donner et ce que nous vous rendons ; car outre l'inégalité des mérites personnels, il arrive très ordinairement que nous sommes privés du bonheur d'offrir le très saint sacrifice de la messe et de faire régulièrement nos exercices de piété, à cause des fréquents voyages tant par mer que par terre, qu'à cause qu'on est continuellement exposé aux changements imprévus et très ordinaires dans ces pays infidèles où, grâce à Notre-Seigneur Jésus-Christ, nous sommes obligés de vivre dans une continuelle dépendance des ordres de sa providence, de sorte que nous ne pouvons nous promettre rien d'assuré d'un jour à l'autre. Que si néanmoins les misères des prisons, les insultes et dérisions des gentils, les contradictions des mauvais chrestiens, la pauvreté et l'ignominie peuvent passer pour des bonnes œuvres, comme elles le sont en effet à ceux qui en sçavent faire leur profit, et que vous désiriez y avoir part, nous vous y associons autant qu'il est en nous de le faire. En effet, la communion des saints que nous avons en Jésus-Christ, dans lequel nous ne sommes qu'un même corps, exige une entière communication soit de biens, soit de maux, de sorte que quelque membre estant dans la douleur ou la joye, les autres doivent s'en ressentir également. Ainsi lorsque vous vous occupez à chanter les louanges de Dieu, nous les chantons aussi avec vous en esprit ; et quand nous sommes dans l'exercice des croix et des souffrances inséparables de nostre ministère, vous souffrez pareillement avec nous.

Après vos patentes reçues, nous avons commencé à réciter l'antienne et l'oraison de saint Martin qui y sont marquées à la fin, lesquelles se disent tous les jours à la prière du soir, dans les diverses cases où nous sommes présentement dispersés, n'ayant plus de maison ni de demeure assurée. Mais, nous sommes persuadés que ce grand amateur de la pauvreté ne dédaignera pas les prières qui lui sont faites dans des lieux aussi pauvres que ceux où nous sommes. De nostre côté, nous souhaiterions vous supplier de faire dire quelques messes au tombeau de saint Martin, ou d'y faire réciter quelques antiennes, comme serait celle de saint Joseph, patron général de nos missions par autorité spéciale du Saint-Siège, ou celle que nous vous envoyons, propre pour la conversion des gentils, que nous avons coutume de réciter dans nos maisons depuis plusieurs années. Mais comme nous ne sçavons pas si les règlements du Chapitre vous permettront de nous accorder cette faveur, nous ne vous la demandons que conditionnellement, nous en remettant entièrement à ce que vous jugerez de mieux et de moins incommode par rapport à vos autres fonctions.

Au reste, nous ne manquerons pas de prier Dieu pour tous ceux que vous nous recommandez spécialement et nommément, à sçavoir : pour tous les dignitaires, prévôts, chanoines et bénéficiers, membres et officiers de vostre Eglise, toutes les personnes qui en sont chanoines honoraires, et particulièrement Nos Saints Pères les Papes, vos Evesques, premiers chanoines depuis l'union faite par le pape Urbain II de l'évesché de Saint-Martin à celuy de Rome ; nos Roys Très-Chrestiens, vos abbés et premiers chanoines laïques, depuis que vostre Abbaye a esté unie par le roi Hugues Capet à la couronne de France ; et spécialement nostre invincible monarque Louis Quatorze, non moins grand par son zèle à maintenir et étendre le royaume de

Jésus-Christ par la destruction de l'hérésie et la conversion des Gentils, que par ses glorieuses conquêtes et victoires remportées sur les ennemis de ses Etats, et entre vos chanoines honoraires, les Seigneurs Illustrissimes et Révérendissimes archevesques de Bourges et de Sens, évesques et princes de Liège, évesques de Poitiers et d'Angers, les seigneurs ducs de Bourgogne et d'Anjou à présent leurs Altesses Royales, Nosseigneurs Louis et Philippe, fils de France, enfants de Monseigneur le Dauphin ; les seigneurs ducs de Vendôme, de Nevers, comtes de Dunois, de Douglas en Ecosse, barons de Preuilly en Tourraine, défenseurs de vostre Eglise ; les seigneurs de Parthenay en Poitou, de Pons et autres, et leurs successeurs ; toutes les personnes qui ont quelque rang dans vostre clergé à cause de vostre confraternité avec les églises de Jérusalem en Palestine, de Tours, d'Auxerre et de Saint-Hilaire de Poitiers dans le royaume de France, de Mayence, d'Utrecht, et de Saint-Martin de Liège en Allemagne et aux Pays-Bas, de Compostelle et d'Orense en Galice, au royaume d'Espagne, et plusieurs autres Eglises ou Abbayes ou chefs d'ordres ; tous doyens, chantres, prévôts, officiers, chanoines et chapitres, curés, vicaires perpétuels, chapelains, aumôniers, et aussi les abbés, prieurs, monastères, communautés régulières, abbesses, prieures, religieuses, administrateurs d'hôpitaux ; les personnes qui y servent ou qui y sont servis ; les confrères de la confrérie de saint Martin érigée dans vostre Eglise, et généralement toutes personnes de tout sexe et condition ecclésiastique, laïques, séculières et régulières, qui desservent ou fréquentent, desserviront ou fréquenteront vostre église ou les églises collégiales et paroissiales, ou celles des abbayes ou prieurés, les chapelles, oratoires, et hôpitaux de vostre diocèse et juridiction spirituelle, soit en province de Touraine, soit en celles de Berry et de Bourgogne, et le haut et le bas Limousin.

Mais comme les prêtres, catéchistes et autres naturels de ces pays Orientaux, avec lesquels vous voulez bien avoir aussi association mutuelle, ne peuvent facilement entendre tous ces différents titres et qualités des personnes cy-dessus nommées, car ces choses estant entièrement éloignées et hors de leurs idées, il leur faudrait faire de très longues explications après lesquelles ils n'en entendraient guère plus qu'auparavant, nous nous contenterons de les leur faire entendre autant qu'il sera nécessaire, pour qu'ils puissent de leur part concourir et se conformer à vos saintes intentions.

Nous espérons, aussi bien que vous, que cette nouvelle Association attirera du ciel, par l'intercession de saint Martin, des surcroîts de bénédictions sur nostre Saint-Père le Pape et tous les Ordres ecclésiastiques, sur nostre invincible Monarque et la maison royale, sur tous les princes chrestiens : et quant à nous en particulier, nous nous en promettons pour nos missions, et pour tous ceux qui y sont employés, une source inépuisable de grâces, estant unis ensemble d'une manière particulière, sans pourtant rien perdre de l'union commune des fidèles, car bien que Notre-Seigneur Jésus-Christ, qui n'aime que l'unité, nous ayt déjà tous réunis en soy-même, pour n'estre plus qu'un avec luy et avec ses membres, par une union d'autant plus incompréhensible qu'elle est réelle et véritable, il se plaît, néanmoins, que ses membres se divisent en de petits corps, les uns avec les autres, dans l'universalité du sien, vu particulièrement que c'est un moyen de nous remettre continuellement devant les yeux, et de nous faire rentrer de plus en plus dans l'esprit de la communion générale des Saints, laquelle ira toujours se dilatant jusqu'à ce que le corps de Jésus-Christ ayt reçu son entière plénitude par la conversion totale des nations. Ainsi nous considérant unis dès à présent et pour toujours à vostre très sainte Eglise, et à tous ses membres en général et en particulier, sous la protection de saint Martin, nostre commun patron et protecteur des missions ; nous vous envoyons ces présentes que nous avons signées de nostre propre seing, et fait signer des mission-

naires qui sont dans ce royaume de Siam, et fait sceller de nostre sceau,
promettant, à la première commodité des vaisseaux, de faire part de tout ce
que dessus à Messieurs les Vicaires apostoliques et missionnaires, qui travaillent dans les royaumes, provinces et lieux de nostre juridiction.

à Siam, ce 3ᵐᵉ janvier 1691.

Louis, *évesque de Métcllopolis*

Vicaire Apostolique de Siam, etc.

Bᵈ Martineau, prêtre, miss., provicaire de Siam.

P. Ferreux, prêtre, miss., provicaire de Siam.

Ch. d'Estrechy, prieur de Nostre-
Dame des Bois.

Ludovicus Vruart, gallus-indicus.

Gabriel Tri, tunkinensis.

Thomas Atou, sinensis.

Christophorus Arzilla, manilensis.

Pius Du, tunkinensis.

Vincentius Len, cler., cochinchi-
nensis.

Franciscus Sit, cler., cochinchinen-
sis.

François-Pérez, élu évesque de
Bugie, Vicaire apostolique de Cochinchine.

Charles La Breuille, jésuite.

Louis Chevreuil.

Jacques Le Chevalier.

A. Pocquet.

Joannes A Costa, sacerdos, japonensis.

Nicolaus Tolentinus, sacerdos, manilensis.

Josephus, lector, manilensis.

Joannes Thoa, exorcista, tunkinensis.

Emmanuel Minh, lector, cochinchi-
nensis.

Paulus Tri, tunkinensis, lector.

Linus Hiep, ostiarius, cochinchi-
nensis.

Joannes Hau, ostiarius, tunkinensis.

Simon Salupo, cleri., bantamensis.

Vitus Qui, cleri., tunkinensis.

Otitius de Farno.

De mandato præfati Illᵐⁱ ac Rᵐⁱ
Domini mei.

E. Manuel, *secret.*

Prière pour la conversion des Gentils.

Miserere nostri Deus omnium, et respice ad gentes quæ non exquirunt
Te ; ostende eis lucem miserationum tuarum, ut cognoscant Te, sicut et nos
cognovimus quoniam non est Deus præter Te, Domine.

℣. Omnes gentes magnificent, Te Domine.

℟. Et adorent Te omnes tribus terræ.

Oremus :

Omnipotens sempiterne Deus, qui non mortem peccatorum, sed vitam
semper inquiris ; suscipe propitius orationem nostram ; et libera paganos
ab idolorum cultura ; et aggrega Ecclesiæ tuæ sanctæ, ad laudem et gloriam
nominis tui. Amen.

VII

La révolution de Siam et la persécution d'après le barcalon.

Le P. de La Chaise au barcalon.

A. M.-E., vol. 861, p. 251.

A Paris, 25 décembre 1689.

Monsieur,

Je ne suis pas encore assez informé, ni des circonstances de la révolution des affaires du royaume de Siam, ni de la part que vous y avez, pour
savoir en quels termes je dois vous faire compliment sur votre nouvelle dignité de grand barcalon. Mais j'aurais de la peine à croire que rien n'eût pu
effacer de votre cœur et de votre esprit toutes les protestations si honnêtes

d'amitié inviolable, que vous avez bien voulu me faire souvent ici, et que vous me renouvelâtes avec des expressions si touchantes dans votre dernière lettre, que vous me fîtes l'honneur de m'écrire du cap de Bonne Espérance. Du moins, suis-je sûr que je n'ai jamais mérité que vous changeassiez de sentiments et de conduite à mon égard, et à l'égard des Pères de notre Compagnie, mes chers frères, que vous aviez demandés à notre grand roy avec tant d'instance, et dont nous nous privâmes avec peine pour le bien et l'avantage du royaume de Siam.

J'avoue que je n'ai pas été peu surpris d'apprendre que ces Pères, si pleins de mérites, avaient été traités en coupables, et chassés de ce mesme royaume, eux qui ne vont aux Indes que pour faire du bien à tout le monde, pour instruire les autres nations de la vérité, pour les exciter à la vérité, pour apprendre aux roys et aux peuples les moyens d'être éternellement heureux, et qui enfin, ne se contentant pas de ces hautes cônnaissances, leur enseignent aussi les sciences les plus merveilleuses, et les plus beaux arts de l'Europe, si utiles à rendre les Etats florissants, à y répandre l'abondance, et à y faire fleurir le commerce.

Comme nous ne sommes encore informés de tout cela que par la voie des Hollandais, qui ont coutume de remplir l'Europe de toutes sortes de faussetés, j'ai prié Sa Majesté de vouloir bien suspendre son ressentiment, et s'éclaircir auparavant, par vous-même, de l'exacte vérité de tout ce qui s'est passé à l'égard de ses sujets, ne doutant point que vous ne portiez le nouveau roy de Siam à lui donner toute la satisfaction possible, sur les mauvais traitements qui pourraient leur avoir été faits injustement, et contre le droit des gens, comme elle punirait sans doute sévèrement ceux qui auraient contrevenu à ses ordres, en manquant à la fidélité des traités, ou en outrageant la nation siamoise, pour laquelle elle a témoigné jusqu'à maintenant tant de considération.

Vous aurez, Monsieur, une belle occasion de soutenir l'estime que vous aviez ici laissée de votre esprit et de votre probité, en prenant avec le R. P. Tachard, qui retourne aux Indes, les mesures nécessaires auprès du roy de Siam, pour réparer de part et d'autre le passé. Et j'ose vous assurer qu'en cela vous rendrez service à Sa Majesté siamoise et à votre pays, en faisant de votre part ce qui vous sera possible pour empêcher une rupture qui ne pourrait leur être que très désavantageuse, comme je tâcherai, de mon côté, de porter le roy à rétablir l'ancienne confiance réciproque et à retenir son ressentiment, dont il est en état plus que jamais de faire éprouver les effets à tous ceux qui seront assez mal avisés pour ne pas préférer son amitié à sa juste colère et à son indignation.

Je prie le Dieu éternel, dont la providence souveraine gouverne tous les Etats et tous les roys et les ministres qui en ont la conduite, d'inspirer au roy votre maître et à vous-même les sentiments qui vous seront les plus convenables, et suis de tout mon cœur, et avec le respect que je dois,

Votre très humble et très obéissant serviteur,

DE LA CHAISE,
De la Compagnie de Jésus, confesseur du roy.

LE BARCALON AU P. DE LA CHAISE.
A. M.-E., vol. 863, p. 273; vol. 880, p. 855.

1693 ; année 2237.

Je ne puis vous expliquer combien les bienfaits du grand roy de France sont gravés dans mon cœur ; il ne passe presque point de jours que je ne m'en souvienne, et dans toutes les occasions que j'ai de faire connaître aux autres ses bontés, sa grandeur et sa magnificence, je ne manque point de le faire, pour témoigner à tout le monde la reconnaissance que je conserve pour un si grand roy. Je ne saurais aussi jamais oublier les bontés et les amitiés que vous avez bien voulu me faire lorsque j'étais en France, et j'en conserverai toujours la mémoire. Cependant, je crains que les révolutions qui sont arrivées dans ce royaume ici, depuis mon retour, ne donnent sujet de croire qu'il y a eu de ma faute ou de ma négligence ; mais je puis vous assurer que si les Français eussent voulu écouter mes conseils, aussi bien que ceux de Mgr l'évêque de Métellopolis, les choses ne seraient pas allées de la manière qu'elles ont été ; et je ne crois pas qu'on puisse aucunement me reprocher d'avoir fait la moindre chose contre l'amitié royale des deux grands roys.

Il y a déjà deux ans que j'ai reçu la lettre que vous m'écrivîtes par les mandarins qui revenaient avec le P. Tachard. Je n'aurais pas manqué de vous avoir déjà fait réponse pour vous informer de toutes choses, comme vous me le demandiez par la vôtre, si ce n'eût été que nous attendions le P. Tachard qui nous avait mandé qu'il viendrait ; comme il n'est pas encore venu, je n'ai pas voulu différer plus longtemps sans vous donner la satisfaction que vous désirez.

La suite de cette lettre reproduit la suivante adressée à M. de Brisacier.

LE BARCALON A M. DE BRISACIER[1].

A. M.-E., vol. 803, p. 81.

27 décembre 1693.

La lettre que le P. Brisacier m'a écrite, le P. Ferreux et François Pinhero me l'ont expliquée, et m'ont fait connaître tout ce qu'elle contenait, dont j'ai eu bien de la joie.

Vous marquez dans cette lettre que vous avez appris les nouvelles des révolutions de Siam, savoir que Mgr de Métellopolis et tous les Pères avaient souffert, et qu'on leur avait pris tout ce qu'ils avaient, quoiqu'ils fussent fort innocents, et qu'ils eussent toujours pris les intérêts des Siamois, et les eussent aidés en tout ce qu'ils pouvaient partout ; qu'enfin, après la sortie des troupes françaises du royaume de Siam, ils avaient été affrontés extrêmement ; que vous croyez que cela ne s'est point fait par aucun ordre du roy, mais seulement des mandarins ; et que, lorsque j'étais en France, je vous avais promis qu'étant de retour à Siam, je protégerais Monseigneur et ses Pères ; que sur cette promesse, vous espériez que j'intercéderais auprès du roy mon maître pour leur faire rendre tout ce qui leur a été pris.

Je vous avouerai que j'ai été extrêmement surpris de voir que votre manière de parler ne s'accordait point avec la haute et sage prudence et avec le jugement sublime du grand roy de France, qui n'ayant encore été informé que d'un seul parti n'a pas voulu le croire, ni y ajouter foi ; et nonobstant ce qu'il en avait appris, ce grand roy eut toutes sortes de bontés pour les deux mandarins qui étaient en France alors, et même les voulut bien renvoyer à Siam, pour par là faire en sorte que l'amitié royale des deux roys fût en son comble de perfection pour toujours. Le grand roy de Siam, ayant eu nouvelle de cela, a loué publiquement la grande sagesse et étendue de jugement de ce grand prince, d'avoir d'abord connu le bien et le mal, et de n'avoir pas voulu ajouter foi à ce qui lui était rapporté par un seul parti ; et il a dit qu'il n'y avait plus lieu de s'étonner s'il gouvernait si bien son peuple. Le jugement que le P. Brisacier a porté de ces révolutions me paraît extraordinaire ; puisque ce Père écoute un seul parti, et croit que les Siamois ont fait beaucoup de vexations à Mgr de Métellopolis et à ses missionnaires, ce qui est,

---

[1] Il y a *A. M.-E., vol. 862, p. 677, vol. 863, p. 273, vol. 880, p. 855* deux lettres du barcalon : la 1re adressée à Martin, gouverneur de Pondichéry, la 2e au P. de La Chaise, semblables à celle-ci sauf les premières lignes et les dernières.

comme j'ai dit, contraire au jugement qu'en a fait le grand roy de France, et ce qui ne convient point à l'amitié royale.

Quant à la promesse que je vous ai faite que je ferais en sorte que tout allât bien, je vous dirai qu'en cette considération je n'ai pas donné connaissance au grand roy de Siam de ce qu'il y avait dans votre lettre qui ne convenait pas à la royale amitié, avant que le grand roy de France fût informé au vrai de toutes ces révolutions. Or, comme je sais que vous êtes un homme sage, et qui avez de l'esprit, j'ai jugé à propos de vous mettre ici une copie de la lettre que j'écrivais l'année passée au P. Tachard, où je racontais toutes les révolutions en abrégé ; voici cet éclaircissement :

Vous savez que le grand roy de Siam défunt favorisait beaucoup M. Constance, qu'il l'avait fait grand mandarin, et chargé de plusieurs affaires de son royaume pour les régler conjointement avec les autres mandarins. M. Constance tira de grandes sommes d'or et d'argent des magasins du roy, dont il disposait comme il voulait, et qui ont été perdues ; il avait même de mauvais desseins. Les mandarins qui le surent n'osèrent pas le dire, ne trouvant pas l'occasion favorable ; mais leur application fut d'empêcher qu'il ne vînt à bout de ses mauvais desseins. M. Constance s'apercevant qu'on le suspectait, s'avisa de demander au grand roy de Siam d'envoyer M. de Beauregard, gouverneur de Merguy, et M. du Bruant, avec 120 soldats français pour aider à garder la forteresse de cette ville. Enfin, le grand roy de Siam étant tombé malade, M. Constance conscient des maux qu'il avait faits commença à avoir grand'peur ; il voulut tenter d'appeler M. Desfarges avec ses troupes, en secret, tant pour sa défense que pour exécuter les mauvais desseins qu'il avait dans l'esprit. Le général, étant monté jusqu'à la ville de Siam, redescendit à Bangkok, sans qu'on en ait su la raison. On avait accusé M. Constance de s'être concerté avec M. de Verdesalle, MM. du Bruant et de Beauregard ; M. Constance, ayant vu qu'il ne pourrait pas exécuter ses mauvais desseins, s'avisa d'envoyer les deux derniers à Merguy comme on a dit ci-dessus, l'un pour gouverneur de la place, et l'autre pour gouverneur de la forteresse ; et le grand roy qui est présentement sur le trône, l'ayant appris, fit arrêter et examiner M. Constance, et trouva que ses réponses s'accordaient avec les accusations. Pour lors, on s'avisa de faire venir par adresse le général à Louvo, lequel n'ayant point su que M. Constance avait été arrêté ne manqua pas de venir ; on lui donna connaissance des choses comme elles étaient et cela dans le dessein d'empêcher les Français de faire du bruit, craignant que MM. du Bruant et Beauregard qui étaient du complot avec M. Constance ne prissent l'alarme, et ne fissent quelque chose qui pût altérer la royale amitié. On feignit près de M. le général d'avoir reçu des nouvelles des provinces du nord, que les ennemis menaçaient d'une guerre, et on lui dit qu'il fallait que M. du Bruant avec ses Français vinssent se réunir, dans un endroit qu'on lui marquait, aux troupes siamoises qu'on envoyait pour s'opposer aux ennemis, et ainsi exécuter les ordres du grand roy de France qui les avait envoyés ici pour le service du roy de Siam. On fit donc écrire M. le général à M. du Bruant pour qu'il eût à exécuter ce plan, aussitôt qu'il aurait reçu la lettre. S'ils avaient été innocents de ce dont on les accusait, ils n'auraient pas manqué d'accomplir les ordres du grand roy de France, et on leur aurait dit de ne rien faire qui pût rompre la royale amitié. M. le général ayant reçu sa lettre, bien loin d'obéir à M. Desfarges, se prépara à se battre. Les mandarins siamois voyant une chose si extraordinaire se mirent sur la défense. Les Français tirèrent pendant une nuit entière du canon et de la mousqueterie sur la ville, tuèrent quatre mandarins, et blessèrent plusieurs autres personnes ; les Siamois ne se défendirent pas comme ils auraient pu, appréhendant d'aller contre les défenses qu'ils en avaient reçues : ils ne faisaient que se mettre à couvert contre les Français pour n'altérer en rien la royale amitié. MM. du Bruant et Beauregard, voyant que les Siamois s'étaient mis à couvert des Français, et qu'il leur était impossible de les atteindre, s'embarquèrent dans un bâtiment du roy armé de 16 pièces de canons et de 50 mousquets, qui était au port, se saisirent aussi d'un autre bâtiment anglais qui était là et s'enfuirent.

On raconta à M. Desfarges comment on avait accusé M. de Verdesalle et le major qui étaient à Bangkok d'avoir comploté avec M. Constance pour faire ce qui ne convenait pas ; on lui dit de les appeler à Louvo pour leur ordonner de ne rien faire qui ne fût convenable, afin de ne point rompre la royale amitié. M. Desfarges répondit que ces deux Messieurs étaient des gens obstinés dans leurs sentiments ; que les appeler était inutile, car il appréhendait qu'on y perdît sa peine. Il demanda à aller lui-même les trouver offrant de laisser ses deux fils pour gages avec les autres officiers qui étaient à Louvo. M. le général partit. On ne sait quelle résolution il prit avec les autres officiers ; mais aussitôt les soldats français arrêtèrent les soldats siamois et portugais, tirèrent le canon, mirent le feu à une allée qui était près de la forteresse où résidait le général, firent éclater 13 pièces de canons de la forteresse du soleil couchant, et enclouèrent celles qu'ils n'avaient pu faire éclater ; ils prirent les armes et la poudre emmagasinées dans cette forteresse, et passèrent de l'autre côté. Les Siamois entrèrent aussitôt dans la partie abandonnée. Voyant cela, le général ordonna aux soldats français de la reprendre ; mais après s'être battus quelque temps, ces derniers furent obligés de se retirer à leur forteresse, du côté du levant, où ils firent bien du mal. Le grand roy de Siam jugea que le grand roy de France ne savait pas ce que le général et ses troupes faisaient ; que si les Siamois voulaient se battre comme ils le pouvaient, on romprait la royale amitié ; c'est pourquoi il prescrivit seulement aux mandarins d'élever des fortins autour de leur forteresse, de les bien garder, et par terre et par rivière, et d'empêcher les Français de sortir pour qu'ils ne fissent plus de mal à aucun Siamois.

De plus, les fils de M. le général et les autres officiers qu'il avait laissés à Louvo pour gage de sa parole, étant allés se promener à cheval comme ils faisaient quand ils le désiraient, s'enfuirent et voulurent se rendre à Siam, et de Siam à Bangkok. En chemin, les sentinelles siamoises les ayant trouvés, et ne sachant pas que c'étaient les enfants de M. le général, ni des officiers français, mais croyant voir là quelques Anglais et gens de la faction de M. Constance, les poursuivirent, se saisirent de plusieurs d'entre eux qui s'étaient déjà embarqués sur la rivière et de plusieurs qui étaient encore à terre ; les ayant attachés, elles les ramenèrent à Louvo. Aussitôt que les mandarins eurent connu que ce n'étaient pas des gens de la faction de M. Constance, mais les enfants de M. le général avec les officiers français, ils les firent détacher, et leur donnèrent des hommes qui eussent soin de les traiter et nourrir, comme auparavant, dans leur maison. Il est vrai que l'ingénieur, se voyant poursuivi et pressé par les sentinelles, donna plus de peine à prendre que tous les autres ; mais après avoir bien couru de côté et d'autre, étant extrêmement fatigué, il s'arrêta pour se reposer ; aussi il tomba comme évanoui ; on fit ce qu'on put pour le soulager, mais les remèdes qu'on lui donna furent inutiles : il mourut.

Le grand roy de Siam, ne pensant qu'à continuer la royale amitié du grand roy de France, voulut bien renvoyer à M. le général ses fils avec ses officiers laissés par lui-même pour gage de son retour à Louvo ; il croyait par là faire rentrer le général et les autres Français en eux-mêmes, et les obliger à ne pas agir contre la royale amitié ; mais tout fut inutile. Ils firent des gabions qu'ils placèrent sur les remparts, et qu'ils remplirent de terre ; ils firent dans la forteresse même un autre retranchement avec de gros cocotiers, qui formèrent comme une seconde forteresse, et ils y mirent des canons ;

ils élevèrent deux batteries l'une sur l'autre, et tirèrent avec vigueur jusqu'à
même abattre le pavillon et le magasin à poudre. Après cela, quelques soldats français descendirent dans le bateau de M. Véret, chef de la Compagnie,
se rendirent en rade et allèrent chercher les deux bâtiments que M. Constance avait envoyés dehors il y avait quelques mois, pour, avait-il prétendu.
surveiller les côtes. Les Siamois qui gardaient la rivière, ayant vu ce petit bâtiment, appelèrent les Français pour connaître leurs intentions ; au lieu
d'aller vers eux, les Français les canonnèrent. Alors les Siamois s'avancèrent
en grand nombre, montèrent dans le bateau pour les arrêter ; mais les Français mirent le feu aux poudres et firent sauter le bâtiment. Les Siamois de
leur côté élevèrent, dans la forteresse du couchant, un cavalier pour tirer le
canon et pour envoyer des bombes dans la forteresse des Français ; mais
appréhendant de blesser les Siamois et de faire ce qui n'était pas convenable
à la royale amitié, ils ne s'en servirent que pour répondre aux Français. De
plus, les Français ayant fait prisonniers quelques Siamois qui s'étaient ap-
prochés de leur forteresse, ils les empalèrent et les exposèrent à la vue de la
forteresse des Siamois ; ce qui mécontenta tellement les mandarins siamois
et d'autres étrangers, qu'ils demandèrent au roy de leur laisser élever des
forteresses en terre, pour serrer de près les Français et les prendre. Le
grand roy de Siam, en considération de la royale amitié du grand roy de
France, ne voulut pas le leur permettre ; il ordonna seulement que les fortins serviraient à empêcher les Français de sortir de leur forteresse.

Les Français, voyant ces préparatifs contre eux, comprirent qu'ils n'auraient bientôt plus de vivres et mourraient de faim ; alors M. le général envoya M. Véret, chef de la Compagnie, à Louvo, et le chargea d'une lettre
pour moi, par laquelle il demandait à emprunter un grand navire, et 300 catis,
d'argent, qui font quarante-cinq mille francs, pour acheter deux autres petits bâtiments et des vivres. J'en fis la demande au roy, lui représentant que
les retenir plus longtemps serait les condamner à mourir de faim, mais à
condition que le général fît un acte d'accommodement, et trouvât des répondants pour les emprunts qu'il demandait. M. Desfarges fit l'acte ; Mgr de
Métellopolis, tous ses missionnaires et tous les Français qui restaient furent
les répondants de ce traité, aussi bien que des emprunts. Le papier de répondance porte aussi que M. Desfarges, étant arrivé à Pondichéry avec ses
troupes, renverrait à Merguy un bâtiment qui était parti du dit lieu pour
Masulipatam, monté par des Français et des Siamois, un autre sorti de Siam,
commandé aussi par un Français, et qui était allé à Banderabassi en Perse,
et enfin celui que M. du Bruant avait pris en s'en allant, avec tous ses canons,
ses armes, ses agrès et les matelots ; pour le grand navire qu'il empruntait
d'ici, qu'il le renverrait à Siam : et pour les quarante-cinq mille livres il les
rembourserait quand les bâtiments que M. Véret avait envoyés à Pondichéry, Bengale et Surate seraient de retour. Quant aux jeunes Siamois qui
étaient en France à apprendre différents métiers, on les renverrait. Il était
encore marqué dans ce papier de répondance que M. le général, qui devait
s'embarquer à Bangkok avec ses troupes, appréhendant que les Siamois
en descendant à la rade ne lui jouassent quelque mauvais tour, demandait
deux mandarins pour otages jusqu'au bas de la rivière, et de son côté donnait
MM. le chevalier Desfarges, son fils, et le major, qui descendraient dans
un ballon avec les mandarins siamois. Les Siamois, croyant donc fermement que les Français en agiraient comme ont coutume de faire toutes les
nations, et ne s'imaginant pas qu'ils agiraient contre leur traité, accordèrent à M. le général ces deux mandarins. M. Véret et François Pinhero
interprète étaient dans le même bâtiment ; M. le chevalier Desfarges, le
major, et le second ambassadeur étaient dans un ballon qui suivait ce bâtiment ; Mgr de Métellopolis et moi suivions dans d'autres ballons. Les vais-

seaux étant près de l'embouchure de la rivière, le second ambassadeur se
fiait au chevalier et au major, et sachant l'accord conclu avec M. le général,
les laissa aller déjeuner au vaisseau de M. Desfarges ; il voulut lui-même les
y accompagner. Le navire étant sorti de la rivière, M. le général emmena
ces deux Messieurs et ne renvoya point les deux mandarins comme il l'avait
promis ; il garda aussi M. Véret, le second ambassadeur, et le Sieur François Pinhero. On envoya lui faire des représentations, mais il ne renvoya
qu'un mandarin, et écrivit qu'on envoyât Mgr de Métellopolis. J'envoyai pour
lors le P. Ferreux avec le miron où étaient les malades, et un autre miron
chargé de rafraîchissements, et j'écrivis à M. Desfarges qu'il renvoyât l'autre
mandarin otage, M. Véret qui était répondant, le second ambassadeur, et
l'interprète ; ensuite Monseigneur irait au vaisseau, et tout le reste de ses
canons et des bagages lui serait envoyé. Mais M. le général et les autres
Français n'eurent aucun égard à ma lettre ; ils retinrent le P. Ferreux, et
dirent qu'ils allaient mettre à la voile. Néanmoins, quoique je visse bien
que le général agissait contre sa promesse, et par là voulait brouiller la royale
amitié, je ne laissai pas d'ordonner d'envoyer tous les mirons ; le général ne
les attendit pas ; il mit à la voile, et emmena le mandarin otage qui lui restait, le second ambassadeur, M. Véret qui était répondant, et l'interprète.
Voyant cette conduite, je fis mettre les pièces de canons aux mains des mandarins et les en chargeai. On se saisit des Français restés dans les mirons,
et on les conduisit à Siam. Quant à ce que le général avait fait contre le droit
des gens je jugeai, avec les mandarins, que les Français de Bangkok et de
Merguy n'avaient pas agi selon les ordres du grand roy de France : car il
est admis, par tout le monde, que dans un démêlé on étudie qui a raison ou
tort. La conduite des Français nous fit soupçonner qu'ils pouvaient bien
s'être entendus avec ceux qui étaient coupables. Pour les Siamois, dans toute
cette affaire, ils n'ont posé aucun acte qui puisse altérer la royale amitié, et
je reconnais bien que Dieu a inspiré au grand roy de France, de ne pas les
croire et de vouloir connaître celui qui avait tort ou raison, et ainsi il n'a pas
voulu ajouter foi à tout ce qu'on disait.

Quant au papier de répondance signé par Mgr de Métellopolis, ses missionnaires et tous les Français restés à Siam, c'est la coutume dans le
royaume de Siam que, si celui pour lequel on répond a manqué à sa promesse, et qu'on ne puisse le saisir, c'est le répondant qui paye pour lui. Or,
Mgr de Métellopolis, M. Véret, chef pour la Compagnie, les prêtres missionnaires et tous les Français restés à Siam, étaient répondants de M. Desfarges
et de ses troupes ; ils étaient répondants des quarante-cinq mille francs qu'on
avait prêtés pour acheter deux bâtiments et des vivres ; si donc on avait
voulu agir selon la coutume du royaume de Siam, on aurait fait mourir tous
les répondants. Pour moi, ayant expliqué au grand roy de Siam ces choses, le
grand roy de Siam vit bien que le grand roy de France ne savait pas les fautes
du général et des troupes ; et qu'il ne fallait faire que ce qui convenait pour
ne point rompre la royale amitié, jusqu'à ce que le grand roy de France eût
une entière connaissance de tout. Quoique le général et ses gens eussent
commis des fautes, dont sans doute le général ne donnerait pas connaissance,
néanmoins le grand roy de France, doué d'une sagesse et d'un esprit tout divins,
ne croira pas un seul parti, et il est à croire qu'il voudra examiner le tout
au vrai : s'il veut bien examiner, il n'a qu'à faire réflexion à ces trois points :

1° M. Desfarges ayant agi contre ses promesses, le grand roy de Siam
eût pu faire mourir ses deux enfants et tous les officiers et Français laissés à
Louvo comme otages ; mais en considération de l'amitié royale, et pour faire
rentrer le général en lui-même, il les envoya à Bangkok

2° M. le général et ses troupes n'ayant pas gardé leur traité d'accommodement, Mgr de Métellopolis, ses missionnaires et les Français restés à

Siam, étant les répondants de ce traité et des sommes empruntées, eussent dû être châtiés très rigoureusement ; il n'en fut rien, on les garda seulement à vue ; et quand M. Desfarges eut renvoyé les mandarins et l'interprète en revenant à Jongselang, pour lors, le grand roy de Siam permit à Mgr l'évêque de Métellopolis de se faire une maisonnette au-dedans de l'enclos d'un des magasins du roy ; on ne libéra pourtant pas encore les missionnaires ; mais quand on sut que le P. Tachard était revenu dans les Indes avec les mandarins, et qu'il devait arriver à Merguy, on permit aux missionnaires de demeurer avec Monseigneur ; enfin, quand les mandarins qui avaient accompagné le P. Tachard furent arrivés, et qu'on eut appris d'eux-mêmes toutes les bontés que le grand roy de France avaient eues pour eux, le grand roy de Siam, en considération de la royale amitié, renvoya aussitôt Monseigneur, les missionnaires, les écoliers et tous les Français laïques, demeurer au séminaire comme auparavant, ayant la liberté d'aller et de venir comme par le passé.

3° Quand les Siamois eurent élevé des fortins autour de la forteresse des Français, et qu'ils les eurent tellement resserrés par terre et par rivière que les Français ne pouvaient sortir, et par conséquent seraient morts de faim, le grand roy de Siam eût pu ne prêter ni navires, ni argent, pour acheter ce qu'il leur fallait ; mais en considération de la royale amitié, il voulut bien leur accorder leurs demandes, et leur prêter ce qu'ils désiraient pour s'en aller et se retirer du danger de mort où ils étaient.

Si le P. Tachard vient, il connaîtra la vérité de toutes choses, et pourra examiner les fautes. Or si le P. Tachard a la pensée qu'en venant ici pour régler les comptes, les officiers des magasins pourront lui faire de mauvais traitements, c'est contraire aux coutumes de toutes les nations, parce que, quand même quelques royaumes sont en guerre, et qu'un des royaumes envoie un ambassadeur, jamais on ne lui fait aucun mal. Ni le grand roy de Siam, ni le grand roy de France n'ont rien fait de contraire à leur amitié royale ; seuls le général et ses soldats ont agi contre les ordres du grand roy leur maître.

Quant aux jeunes Siamois que nous avons envoyés en France apprendre des métiers, je vous les avais recommandés et je vous avais promis de rembourser à Mgr de Métellopolis tout ce que vous dépenseriez pour eux. Vous me marquez que vous avez dépensé 106 catis, 3 tailles, 1 ticab, 1 major ; je réponds que toute cette dette sera payée quand nous réglerons leurs comptes ; on pense aussi que les Français paieront ce qu'ils doivent.

Nous nous en remettons beaucoup à votre sagesse et prudence pour que l'amitié des deux grands roys de France et de Siam se renoue plus étroite et dure toujours.

Cette lettre a été écrite le 4ᵉ jour de la lune, le 11ᵉ mois, l'an 2237.

LE BARCALON À M. DE PONTCHARTRAIN.

A. M.-E., vol. 880, p. 417.

1693 ; année 2237.

Il y a quelque temps, la nouvelle de la mort de M. de Seignelay nous est arrivée ; j'en ai été bien peiné, car c'était un homme de grand mérite, et lors de mon voyage en France, il m'avait témoigné quelque amitié. D'autre part je suis heureux du choix que le grand roy de France a fait de votre personne pour remplacer M. de Seignelay dans les fonctions de ministre et de secrétaire d'Etat ; ce prince, dont l'esprit est si pénétrant, a reconnu vos grands mérites et vous a jugé digne de remplir une telle charge ; j'espère que comme votre prédécesseur vous voudrez bien m'honorer de votre amitié.

A mon retour de France, il est survenu quelques difficultés entré les Siamois et les Français nouvellement arrivés ici, ces derniers ne connaissant pas les coutumes du pays comme M. l'évêque de Métellopolis et le P. de La Breuille ; j'en ai écrit au R. P. de La Chaise, confesseur du roy, et à M. de Brisacier, supérieur du Séminaire des Missions-Étrangères. J'espère que cela n'altérera en rien l'amitié des deux grands roys de France et de Siam, et que vous et moi nous travaillerons toujours à l'affermir davantage, ce qui nous attirera les louanges de toute la terre. Le P. Tachard m'ayant écrit qu'il avait les ordres du grand roy de France pour venir ici arranger toutes choses, j'en donnai aussitôt connaissance au roy mon maître qui en eut pleine satisfaction et ne put s'empêcher d'admirer la grande sagesse et la sublimité d'esprit du grand roy de France. Il m'ordonna d'envoyer immédiatement au P. Tachard le mandarin Olouan Varauatti, auquel il donna un sabre d'or comme marque particulière d'honneur, pour l'inviter à venir et l'amener ici ; mais ce Père n'étant pas encore arrivé, le grand roy de Siam mon maître m'a ordonné de nouveau d'envoyer M. Ferreux, un des missionnaires de M. l'évêque de Métellopolis, pour le prier de venir au plus tôt afin de régler toutes choses.

Je me suis réjoui d'apprendre les grandes victoires qu'a remportées et que remporte continuellement sur ses ennemis le grand roy de France ; j'en ai donné connaissance au roy mon maître qui en a eu grande satisfaction.

Je prie Dieu qu'il conserve longtemps le grand roy de France et le comble de toutes sortes de prospérités ; je souhaite également, Monsieur, qu'il vous donne parfaite santé et longue vie, en vous faisant croître sans cesse en dignité.

Mgr LANEAU
1679-1696
(Suite).

LA MISSION APRÈS LA PERSÉCUTION
1692-1696

I

A Juthia. — La variole. — Baptêmes d'enfants.

M. PINTO A M. L'ABBÉ DE CABANÈS.

A. M.-E., vol. 864, p. 199.

15 janvier 1696.

J'ai trouvé les choses de la mission non seulement remises dans un bon état, mais je les vois tous les jours se remettre de plus en plus dans leur ancien éclat, nonobstant les révolutions passées. J'y ai trouvé avec une extrême consolation Mgr l'évêque de Métellopolis, ce saint prélat qui a tant souffert, avec le reste des missionnaires et des écoliers que la miséricorde divine a conservés parmi les maux et misères de leurs prisons. Non seulement ils sont remis dans leur ancien séminaire, mais ils y exercent publiquement et librement toutes les fonctions de missionnaires.

Non sans étonnement, je les ai trouvés dans un aussi grand crédit et affection auprès des grands et petits que par le passé ; même le roy depuis peu gratifia Mgr l'évêque d'une somme considérable d'argent, qu'on employa à réparer l'église bâtie par le défunt roy, et qui est un des plus beaux édifices de Siam, quoique encore imparfait. On y a commencé à célébrer publiquement le service divin le jour de Noël. Je ne saurais vous expliquer, Monsieur, le comble de joie que j'ai de voir nos pauvres anciens chrétiens, quoique encore pour la plupart éplorés et misérables, venir toujours de plus en plus nous trouver pour remplir leurs devoirs de chrétiens. Je trouve à m'employer continuellement auprès d'eux, autant que mes forces le peuvent.

M. FERREUX A M. DE BRISACIER

A. M.-E., vol. 803, p. 410.

16 janvier 1696.

Nous sommes ici assez en repos, et en aussi grande liberté quasi que par le passé ; notre crédit se rétablit partout peu à peu, et on n'a jamais été connu de tous les mandarins comme on l'est présentement. Les chrétiens naturels commencent à se rapatrier et à revenir selon la liberté qu'ils en ont, du moins beaucoup. Notre église, qui n'avait pu être achevée avant la mort du roy défunt, a été accommodée du nécessaire l'année dernière, pour pouvoir y dire la sainte messe, en y faisant la dépense d'environ 400 écus, somme très grande et très considérable dans les temps et circonstances où nous sommes ; mais on y a été obligé, pour l'empêcher de tomber en ruines. Elle est pauvre, il est vrai, mais le bon Dieu l'enrichira quand il voudra ; il n'y a aucun tableau, ni aucun ornement complet ; elle est à trois autels : le grand autel est dédié à saint Joseph, le second l'est à Notre-Dame du Rosaire, et le troisième à saint Pierre. Comme le roy avait fait donner cent écus à Monseigneur à mon retour de Bengale, pour le payer d'un petit présent qu'il lui avait fait, et qu'on a commencé par employer cette dite somme pour travailler à l'église, le bruit s'en étant répandu, cela a eu un très bon effet.

M. PINTO A M. BASSET.

A. M.-E., vol. 864, p. 238.

10 juin 1696.

Les nouvelles du pays sont très mauvaises, et il semble que toutes les prédictions, visions, etc., ont été cette fois vérifiées, car elles prédisaient un grand nombre de fléaux. Le manque d'eau a amené la cherté des vivres dans le pays ; nonobstant tous les soins extraordinaires du roy, les embrasements et incendies ont été très fréquents partout ; une certaine eau épaisse et verte a couvert toute la rivière et n'a pas été potable pendant plusieurs jours ; tout le monde avait alors sujet de forger mille rêveries là-dessus. La sécheresse et les ardeurs du soleil furent insupportables ; des fièvres malignes corrompaient tout le sang et emportaient les malades en peu de jours, avec de grandes évacuations de sang par le nez et la bouche ; enfin pour comble de malheur, les petites véroles ont ravagé tout le royaume ; des enfants aussi bien que des vieux de soixante-dix et quatre-vingts ans ont succombé.

Depuis janvier, on compte dans tout le royaume près de quatre-vingt mille morts. Il n'y a plus de place dans les pagodes pour enterrer les corps, et la campagne en est pleine ; dans la seule pagode, notre voisine, en trois mois, on comptait déjà quatre mille deux cents enterrés. Pendant toutes ces calamités, le roy s'est comporté non seulement comme un grand pagodiste, en faisant lui-même et commandant à tout son peuple des sacrifices, des exorcismes, des prières publiques, des eaux bénites, et mille autres cérémonies que les talapoins faisaient dehors et dedans la ville ; mais aussi il s'est montré bon père de famille, faisant visiter les malades par ses médecins, leur distribuant publiquement des remèdes et de l'argent. Il agréa et loua fort l'avis qu'un peu avant sa mort Monseigneur lui fit donner de faire purger et saigner son monde ; par un écrit public, il ordonna que tous suivissent cet avis de l'évêque et tous les soirs on lui faisait rapport du nombre de saignés. M. d'Estréchy et trois autres missionnaires couraient partout, donnant des médecines et baptisant les enfants. Sans sortir de la ville et de ses alentours, chacun d'eux en baptisa par jour un nombre bien considérable ; quelquefois M. d'Estréchy seul en baptisa jusqu'à trente. Au commencement, je courais aussi comme les autres auprès des gentils ; mais bientôt je trouvai à m'occuper auprès de nos chrétiens malades, autant et même plus que mes forces ne semblaient pouvoir supporter. Grâce à Notre-Seigneur la maladie commença à diminuer ; mais nous venons de perdre trois de nos écoliers, Ludovicus Gallus, Franciscus, frère de Vincent, et Laramé, plus un esclave de la maison. Le bon Dieu veuille que nous en soyons quittes pour cela !.....

Le nombre de nos chrétiens augmente très lentement à l'ordinaire ; mais il est bien diminué par les présentes maladies.

M. Pocquet aux directeurs du Séminaire des M.-E.

A. M.-E., vol. 861, p. 453.

27 décembre 1696.

Un des plus grands maux qu'ait causés la sécheresse de l'an passé et de cette année a été une petite vérole de plusieurs espèces ; il y en avait de pestiférées et de pourprées ; elles ont emporté une si grande quantité de monde de tout âge et de toutes conditions, que cela n'est pas croyable. Notre séminaire et le collège en furent tellement exempts, que les Siamois en étaient surpris, et cela alla jusqu'à la connaissance du prince ; elle nous emporta cependant trois écoliers et quelques serviteurs ; les autres qui en furent aussi attaqués en guérirent. Ces petites véroles ont donné moyen d'envoyer un grand nombre d'enfants en paradis.

La sécheresse a été encore plus grande cette année que l'an passé, jusqu'à la fin du mois d'août ; le peuple s'en alarmait extrêmement, l'eau ne montait point, ce qu'on n'avait, disait-on, jamais vu en ce temps-là ; le riz non seulement était extraordinairement cher, mais même on n'en pouvait plus trouver à acheter. Le roy, cependant, par une bonté toujours égale pour son peuple, y mit un excellent ordre, ce qui soulagea beaucoup les pauvres. Dans cette affliction universelle, nous crûmes devoir faire des prières publiques pendant une semaine, après laquelle nous fîmes une procession publique où nous portâmes les deux châsses de reliques que nous avons ; il commença alors à pleuvoir dès les premiers jours de cette même semaine, et cela a continué tout le mois de septembre, d'octobre, et même en novembre, ce qui est assez extraordinaire. L'eau a monté, et beaucoup plus que l'an passé ; et elle a inondé presque toutes les campagnes pendant près de deux mois ; il y aura au moins une bonne demi-récolte de riz ; ç'a été très certainement un effet de la bonté divine sur ce royaume qui, sans cela, s'allait trouver dans un pitoyable état ; mais je ne suis pas si téméraire que de l'attribuer à nos prières, ou à celles de nos chrétiens. Les Siamois promenèrent en même temps par tout le royaume une fameuse idole, à laquelle ils n'auront pas manqué d'attribuer ce dont ils sont uniquement redevables à leur Créateur, mais qu'ils ne veulent pas connaître.

L'église que le feu roy nous avait fait bâtir, mais qu'il n'avait pas achevée, tant parce que la mort l'en empêcha que parce que certaines personnes retardaient en sous main l'ouvrage depuis plus d'un an avant la mort de ce prince, commençait à se ruiner par les pluies ; on entreprit au commencement de l'an passé de la mettre en état pour qu'on s'en pût servir. Elle fut achevée pour la fête de Noël 1695, et depuis on y a célébré l'office divin avec toute la décence qu'on a pu, et avec autant de liberté que vous en pouvez avoir à Paris. Elle est pauvre à la vérité, et presque toute nue ; mais la plus belle peut-être, et la plus grande qu'il y ait dans tout l'Orient. Le lundi au soir avant la Pentecôte de cette année, plus de la moitié du toit tomba tout d'un coup à terre, ce qui fit un étrange fracas ; les pluies qui avaient gâté le faîte, lequel on n'avait pas eu moyen de faire bien réparer, causèrent cet accident, qui arriva heureusement dans un temps qu'il n'y avait que trois ou quatre personnes dans l'église ; elles n'en furent point du tout incommodées. Comme on n'avait pas moyen d'avoir des chevrons et des tuiles pour remplacer celles qui furent toutes brisées, on la recouvrit avec des feuillages

dont les maisons ordinaires du pays sont recouvertes, et nos chrétiens s'é-
tant mis à nous aider, elle fut recouverte pour la fête de la Pentecôte, qu'on
célébra avec la même solennité que si rien ne fût arrivé. Elle pourra durer
deux ou trois ans de la sorte ; mais il faudra arriver à réparer le toit, tel qu'il
était auparavant.

II
Le collège général.

Valeur des élèves. Enseignement à leur donner.

M. POCQUET AUX DIRECTEURS DU SÉMINAIRE DES M.-E.

A. M.-E., vol. 862, p. 514.

7 décembre 1690.

Lorsqu'on me mit au collège, on m'ordonna d'instruire principalement
pour l'Ecriture Sainte les écoliers dont on me donnait soin. Je me proposai
donc de leur faire apprendre par cœur tous les livres moraux de l'Ancien et
du Nouveau Testament, en leur expliquant toujours par avance ce qu'ils devaient apprendre par cœur ; de mesme, je devais leur faire voir tous les livres
historiques de l'un et l'autre Testament, en commençant par la Genèse. Je
leur expliquai les Proverbes, surtout les six ou sept premiers chapitres qui
excitent si excellemment les jeunes gens à l'amour de la vraie sagesse. Les
troubles nous ayant obligés de nous retirer au grand séminaire, nous quittâmes les Livres Sapientiaux pour apprendre par cœur tout ce qui se trouve
de chapitres moraux dans les quatre Evangiles, et au lieu de continuer
le Pentateuque, ils virent les Actes, Tobie, Judith, Esther, et ce qu'il y a
d'historique dans Job et dans Daniel, afin que cela nous servît de soutien
et de consolation dans l'état où nous étions, et nous préparât à ce qui nous
devait arriver. Si l'on me demandait ce que je pense de leur aptitude
pour les sciences, et de la véritable nature et capacité de leur esprit, il me
semble que mon peu de lumière aurait besoin d'une plus longue expérience
sur cet article. Voici cependant ce qui me paraît de plus certain, ou du moins
de plus probable. Généralement parlant, ils ne peuvent entrer dans les
choses abstraites, dans les formalités et les précisions. Donnez-leur quelque
chose de réel et de solide, ils s'y attachent, s'y plaisent et travaillent tant
qu'ils peuvent. Mais toutes les abstractions, précisions, intentions se-
condes, tous les êtres de raison sont pires que l'algèbre pour eux, car ils
n'y peuvent mordre ; en un mot, ils ne sauraient guider leur esprit hors de
son cours naturel.

Vous avez eu l'expérience de M. Antoine Pinto qui, quoique véritable
Indien de père et de mère, possédait fort bien ce qu'on lui avait montré de
scolastique, et y avait beaucoup de facilité ; mais il avait en lui, quant à
cela, quelque chose de particulier ; il s'en est encore trouvé quelqu'un de
semblable à lui en cela, et peut-être s'en trouvera-t-il encore d'autres ; mais
ce que j'ai dit demeure cependant certain pour le général. Leur esprit a
quelque différence avec les esprits d'Europe ; cela paraît plus évidemment dans
les païens, que nous voyons raisonner et tirer des conséquences sur les affaires, en toutes rencontres, d'une manière fort différente de nous, sauf en
ceux qui ont été élevés et instruits par les Européens, chez lesquels cette
différence est moins marquée. C'est pourquoi si on donne à ces gens-ci la
grammaire toute crue ; après cela les figures de rhétorique ; ensuite une philosophie des plus chicaneuses, et toute remplie d'être de raison ; puis une
théologie à peu près de même, ils ne s'y plairont point, et ne réussiront
pas. Il se pourra faire alors que ceux qui leur auront enseigné tout cela se
persuaderont qu'ils sont gens incapables des sciences ; mais assurément ils
réussiront si on leur montre d'abord le latin, ensuite la grammaire ; si on
leur enseigne la Sainte Ecriture en leur en faisant voir tous les livres histo-

riques par ordre ; si on leur montre quelque chose de la chronologie, de la géographie, de l'arithmétique, de l'histoire profane ; si on leur fait lire quelques-uns des plus utiles livres de Cicéron et de quelques autres bons auteurs païens, quelques beaux traités des auteurs ecclésiastiques, comme Minutius Félix, l'apologétique de Tertullien, quelque chose de saint Cyprien, de saint Léon ; les meilleurs préceptes de rhétorique tirés d'Aristote ne leur seront pas inutiles.

Mgr de Métellopolis vient de dresser une logique, qui pourra être d'une merveilleuse utilité pour ceux qui auront le plus de pénétration et de solidité de jugement ; c'est une véritable logique, et ce n'est peut-être pas le moindre des ouvrages de sa prison. Je ne sais s'il y a d'autre morale que celle qui se trouve dans les livres moraux de l'Ecriture Sainte. Je suppose qu'en leur montrant la Sainte Ecriture on leur explique les différents dogmes de la foi, mêmes ceux des hérétiques, tantôt à l'occasion d'un passage, tantôt à l'occasion d'un autre, de sorte qu'ayant ainsi vu la Sainte Ecriture, il n'y a rien dans la théologie, soit spéculative, soit morale, dont ils n'aient connaissance. Après cela, ils auraient une grande facilité pour une théologie qui ne ferait que leur représenter en ordre tout ce qu'ils auraient vu dans la Sainte Ecriture, et qui ne serait qu'un exposé de la religion, clair et solide, expliquant nettement les dogmes de la foi, et en donnant les preuves naturelles qui se tirent de la Sainte Ecriture, des Conciles, et des Pères.

On a remarqué qu'un peu de géométrie leur était très utile pour leur ouvrir l'esprit. La manière qui paraît le mieux convenir à ces gens-ci est celle dans laquelle M. l'abbé Fleury écrit tous ses ouvrages ; elle est admirable pour ces peuples et paraît la plus propre pour enseigner dans le collège. Plût à Dieu que nous eussions tous ses ouvrages en latin ! Si dans la suite, on se trouvait dans un état de tranquillité et de liberté entières, on pourrait peut-être sans beaucoup de difficultés, et avec une grande utilité, enseigner au moins à quelques-uns les langues grecque et hébraïque. Je puis vous assurer, fondé en expérience, que quant à la langue hébraïque, ce serait un jeu, pourvu qu'on la leur montrât quand ils sont encore jeunes, et qu'on ne les amusât pas dans des grammaticalistes ; mais qu'après quinze jours de grammaire, qui suffisent, on les fît traduire le texte hébreu.

Voici une chose qui vous paraîtra peut-être extraordinaire : il faut montrer à ces enfants d'abord le latin et ensuite la grammaire. Cela est très certain, et quiconque ne le voudrait pas croire sur le rapport d'autrui, l'expérience l'en convaincrait. Cela peut venir de la différence d'esprit ; mais principalement, je crois, de l'extrême différence entre ces langues-ci et les langues d'Occident.

Voici comment nous avons fait ici : le latin était la seule langue qui se parlât dans le collège, et la seule nécessité de se pouvoir faire entendre à leurs camarades y portait les écoliers sans qu'on fût aucunement obligé de les y contraindre ; on l'y parlait comme on parle une langue maternelle. Un petit enfant de huit ans arrivait au collège ; au bout d'un mois ou deux, on le voyait jouer aux pierrettes avec un autre de même âge, mais d'une langue entièrement différente, et parler le latin, surtout quand ils se fâchaient, aussi promptement que sa langue naturelle ; c'est une des raisons qui ont porté à traduire Térence pour leur usage, car ils s'accoutumeront aussi aisément à ce bon latin qu'au mauvais. Enfin, au bout d'un an, pendant lequel cet enfant apprenait le catéchisme historique traduit en sa langue, ainsi qu'à lire et écrire tant en sa langue qu'en latin, il se trouvait savoir assez de latin pour se faire entendre sur toutes choses, et le parler aussi couramment que sa langue naturelle, mais non pas aussi correctement que Cicéron. Alors seulement on lui enseignait à décliner, à conjuguer, avec les principales règles des concordances ; ils apprennent tout cela en quinze jours, à cause de leur mémoire ; mais ils n'y entendent encore presque rien. On leur montrait ensuite le latin, tant par l'usage, en les avertissant des principaux solécismes qu'ils font en parlant, que par les traductions ; et quand ils le savaient passablement bien et qu'ils avaient l'esprit plus formé, on leur montrait tout de bon la grammaire dans toute son étendue. C'est alors qu'ils l'entendent, parce qu'ils savent la langue latine ; mais quand ils ne savent que leur langue, le passif d'un verbe, un relatif ou son régime, sont pour eux des mystères incompréhensibles. On peut même, en leur montrant alors la grammaire, la leur faire considérer comme une connaissance fort différente de la langue latine, et qu'il n'y a point de langue qui n'ait, ou qui ne puisse avoir sa grammaire. Je me suis plus étendu sur ces dernières choses, parce que, s'il ne restait rien de tout ce qui est ici, d'autres viendraient après pour recommencer, et quelques lumières naturelles qu'ils eussent, ils pourraient tirer quelque avantage de ces petites expériences.

Ils apprennent aussi aisément que nous les cérémonies ecclésiastiques, et les exercent peut-être encore plus modestement. Ils apprennent aussi facilement le chant ; mais à peine ai-je encore vu une voix passable ; je ne sais si dans tous ces royaumes ici on en trouverait une qui pût être admise à la musique de Notre-Dame de Paris, surtout pour y servir de basse. Toutefois, quoique leur voix et leur chant nous paraissent avoir si peu d'agrément, ils leur plaisent encore plus que les nôtres ; ainsi, sachant bien le chant de l'Église, et chantant modestement, ils édifieraient apparemment assez leurs compatriotes, outre que le chant et les cérémonies ne sont pas de si grand usage dans les pays de persécution.

Ils ont tous ordinairement fort bonne main pour écrire, et il serait à souhaiter qu'on eût quelqu'un qui eût une bonne méthode pour enseigner, et qui s'y appliquât auprès d'eux, car ils en ont encore plus de besoin que nous, par le défaut de livres imprimés qui ne leur peuvent venir que d'Europe.

Voilà, Messieurs, la peinture la plus naturelle que je sois capable de vous faire des écoliers dont j'ai eu soin.

Ce qui se trouve ici d'enfants de Portugais, ou de métis, ne valent pas les purs Indiens.

*
* *

M. Pocquet m'ayant lu cette lettre, et ayant souhaité que je la signasse pour rendre témoignage à la vérité de ce qu'il dit de ses écoliers, je l'ai fait volontiers, sauf de ce qu'il dit de cette logique qui n'est point de moi, sinon quelques points. C'est une logique française que j'ai trouvée comme par hasard, et que j'ai dictée en latin à trois écoliers que j'avais avec moi, ce qui servait à leur faire passer, et à moi, quelques heures d'ennui ; pour le reste, je le trouve assez judicieux et véritable.

Louis, Évêque de Métellopolis,
Vicaire apostolique de Siam.

Mgr Laneau aux directeurs du Séminaire des M.-É.

A M.-É., vol. 851, p. 203.

29 octobre 1692.

Il ne faut plus envoyer de rudiments parce qu'on en a ici plusieurs, et qu'ils ne peuvent servir aux écoliers, pour lesquels on compose actuellement une grammaire, qu'on espère leur devoir être plus propre et leur suffire. Mais on pourrait envoyer quelque exemplaire des livres si utiles à mettre cette grammaire dans sa perfection, comme serait un Despautère[1] tel qu'il

---

[1] Grammairien flamand né à Ninove (Brabant) 1460-1520.

parut dans les premières éditions, qui étaient chez les Estienne. On pourrait aussi envoyer un livre français intitulé : la *Grammaire Générale*, et d'autres que des personnes entendues jugeraient pouvoir servir à ce dessein. On a ici les tables de Juilly, reliées et en cartes, et elles ne peuvent servir à ces écoliers ici. On pourrait envoyer les deux grandes tables des déclinaisons et conjugaisons, qui ont été imprimées pour servir avec la *Nouvelle Méthode* de la langue latine imprimée premièrement chez Petit ; on a quelques exemplaires de cette nouvelle méthode, qui suffisent, mais deux ou trois exemplaires de l'abrégé de la même méthode pourraient servir, surtout si on venait à avoir des écoliers sachant le français. Pour les autres livres, ceux dont on a le plus de besoin sont de petites Bibles dont on ne peut trop envoyer. Il ne faut point en retrancher certaines choses pour les faire relier en plus petit volume, mais les faire relier telles qu'elles sont.

En passant, les dorures et enjolivement des livres ne servent ici qu'à les faire perdre plutôt : qu'ils soient solidement reliés, et bien conditionnés, et cela suffit.

On pourrait aussi envoyer des *Nouveau Testament*, et aussi les *Livres Sapientiaux*, qu'on trouve ordinairement reliés et imprimés séparément.

On pourrait envoyer des *Fables de Phèdre*, les *Épîtres familières* de Cicéron, des ouvrages philosophiques, comme *de Natura deorum*, les *Épîtres choisies* de saint Jérôme.

Après ces livres, ceux qui paraîtraient leur pouvoir être utiles, seraient les *Commentaires de César*, *Quinte-Curce*, *Florus Romanus*, *Virgile*, et *Horace*, si on juge à propos de faire la dépense d'en envoyer ; mais il n'en faudrait tout au plus qu'un petit nombre, pour quelques écoliers qui seront plus capables des humanités et qu'on y voudra avancer. On leur a fait voir depuis peu quelques-unes des *Métamorphoses* d'Ovide et elles ont paru leur être fort utiles, parce qu'elles sont aisées à entendre et divertissantes, et que le premier livre a rapport à la Sainte Écriture ; mais parce qu'on n'en avait qu'un seul exemplaire, on leur faisait écrire ce qu'ils en voyaient et quand on en aurait plusieurs, on doute si on devrait leur mettre à tous ce livre entre les mains indifféremment, car il est encore bon de remarquer, en passant, que les livres qui peuvent nuire à la pureté des jeunes gens sont beaucoup plus à éviter ici qu'en Europe.

De tous les auteurs profanes qu'on a pu leur faire voir, on n'en trouve point qui leur soit, même approchant, si utile que le Térence qu'on a tâché de purifier pour eux ; quoiqu'il leur soit déjà très utile en l'état qu'il est, il serait à souhaiter qu'on le pût rendre plus parfait, et y faire un petit commentaire.

Il est très utile d'envoyer aussi un exemplaire des meilleurs commentaires, et des meilleures versions de chacun des auteurs qu'en envoie pour les écoliers, afin de soulager ceux qui enseignent, et de les aider.

On a remarqué que la plus utile manière d'enseigner ces écoliers ici est en leur disant, en leur faisant voir des histoires : celles qu'on tire de la Bible paraissent les plus propres ; car il faut que ces histoires soient aisées, c'est-à-dire de choses qui puissent tomber sous le sens des enfants, qu'elles aient quelque chose qui les excite, et leur y fasse trouver du plaisir. De plus, il serait extrêmement à souhaiter que ces histoires puissent en même temps servir pour la religion et les mœurs, et cela même les rendrait plus agréables à ces enfants ici. On en peut trouver plusieurs semblables dans le petit Sévère Sulpice, surtout dans la vie de saint Martin, et dans ce qu'il dit des moines d'Orient. On croit qu'il n'y aurait point d'histoires plus utiles que les actes les plus authentiques de martyrs.

Quelques exemplaires de chacun des livres de M. Fleury nous seraient très utiles. J'ai déjà mandé que, si par hasard quelques personnes en France

les voulaient traduire en un latin pur, net, et simple, ils seraient extrêmement utiles à nos écoliers, qui ne goûtent rien tant, et à qui rien n'est si
propre que cette manière d'écrire par histoires, et par rapport à la religion.

On a déjà demandé plusieurs fois quelques dictionnaires de M. Danet,
latin-français et français-latin.

Il est inutile d'envoyer de ces rhétoriques latines, et livres semblables
qu'on fait ordinairement voir dans les collèges ; s'il est à propos de leur en
faire voir quelque chose, ce qu'on en pourra composer pour eux leur sera
plus utile.

Pour les livres de piété, après les anciens et nouveaux Testaments, les
bréviaires et diurnaux, on a aussi très grande disette des Imitations de
Notre-Seigneur dont on a un grand nombre en parchemin, mais si mal reliées
ou plutôt si vraiment déreliées, qu'ils n'ont pas le courage de s'en servir ;
ainsi on ferait un grand bien d'en envoyer un nombre de petites bien condi
tionnées, et reliées en veau.

Après ces livres, je laisserais volontiers à des personnes plus éclairées
le choix des autres ; je dirai seulement qu'il s'est trouvé ici quelque petit *Ma-
nuductio* du cardinal Bona, et un ou deux exemplaires d'un livre du même
auteur intitulé : *Principia et Documenta vitæ christianæ*, imprimé à Paris,
et que je n'ai point vu de livres de piété en latin qui aient été plus à la portée,
au goût, et à l'usage du commun de ces écoliers.

Ceux qui me semblent après cela les plus propres pour eux sont, *Pugna
spiritualis*, un petit recueil des *Méditations* de saint Augustin, de saint Anselme
de saint Bernard, etc. qu'on trouve partout imprimées ensemble ; les *Confessions* de saint Augustin en latin, les *Offices* de saint Ambroise.

Pour les formulaires de Méditations en latin, je n'en ai point encore vu
dont ils tirassent beaucoup de profit.

Depuis qu'on leur a fait voir de l'Ecriture Sainte, ils en prennent
quelques sentences qui les touchent plus pour méditer, ou bien ils lisent
les méditations de saint Augustin, de saint Bernard etc. que j'ai dites.

Les livres qui sont fort mystiques ou spirituels ne sont guère à leur usage.

Il est nécessaire de donner à chacun des écoliers avancés un catéchisme
du Concile de Trente.

Je ne vous marque aucun livre, ni pour la philosophie, ni pour la théologie, tant scolastique que morale, parce que nous attendons ce que
M. l'abbé Fleury s'est donné la peine de faire pour ces missions. Si ce sont
des traités, je pense qn'il ne nous faudra pas autre chose pour nos écoliers ;
mais si c'était seulement une idée de la manière de leur enseigner ces sciences,
je vous supplie de nous envoyer les livres que vous et ce même M. l'abbé
Fleury jugeriez nécessaires pour l'exécution de son dessein.

Ce qui me paraît le plus utile pour ce collège serait des tableaux de chronologie et de géographie, par exemple les deux petites tables de chronologie
en latin, imprimées chez Cramoisy et dressées sur les livres chronologiques
du P. Petau nous seraient très utiles ; les deux ne valent que douze ou quinze
sols. Si on se voulait donner la peine de les faire mettre sur de la toile, aussi
bien que les autres dont je vais parler, ce serait bien mieux. Des cartes de
géographie anciennes et en latin, savoir : une mappemonde, l'Europe, l'Asie,
et l'Afrique, surtout la Terre-Sainte : la carte qui s'en trouvait chez Du Val,
de seize sols, était la plus nette de toutes ; faute d'elle, il faudrait prendre les
meilleures de Sanson ; j'en avais apporté avec moi une de Du Val, mais
elle fut brûlée chez M. Martineau, avec tout ce qui nous restait lorsque
nous étions encore en prison. Outre cela des cartes d'Italie, de Gaule, de
Grèce, d'Asie Mineure, des cartes des voyages de saint Paul, une que l'on a
faite des Conciles : toutes ces cartes ne sont ordinairement que de chacune
huit sols.

Tout ce que je propose surtout de plus nécessaire ne va pas à une grande dépense, mais il faudrait le bien choisir.

Pour entendre ce que j'ai dit des Histoires, il faut savoir qu'on ne parle que latin dans le collège, et que c'est le plus efficace moyen pour apprendre cette langue aux écoliers. Lors donc que les enfants y entrent, ils sont obligés de le parler, ou plutôt de le jargonner. Au bout de sept ou huit mois, pendant lesquels ils apprennent le catéchisme en leur langue, lire et écrire en latin etc. ils sont en état d'entendre tout ce que l'on dit dans un latin familier, et de se faire entendre avec leur méchant latin. Si on leur présente alors un livre latin, il n'y a pas moyen de le leur faire entendre, mais leur contant une histoire de vive voix, et s'accommodant un peu à leur jargon, ils l'entendent, et la répètent dans leur latin, qui se forme et se perfectionne peu à peu. On leur fait apprendre en même temps les rudiments sur des tables qu'on a dressées pour eux, et on les avance peu à peu dans la grammaire ; mais les histoires doivent toujours continuer. Après quelque temps, on leur peut faire lire et expliquer les livres où sont ces histoires qu'on leur a dites, comme par exemple les livres historiques de l'Ancien Testament, et alors ils commencent à les entendre, tant parce que le latin et le style en est aisé que parce qu'ils n'y voient quasi rien qu'ils n'aient déjà entendu, ni répété, et ainsi ce qui paraissait si difficile et presque impossible, savoir d'introduire ces enfants ici dans la langue latine, principalement sans savoir leur langue, ni eux la nôtre, se fait par le moyen que j'ai dit, en peu de temps, avec plaisir pour les maîtres et les écoliers, et avec une très grande utilité pour ceux-ci [1].

Mgr LANEAU A M. L'ABBÉ FLEURY.

A. M.-E., vol. 850, p. 257.

25 novembre 1693.

MONSIEUR,

Notre-Seigneur Jésus-Christ soit l'unique objet de nos pensées.

C'est avec bien de la joie que nous apprîmes, il y a peu de temps, que vous aviez été choisi pour servir à l'instruction de Mgr le duc de Bourgogne ; je ne veux pas vous en faire des compliments, que vous témoignez vous être à charge, mais je vous prie d'être persuadé que nous en avons rendu nos humbles actions de grâces à Notre-Seigneur, et que nous le prions, puisqu'il a voulu lui-même vous procurer un emploi si honorable, qu'il vous remplisse de ses bénédictions, afin qu'il puisse en retirer tout l'avantage qu'il prétend pour le bien du royaume, dans la personne d'un prince que la Providence a destiné pour le gouverner.

Je ne viens que de recevoir la lettre que vous m'avez fait l'honneur de m'écrire, en date de mars 1689, avec les mémoires que vous avez bien voulu prendre la peine de composer, à ma prière, pour les études de ces missions. Il y a près de trois ou quatre ans que nos missionnaires qui sont à la Côte de Coromandel les avaient reçus, mais craignant qu'ils ne se perdissent, à

---

[1] Un Jésuite, le P. de La Breuille, se retira pendant quelque temps au collège général quand il fut retourné avec ses confrères, il écrivit au Révérend Père assistant de France la lettre suivante :

Je ne saurais finir cette lettre que j'écris à Votre Grandeur en vue de Dieu, sans lui faire entendre que j'ai de grandes obligations à Mgr de Métellopolis, à tous les missionnaires de son Séminaire, avec qui je suis comme un des leurs ; je suis si fort sensible à leur charité, et tout ensemble si convaincu de la droiture de leurs intentions, que je ne puis me passer de rendre témoignage à la vérité, et supplie Votre Révérence par l'amour qu'elle a pour moi et pour mes frères, d'en bien persuader notre Révérend Père Général, afin que notre Compagnie conçoive toute l'estime qu'ils méritent, et qu'elle contienne ma reconnaissance (*A. M.-E., vol. 861, p. 305*, 10 juillet 1693).

cause que les affaires de Siam avec les Français n'étaient pas terminées, ils ont attendu jusqu'à présent, qu'ils ont trouvé une bonne occasion, pour me les envoyer sûrement. Je n'ai pu à la vérité les lire qu'une seule fois, et encore avec beaucoup de précipitation, à cause du départ des vaisseaux qui presse ; mais je vous avoucrai ingénuement que je n'ai jamais rien vu de plus juste, ni de plus proportionné pour l'esprit et les manières de ces peuples orientaux, ce qui m'a d'autant plus satisfait, que le tout est plus approchant de nos idées et de ce que nous avions déjà commencé de pratiquer, du moins en partie, en quoi nous n'avons pas manqué d'être critiqués ; mais à présent qu'avec vos sentiments, nous avons encore ceux de Mgr l'évêque de Meaux et des autres savants auxquels vous avez communiqué vos écrits, nous aurons de quoi répondre avec plus d'autorité à ce que l'on nous objecte de la coutume, et nous pourrons aussi plus facilement convaincre ceux qui viennent nouvellement d'Europe, de la nécessité qu'il y a de se défaire de ses préjugés, et d'entrer dans ceux de ces peuples, non seulement quant à ce qui regarde leur instruction, mais aussi plusieurs autres choses qui ne sont guère du moins de conséquence. C'est à quoi plusieurs Européens ont très grande peine de se résoudre, après un long temps, et après avoir fait beaucoup de fautes.

Je me suis étonné que, sans jamais avoir été dans ces pays, et sur un simple mémoire assez confus que je vous envoyais, vous ayez pu si bien découvrir la manière d'approprier les sciences d'Europe à la capacité et au besoin de ces peuples, tant pour les études que pour la religion. Je ne vous dirai point combien j'estime ce traité, crainte que vous ne preniez cela encore pour compliment ; mais je ne puis m'empêcher de vous témoigner combien je vous suis obligé de la peine que vous avez prise à le composer, et que je prie Dieu, pour lequel vous avez travaillé, qu'il veuille être lui-même votre récompense.

Je n'ai pas encore reçu le livre de l'*Institution au droit ecclésiastique*[1], que vous nous avez fait la grâce de nous envoyer ; peut-être qu'il vient avec quelques hardes qu'on nous apporte de la Côte, lesquelles à cause des mauvais chemins n'ont pu encore arriver ; et ce nous sera un surcroît d'obligations, si, quand vous aurez mis au jour les premiers tomes de l'*Histoire ecclésiastique*[2], vous prenez la peine de nous les envoyer ; car ce sont particulièrement ceux-là qui nous seront les plus utiles, à cause de la connaissance des premiers siècles, lorsque le gentilisme était encore en vigueur, et dont il est très avantageux que les jeunes clercs, que nous travaillons à élever, et les prêtres du pays soient bien informés, car c'est là ce que nous regardons comme le plus important de tous nos emplois.

Je ne sais néanmoins si nous aurons lieu de le continuer longtemps, et de tirer le profit que nous espérons des Mémoires que vous avez dressés ; car voilà que nous entendons dire de tous côtés que les Vicaires apostoliques sont renvoyés, et que personne ne pourra plus venir dans les missions sans se faire naturaliser Portugais. Nous ne savons pas encore la vérité de ces bruits ; mais si cela est, la porte des missions sera bientôt fermée à quantité de dignes sujets, tant Français qu'Espagnols, lesquels n'auront pas grande dévotion à se faire Portugais. Ils sont en plus grand nombre que ceux-ci, et excellents missionnaires qui travaillent dans la Chine et autres lieux avec beaucoup de bénédictions ; les biens qu'ils y font sont très réels, et beaucoup plus grands qu'on ne croit, comme j'ai ouï dire que des gens, ou mal intentionnés ou mal informés veulent persuader en Europe.

---

[1] Publié en 1687, 2 vol. in-12.
[2] En 20 volumes in-12. Le premier volume fut publié en 1691.

M. POCQUET A M. DE BRISACIER.
A. M.-E., vol. 864, p. 130.

25 octobre 1694.

... Il nous est venu quantité de Manillois ; on a été obligé de les mettre presque tous dehors, après qu'ils m'ont donné bien de l'exercice. Plût à Dieu qu'il n'y en restât pas un, non plus que des enfants de ceux qu'on appelle Portugais. Je n'espère guère plus des enfants de Français nés aux Indes, et autres métis. J'ai lu dans une relation qu'on dit avoir couru en France, que le fils de M. Constance, qu'on nomme dans cette relation le comte Saint-Georges, apparemment parce que son nom de baptême est Georges, avait été attaché à la tête d'un ballon, et noyé. Je vous assure qu'il est mon écolier depuis sept ou huit mois ; que je viens de lui faire la leçon et à ses autres petits camarades, et que voilà actuellement un clerc tonkinois qui la leur fait répéter à côté de moi, et m'interrompt bien fort. Ce petit Georges a huit ou neuf ans, paraît faible de corps et de santé ; mais il a un bon esprit et de très bonnes inclinations pour son âge ; depuis le peu de temps qu'il est ici, il ne me parle déjà qu'en latin, et m'entend dans la même langue, quoi que je lui dise ; il ne sait pourtant encore rien de la grammaire, si ce n'est un peu décliner. Sa mère l'aurait mis bien plus tôt ici, si on ne l'en avait détournée ; quoique nous nourrissions et enseignions ce pauvre enfant par charité comme les autres, il n'y a rien qu'on n'ait fait auprès de la mère et de l'enfant pour nous le retirer ; mais la mère s'en est rapportée à ses yeux, et l'enfant à son inclination. Croiriez-vous qu'après tout cela, on a trouvé des personnes qui ont accusé cette pauvre veuve désolée de je ne sais quelle nouvelle conspiration avec les Français, sur ce qu'elle avait mis son enfant avec nous. Elle fut arrêtée quelque temps. Les Siamois qui permettent qu'un chacun vive suivant sa religion, et qui ont coutume de mettre leurs enfants chez les talapoins, ne lui firent pas grande peine sur ce qu'elle avait mis le sien ici. Elle s'est tirée d'affaire, et l'enfant, qui avait été cependant obligé de s'absenter, revint vers le vingtième d'août avec autant de joie qu'il avait versé de larmes lorsqu'il fut obligé de s'en aller. Je fis réciter, le jour de saint Louis, quelques centaines de vers latins devant Monseigneur ; cet enfant en eut une bonne partie, dont il s'acquitta parfaitement bien.

III
Travaux apostoliques dans les royaumes de Pégou et d'Ava.
MM. Genoud et Joret mis à mort en 1693.

JOURNAL DE LA MISSION.
A. M.-E., vol. 121, p. 743.

De l'état du christianisme dans les royaumes d'Ava et du Pégou en l'année 1667.

Un marchand français, intelligent, pieux et fort ami des missionnaires, ayant séjourné vingt-deux mois dans le royaume du Pégou et dans la ville royale d'Ava, eut la curiosité de s'informer avec beaucoup d'exactitude des affaires de la religion, dont il a fait un récit aux missionnaires par sa lettre écrite de Masulipatam, le 9 mars 1667, par laquelle il mande qu'il a appris du prêtre qui demeure à Ava, que le nombre des chrétiens dans ce royaume est d'environ 1040 personnes à savoir : dans la ville d'Ava 70, à Nabek 70, à Prima 40, à Lactora 100, à Jabocevra 170, à Chambion 20, à Tabiam et autres villages voisins 350, à Montanbau 80, à Allam 20, à Tandabam 50, à Chamquin 60, à Syriam dans le Pégou 40 ; dans tous ces lieux il y a de belles églises, sans aucun autre pasteur que celui qui réside d'ordinaire dans la ville d'Ava, lequel n'a permission d'aller visiter les chrétiens des lieux ci-dessus que deux fois l'an, d'où vient que ces pauvres gens sont si peu instruits et si entachés des superstitions des gentils qu'ils n'ont presque que le nom de chrétiens. Et ce qui rend le mal presque irrémédiable est que le roy a défendu qu'ils eussent aucun prêtre pour les gouverner, que celui qui demeure à Ava. Il ajoute que ces peuples sont assez bonnes gens, mais qu'ils ont une si haute opinion d'eux-mêmes qu'ils croient que les autres nations leur sont fort inférieures. Ces deux royaumes sont remplis de forêts, d'éléphants et de tigres, ils seraient fertiles s'il y avait du monde suffisamment pour les cultiver ; il y a plusieurs rivières navigables, et surtout celle qu'on monte du Pégou pour aller à Ava, où l'on emploie deux mois de chemin ; la rivière peut porter un bateau jusqu'à Beaumen, forteresse appartenant au roy d'Ava, distante de cent lieues de sa ville royale. Cette place de Beaumen étant frontière de la Chine, les Chinois y apportent leurs marchandises, mais sans avoir présentement la liberté de passer outre ; la raison qu'on en donne est pour ne pas offrir aux Chinois la facilité de s'emparer des États du roy d'Ava, qui sont si peu peuplés de tous ces côtés-là, qu'une armée de 10.000 hommes s'en pourrait rendre maître.

Débuts de l'apostolat de MM. Genoud et Joret.

M. JORET A Mgr LANEAU.

A. M.-E., vol. 862, p. 421.

Syriam, 31 janvier 1690.

Nous étions d'avis M. Genoud et moi qu'un de nous deux montât à Ava ; comme aucun chrétien ne nous le conseillait, pas même M. de la Durandière en qui nous avions confiance, M. Genoud s'en fut demeurer dans la ville de Pégou, et me conseilla de rester ici, jusqu'à ce que nous eussions vu comment la nouvelle de notre arrivée serait reçue à Ava, car tous craignaient ici que les brouilleries de Siam n'eussent ici de l'écho.

La ville de Pégou est fort grande et fort peuplée par les Pégous, les Baramas et les Malabares ; il y a environ trente chrétiens qui se louent extraordinairement de M. Genoud qui travaille à leur instruction et à la conversion des gentils avec un zèle vraiment apostolique ; il a baptisé un Malabar de 24 ans qui a montré de la fermeté dans la religion, en souffrant courageusement les mauvais traitements et les coups qui lui ont été donnés en haine de ce qu'il s'était fait chrétien. M. Genoud a de plus quelques catéchumènes qu'il instruit dans la langue pégoue, qu'il parle passablement ; il a si bien gagné l'affection de tous les naturels par les cures qu'il a faites et les médecines qu'il donne, que les Baramas, les Pégous, les Malabars et les talapoins ont entrepris de lui bâtir une église et une maison de briques ; il n'y a que les chrétiens qui s'y opposent mais en vain jusqu'à présent.

Comme le plus grand nombre des chrétiens est ici, le vicaire y demeure ordinairement ; celui qui l'était à notre arrivée, était un prêtre séculier malabar qui n'édifiait ni les chrétiens ni les gentils. Comme je voyais qu'il avait quelque confiance en moi, je prenais la liberté de lui dire bien des choses qui le regardaient, et le changement qui parut en lui à tous les chrétiens les réjouissait beaucoup. Les chrétiens vivaient aussi fort mal ; on remarquait en presque tous une grande corruption de mœurs, une insensibilité pour les choses de Dieu, une ignorance si grande qu'à peine pouvait-on trouver 15 personnes qui sussent les principaux mystères de notre sainte religion ; ils n'observaient ni fêtes, ni dimanches, et à peine les hommes venaient-ils, en ces jours-là, entendre la sainte messe, car pour la plupart des femmes elles n'en avaient pas la liberté de leur mari. Cela me fit entreprendre de prêcher les dimanches et les principales fêtes ; je le faisais à la messe de paroisse ; et tous les dimanches et les fêtes, sans y manquer, je faisais le soir le catéchisme ; je visitais les chrétiens les autres jours de la semaine pour séparer les uns des mauvaises occasions, et pour instruire les autres. Dieu voulut donner sa bénédiction à mon travail, comme il parut par le changement des chrétiens, lesquels non seulement étaient exacts, tant hommes que femmes, à venir entendre la messe les fêtes et les dimanches, à garder ces jours saints, mais encore, ce qui paraissait plus difficile, ceux qui étaient en concubinage se séparaient de leurs vilaines, et quoiqu'auparavant il fallut contraindre par menaces d'excommunication la plupart des chrétiens à faire leurs pâques, nous ne pûmes jamais confesser, M. le vicaire et moi, tous ceux qui se présentèrent pour les fêtes de la Nativité de Notre-Dame, de l'Assomption et du Rosaire, quoique nous ayons confessé dès la veille. Il se fit deux neuvaines solennelles pour les fêtes de la Nativité de Notre-Dame et du Rosaire, pendant lesquelles les chrétiens, hommes et femmes, venaient, en aussi grand nombre qu'aux dimanches, entendre tous les matins la messe et tous les soirs les litanies, qui se chantaient en musique ou approchant. C'était pour moi une joie bien vive de voir les chrétiens d'ici, dans une aussi grande ferveur que l'on voit nos chrétiens de France pendant un temps de mission. Toute la jeunesse voulait que je l'enseignasse ; le vicaire même fut obligé d'abandonner l'école qu'il tenait, personne n'y voulant plus aller dans l'espérance qu'ils avaient que je les enseignerais. Je ne peux que me louer de M. le vicaire, lequel ne contribua pas peu pour que tout allât bien.

Voilà en quel état était le christianisme à Syriam, quand les vaisseaux de Madras arrivèrent au mois d'octobre 1689. À l'arrivée des premiers, le vicaire reçut une lettre du gouverneur de San-Thomé avec ordre de la lire publiquement dans l'église ; par cette lettre, les chrétiens étaient exhortés à ne point s'adresser à nous pour les sacrements, mais seulement à leur véritable pasteur qu'on disait être M. le vicaire. Le vicaire, qui était encore plein d'affection pour moi, ne voulut point exécuter cet ordre, sans consulter un nommé Manuel de Sylva, qui est ici considéré comme le premier d'entre les chrétiens, parce qu'il a plus d'accès qu'eux auprès du gouverneur, lequel lui conseilla de me venir trouver pour voir ce que je dirais de cet ordre, ou bien d'avertir en particulier les chrétiens de ne se pas confesser à moi ; mais, comme sur ces entrefaites, il vint un nouveau vicaire, on lui laissa cette affaire entre les mains.

Ce nouveau vicaire est un Franciscain de Portugal envoyé ici 1° de Goa et 2° du gubernador de San-Thomé pour être vicaire à la place du prêtre malabar. Aussitôt qu'il eut pris possession de l'église, il blâma fort le prêtre malabar de ce qu'il m'avait permis d'y faire les cérémonies, et pour éloigner de moi les chrétiens, il leur dit mille faussetés contre nous et contre notre mission. L'ancien vicaire, espérant réparer la faute qu'il croyait avoir faite, se mit aussi de la partie ; ils disaient entre autres que notre mission était la cause des malheurs arrivés à Siam ; que nous n'étions pas venus pour faire des chrétiens, ni prendre soin de ceux qui l'étaient, mais seulement pour reconnaître la terre ; que j'écrivais tout ce qui s'y passait ; que nous exposions les chrétiens à tout le moins à être envoyés dans les bois ; qu'il ne tenait qu'à eux de nous faire couper la tête ; qu'ils n'avaient pour cela qu'à nous faire connaître aux gouverneurs et à dire d'où nous venions ; et pour les indigner davantage contre nous, ils parlaient mal de notre roy que, disaient-ils, nous avions trompé, aussi bien que le Pape et la Sacrée Congrégation, de sorte que les chrétiens étaient tous dans la crainte ; ils ne nous regardaient plus que comme des personnes qui leur pouvaient nuire ; ils s'éloignaient de moi et n'étaient pas contents quand je les visitais ; on tâchait de nous retirer tous ceux qu'on nous avait donnés ou qui s'étaient donnés à nous pour nous servir.

Je cessais donc dès ce temps-là de prêcher, de catéchiser, et de traiter

si fréquemment avec les chrétiens, ce qui me donnait à la vérité plus de temps
pour apprendre la langue pégoue, car j'étais auparavant si occupé auprès
d'eux, que je ne la pouvais pas apprendre. Tout cela n'empêcha pas que conformément au pouvoir que Votre Grandeur m'a donné de recevoir le serment,
je ne proposasse au nouveau vicaire de le faire ; et j'ai remarqué que rien ne
l'a plus modéré dans ses paroles, ni ne nous a plus restitué, pour ainsi dire,
de notre crédit. Cependant, il s'excusa de ne le pas faire sur l'ordre exprès
qu'il a reçu, et m'ajouta que si je le pressais d'avantage là-dessus, il appellerait les chrétiens et me mettrait devant eux en possession de l'église pour
se retirer dans son couvent, réponse qui a été fort approuvée des chrétiens.
Je ne lui en parle plus, non pas tant par crainte de le mettre dans une
mauvaise conscience, que parce que j'y perdrais mon temps, et qu'il est
meilleur qu'il soit ici que l'ancien vicaire.

Comme j'ai toujours été ici, je ne puis rien dire à Votre Grandeur de la
disposition de ce royaume pour recevoir l'Évangile ; je lui dirai seulement
que l'on en parle tout autrement ici que dehors ; les chrétiens disent unanimement qu'il est comme impossible de convertir ces gens-ci, et de fait, on
ne voit que quelques femmes, qui ont servi de concubines aux chrétiens, qui
se sont faites chrétiennes, et qui menacent de retourner à leurs pagodes sitôt
qu'elles reçoivent quelques sujets de déplaisir ; on ne voit pas qu'aucun
homme pégou ait embrassé la religion. Le P. Duchas me mande d'Ava qu'il
n'y a pas tant d'églises ni de chrétiens autour d'Ava qu'on nous le disait ;
que les chrétiens sont extraordinairement ignorants, n'ayant personne pour
les instruire dans la langue barama, qui est la seule qu'ils savent ; que le
Père Franciscain d'Ava est obligé de parcourir les églises pour trouver de
quoi vivre ; que l'on n'obtient la permission de visiter les chrétiens qu'après
être demeuré deux ans dans la ville d'Ava ; et qu'étant une fois entré dans les
bois, il n'est plus permis de sortir du royaume ; les Baramas ne voulant pas
que ceux de dehors en connaissent la force ; tous les chrétiens me disent ici
la même chose. Il me mande de plus que il n'a pas pu obtenir la permission
d'aller voir le Père d'Espagnac qui a pour prison une église située dans les
bois, mais qu'il a reçu de ses lettres, par lesquelles il lui mande tout ce qu'il
a souffert depuis sa prise, et qu'il est si faible d'une jambe que pour la fortifier il est obligé de se servir de botte. Il l'attend à Ava au premier jour avec
les autres prisonniers, et fait compte, sitôt qu'il aura sa liberté, de se retirer
avec lui hors du royaume, n'ayant aucune espérance d'y faire des chrétiens.
M. Genoud, tout au contraire, assure que, de tous les lieux où il a été, il n'en a
point vu d'une plus grande espérance pour y établir la religion que le Pégou.

Je ne crois pas non plus que la religion fasse grand progrès dans cette
ville de Syriam, à cause du mauvais exemple que donnent les chrétiens aux
gentils, et comme aussi les Pères portugais ne prétendent pas travailler ici
à la conversion des gentils, mais seulement d'avoir soin, comme ils disent de
sua gente.

M. GENOUD A M. TIBERGE.

A. M.-E., vol. 880, p. 549.

20 janvier 1691.

Certes je ne doute pas que vous ne preniez part à cette petite mission
du Pégou, comme si vous y étiez en personne ; quoique vous ayez déjà pu
apprendre quelque partie de notre établissement, permettez, Monsieur, que
je vous en fasse un court récit. Je vous dirai d'abord que, lorsque nous fûmes
arrivés à Syriam, qui est la première ville que l'on trouve en se désembarquant et où les navires abordent, éloignée de l'embouchure de la rivière
d'une demi-marée, nous fûmes reçus par M. le baron de la Durandière, français de nation, et après avoir séjourné quelques jours chez lui, nous fîmes

une petite maison de bambous, à la coutume du pays, proche de l'église des Portugais gouvernée pour lors par un vicaire ecclésiastique noir, qui agit avec nous très honnêtement, car, non seulement il nous permit de dire la messe dans son église, mais d'y catéchiser, prêcher et administrer les sacrements, ce que nous avons fait. M. Joret a continué à faire ces fonctions-là jusqu'à l'arrivée d'un autre vicaire, Cordelier, c'est pourquoi il s'est acquis l'affection de tous les chrétiens de Syriam, et il y a fait des fruits par la conversion de plusieurs chrétiens, qui, abandonnant leur mauvaise vie, travaillaient fortement à leur salut. L'arrivée du Cordelier a tout renversé. Nous avions bien projeté qu'un de nous allât au royaume d'Ava, où l'on nous disait qu'il y avait beaucoup de chrétiens, mais M. de la Durandière et quelques autres amis nous firent changer de dessein, nous disant qu'il n'était nullement à propos d'y aller sitôt, que nous donnerions trop de soupçons aux naturels qu'on appelle Baramas, et plusieurs autres raisons que nous avons suivies. Le Père Jésuite qui était venu avec nous, nommé le P. Duchas, ne voulut rien écouter, disant avoir des choses pressantes qui l'obligeaient à partir au plus tôt ; aussi peu de jours après il partit. M. Joret se sentait porté à suivre son exemple, mais je ne trouvais pas la chose à propos, jusqu'à ce que nous eussions vu l'issue du voyage du P. Duchas. M. Joret demeura donc à Syriam, et moi, après y avoir demeuré un mois et demi, je partis pour la ville capitale du Pégou, à laquelle or peut se rendre, avec de bons rameurs, en 24 heures. A mon arrivée, je me logeai dans une vieille maison de la faiturie hollandaise, qui a été abandonnée il y a environ une dizaine d'années ; j'y trouvai cinq familles chrétiennes, dont trois sont Malabares, et deux métisses. Je me mis d'abord à apprendre la langue pégoue, et en peu de temps j'en ai su assez pour enseigner les enfants de ces chrétiens malabares, qui savent tous le pégou. Je ne manquai pas aussi, pour apprivoiser les naturels, de distribuer des onguents pour les blessures et les ulcères ; ces soins non seulement ont produit de bons effets, mais m'ont encore procuré la bienveillance de tous ces habitants, Pégous, Baramas, Malabars et Mores, de manière que ces gens me conviant de demeurer dans ce royaume, je pensai à m'établir et à bâtir une église, me disant qu'ils m'aideraient. En effet, les gentils malabars, non seulement m'ont aidé à faire et à cuire les briques, mais m'ont encore secouru en argent ; ils m'ont donné environ une quinzaine d'écus ; ils me promettaient même, au commencement, qu'ils bâtiraient les murailles de l'église à leurs frais ; ils ont été un peu plus grands prometteurs que faiseurs. N'importe, cela me semble encore beaucoup pour des gens qui ne m'avaient jamais vu, qui ne savent ce que c'est que notre mission, et qui n'ont aucune connaissance de la véritable religion. Les chrétiens n'en ont pas tant fait, car je n'ai reçu d'eux aucun secours excepté un quart d'écu. Les Pégous m'ont aussi un peu aidé, même les talapoins m'ont donné quelque menu bois et des tuiles. Lorsque j'eus achevé de faire les briques, fait scier le bois pour le toit de la maison, acheté des tuiles, que j'étais sur le point de faire les fondements de l'église, le P. Duchas arriva à Syriam, exilé d'Ava, avec ordre encore de sortir au plus tôt de cette ville. Le bruit courut même qu'il y avait ordre du roy d'Ava de nous chasser M. Joret et moi, et le dit P. Duchas l'affirma à M. Joret, de manière que le croyant certain il m'écrivit qu'il nous fallait partir. Je n'eus pas plus tôt achevé de lire sa lettre, que je m'en allai trouver le prince, et lui fis part de la nouvelle que je venais de recevoir, de laquelle il parut fort surpris. Sachant que je travaillais à bâtir une église, il me demanda si j'étais bien avancé à mon bâtiment ; je lui dis que j'avais tous les matériaux prêts, et que j'allais commencer à bâtir, si cet ordre ne fût venu. Il me dit d'abord de faire mon église ; mais je lui objectai : « A quoi me servira-t-elle, s'il faut que je m'en aille : — Faites votre église », me dit-il, paroles qu'il me répéta par quatre fois. Ensuite, il me demanda de quelle nation j'étais. Comme ce sont des gens timides, et qui tremblent que les étrangers ne viennent envahir leur royaume, je lui répondis que je suis d'une terre si éloignée, que jamais je n'ai entendu dire qu'il fût venu ici une seule personne de mon pays ; que j'ai abandonné ma patrie pour faire du bien au prochain, secourir les malades et gagner beaucoup de mérites. Sa mère nourrice, qui demeure au palais et qui a tout pouvoir en main, n'a pas moins d'affection pour moi que lui. Elle m'est venue plusieurs fois visiter avec les présents accoutumés en ce pays ; je lui ai parlé deux ou trois fois du vrai Dieu ; elle semble être aise d'en entendre parler, mais comme c'est une béate qui croit avoir beaucoup de mérites dans sa religion, il faudra une grâce spéciale du ciel pour la lui faire quitter. Ainsi je commençai mon église et ma maison, je dédiai l'église à saint Pierre, selon la volonté de Mgr de Métellopolis ; j'y dis la première messe le jour de la Pentecôte de l'année 1690. Elle n'est pas encore achevée, aussi bien que la maison, laquelle est toute de briques et couverte en tuiles. Cette maison ne se compose que de deux cabinets, avec au milieu un espace qui sert de salle ; du côté de l'entrée il y a une galerie ; en dessous il y a une cave qui est ici fort nécessaire pour garder le peu que l'on possède, les larrons étant en bon nombre, et les incendies de maisons de bambous fréquents.

M. Joret est venu de Syriam demeurer ici avec moi. Le P. d'Espagnac a été nouvellement relégué sur les confins du royaume d'Ava, quoique les chrétiens de l'église qu'il servait, l'aimant comme leur propre père, offrissent une bonne somme d'argent, afin de le garder chez eux.

MM. GENOUD ET JORET À M. DE LA VIGNE.

A. M.-E.; vol. 112, p. 127,

Pégou, 12 février 1693.

La justice nous fit appeler hier, M. Genoud et moi, et nous intima un ordre du roi qui nous oblige de partir demain pour Ava ; mais nous ne savons pas pourquoi on nous appelle. Nous avons force gardes qui nous accompagnent, et la précipitation avec laquelle on nous expédie fait croire à tout le monde qu'il y a du danger pour nous. Mais nous savons qui nous servons, et les ennemis que nous aurons, nous tâcherons de les prendre en satisfaction de nos péchés. Tous nos effets restent dans la maison de M. Genoud et seront à la discrétion des officiers d'ici. L'on dit qu'on a fait courir le bruit à Ava, que nous avons fait chrétiens un grand nombre de gens de Barma, Pégou, Siam, et c'est pour cela qu'on nous fait appeler. Si vous nous écrivez, vous pourrez confier vos lettres à Manuel de Sylva qui va cette année à la Côte ; il nous les fera tenir, à ce que nous croyons, sûrement. Nous sommes avec grand respect, Monsieur, vos très humbles et très obéissants serviteurs.

M. GRAVÉ A M. QUÉMENER.

A. M.-E., vol. 881, p. 362.

Bengale, 3 août 1694.

Des marchands portugais, les uns établis au Pégou et qui demeuraient à la porte de la maison de nos missionnaires, et d'autres des plus grands de Madras et de San-Thomé, qui étaient allés négocier au Pégou, nous ont dit que le commencement de la persécution de nos missionnaires vient de ce qu'un gentil, qui avait une fille chrétienne de l'âge de 13 à 14 ans, baptisée à ce que je crois par nos missionnaires, voulait la marier à un gentil et faire perdre la religion à cette nouvelle chrétienne. La fille, qui aimait notre sainte religion et qui venait toujours s'en faire instruire, déclara les desseins de son père à l'engager en mariage à ce gentil et le risque qu'elle courait de perdre la foi. Elle demanda le conseil de nos missionnaires, qui lui dirent de se cacher pendant quelque temps pour laisser passer la colère de son père. Cet homme, étant avisé du fait, conçut une telle haine contre nos missionnaires, qu'il ne laissa de les persécuter depuis ce temps, et se rendit exprès à Ava, où par le moyen de quelques grands mandarins, on accusa nos missionnaires, disant qu'il y avait deux Français qui prêchaient contre la religion du pays, qu'ils avaient déjà fait plusieurs chrétiens, prêchant une religion nouvelle, disant du mal de leur dieu et de leurs pagodes ; ensuite ils contèrent l'histoire de la fille en ajoutant que tout cela était contre les lois du royaume, etc., sur quoi, le roy les fit prendre prisonniers au Pégou et conduire à Ava distant de 200 à 300 lieues, par des forêts et des chemins très pénibles, garrotés et liés, ce qui les fit beaucoup souffrir. Quand ils furent arrivés là-bas, le roy les condamna à mort.

Deux autres marchands malabars, qui vont au Pégou faire le commerce, me sont venus voir à plusieurs reprises pour m'informer de l'état des choses. Ils m'ont dit qu'étant à Ava et sur le point de s'en revenir à la Côte, ils virent arriver nos deux missionnaires liés, la cangue au col, avec leur soutane, et que le lendemain de leur arrivée, on les avait condamnés à être mis dans un sac avec quantité de pierres, leur ayant auparavant donné l'habit blanc, qui est celui qu'on donne lorsque la sentence de mort est prononcée. On les avait fait aller chacun sur un ballon ; à un des détours de la rivière, on les avait précipités dans l'eau. D'autres ont voulu dire qu'on les avait menés dans des bois éloignés, en un certain endroit empesté, où on place les plus grands criminels pour les faire mourir ; car en deux ou trois jours on y devient enflé par les eaux et l'air empoisonnés, et les plus forts et robustes n'y vivent pas six jours. Mais pour un de ceux-ci, vingt disent qu'on les a précipités dans la rivière. On a vu le lendemain le cadavre d'un de nos missionnaires sur le rivage. Je leur demandai ensuite pour quelles raisons on les avait fait mourir, et quel bruit courait dans Ava parmi les gens du pays. Ces deux gentils m'ont répondu de la manière suivante : « Dans tout Ava il n'y avait d'autre bruit sinon que c'était pour avoir parlé contre la religion du pays, fait, disait-on, beaucoup de chrétiens, mais surtout pour avoir ébranlé dans la religion plusieurs talapoins, chez qui nos missionnaires allaient disputer et apprendre la langue. Ces faits ayant été rapportés au roy, celui-ci conçut la résolution de les faire mourir. Ce qui acheva l'affaire furent les paroles d'un grand mandarin barma, qui dit au roy que c'était comme ces Pères français qui avaient renversé la religion à Siam, baptisé le roy, et fait un grand nombre de chrétiens. Alors les talapoins s'étaient soulevés pour faire mourir les uns et pour chasser les autres. Là-dessus, le roy d'Ava prononça l'arrêt de mort.

IV

**Négociations du P. Tachard pour la reprise des relations
entre la France et le Siam.**

LE P. TACHARD AU BARCALON.

A. M.-E., vol. 880, p. 380.

Balassor, 27 novembre 1690.

MONSEIGNEUR,

Nous devions partir de France dès le mois de mars de l'an passé, mais la saison estant trop avancée, il vint un ordre du roy d'attendre jusqu'au mois de septembre, et les vaisseaux qui devaient partir furent envoyés joindre l'armée pour aider le roy d'Angleterre, que le prince d'Orange a chassé d'une partie de ses États par la trahison des Hollandais. La Compagnie, dans le peu de temps que nous avions demeuré en France, avait, par ordre du roy, presque fait achever tous les ouvrages que le roy défunt souhaitait; il y en a pour plus de soixante mille écus. Dans le mois de septembre, tout estait prêt à s'embarquer et mettre à la voile, on n'attendait plus que les présents de Son Altesse, lorsqu'on reçut des nouvelles assurées des révolutions de Siam, ce qui fit qu'on réforma une compagnie de cent gentilshommes, que j'avais eu permission de lever conformément aux ordres du défunt roy que j'ai entre mes mains. Ce petit changement retarda le départ, mais le roy, par l'amitié qu'il a pour Siam et sachant l'appréhension que le roy avait des Hollandais, surtout depuis qu'ils ont pris le roy de Bantam, a bien voulu envoyer six navires de guerre avec quantité de bons officiers pour l'aider, sachant que les Hollandais ne manqueraient pas de mettre de la division entre lui et son allié.

Le saint Pape nous a reçus avec les mêmes bontés et presque avec la même magnificence que le roy[1]. Si je n'avais pas esté instruit des affaires de Siam, j'aurais d'abord esté vous rendre compte de mes négociations tant de France que de Rome. J'attendrai ou ici, ou à Pondichéry, les ordres du roy et votre réponse pour m'y rendre incessamment.

Je vous assure que dès le moment que je fus destiné par mes supérieurs pour le royaume de Siam, je sentis naître dans mon cœur une telle affection pour les Siamois, que je me considère comme un Siamois, et je ne sais si un véritable Siamois aurait soutenu avec autant de fermeté les intérêts du roy par plusieurs fois dans des occasions fort délicates. Aussitôt que je recevrai les ordres du roy, je me ferai un plaisir d'y obéir, quand il m'en devrait coûter ma liberté et ma vie, afin de raccommoder les affaires et de rétablir l'amitié des deux couronnes plus ferme que jamais, et afin d'empêcher de répandre bien du sang.

Je n'ai reçu de M. Constance que dix mille livres et mille écus en marchandises que le défunt roy m'avait donnés pour m'en servir dans mes nécessités. Il resta à la barre bien des effets qu'on ne put embarquer, et de ceux qu'on avait embarqués il s'y en est gâté beaucoup pendant la traversée, et surtout le thé dont il y avait pour dix mille écus, qui est resté inutile dans les magasins de la Compagnie. Vous trouverez ici tout le mémoire des ouvrages du roy et de l'argent que M. Constance avait mis dans la Compagnie, qui ne va pas à une si grosse somme qu'on se l'estait imaginé, car une moitié est demeurée sur des vaisseaux anglais à l'ordre de ceux qui estaient chargés de la donner. J'ai fait plusieurs dépenses en mon particulier pour le service du roy de Siam; j'ai dépensé quinze mille livres dans le voyage de Rome, ayant esté obligé d'entretenir quatorze personnes qui m'accompagnaient; j'ai dépensé cinq mille livres pour la Compagnie de gentilshommes que je devais amener avec moi, leur ayant avancé quatre mois de paye; de plus j'ai fait des dépenses pour les mandarins et les jeunes Siamois qui sont au collège Louis-le-Grand, en sorte que, en comptant tout, il se trouve plus de soixante mille livres de dépenses que le roy a eu la bonté de payer en partie, avec le R. P. de La Chaise et moi; j'ai ajouté de l'argent qu'on m'avait donné pour notre propre subsistance.

J'ai bien eu du déplaisir quand j'ai su qu'un de mes frères, que le roy défunt avait demandé, qui estait resté à Siam avec la permission du nouveau roy, et sous votre protection, a esté traité comme coupable et qu'on l'a mis dans les prisons parmi les voleurs et les plus grands scélérats; je sais néanmoins qu'il y vit fort content, et j'espère que Dieu le retirera de toutes

[1] Le P. Tachard a raconté son voyage à Rome dans son ouvrage: *Second voyage du P. Tachard et des Jésuites envoyés par le roy au royaume de Siam*. Paris, MDCLXXXIX, pp. 367-416,

ces misères et qu'il le récompensera. Je n'ai pas besoin que je vous exhorte de l'aider à en sortir, je crois que vous y êtes tout porté. C'est une des plus grandes grâces que vous puissiez faire à notre Compagnie. Je vous demande la même chose pour tous les Français, et surtout pour notre saint Prélat, d'une vertu si connue et honorée dans les Indes et si respectée dans toute l'Europe.

Pour ne pas vous estre importun par une trop grande lettre, vous qui estes accablé d'affaires, je finirai laissant aux mandarins à vous informer de tout ; je puis vous assurer qu'ils se sont très bien comportés et qu'ils ont contenté tout le monde ; je souhaite vous contenter de même. J'envoie avec eux deux Tonkinois pour qu'ils s'en retournent à leur pays.

LE P. TACHARD AU BARCALON,

A. M.-E., vol. 802, p. 573.

11 juillet 1691.

SEIGNEUR,

Depuis que j'eus l'honneur d'écrire à Votre Excellence, de Bengale, par les deux mandarins qui m'avaient accompagné en France et en Italie, je n'ai rien à lui mander de nouveau. Je lui dirai seulement que j'attends ici les ordres du roy de Siam pour passer en son royaume, afin d'y exécuter les ordres du roy, comme Votre Excellence aura déjà su par les deux mandarins qui lui auront rendu mes lettres. Je ne doute pas qu'elles n'aient eu l'effet que je m'en estais promis, et que votre sagesse et votre amitié pour les Français ne vous aient fait prendre les mesures nécessaires pour les délivrer de la rude prison où ils sont depuis si longtemps. M Martin, directeur général de la Royale Compagnie, écrit à Votre Excellence sur ce chapitre ; comme c'est une personne d'autorité, d'expérience, et surtout de crédit et d'un rare mérite, on peut se fier à sa parole. Je ne vois pas qu'on puisse trouver un médiateur mieux intentionné et plus capable de réussir.

Mgr LANEAU AUX DIRECTEURS DU SÉMINAIRE DES M.-E.

A. M.-E., vol. 803, p. 193.

18 août 1692.

Nous continuons de vivre assez en repos ; l'on souhaite de se raccommoder avec les Français, et l'on attend le retour de ceux que l'on envoya l'an passé à Pondichéry pour amener le P. Tachard. Les affaires paraissent assez bien disposées du côté des Siamois ; mais je crains que le barcalon qui a esté le second ambassadeur, et par lequel les affaires doivent passer selon le cours ordinaire, n'y apporte du retardement ; car c'est un homme qui n'a que la langue, mais qui n'achève rien ; il est si timide qu'il n'ose presque parler au roy d'aucune chose. Il a paru fort animé contre le P. Tachard, et dit publiquement beaucoup de mal contre lui ; présentement, il commence aussi à parler contre nous ; enfin c'est un homme qui ne cherche que son repos, et sur lequel on ne saurait faire aucun fond. Mais en revanche, son second, qui s'appelle Oya Pipat, est beaucoup plus hardi à parler au roy ; il est expéditif et paraît bien intentionné. Nous lui avons beaucoup d'obligations, et lui seul a esté pour nous au temps de nos misères. Si les affaires passent par ses mains, il y a tout sujet d'espérer ; il a fait en sorte depuis peu, que le roy qui a su notre pauvreté nous a prêté trois catis, qui font deux cent cinquante écus, et c'est cela seul dont nous vivons présentement. Il nous avait auparavant fait payer de deux cents et tant d'écus qu'on nous devait ; et il nous a promis qu'au premier jour, il prierait le roy de nous faire rendre les images et autres objets d'église qu'on nous a pris. Il mériterait bien quelque présent ; mais nous n'avons rien.

LE PÈRE TACHARD A OYA PIPAT.

A. M.-É., vol. 881, p. 17.

Pondichéry, 5 mai 1693.

ILLUSTRE SEIGNEUR,

J'ay appris avec une singulière joye, par Ocluan Vorovathi[1] et par d'autres voyes, les obligations extraordinaires que vous ont les Français qui sont retenus à Siam. Outre la bénédiction spéciale que le vray Dieu, créateur du ciel et de la terre, accordera à votre illustre personne, je dois dire que je tâcheray de répondre à toutes vos honnetetez en instruisant Louis le Grand et ses Ministres de votre sagesse, de votre bonté, et de toute votre conduite, qui lui sera très agréable.

Ce même Ocluan Vorovathi instruira votre sage cœur des raisons que j'ay eues de ne pas aller cette année à Siam ; je les lui ay données par écrit afin de vous les communiquer. Elles sont en français, et le R. P. de La Breuille vous les expliquera comme je l'en prie. Je songe jour et nuit aux moyens de réunir les grands cœurs des deux rois et de rétablir l'amitié des deux nations, qui doit leur apporter tant d'avantages et combler de confusion leurs communs ennemis. Je sais le crédit et l'accez que vous avez auprès du cœur du grand roy de Siam, et le plaisir que vous avez de rendre service aux Français, et c'est pour cela que je m'adresse à vous avec confiance. Votre rare prudence vous engagera à me procurer les moyens de me faire venir incessamment à Siam, et d'y rendre ma présence utile pour commencer une négociation que la conjoncture présente rend aisée, et que le temps peut rendre très difficile. Un esprit éclairé comme le vôtre voit au delà de tout ce que je saurais luy découvrir.

Ainsi, me remettant aux raisons que j'écris dans un mémoire à part, et à ce que luy dira de bouche Ocluan Vorovathi, je prie le seul et le vray Dieu de vous faire prospérer en tous vos bons desseins, surtout pour la réconciliation des deux nations, qui vous apportera tant de gloire devant Dieu et devant les hommes.

Faites-moy la grâce de me répondre, ou de marquer vos sentiments au R. P. de La Breuille, afin qu'il m'en instruise, et je seray toute ma vie avec respect,

Illustre Seigneur,

Votre très humble et très obéissant serviteur,

GUY TACHARD, *de la Compagnie de J.*

**Instructions du P. Tachard pour Ocluan Vorovathi
quand il sera arrivé à Siam.**

A. M.-É., vol. 854, p. 673.

7 mai 1693.

1° Quelques ordres que j'aie reçus du roy de prendre toutes sortes de sûretés, avant que de m'engager à Siam, je n'en prendrai jamais d'autres que les ordres du roy de Siam. La parole royale de ce grand prince me paraît préférable à toutes les précautions imaginables ; mais il faut qu'il conste que Sa Majesté siamoise m'appelle, et qu'elle veut me recevoir favorablement dans ses États, où elle me donnera une entière liberté d'y demeurer et d'en sortir quand je le jugerai à propos.

2° Il paraîtra que Sa Majesté siamoise me veut faire cet honneur, lorsque son barcalon ou quelqu'autre de ses ministres m'enverra de tels ordres de sa part. Au reste, si je demande cet écrit dans les formes, ce n'est pas que

[1] L'interprète Pinhero.

je doute que le barcalon n'ait eu ordre du roy son maître de m'écrire ; c'est seulement pour faire voir au roy et à ses ministres qui sont en France (lesquels n'ont peut-être pas les mêmes idées que moi, et qui me blâmeraient sans doute après les ordres qu'ils m'ont donnés) que je ne me suis pas engagé témérairement.

3° Ma conduite dans cette occasion sera approuvée de toutes parts ; elle le sera des Français, qui me verront tout hasarder pour leur service ; elle le sera encore plus des Siamois, quand ils feront réflexion que la seule parole royale de Siam me fait aller dans leur pays, où les Français ont été si maltraités, afin de ménager l'union des cœurs des deux rois, si utile et si honorable aux deux nations ; mais elle le sera surtout du vrai Dieu, qui regarde tous les peuples non seulement comme ses créatures et ses sujets, mais surtout comme ses enfants, et qui se plaît singulièrement à les voir unis et en bonne intelligence les uns avec les autres.

4° Comme le roy aime tendrement ses sujets, dont il est plutôt le père que le souverain, il n'est guère de moyens plus sûr que de bien traiter les Français qui sont à Siam, et particulièrement Mgr de Métellopolis, ses missionnaires, les officiers et les soldats qui y sont encore retenus. Je ne parle pas en particulier du R. P. de La Breuille, parce que je suis persuadé qu'on aura un égard singulier pour sa personne, puisqu'il est le seul Père de notre Compagnie de tous ceux que le feu roy de Siam avait demandés au roy, et que Sa Majesté avait envoyés en qualité de ses mathématiciens, auxquels le feu roy avait promis, dans la lettre royale que ce prince écrivait au roy, une protection si spéciale et deux établissements considérables.

5° Il n'est pas nécessaire de recommander à Ocluan Vorovathi de bien assurer les ministres du roy de Siam du désir extrême que j'ai d'aller à Siam, de mon profond respect pour Sa Majesté siamoise, de mon zèle pour ses intérêts, et de l'importance de commencer incessamment, avant la fin de la guerre, une bonne négociation, sur quoi je l'ai entretenu si souvent, et si longtemps. Dès que j'aurai reçu les ordres de Sa Majesté siamoise, je m'embarquerai sur le premier navire qui me voudra donner passage, et sur lequel je pourrai aller sûrement à Siam.

6° J'ai souvent averti Ocluan Vorovathi que les lettres que j'avais du saint Pape et du roy m'avaient été confiées pour les présenter au feu roy de Siam, et que pour faire voir par leurs lettres au roy de Siam à présent régnant quelle était l'intention du roy, son amitié royale, et son désintéressement, j'étais prêt à les lui présenter, pourvu qu'on les reçût avec l'honneur qu'elles méritent.

7° M. Martin, directeur général de Messieurs de la Royale Compagnie, que le roy vient d'honorer de titres de noblesse avec tant d'éloges et de marques de distinction, m'a promis, conformément aux ordres du roy, d'envoyer avec moi une personne de la Compagnie pour rétablir les affaires de la Compagnie à Siam, et y recommencer le commerce. Il serait à propos que le barcalon, ou quelqu'autre ministre, lui fît quelque honnêteté, parce qu'il a eu quelque sujet de trouver mauvais qu'on ne lui ait pas donné la moindre marque d'estime, dans un lieu où il commande de la part du roy.

Mgr LANEAU AU P. TACHARD.

A. M.-E., vol. 864, p. 5 ; vol. 881, p. 205.

7 décembre 1693.

Mon Révérend Père,

Notre-Seigneur Jésus-Christ soit l'unique objet de nos pensées.

J'ay reçu par diverses voyes plusieurs lettres de Votre Révérence, auxquelles je n'ai pu encore faire réponse, manque d'occasion ; j'ay aussi reçu les lettres de la Sacrée Congrégation, que vous avez pris la peine de m'envoyer par le sieur Vincent Pinhero, ce dont je vous suis très obligé. On vous attendait icy avec une grande impatience ; et voyant que vous aviez eu des raisons particulières de ne pas vous commettre encore sans avoir auparavant toutes les assurances que vous désirez, les mandarins ont jugé à propos d'envoyer M. Ferreux pour vous les porter telles qu'ils ont cru que vous les souhaittez, et en même temps pour vous faire connaître de vive voix les dispositions de cette Cour, où l'on ne désire présentement rien davantage que de vous y voir arriver heureusement, afin de pacifier toutes choses, et commencer à remettre les affaires au même état qu'elles étaient auparavant les révolutions. Il y a longtemps que les mandarins différaient de laisser sortir les Français avant que vous fussiez arrivé, crainte, disaient-ils, qu'on ne leur en demandât compte ; mais je leur ay assuré, aussi bien que le R. P. de La Breuille avec lequel j'étais, qu'ils n'auraient rien à craindre de ce côté-là ; que bien au contraire cela ne pouvait avoir qu'un bon effet, et faire que vous presseriez davantage votre voyage ; ils en ont parlé au roy, qui y a donné les mains incontinent, de sorte qu'ils vont tous partir, les uns par les vaisseaux de Surate, et les autres par la voye de Ténassérim, à la réserve de quelques-uns qui ne veulent pas s'en aller.

Vous fîtes très sagement, quand à votre retour de France vous ne crûtes pas devoir vous hasarder sans savoir auparavant l'état des affaires ; mais à présent tout est bien changé, et loin d'y avoir aucune chose à craindre, vous y serez très bien reçu, et j'espère que vous aurez tout sujet d'être satisfait. De plus, l'on pense déjà à vous prier de vouloir bien derechef prendre la peine de retourner en France porter la réponse du roy de Siam ; mais à cette proposition, le R. P. de La Breuille et nous aussi fîmes réponse que peut-être vous souhaiteriez vous reposer après tant de voyages. Je ne vous en dis pas davantage, craignant de vous dire les mêmes choses que le R. P. de La Breuille ne manquera pas de vous écrire ; seulement je vous supplie de prendre garde de n'ajouter pas trop de foy à tout ce que les Français qui s'en retournent pourront dire ; car il y en a qui, sans être informés de rien, ne font aucune difficulté de décider de tout, de parler en oracles, et de raisonner sur les affaires de Siam aussi hardiment que ceux qui en ont le plus de connaissance. Il y a assez longtemps que nous sommes avec eux pour connaître à fond leur manière d'agir et de raisonner.

Pour le reste des choses, je m'en rapporte à M. Ferreux, qui pourra informer Votre Révérence de tout ce qu'elle pourra désirer savoir.

Mgr LANEAU A M. DE PONTCHARTRAIN.

A. M.-E., vol. 862, p. 637 ; vol. 864, p. 37 ; vol. 881, p. 245.

10 décembre 1693.

Les Siamois présentement nous laissent fort en repos ; ils attendent avec impatience le retour du Révérend P. Tachard, dans l'attente qu'avec les pouvoirs qu'il a écrit qu'il avait, il pourra commencer à pacifier les choses ; et comme il est porteur des lettres du Pape et du roy, les mandarins ont déjà donné ordre de préparer les logements depuis son débarquement de Merguy jusqu'à la ville de Siam, pour les recevoir avec tous les honneurs qu'ont reçus les premières lettres. On permet à présent à tous les Français de sortir ou de demeurer dans le royaume, à leur volonté ; et on envoie à Pondichéry M. Ferreux, un de nos missionnaires, porter au P. Tachard toutes les assurances qu'il a demandées et l'éclaircir des difficultés qu'il pourrait encore avoir. Comme il sait la langue et les coutumes du pays, cela lui facilite son voyage depuis Ténassérim jusque dans cette ville ; car les Siamois ne craignent rien tant, sinon qu'il se trouve encore quelque obstacle à ce voyage. M. Martin, directeur général de la Compagnie des Indes, promet aussi d'envoyer de sa part quelques officiers pour les intérêts de la Compagnie. M. Deslandes, directeur particulier de Bengale, a fait un très grand plaisir aux mandarins, en proposant dans ses lettres quelques moyens de pouvoir se raccommoder. Nous lui sommes obligés de la manière dont il s'est servi pour écrire à ces gens-ici ; car ayant demeuré quelques années dans ce pays, et connaissant leur génie, il leur donne également de la crainte et de l'espérance, sans néanmoins s'engager en rien. C'est un homme de conduite et de conscience, et auquel on peut confier dans les Indes des affaires de conséquence, quand il y en a occasion ; aussi est-il dans l'estime générale de tout le monde, tant des Européens que des naturels. M. le barcalon se donne l'honneur de vous écrire, pour vous témoigner le désir qu'ils ont que toutes choses puissent se pacifier ; il a désiré que je vous écrive une lettre particulière pour accompagner les siennes, ce que j'ai fait avec beaucoup de plaisir ; mais comme il a fallu la leur expliquer, j'ai été obligé de la faire à leur manière. Que si les affaires se terminent par suite d'accommodement, j'espère, Monseigneur, que vous aurez la bonté de donner vos ordres à ceux qui seront employés à cette négociation, pour qu'ils aient soin de procurer nos intérêts, vu que nous n'avons souffert les prisons, et la perte de ce que nous avions dans notre Séminaire, que pour avoir été les cautions des troupes françaises ; l'honneur et l'intérêt de tout ce qui regarde le roy ne nous permettaient pas de ne les pas accepter.

LE BARCALON AU P. TACHARD[1].

A. M.-E., vol, 862, p. 680.

11ᵉ mois année 2237 (1693).

La lettre que le P. Tachard a envoyée par un Maure nommé Oussen, venu à Merguy dans un petit bâtiment maure, qui était allé à Masulipatam pour faire son commerce, et qui est de retour, a été expliquée par le P. Ferreux et François Pinhero, et l'explication qui en a été faite m'a donné connaissance de tout ce qu'elle contenait. Ce que j'ai remarqué dans cette lettre, qui n'était pas à propos, ni convenable à la royale amitié du grand roy de France, je l'ai supprimé ; mais aussi j'ai fait connaître au grand roy de Siam tout ce qui était convenable à cette royale amitié.

Quant à ce qui est marqué dans votre lettre que vous n'avez pas écrit au grand roy de France quelques points qui n'étaient pas à propos, mais aussi que vous avez écrit tout le reste, le jugeant bon et utile et que vous aviez fait connaître à Ocluan Vorovathi, qui est le sieur Vincent Pinhero, que vous n'avez d'autre pensée que de faire ce qui est raisonnable, le grand roy de Siam, à qui j'en ai donné connaissance, s'en est extrêmement réjoui, et a dit que le P. Tachard agissait ainsi en homme plein d'esprit, et désireux d'entretenir la royale amitié des deux grands roys, et que quand toutes les affaires seraient achevées, ce lui serait un très grand honneur, et qu'une telle action serait connue partout, et donnerait occasion à toutes les nations de lui adresser mille louanges.

Pour ce qui est de Mᵍʳ de Métellopolis, des Pères et des laïques, quand les deux mandarins revenus de France eurent rendu un compte exact des bontés qu'avait eues pour eux le grand grand roy de France, aussitôt le grand roy de Siam renvoya Mᵍʳ de Métellopolis demeurer à son séminaire comme auparavant, avec tous les Pères et tous les laïques, et cela avant qu'on eût vu les lettres du P. Tachard.

---

[1] Cette lettre parle au P. Tachard tantôt à la seconde tantôt à la troisième personne ; nous reproduisons la traduction conservée dans nos archives.

Vous marquiez que le sieur Vincent Pinhero, avec deux autres mandarins, vous a porté une lettre vous assurant de la part du grand roy de Siam que vous pouviez venir, quoique quelques personnes vous en eussent dissuadé ; que, quand vous viendriez, vous amèneriez avec vous de vos Pères, habiles médecins ; vous ajoutiez que M. Martin, directeur général de la Royale Compagnie, et gouverneur de la ville de Pondichéry, avait dit qu'il ne convenait pas de passer dans un vaisseau de marchand particulier, et que vous n'aviez pu le lui refuser ; que les vaisseaux d'Europe n'étaient pas encore venus à cause des guerres contre les Hollandais, que vous aviez dit au sieur Vincent Pinhero de nous écrire ici, que le retenir davantage le retarderait encore d'une année ; qu'à ce sujet, M. le directeur général ne voulant rien faire qui altérât l'amitié royale avait trouvé bon qu'on renvoyât le sieur Vincent Pinhero, afin qu'il pût donner connaissance des affaires.

Vous désiriez aussi savoir si le roy de Siam serait bien aise de recevoir les lettres d'ambassade du Saint-Père et du grand roy de France, et comment il les recevrait.

Ce que vous marquez que M. le directeur général vous a empêché d'apporter les lettres du Saint-Père et du grand roy de France sur un vaisseau marchand, je vois bien qu'il a eu grandement raison, et en cela il a agi comme un homme d'esprit qui prévoyait bien les périls qu'il y avait, parce qu'il ne manque pas d'ennemis, et que si en apportant ces lettres d'ambassade sur un vaisseau marchand il arrivait en mer quelque malheur, ce serait un déshonneur au grand roy de France, ce qui n'est nullement convenable à cause de la guerre de la France avec la Hollande dont vous parlez ; on espère qu'elle finira un jour avec l'aide de Dieu.

Comment les lettres d'ambassade du Saint-Père et du grand roy de France seront reçues par le grand roy de Siam ? S'il vient quelque vaisseau d'Europe, et que vous apportiez ces lettres d'ambassade, le grand roy de Siam se réjouira extrêmement de la haute sagesse de ce grand monarque, et les fera recevoir comme il convient à la sagesse si grande et si étendue de ce grand roy, pour être un chemin à une amitié royale qui brille et dure longtemps. Il y a une chose que le grand roy de Siam m'a ordonné, et dont je viens vous avertir, savoir : que quelque nation, quelle qu'elle soit, qui voudra entretenir une royale amitié, si elle souhaite des choses qu'on puisse raisonnablement accorder, on le fera volontiers. Mais il y a un article sur lequel s'élèveront peut-être de petites difficultés, savoir : la nourriture de ceux qui viendront, car on ne pourra leur donner que des fruits et légumes qui se trouveront dans le pays, mais aucun animal, parce que le grand roy de Siam a ordonné une fois pour toutes qu'on fasse mourir les hommes coupables de grands crimes, et il n'a pas ordonné de tuer d'animaux.

Vous dites que vous amènerez de vos Pères, habiles médecins, vous pouvez les amener et nous aurons bien de la joie si vous le faites.

Vous ajoutez que par le retour de sieur Vincent Pinhero je serai éclairé de toutes choses ; je vous dirai qu'on l'attend ici il y a longtemps, et jusqu'à présent il n'a point paru. Vous annoncez que les guerres d'Europe continuent, et que si paix y est faite, nous aurons beaucoup d'ennuis par ici ; que les peuples des deux nations de France et de Siam souffriraient, et que sans doute le grand roy de France aurait du ressentiment des traitements faits par les Siamois aux Français ; si, au contraire, nous nous arrangeons, nous serons délivrés de bien des maux ; mais si on commence la guerre, il sera ensuite très difficile de traiter.

J'ai été extrêmement surpris que vous écriviez ainsi, après avoir su toutes les bontés que le grand roy de France avait eues pour les deux mandarins revenus avec vous, et après m'avoir écrit eux-mêmes que vous souhaitiez être informé par moi de toutes ces révolutions, ce que j'ai fait fort au

long, vous racontant tout ce qui s'était passé dès le commencement jusqu'au
départ des troupes et de M. le général, qui enleva les mandarins et ensuite les
emmena. Je vous ai dit ces choses dans une lettre que le sieur Vincent Pinhero
vous a portée, lorsqu'il allait vous dire que vous pouviez venir en assurance,
comme vous l'aviez demandé, avec un envoyé de M. le directeur général
chargé d'achever les comptes de la Compagnie.

Enfin, après s'être éclairés sur les fautes du général et de ses troupes,
et après avoir vu ce qu'il y avait eu de bon et de mauvais, nous aurions
oublié les fautes commises de part et d'autre, et achevé les comptes de la
Compagnie avec les officiers des magasins du roy. Mais le P. Tachard, ni
aucun agent de la Compagnie, ni Vincent Pinhero ne sont encore arrivés,
et ainsi on n'a encore rien éclairci.

Pour ce que vous dites, si les guerres d'Europe étaient achevées, il y
aurait ici bien de l'embarras, parce que le grand roy de France a du ressentiment de la conduite des Siamois envers les Français ; cela, je vous l'ai
dit, me surprend beaucoup ; car le grand roy de France, qui possède une
haute sagesse et un esprit très entendu, n'a pas voulu ajouter foi à un seul
parti, et ainsi tout ce qu'il ordonnera sera pour s'attirer de l'honneur, de la
gloire et la louange de tous les hommes ; c'est pourquoi, je ne puis me persuader qu'il ordonne de faire quelque chose d'inutile ou de nuisible.

De tout temps, on a vu à Siam que ceux qui ont voulu, avec des navires,
forcer la barre, se sont perdus. Les Siamois n'appréhendent nullement de
semblables gens ; il n'y aura qu'à garder la rade, et à empêcher qu'il entre
aucun grand vaisseau. Si les ennemis voulaient entrer avec des petits bâtiments, ce serait comme s'ils apportaient un butin aux Siamois. Si les
grands navires voulaient demeurer en rade, soit à Siam, soit à Merguy, ils
manqueraient de vivres, et leurs équipages tomberaient malades. S'ils voulaient envoyer leurs chaloupes faire de l'eau et du bois, on prendrait des
mesures pour les en empêcher. Ainsi de telles gens perdraient leur peine.
Si donc le P. Tachard désire entretenir l'amitié royale des deux grands
roys d'une manière stable et solide, je lui répète de la part du roy qu'il peut
venir en toute sûreté, afin que nous traitions de toutes les affaires, et voyions
ce qu'il y aura de bien et de mal ; et pour lors on oubliera de chaque côté
ce qu'il y a eu de mal, et ensuite on réglera les comptes de la Compagnie
avec les officiers des magasins du roy. Ensuite il n'y aura plus de difficulté
pour les affaires.

Le P. Ferreux que nous vous envoyons vous instruira de toutes choses.
Enfin, on s'en rapporte entièrement à la sage conduite du P. Tachard pour
conserver cette royale amitié des deux grands roys de Siam et de France
d'une manière à ne se rompre jamais.

Cette lettre a été écrite le samedi, le 5e jour de la lune, le 11e mois,
l'an 2237.

MGR LANEAU A M. DE PONTCHARTRAIN.

A. M.-E., vol. 864, p. 97 ; vol. 881, p. 335.

23 mars 1694.

MONSIEUR,

Nous venons d'apprendre avec douleur que les Hollandais avaient pris
la forteresse de Pondichéry, et avaient emmené en Europe les Français qui
s'y étaient rencontrés.

Les Siamois nous ont témoigné le ressentiment qu'ils avaient de cette
nouvelle, surtout à cause que ceux qui avaient les pouvoirs de traiter n'étant
plus dans les Indes, cela retarderait beaucoup les affaires. Cependant le seigneur barcalon a souhaité que je mandasse en diligence à M. Ferreux, à la
Côte, d'envoyer les lettres qu'il s'était donné l'honneur de vous écrire, afin

que vous puissiez connaître les dispositions où était cette Cour, et qu'il n'a-
vait pas tenu à elle que l'on ne fût déjà entré en quelque accommodement.

Ayant envoyé par diverses fois au R. P. Tachard telles assurances qu'il
demandait, ce Père faisait toujours de nouvelles difficultés ; il avait tant
tardé qu'il avait enfin tout fait manquer ; présentement on ne sait ce qui
pourra lui arriver ou en chemin, ou en France :

Cependant, supposez qu'on voulût avancer les choses sans de nouveaux
envois, les Siamois seraient contents que les ordres de traiter vinssent à
quelqu'un des chefs de la Compagnie Royale qui sont dans les Indes ; car
étant déjà sur les lieux, et ayant l'expérience du pays, ils semblent plus propres
pour cette négociation que de nouveaux venus, et ils agiraient avec moins de
peine, de travail. Le susdit seigneur barcalon ne m'a rien déterminé de plus
particulier à vous faire savoir, se rapportant à moi pour écrire ce que je
jugerais le plus convenable pour le bien de la paix ; mais outre ce que ses
lettres et les miennes, que vous recevrez, Monseigneur, s'il plaît à Dieu en
même temps que la présente, vous apprendront, je ne vois rien autre chose
à mander que ce que ci-dessus, dont vous ferez l'usage que vous jugerez le
plus à propos. Au reste les choses se pacifient toujours de plus en plus, et
reprennent leur ancien cours ; les Siamois nous montrent aussi la même confiance et affection qu'autrefois, et s'ils avaient discontinué de nous en témoigner, c'était plutôt par politique qu'autrement.

Il ne me reste plus rien à vous représenter à l'occasion de la prise de
Pondichéry, sinon de vous supplier de nouveau, Monseigneur, d'avoir la
bonté de nous continuer votre protection auprès de Sa Majesté. Nous rendons tous les jours nos actions de grâce à Dieu pour la prospérité qu'il lui
plaît de donner à ses armes, et le supplions très humblement de conserver
sa personne sacrée et toute la famille royale.

V

Missionnaires morts. Détails biographiques.

M. Grégoire François.

Né à Labessette (Puy-de-Dôme) vers 1645, parti pour le Siam le 5 octobre 1678, mort à Guella (Oman) le 13 juillet 1679.

M. Pascot aux directeurs du Séminaire des M.-E.

A. M.-E., vol. 858, p. 429.

Ténassérim, 31 octobre 1679.

Nous partîmes le lundi avec toutes les choses nécessaires. M. Grégoire
se plaignait, il se sentait fort échauffé : néanmoins ne voyant rien de plus
propre pour chasser cette chaleur que le bain, il faisait meilleure mine que
pas un.

Le lendemain, nous arrivâmes de grand matin à Guella. M. le capitaine
fit dresser deux tentes proche des sources, qui sont au pied d'un grand
rocher, afin que ceux qui voudraient prendre le bain le pussent faire plus facilement. Le bassin dans lequel on se baigne est fort petit et n'a pas un pied
de profondeur ; il reçoit l'eau en sortant du rocher, elle passe ensuite dans
un grand réservoir où elle se refroidit ; le tout est fait d'un bitume dur comme
de la pierre. Tous les soirs les habitants lâchent l'eau de ce réservoir et de
deux autres pour arroser les arbres ; car il ne pleut jamais dans ces quartiers,
quoiqu'il y tonne souvent en été, et qu'il y gèle bien fort en hiver. On a bien
de la peine à souffrir la chaleur de l'eau au commencement qu'on se lave,
mais après un petit temps on ne la sent pas si chaude. Nous nous lavâmes
tout en arrivant, les gens du pays nous ayant volontiers cédé la place. Ces
pauvres aveugles ne manquent point tous les matins d'apporter leur offrande

au dieu de la fontaine, qui du riz, qui du feu, qui des fruits, parce que, disent-ils, c'est leur père nourricier et leur médecin.

M. Grégoire se trouva très bien du bain aussi bien que tous les autres : il déjeuna de grand appétit et aurait voulu que le soir fût déjà arrivé pour y retourner. M. le capitaine lui demanda s'il y avait longtemps qu'il n'avait été purgé, il répondit que non ; il avait actuellement un cours de ventre, tout son mal était une grande faiblesse et une grande chaleur dans les entrailles ; le capitaine qui se mêlait de la médecine lui assura que le bain le rafraîchirait, et de fait, après avoir pris le bain du soir, il se trouva mieux. Cependant, il ne passa pas bien la nuit, il ne fit que se plaindre tout en dormant, ce qui n'empêcha pas qu'il ne retournât se baigner le matin du mercredi, et qu'il ne déjeunât avec appétit ; mais il ne se porta pas si bien après avoir mangé que devant, et à peine put-il dîner. Cependant comme il n'avait point de fièvre, nous crûmes que ce n'était rien. Le soir il se plaignit qu'il était extraordinairement échauffé et bien faible ; mais après avoir pris un bouillon il se trouva mieux, fit quelques tours de promenade, et se coucha sans avoir aucune fièvre ; il ne se baigna pas ce soir-là. Un peu après qu'il fut couché, il commença à se débattre en disant qu'il brûlait. Sur le minuit, il voulut prendre de l'eau pour s'arroser ; M. le capitaine lui conseilla d'aller plutôt au bassin parce que l'eau froide pourrait lui nuire ; il le crut et se trouva mieux pendant quelque temps ; le matin il se plaignit plus que jamais et voulut retourner au bain, mais il se trouva si faible qu'à peine avait-il mis le pied dans l'eau qu'il en sortit et revint sous la tente, où, étant arrivé, la fièvre le prit, et il demeura comme évanoui ; le capitaine lui donna quelque chose pour le fortifier, il but avec avidité et parut revenir à soi ; mais il retomba aussitôt et mourut deux heures après, sans donner aucune marque de raison, de sorte que M. Bugnon ne put trouver un instant dans lequel il fût capable d'absolution. Nous l'ensevelîmes, et l'enterrâmes sur le midi, parce que nous devions partir le soir pour nous en retourner.

M. Zherren Pierre.

Né dans le canton de Fribourg (Suisse) vers 1650, parti pour le Siam le 27 mars 1680, mort à Juthia, le 24 juin 1681.

M. Bugnon (ou de Bugnon) Joseph.

Né à la Flèche (Sarthe) vers 1645, parti pour le Siam le 5 octobre 1678, mort à Juthia le 20 juillet 1681.

Mgr LANEAU A M. GAYME.
A. M.-E.; vol. 859, p. 153.

17 octobre 1682.

Nous avons perdu deux missionnaires : le premier M. Zherren, peu de jours après son arrivée, et le deuxième M. Bugnon, lequel, après avoir tant désiré de sortir de Ténassérim et venir ici, y est enfin venu ; mais depuis ce temps-là il a toujours esté incommodé, jusqu'enfin à mourir. C'estait véritablement un homme de singulière vertu, et d'une intention aussi pure qu'on pouvait souhaiter ; mais enfin il y a un je ne sais quoi qui fait que l'on ne veut pas assez se contenter, et l'on est trop difficile, ce qui ne plaît pas à Dieu. Dans ces emplois-ci, et ordinairement quand on agit de la sorte, Dieu ne donne pas sa bénédiction.

Ce n'est pas que je veuille reprendre la conduite du défunt ; j'ai trop de respect pour sa vertu ; mais cela m'a échappé en passant, ce dont aussi en passant il est bon que vous donniez avis à ceux qui se présenteront pour venir, car Dieu veut absolument être le maître souverain, et de nos actions et de nos volontés.

MÉMOIRES DE BÉNIGNE VACHET.

A. M.-E., vol. 111, p. 129.

Ce fut durant une dernière retraite qu'il se sentit attaqué d'un flux hépatique où il y avait beaucoup de sang mêlé parmi des glaires. L'on crut d'abord que ce ne serait rien, et l'on n'en fit pas assez de cas, à cause des expériences qu'on avait pour en avoir déjà guéri plusieurs atteints de la même maladie. Comme il lui parut qu'on le flattait dans son mal, il pria M. de Métellopolis de m'envoyer chercher. J'y accourus en diligence, et sitôt que je l'eus abordé il me dit : « Soyez le bienvenu, mon cher frère, j'ai confiance en vous, et je suis persuadé que vous me me cacherez pas l'état où je suis. » Il commençait pour lors à lâcher insensiblement tout sous lui, et après lui avoir pris le poul, voici ce que je lui dis, dont quelques-uns me blâmaient : « Je sais, Monsieur, que vous êtes très résigné à la sainte volonté de Dieu, et que vous ne serez pas surpris de ce que je pense de l'état où vous êtes. Je puis me tromper et je souhaite que cela arrive, mais parce que vous voulez que je vous parle à cœur ouvert, je le ferai pour vous obéir. » Il fit un effort pour m'embrasser, en me disant : « C'est le plus grand service que vous puissiez me rendre. » Sur quoi je lui dis qu'il n'y avait plus de temps à perdre, et que je croyais qu'il n'avait plus que deux ou trois heures à vivre. Il est vrai qu'il parut un peu étonné d'une décision si formelle, mais ce ne fut que pour un moment, car aussitôt il envoya avertir M. Forget à qui il fit une confession générale, laquelle étant achevée, je rentrai dans la chambre, et jugeant qu'il baissait beaucoup, je dis à M. de Métellopolis de lui apporter le saint Viatique et l'Extrême-Onction. Il était dans une parfaite connaissance quand on lui administra ce sacrement, ce qui fit que toute la communauté, qui avait des cierges à la main, fut reconduire le Saint-Sacrement à l'église, et je restai seul auprès de lui.

Mais hélas ! je fus fort surpris en lui disant quelques paroles de consolation de m'apercevoir qu'il ne répondait plus. En effet, il venait de rendre son esprit à Dieu.

M. Gayme Claude.

Né à Chambéry (Savoie) vers 1642, parti pour les missions le 3 février 1670, mort naufragé probablement dans les environs du cap de Bonne-Espérance en 1682.

MÉMOIRES DE BÉNIGNE VACHET.

A. M.-E., vol. 110, p. 205.

On le fit procureur général des Missions, et il fut le premier qui en exerça la charge par titre d'office. Cet emploi demandait un sujet de grand discernement et d'une équité si juste que les Vicaires apostoliques et les missionnaires dispersés dans tant de royaumes n'eussent rien à lui reprocher ; car, c'était à lui, en cas de mort ou d'absence de l'évêque de Siam : 1° d'être le supérieur du séminaire ; 2° d'envoyer où il lui plairait les ouvriers qui arrivaient de France ; 3° de partager le capital d'argent qui venait d'Europe, les curiosités et les livres.

Durant l'espace de dix ans, il s'acquitta de cette commission avec tant de justice que les Vicaires apostoliques et les missionnaires, si séparés les uns des autres, croyaient tous qu'il était procureur particulier. Cette procure, qui semblait demander un homme tout entier, ne l'empêcha pas de remplir tous les devoirs d'un missionnaire. Il s'appliqua d'abord à la langue du pays, et dans moins d'une année il la parlait et l'écrivait comme les naturels siamois. Ce n'est pas en dire assez ; comme le séminaire de Siam est situé au milieu du camp des Cochinchinois et des Tonkinois, dont le langage est commun, il fit des efforts surprenants pour se rendre capable de les confesser et de les prêcher, ainsi que de converser avec eux, en sorte qu'un missionnaire qui arriva de Cochinchine fut extraordinairement surpris de voir qu'il parlait la langue cochinchinoise avec une facilité si peu commune, qu'à peine les plus anciens de cette mission pouvaient s'en servir aussi naturellement.

C'est de la sorte qu'il se rendit très utile à quatre nations : aux Portugais, aux Malais, aux Siamois et aux Cochinchinois. Jamais homme n'a su si bien ménager son temps ; il en trouvait pour tout le monde. Les affaires générales et particulières étaient si bien rangées, qu'on eût dit que celle où il s'appliquait était la seule qu'il avait en vue. Il était si exact au service divin et à tous les exercices du séminaire, que les plus fervents l'y trouvaient toujours le premier. Il ne se passait aucun jour qu'il ne visitât l'hôpital pour juger par lui-même s'il ne manquait rien aux hospitaliers et aux pauvres. Il avait un soin très particulier des serviteurs de la maison ; aussi le regardaient-ils comme leur père. Mais on ne peut rien ajouter à l'attention spéciale qu'il avait pour les missionnaires ses confrères. Il les prévenait en tout pour leurs petits besoins, et si quelques-uns d'eux tombaient malades, il quittait tout pour les servir et n'épargnait rien pour leur soulagement. Au travers de tant d'occupations différentes, il allait deux fois la semaine dans les prisons, et il n'y allait jamais les mains vides.

Dans un temps où une petite vérole bien semblable à la peste désolait tout le royaume de Siam, le zèle des missionnaires ecclésiastiques français fut si grand, que, dans moins d'une année, ils y baptisèrent plus de quatorze mille enfants moribonds, sans y comprendre les adultes qu'ils rendirent capables de recevoir ce sacrement. M. Gayme eut pour son partage la ville et les faubourgs, il n'était pas éloigné du séminaire, il s'y rendait vers le midi ; il y demeurait jusqu'à deux heures pour y donner ses ordres ; ensuite il retournait à ses fonctions charitables, et son exactitude était si grande qu'il manquait très rarement à l'oraison du soir et aux matines qu'on psalmodiait en commun.

Un jour, il arriva qu'une jeune femme chrétienne, à l'instigation du malin esprit, se mit en tête de le séduire, prétendant par là se mettre en état de vivre plus à son aise et plus honorablement. Etant sa pénitente, elle contrefit la malade et le fit prier de la venir voir. La charité de M. Gayme, qui n'avait pas de bornes, fit qu'il y alla aussitôt qu'il fut mandé. Cette rusée créature l'entretint d'abord d'un mal imaginaire ; mais enfin elle lui déclara ouvertement son intention. Le ministre de Dieu eut horreur de cette proposition, et, sans s'amuser à lui répondre, il sortit précipitamment de la maison et fut se jeter aux pieds de M. l'évêque de Métellopolis à qui il raconta ce qui venait de lui arriver, sans pourtant lui nommer la personne.

Cette victoire remportée sur la chair ne fut pas seulement très avantageuse à M. Gayme, elle opéra encore une espèce de miracle dans cette femme qui conçut un si grand regret de sa faute qu'elle fut trouver son évêque, et toute baignée de larmes, et à ses pieds, elle confessa le crime qu'elle avait prémédité.

Il était particulièment connu du roi de Siam et du barcalon, son premier ministre, qui avaient plusieurs expériences de sa sincérité et de son savoir-faire. Dans le temps que ce prince eut pris la résolution de lier une étroite amitié avec le roi de France, il consulta l'évêque de Métellopolis pour convenir ensemble des moyens dont on pouvait se servir afin d'arriver plus promptement à cette heureuse union qu'il désirait avec ardeur. Il fut conclu qu'on enverrait des ambassadeurs, mais il leur fallait une personne intelligente dans des pays étrangers pour leur servir d'interprète et de conseil. Le roi proposa deux ou trois laïques, entre autres M. Charbonneau, qui savait parfaitement la langue siamoise. Le roi répondit que ce n'était pas celui-là qui lui convenait, et il ajouta que c'était l'un de ceux qui étaient en sa présence. M. de Métellopolis trembla, craignant que ce prince ne voulût l'engager au voyage. Le roi s'en aperçut, et lui dit d'un ton d'amitié : « N'appréhendez pas que j'aie jeté les yeux sur vous ; je le ferais volontiers pour être mon ambassadeur en chef, mais pour vous envoyer comme un homme subordonné, c'est ce qui n'a pu entrer dans mon esprit. Celui que je vous demande, c'est M. Gaymé que voilà à vos côtés, ne me le refusez pas si vous ne voulez m'affliger. »

On lui avait trop d'obligations (le bon roi) pour lui rien refuser. Quelque nécessaire que fût M. Gayme aux missions, on donna cette satisfaction au roi de Siam.

M. de l'Espinasse Jacques.

Né dans le diocèse d'Auxerre[1] vers 1653 ou 1656, parti pour le Siam le 19 janvier 1681, mort à Juthia le 31 août 1682.

M. Duchesne aux directeurs du Séminaire des M.-E.

A. M.-E., vol. 878, p. 202.

Siam, 13 novembre 1682.

Le 31 août nous fut funeste par la mort de M. de l'Espinasse, qui se noya proche de nostre maison de l'autre costé de l'eau. Il estait venu le même jour du collège de Mahapram pour parler à Monseigneur. Tout alla bien en descendant la rivière ; mais en la remontant, le ballon trop petit sur lequel il estait monté se remplit d'eau et versa ; comme il se trouva proche d'une galère du roy, il en attrapa une corde à laquelle il se tint suspendu quelque temps ; mais le cœur luy ayant manqué avant que son compagnon, un diacre cochinchinois qui ne sçavait pas nager, mais que le tourbillon de l'eau avait porté à terre, pût aller à luy, il tomba dans l'eau et ne parut plus que deux jours après.

Ayant fait chercher son corps, on le trouva à cinq lieues au-dessous de nostre maison, dans une petite rivière ; on le porta à la maison et on l'enterra aussitost ; le lendemain on fit un service solennel pour luy où Monseigneur officia. Il a esté regretté de tous les missionnaires qui l'aimaient beaucoup pour sa douceur et sa condescendance envers tous. Il avait un talent admirable pour les langues ; il avait appris presque parfaitement le portugais en venant ; et depuis qu'il estait arrivé, il avait tellement avancé dans la langue cochinchinoise que les escoliers cochinchinois en estaient étonnés. Le bon Dieu qui l'a trouvé mûr pour le ciel l'a pris pour luy, nous laissant la consolation de l'espérance que nous avons qu'il est nostre intercesseur auprès de luy.

M. Grosse Jérôme-Pierre.

Né dans le diocèse de Clermont vers 1650, parti pour le Siam en décembre 1679, mort à Sokhothay à la fin d'août 1683.

Mgr Laneau aux directeurs du Séminaire des M.-E.

A. M.-E., vol. 878, p. 493.

30 novembre 1683.

Nous avons perdu cette année M. Pierre Grosse qu'on avait envoyé avec un des Pères Franciscains pour tenter la mission de Laos ; il est mort sur les

---

[1] Il se pourrait que M. de l'Espinasse fût né dans la paroisse Saint-Jacques, à la Charité-sur-Loire (Nièvre), car dans son testament daté de Surate, 24 janvier 1682, il fait un legs à cette paroisse qu'il nomme sa paroisse et où demeurent sa mère et sa nourrice (A. M.-E., vol. 2, p. 503.). Les événements actuels ne nous permettent pas de faire les recherches nécessaires pour préciser ce point.

frontières de ce royaume, où il a esté regretté généralement de toute la province, tant il s'estait fait aimer pendant le court séjour qu'il y avait fait.

M. Ardieux Ignace.

Né dans le canton de Fribourg (Suisse) vers 1650, parti pour le Siam le 22 décembre 1678, mort à Jong-selang le 20 février 1684,

MÉMOIRES DE BÉNIGNE VACHET.

A. M.-E., vol. 111, p. 215.

Le roy de Siam jeta les yeux sur M. Charbonneau pour l'envoyer gouverneur d'une petite province [1] située à l'extrémité de son royaume, où jamais missionnaire n'avait encore mis le pied pour y prêcher l'Evangile.

Il était trop juste de lui accorder un ecclésiastique, tant pour sa consolation particulière et celle de sa famille, que pour annoncer à ce peuple les vérités chrétiennes et la connaissance du vrai Dieu. M. Charbonneau, qui connaissait le caractère de M. Ardieux, ne balança pas à le demander. Les raisons pour lui en donner un autre étaient grandes. L'inclination que les peuples du voisinage lui témoignaient faisait tout espérer de leur conversion. M. de Chandebois, le plus célèbre et le plus saint des missionnaires, voyant augmenter ses infirmités s'y opposait, parce qu'il regardait M. Ardieux comme le seul qui pouvait, après sa mort, conserver dans la foi le grand nombre de néophytes que cet excellent ouvrier avait instruits. D'autre part, M. de Métellopolis avait les mêmes vues. Toutes ces raisons ne contentèrent pas M. Charbonneau. Il employa le crédit et l'autorité du barcalon, il fallut lui accorder M. Ardieux.

La première chose qu'ils firent à leur arrivée fut de faire bâtir une petite chapelle joignant la maison du gouverneur. Ce fut là où M. Ardieux célébra la première messe qui eût été jamais dite dans cette province. Le missionnaire et le gouverneur travaillaient de concert pour faire goûter la parole de Dieu. Ils n'y trouvèrent pas tant d'obstacles que dans le cœur du royaume, parce qu'il y avait fort peu de talapoins, et que ceux qui s'y trouvaient étaient grossiers et ignorants, outre que les fables qu'ils y débitaient étaient si ridicules, qu'il n'y avait rien de plus facile que de les détruire.

Bientôt, il se vit un bon nombre de catéchumènes, et les six premiers mois n'étaient pas encore écoulés, que la chapelle se trouva trop petite pour contenir ceux qui avaient reçu le baptême.

M. Ardieux, qui ne savait pas ce que c'était que de flatter son corps, ne s'apercevait pas qu'il le chargeait trop par des fatigues continuelles qui ne pouvaient durer longtemps. Ses forces diminuaient, et il se persuadait qu'il était toujours le même. Les petites et les grandes nécessités de secourir le prochain lui étaient égales. Tous les temps lui étaient indifférents, et les pluies, quoique très dangereuses, ne pouvaient l'arrêter. Ce fut aussi ce qui causa la maladie dont il mourut.

Il était éloigné environ de dix lieues de sa première église, lorsque tout-à-coup il se sentit atteint d'un mal de côté qui l'abattit si fort qu'on n'osa le transporter. On courut avertir le gouverneur qui se rendit aussitôt auprès de lui. Il le saigna deux fois, mais la pleurésie avait pris le dessus. Cependant comme on s'aperçut de quelque relâche, on le mit sur un brancard, et il arriva assez heureusement à la maison.

M. Charbonneau crut qu'il était échappé, et, comme il voulait l'en féliciter, M. Ardieux lui dit avec sa douceur ordinaire que son heure était arrivée,

[1] Jong-selang.

et qu'il n'en reviendrait pas. En effet, ses premières douleurs recommencèrent avec plus de violence, et l'on vit pour lors que tous les remèdes étaient inutiles.

M. Ardieux était le seul content ; il vit approcher sa fin d'une tranquillité admirable, il parla jusqu'au dernier soupir, et rendit son âme entre les mains de son Créateur en l'année 1684.

M. Duchesne Pierre-Joseph.

Né à Périgueux (Dordogne) le 29 novembre 1646, parti pour le Siam le 22 décembre 1678, mort à Juthia le 17 juin 1684.

MÉMOIRES DE BÉNIGNE VACHET.

A. M.-E., vol. 111, p. 190.

Je passe sous silence les progrès que firent les missionnaires[1] sous la conduite de M. Duchesne, qui était comme l'âme de toutes leurs actions. Ils n'ignoraient quasi rien de tout ce qui s'était passé dans les missions. Ils étaient bien instruits de tous les cas les plus difficiles, qui auraient pu les embarrasser dans la pratique de leurs fonctions. M. Duchesne les avait étudiés à fond par les mémoires que les évêques du Tonkin envoyèrent à Paris, pour consulter la Sorbonne. C'est pourquoi, lorsqu'il fut arrivé à Siam, à peine M. l'évêque de Métellopolis l'eut-il connu, qu'il crut trouver en lui de quoi satisfaire au dessein qu'il préméditait depuis longtemps, quoiqu'il fût lui-même très capable de l'exécuter.

C'était d'établir tous les jours, après souper, une conférence des cas de conscience qui arrivent sans cesse dans les missions, et qui jettent très souvent les missionnaires dans l'embarras, par une infinité de circonstances que les plus habiles casuistes n'ont pu prévoir, et qu'il fallait pourtant réduire aux principes généraux.

Il y avait pour lors, dans le séminaire de Siam, six religieux étrangers, savoir : trois Italiens, dont le premier avait été sacré évêque à Rome[2], ses deux compagnons très habiles en théologie, et qui ensuite ont été l'un et l'autre faits évêques dans la Chine ; deux Dominicains espagnols, gens d'un rare mérite et d'une capacité fort distinguée, avec un autre religieux portugais de l'Ordre de Saint-François, qui les égalait et en science et en vertu ; en outre sur douze autres ecclésiastiques qui devaient assister à la conférence, la plupart étaient gradés et licenciés dans l'Université de Paris.

Il fut donc résolu qu'on prierait M. Duchesne de choisir les matières, de les proposer, d'en résoudre les difficultés, et de répondre à toutes les objections qu'on lui ferait. Sa modestie et son humilité le défendirent pendant quelques jours de se charger de cet emploi ; mais enfin on l'en sollicita avec tant d'empressement qu'il ne put refuser d'y consentir. L'on convint que ces conférences se feraient en langue latine. C'est pour lors que M. Duchesne fut obligé de rompre le silence pour lequel il avait tant d'amour, et d'étaler les belles connaissances dont son esprit était éclairé.

Sa méthode était d'exposer simplement le fait, ensuite il alléguait les raisons pour et contre, ne manquant jamais de citer les auteurs dont il les avait tirées ; après quoi il était libre à un chacun d'exposer ses doutes. Les résolutions étaient accompagnées d'une si grande douceur, qu'on ne s'aperçut jamais qu'il élevât la voix d'un ton plus haut que l'autre, quoique dans ces sortes d'actions on ne laissait pas d'y faire paraître de la chaleur, et même quelques petits entêtements.

---

[1] Résidant au séminaire général avant d'être envoyés dans leurs missions respectives.
[2] Mgr Bernardin de l'Église, évêque d'Argolis.

La grande utilité qu'on en tira ne fut pas renfermée dans le seul séminaire de Siam ; car M. Duchesne voulait bien encore se donner la peine de mettre par écrit le résultat de tous les cas proposés, où il rapportait fidèlement les objections les plus fortes qu'on avait faites avant que d'en venir à une dernière solution ; d'où il arriva que tous les missionnaires, qui étaient partagés dans différents royaumes, en recevant les copies qu'on leur envoya, furent aussi instruits que s'ils eussent assisté en personne à ces savantes conférences, et j'ai été moi-même fort surpris qu'on ait négligé de les envoyer en France, peut-être à cause qu'on y avait déjà consulté la plus grande partie de ces difficultés.

Ce fut durant les années que M. Duchesne était occupé dans cet exercice qu'on proposa au Saint-Siège de nommer un successeur à feu M. l'évêque de Bérythe. Les Vicaires apostoliques, les missionnaires des Indes et les directeurs du Séminaire de Paris étaient tous d'accord afin de demander cette place au Souverain Pontife pour M. Duchesne, en faveur duquel on expédia les bulles nécessaires, pour remplir cette dignité avec les honneurs et prérogatives dont jouissait le dernier défunt. Tout cela se passa sans que M. Duchesne en eût connaissance, et la première nouvelle qu'il en reçut fut lorsque M. de Métellopolis lui porta dans sa chambre les brefs qui le constituaient évêque élu de Bérythe, Vicaire apostolique de la Cochinchine. Sans s'étonner, il les reçut avec beaucoup de respect ; mais en même temps, il fit bien juger à ce prélat qu'on avait travaillé très inutilement lorsqu'on avait jeté les yeux sur lui ; qu'à la vérité il accepterait volontiers la grâce qu'on lui faisait, si ses forces et sa santé pouvaient lui répondre de supporter un fardeau si pénible et si pesant. En effet, il était déjà incommodé d'un furieux asthme qui fut la croix que Dieu lui avait destinée pour le conduire jusqu'au tombeau. Malgré ce triste état, ceux qui l'observaient de plus près et qui avaient soin de lui se trouvaient toujours dans de nouveaux étonnements, de remarquer cette paix profonde et inaltérable qui le rendait parfaitement satisfait, au travers de tant de maux.

Un jour, l'un de ses amis qui ne le quittait quasi pas, tout émerveillé d'une constance si ferme qui se soutenait sans se démentir un seul moment, ne put s'empêcher de lui dire : « Faites-moi la grâce, Monsieur, de m'avouer d'où vous viennent ces forces et ce courage si héroïques, que, quelque augmentation que je remarque dans vos maux, je ne vous entends pas faire le moindre petit soupir. — Vous n'en serez pas surpris, lui répondit M. Duchesne, quand je vous aurai dit que j'ai toujours présent dans mon esprit ce que Jésus-Christ a souffert dans sa Passion et sur la Croix. Car en comparant les maux que j'endure par rapport aux siens, ils me paraissent si légers et si peu considérables, qu'ils ne méritent pas que j'y fasse attention, et encore moins de m'en plaindre, ou je dois m'en réjouir par la conviction où je suis que Dieu se sert de ces moyens pour purifier mon âme, afin de la rendre digne de participer un jour à sa gloire. »

Ce fut dans ces nobles et pieux sentiments qu'on s'aperçut qu'il baissait, et à mesure que sa voix semblait s'éteindre, son asthme diminuait, et enfin il ne toussa plus d'où l'on conjectura qu'il approchait de sa dernière heure. C'est pourquoi on lui administra le sacrement d'Extrême-Onction et le Viatique. Il avait encore le jugement bon lorsqu'on faisait les prières des agonisants, mais à peine furent-elles terminées qu'il expira doucement sans aucune convulsion.

M. Le Court de Mondory Annet.

Né à Clermont Ferrand (Puy-de-Dôme) le 31 janvier 1656, parti pour le Siam en février 1681, mort à Juthia en septembre 1687.

Mgr Laneau a la Propagande.

A. M.-E., vol, 854, p. 177.

1687.

Magister de Mondory, gallus sacerdos et missionarius et baccalaureus sorbonicus, qui officio suo magnâ cum laude, sed nimio cum zelo fungebatur, a paucis mensibus obiit.

M. de Chandebois de Falandin Claude.

Né à Mortagne (Orne) vers 1640, parti pour le Siam le 3 février 1670, mort à Juthia en décembre 1687.

Mémoires de Bénigne Vachet.

A. M.-E., vol. 110, p. 156.

Un peu de riz froid, deux œufs durs cuits la veille, et deux figues tout au plus faisaient l'unique repas qu'il prenait par jour. Il se privait de thé, de poisson, des autres fruits de la terre et de toutes sortes de légumes qui ont quelque saveur, excepté de quelques herbes amères qui lui tenaient lieu d'œufs, les vendredis, les jours de jeûne, les Quatre-Temps, l'Avent et le Carême. Il était toujours la tête et les pieds nus, une soutane de toile noire était son seul habit, car il ne portait point de linge, ni de chemise. Cette robe ecclésiastique cachait un cilice et une chaîne de fer dont les pointes étaient très aiguës. Il n'avait pour lit que la terre, et pour chevet que le marchepied de son autel, qui était couvert d'une natte, et, ce qui surprenait le plus ceux qui l'observaient, c'est qu'il n'avait point de pavillon pour se garer des moustiques.

Sitôt que son domestique était couché, il se mettait à genoux au pied de son autel ; on ne peut pas dire que c'était pour commencer son oraison, puisqu'elle n'était jamais interrompue. Il demeurait dans cette posture jusqu'à ce que son corps, accablé de sommeil, tombât à terre. C'était ainsi qu'il dormait. Du moment qu'il ouvrait les yeux, il se remettait à genoux, et c'est dans cette situation si gênée qu'il passait la nuit jusqu'à 4 heures du matin qu'il éveillait ses gens, leur faisait une prière vocale avec un quart d'heure d'oraison mentale pour les y accoutumer. A 5 h. 1/2, il disait la sainte messe ; à 6 h. 1/4, ses domestiques déjeûnaient et préparaient son ballon où ils mettaient son repas et le leur, qui consistait en poisson et autres choses selon l'usage du pays. A 7 heures précises, il commençait ses visites, parcourant tous les villages, à deux et trois lieues à la ronde, et pour mieux dire, quasi toutes les maisons où il y avait de ses néophytes ou des malades. A 10 heures, il prenait sa réfection et faisait manger ses gens en sa présence, et après avoir achevé le saint exercice qu'il s'était proposé ce jour-là, il arrivait ordinairement chez lui à 5 heures du soir. Il passait une heure entière à cultiver la terre de son jardin.

Au coucher du soleil, on faisait un signal pour appeler à l'église tous ceux de la maison et les chrétiens qui l'avoisinaient, afin de réciter le chapelet et d'écouter une exhortation en forme de catéchisme qu'il leur faisait régulièrement. Les pauvres étrangers qui y accouraient n'avaient besoin d'autres provisions que celles qu'il leur faisait distribuer. A 7 heures 1/2 du soir, après que ses gens avaient soupé et pris une petite récréation, il leur faisait la prière, et il n'aurait pas été content s'il ne les avait tous vus en état de passer la nuit en repos, et si lui-même n'avait ajusté leurs petits pavillons par dehors pour empêcher les moustiques d'y entrer.

Le démon, l'ennemi irréconciliable de la sainteté de l'homme, lui livra mille et mille combats : il fut toujours vaincu ; il attaqua sa pureté par des endroits très délicats : ces pièges ne le rendirent que plus chaste ; il le tenta du vice d'orgueil et de présomption ; sa profonde humilité le mit en fuite : il souleva contre lui les puissances ; son grand désintéressement et sa vie toute sainte les rendirent ses admirateurs. L'un de ses serviteurs, poussé par l'esprit malin, veut l'empoisonner, il se jette à ses pieds et lui découvre sa tentation. Une femme impudique feint d'être malade pour le solliciter au mal ; il la renvoie sans l'écouter. Jamais homme n'a été plus tranquille, plus patient, plus débonnaire, plus humble et plus laborieux que M. de Chandebois quand il s'agissait de la gloire de Dieu et de la conversion du prochain.

M. de Métellopolis, M. de Chandebois et moi fûmes priés par le gouverneur de Bangkok de l'aller voir, pour nous consulter sur des douleurs qu'il ressentait dans tout son corps. Chemin faisant, comme nous passions devant la porte d'une bonne chrétienne qui me fournissait les provisions du collège, M. de Chandebois nous y fit arrêter ; nous y entrâmes, et nou vîmes la fille de cette femme étendue sur une natte ; elle n'avait plus pour ainsi dire la figure humaine ; c'était une croûte épaisse et effroyable qui la couvrait depuis le sommet de la tête jusqu'à la plante des pieds. M. de Métellopolis, se tournant du côté de M. de Chandebois, lui demanda s'il lui avait donné l'Extrême-Onction. Il répondit par un petit sourire que cette malade n'était pas à la mort, et, en tirant de sa poche son petit vase d'huile bénite, il dit à cette fille de répéter dans son cœur le *Credo* qu'il prononça tout haut en langue siamoise. Ensuite, il lui fit un signe de croix sur le front en l'oignant, et sur-le-champ il nous pressa de sortir. Le lendemain matin, faisant encore la même route, j'aperçus cette fille qui ramait dans son ballon. Malgré M. de Chandebois, je la fis aborder auprès du nôtre, où elle nous raconta que sitôt que nous fûmes partis de sa maison, elle s'endormit d'un sommeil doux et paisible, et qu'à son réveil elle avait trouvé cette croûte à ses côtés, ellemême jouissant d'une santé parfaite.

Les travaux infatigables de cet homme apostolique, joints à ses grandes mortifications, l'affaiblirent si fort par un tremblement général de tous ses membres, qu'on fut obligé de le faire venir au séminaire de Siam. On voulut lui donner d'autre nourriture que celle qu'il était accoutumé de prendre. Il obéissait à tout, mais son estomac ne pouvait rien garder. L'on connut à vue d'œil qu'il baissait ; il reçut les derniers sacrements avec tant de ferveur et de résignation, qu'on voyait sur son visage le portrait d'un prédestiné.

Le P. Louis de la Mère de Dieu.

Né à Lisbonne, entré dans l'Ordre de Saint-François, agrégé à la mission de Siam en 1673, mort à Juthia le 23 septembre 1689.

MÉMOIRES DE BÉNIGNE VACHET.

A. M.-E., vol. III, p. 130.

L'évêque de Bérythe qu'on avait prévenu par des lettres précédentes que le P. Louis voulait s'agréger à la mission des Vicaires apostoliques, le reçut avec une cordialité extraordinaire ; et comme il y avait une commodité pour envoyer en Europe, ce prélat écrivit au Pape, à la Sacrée Congrégation de la Propagation de la Foi et au P. Général des Franciscains. Ces lettres eurent tout l'effet qu'on en pouvait désirer. Le Souverain Pontife envoya un bref qui permettait ce changement ; les cardinaux de la Congrégation l'agrégèrent au nombre des missionnaires apostoliques, et le Général lui écrivit de sa main qu'il consentait de bon cœur au parti qu'il avait pris.

. . . .

Enfin, l'heure que Dieu avait destinée pour couronner ses travaux arriva. Il la vit venir d'un œil serein et d'un cœur parfaitement résigné à la divine Providence. L'évêque de Métellopolis lui administra les derniers sacrements, qu'il reçut avec une dévotion tout-à-fait exemplaire, ayant conservé jusqu'au

dernier soupir et l'esprit et la parole très libres. Il n'eut aucun intervalle
d'agonie. Toute la communauté, le cierge à la main, qui entourait sa couche,
non plus que les chrétiens cochinchinois qui remplissaient la chambre, ne
s'aperçurent qu'il était passé, tant la séparation de son âme et de son corps
fut tranquille. Ce fut à la voix de l'évêque qu'on s'aperçut qu'il était mort.

M. Pascot Antoine.

Né à Tonnerre (Yonne) vers 1635 ou 1646, parti pour le Siam le 5 octobre 1678, mort à Paris en 1689.

MÉMOIRES DE BÉNIGNE VACHET.
A. M.-E., vol. 111, p. 108.

Avant de faire les fonctions de maître, il passa plus de trois mois dans
le collège, et ne s'étudia qu'à bien connaître le génie de chaque écolier, pour
juger de leur portée. De tous les écoliers on en choisit douze pour commencer la philosophie, la plupart Cochinchinois et Tonkinois, ce qui n'eut lieu
que quand le collège fut transporté de Bangkok à Mahapram.

Pour faire l'expérience de leur génie, M. Pascot composa un compen-
dium de toute la philosophie, dont il retrancha une infinité de questions
inutiles, pour rendre sa philosophie et plus solide et plus facile. Il s'était
d'abord imaginé qu'il n'aurait affaire qu'à des esprits grossiers et d'une conception difficile, mais il fut extraordinairement surpris de voir en peu de mois
que ses écoliers allaient bien plus loin qu'il ne voulait les pousser. Ils lui
faisaient des objections et lui proposaient des difficultés dont il n'avait pas ouï
parler dans l'École, et souvent il se trouvait embarrassé, comme il l'a avoué
lui-même, en sorte qu'il était obligé de prévenir les jeunes missionnaires
qui arrivaient nouvellement de France, que quand ils voudraient aller au
collège pour disputer, qu'ils devraient prévoir la matière qu'ils entameraient,
pour ne pas demeurer courts aux objections qu'on leur ferait.

Tous les samedis, il faisait soutenir une thèse de ce qu'on avait vu durant la semaine, et tous les mois il y en avait une publique, où non seulement
M. de Métellopolis et quelques missionnaires assistaient, mais aussi où l'on
conviait les Dominicains et les Jésuites, de sorte qu'on voyait dans ce collège ce qui se passe ordinairement dans les plus réglés de France.

M. Geffrard de Lespinay Pierre.

Né à Vitré (Ille-et-Vilaine) le 21 septembre 1643, parti pour le Siam le
8 juillet 1674, mort près de Juthia le 19 septembre 1690.

JOURNAL DE LA MISSION PAR M. MARTINEAU.
A. M.-E., vol. 856, p. 21.

Le 19 septembre 1690, M. Geffrard mourut d'une maladie de langueur
qu'il avait contractée dans la prison; il a souffert pendant 24 mois au delà
de ce que j'en peux dire; car outre ses maladies, il estait encore chargé de
fers et de liens au col, aux mains, aux pieds, ainsi que les autres prisonniers.
Cet amas de misères avait fait que tout son corps s'estait rempli de gales, de
dartres, de furoncles, qui lui causaient tant d'importunes douleurs, que ne
pouvant se tenir en aucune posture, ni couché, ni assis, il estait obligé de se
soulever, et soutenir continuellement avec ses mains, tellement que cette assiduité, lui avait fait naître des calus sur les jointures des mains ; on pourrait
sans doute encore ajouter à cela la répugnance qu'il avait naturellement,
peut-estre plus que nul autre, à la saleté et infamie d'une telle prison.

M. Monestier Antoine.

Né dans le diocèse de Clermont vers 1649, parti pour le Siam en décembre 1679, mort près de Juthia le 30 septembre ou le 2 octobre 1690.

Journal de la mission par M. Martineau.

A. M.-E., vol. 856, p. 17 ou 21.

Le 30 septembre[1] M. Monestier décéda vers minuit, muni de tous les sacrements ; il ne fut que dix à onze jours malade de fièvre chaude et continue. Les maux qu'il avait soufferts dans sa prison, et entre autres ses six à sept blessures sur la tête tout d'un coup, ne fournirent pas peu de matière à la fièvre ; ce n'est pas qu'il parût se porter mal ; lorsqu'il sortit de prison, il paraissait gras et en bon point ; mais sa graisse n'estait pas prise pour une marque de santé par tous ceux qui le regardaient. Il avait souffert avec beaucoup de patience et mesme de joie et d'allégresse ; mais la vertu qui a plus paru dans lui a esté la foi.

Genoud Jean.

Né dans le canton de Fribourg (Suisse) vers 1650, parti pour le Siam en janvier 1680, mort à Ava (Birmanie) en février ou mars 1693.

Joret Jean.

Né à Moulins (Allier) le 11 avril 1656, parti pour le Siam le 6 avril 1682, mort à Ava (Birmanie) en février ou mars 1693.

Le récit de leur mort se trouve pp. 304 et 305, lettre de M. Gravé.

M. Manuel Etienne.

Né à Paris vers 1662, parti pour le Siam en janvier 1685, mort à Faï-fo (Cochinchine) le 18 octobre 1693.

M. Manuel a M. Baudon

A. M.-E., vol. 859, p. 409.

Bangkok, 30 septembre 1686.

Depuis un an que je suis ici, si je n'avais quelque autre chose à vous écrire, je ne trouverais pas à mon sujet de quoi remplir une lettre. Quinze jours après le départ des vaisseaux, je fus ordonné prêtre avec M. Basset, des mains de Mgr de Métellopolis, dans la chapelle de M. de Chandebois. Dans ce mesme endroit j'eus le bonheur de dire mes trois premières messes, en présence seulement de deux prêtres pour m'assister. Depuis j'ai presque toujours été avec Mgr de Métellopolis, en étudia t avec assez d'interruption la langue, et depuis environ un mois Sa Grandeur m'a fait descendre à Bangkok, auprès de M. le chevalier de Forbin, pour travailler à faire quelques chrétiens. Voilà toute mon année, pendant laquelle je me suis toujours fort bien porté, et mieux que je ne m'étais imaginé dès le commencement ; il est vrai je n'ai eu aucune fatigue, ni aucun travail : le plus souvent écrire, et de temps en temps, distribuer des médecines et aller chercher les petits enfants malades pour en baptiser.

Pour ce qui regarde la disposition présente de mon cœur, je vous dirai, Monsieur, avec simplicité, que je jouis d'un parfait repos et contentement d'esprit ; et je reconnais de jour en jour par la paix de mon âme, que c'était assurément ici le lieu où Dieu me demandait. Je ne juge pas de cela par les grands progrès que j'ai déjà fait faire à l'Evangile, depuis que je suis ici, comme vous pouvez voir par les commencements de ma lettre ; mais plutôt par la grâce que Dieu m'a faite de m'être bien accoutumé en ce pays-ci, en sorte que cette terre me soit devenue comme mon pays natal, en regardant à présent la France comme je regardais autrefois, de la France, la terre de

____
[1] D'autres documents ... octobre.

Siam. Et pour me mettre une bonne fois, au-dessus de toute inquiétude et
chagrins d'esprit, qu'on trouve toujours en tout pays, Notre-Seigneur Jésus-
Christ m'a fait connaître par sa grâce que je devais entrer dans cet esprit de
sacrifice de tout moi-même, de ma santé et de toutes mes commodités ; ainsi
j'ai tâché de méditer et me convaincre, qu'entrant dans le travail des missions
je me mettais comme une victime dessus l'autel, non pour être sacrifié tout
d'un coup en même temps, mais par parties, et en différents temps ; de cette
sorte, ressentant quelque douleur, soit de tête ou d'estomac, me sentant les
yeux affaiblis, voyant la force et la santé diminuer à vue d'œil, je devais considérer que c'était comme autant de parties de la victime qui se diminuait et
se sacrifiait à Dieu, jusqu'à ce que la mort la consumât entièrement.

M. Paumard Etienne.

Né à Laval (Mayenne) vers 1640, parti pour le Siam le 17 janvier 1676,
mort à Juthia le 20 octobre 1690.

MÉMOIRES DE BÉNIGNE VACHET.

A. M.-E., vol. 111, p. 67.

Durant le voyage, M. Paumard par un instinct particulier lut tous les
livres qui traitaient de médecine, que M. Charbonneau portait avec lui. Il
en fit un petit recueil qu'il avait toujours sur soi, et enfin il devint médecin
lui-même à force d'approfondir ce qu'il avait médité. Il y ajouta plusieurs
beaux secrets qu'il eut du P. Louis et de M. de Métellopolis.

L'expérience lui en apprit encore davantage, car il ne négligea rien
pour se rendre habile. A ces sciences de l'Europe, il y joignit celles du pays ;
il s'informait très exactement de la manière dont on traitait les malades et
de la nature des remèdes qu'on y employait, et lorsqu'il en eut fait son
propre fonds, on vit venir de toutes parts les malades ayant recours à sa charité, et c'est ce qui donna la pensée à M. de Métellopolis de le fixer dans le
royaume de Siam.

Il n'est pas croyable combien sa réputation se répandit en peu de temps ;
et parce qu'il ne mettait aucune distinction entre les riches et les pauvres,
tout le monde était bien venu auprès de lui, et cela avec un désintéressement
si religieux qu'on n'avait jamais pu lui faire accepter aucun présent, non pas
même des fruits de la terre.

La charité de ce missionnaire, qui ne l'abandonna ni nuit, ni jour, durant
un mois, fit une telle impression sur l'esprit de Constance, qu'il demanda
avec beaucoup d'empressement à M. de Métellopolis de le lui accorder
pour son médecin, qui ne le quitterait plus et qui le suivrait partout. Cette
condition ne plut pas à l'évêque, et il refusa le plus honnêtement qu'il put,
s'excusant sur sa qualité de missionnaire apostolique qui était incompatible
avec l'assujettissement d'une seule personne ; mais Constance qui ne manquait
pas de ressources employa les prières du roi qui étaient autant de commandements.

Ce fut donc une nécessité de lui abandonner M. Paumard, qui fit tous ses
efforts pour s'y opposer : mais son obéissance et sa simplicité l'emportèrent
sur ses répugnances, car une seule parole de son évêque suffit pour le déterminer. Il consentit à tout ce que l'on désirait de lui. Pour lors, Constance,
qui se crut en santé pour sa vie, n'oublia rien pour le gagner. Il lui offrit une
pension digne d'un roi, sa table et son crédit.

M. Paumard, qui n'avait en vue que la gloire de Dieu et le salut des
âmes, lui marqua par des termes très précis, et qui n'admettaient ni doute, ni
explication, que pour une pension il ne fallait pas y penser, et que s'il lui en
parlait davantage, il ne le reverrait plus : « Pour votre table, vous ne m'y

verrez jamais, car je ne veux rien changer à ma manière de vivre ; du riz et un peu de poisson salé font toutes mes délices et mes mets ordinaires. Pour ce qui regarde votre crédit, je ne le refuse pas, car j'estime qu'il me sera fort utile pour faciliter la conversion des Siamois. Au reste si vous souhaitez que je vous serve avec plaisir et avec affection, je m'oblige de revenir tous les soirs à votre porte pour m'informer de votre santé. Je n'aurai point d'autre maison que mon bateau, et le matin, avant que je parte pour les villages d'alentour, j'aurai l'honneur de vous voir ; j'en excepte le samedi que j'irai coucher au séminaire pour me confesser le dimanche. »

Comme M. Paumard était ferme dans ses résolutions, il en fallut passer par où il voulut ; mais le sieur Constance ne put souffrir qu'il se servit d'un bateau et des esclaves du séminaire que M. de Métellopolis lui avait donnés pour faire ses courses. Il en fit préparer un plus grand et plus commode. Il y mit sept de ses serviteurs qui n'auraient plus d'autre maître que M. Paumard. Tous les matins il y avait une personne destinée pour y mettre les provisions de la journée plus que suffisantes pour en nourrir quatre fois autant. Pendant que les serviteurs faisaient bonne chère, M. Paumard n'en usait que selon sa manière ordinaire.

Le roi de Siam étant malade, Constance, qui seul avait toute la confiance du prince, appréhendait d'abord qu'on ne lui eût donné du poison ; tous les médecins du palais lui devinrent suspects. Sur cela, il remontra au roi qu'il ne connaissait qu'un homme capable de le tirer du danger où il le voyait, qu'il en était sûr par sa propre expérience, il lui nomma M. Paumard : « Hé bien, lui dit le roi fais-le venir. — Sire, lui répliqua Constance, il n'y a que votre autorité royale qui puisse le déterminer à cela, j'ai mes raisons pour croire qu'il n'obéirait pas aux ordres que je lui donnerais. » En même temps le roi dépêcha deux des principaux mandarins de la Cour pour aller à M. de Métellopolis, et le prier de sa part de lui envoyer M. Paumard, ce qui fut exécuté.

Ce missionnaire s'approcha avec respect de la personne du roi qui lui fit mille amitiés. Et comme Constance, qui parlait mieux siamois que M. Paumard, voulait lui servir d'interprète, le roi en l'interrompant lui dit : « Laissez-le parler, car je l'entends bien. » En deux heures de temps, ce prince prit deux cordiaux que M. Paumard prépara devant lui. Il passa la nuit avec une grande tranquillité, et le matin il se trouvait assez fort pour commander qu'on préparât ses équipages de chasse. Néanmoins, il s'en abstint par l'avis de M. Paumard.

La santé du roi se rétablit en peu de jours, mais il ne fut plus libre à M. Paumard de sortir du palais, parce que le roi ne voulut plus rien prendre qu'il ne l'eût examiné.

JOURNAL DE LA MISSION PAR M. MARTINEAU.
A. M.-E., vol. 856. p. 17.

Le 20 octobre 1690 M. Paumard fut emporté de cette vie à l'autre par une fièvre chaude et continue, qui ne le retint dans le lit que douze ou treize jours ; il mourut aidé par tous les sacrements, et fut enterré à costé de M. Geffrard, dans l'église des Révérends Pères Jésuites au camp portugais. Cette mort nous fut à tous d'autant plus sensible qu'elle avait esté moins prévue et moins attendue ; car en vérité, il semblait devoir enterrer tous les autres ; de plus, c'estait le seul pour qui les Siamois eussent encore quelques petits restes de considération. Il avait pris des peines non pareilles, et sans relâche pour nos pauvres prisonniers, et nul de nous ne disconvient que sans lui, il n'en serait pas réchappé un seul. Voulant agir auprès des mandarins pour nous procurer quelque soulagement, il avait souffert des rebuffades, qui assurément auraient dégoûté tout autre que lui. Je ne sais si c'estait par hasard, ou par un secret pressentiment de sa mort, mais peu de jours avant de tomber malade, il disait : « A présent, je ne suis plus utile ; nos Messieurs sont hors de cette extrême misère. Il me semble que je serais content de mourir. » Le témoignage que la voix publique rend à sa charité nous est une grande consolation dans notre peine, et nous donne juste fondement de croire qu'il jouit actuellement de sa récompense.

M. Chevreuil Louis.

Né à Rennes (Ille-et-Vilaine) vers 1627, parti pour les missions le 6 janvier 1661, mort à Juthia le 10 novembre 1693.

Mgr LANEAU AUX DIRECTEURS DU SÉMINAIRE DES M.-E.

A. M.-E., vol. 859, p. 103.

juillet 1686.

Vous aurez de la joie d'apprendre que M. Chevreuil est entièrement revenu de ses rêveries ; il avoue ingénuement qu'il a esté abusé, et rend à présent comme un autre de bons services à la maison. Le remède dont on s'est servi est la discipline ; cette recette est admirable et l'a fait entièrement revenir à son bon sens. Pendant un temps, on le traita comme un enfant en l'obligeant de venir à tous les exercices ; et en même temps, on lui donnait trois bouillons par jour, sans permettre qu'il demeurât seul, ni renfermé. Il a dit depuis peu, que, si on l'avait laissé comme auparavant, il serait à présent mort ; et il avoue clairement que tout ce traitement rude qu'on lui faisait n'estait que par pure charité, ce dont il a remercié les missionnaires, en leur demandant pardon ; enfin, il est si changé qu'il est tout-à-fait méconnaissable. Il dit la sainte messe, après m'en avoir demandé la permission avec beaucoup d'instances ; ce que je lui ai accordé avec bien de la joie.

M. MARTINEAU AUX DIRECTEURS DU SÉMINAIRE DES M.-E.

A. M.-E., vol. 864, p. 117.

23 juillet 1694.

Le 10 du même mois de novembre 1693, notre doyen M. Chevreuil passa de cette vie à l'autre, muni de tous les sacrements ; il mourut fort tanquillement donnant toutes les marques d'une bonne et heureuse mort.

M. Martineau Bernard.

Né à Angers (Maine-et-Loire) le 8 décembre 1654, parti pour le Siam le 22 décembre 1678, mort dans les parages de Haï-nan, le 25 août 1695.

MÉMOIRES DE BÉNIGNE VACHET.

A. M.-E., vol. 111, p. 201.

La révolution qui arriva dans le royaume de Siam fut pour M. Bernard Martineau plus rude à digérer que les prisons affreuses où l'on enfermait son évêque, ses confrères, les ecclésiastiques et les écoliers du collège, qui tous étaient chargés de chaînes, de cangues, et les ceps aux pieds, sans y comprendre les mauvais traitements et les indignités qu'ils souffraient nuit et jour. Il est vrai qu'il fut arrêté avec eux, et que, durant quelques jours, il partagea les insultes des gardes et des geôliers qui ne leur donnaient aucun repos. Le plus sensible des chagrins qu'il ait éprouvés dans sa vie fut quand on lui annonça, de la part du barcalon, de se rendre auprès de lui, et que ce premier ministre lui eut déclaré qu'il était parfaitement libre pour retourner au séminaire, où les Siamois n'avaient pas encore touché, afin d'être présent à l'inventaire que deux mandarins avaient ordre de dresser de tous les effets qui y étaient. Comme il avait fait la fonction de procureur durant une maladie de M. Ferreux, il était plus instruit qu'aucun autre de tout ce qui était dans le séminaire, et c'est ce qui fit que les Siamois le tirèrent de prison pour en avoir plus d'éclaircissement. La première chose qu'on exigea de lui fut de déclarer où était l'argent, qui était caché dans un lieu qu'on ne pouvait découvrir à moins de brûler la maison. La somme était considérable parce que c'était tout le viatique des autres missions.

La crainte de mentir ou de tergiverser lui fit avouer tout simplement et l'endroit et le nombre de cet argent qui fut enlevé et porté au trésor du roi. Il en arriva de même de tous les autres effets, soit de l'église, des meubles, des nippes et autres choses servant à l'usage des missionnaires, de sorte qu'en trois heures de temps l'on se vit réduit à la dernière pauvreté. Il n'y eut que les livres de la bibliothèque qu'on lui permit d'enlever, parce que les Siamois ne savaient qu'en faire. Ensuite, on le chassa de la maison que l'on fit servir de magasin, et où l'on mit les marchandises qui appartenaient à la Cour et aux mandarins.

M. Martineau se retira dans une petite chaumière, n'y ayant personne qui osât lui offrir une retraite, dans la crainte où l'on était d'être soupçonné d'avoir reçu de lui pour mettre à couvert ou de l'argent, ou quelque chose de prix. Cette liberté dont il jouissait le faisait sans cesse gémir. Toute la rigueur qu'on exerçait envers les prisonniers lui paraissait moins insupportable que l'état où il se trouvait. Cependant tout cela se faisait par un ordre de la Providence, qui voulait se servir de lui pour procurer quelque soulagement à ces heureux captifs, ses confrères. Il emprunta toutes les sommes qu'il put des Anglais, des Hollandais, des Arméniens, des Mahométans même, et de quelques Portugais, mais surtout d'un Français marié dans ce pays, M. Charbonneau, qui était tout dévoué au service de la mission, et qui le fit bien paraître dans cette extrémité, où il mit en gage tout ce qu'il avait de plus précieux pour en faire de l'argent, ce qui fut d'un grand secours à M. l'évêque de Métellopolis et aux prisonniers, à qui l'on ne donnait pas même de l'eau, bien loin de leur fournir des vivres pour les empêcher de mourir.

Mgr de Métellopolis avait écrit à Rome et à Paris pour solliciter un successeur à ses emplois apostoliques. Celui qu'il désigna d'abord fut M. Ferreux, qu'il établit en sa place pour supérieur du séminaire et pour son provicaire après sa mort. Mais comme il connaissait la grande humilité de ce digne sujet, et que par un esprit de prophétie il connut qu'on aurait des peines extrêmes à lui faire accepter l'épiscopat, de son propre mouvement, sans le communiquer aux autres missionnaires, il avait demandé qu'on lui subrogeât M. Martineau, ou en cas de mort, ou en cas de refus, et c'est ce qui arriva.

— Cependant, une occasion favorable s'étant présentée pour passer dans la Chine, ses confrères lui en firent si vivement ressentir la nécessité, qu'il se soumit à leurs justes désirs.

Quoique le capitaine chinois, sur le navire duquel il s'embarqua, eût promis d'en avoir tous les soins possibles, ses matelots, gens superbes et insolents, se faisaient un jeu entre eux à qui lui ferait quelques nouveaux tours pour s'en divertir. Sa patience inflexible ne faisait que les irriter. Ils redoublèrent leurs railleries, et celui qui paraissait le mieux y réussir passait parmi eux pour le plus habile.

Par des interventions tout-à-fait inhumaines, ils altérèrent son boire et son manger, mettant dans l'un de la cendre et dans l'autre de l'eau de mer ; et c'est à quoi l'on peut principalement rapporter l'altération qui se fit dans sa santé. Il tomba malade, et dans peu de jours il rendit son âme à Dieu, le 25 d'août de l'année 1695, à la vue de l'île d'Haï-nan[1].

Mgr Laneau Louis.

Né à Mondoubleau (Loir-et-Cher) le 31 mai 1637, parti pour les missions en septembre 1661, mort à Juthia le 16 mars 1696.

M. de Courtaulin a M. Tronson.

A. M.-E., vol. 860, p. 79.

Siam, 30 octobre 1683.

Pour Mgr de Métellopolis, on ne le connaît point en France ; je vous puis assurer que je ne regarde cet homme qu'avec admiration : son oraison continuelle, son humilité, sa patience, sa mortification, son exactitude, sa ferveur enfin, toutes les vertus sont en lui dans un degré sublime. M. Pin dit que, quoiqu'il cache sa science, elle est pourtant aussi profonde qu'on pourrait désirer pour faire un prélat accompli. Aussi son application continuelle, et à Dieu et à ses obligations, jointe à la mortification, l'ont réduit à un tel point de faiblesse, que selon toutes les apparences il ne le portera pas loin, à moins d'une faveur extraordinaire de Dieu, qui voit la nécessité qu'a cette mission de ce grand prélat.

M. Ferreux a M. de la Vigne.

A. M.-E., vol. 881, p. 619.

1696.

Peu de temps avant sa mort, Monseigneur écrivit au roy luy donnant avis de ce que sa fin estait proche, le remerciant des bienfaits de son prédécesseur et des siens, et lui demandant sa protection pour ses missionnaires et les Français actuellement présents dans son royaume, et pour tous ceux qui y viendraient dans la suite, etc.

Le roy, après la lecture du placet, qui luy parut bien tourné, dit que les gens d'esprit montraient qui ils estaient jusques dans la mort mesme, et envoya quelque catis d'argent pour lui servir dans ses besoins ou pour son

---

[1] A propos des qualités et des vertus des missionnaires, voici celles que Mgr Laneau désirait :

Je vous ai déjà autrefois écrit assez amplement des qualités qui estaient les plus nécessaires dans les missionnaires, et je crois que la plus importante est une humeur accordante, et une certaine trempe d'esprit à prendre bien les choses, et non pas tout au revers, comme quelques-uns ; mais il n'y a guère que l'expérience qui découvre dans les occasions le fond de l'humeur naturelle d'un chacun. Pour la vertu, il faut qu'elle soit d'une telle solidité, qu'on soit au-dessus de tout, et qu'ayant entièrement quitté sa volonté et son jugement particulier, non pas de parolles, mais en réalité, on ne recherche purement que de se conformer à ce que Dieu veut. Il n'y a personne qui se présente pour les missions, qui ne jurât hardiment d'estre dans cet esprit ; mais quand c'est au fait et au prendre, comme l'on dit, il en va bien autrement. Ceux qui ne recherchent que leurs consolations spirituelles, et qui n'ont une dévotion que dans le sensible, ne sont guère propres ici ; car lorsque les sécheresses viennent, ou quelque dégoût, ils se rendent insupportables, et à eux-mesmes et à tous les autres. Il faut que la dévotion soit toute pure et spirituelle, et telle que saint Paul avait *et per omnia et in omnibus institutus sum*. Je sais bien qu'il est très difficile de rencontrer beaucoup de gens de cette manière, aussi ne le dis-je pas pour vous mettre dans l'impossibilité de nous en envoyer de tels ; mais seulement pour dire comme il serait à souhaiter qu'ils fussent, et que du moins ils doivent avoir l'aptitude à devenir tels. Les mélancoliques ne sont guère propres ici, et M. Maigrot me mande qu'un Père Dominicain, qui est dans la Chine depuis quarante ans, lui a assuré que jamais mélancolique n'y a demeuré ; et moi, depuis vingt ans et plus que je suis ici, je dis qu'il faut bien plus prendre garde pour le choix des missionnaires à leur humeur qu'à leur vertu ; car, à moins que la vertu ne soit dans un degré de perfection très éminent, il est rare qu'elle corrige le naturel (*A. M.-E. vol. 859, p. 363. Mgr Laneau aux directeurs du Sém. des M.-E., 1er septembre 1685*).

enterrement. Il ajouta de plus qu'il enverrait volontiers un de ses médecins, mais qu'il savait que Sa Grandeur estait plus habile qu'eux tous. Sa Grandeur crut qu'il estait bon d'en demander un, et le roy aussitost en envoya un muni de médecines qu'il apporta du palais, lui ordonnant de demeurer au Séminaire, et luy donner avis de l'estat du malade. Après l'enterrement de Sa Grandeur, le roy s'informa de tout le procédé de la pompe funèbre, et si les Portugais ecclésiastiques et séculiers, et autres estrangers y avaient assisté, etc. Après cela, on envoya quelques petits présens au roy, qui envoya un bel habit à celuy qui tenait la place du deffunt dans le séminaire. On dit de plus qu'il tesmoigna regretter la perte que nous faisions par la mort de Monseigneur, et nous assura de sa protection. Ainsi vous voyés, notre cher ami, qu'on peut estre et venir à Siam en toute sûreté, et de plus que Sa Grandeur a persévéré jusqu'à la fin dans son employ.

M. Pocquet aux directeurs du Séminaire des M.-E.

A. M.-E., vol. 863, p. 453.

27 décembre 1696.

Au mois de novembre de l'an passé, Mgr de Métellopolis se trouva plus mal qu'à l'ordinaire ; il continua cependant à travailler, ce qui augmenta la fièvre qui se trouvait accompagnée d'éthisie et d'une toux violente. A cela succéda l'hydropisie ; il devint extrêmement enflé par tout le corps. Lorsqu'il était dans cet état, la petite vérole recommençant alors à faire bien du ravage, il fit proposer au roy de Siam une recette, pour préserver ceux qui n'en seraient pas encore atteints, et pour traiter ceux qui l'avaient déjà. Le roy en fut très content ; il fit publier aussitôt partout cette manière de traiter les malades, marquant de la part de qui elle venait, et ordonnant que tout le monde s'en servît, ce qui réussit véritablement très bien. Il fit remercier le prélat et commanda qu'on lui fît au plus tôt un habit épiscopal complet.

Cependant, M. de Métellopolis, jugeant qu'il ne lui restait que peu de jours à vivre, fit dire à ce prince que depuis plus de trente ans qu'il était dans ce royaume, il avait reçu plusieurs faveurs de Sa Majesté et du feu roy ; qu'il souhaitait lui témoigner encore une fois ses très humbles reconnaissances avant que de mourir, qu'il priait Sa Majesté de continuer ses bontés aux missionnaires qu'il laissait et à ceux qui pouvaient venir dans la suite, le suppliant de vouloir bien prendre sous sa royale protection le séminaire, et tout ce qui nous regardait.

Le roy après avoir loué M. l'évêque de Métellopolis en présence de tous ses mandarins, et dit entre autres choses que les personnes d'esprit et de mérite se faisaient connaître jusqu'à la mort, témoigna qu'il ressentait beaucoup la perte que nous allions faire ; il promit sa protection, et ordonna qu'on nous envoyât 5 catis d'argent qui font 750 livres, qui serviraient à acheter des médicaments pour ce prélat ou à aider à faire ses funérailles, s'il mourait. Ce prince ajouta qu'il lui enverrait volontiers ses médecins, mais que lui-même en savait autant qu'eux. On jugea cependant à propos d'en demander un, ce qui ayant été rapporté au roy, il ordonna qu'on choisit le plus habile, pour demeurer jour et nuit au séminaire auprès du prélat, nonobstant les maladies qui étaient alors partout dans leur plus fort ; qu'on envoyât prendre au palais toutes les médecines dont il aurait besoin, et qu'on eût soin de lui rendre un compte exact de l'état de la maladie. Des mandarins nous apportèrent cet argent, et le médecin vint, il fit son possible ; mais il n'y avait plus de remède.

Mgr de Métellopolis mourut le vendredi 16 mars, au soir ; et ayant été exposé tout le samedi revêtu de ses habits pontificaux, pour contenter la dévotion du peuple, il fut inhumé le dimanche. Tout ce qu'il y a de chrétiens à la ville de Siam, et aux environs, de quelque nation que ce soit, avec tous les prêtres et religieux, assistèrent à ses funérailles ; un grand nombre de gentils s'y mêlèrent aussi, dont plusieurs ne pleuraient pas moins que les chrétiens. M. Ferreux officia, et M. Pinto fit l'oraison funèbre, qui fut fort belle.

Le roy se fit rendre compte de toute la cérémonie, jusqu'au moindre détail, et voulut savoir le nom de plusieurs personnes qui y avaient assisté. Quelque temps après, il fit donner un habit au supérieur du séminaire, et il a toujours paru depuis ce temps-là nous continuer la même bienveillance.

M. l'évêque de Métellopolis a été regretté non seulement des chrétiens mais aussi des gentils. Pendant sa maladie, ces derniers, et même des talapoins, venaient aussi bien que les chrétiens lui offrir des médecines ou des recettes, et témoignaient en plusieurs autres manières la douleur qu'ils avaient de le voir mourir. Je me souviens entr'autres, qu'un grand talapoin, fort savant parmi les siens, qui était venu souvent voir Mgr de Métellopolis pour discuter avec lui, lui étant venu rendre visite lorsqu'il était à l'extrémité, n'osant lui parler en cet état, demeura longtemps assis en silence et fort triste ; ensuite, s'adressant à nous : « Il serait bon, dit-il, de lui parler de Dieu et de l'autre vie. » M. Ferreux lui ayant répondu qu'il était notre maître, et que c'était lui qui avait coutume de nous enseigner : « N'importe, répartit-il, dans cet état la faiblesse du corps se communique à l'âme, et il est très bon de l'aider, en lui suggérant quelque bonne pensée et le portant à s'élever à Dieu. »

Après sa mort, les uns et les autres donnèrent mille témoignages de la tristesse où ils étaient de l'avoir perdu. Plusieurs talapoins même envoyèrent de la cire, des toiles, des fusées et autres choses avec lesquelles ils ont coutume d'honorer les funérailles de leurs morts, mais qu'ils n'ont jamais offertes pour celles d'aucun chrétien. Sa douceur extraordinaire et son zèle à secourir tous les pauvres affligés ou nécessiteux, lui avaient entièrement gagné les cœurs ainsi que sa charité envers les malades. On l'a vu souvent, avec un autre missionnaire mort depuis quelques années, laver les linges et les habits des lépreux et autres malades encore plus dégoûtants ; il servait ordinairement les malades lorsqu'il les voyait abandonnés, les aidant à se lever, à manger, et leur rendant plusieurs autres services semblables.

Ce prélat était naturellement d'une très bonne complexion ; il eût pu vivre fort longtemps, s'il eût eu quelque soin de sa santé ; mais le zèle du salut des Siamois, qu'il portait véritablement dans son cœur, le faisait courir incessamment de village en village, et ordinairement nu-pieds, pour instruire les gentils, visiter les chrétiens, chercher l'occasion de baptiser les moribonds. Après avoir ainsi bien couru presque toute la journée, il revenait fort tard, assez souvent à jeun, et ne prenait pour toute nourriture qu'un peu de riz cuit dans l'eau à la façon du pays, avec quelques herbages ou quelque peu de méchant poisson ; car dans la crainte que les gentils n'en prissent quelque occasion de scandale, il ne mangeait jamais de viande, principalement les premières années, et presque toujours depuis, lorsqu'il se trouvait hors du séminaire. Ses habits et tout le reste n'étaient pas moins pauvres que son manger ; avec cela, il ne buvait jamais que de l'eau, qui est le breuvage ordinaire du pays ; il y a tout lieu de croire que cette grande abstinence et austérité de vie a beaucoup abrégé ses jours.

N'écrivant tout ceci que pour vous informer de ce que vous pourriez ne pas savoir, je ne dirai rien des vertus de ce prélat, que vous connaissiez peut-être mieux que moi, non plus que de toutes ces guérisons miraculeuses qu'il a faites avec de l'huile et de l'eau bénites, ce qui avait mis ces deux saints remèdes dans une telle estime, que les talapoins même en venaient prendre pour les aller distribuer bien loin dans les campagnes, disant que c'était de l'huile et de l'eau bénites par l'évêque. On m'a assuré que Mgr l'évêque d'Héliopolis étant arrivé ici dans son dernier voyage, pendant que Mgr de Métellopolis était en Cochinchine, en fit faire des informations qu'il envoya à Rome ; vous pouvez en avoir eu connaissance. Les Siamois venaient en ce temps en si grand nombre au séminaire, pour recevoir de cette eau bénite, que cela serait incroyable, si on le marquait en détail.

La réputation de sa vertu et de sa sainteté était tellement répandue dans toutes les Indes, que plusieurs fois des personnes les plus considérables des Philippines et autres pays lui écrivaient, seulement pour avoir et garder quelques unes de ses lettres.

Le roy de Golconde, persuadé de sa probité, voulut mettre à sa disposition et à celle de feu M. l'évêque de Bérythe les affaires qu'il avait avec la Royale Compagnie de France, s'offrant d'en passer par tout ce que ces deux prélats jugeraient. Le premier prince du même royaume lui écrivit depuis la mort de M. de Bérythe, lui témoignant une estime et une affection extraordinaires, et le désir qu'il avait de lui envoyer un de ses enfants pour le faire élever au séminaire, ce qu'il eût exécuté si la guerre du Mongol contre ce royaume de Golconde ne l'en eût empêché. Le roy de Ciampa lui écrivit également, lui demandant son amitié, et le priant d'envoyer quelques missionnaires, auxquels il promettait sa protection, une église et une maison. On lui en envoya un qu'il a toujours protégé. Deux princes Laos, faits prisonniers par le feu roy de Siam, étant relâchés, vinrent avant leur départ visiter M. l'évêque de Métellopolis, et le prièrent de leur donner quelques missionnaires pour faire dans leur pays ce qu'on faisait à Siam. On leur promit de faire ce qu'on pourrait pour les contenter ; mais la guerre continuant entre les Siamois et eux, on n'osa alors y envoyer personne, de crainte que les Siamois n'en prissent quelque ombrage. Lorsque le prélat alla en Cochinchine, le premier prince le visita, lui témoigna une très grande affection, et l'assura que lorsqu'il serait roy, il lui enverrait un vaisseau pour l'amener en son royaume. En effet, étant monté sur le trône en 1687, il envoya aussitôt un vaisseau à Siam, avec des lettres et des présents pour Mgr de Métellopolis, qu'il conviait de venir en Cochinchine. M. Constance, se servant de l'autorité qu'il avait alors, se fit attribuer ces lettres et ces présents, quoique les Cochinchinois envoyés pussent dire et protester ; M. Constance en usait ainsi pour des considérations que j'ai de la peine à expliquer. Le barcalon de Siam, cependant, en ayant eu connaissance, voulut faire rendre justice à Mgr de Métellopolis et aux envoyés de Cochinchine ; mais les troubles de Siam étant survenus, la chose en demeura là pour cette fois. L'année suivante, quoique le P. Barthélemy d'Acosta, qui était en Cochinchine, eût fait dire au roy que Mgr de Métellopolis et tous ses missionnaires étaient dans les prisons de Siam, ce prince ne laissa pas d'envoyer comme la première fois ; mais les Siamois ne jugèrent pas qu'un évêque aux fers, et en l'état misérable où était Mgr de Métellopolis, dût recevoir un tel honneur ; ainsi les Cochinchinois envoyés se contentèrent de le visiter incognito dans sa prison. Le roy de Cochinchine renvoya une troisième fois comme les deux années précédentes ; mais le vaisseau fut pris en chemin par des pirates chinois qui le pillèrent entièrement et tuèrent tous les Cochinchinois.

Tout le monde a su, et je crois que vous ne l'ignorez pas, l'estime et l'affection que le feu roy de Siam et les princes ses frères eurent toujours pour M. de Bérythe et M. de Métellopolis, que ce roy honora en mille manières, et avec qui il eut très souvent de longues conférences, dans lesquelles il se fit instruire de notre sainte religion et de beaucoup d'autres choses que son esprit vif le portait à désirer savoir. Après tout ce qui s'est passé ici, vous voyez, par ce que j'ai dit ci-dessus, que le roy qui règne aujourd'hui a toujours eu beaucoup d'estime pour la vertu de Mgr de Métellopolis, et commençait même à avoir beaucoup d'affection et de bienveillance pour sa personne, ce qu'on ne peut attribuer à autre chose qu'à sa douceur, sa patience, et ses autres vertus.

Le plus grand service que M. l'évêque de Métellopolis ait rendu à ces missions, et principalement à celle de Siam, sont les livres qu'il a composés. Ce prélat paraissait né pour l'étude ; c'était peut-être un des plus savants évêques de ce temps ; il a toujours extrêmement étudié et jusqu'à la fin de sa vie. Aussitôt qu'il fut arrivé en ce royaume, il s'appliqua aux langues siamoise et bali ; il demeura huit années presque de suite dans les pagodes, et n'omit rien de tout ce qui pouvait lui donner quelque connaissance de ces deux langues ainsi que de la religion des Siamois, de leurs mœurs, de leurs préjugés, et de tout ce qui lui pouvait servir à réfuter leur fausse religion et à leur persuader la nôtre. Il se mit ensuite à écrire, et il a composé une infinité d'ouvrages pour ce dessein. Il en a fait plusieurs, par manière de conférence ou de dialogue, entre un solitaire chrétien et un solitaire siamois ; entre un prêtre chrétien et un talapoin ; entre un étranger et un Siamois. Dans les uns, il réfute et détruit pied à pied la fausse religion des Siamois ; dans les autres, il explique et établit la religion chrétienne ; dans d'autres il répond aux objections et difficultés que les Siamois ont coutume de faire, qui ne sont pas petites, ni si aisées à réfuter qu'on s'imaginerait. Il a fait outre cela l'histoire de la création du monde, et de tout ce qu'il peut être utile d'enseigner à ces gens ici jusqu'au temps de Notre-Seigneur ; quelques livres en particulier, de ce qu'il y a de plus beau dans l'histoire profane, comme la vie d'Alexandre-le-Grand, et autres choses semblables. Quant à ce qui regarde le Nouveau Testament, il a publié l'Évangile, ou plutôt une concordance des quatre Évangiles, desquels il n'a rien omis ; quatre ou cinq catéchismes différents : il a traduit, comme vous aurez su, celui de M. l'abbé Fleury. Il a donné des explications très amples de tout ce qui regarde chaque sacrement en particulier, et principalement traité du baptême et de ses effets, qu'il a expliqués fort au long. Il a fait des prières ou instructions pour être récitées tout haut pendant la sainte messe, et aussi des explications de toutes les saintes cérémonies qui s'y pratiquent, de chacun des habits sacerdotaux et autres choses semblables qui peuvent contribuer à l'instruction des nouveaux chrétiens : principalement pour les aider à recevoir dignement les sacrements de Pénitence et d'Eucharistie. Il a traduit toutes les prières de l'Église, et en a fait beaucoup d'autres, non seulement pour être dites dans toutes actions qui sont proprement de religion, mais aussi pour quand les chrétiens vont au marché, quand ils se vont baigner, quand ils vont manger, quand ils vont se reposer, et pour quantité d'occasions semblables. Il a mis en vers, pour être chantés à la manière des Siamois, quelques psaumes, comme le *Miserere*, le *De profundis*, le *Stabat Mater*, et autres prières dévotes. Il a traduit les litanies des Saints et celles de la Sainte Vierge. Il a fait quelques autres livres pour les plus savants, comme celui de l'essence et de la connaissance de Dieu, dont il a beaucoup emprunté de quelques ouvrages de saint Augustin sur le même sujet. Quelques talapoins louaient extrêmement cet ouvrage. Tous ces livres sont en siamois ou en bali ; et quelques-uns en l'une et l'autre de ces langues, de chacune desquelles il a fait aussi une grammaire et un dictionnaire.

Le feu roy de Siam prenait beaucoup de plaisir à lire ces livres qui commençaient à se répandre entre les mains des Siamois.

Outre cela, les courses et les prédications de ce prélat et de ses missionnaires, et les grâces dont il avait plu à Dieu de les accompagner, commençaient à ébranler ce royaume ; il y avait déjà un assez bon nombre de chrétiens principalement à Pourceloue et dans quelques autres provinces ; plusieurs talapoins même étaient fort ébranlés et songeaient sérieusement à se convertir ; quelques-uns même l'étaient déjà, il semblait qu'on fût à la veille de recueillir les fruits de vingt années de travail, lorsque malheureusement cette tempête arriva, qui ruina ou dissipa presque toutes ces belles espérances. Mais enfin, elle n'arriva pas sans la permission de Dieu, dont nous devons adorer les jugements ; craignons que nos propres péchés n'aient fait tarir cette source des miséricordes divines, qui commençaient à couler sur ce royaume.

Je ne vous dis rien de plusieurs ouvrages que M⁕ de Métellopolis avait composés en latin ; je vous en ai envoyé un assez long détail il y a quatre ou cinq ans. Vous aurez eu connaissance de quelques autres qu'on a envoyés l'an passé pour être présentés à Rome. Ce prélat a travaillé presque jusqu'au dernier soupir. Il signa, le jour même qu'il mourut, la dernière lettre qu'il crut devoir encore écrire à la Sacrée Congrégation, et qu'on n'a pas pu envoyer jusqu'à présent. J'espère que vous recevrez toutes les autres lettres qu'il écrivit pendant sa dernière maladie. On ferait plusieurs volumes de toutes celles qu'il a écrites pendant sa vie en diverses langues.

Il mit ordre à tout ce qui regardait ce séminaire et les missions, parce qu'il en eut le temps avant que de mourir. Il a nommé supérieur de ce séminaire, et provicaire de la mission de Siam, M. l'abbé de Lionne auquel on a écrit en Chine où il est, et on l'a prié instamment de venir ; mais on n'est pas assuré qu'il le fasse, à cause principalement du besoin extrême qu'il y a de missionnaires en Chine.

M⁕ LANEAU A LA PROPAGANDE.

A. M.-E., vol. 869, p. 413.

EMINENTISSIMI PATRES,

Ultimis Sanctæ Matris Ecclesiæ sacramentis munitus, in extremis positus, brevi, ut apparet, animam Deo simulque villicationis meæ rationem redditurus, post tot antea ad Eminentias Vestras datas litteras, has novissimas adjicio, quibus ultima mea sensa et alte infixum cordi dolorem expono, quod scilicet opus Dei animarumque conversionem plurimum retardari videam propter natas Romæ ab aliquot annis sinistras aliquas de nobis ac paupercula ista nostra missione suspiciones. Quibus instigantibus quibusve potissimum de causis id contigerit, non requiro ; sed damnum quod inde in re tanti momenti jam emergere cœpit, emersurumque videtur postea, vere cum dolore canos meos deducit ad inferos. Propterea per amorem Domini Nostri Jesu Christi, animarumque pretioso ejus sanguine redemptarum salutem oro, obtestor, atque obsecro Eminentias Vestras, ut idem quod antea de hac Missione sentiant ; quandoquidem eodem quo antea spiritu agitur, maxime vero eodem plane zelo, eademque observantia erga Sanctam Sedem Apostolicam et Sacram Congregationem. Cum tandem omnes in his partibus Sanctæ Sedis auctoritatem inciperent agnoscere ; nosque metere inciperemus fructus laborum susceptorum per triginta fere annos, quibus nos Sacra Congregatio tanquam suos paterno affectu ac invicta constantia protexerat, ut quid, heu me ! exortæ sunt illæ diffidentiæ, resque reversæ sunt in priorem luctuosissimumque statum, in quo eas mœrens gemensque relinquo? Venerunt filii usque ad partum, et vires non habuit parturiens.

Hoc unum mihi restat, ut Eminentiis Vestris fidem faciam, sperans aliquam mihi in hoc ultimo vitæ momento constituto habendam, me, quantum scio, quantum capio, nullos cognoscere missionarios nullam congregationem tam plene, tamque sincere Sanctæ Sedi Apostolicæ devotam, ac est, meritoque spero, semper erit nostra hæc clericalis Missio. Nullos in ea esse, ac ne unum quidem, omnes enim novi, Janseniana doctrina, vel alia qualibet prava, seu Sanctæ Sedi Apostolicæ quomodo cumque injuriosa vel leviter imbutum. Nullum plane esse inter nos, qui, si quæ sua sunt respiceret, non mallet ad patriam reverti ; falsissimamque ac omni prorsus fundamento destitutam esse eorum calumniam, qui nos lautioris vitæ amore, aut temporalis alicujus utilitatis causa in has terras venire asserunt. Nunquam, ne minimum quidem, in mentem hic venisse gallicam nescio quam missionem, quod de nobis Romæ suspicatum ferunt, instituere. Imo omnes missionarios cujuscumque nationis aut ordinis eadem prorsus benevolentia ac clericos nationis gallicæ, ubique quantum licuit nos adjuvisse ac recepisse inter nos. At, enim, aiunt, Siamenses legationes in Europam sinistre de nobis suspicandi occasionem præbuere. Utinam aut prima quæ periit pervenisset, aut Eminentiæ Vestræ scire potuissent ex iis qui supersunt ; extremus languor non sinit me plura dicere. Utinam nossent pariter Eminentiæ Vestræ quot molestias passi sumus occasione Patrum Societatis Jesu Gallorum ; quo animo huc venerint : qualiter ibidem atque alibi se gesserint. Nunquam certe, collusionis nescio cujus inter ipsos et nos, nata fuisset suspicio. Qui hinc novissime ex nostris profecti sunt Romam, fide digna secum ferunt, quibus longe aliter rem se habere facile patebit, si iis Eminentiæ Vestræ dignatæ fuerint attendere.

Cæteras quæ de nobis ortæ sunt suspiciones nondum satis novi. At illud certo scio, calumnias cæteraque, quæ ab hujus Missionis initio passi sumus, ob id nobis evenisse, quod vivere eniteremur sicut suadet professio nostra, maxime vero quod, omni alia aut nationis aut cujuslibet propriæ utilitatis ratione postposita, constanter Sanctæ Sedis Apostolicæ auctoritatem ac Sacræ Congregationis jura perpetuo defenderimus ; multa enim undique, Eminentissimi Patres, et gravissima propterea passa est hæc Missio, et hucusque patitur. Nec quemquam nostrûm piget ; sed durum videri potest fidelibus servis Sacræ Congregationis ab ea se deseri durius, ejus nomen hic sibi exprobrari. At durissimum luctuosissimumque ejusdem Sacræ Congregationis ac Sanctæ Sedis auctoritatem in maximum animarum scandalum rursum in his terris videre conculcari. Iterum dico, Eminentissimi Patres, nulla fuit, nec puto erit Missio aut Congregatio, quæ fidelius sinceriorique affectu serviat Sacræ Congregationi. Adjicio magis ac magis perspectam mihi fieri necessitatem cleri ex indigenis in his partibus instituendi nullam autem aliam Missionem, a qua id recte sperari possit ; unde miror multum Sacram Congregationem visam esse tam subito eam deserere, ac quasi deprimere velle, nec dignatam his omnibus annis quidquam litterarum ad ullum nostrûm dirigere, quo in tantis malis, quibus ubique afflicti sumus, aliquod paternæ consolationis perciperemus levamen ; vel saltem sciremus qua de re accusaremur, aut quid-circa nos placuisset disponi.

Quod ad me attinet, triginta quinque anni sunt ex quo Sanctæ Sedi et Sacræ Congregationi in his partibus servire cœpi ; nec recolo me quidquam fecisse quod merito ei displicere posse mihi videretur. Scio displicuisse approbationem illam, quam decem abhinc annis sex Patribus ex Societate Jesu gallis dedi ; nihil tamen etiam nunc ea in re video quin excusari possit, si singula attendantur. Multa tamen et plurima peccasse me video, unde suppliciter et impense Eminentiarum Vestrarum precibus et sanctissimis sacrificiis animæ meæ requiem et salutem commendo. Mihique humillime obsecro impetrare dignentur apostolicam benedictionem et plenariam peccatorum indulgentiam. Pauperculam autem hanc Missionem et omnes ac singulos qui in ea supersunt, Eminentiis Vestris ac per eas Sanctæ Sedis Apostolicæ patrocinio nunc ut cum maxime commendo.

Eminentiarum Vestrarum humillimus et obsequentissimus servus.

LUDOVICUS, *episcopus Metellopolitanus.*
Siam, die 16 martii an. 1696.

LE PAPE INNOCENT XII A Mgr LANEAU.

A. M.-E., vol. 269, p. 359.

VENERABILI FRATRI EPISCOPO METELLOPOLITANO VICARIO APOSTOLICO SIAMENSI.

INNOCENTIUS P. P. XII.

Venerabilis Frater, salutem et apostolicam benedictionem. In pluribus Fraternitatis tuæ ad Nos et hanc Sanctam Sedem scriptis litteris vidimus tibi contigisse, sic disponente divina Providentia, quod Apostolus omnibus, qui piè volunt vivere in Christo Jesu, eventurum prædixit, nempe, quod multa, graviaque incommoda perpessus sis in propaganda religione christiana, qua in re zelum tuum et constantiam plurinum commendamus, eoque magis, quod novimus uberes extitisse fructus pietatis tuæ, doctrinæ, necnon laborum, quos subire necesse fuit ad promovendam fidem christianam in regionibus apostolico tuo muneri subjectis. Confidimus autem te alacri semper invictoque animo, quod cœpisti, prosecuturum. Itaque stabilis esto et immobilis, abundans in opere Domini, sciens quod labor tuus non est inanis in Domino ; non enim injustus Deus ut obliviscatur operis tui, et dilectionis quam ostendisti in nomine ipsius laborans usque ad vincula, per plurimos annos ejus vineam excolens. Cæterum in hoc cognoscunt omnes quod discipulus Christi es, quoniam dilectionem habes ad alios, quoad fieri potest, quod ex te est cum omnibus hominibus pacem habens ; ut autem in eadem moderatione perstes vehementer hortamur, nihil enim ad prosperanda ardua consilia utilius est, quam præfectorum concordia ; sed de his omnibus docebit, ut docuit, te unctio. Charitas enim universos complectitur et in ea non est Gentilis, Judæus, Barbarus et Scytha, sed omnia et in omnibus Christus. Quem quidem consensum efficiet debita huic Sanctæ Sedi erga quam te optime affectum, ejusque jurium studiosum scimus, observantia, et obsequium, quandoquidem vel ipsa vel ejus auctoritate Congregatio de Propaganda Fide controversiis omnibus prospexit et prospiciet inposterum, ut unanimes uno ore honorificetis Deum et Patrem Domini Nostri Jesu Christi propter quod suscipite invicem sicut et Christus suscepit vos in honorem Dei, in his ut permaneas a Deo optimo maximo exposcimus, ac apostolicam benedictionem tibi permanentem impertimur.

Datum Romæ apud Sanctam-Mariam Maiorem, sub annulo piscatoris, die XV januarii MDCXCVII, Pontificatus Nostri anno sexto.

APPENDICE

Mɢʳ Laneau a la Propagande
A. M.-E., col. 854, p. 175,

Sans date, très probablement au commencement de 1688.

Præsens Seminarii et Collegii siamensis status.

Cum injunctum esset ab Apostolica Sede Vicariis apostolicis ut indigenas ad sacra promoverent, ex quo ad has partes ipsi advenerunt, animum peculiariter ad hoc intendere, ut adolescentes litteris, quantum fieri posset, imbuerent : sed tanta sub initium aderant impedimenta, ut non quidquam profici unquam posse censerent, ac plures missionarii qui ad docendum variis admoti sunt temporibus, operis difficultate ac tædio deterreti, adduci vix possent, ut incœpto incumberent.

Vicit tamen obstinata Vicariorum apostolicorum patientia, atque post labores innumeros incassum deperditos, tandem ab aliquibus annis crescente alumnorum numero, spes etiam non obscura affulsit fore ut feliciter studiorum cursus possent perfici. Ac prioribus quidem annis alumni studiorum diversis in locis instituebantur, alii nempe in seminario ad urbis mœnia, Tunkinenses vero prope urbem Bancoc, ut a contribulibus suis longe positi majori otio fruerentur ; at cum infiniti essent sciniphes seu culices, qui præsertim vespertino ac nocturno tempore graviter pungunt, ibidem diu subsistere non potuerunt : igitur prædicti Annamitæ, tum reliqui omnes ad aliquem locum duobus aut tribus milliaribus (leucis) ab urbe dissitum, qui dicitur Mahapram translati sunt, ubi per quinque aut sex annos continuo sunt commorati.

Jam vero cum immensa sit difficultas linguam latinam edocendi indigenas, eo quod omnia Orientalium idiomata toto cœlo discrepent ab Occidentalium idiomatibus, non modo propter vocabulorum diversitatem, sed maxime propter locutionis ordinem et naturam, neque enim inflexionibus seu verborum seu nominum utuntur, vix ullas habent, quibus Europæorum linguæ passim refertæ sunt, particulas : verbo dicam, inverso fere omnibus in rebus loquendi modo utuntur.

Hinc factum est ut, prioribus annis ferme : decem gravissimus sed inanis pœnæ fuerit tum magistrorum in docendo, tum discipulorum labor.

Aliam ergo viam a septem circiter annis tentare compulsi sunt missionarii, ut scilicet per ipsammet linguam latinam latinitatem edocerent. Cum ergo ex diversis linguis in dicto Mahaprensi collegio collecti essent variæ ætatis adolescentes, nec alii aliorum linguam ullo pacto intelligere possent, vellent nollent ad hoc deducti sunt ut omnes brevi tempore rudi latinitate pro communi lingua uterentur, cui consilio Deus ipse adfuit ; hoc enim pacto factum est, ut par uli quicumque post aliquot menses animi sensus perfacile exponant. Quamvis hujusmodi latinitas inepta sit, paulatim tamen et per grammaticas leges, quas addiscunt, emendatur ; unde jam in collegio sunt non pauci, duodecim vel quindecim annos vix nati, qui de rebus quibuscumque obviis latino sermone possunt uti, et vernaculo absque multis erroribus confabulari.

Mirantur plerique, cum ex Europæ partibus perveniunt, quod videant parvulos, qui nedum expedite norunt legere, latine tamen expedite loqui, ex quibus sunt et nonnulli, qui et venusta quadam sermonis eloquentia inter loquendum utuntur. Illi præsertim qui a tenuioribus annis studia inchoarunt ;

qui enim provectiori ætate, illi difficilius loquuntur; ac nonnulli, præsertim Tunkinenses, Cocincinenses, vix expeditam pronuntiationem possunt asseßqui; sed Hybernorum aut Anglorum more, verba proferunt, licet latinos libros absque labore intelligant. Tantus autem illorum præsertim, qui jam grandiores sunt, fervosi ad studendum, ut cohiberi vix possint, unde et in infirmitates gravissimas quatuor aut quinque ex melioribus prolapsi, vitâ postmodum excesserunt. Magister item de Mondory, gallus sacerdos, et missionnarius, et baccalaureus sorbonicus, qui officio suo magna cum laude, sed nimio cum zelo, fungebatur, a paucis mensibus obiit; alii pulmonibus ob continuam vocis, etiam per majores æstus, contentionem male affecti, retro pedem ferre coacti sunt; alius denique, cerebri viribus nimium imminutis, ad Europam redire compulsus est. Forsan operæ pretium foret, ut illi dum tam oneroso vacant exercitio, a jejuniorum obligatione Sedis Apostolicæ authoritate liberarentur, præsertim in Quadragesima, quo maxime tempore calor est intensissimus, atque ex sermonis assiduitate vires deficiunt.

Quoad cibos vero quibus prædicti alumni sustentari solent, si mores Europæos inspicias, non lauti admodum videbuntur; sed operæ pretium visum est ab indigenarum vivendi more non discedere, saltem ex omni parte, ne novus postmodum in hujuscemodi cibi, iterum cum ad suos sibi redeundum foret, labor occurreret. Orientalium quippe victus adeo tenuis est, et ab Europæorum deliciis alienus, ut quisquis ad has partes primum advenerit, vix fidat oculis, ut credat posse cum talibus cibis sustentari; carne etenim, pane, vino, lacte, butyro perraro utuntur, sed oriza, piscibus atque oleribus seu crudis seu elixis; nihil fere habent pro obsonio, præter muriam quamdam, quam antiquiores *garum* vocarunt, quod ex piscibus vel camaris cum sale confectum, quod tam gravem spirat odorem, ut advenis non tolerandus sit: iisdem tamen ubi necessitate compulsi aliquoties gustaverint, non admodum injucundum est. Hæc autem annotasse visum est, ut dura nimium non videatur parsimonia illa, licet religiosorum quorumlibet, quantumvis rigidioris observantiæ asperitiem longe superet, si tamen consuetudinis vim pro natura inolevit, non inspicias. Jam fere duo anni sunt cum D. Constantinus Phaulkon, qui primarius est regni minister, ad dictum collegium se contulisset, magnamque ex alumnorum moribus ac modestia percepisset lætitiam, magnam autem animo spem concepit, fore ut ex illorum institutione in horreum Christi fructus reportaretur. Ille igitur statim constituit propriis sumptibus intra civitatis transferre collegium, quod et annuente rege perfecit. Volebat quidem ex lateribus coctis ædificia construere, sed quia ad nimium tempus producenda esset hujusmodi fabrica, necessum fuit ex ligno atque cannis indicis, ut mos est, prius erigere collegium, donec pararentur ea quæ ad amplius solidiusque ædificium necessaria sunt. Sumptus ille ad cibos subministrat, nec nisi de vestibus comparandis aliisve hujuscemodi curant missionarii; sed dictos sumptus prædictus D. Constantinus subministrat nonnisi iis qui sunt in collegio; aliis enim qui sunt in seminario nihil præbet omnino. Illi qui provectioris sunt ætatis et qui philosophiæ ac theologiæ cursum jam perfecerunt, ut possint facilius de rebus ecclesiasticis ac theologia morali institui, illi a collegio abducti sunt ad seminarium. Reliqui autem in collegio, ut prius, degunt, atque illi qui in seminario, ubi communi mensa et victu cum ipso Vicario apostolico aliisque missionariis utuntur.

Quamvis autem maxima hactenus et per tantos annos occurrerint difficultates, at inpræsentiarum jam complanatæ fere sunt viæ, neque enim tantus nunc extat labor in conquirendis scholasticis; missionarii amplius non abhorrent ab collegii laboribus; immo vero magna cum animi propensione quinque versantur in collegio pro junioribus, ac unus in seminario pro majoribus. Is autem est magistrorum scopus ita illos docere, ut aliquando et ipsi possint aliorum fieri magistri; atque spes est ut jam ab ipso anno subsequenti aliqui ex majoribus possint ad docendum in collegio destinari ; hoc enim opus, quod prioribus quidem annis, præsertim ob commendationem S. Congregationis, susceptum fuerat, tanti momenti videtur nunc omnibus, ut spontanee ad illud accedant, rati alia ratione non posse religionem solide fundari in hisce regionibus ; subjungo catalogum singulorum omnium.

MAJORES SCHOLASTICI QUI SUNT IN COLLEGIO

Tunkinenses.

DAMIANUS KHUONG LINH, lector, 27 an., studet a 5 an., bonæ indolis, linguæ latinæ minus peritus.

JOANNES LUONG, lector, 22 an., studet a 6 an., quibus multum profecit, modestus, pius, latinitatem bene, philosophiam utcumque didicit.

PAULUS NANG, ostiarius, 20 an., studet a 6 an., philosophiæ aliquid didicit, modestus, pius, latinitatem callet.

MICHAEL DIEN, ostiarius, 24 an., studet a 5 an., difficilis ut regatur, in studio litterarum et pietatis parum profecit.

ANTONIUS NGOT, clericus, 19 an., studet a 5 an., litteris et virtute satis imbutus.

PIUS DU, clericus,   an., studet a 4 an., latinitatis bene gnarus, pius, et a l omne bonum propensus.

GABRIEL TRI, 18 an., studet a 2 an., bona indolis, at ingenii minus aeris.

VITUS QUI, 20 an., studet a paucis mensibus, devotus, et in studio assiduus videtur.

Cocincinenses.

EMMANUEL TRAN HIEU, 23 an., studet a 6 an., aliquid philosophiæ, satis vero latinitatis didicit, natura superbus.

LINUS HIRU, clericus, 16 an., studet a 5 an., docilis, pius, mansuetus, latinæ linguæ satis sciens et magna spei in cæteris.

FRANCISCUS CHIT, clericus, 15 an., studet a 5 an., in studio assiduus et modestus, videtur ex quo factus est clericus.

JOSAPHAT, 14 an., studet a 5 an., ac parum profecit, nec magna spes est de illo.

VINCENTIUS LEN, 13 an., studet a 5 an., ingeniosus, modestus et ad studia præ cæteris aptus.

Siamenses.

INNOCENTIUS, clericus, 16 an., studet a 4 an., bonæ indolis, pius, studiosus.

PETRUS, Pourceloue, clericus, 18 an., studet a 4 an., ad latine loquendum parum aptus, impiger ac fidei propagandæ studiosus, et ad eam docendam idoneus.

Peguenses.

DOMINICUS, clericus, 27 an., studet a 4 an., maxime studiosus ac parum ingeniosus, egregiæ pietatis.

ANDREAS, clericus, 27 an., studet a 4 an., at non multum profecit.

Alii.

JOSEPH, Manilanensis, 43 an., studet a 6 an., et parum pro tempore profecit, latinæ linguæ utcumque peritus, erga missiones bene affectus.

ANSELMUS, Siculus, circiter 22 an., studet a 2 an., incredibilem profectum cœpit, prudens et pius admodum, in moribus irreprehensibilis.

SIMON, in insula Java ex Gallo natus, 18 an., studet a 4 an., modestus, pius, mediocriter sciens.

Joannes, Banianensis, 14 an., studet, a 4 an., ingeniosus, at nebulo, satis profecit.

Ludovicus, in urbe Madraspatnam natus, 16 an., studet a 4., plurimum profecit, ad scientias idoneus.

Minores Scholastici qui sunt in collegio.

Franciscus, ex patre alemano et matre laos, Siami natus 13 an., in coll. a 6 an., docilis, perapte loquitur latine. Quartanus.

Petrus, Anglus, mestitius siamensis, natus 15 an., in coll. a 3 an., docilis, bonæ spei et modestus. Quintanus.

Joannes, Græcus, mestitius malabarensis, natus 10 an., in coll. moratur a 3 an., natura igneus. Sextanus.

Emmanuel, minimus, Siam natus, 10 an., in coll. moratur a 4 an , vergens in superbiam, attamen modestus. Doctrina sextanus.

Hieronimus Continet, mestitius malabarensis, natus 12 an., in coll. moratur ab anno, natura absconditus. Quintanus.

Franciscus, Cocin. patria, natus 14 an., in coll. moratur a 4 an., bonæ indolis. Quintanus.

Gabriel, patria Siam, natus 9 an., in coll. moratur a 3 mensibus, natura puerili. Sextanus.

Franciscus, patria Siam, natus 12 an , in coll. a 3 an., natura non malus. Doctrinam scribit et legit.

Paulus, Peg., natus 10 an., in coll. a 2 an., quietus, legens et scribens.

Andræas, Malayensis, natus, 12 an., in coll. a 2 an., discretus licet igneus legens et scribens.

Gulielmus, Peg., natus 13 an., in coll. a 2 an., natura bonus. Legens et scribens.

Franciscus, Peg , natus 7 an., in coll. a 2 an., natura innocens Legens et scribens.

Franciscus, Lusit., natus 12 an., in coll. a 2 an., natura timidus. Legens et scribens.

Gabriel, Cocin., patria Siam, 10 an., in coll. ab uno anno, natura minime bonus. Legens et scribens.

Angelus, Peg., natus 12 an., in coll. ab uno anno, natura anceps. Legens et scribens.

Michael, Cocin., patria Siam, natus 5 an., in coll. ab uno anno, prudens. Legens et scribens.

Franciscus Timoleon, Peg., natus 12 an., in coll. ab uno anno, natura cogitabundus et prudens. Legens et scribens.

Franciscus Dulo, mestitius malabarensis, natus 12 an , in coll. ab anno candidus. Quintanus.

Bonaventura, Siam, natus 11, in coll ab anno, natura festinus. Legens et scribens.

Andræas, Peg., natus 11, in coll. ab anno, quietus. Legens et scribens.

Petrus, Siam patria, natus 4 an., Docilis.

Sebastianus, Lusit., natus 12 an., in coll. ab anno, natura modestus. Sextanus.

Damianus, Lusit., 12 an., in coll. ab anno, natura præceps. Legens et scribens.

Georgius, Lusit., natus 9 an., in coll. ab anno natura non malus. Legens et scribens.

Odam, Siam patria, catechumenus, natus 6 an., in coll. ab anno, natura festinus. Legens.

Inaou, Peg., catechumenus, natus 8 an., in coll. ab anno, laboriosus. Legens.

EDUARDUS, patria Siam, natus 14 an., in coll. ab anno, quietus. Legens et scribens.

TIMOTHEUS, patria Siam, natus 10 an , in coll. ab anno, natura cogitans. Legens et scribens.

BONAVENTURA, Jonsalam patria, natus 7 an., in coll. ab anno, natura* gravis. Legens.

CLAUDIUS, Peg., natus 11 an., in coll. a 2 an., urbanus. Legens et scribens.

NICOLAUS, Siam., natus 20 an., in coll. a 2 an., natura rudis et bonus. Sextanus.

ANONYMUS, Peg., catechumenus, natus 8 an., in coll. ab anno, natura bonus. Legens.

PAULUS BANG, Tunk., 15 an., in coll. ab anno, sagax. Sextanus.

GABRIEL, Siam., natus 14 an., in coll. a) anno, natura officiosus. Legens et scribens.

JOSEPHUS, Peg., natus 12 an., in coll. ab anno, natura callidus. Legens et scribens.

JOSEPH LOUVO, Peg , natus 12 an., in coll. ab anno, natura simplex. Legens et scribens.

OTED, Siam., catechumenus, natus 18 an., in coll. ab anno, natura simplex et rectus. Legens et scribens.

OLEUA, Siam , catechumenus, natus 11 an., in coll. ab anno, natura serius ac industrius. Legens et scribens.

ALEXANDER, mestitius malabarensis, natus 12 an., in coll. ab anno, natura non malus. Legens et scribens.

THOMAS LA SELLE, 7 an.. in coll. ab anno, natura sagax. Legens.

CONSTANTINUS, Siam., 16 an , in coll. ab anno, gratiosus et propter ingenium omnibus amabilis, doctrinam christianam jam cum laude docuit catechumenos.

OKOONPED, Siam., catechumenus, 12 an., in coll. ab anno, natura quietus. Legens et scribens.

MATHÆUS, Siam., 11 an., in coll. ab anno, natura ingeniosus, generosus. Legens et scribens.

PETRUS, Peg., 10 an., in coll. ab anno, natura mundus. Legens et scribens.

JOANNES, Gallus mestitius, 11 an., in coll. a 2 annis, bona indolis. Sextanus.

MICHAEL BONMACH, Siam., 20 an., in coll. ab anno, natura facilis.

JOANNES, Armenus, 9 an , in coll. ab anno, natura docilis sed balbus.

MAJORES S. CONGREGATIONIS ALUMNI QUI VERSANTUR IN SEMINARIO SANCTI-JOSEPHI.

Cocincinenses.

MAURUS TRAN THE LAOC, presbyter, an. 33, studet a 17 annis ; est firmus in fi le ; sed in aliis levior ; quondam notatus quod erga tres pueros, quos in studiis adjuvabat, propensior videretur. Linguæ latinæ et theologiæ bene gnarus. Erga pauperes et ægrotos misericors et in plurimis officiosus, salutis animarum studiosus ; dominationis vero non nihil cupidus, et idcirco cavendum ab eo videtur.

FRANCISCUS VAN, presbyter, an. 30, studet a 17 annis ; prudens, purissimis moribus, dignitatem ecclesiastici status plurimi faciens : eaque de causa pietatem jamdudum colens sociosque ad eam excitare sollicitus, sed sanitate admodum tenui et fere desperata ; magnumque defectum habens loquendi naturale in lingua balbutiendi impedimentum.

EMMANUEL HUYEN DANG LAO, acolythus, an. 27, studet a 12 annis elatus et superbus, sibi multum arrogans, quietis impatiens, ad iram promdtus, gloriæ avidus, ad dissentiones promovendas proclivis, nota minus bene custoditæ castitatis olim taxatus ; ingenio ad studia assiduo et ad res intelligendas acri ; optime callet theologiam ; habet loquendi difficultatem ; ab uno circiter anno videtur pugnare contraprædictas inclinationes suas, quæ non minus sunt naturæ, quam animi vitia.

THADDÆUS NGHIEM, exorcista, an. 29, studet a 7 an. ; firmæ fidei speciem ferens, Deum timens, humilis, pius, docilis, impiger, fidei propagandæ studiosus, judicio maturus, scientia non mediocri imbutus.

Tunkinenses.

JOSEPHUS PUUOC, subdiaconus, an. 26, studet a 10 annis ; animo simplici, mansueto, humili et modesto, exercitiis pietatis deditissimus, sobrius, ad obediendum in omnibus promptissimus, et in ipsa obedientia per quam gratiosus ; in quavis rerum inopia contentus paupertatisque amantissimus ; sanus et ægrotus sibi semper æquabiliter constans ; præclarum pietatis, ac illibatæ angelicæque (si fas est dicere) castitatis, cæterarumque virtutum exemplar, quod, quicumque inspicit, solet ad Dei laudes excitari : adeo sanctitatem in omnibus magna cum simplicitate conjunctam spirat ; a decem annis quibus inter nos versatur, inauditum est eum vel sociis vel magistris minimam quamcumque dedisse conquerendi materiam. Illius tamen animi modestiam, alii ad nativam formidinem, alii ad humilitatem referunt, sed, ut sit, præstantissimus est Sacræ Congregationis alumnus, atque bonus odor Christi ; in theologia satis bene versatus est.

LUDOVICUS LIEN, acolythus, an. 29, studet a 12 an ; animo tardo, summolento et abjectiori ; sordida quadam rerum temporalium cupiditate quondam notatus, perparum scientii instructus, ad quas ingenium habet subobtusum ; spiritalis tamen profectus utcumque studiosus, et superioribus suis obediens.

PAULINUS KANH HOE, exorcista, an. 27, studet a 12 an. ; levis et ad vanitatem propensus, de aliqua cum mulieribus nimia familiaritate, necnon et de cupiditate res superfluas coacervandi quondam notatus ; ita constitutus animo est, ut cum bono bonus, cum malo malus futurus videatur ; officiosus, gratiosus, impiger, erga cantum, cæremonias aliasque res sacras bene affectus, theologia satis imbutus. Jam videtur omnimodam emendationem suam sincere cupere, et a sex mensibus magno animo perfectioni spiritus incumbere.

Cæteri[1].

PETRUS ARZILLA, presbyter Manilanensis, an. 47, studet a 7, judicio maturus, docilis tamen, ad pietatem proclivis, ad temporalia missionum negotia aptus. Philosophiæ et theologiæ speculativæ non peritus, moribus irreprehensibilis. Theologia moralia sex fere mensibus studet ut possit confessiones excipere ; ad missionum munia cum aliquo alio missionario futurus est aptissimus.

JOANNES DACOSTA, lector, genere Japonensis, Siami natus, an. 24, studet a 7 an. ; ingenio præstat, moribus est suavissimus ; in rebus perfectionis tardior, facilem habet usum linguarum latinæ, lusitanicæ et siamicæ : in omnibus quæ agit quodammodo excellit ; theologiam scit omnium sociorum optime. Plus litterarum 7 annis, quam alii 15 annis didicit. Parentes habet in regno honorabiles ob aliquam cum regni ministro affinitatem, a quibus frequenter

---

1 Les noms des séminaristes, dont il est ici question, sont souvent orthographiés d'une façon différente ; on trouve Arsilla, Arsila, Arzilla, qui est le plus fréquemment employé ; Dacosta, da Costa, d'Acosta, de la Costo ; Tolentinus est appelé ainsi, ou encore Tolentino, Tolentin.

accersitur, quod nobis permolestum est, quia quomodo iuter eos se gerat
plane nescimus ; et timendum videtur, ne, postquam ordines, quos sperat, sus-
ceperit, ab iis distrahatur a missionibus, et transferatur ad consuetidinem cu-
rasque domesticas, ubi plurima erum pericula. Adduci non potuit ut emitteret
juramentum ab alumnis S. Congregationis emitti solitum.

NICOLAUS TOLENTINUS, lector, Manilensis, 27 an., studet a 12 an. ; ingeniosus, officiosus, castus, paupertatis studiosus, ad obedientiam promptus, spiritualis perfectionis cupidissimus ; præter linguam latinam, cujus politum habet usum, loquitur etiam lusitanice, hispanice, siamice et lingua malayensi,
necnon et alia sibi vernacula ; theologiam callet : cum zelo et fervore spiritus animarum saluti incumbit, olim videbatur iræ impetu facilius abripi ; sed
magno jam animo sese devicit.

Præfatos omnes ecclesiasticos D. Episcopus Metellopolitanus a 4 au 5
mensibus revocavit a collegio, ut in seminario Sancti-Josephi disponerentur ad
sacros Ordines. Ab illo tempore videntur magno animi fervore ad perfectio-
nem aspirare et regulas sibi traditas exacte et alacriter observare. Speramus
fore ut ex continuata illa per aliquod tempus observantia magnum fructum
capiant ; dummodo sinceram habeant proficiendi voluntatem. In nonnullis
enim forte timendum est, ne spe suscipiendorum Ordinum cohibeant se ad
tempus, suamque subinde libertatem assecuti a pristino fervore paulatim
remittant. Præter Petrum Arzilla de quo supra, alii duobus annis philosophiæ,
et tribus theologiæ studuerunt. Nunc casuum conscientiæ studio incumbunt.

Intra aliquot menses, ubi satis edocti et in virtute firmati erunt, vel ad
missiones, vel ad docendum in collegio distribuendi.

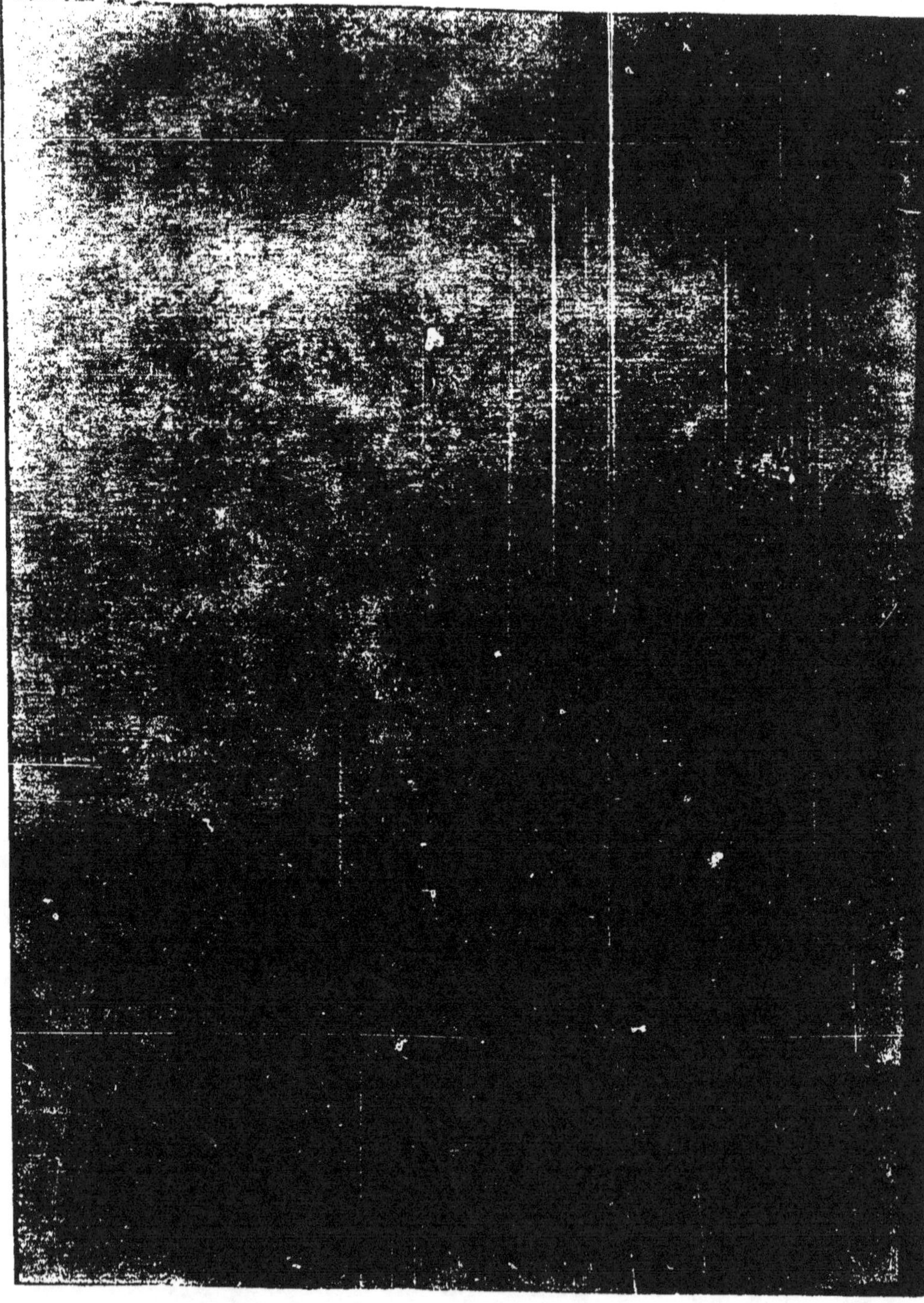